无锡年鉴

WUXI YEARBOOK

2015

无锡市人民政府主办
无锡市史志办公室编

图书在版编目（CIP）数据

无锡年鉴．2015/无锡市史志办公室编．—— 北京：方志出版社，2015.10
ISBN 978-7-5144-1717-3

Ⅰ．①无… Ⅱ．①无… Ⅲ．①无锡市 — 2015 — 年鉴 Ⅳ．①Z525.33
中国版本图书馆CIP数据核字（2015）第232620号

无锡年鉴（2015）

编　　者：无锡市史志办公室
责任编辑：陈菁

出 版 人：冀祥德
出 版 者：方志出版社
地址 北京市朝阳区潘家园东里9号（国家方志馆4层）
邮编 100021
网址 http://www.fzph.org
发　　行：方志出版社发行中心
电话（010）67110500
经　　销：各地新华书店
印　　刷：无锡市人民印刷厂有限公司

开　　本：889×1194　　1/16
印　　张：32.5
字　　数：1249千字
版　　次：2015年10月第1版　2015年10月第1次印刷
印　　数：0001~1500册

ISBN 978-7-5144-1717-3　　定价：280.00元

2014年度获得的主要荣誉

中国宜居城市

全国首批综合发展质量优秀市

中国十佳绿色城市

生态文明典范城市

中国智慧城市

中国大陆最佳商业城市

中国全面小康特别贡献城市

地区生产总值　　单位：亿元

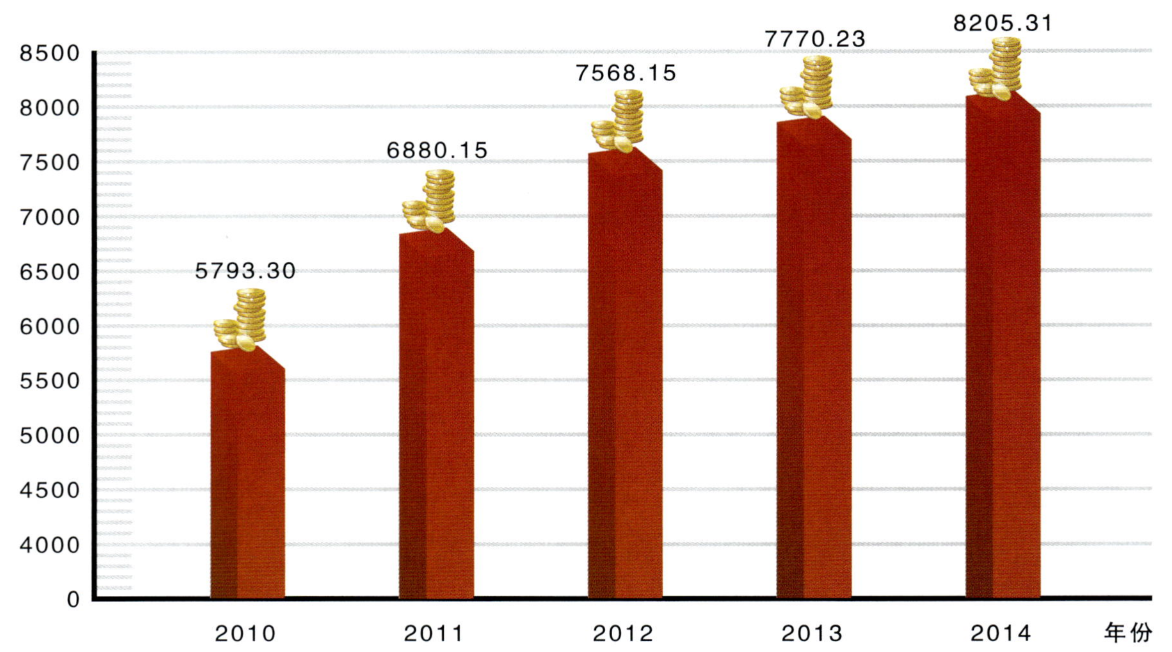

人均生产总值（常住人口）　　单位：元

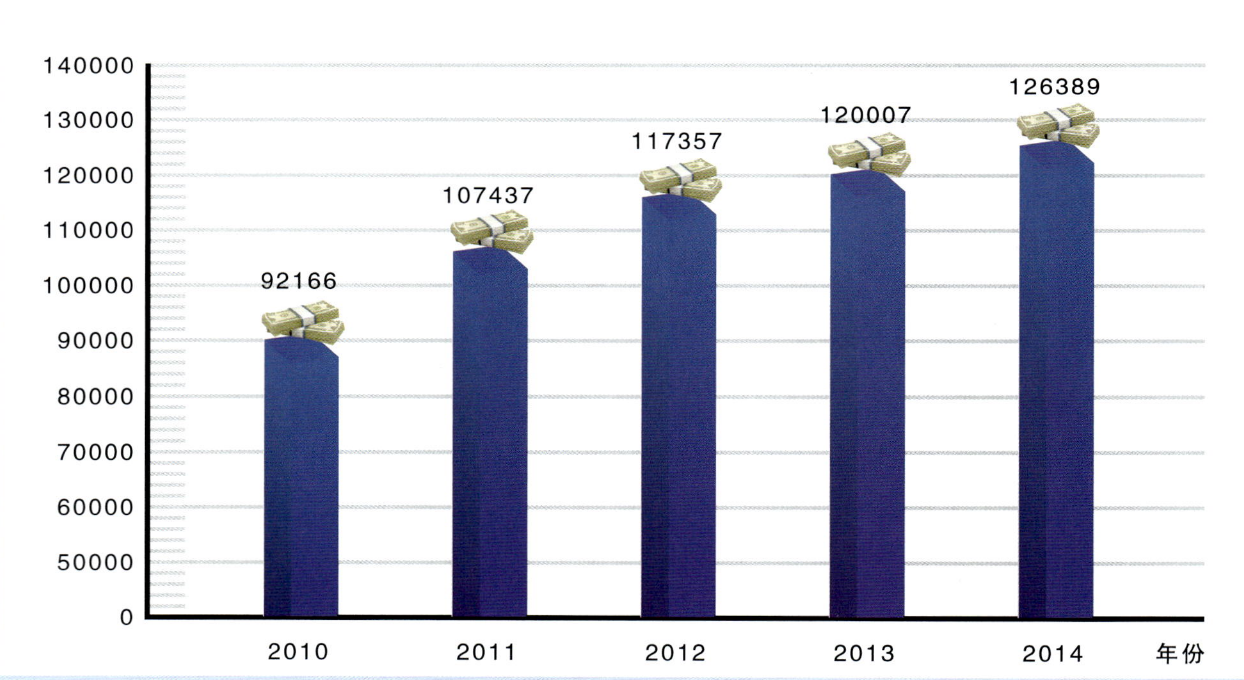

无锡市地方志编纂委员会

主　任：汪　泉

副主任：黄　钦　曹锡荣　王进健　章一中　叶勤良　许建军

委　员：张　蕴　唐余开　周建军　尤文科　吕勤彬　张　轩
张明康　高亚光　黄蓉华　吴满良　陈明辉　高圣华
周文栋　陆卫东　吴建亮　刘　玲　翁林敏　夏正兴
王鸿涌　王学芯　叶建兴　谢寿坤　吴红星　丁　坚
袁士彬　张卫星　沈　建　张立军　顾中明　李秋峰
高　佩　邹士辉　陈锡伦　陈锡明　魏　多

《无锡年鉴（2015）》

主　　编：许建军

副 主 编：张卫星　郭　明　盛　铁

执行主编：李汉洪　顾洪兴

编　　辑：杨锡根　李皆奇　李汉洪　顾洪兴　罗秋云　邵文凯
周胜忠　丁晓红

编　　务：接玉松　吴琳芳　胡　慧

英文翻译：辛志红　吴　刚

各撰稿单位主审人员

（按姓氏笔画为序）

丁　红　丁一忠　丁旭初　于文霞　弓艺兵　马　剑
马正红　马汉清　马振武　马益宝　王　怡　王　晋
王　健　王　斌　王大成　王印廷　王有宽　王志祥
王学君　王建军　王晓辉　王海宝　王萍芳　王鸿涌
王锡惠　尤玲娜　邓小伟　邓月华　左建宏　卢晓炯
叶建兴　史巧华　包晓东　冯淑静　皮何总　邢益新
吕颖芳　朱　敏　朱永勤　朱国正　朱晋达　任克奇
华瑞兴　刘　翔　刘华民　刘晓冰　刘基平　刘葱葱
刘燕萍　刘霞萍　汤忠元　许　宁　许　滨　许伟英
许建樟　许洪度　许新宇　孙国祥　孙鸿伟　严　奇
严克勤　杜荣良　李广飞　李汉东　李安国　李志宏
李祖坤　杨以军　杨乔良　杨祖良　吴　东　吴　涛
吴　刚　吴竹频　吴红星　吴志清　吴金元　吴建元
吴建亮　吴晓羚　吴满良　吴燕敏　邱晓东　何巧凤
何宏福　狄秀英　汪　行　沈卫兴　宋剑青　宋晨光
张　媛　张　筠　张　健　张吉平　张华林　张克平
张晓东　张淇铭　陆　东　陆　洪　陆　铁　陆　檬
陆卫东　陆国钧　陆政伟　陆惠玲　陈　彬　陈　立
陈卫平　陈正康　陈明辉　陈定庆　陈锡云　武云超
苗春阳　范光耀　范红云　范春雨　范富军　林　忆
林道俊　季芯宇　金　飚　金元兴　金征宇　周　琛
周士良　周立军　赵　磊　赵巧新　胡晓明　相　江
侯海峰　施　展　胥焱冰　莫志坚　贾小网　夏正兴
夏侯岭　顾　炜　钱　军　钱中益　徐　剑　徐　叶
徐少逸　徐学良　徐俊文　徐洪春　徐惠娟　殷国勇
翁林敏　高　慧　高志华　高金云　高建强　席永清
唐英彪　陶　勇　陶正贤　黄达民　黄浩然　黄壁荣
商　明　彭宏宇　葛恒显　蒋晓鸣　蒋蕴洁　韩　宁
韩　英　惠　莲　焦　克　童晓寒　谢　峰　谢寿坤
雷建辉　鲍献东　管海燕　谭　军　缪根宝　薛建良
薛海萍　戴玉明　戴国中　魏持红

目 录

特 载

大事记

无锡概貌

中共无锡市委

综述

重要会议

重要活动

第二批党的群众路线教育实践活动

组织工作

无锡市人民政府

政协无锡市委员会

市政建设

城市建设重点工程

公用事业

村镇建设

保险

证券·期货

典当·拍卖·担保

其他金融机构

国联集团

精神文明建设

综述

科学

教　育

文 化

市(县)区概况

宜兴市

锡山区

惠山区

滨湖区

崇安区

南长区

北塘区

无锡新区

人　物

新任中共无锡市委领导人

全国五一劳动奖章获得者

国务院特殊津贴获得者

逝世人物

统计资料

附录

文件选目

无锡人士著作书目和全国报刊有关无锡文章题录

先进名录

索引

彩页

彩插一

彩插二

Contents

Special Records

Record of Major Events

Survey of Wuxi

Wuxi Municipal CPC Committee

Standing Committee of Wuxi Municipal People's Congress

Wuxi Municipal People's Government

Wuxi Municipal Committee of CPPCC

Disciplinary Inspection Commission of Wuxi Municipal CPC Committee

Democratic Parties · Federation of Industry and Commerce

Mass Organizations

Government by Law

Military Affairs

Urban & Rural Construction & Administration

Environment · Irrigation Works

Tourism · Gardens

Transportation

IT Industry · Postal Service · Telecommunication

Comprehensive Management

Agricultural and Rural Development

Industry

Emerging Industry

Commerce · Service Industry

Economic Trade with Hong Kong, Macao, Taiwan and Foreign Countries · Port Administration

Development Zones

Finance · Tax

Finance

Improvement of Spiritual Civilization

国际机场旅客吞吐量418万人次、货邮吞吐量9.6万吨。加强对外交流合作，新增国际友城2个，荣获“国际友好城市交流合作奖”。

以增加公共服务供给为重点，着力推进社会领域改革，民生保障机制进一步完善。深化文化体制改革，创新文化产品供给服务机制。全面实施县级公立医院综合改革，完善分级诊疗体系。优化养老服务业发展政策环境，开展全国养老服务业综合改革试点。顺利实施单独两孩政策。优化调整户口准入政策，在全国率先实现大市范围内户籍准入登记、迁移规定一体化。

（二）经济运行质量稳步提升

面对经济下行压力，认真贯彻落实国家、省一系列稳增长政策，结合实际出台相关配套措施，主攻薄弱环节和重点领域，强化资源保障和协调服务，有效推动经济稳定增长。完成固定资产投资增长16%；社会消费品零售总额增长11.5%；进出口、出口总额分别增长5.4%、7.5%。发挥企业稳增长主力军作用，着力稳定工业运行，规模以上工业增加值增长4.9%，预计规模以上工业企业利税和利润增速分别提高2.4和6.5个百分点。继续推动百企做强，15家企业入围2014中国企业五百强，连续八年居全省首位。积极优化金融服务，扩大有效信贷规模，实现社会融资规模1410亿元，其中新增人民币贷款561.5亿元；新增境内外上市企业4家、新三板挂牌企业37家，新增区域性股权交易中心挂牌企业21家、各类私募股权基金12家。高度重视防范和化解金融风险，建立中小企业转贷应急资金平台，全市累计为2006家企业提供转贷应急资金377.5亿元，钢贸行业债务风险基本化解，银行业金融机构不良贷款余额和不良率同比实现“双下降”。

在稳增长基础上，加大结构调整力度，促进转型升级向纵深推进。鼓励战略性新兴产业发展，着力提升规模层次，预计新兴产业产值增长15%，高新技术产业产值占规模以上工业总产值比重提高0.5个百分点。国家传感网创新示范区建设成效显著，物联网及相关产业业务收入增长40%以上，一批物联网应用示范项目获全国推广，无锡连续三年获中国“智慧城市”发展评估第一名，入选国家级“两化”深度融合试验城市。推动文化创意、旅游休闲、会展经济、电子商务、健康养老等现代服务业加快发展，成为国家信息惠民试点城市和电子商务示范城市，苏南快递产业园获批全国快递产业集聚发展试验园区，新增国家4A级景区5家，无锡城市游客满意度居全国第一，预计服务业增加值占地区生产总值比重达47%，同比提高1个百分点。完善现代农业产业体系，新增高标准农田1333.3公顷、高效设施农业（渔业）2000公顷，农业园区化比重达40%以上，率先实现农业现代化建设取得新进展。

实施创新驱动战略，加快推动科技创新创业，不断提升科技和人才竞争力。推进“人才强企”工程，累计引进9名诺贝尔奖得主、11名外籍院士与民营企业共建研究院，成立欧美同学会留学报国无锡基地。预计全社会研发投入占地区生产总值比重达2.75%；万人有效发明专利拥有量超过18.3件，同比增长23%，国家专利奖获奖数列全国地级市首位。兴澄特钢获得“全国质量奖”，红豆集团获评“全国质量标杆企业”。无锡高新区（含宜兴环科园）、江阴高新区入列苏南国家自主创新示范区。无锡获评福布斯“中国大陆最佳商业城市”第四名。

（三）重大项目建设扎实推进

开展“项目建设深化年”活动，持续实施项目攻坚，投资和重大项目建设实现新突破。围绕全年投资计划，重点实施180个事关后劲培育、民生改善和城市发展的重大项目，当年完成投资超1000亿元。充分调动企业投资积极性，全市民间投资占固定资产投资比重达63.1%；完成工业投资1746亿元，增长12.5%，实施“千企技改”项目1593个。强化与央企、沪企等战略合作，加快签约项目的跟踪推进，努力化解土地、资金等要素制约，重大项目建设成效进一步显现。中芯国际集成芯片、华泰汽车自动变速器等一批超50亿元的项目开工建设；海力士五期、万达文旅城、世茂旅游等一批超百亿元的重特大项目进展较好；高德印刷电路板、隆基硅材料超薄单晶硅、红牛牌饮料二期等一批重大工业项目竣工投产。城市基础设施项目顺利实施，地铁1、2号线开通运营，苏南硕放国际机场二期航站楼竣工试运行，北中路互通、广南路、环山西路、江阴大道、海港大道等一批道路建成通车，锡澄运河江阴段航道工程基本完成。积极推进“一城一岛一带”建设，海岸城、万象城建成开业，巡塘古镇、灵山小镇一期、古运河绿地景观和亮化工程基本完工，重点区域功能配套不断完善。着力转变利用外资方式，提高利用外资质量，突出先进制造业和现代服务业重点，共引进3000万美元以上重大外资项目64个，英飞凌半导体、博世汽车动力总成等一批投资超亿美元重大产业项目成功签约，预计完成到位注册外资31亿美元，其中制造业占比达55%以上。

（四）城乡生态环境持续改善

深入实施“两型社会”综合配套改革试点，全面推进污染治理和环境整治，着力构建生态文明体系，城市宜居品质不断提升。开展新一轮太湖治理，扎实推进控源截污、生态清淤、蓝藻打捞、调水引流等工作，太湖无锡水域水质稳定好转，连续七年实现安全度夏。深入实施“蓝天工程”，突出抓好燃煤锅炉整治和工业废气、工地扬尘、机动车尾气、秸秆焚烧等污染防治，大力实施热网整合工程，PM2.5年均浓度下降幅度超额完成国家考核任务。启动锡钢地块土壤修复工程。严厉打击环境违法行为，查处环境违法案件878件，否决、劝退不符合环保要求项目79个。全面完成淘汰落后产能和化解过剩产能年度任务，加大节能减排力度，预计万元地区生产总值能耗下降4%以上，化学需氧量、二氧化硫、氨氮、氮氧化物排放削减量均超额完成省定目标。制定实施主体功能区计划，划定生态红线保护区域，推进土地节约集约利用，建立盘活存量和使用增量挂钩制度，预计单位建设用地产出继续保持全省第一。健全生态文明制度，建立生态补偿机制，继续实施排污权有偿使用和交易制度、推行环境污染责任保险，设立全国首个地级市环保公益发展基金。

制定实施城市现代化和城乡发展一体化规划，积极稳妥推进新型城镇化。推动城市重点功能板块建设，促进特色发展与产城融合。加快中心城区更新，增加旧住宅区改造实施计划，整治改造城中村、旧住宅区、危旧住房分别达16.6万平方米、205万平方米和10.3万平方米。强化环境综合整治，市区拆除违法建筑26.9万平方米，完成17条主要道路包装出新和56个背街小巷综合治理，推进147个生活垃圾分类收集、分类处置试点。加大植树造林力度，完成造林绿化1333.3公顷，林木覆盖率预计达26.5%。新增8个城乡发展一体化先导示范镇，宜兴白塔村、惠山阳山村、滨湖古竹社区被评为江苏最具魅力休闲乡村。江阴新桥镇新型社区建设获国家人居环境范例奖，宜兴周铁镇成为中国历史文化名镇，荡口古镇获中国最美村镇人文环境奖。无锡获评全国首批创建生态文明典范城市、中国宜居城市称号。

(五)为民办实事项目圆满完成

把保障和改善民生放在优先位置，加大财政投入，精心组织实施，12件79项为民办实事项目全面完成。鼓励支持就业创业，全市新增城镇就业14.9万人，其中，新增大学生就业4.1万人，扶持自主创业1.2万人。扎实推进社会保障扩面提标和新老制度衔接，城乡基本养老、医疗、失业保险覆盖率均超过98%，市区居民基础养老金、企业退休人员养老金、低保家庭中的重度残疾人救助标准分别提高到每月340元、2230元和792元，市区城乡低保标准提高到每人每月660元，全市最低工资标准提高到每月1630元。在全省率先实施城乡居民大病保险制度，4.5万人次获大病补偿9100万元，职工、居民医保政策范围内住院费用报销比例稳定在80%和70%以上。拓宽"慈福"保险领域，在市区和江阴实施户籍居民住房财产保险制度，安康关爱保险受益老年人48.38万人。支持社会化养老机构建设，新增机构养老床位3009张，居家养老服务站基本实现城市社区全覆盖、农村社区覆盖率达90%。改善低收入居民居住条件，全市新开工、筹集各类保障性住房5186套，发放廉租房租赁补贴2397户。加强常规公交与轨道交通有效衔接，市区新辟公交线路12条、优化调整61条。完善城市生活配套设施，改造老旧自来水管网64.7千米，新增天然气用户8.3万户，改造老新村天然气7900户，一流配电网建成区面积836平方千米，新增免费无线接入点2.7万个。新建、改造农贸市场20家，培育建成放心粮油单位85家，214家平价商店累计惠民1.7亿元。

(六)各项社会事业全面发展

繁荣发展社会事业。加快教育现代化建设，完善终身教育体系，全市教育现代化水平位列全省第二。深入推进义务教育均衡发展，全面提升初中教育质量水平，90%以上义务教育学校达到省定现代化办学标准。新建和改扩建幼儿园36所、社会化早教机构23所，建成15个市学前教育现代化镇(街道)。深化职业教育综合改革，组织实施省现代职教体系建设试点项目45个。深化与江南大学共建合作，支持民办院校创新发展。加快基层医疗卫生服务机构提档升级，新建、改建社区卫生服务中心16家，全面完成社区卫生服务站标准化建设。推进家庭医生制度，6类重点人群健康管理服务实现全覆盖。积极创建第二批国家公共文化服务体系示范区，顺利通过国家中期督察，公共文化设施免费开放范围不断扩大，"书香无锡"全民阅读活动全面开展。大运河无锡段参与申遗成功，惠山祠堂群被列入省2016年推荐申遗项目，"宜兴紫砂陶制作技艺"申报世界"非遗"正式启动，"泰伯庙会""均陶制作技艺"被评为第四批国家级非遗代表性项目，紫砂文化海峡两岸交流基地创建成功。大力弘扬社会主义核心价值观，全国文明城市创建通过省级测评。成功举办国际马拉松赛、世界斯诺克无锡精英赛、环太湖国际公路自行车赛等赛事，圆满完成第18届省运会参赛任务。建成西蠡湖慢游系统全民健身带，"10分钟体育健身圈"基本建成。江南大学无锡医学院及其附属医院、市五院、市少年宫、太湖新城国际教育园等一批社会事业重大项目有序推进。

加强和创新基层社会治理。开展社区"减负增效"，全面清理面向社区的创建评比、机构挂牌、台账目录，理清村(居)民委员会依法履职事项和协助政府工作事项两份清单，全市65个镇(街道)试点"政社互动"。改革社会组织登记制度，全市社会组织达11576个。继续开展公益创投等活动，推动社会组织参与社会公益服务和社区治理。扎实推进立体化社会治安防控体系建设，严密防范打击暴恐犯罪，圆满完成青奥安保各项任务，社会治安保持稳定。加强食品药品安全监管，食品、药品安全检测合格率分别达97.4%和98.6%。完善应急体系网络，加强应急能力建设，及时有效处置各类突发事件。严格落实安全生产"党政同责、一岗双责"，集中开展安全生产检查整改专项行动，全市未发生重特大安全生产事故。创新信访工作体制机制，深入排查矛盾纠纷，有效化解一批信访积案。

(七)政府自身建设得到加强

围绕建设人民满意政府，强化宗旨意识，转变工作作风，服务发展能力进一步提升。扎实开展党的群众路线教育实践活动，坚决落实中央八项规定和省、市委十项规定，深入推进"作风建设深化年"活动，集中整改"四风"突出问题，政风建设取得积极成效，以市政府名义召开的会议和下发的文件分别减少26%和18%。健全政府工作规则，规范政府性投资项目决策程序，重大事项按规定程序集体讨论、民主决策。坚持依法行政，提交地方性法规议案5件，出台市政府规章6件、规范性文件22件。认真贯彻市人民代表大会及其常委会的各项决议，定期向市人大报告工作、向市政协通报情况，扎实做好代表建议和委员提案办理工作。做好"十二五"规划中期评估，圆满完成第三次全国经济普查。加强政务公开，政府预决算及"三公"经费决算向社会公开，无锡政府门户网站连续四年蝉联全国地市级第一，"无锡发布"被评为十佳城市政务新媒体。强化政府性债务管理，建立偿债准备金制度，政府性债务压规模、降成本、控风险取得明显成效。加大反腐倡廉力度，严肃查处一批违法违纪案件。

2015年工作任务

2015年是全面深化改革的关键

之年，是全面推进依法治国的开局之年，也是全面完成“十二五”规划的收官之年。做好2015年政府工作的总体要求是：深入贯彻中共十八大和十八届三中、四中全会精神，认真落实习近平总书记对江苏工作的最新要求，按照省委、省政府和市委的决策部署，坚持稳中求进工作总基调，主动适应经济发展新常态，深入开展项目建设、改革创新、作风建设“三个突破年”活动，把“迈上新台阶、建设新无锡”鲜明地写在无锡发展的旗帜上，把转方式调结构和生态文明建设放在更加重要位置，把新型城镇化和民生保障的事情办好办实，把全面深化改革和全面推进法治建设贯穿于政府工作全过程，切实加强服务型政府和廉洁政府建设，奋力开创“四个无锡”和率先基本实现现代化建设新局面。

2015年经济社会发展主要预期目标是：地区生产总值增长8%左右；一般公共预算收入增长8%左右；城镇登记失业率控制在3.5%以内；居民消费价格指数控制在省定范围内；万元地区生产总值能耗和主要污染物排放削减量完成省下达指标。

做好2015年工作，必须充分认识、主动适应经济发展新常态。无锡正在经历消费、投资、出口三大需求的深刻变化，承受资源环境脆弱、经济风险积累的压力，面临生产组织方式、经济发展动力的转换，经济发展已经从高速增长转向中高速增长。应当清醒认识到，新常态下保持经济中高速增长不是自然而然可以实现的，必须作出不懈努力，稳增长仍然是2015年经济工作的重要任务。对于无锡来说，遇到的困难、风险和挑战要更大一些、更早一些，保持经济稳定增长需要加倍努力、付出更多。我们对当前经济运行和改革发展中的困难挑战不能无所作为，对宏观环境变化带来的工作压力不能有畏难情绪，必须保持昂扬向上、勇于拼搏的精神状态，牢固树立忧患意识、担当意识、进取意识，紧紧围绕发展目标，谋划好既利当前又利长远、既利经济增长又利环境保护、既利有效投入增加又利风险防范化解的思路举措，牢牢把握经济工作主动权。要保持经济运行稳定在合理区间，必须认真落实积极的财政政策和稳健的货币政策，着力强化消费的基础作用，实现社会消费品零售总额增长12%；继续发挥投资的关键作用，实现全社会固定资产投资增长13%、工业投资增长12%；大力发挥出口的支撑作用，实现进出口总额增长3%、出口增长5%；有效发挥金融的保障作用，保持信贷总量稳定增长，实现社会融资规模1600亿元，其中新增本外币贷款800亿元左右。

2015年重点做好以下五个方面工作：

（一）把“迈上新台阶、建设新无锡”鲜明地写在无锡发展的旗帜上

做好2015年政府工作，必须把贯彻落实好中共中央总书记习近平视察江苏重要讲话精神作为最重要任务。要把“迈上新台阶、建设新无锡”鲜明地写在无锡发展的旗帜上，使之成为全市上下的共同思想基础和自觉追求，成为无锡发展的主旋律、最强音。

全力推动经济发展迈上新台阶。关键举措是转方式调结构，坚持以提高经济发展的质量和效益为中心，大力实施创新驱动战略，积极发展先进制造业和现代服务业，切实加强生态环境保护。重要任务是有效防范和化解经济风险，强化“政银企”有效合作，着力化解中小企业融资担保链风险，努力实现不良贷款率继续下降；多措并举加速存量商品房消化，努力保持房地产市场健康发展；有效加强政府性债务管理，调整优化债务结构，严格控制新增债务，牢牢守住不发生区域性系统性风险的底线。

全力推动现代农业建设迈上新台阶。虽然无锡农业占比较低，但基础性地位没有改变。必须严守耕地红线，确保基本农田面积不减少。着力解决“谁来种地”的问题，精心培育专业大户、家庭农场、专业合作社、农业龙头企业等新型农业经营主体和新型现代职业农民。深入推进无锡国家现代农业示范区建设，转变农业发展方式，提高农业基础设施和装备水平，积极发展精品农业、生物农业、生态农业、智慧农业、休闲观光农业等农业新兴产业，全市农业园区面积占耕地面积比重达45%以上。

全力推动文化建设迈上新台阶。巩固全国文明城市创建成果，大力培育和践行社会主义核心价值观，继承发扬“四千四万”精神，学习身边好人，传承无锡优秀文化，增强文化凝聚力。积极创建国家公共文化服务体系示范区，实施文化惠民工程，发展先进文化，抵制有害文化，提高公共文化服务水平。扎实做好惠山祠堂群申遗工作。积极培育重点文化产业项目，大力推进国家数字电影产业园、无锡国家动画产业基地等产业园区建设，促进文化产业集聚发展、提质转型，实现文化产业增加值占地区生产总值比重达5%。

全力推动民生建设迈上新台阶。按照守住底线、突出重点、完善制度、引导舆论的基本思路，着力抓好民生保障，扎实办好民生实事，努力让人民群众有更好的教育、更稳定的工作、更满意的收入、更可靠的社会保障、更高水平的医疗卫生服务、更舒适的居住条件、更优美的环境。

全力推动全面从严治党迈上新台阶。把全面从严治党的要求落实到政府工作之中，以“要求严、措施严、对上严、对下严、对事严、对人严”的“六个严”标准，切实加强政府自身建设，坚决反对“为官不为”，使党的群众路线教育实践活动成果不断得以巩固和发展。

（二）把转方式调结构和生态文明建设放在更加重要位置

大力实施创新驱动发展战略。深入开展苏南国家自主创新示范区建设。充分发挥自身优势，加强政策对接，学习借鉴中关村科技园政策经验，积极开展股权激励、税收优惠、科技金融等鼓励创新政策的先行先试，全面提高自主创新能力。突出企业创新主体地位，多渠道增加科技投入，全社会研发投入占地区生产总值比重达2.8%。加快推进国家传感网创新示范区建设。着力攻克一批物联网核心技术，培育壮大龙头骨干企业，累计建成省级以上物联网应用示范工程50项，物联网年营业收入超10亿元企业25家，打造无锡创新驱动的特色标志。加强"智慧城市"建设,实施一批重点应用工程,积极建设城市大数据中心。壮大战略性新兴产业规模。认真组织实施超级计算机、极大规模集成电路成套工艺等国家重大科研项目,加快推进云计算、微电子、节能环保、新能源及新能源汽车、新材料、生物医药、软件与服务外包等新兴产业发展,力争新兴产业产值增长15%,规模以上工业中战略性新兴产业占比达到30%左右。加大人才引进培养开发力度。营造开放包容的创新环境,进一步引进和用好高层次人才,深化与高等院校、科研院所合作,加强技能人才培养,鼓励本土人才脱颖而出。积极支持科技型中小企业做优做强,扩大规模产出效应。加强知识产权运用和保护,依法打击侵权行为,高标准建设国家知识产权示范城市。

大力发展先进制造业和现代服务业。立足百年工商城产业基础,弘扬"锡商精神",着力打造面向全球的先进制造业基地和面向"长三角"乃至更广区域的现代服务业高地,增创产业发展新优势。扎实开展"项目建设突破年"活动。把重大项目作为带动转型升级的重要抓手,加快推进180个市级重大项目建设。围绕推动产业集聚,充分发挥现有500万平方米科研载体作用,着力推进重大项目招引,进一步加强与央企、沪企战略合作,实现产业链招商新突破,争取新增超10亿元人民币或3000万美元产业项目70个。加快推进工业化和信息化深度融合。顺应新工业革命趋势,鼓励企业采用数字化、智能化制造模式,支持传统企业通过嫁接和运用信息技术实现提质增效,推动实施"机器换人",进一步提高产业链整体效率,新增省级以上"两化融合"示范试点企业30家。下决心淘汰落后产能,做好产能过剩企业的关停并转工作。实施质量强市战略。推行卓越绩效管理,支持企业参与标准制订,加强质量攻关,争创"名品、名企、名牌",进一步扩大宣传和影响,让"无锡品牌""无锡质量"成为推动经济大市向经济强市迈进的有力支撑。着力打造新商贸业态中心。整合放大无锡区位、交通、信息技术和资源禀赋等优势,鼓励企业开展基于互联网的经营模式创新,提升各类电商服务平台功能,规范发展大宗商品电子交易,加快推进跨境电子商务发展。积极引进知名物流和仓储企业,推动电商、快递和智能仓储深度融合。加快建设华东航空快件集散中心,提升苏南快递产业园建设水平。培育发展现代都市服务业。在巩固和提升传统服务业的同时,加快发展信息服务、科技服务、现代金融和现代物流等生产性服务业,壮大教育培训、健康养老、人力资源服务、工业设计与文化创意、商务会展、体育产业等现代服务业规模,实现服务业增加值占地区生产总值比重提高1个百分点。提升拓展文化旅游产业。统筹锡澄宜文化旅游资源整合与联合开发,精耕细作传统旅游业,积极发展主题旅游、文化旅游、体验旅游、休闲旅游、乡村旅游等新兴旅游业,进一步提升游客满意度,实现游客人数和旅游总收入均增长10%。

大力促进开放型经济发展。主动对接国家重大开放战略。加强与上海自贸区的对接互动,鼓励企业到自贸区设立公司,促进投资、贸易便利化,加快形成一批可以全面推广的制度化成果。积极呼应"一带一路"和长江经济带建设,努力在互联互通、产业合作、商贸流通等方面取得实质性进展。一着不让抓好外资外贸工作。拓宽利用外资领域,加大高端制造、现代服务业、地区总部等引资力度,确保利用外资有所增长。奋力开拓国际市场,提高自主品牌和服务贸易出口比例,拓展外贸增长空间。加强口岸和功能载体建设。扩大口岸开放,新增一批指定口岸,积极推进设立无锡邮政口岸。完善综合保税区、经济开发区和特色园区功能,增强对高端产业综合承载力。深入实施"走出去"战略。鼓励企业到境外设立营销网络、研发机构,支持企业参与国际并购,推进境外经贸合作,提高全球范围资源配置和市场拓展能力。加大城市对外交流,提升无锡城市国际影响力。

大力推进生态文明建设。落实生态红线区域规划和主体功能区计划,实施生态补偿制度,切实加强环境治理和保护,集中力量解决影响群众生产生活的突出环境问题,全面完成"十二五"规划节能减排任务。加强大气污染防治。推广使用清洁能源,严格控制煤炭消费总量,提升燃煤锅炉高效清洁发展水平。推进工业废气治理,强化机动车尾气、建筑扬尘等污染防治,落实秸秆综合利用政策和禁烧措施,加强区域环境监测预警和应急处置,确保PM2.5平均浓度下降幅度达到国家考核要求。加强太湖水污染治理。加快国家水利现代化示范市和水生态文明示范市建设,实施太湖周边片区环境综合整治,推进新沟河拓浚、九里河及伯渎港整治等重点工程,强化"河长制"管理,加强饮用水源地保护和安全供水高速通道管理维护,确保饮用水安全、确保不发生大面积湖泛。加强生活环境整治。继续推进生活垃圾分类收集、分类处置试点,完善收运体系建设,增强终端处置能力,有效化解垃圾增长与处理能力的突出矛盾。提高固体废弃物处置能力,开展重金属污染物等专项整治和土壤修复试点。深入推进绿色无锡建设,新增造林绿化面积733.3公顷,林木覆盖率26.7%以上。加强环保执法监管。严格执行新环境保护法,坚持铁腕治污、依法治污,强化行政执法与司法联动机制,大力开展环保执法专项行动,推进环境保护从污染治理向全过程监管转变。

(三)把新型城镇化和民生保障的事情办好办实

扎实推进新型城镇化。强化"一体两翼"互联互通。统筹规划建设锡澄、锡宜重大交通基础设施,加快建设宜兴通用机场,推动沿江城际铁路开工建设,做好泰锡宜铁路及过江通道、新长铁路扩能改造、苏锡常南部高速无锡段等前期工作,加快新锡澄路等地方干线公路建设。开工建设锡澄运河航道整治工程市区段,启动锡溧漕河二期整治工程。推进无锡(江阴)港功能完善和服务能力提升。着力提高中心城区能级。理顺体制机制,整合资源配置,优化商贸商务服务,增添都市产业功能,巩固提升商业中心地位。加快老城区改造步伐,加强背街小巷整治和保洁,抓好重点片区、重要路段的市容环境美化,塑造具有城市个性的建筑文化和空间特色。加快"一城一岛一带"等重点区域开发。完善太湖新

3.86米开始上涨，16:07达到警戒水位3.90米，21:25最高达到4.38米，超过警戒水位0.48米，比降雨前上涨0.52米，最大1小时涨幅0.19米(27日16:00~17:00)；锡澄运河青阳水位从27日10:40的3.92米开始上涨，16:40达到警戒水位4.00米，20:30最高达到4.39米，超过警戒水位0.39米，比降雨前上涨0.47米，最大1小时涨幅0.22米(27日16:00~17:00)；西氿宜兴站水位从27日11:50的3.85米开始上涨，28日13:40最高达到4.07米，比降雨前上涨0.22米，最大1小时涨幅0.03米(27日16:00~17:00)。

全站区内河各站在7月27日后出现年最高水位，在1月26日前后相继出现年最低水位。全年，大运河无锡站(警戒水位3.90米)最高水位4.38米，最低水位3.10米；大运河洛社站(警戒水位4.00米)最高水位4.45米，最低水位3.10米；锡澄运河青旸站(警戒水位4.00米)最高水位4.39米，最低水位3.14米；西氿宜兴站(警戒水位4.20米)最高水位4.07米，最低水位3.00米；望虞河甘露站(警戒水位3.80米)最高水位4.02米，最低水位3.09米；陈墅塘陈墅站(警戒水位3.90米)最高水位4.47米，最低水位3.26米。

太湖水情：全年，太湖水位变幅较大，年平均水位3.47米，最高水位3.74米，最低水位3.08米；大浦口站(警戒水位3.85米)最高水位3.93米，最低水位2.90米；犊山闸站最高水位4.24米，最低水位2.69米。

长江水情：全年，长江江阴站(警戒潮水位5.50米)7月14日(农历六月十八日)出现年最高潮水位5.79米，1月1日(农历十二月一日)出现最低潮水位1.29米。

横山水库水情：年最高水位35.21米，最大蓄水量6150万立方米，最低水位27.53米，最小蓄水量1460万立方米。汛期，受库区连续强降雨影响，水库水位居高不下，多次达到并超过汛限水位35.00米，最高达到35.21米，超出汛限水位0.21米。为确保水库安全，根据《横山水库防洪调度运行方案》，水库在7月27日至9月28日期间开闸泄洪9次，泄洪时间为126小时23分钟，最大泄洪流量56.0立方米/秒，泄水量1558万立方米。

(朱　玲)

【资源】 气候资源：无锡市属北亚热带湿润季风气候区，四季分明，热量充足，降水丰沛，雨热同季，灾害频繁。夏季受来自海洋的夏季季风控制，盛行东南风，天气炎热多雨；冬季受大陆盛行的冬季季风控制，大多吹偏北风；春、秋是冬、夏季风交替时期，春季天气多变，秋季秋高气爽。常年(1981~2010年30年统计资料)平均气温16.2℃，降水量1121.7毫米，雨日123天，日照时数1924.3小时，日照百分率43%。一年中最热是7月，最冷为1月。常见的气象灾害有台风、暴雨、连阴雨、干旱、寒潮、冰雹和大风等。由于受太湖水体和宜南丘陵山区复杂地形等的影响，局部地区小气候条件多种多样，具有南北农业皆宜的特点，作物种类繁多。

水资源：全市共有大小河道3100多条，总长2480公里。市区河道总长150公里，平水期水体容积800万立方米。太湖为江南水网中心，面积2338.1平方公里，总蓄水量为44.28亿立方米，年平均吞吐量约52亿立方米。因此，无锡地表水较丰富，外来水源补给充足。地下水资源据不完全资料测算，市区储量为6349万立方米，年补给量为6453万立方米。

矿产资源：无锡市具有开采价值的矿产资源，以黏土矿、石灰石、大理石、玻璃用石英砂岩、建筑石等非金属矿为主，其次为煤、泥炭等可燃性矿产及矿泉水。黏土矿以陶土为主，已探明工业储量5000余万吨。石灰石估算储量17亿吨。大理石估算储量5000万立方米。煤探明工业储量4000余万吨。

生物资源：植物资源方面，无锡市除栽培植物外，拥有自然分布于地区内以及外来归化的野生维管束植物共141科、497属、950种、75变种。占全国的比例为：植物科数39.94%、属数15.61%、种数3.5%。植物种类中，草本植物有744种，占总数的78.32%；木本植物(包括竹类)有206种，占总数的21.68%。主要用材林有竹、松、杉，优良用材的树种有杉木、檫树、樟树、紫楠、红楠、麻栎、锥栗、榆树等。药用植物400多种。动物资源方面，鸟类有170多种；鱼类为90多种，太湖中的银鱼，长江中的刀鱼、鲥鱼、河豚是名贵鱼类；兽类有30多种，主要有华南兔、穿山甲、豹猫、黄鼬等。

(易　文)

【建置沿革】 无锡是江南文明发源地之一，有文字记载的历史可追溯到3000多年前的商朝末年。公元前11世纪末，周太王的长子泰伯为让王位于三弟季历，偕二弟仲雍，从现属陕西的歧山东奔江南，定居梅里(今无锡梅村)，筑城立国，自号“勾吴”。周灭商后，因泰伯无子，周武王追封仲雍的三世孙周章为吴君，建吴国。周元王三年(公元前473年)，越灭吴，无锡属越国。周显王三十五年(公元前334年)，楚灭越，无锡属楚国。秦王政二十四年(公元前223年)，秦灭楚，置会稽郡，无锡属之。汉高祖五年(公元前202年)始置无锡县，属会稽郡。王莽时(公元9年)改名为有锡县，东汉光武间(公元25年)复置无锡县。三国时，分无锡县以西为屯田，置毗陵典农校尉。西晋太康元年(281年)复置无锡县，属毗陵郡。隋、唐、宋相沿。元元贞元年(1295年)升无锡为州，属浙江行中书省常州路。明洪武元年(1368年)又降州为县，属中书省常州府。清雍正二年(1724年)，分无锡为无锡、金匮两县，同城而治，均属常州府。宣统三年(1911年)，无锡光复，锡金军政分府成立于原金匮县属，辖原无锡、金匮两县；同年5月，撤销锡金军政分府。民国元年(1912年)锡、金两县合并复称无锡县，属苏常道。民国16年(1927年)，无锡县直属江苏省。民国23~26年(1934~1937年)，为无锡行政督察区专员公署驻地。抗日战争期间，无锡四乡先后建立中共领导的锡北、锡东、太湖、武南、澄西等抗日民主政权。

1949年4月23日无锡解放，分无锡为无锡市、无锡县，市、县同城，无锡市属苏南人民行政公署。1953年建江苏省，无锡市为省辖市；无锡县属先后多次变化，曾经属常州专区、无锡市、苏州专区管辖。无锡市区于1958年6月基本形成了四区格局，即崇安、南长、北塘3区和1个郊区。1983年3月，实行市管县体制，原属苏州地区的无锡县、江阴县与原属镇江地区的宜兴县划为无锡市管辖。1988年在马山镇包括马圩地区设立马山区。国务院恢复撤县设市工作后，于1987年4月、1988年3月、1995年6月，江阴县、宜兴县、无锡县先后撤县设市，设立江阴市、宜兴市、锡山市。1995年3月，无锡市市区和无锡县行政区划进行部分调整，组建无锡新区。郊区旺庄乡，无锡县硕放镇和坊前、新安、梅村3镇的19个行政村，连同无锡国家高新技术产业开发区、无锡新加坡工业园，构成无锡市新区。2000年12月，撤销锡山市，设立锡山区和惠山区；撤销马山区，将马山区的行政区域和锡山市的部分镇(9个)并入无锡市郊区，并将郊区更名为滨湖区。

(无锡市民政局区划地名处)

【行政区划】 2014年，无锡市辖崇安、南长、北塘、锡山、惠山、滨湖6区和新区管委会，及江阴、宜兴2县级市。全市有30个镇、51个街道，下设528个村委会、586个社区居委会，101个村(居)委会(合一)。

(汪隆顺)

【部分行政区划调整】 2月21日，根据江苏省人民政府《省政府关于撤销宜兴市芳桥镇设立宜兴市芳桥街道办事处的批复》，无锡市人民政府下发《市政府关于撤销宜兴市芳桥镇设立芳桥街道办事处的批复》，同意撤销芳桥镇，以其原行政区域设立芳桥街道办事处。芳桥街道行政区域面积43.78平方公里，人口2.8万人，管理神龙、龙眼2个居民委员会和芳桥、阳山、后村、华阳、夏芳、屺山、金兰、扶风8个村民委员会，街道办事处驻宜兴市芳桥集镇芳阳路50号。

(汪隆顺)

表4 2014年无锡市行政区划一览

区域名称	所辖街道、乡镇名称	镇数(个)	街道数(个)
崇安区	街道：崇安寺、广益、广瑞路、上马墩、江海、通江		6
南长区	街道：迎龙桥、南禅寺、清名桥、金匮、金星、扬名		6
北塘区	街道：北大街、五河、惠山、黄巷、山北		5
滨湖区	街道：河埒、荣巷、蠡湖、蠡园、华庄、太湖、雪浪、马山 镇：胡埭	1	8
新　区	街道：旺庄、江溪、硕放、新安、梅村、鸿山		6
锡山区	街道：东亭、东北塘、云林、安镇、厚桥 镇：羊尖、鹅湖、锡北、东港	4	5
惠山区	街道：堰桥、长安、钱桥、前洲、玉祁 镇：洛社、阳山	2	5
江阴市	街道：澄江、城东、临港、南闸、云亭 镇：璜土、月城、青阳、徐霞客、华士、周庄、新桥、长泾、顾山、祝塘	10	5
宜兴市	街道：宜城、屺亭、新庄、新街、芳桥 镇：丁蜀、张渚、和桥、官林、徐舍、周铁、高塍、湖㳇、杨巷、太华、新建、西渚、万石	13	5
合　计		30	51

(汪隆顺)

表5 2014年无锡市行政区划统计

区域名称	市(县)(个)	市辖区(个)	镇(个)	街道(个)	村委会(个)	居委会(个)	村居合一(个)	面积(平方公里)	户籍人口(万人)
崇安区		1		6		39		16.48	18.60
南长区		1		6		56		23.9	32.39
北塘区		1		5		57		31.12	25.57
锡山区		1	4	5	76	42		399.11	43.16
惠山区		1	2	5	29	54	27	325.12	44.89
滨湖区		1	1	8		103	7	628.15	47.07
新　区		1		6	7	83	25	220.01	34.07
小　计		7	7	41	112	434	59	1643.88	245.74
江阴市	1		10	5	201	56	42	986.98	123.21
宜兴市	1		13	5	215	96		1996.61	108.19
小　计	2		23	10	416	152	42	2983.59	231.40
合　计	2	7	30	51	528	586	101	4627.47	477.14

(汪隆顺)

纪检组组长　张良兴

市政府侨务办公室

主　任　何巧凤(女,党组书记)

党组副书记　冯　雷(兼)

副主任　包金明

　　　　吴象忠

市政府法制办公室

主　任　焦　克(党组书记)

副主任　华　迅

　　　　栾海港

市级机关事务管理局

局　长　许心舒(党组书记,至11月)

副局长　张其耀

　　　　冯晓明

　　　　武云超

市民族宗教事务局

局　长　吴　涛(党组书记)

副局长　何　鸣

　　　　张惠东

市政府国有资产监督管理委员会

党委书记、主任　黄蓉华

副主任　沈宁宁(党委副书记)

　　　　方中伟(至12月)

　　　　周　燕(女)

纪委书记　沈宁宁(至12月)

　　　　　方中伟(12月任)

市行政服务中心(2014年9月更名为无锡市政务服务管理办公室,挂“无锡市政务服务中心”牌子)

主　任　吴峰枫(兼,至1月)

党组书记　龚　聘(常务副主任)

副主任　陈利莎(女,至12月)

　　　　孙　伟

市太湖水污染防治办公室

主　任　顾　岗(党组书记)

副主任　权　辉

　　　　丁建清

市供销合作总社

党委书记　吴伯荣

主　任　金元兴

副主任　吴伯荣

　　　　刘弼晨

纪委书记　车文君

市接待办公室

主　任　刘葱葱(女,党组书记)

副主任　王　洁(女)

　　　　祁志平

　　　　朱　敏

市史志办公室

主任、党组书记　郑晓奇(至2月)

　　　　　　　　许建军(2月任)

副主任　张卫星

　　　　郭　明

　　　　盛　铁

市档案局(市档案馆)

局(馆)长　盛晓奇(党组书记,至9月)

副局(馆)长　徐　杰

　　　　　　徐俊文

市政府驻北京联络处

主　任　吴　彧

副主任　丁　丽(女)

市政府驻南京办事处

主　任　王建宝

副主任　徐建邦

市政府金融工作办公室

主　任　王　维

副主任　鲁振平

　　　　侯海峰

市地震局

局　长　薛建良(党组书记)

副局长　李晓红

市农业机械局

局　长　陈正康(党组书记)

副局长　叶红谏

　　　　顾建忠

市医院管理中心

党委书记、主任　陈卫平

党委副书记　张文伟(纪委书记)

副主任　韩晓枫

　　　　笪学荣

市学校管理中心

党委书记、主任　许立新

副主任　言柏青

　　　　许兴城

　　　　边静玉(女,至12月)

　　　　许　敏

纪委书记　边静玉(女)

市文化艺术管理中心

党委书记、主任　黄浩然

副主任　周镜吾(纪委书记,至12月)

　　　　许益民(至12月)

　　　　过旭明

市体育场馆和训练管理中心

党委书记、主任　唐加俊

副主任　高　慧(女,至2月)

　　　　梁肃渊

　　　　张　宏(2月任)

市社会保险基金管理中心

党委书记、主任　杨乔良

副主任　陈妮娜(女)

　　　　严雪峰

　　　　沈　挺

纪委书记　陈妮娜(女,至12月)

无锡市公共工程建设中心(市城市重点工程建设办公室)

党委书记、主任　范春雨

副主任　俞　臻(女)

　　　　陆国平

纪委书记　陆　骏(女)

市轨道交通规划建设领导小组(指挥部)办公室

主　任　邹一辉(兼,至2月)

常务副主任　徐　政

副主任　陆春晓

　　　　张　军

无锡广播电视集团(无锡广播电视台)

党委书记　严克勤

党委副书记　郭　王(纪委书记)

总裁(台长)　严克勤

副总裁(副台长)　郭　王(总编辑)

　　　　　　　　阮晓秋

　　　　　　　　张　军(女,副总编)

　　　　　　　　赵　波(副总编)

　　　　　　　　陈　宏

总会计师　周俊清

总工程师　陈锡初

党委委员　王　凡(女,8月任)

市政府新区管委会(无锡高新技术产业开发区管委会)

主　任　魏　多(3月任)

副主任　朱晓红

　　　　洪延炜

　　　　高丞华(至3月)

　　　　刘　骁

　　　　沈雪芳

　　　　李伟敏(女)

　　　　祝君乔

　　　　吴为兵(聘任制)

政协无锡市委员会

主　席　周敏炜(党组书记)

副主席　黄士良(党组副书记)

　　　　蔡捷敏

　　　　孙志亮

　　　　王锡南

　　　　章一中

　　　　蒋伟坚

　　　　蒋　达

　　　　张丽霞(女)

党组成员　蒋宪平(1月任)

秘书长　顾　韬

副秘书长　崔从家

　　　　　王亚力

　　　　　常荣初

　　　　　陈建明

　　　　　王　晋(女,兼)

　　　　　皮何总(兼)

许建樟(兼)
汤忠元(兼)
周丁丁(女,兼,至2月)
任克奇(兼)
王海宝(兼)

市政协办公室
主　任　王亚力(兼)
副主任　吕益华
周　彦(女)

市政协研究室
主　任　雷群虎
副主任　汤亚宾(5月任)

市政协提案委员会
主　任　孙　洪
副主任　蒋家举
吴红星(兼)
洪　雅(女,兼)
宋良栋(兼)
邵　峰(兼)

市政协经济科技委员会
主　任　周卫国
副主任　胡　蕙(女,5月任)
苏益民(兼)
徐重远(女,兼)
刘燕萍(女,兼)
汪　行(兼)
张　健(兼)
刘玉海(兼)

市政协人口资源环境城乡建设委员会
主　任　常荣初(兼)
副主任　汪　春(女,兼)
张　琦(兼)
方毅军(兼)
邵崇浴(兼)
周乙新(兼)

市政协文教卫体委员会
主　任　唐喜泉
副主任　李　宁(女)
张振华(兼)
黄浩然(兼)
过　丹(兼)
施正洲(兼)
胡建伟(兼)
李晓红(兼)

市政协社会法制委员会
主　任　刘晓苏
副主任　张艺明
刘　翔(女,兼)
张　轩(兼)
杜荣良(兼)
高建强(兼)
陈　奕(女,兼)

市政协学习文史委员会
主　任　丁　坚
副主任　袁彬彬(女)
郭　王(兼)
毛　晨(兼)
刘基平(兼)
李　波(女,兼)

市政协港澳台侨外事民族宗教委员会
主　任　朱锡喜
副主任　王观华
何巧凤(女,兼)
相　江(兼)
韩晓枫(兼)
赵　静(女,兼)

市政协委员工作委员会
副主任　王忆平

市政协机关行政管理处
处　长　葛晓霞(女)

市政协新区工作委员会
主　任　周　青
副主任　蒲正勇

市中级人民法院

院　长　时永才(党组书记)
副院长　金　飚(党组副书记)
吴早春
顾铮铮(女)
弓建明
邹建南
纪检组组长　李　晓
政治部主任　邹建南

市人民检察院

检察长　蒋永良(党组书记)
副检察长　李乐平(党组副书记)
蒋伟平(女)
何洪辉
张　媛(女)
纪检组组长　谢石飞
政治部主任　吴九盛(至12月)

中共无锡市纪律检查委员会

书　记　周铁根(至3月)
陈金虎(3月任)
副书记　林　忆(女)
许力夫(至8月)
赵建聪
许　峰(12月任)
常　委　周铁根
林　忆(女)
许力夫(至8月)
赵建聪
许　峰(12月任)
许麟秋
傅国芳
谢　军
吴建明
钱　群(女)

市委巡视巡察工作办公室
主　任　林　忆

人民团体·民主党派

无锡市总工会
主　席　陈德荣
副主席　管海燕(女,党组书记)
张　帆
王觉民(女)
周国祥
纪检组组长　胡君松

共青团无锡市委员会
书　记　周子川(党组书记)
副书记　马　剑
吴莉萍(女)
俞政业
纪检组组长　马　剑

无锡市妇女联合会
主　席　夏晓春(女,党组书记)
副主席　王　健(女)
陈锡云(女)
杭向丽(女)

无锡市科学技术协会
主　席　金征宇(兼)
副主席　王友根(党组书记)
陆伟中
钱俊方
周　方(女)
崔维成(兼,至2月)
唐加俊(兼,至2月)
翁震平(兼,2月任)
陈　曦(兼,2月任)
何丽梅(女,兼)
金秋萍(女,兼)
施正荣(兼,至2月)
赵　阳(兼,2月任)

无锡市归国华侨联合会
主　席　冯　雷
副主席　张　筠(女)
韩晓枫(兼)
钱丽忠(女,兼)

许晓椿(兼)

无锡市文学艺术界联合会

主　席　刘基平(党组书记)
副主席　董　晓
　　张振华(兼)
　　刘仲宝(兼)
　　王建伟(兼)
　　王建源(兼)

无锡市哲学社会科学界联合会

主　席　李祖坤(党组书记)
副主席　王铭涛
　　王海宝(兼)
　　韩　宁(女,兼)
　　李伟刚(兼)
　　谭　军(兼)
　　符惠明(兼)

无锡市残疾人联合会

理事长　刘　翔(女,党组书记)
副理事长　王　元
　　朱永彬
　　韩庆东(兼)

无锡市工商业联合会

主　席　周海江(兼)
副主席　单康圻(党组书记)
　　王海宝
　　窦　林
　　黄丽泰(女,兼)
　　谢菊宝(兼)
　　华若中(兼)
　　龚育才(兼)
　　陈卫宏(兼)
　　潘宵燕(女,兼)
　　周　江(兼)
　　张　雷(兼)
　　蒋东良(兼)
　　严　奇(兼)
　　高岳峰(兼)
　　赵正红(女,兼)
　　张　健(兼)
　　蒋益军(兼)
　　温秀芳(女,兼)

中国国际贸促会无锡市支会

会　长　徐惠娟(女,党组书记)
副会长　金孟安
纪检组组长　杨晓峰

无锡市红十字会

会　长　华博雅(女,兼)
党组书记、常务副会长　许　君

中国国民党革命委员会无锡市委员会

主　委　张丽霞(女,兼)
副主委　张　[illegible](女,兼)
　　王　晋(女)
　　姜　科(兼)

中国民主同盟会无锡市委员会

主　委　高亚光(女,兼,1月任)
副主委　皮何总
　　高亚光(女,兼,至1月)
　　毛　晨(兼)
　　何丽梅(女,兼)

中国民主建国会无锡市委员会

主　委　华博雅(女,兼)
副主委　许建樟
　　丁　峰(兼)
　　徐重远(女,兼)
　　苏伟生(兼)

中国民主促进会无锡市委员会

主　委　章一中(兼)
副主委　金元兴(兼)
　　李　宁(女,兼)
　　杨瑞金(兼)
　　吴国平(兼)

中国农工民主党无锡市委员会

主　委　曹锡荣(兼)
副主委　韩晓枫(兼)
　　汤忠元
　　蔡建平(兼)
　　唐家梁(兼)

中国致公党无锡市委员会

主　委　高　慧(女,2月起专职)
副主委　吴红星(兼)
　　王晓刚(兼)
　　江　波(兼)
　　周丁丁(女,2月起兼任)

九三学社无锡市委员会

主　委　程　红(女,兼)
副主委　陈正行(兼)
　　任克奇
　　唐　红(女,兼)
　　陈凤军(兼)

无锡军分区

司令员　吴建齐
政　委　柳江南

中央、省直属部门和外地主要驻锡机构

中国人民银行无锡市中心支行

党委书记、行长　何敏峰(女)
副行长　惠　娟(女)
　　张先忧
　　夏修海(至10月)
　　黄　华(4月任)
纪委书记　郭林宽

中国银行股份有限公司无锡分行

党委书记、行长　马　晓
副行长　杜承宇(女)
　　张晓明
　　袁仕辉
　　王海军
　　何顺炜
纪委书记　朱百放(至12月)
　　袁仕辉(12月兼任)

中国建设银行股份有限公司无锡分行

党委书记、行长　张伟煜(至3月)
　　刘　兵(3月任)
副行长　赵建荣(11月任)
　　沈卫兴
　　肖锟峰(至11月)
　　吕　娟(女,至11月)
　　张　晶
　　刘逸晨(至11月)
　　徐海峰(12月任)
纪委书记　刘逸晨
风险主管　胡　克
工会主任　吕　娟(女,11月任)

中国农业银行无锡分行

党委书记、行长　陈杏梅(女)
党委副书记、副行长　陆　铁
副行长　吴永东
　　綦　蔚(女)
　　姚社锋(纪委书记)
　　周学军

中国工商银行无锡分行

党委书记、行长　姜　乔
副行长　谢晓东
　　陈晓春
　　戴　峰(女)
　　徐骏成
　　戴　政(兼纪委书记)
　　朱伊民
　　蒋晓青(女,6月任)

交通银行无锡分行

党委书记、行长　鲁　敏
副行长　华　俊(至9月)
　　廉伟红(女,兼纪委书记,至9月)
　　朱光燕(兼纪委书记,9月任)
　　朱寿海
　　盛金才
　　沈稚先(5月任)

中国农业发展银行无锡市分行

党委书记、行长　陈一兵
副行长　王建春(兼纪委书记)

嵇道章

江苏银行股份有限公司无锡分行

党委书记、行长 杨 凯
副行长 徐 吉
钱若枫(女)
蒋仲芬(女,兼纪委书记)
金建明(7月任)
行长助理 丁宗红(5月任)

中国人民财产保险公司无锡分公司

副总经理 尤力人(主持工作)
彭 军
曹建春(兼纪委书记)
罗蔚文(女)
吴晓羚(女)
朱 勇

中国人寿保险股份有限公司无锡市分公司

党委书记、总经理 张建平
副总经理 吴小平
毕玉祥
边洪涛(至9月)
季芯宇(兼纪委书记)
郁 弟

无锡海关

关 长 谢国柱(党组书记)
副关长 宋 平
吴方玲(女)
杨卫东
蔡校生
金 星(至11月)
罗相海(11月任)

无锡出入境检验检疫局

局 长 张 汀(党组书记)
副局长 李 宗
刘秀芳(女)
顾高浪
纪检组组长 张 勇

无锡市国家税务局

局 长 江心宁(党组书记)
副局长 曹建伟
成尔方
朱晋达
纪检组组长 蔡 剑
总经济师 曹国平

无锡市国家安全局

党委书记、局长 李耀军

无锡市烟草专卖局(江苏省烟草公司无锡市分公司)

局长、经理、党组书记 王玉平(至8月)
杨思藻(8月任)
副局长 范光耀
副经理 王旭明
纪检组组长 刘仲凡

无锡市气象局

局长、党组书记 史巧华(女)
副局长 朱 玮(女)
马志强(12月任)
纪检组组长 欧阳育红

江苏省水文水资源勘测局无锡分局

局 长 洪国喜
副局长 沈顺中
吴朝明

江苏省无锡地方税务局

局 长 丁 源(党组书记)
副局长 徐学良(党组副书记,至1月)
胡建光(6月任)
李 檬(女)
王晓东(9月任)
纪检组组长 胡建光(至6月)
邵 云(6月任)
总经济师 王晓东(至9月)
严 郓(9月任)

江苏省无锡工商行政管理局

局 长 蒋亚亭(党组书记,至12月)
副局长 邵鹤鸣(党组副书记)
顾正刚
盛小伟
苏益玲(女)
张 贤(女)
纪检组组长 张一明

江苏省无锡质量技术监督局

局长、党组书记 裴志良
副局长 朱小元(党组副书记)
胡 宏
周建辉
夏一明
于文霞(女)
纪检组组长 丁 军

江苏省电力公司无锡供电公司

党委书记 张克全(兼副总经理)
总经理 陈宏钟(兼党委副书记)
副总经理 范正满
顾水福
丁建忠
潘 勇(至9月)
纪委书记 夏伟文
工会主席 丁 锋
总工程师 黄礼平
总会计师 盖志海

中国电信股份有限公司无锡分公司

党委书记 陈国忠(至1月)
总经理 张华林(兼党委书记)
副总经理 汤九斌(至9月)
江 冲(9月任)
邹易风(兼工会主席)
金 红(女)
孙晓健
纪委书记 吴 强

江苏省邮政公司无锡分公司

党委书记、总经理 莫志坚
副总经理 柳高远(兼纪委书记、工会主席)
张志慧

无锡市盐务管理局

局 长 李汉东
副局长 张惠民
蒋 刚(至1月)

无锡市国土资源局

党委书记、局长 吴春林
副局长 杨武亮
马卫明
朱明辉(至11月)
包 军
陈 艳(女)
纪委书记 黄建春(至4月)
李安国(4月任)

说明:该名单反映的是2014年1~12月无锡市县(处)级以上领导人员任职情况。姓名后括号内为该同志兼职、年内职务变动等情况

(市委组织部)

编辑 邵文凯

"魂",广大党员干部受到深刻的群众观念洗礼,党性观念和宗旨意识显著增强。二是清扫作风之"弊",始终聚焦群众反映强烈的"四风"问题,党风政风明显好转。三是弘扬优良之"风",认真开展批评和自我批评,党内政治生活得到明显加强。四是夯实执政之"基",打通联系服务群众"最后一公里",党群干群关系更加密切。五是严明治党之"制",出台一批转作风改作风的制度规定,促进作风建设常态化长效化的制度体系初步形成。六是激发干事之"志",把开展活动与做好改革发展稳定工作结合起来,干部群众干事创业的精气神明显提振。在肯定成绩的同时,也要清醒看到,目前教育实践活动取得的成效还是初步的,与上级要求和群众期盼相比,用作风建设的理想状态来衡量,还存在一些差距,主要是许多整改任务还没有落实到位,一些深层次矛盾问题还没有从根本上得到有效化解,一些顽症痼疾还没有得到彻底根治,一些"四风"问题的收敛是在高压态势下取得的,由"不敢"到形成"不想"的自觉、"不能"的体制还有相当长的过程。全市各级党组织和广大党员干部要以教育实践活动为新的起点,把从严治党各项要求落到实处,形成作风建设新常态。要落实管党治党责任。把抓好党建作为最大的政绩,完善考核体系、改进考核办法、加大考核权重,落实从严治党要求,提高党的建设科学化水平。要加强干部教育管理。加强对干部的思想教育,严把干部选拔任用关,执行干部管理规定,强化对党员干部的监督,形成干部清正、政府清廉、政治清明氛围。要规范党内政治生活。严格执行民主集中制,经常使用批评和自我批评这个武器,丰富党内政治生活内容,提高党内政治生活质量。要落实作风建设要求。绷紧作风建设这根弦,落实"443"整改行动方案,推进12项专项整治行动,重点落实改进学风、党员领导干部直接联系群众等10个方面的制度,实现作风教育常态化、联系服务群众常态化、监督检查常态化,形成良好政治生态。要抓好基层基础建设。以基层服务型党组织建设为统领,打通联系服务群众的"最后一公里",调整优化基层党组织设置,加强基层便民服务中心、党群服务中心、群众工作站等服务平台建设,调动基层干事创业的积极性主动性创造性。要执行党的各项纪律。加强经常性的纪律教育,严格落实党的纪律,始终保持惩治腐败的高压态势,形成风清气正环境。省委督导组组长丁解民肯定无锡市教育实践活动取得的成效。他指出,教育实践活动开展以来,无锡市贯彻中央精神和省委部署态度坚决、措施有力、工作到位,市委高度重视、各级领导率先垂范,精心组织谋划、活动推进扎实有序,充分发动群众、坚持开门搞活动,坚持立说立行、动真碰硬狠抓整改,科学建章立制、固化作风建设成果,做到规定动作不走样、自选动作有特色,达到不走过场、务求实效的目的。各级领导班子和党员领导干部思想认识明显提高,加强和改进作风建设制度机制不断健全,"四风"突出问题尤其是群众反映强烈的突出问题得到解决,群众切身感受教育实践活动带来的新气象新变化。

会议以电视电话会议形式召开,各市(县)区设分会场。市委副书记、市长汪泉,省委督导组副组长周建,市领导姚建华、蒋洪亮、周敏炜等出席会议。

(丁祥建)

【开展党的群众路线教育实践活动】 2014年,市委宣传部在全市宣传文化系统开展党的群众路线教育实践活动,部署落实3大环节43项具体工作。通过发放征求意见函、开设电子邮箱、开通专用电话、公布来信来函地址、召开专题座谈会等形式,采取"面对面""点对点""背靠背"等方式征求意见,收集社会各界和干部群众的意见建议105条。组织学习吴仁宝、焦裕禄等重大典型活动,邀请华西村党委书记吴协恩作"学习老书记,争做优秀共产党员"专题讲座。开展领导干部"三解三促"活动,组织"为了谁、依靠谁、我是谁"大讨论活动,落实"千名领导干部联千村(社区、企业)、万名党员干部进万家",部机关党员干部到所在社区报名参加志愿活动,参与文明和谐社区建设,累计认领公益岗位110多个,推动一批实际问题的研究解决。

(伍诚达)

组织工作

【概况】 2014年,全市组织系统深化推进党的建设制度改革,全力实施党建工作创新工程,组织工作取得新成效,为建设"四个无锡"提供组织保证。根据中央和省、市委部署,会同有关部门,组织全市2万多个党组织、40多万名共产党员参加党的群众路线教育实践活动,"四风"问题得到整治,党心民心进一步凝聚。以县处级领导干部为重点,分层分类完成习近平系列讲话精神集中轮训,全市举办专题培训班736期,培训各级党员干部11万余人次,补好党员干部精神之"钙";完成"四个无锡"市管干部轮训,4年举办8期培训班,912名市管干部参加轮训,参训率99.35%。认真贯彻《党政领导干部选拔任用工作条例》(以下简称《干部任用条例》),按照"领导干部熟悉、组工干部精通、干部群众知晓",邀请中央组织部专家进行专题辅导,举办电视知识竞赛,累计培训干部3800多人次。制定出台系列干部工作制度文件,修改完善《改进领导干部政绩考核评价工作的意见》,开展新一轮年轻干部"三个一线"(发展一线、民生一线、稳定一线)挂职锻炼,领导班子和干部队伍建设得到加强。实施"阳光监督",做好中央巡视组反馈意见的整改落实,按照中央组织部、省委组织部及市委群众路线教育实践活动统一部署,集中开展超职数配备干部消化、"裸官"排查清理、清理规范党政领导干部在企业兼职(任职)、规范退(离)休领导干部在社会团体兼职、党政机关借用人员清理等专项整治工作,形成从严管理干部新常态。根据市委"基层组织建设深化年"部署,推进基层服务型党组织创建,分别组织全市1200名村(社区)党组织书记赴华西村、400名非公企业党组织书记赴红豆集团集中培训,出台《关于完善党员干部直接联系群众制度的意见》,实行市、区党代表联系服务群众制度,建立"基层党组织统一活动日"制度,进一步抓基层、打基础、强服务。纵深推进"东方硅谷"建设,以"人才强企"为核心,实施思想引领、队伍再造、助企引才、强企提升、传播影响等工程，人才工作转型升级，截止到2014年年底，年销售收入超亿元“东方硅谷”领军人才创办企业18家，超千万元“东方硅谷”领军人才创办企业196家。以“践行群众路线、争创‘五型’(学习型、服务型、创新型、人文型、清廉型)组工”为主题，抓好组织系统党的群众路线教育实践活动，分期举办市(县)区、镇(街道)和市级机关组工干部培训班，加强组织部门自身建设。

(朱隽昉)

【出台“1+8”干部工作制度文件】 年内，制定出台“1+8”干部工作制度文件，即市委《关于健全干部选拔任用科学机制的意见》和组织部配套出台的《关于进一步深化和推进优秀年轻干部到“三个一线”挂职锻炼的意见》《关于进一步规范市级机关科级干部选拔任用工作的通知》《领导干部年度考核实施办法（试行)》《选拔任用领导干部考察工作实施办法(试行)》《选拔任用领导干部民主推荐实施办法(试行)》《选拔任用领导干部任职前公示实施办法（试行)》《选拔任用领导干部任职前听取有关部门意见实施办法（试行)》《关于深入了解领导干部日常表现十项措施(试行)》。文件出台后，各级党委（党组）认真把好民主推荐关、考核考察关、廉政关、讨论决定关、社会公示关等，健全领导和把关、动议推荐、考核考察、培养锻炼、管理监督等机制，干部选任工作科学规范。

(朱隽昉)

【年轻干部挂职锻炼】 年内，无锡市选派206名优秀年轻干部，通过到全市重大项目锻炼、到乡镇街道(功能园区)负责科技人才工作、到经济薄弱村开展扶贫式挂职等7种途径，到基层挂职锻炼。其中，女性54人，占26.2%，党员181人，占87.9%，博硕士研究生73人，占35.4%，平均年龄36岁。凡挂职担任各级领导班子成员的，要求明确具体分工或负责联系的工作内容，挂职干部与挂职所在地签订挂职工作目标任务书，任务完成情况作为挂职期满考核依据。

(朱隽昉)

【从严完善干部选拔任用制度】 市委组织部门先后制定《关于在科级干部选拔任用工作中实行职数预审制度》《拟提拔对象个人事项报告查核工作操作规程》《关于做好新提任市管(部管)干部“三龄二历一身份”信息审核认定工作的通知》等文件，完善选任工作事前报告、提拔对象任前社会公示、阳光交接“三本账”(用人账、财务账、项目账)、选拔任用全程纪实复核等制度，扎紧从严选拔任用和管理监督制度篱笆。从严监督检查，对9个市县区、30个市级机关部门进行选人用人(超职数)专项检查，对14个单位进行“三责联审”或经济责任审计。从严问责提醒，对新任市管干部开展“四个一”教育，即送一本《干部任用条例》、作一次纪律承诺、进行一次专题谈话、参加一次专题培训，开展“带病提拔”倒查，对来信来访中发现问题或有多次重复信访的，及时进行关爱提醒或诫勉谈话。

(朱隽昉)

4月27日，诺贝尔奖获得者、德国教授米歇尔(左二)考察无锡普莱医药生产车间 (陈祖轩 摄)

【全市“东方硅谷”建设工作会议】 7月16日，无锡市举行“东方硅谷”建设工作会议暨“欧美同学会·中国留学人员联谊会留学报国无锡基地”揭牌仪式，全国人大常委会副委员长、欧美同学会会长陈竺，省委常委、无锡市委书记黄莉新到会讲话并为基地揭牌，省政协副主席周健民等出席会议。此次欧美同学会与无锡高新区联合共建留学报国无锡基地，旨在向无锡引进海内外人才、技术、项目和资金等，共同将基地建设成为江苏省乃至“长三角”地区人才引进、招商引资、科技转化及创新创业平台。大会对无锡市人才工作优秀集体授牌，给优秀人才贡献奖、留学回国人员创业奖、高技能人才成就奖、引进人才工作奖等奖项代表颁奖，营造爱才惜才的浓厚社会氛围。

(朱隽昉)

【引进诺贝尔奖获得者和民营企业合作】 落实《关于推进人才强企的实施意见》精神，探索形成领军企业集成创业、本土企业协同创新、园区镇域产业提升等“人才强企”模式。截止到2014年年底，全市累计引进9名诺贝尔奖得主、11名外籍院士与民营企业牵手合作，其中4名诺贝尔奖得主入股民企创业。其中有传统企业引入诺贝尔奖得主，如江苏双良集团与诺贝尔化学奖得主E.J.科里合作；有科技型企业牵手诺贝尔奖得主，如江阴贝瑞森公司与诺贝尔生理学、医学奖得主本特·因格玛·塞缪森合作，江苏巨珩新材料科技公司与诺贝尔化学奖得主艾伦·黑格合作；有诺贝尔奖得主本人创业落户实现市场价值，如诺贝尔生理学、医学奖获得者路易斯·伊格纳罗、诺贝尔经济学奖获得者迈伦·斯科尔斯分别率团队出资甚至控股设立公司。这些诺贝尔奖得主将人才资源、技术资源、资本资源、市场资源带到无锡，助推无锡经济增长、产业转型。

(朱隽昉)

【“争创‘五型’组工”活动】 市委组织部在群众路线教育实践活动中切实履行组织者和参与者双重职责，组织推动的同时，在全市组织系统开展以“践行群众路线、争创‘五型’组工”为主题的专项活动。活动重点突出“五查五创”，即查理想信念牢不牢、工作作风实不实、精神状态振不振、公道正派好不好、廉洁自律严不严，创“学习型”“服务型”“创新型”“人文型”“清廉型”组工。部务会作出“五项承诺”，部机关党总支开展“三学三提升”（学理论，提升思想素养；学政策，提升业务水平；学典型，提升工作标杆）、“三听三服务”（听取对干部工作、人才工作、基层党建工作的意见建议，做好服务党员、干部、人才各项工作）等活动，实施“351”整改计划，即明确3项整改举措，开展5项专项（整治）行动，构建1个自身建设长效机制，推动组织部门和组工干部队伍作风建设。

（朱隽昉）

【全市党员和党组织概况】 至2014年年底，全市党员412118名，比上年净增6025名。年内发展新党员6587名，其中35岁及以下的4892名。全市党员中，女党员119682名，占29.04%。35岁及以下的104188名，占25.28%；36岁至45岁的72797名，占17.66%；46岁至55岁的64058名，占15.54%；56岁至60岁的33241名，占8.07%；61岁及以上的137834名，占33.45%。研究生学历的14988名，占3.64%；大学学历的104328名，占25.32%；大专学历的76916名，占18.66%。

全市基层党组织22493个，其中，党委682个，总支部1705个，支部20106个。全市城市社区建立党委74个，总支部342个，支部94个，建制镇党委30个，总支部40个，支部36个，村建立党委36个，总支部519个，支部56个。全市公有经济控制的企业法人单位建立党委87个，总支部60个，支部462个；非公有经济控制的企业法人单位建立党委142个，总支部183个，支部7203个。事业法人单位建立党委88个，总支部103个，支部1210个。国家机关、政党机关、人民团体和群众团体机关法人单位建立党委93个，总支部141个，支部374个。

（朱隽昉）

无锡市举办“永恒的梦想，共同的信仰”两代人庆祝建国65周年座谈会

（夏 刚 摄）

【全市离休干部概况】 至2014年年底，全市离休干部1954人（含江阴市196人、宜兴市259人），平均年龄85.6岁，全年市属离休干部去世176人。按参加革命工作时期分，抗战前期100人，抗战后期284人，解放战争时期1570人；按享受待遇分，享受地市级以上政治、生活待遇的133人，享受地市级医疗待遇的201人，享受地市级医疗乘车待遇的107人，享受县处级政治、生活待遇的724人，享受科级及其他待遇的786人；按机构性质分，机关489人，事业531人，企业934人；按年龄分，70~79岁33人，80~89岁1643人，90岁以上278人。

另有在无锡的部省属单位离休干部405人，外省市安置在无锡的离休干部137人，年内无市属离休干部迁往外省市。

（夏 刚）

【表彰离退休干部先进典型】 市委组织部、市委老干部局联合召开全市“五好”（政治学习好、教育后代好、保持本色好、科学养生好、发挥作用好）离退休干部表彰大会，对10名无锡市十佳“五好”离退休干部、20名无锡市十佳“五好”离退休干部提名人员和100名无锡市“五好”离退休干部进行表彰；开展学习全国和省离退休干部“双先”表彰大会精神，利用市委老干部局门户网站、《无锡老干部》刊物对离退休干部先进事迹进行报道。通过先进典型引领作用，引导广大离退休干部在推动发展、服务群众、凝聚人心、促进和谐等方面发挥作用，营造全社会尊老、敬老、爱老的浓厚氛围。

（夏 刚）

【离退休干部主题学习教育活动】 市委老干部局在亲情服务老干部的同时，开展系列活动，汇聚改革发展正能量。开展“同心共筑中国梦、谱写无锡新篇章”主题实践活动；举办“学习三中全会精神，弘扬党的优良传统”专题讲座；开展“我看十八大以来新变化”大讨论；举办学习宣传贯彻十八届四中全会报告会；举办两代人庆祝中华人民共和国成立65周年座谈会。

（夏 刚）

【围绕文化养老推进阵地建设】 依托市、市（县）区、乡镇（街道）、村（社区）四级活动阵地，满足新时期离退休干部精神文化需求，以庆祝新中国成立65周年和纪念老干部活动中心成立30周年为契机，开展“桑榆晚情别样红”老干部文化活动巡礼展、晴晖书画院书画作品进百家、“激情周末广场”老干部文艺汇演、离退休干部“进社区、进广场、进市民中心”为居民群众“送文化、送健康、送新风”等各类公益性主题文化活动，把老干部文化养老建设融入公共文化服务体系中，受到广大离退休干部欢迎。

（夏 刚）

宣传工作

【概况】 2014年，全市宣传思想文化战线开展“干部讲政策、专家讲理论、典型讲事迹、群众讲感受”的“四学四讲”宣讲活动，做法在全省交流推广。一批有深度有影响的重点报道在中央、省主要媒体重点版面栏目刊发，无锡市在《新华日报》、江苏卫视、省电台以及新华社政务通、江苏手机报的发稿数量和重点报道均居全省地级市首位。在全市广泛开展“与你e起，精彩无限”20项网络文化活动，近80万人次参与，“无锡发布”政务微博位列全国十大新闻办微博第六位，营造清朗网络空间。开展文明素质、社会秩序等九大专项创建提升行动，跻身第四届全国文明城市行列，获全国未成年人思想道德建设工作先进城市称号，5人当选“中国好人”，19人当选“江苏好人”。运河无锡城区段（14公里）、清名桥历史文化街区列入中国大运河世界文化遗产点，“泰伯庙会”等2个项目入选第四批国家级“非遗”代表性项目。成立全省首家文化金融机构——无锡农村商业银行太湖文化支行。

（伍诚达）

【培育和践行社会主义核心价值观】 2014年，无锡市委办下发《关于培育和践行社会主义核心价值观的实施意见》，无锡市委宣传部印发《2014年无锡市培育和践行社会主义核心价值观重点任务责任分解方案》，组织编写《培育和践行社会主义核心价值观学习手册》口袋书，印制3万册下发基层，无锡市社会主义核心价值观实践模式“五位一体唱响主旋律”被《人民日报》社内参部、中央宣传部《思想政治工作研究》杂志、省委《群众》杂志进行推广。开展“图说我们的价值观”宣传活动，部署“十个一”主题宣传，制作12集具有无锡人文特色的动漫宣传短片，推出无锡“最美人物”新闻宣传，引导干部群众弘扬践行社会主义核心价值观。出台《关于推进诚信建设制度化的实施意见》《无锡市诚信“红黑榜”发布制度》等文件，推进政务诚信、商务诚信、社会诚信和司法公信建设，无锡经验在全省座谈会上作交流发言。

（伍诚达）

【创新理论学习宣传】 2014年，市委办下发《关于改进和加强领导干部学习的规定》《关于切实改进学风的实施意见》《关于进一步贯彻落实加强学风建设若干意见的通知》等文件，市委中心组全年开展集中学习21次。市委宣传部组织编印《习近平总书记重要论述摘编》《学习贯彻四中全会精神图解》等口袋书，无锡市理论学习做法在全省推广。以梁溪大讲堂为主，以东林讲坛和工商讲坛为辅，打造“1+2”模式的公共学习平台，举办专题讲座40次，在“智慧无锡”手机平台上推出梁溪大讲堂专栏，推进《悦读无锡》系列丛书研编工作。全市举办各级各类讲坛、宣讲报告会4000多场次，受众50多万人次。无锡市被评为全省冬训工作先进市。

（伍诚达）

【营造浓厚改革发展舆论氛围】 2014年，市委宣传部组织开展党的群众路线教育实践活动、全面深化改革优化提升“四个无锡”、培育和践行社会主义核心价值观等重大主题新闻宣传活动，一批有深度有影响的重点报道在中央、省主要媒体重点版面栏目刊发，《无锡再唱太湖美》实现近十年来在《人民日报》头版头条零的突破。市委下发《关于加强新时期新闻宣传工作的实施意见》，特别围绕媒体融合发展提出规划、举措。制定下发《关于建立健全信息发布和政策解读机制的实施意见》等系列文件，坚持完善重点工作新闻通报、热点问题舆情研判等制度。开展第二届“走基层、听民声、求良策”全市新闻战线“走转改”体验实践活动，聚焦民生一线，反映时代脉搏，激发团结奋进热情。

（伍诚达）

【推介魅力无锡城市形象】 2014年，无锡 在央视综合、新闻频道《朝闻天下》、美国财经电视台（CNBC）亚洲频道、凤凰卫视欧洲台以及北京、上海、广州、深圳、南京、无锡中心城区的29块户外LED大屏投播城市形象宣传片。《三联生活周刊》以94页的篇幅报道“太湖湾里的度假胜地：无锡”；《中国日报》以16个版面展示“运河都市·无锡”，香港《文汇报》、香港《大公报》、《香港商报》、新加坡联合早报网等媒体围绕“无锡国家传感网创新示范区建设”“2014无锡国际马拉松”“灵山公益慈善促进大会”“环太湖国际自行车赛”等重大活动开展采访报道。

（伍诚达）

【创成全国文明城市】 2014年，无锡市完善市创建领导小组，成立9个专项创建组，开展政务环境、文明素质、社会秩序、文教卫体、诚信建设、生活品质、社区管理、商旅服务、安全治理专项创建提升行动，常态开展季度城区文明程度指数测评，跻身第四届全国文明城市行列。开展学习雷锋、志愿服务、道德模范评选等活动，举办“无锡市爱国主义教育活动月”活动，创设“掌上道德讲堂”，开展好人推荐评议活动。抓好未成年人文明礼仪养成教育，组织编撰印发《无锡市“文明礼仪伴成长”指导手册》《践行“八礼四仪”，争做崇德少年》口袋书，管好、用好各类未成年人活动阵地。

（伍诚达）

【推动文化发展繁荣】 2014年，无锡创建国家公共文化示范区。原创民族舞剧《丹顶鹤》获全国“五个一”工程奖。围绕改善群众文化民生，推动文化共建共享，借助社会力量为307支群众文艺团队实施小额资助，全市群众文艺团队2741支。全年送电影下基层12549场次，送戏下基层1843场次，送书下基层10.15万册，送展览下基层372场次。举办上海国际艺术节无锡分会场3大类76项活动，近30万人次参与，政府以补贴购买形式低价惠民受好评。惠山区晴山蓝城社区“农家书屋”获“第四届江苏省服务农民服务基层文化建设奖”称号，无锡新区图书馆、江阴市影剧公司放映队获先进集体称号。制定《无锡市深化文化体制改革实施方案》等文件，修订《无锡市市属国有文化资产监督管理暂行办法》和《市属国有文化企业年度绩效考核办法》。推动文化与科技、金融、旅游、体育等融合，由无锡市演艺集团有限公司承担的《裸眼3D全息影像技术与实景演出舞台应用项目》等3个项目被评为文化部文化科技创新项目，承办全国文化金融合作会议，推动成立全省首家文化金融机构——无锡农村商业银行太湖文化支行，26个项目获得中央、省财政文化产业引导资金4300万元，无锡灵山文化旅游创意产业园成为省文化产业示范园区。

（伍诚达）

【市委讲师团宣讲和研究取得好成效】 2014年，市委讲师团深入机关、乡镇（街道）、学校、部队、企业和社区等单位，宣讲中共中央总书记习近平系列重要讲话精神，宣讲中共十八届三中、四中全会、中央经济工作会议、市委全会以及全国、省市两会精神，宣讲党的群众路线教育实践活动等近百场。

启动无锡民生讲台，围绕教育、就业、医疗、住房、养老等百姓关心话题，列出十大专题，与市发改委、市卫生局、市医管中心、市校管中心、市人社局、市房管局和市民政局等单位合作，开展宣讲活动，将市委、市政府的为民政策、惠民成果等传递给市民群众。

针对全国改革焦点、全市发展重点和干部群众关注的热点，撰写制作宣讲课题讲义30多个。内容包括开展党的群众路线教育实践活动，谱写“中国梦”无锡篇章；讲党性，重品行，作表率；弘扬和培育社会主义核心价值观；打造“四个无锡”与无锡的民生建设等。

开展应用对策研究。撰写的《江南文化与生态文化》《弘扬生态制度文化，建设魅力无锡》《以廉政建设成效践行党的群众路线》等文章在相关刊物上发表。

结合工作和无锡实际，开展省社科应用研究精品工程《培育践行社会主义核心价值观无锡实践研究》，以及市哲学社会科学项目《加强文化品牌建设，促进无锡文化产业发展研究》和《无锡创新民生工作推进路径研究》等的调查研究。

与市社科联合作，撰写《中国城市发展·无锡卷》有关篇章30多万字书稿。参与编写《第二批群众路线教育实践活动图解》《十八届四中全会图解》《小故事，大道理——社会主义核心价值观无锡在践行》《全国文明城市测评体系》解读等通俗理论读物。

（肖复新）

统一战线工作

【概况】 2014年，全市统战部门按照中央民族工作会议和全国全省统战部长会议部署，组织开展“凝心聚力助推发展深化年”“党外代表人士队伍建设深化年”“两个百千万工程深化年”“民宗事务管理规范化建设深化年”和“作风建设深化年”等活动，各领域统战工作均取得明显成效。

（姚静芳）

【开展坚持和发展中国特色社会主义学习实践活动】 2014年，市委统战部下发《关于民主党派开展坚持和发展中国特色社会主义学习实践活动“八个一”重点工作的通知》，推动市各民主党派、无党派知识分子联谊会开展学习实践活动。召开全市“同心”实践基地建设交流推进会，推动市各民主党派把“同心”实践基地建设与坚持和发展中国特色社会主义学习实践活动有机结合。年内，全市建立市、市（县）区、乡镇（街道），以及学校和社区等各级“同心”实践基地82个，形成四级联动、全面覆盖创建格局。组织举办“无锡市统一战线庆祝新中国成立65周年书画展”，共征集市各民主党派、无党派人士的书画摄影作品102件，从不同角度反映无锡经济社会发展成就。

（姚静芳）

【参政议政民主监督】 2014年，市委统战部完善知情明政、监督调研、情况专报、督办落实、沟通反馈等机制，提升民主协商和民主监督工作层次和水平。探索建立党外人士听政制度，邀请市各民主党派、工商联和无党派知识分子联谊会负责人列席市委全委会、市政府常务（扩大）会议等涉及全局性工作的重要会议。召开督察推进会和落实办理情况通报会等措施，推进民主协商、民主监督工作制度化、规范化。组织市各民主党派、工商联和无党派知联会就“深化经济体制改革”与“生态文明建设”专题，开展调查研究，形成专题民主协商调研报告18篇，并协助市委召开专题民主协商会2次。围绕市委、市政府三个深化年部署，组织市各民主党派、工商联和无党派知联会结合自身界别人才资源优势，各选一项作为年度专题民主监督课题，开展专题监督调研。年内，编报《民主监督情况专报》3期。

（姚静芳）

【帮助和支持民主党派加强自身建设】 市委统战部在民主党派中开展政治共识深化年、参政议政提升年、社会服务品牌年、班子建设强化年、组织发展规范年等活动，推动市各民主党派履行参政议政、民主监督职能，加强思想建设、组织建设、制度建设和作风建设。协助民主党派加强后备干部队伍建设，在广泛推荐、民主测评基础上，帮助市各民主党派建立后备干部队伍名单。召开民主党派机关作风建设研讨交流会议，推动民主党派机关建设。举办统战宣传信息培训班、调研文秘培训班等，培训民主党派参政议政、宣传信息骨干600余人次，提升党派机关工作水平和党派成员建言献策能力。组织市各民主党派和无党派知联会开展形式多样的社会服务主题活动。活动内容有：民革无锡市委的“博爱”公益活动。民盟无锡市委的“美丽家园”、“三捐”（捐树、捐衣、捐书）活动，民建无锡市委的“思源助学”帮扶活动，民进无锡市委的“彩虹行动”，农工党无锡市委的“美丽无锡”“健康无锡”系列活动，致公党无锡市委的“法律进社区、律师进家庭”活动，九三学社无锡市委的“百名专家进乡村”活动，无党派知联会的“同一片蓝天，同一个梦想”公益活动等。

（姚静芳）

【党外代表人士队伍建设】 2014年，无锡市加强党外代表人士选拔使用工作，在市统计局配备1名党外正职领导干部。无锡市人大常委会，区人大常委会、政府、政协均已配齐党外领导干部。市人大常委会配备1名专职副秘书长和1名专委会副主任；市政协配备1名专职专委会副主任；政府工作部门配备17名党外领导干部，11个必配部门全部配齐，6名党外领导干部担任部门正职，市中级人民法院、市人民检察院领导班子都配备党外领导干部。做好市政协届中党外人事调整工作，调整市政协委员4人，增补市政协委员6人，调整市政协常委2

人。举办第七期无党派人士理论研修班、党外人士暑期学习会、第25期党外中青年干部培训班、民主党派新成员培训班、民族宗教界代表人士培训班，提高党外人士的政治思想素质和参政议政能力。建立市委统战部领导班子成员与党外代表人士交友谈心制度，6名班子成员分别与65名党外代表人士普遍开展谈心谈话活动。

(姚静芳)

【促进民族宗教领域和谐稳定】 深化民族团结进步创建活动，召开少数民族企业家代表座谈会，以及由市、区政府部门参加的协调会，解决少数民族企业招工、信贷及政策支持等问题。做好接收对口援疆阿合奇县劳务输出企业的民族团结宣传服务工作，联合市公安、市伊斯兰教协会等单位开展民族政策法规宣传进企业活动。开展法制宣传教育，面向外来穆斯林群众开展主题为“依法维护自身合法权益”的法律法规宣传活动。督促指导企业加强清真食堂的建设和管理，帮助企业解决在清真饮食、办理居住证等方面遇到的困难和问题。开展以“发挥正能量，共筑中国梦”为主题的“宗教政策法规学习月”活动，制定《无锡市宗教活动场所安全隐患排查体系标准》，定期开展“四项排查”(突出信访问题、有风险预警的项目、安全事故隐患、基层基础工作薄弱环节)工作，从源头上化解宗教领域矛盾纠纷。加强民族宗教团体建设，指导市基督教两会、市伊斯兰教协会、市天主教爱国会依照章程做好换届工作。指导各宗教团体和场所开展主题为“正信正行”的“讲学年”活动，提升宗教教职人员能力素质。召开全市宗教活动场所建设经验交流会，推进宗教活动场所建设规范化、制度化。开展星级宗教活动场所认定工作，共审核通过五星级宗教活动场所3处、四星级7处、三星级14处。召开全市寺观教堂类宗教活动场所档案工作部署会，举办市级宗教团体和部分宗教活动场所档案工作交流会，32处宗教活动场所档案室通过星级考核测评。指导宗教界开展“宗教慈善周”活动，募集善款717.7万元。成立无锡仁济佛教慈善基金会，募集资金200万元。同时，还在全市宗教界建立无锡市仁济志愿者服务队和无锡市博爱志愿者服务队。

(姚静芳)

【开展“四信”教育实践活动】 2014年，市委统战部开展“信念、信任、信心、信誉”教育实践活动，召开全市非公经济人士“四信”教育实践活动推进会，制定下发全市非公经济人士“四信”教育实践活动实施意见，建立“四信”教育工商联驻会领导联系工作点。出台《2014年全市非公企业文化建设“百千万工程”工作方案》，组织开展非公企业文艺汇演、非公企业职工书画摄影展等“八个一”活动。在海澜集团召开全市非公企业文化建设“百千万工程”现场交流会，授予第三批市非公企业文化建设“百千万工程”示范单位称号115家，创建先进单位316家。举办非公企业文化建设“百千万工程”书画摄影展暨文艺汇演，展示无锡市非公企业文化建设成果。非公企业文化建设“百千万工程”实施三年间，已累计表彰“百千万工程”示范单位240家和“百千万工程”示范创建先进单位821家，近万家民营企业参与创建活动。引导非公经济人士履行社会责任，举办“绿色让城市更美好”光彩感恩公益植树活动、“无锡光彩助学奖学基金”捐助活动、“光彩公益百千万”进军营慰问活动、“中国光彩事业南疆行”活动等。推动无锡市青年企业家协会设立“青企慈善基金”。感恩社会光彩公益“百千万”工程实施三年间，累计成立光彩公益小组107个，开展公益活动3000余次，帮扶困难群众3万人次以上，推动光彩事业项目130个，到位资金18.75亿元，带动就业35万人。

(姚静芳)

【吸引海外侨胞在无锡创业】 6月7日上午，全球锡商联盟启动仪式在无锡市举行，美国、加拿大、澳大利亚、德国等国家和地区的300余名锡商代表出席。全球锡商联盟下属会员34个，人数超过3500人。全球锡商联盟被评为全国工商联系统“商会工作十佳服务典范”。7月16日，建立欧美同学会中国留学人员联谊会创业报国无锡基地，并举行基地揭牌仪式。发挥“侨”“海”优势，引导海外高层次人才在无锡创新创业。举办致公党第五届“引凤工程”活动，美国、德国、英国、法国、加拿大、澳大利亚等17个国家的83名海外高层次人才参加活动，并与江南大学16个学院和无锡36家企业进行洽谈对接。会同市侨联举办“创业中华——2014侨界人才聚无锡”活动，现场签约引资引智项目8个。9月中旬，赴香港参加港、苏、浙、沪各界人士庆祝中华人民共和国成立65周年大会，“香港江阴商会”成立一周年庆祝大会和无锡旅港同乡会庆祝新中国成立65周年联欢晚会，凝聚亲情乡情。发挥无锡海外联谊会作用，引导相关海外人士在江南大学、无锡太湖学院、无锡辅仁中学设立奖学金、奖教金等近40万元。颁发首届“唐翔千卓越工程师奖”“唐鹤千卓越青年文化创意人才奖”，发放奖金80万元。年内，无锡海外联谊会促成各类公益捐款近350万元。

(姚静芳)

调查研究工作

【概况】 2014年，市委研究室完成重要课题调研15个，形成各类调研报告和相关文稿近40篇，在全市产生积极影响。

(张雪萍)

【调查研究工作】 2014年，市委研究室改革研究思路、创新研究方法、整合研究资源，主动研究落实中央、省委有关方针政策的思路和路径，抓住“新常态”建设重点、热点和难点问题进行研究，起草《主动适应新常态，创新发展新思路，努力推动无锡经济发展迈上新台阶》《严格管党治党责任，把全面从严治党要求落到实处》等一批重大调研报告，为无锡“十三五”规划经济社会发展探索路径，指明方向。根据工作安排，起草《关于深化拓展“八项工程”、优化提升“四个无锡”的若干意见》等一系列政策文件。同时，围绕新型城镇化、生态文明建设等主题，搜集整理先进城市发展动态信息，为领导决策提供信息参考。用足用好《决策参考》平台，推动刊发文章在选题、内容和形式上的改进和创新，提升刊

综 述

【概况】 2014年，市人大常委会继续就“推动经济稳定增长、促进民生不断改善、提升生态环境质量、维护社会公平正义”四大重点，履行宪法和法律赋予的职责，完成市十五届人大三次会议确定的各项任务。全年召开常委会会议7次、主任会议12次，听取审议“一府两院”(市人民政府，市中级人民法院、市人民检察院)专项工作报告、计划预算和审计报告16项，听取相关工作汇报11项；制定修改地方性法规5部；组织视察7次、专题询问1次，开展立法后评估1次、执法检查2次，备案审查规范性文件7件；开展专题调研70多项，形成调研报告37篇。坚持党管干部原则，依法任免干部64人次。组织代表和群众参与立法、监督等履职活动，51人次代表、48名市民列席和旁听常委会会议，120多人次代表参与常委会各项工作和活动。年内，市人大常委会按照党的十八届三中、四中全会要求，注重立法决策与改革决策相衔接、立法进程与发展进程相适应，以完善立法机制为重点，积极探索科学、民主立法的新途径，提高地方立法质量；以推动解决问题为导向，以提高常委会会议审议质量为突破口，以实施全口径预决算审查监督为着力点，围绕经济发展转型期稳增长问题、财政增长放缓情况下管好人民“钱袋子”问题、改革发展成果惠及民生问题、大气污染防治问题、文化惠民和发展问题、平安创建和公正司法问题等，加大监督力度，增强监督实效；把尊重代表主体地位、保障服务代表摆上突出位置，完善工作机制，加强平台建设，创新活动形式，激发代表履职热情；以践行群众路线为主线，加强常委会自身建设，增强“三个自信”(道路自信、制度自信、理论自信)，提升履职水平。围绕新形势下推动人大工作与时俱进和改革、发展、民生等热点开展专题调研。坚持勤政廉政，密切联系群众，出台直接联系群众制度实施办法，开展“三解三促”“一帮一、献爱心”、走访慰问群众等活动。加强信访工作，全年受理群众来信437件，来访224批663人次，推动群众合法诉求解决。运用新媒体，建立“无锡人大播报”微信平台，提高履职透明度。用好电视专题、党报专版和人大专刊、网站等各类阵地，围绕人民代表大会制度建立60周年，以及履职重点、民生热点、基层创新亮点和代表先进事迹等，加大宣传力度。

（张淇铭　杨　军）

重要会议

【无锡市第十五届人民代表大会第三次会议】 会议于1月13~16日举行，出席会议的代表426名，在无锡的全国人大代表和省人大代表、参加市政协十三届三次会议的全体委员和其他有关人员列席会议。会议听取和审议市人民政府代市长汪泉所作的《政府工作报告》；审议《无锡市2013年国民经济社会发展计划执行情况和2014年国民经济社会发展计划草案的报告》，审查和批准无锡市2013年国民经济社会发展计划执行情况的报告和2014年国民经济社会发展计划；审议《无锡市2013年预算执行情况和2014年预算草案的报告》，审查和批准2013年市本级预算执行情况的报告和2014年市本级预算；听取和审议市人大常委会主任姚建华作的《无锡市人大常委会工作报告》、市中级人民法院院长时永才作的《无锡市中级人民法院工作报告》、市人民检察院检察长蒋永良作的《无锡市人民检察院工作报告》，会议决定批准上述报告，并通过相关决议。会议审议《无锡市人民代表大会法制委员会工作报告》《无锡市人民代表大会财政经济委员会工作报告》，审议并通过无锡市2013年计划及预算执行情况和2014年计划及预算草案的审查报告、议案审查的报告；审议并通过《关于以改革创新精神加快建立科学的生态补偿机制议案的决议》，决定将议案交市人民政府办理，由市人民政府制定实施方案，报市人大常委会审议。会议选举汪泉为无锡市人民政府市长，选举吴峰枫为无锡市第十五届人民代表大会常务委员会副主任。

（张淇铭　杨军）

【无锡市第十五届人大常委会第十四次会议至第二十次会议】 2月21，市十五届人大常委会举行第十四次会议，听取和审议市政府关于制定“关于以改革创新精神加快建立科学的生态补偿机制议案的决议”实施方案情况的报告，审议并通过《无锡市第十五届人大常委会2014年工作要点》，一审《无锡市城市照明条例（草案）》，决定有关人事任免。

4月29日，市十五届人大常委会举行第十五次会议，听取和审议市政府关于无锡市农民增收工作情况和深化社会治安防控体系、创建平安中国示范区情况的报告，审议并通过《无锡市人民代表大会常务委员会关于修改〈无锡市促进行业协会发展条例〉的决定》《无锡市人民代表大会常务委员会专题询问办法（试行）》，决定有关人事任免。会议首次邀请部分市民代表旁听会议。

6月26~27日，市十五届人大常委会举行第十六次会议，听取和审议市政府关于无锡市2013年度市本级预算执行和其他财政收支的审计工作报告，审查和批准无锡市2013年度市本级决算，听取和审议市人民检察院关于民事行政检察工作情况的报告。审议并通过《无锡市城市照明条例》，报省人大常委会会议审议通过后颁布实施；审议并通过《无锡市人大常委会关于进一步提高常委会会议审议质量的意见》；决定有关人事任免。

8月5日，市十五届人大常委会举行第十七次会议，审议并通过关于无锡市第十五届人民代表大会个别代表代表资格的报告。

8月27~28日，市十五届人大常委会举行第十八次会议，听取和审议市政府关于2014年上半年无锡市国民经济社会发展计划和财政预算执行情况、《无锡市人民代表大会常务委员会关于加快推进无锡惠山祠堂群申报世界文化遗产工作的决议》贯彻实施情况的报告；听取和审议市政府关于社区卫生服务机构建设运行与作用发挥情况的报告，并开展专题询问；一审《无锡市养老机构条例（草案）》，审议并通过《无锡市人大常委会关于推进民主立法工作的规定》，决定有关人事任免。

10月29日，市十五届人大常委会举行第十九次会议，听取和审议市政府关于职业教育发展情况、市中级人民法院关于商事审判工作情况的报告；听取和审议市人民检察院关于提请许可对无锡市第十五届人大代表吴少华采取强制措施的报告，审议并通过《无锡市人民代表大会常务委员会关于许可对无锡市第十五届人大代表吴少华采取强制措施的决定》；一审《无锡市旅游业促进条例（草案）》，决定有关人事任免。

12月18~19日，市十五届人大常委会举行第二十次会议，听取和审议市政府关于市十五届人大三次会议“以改革创新精神加快建立科学的生态补偿机制议案的决议”落实情况、代表议案建议办理情况、落实市人大常委会第十六次会议审议意见有关审计发现问题整改情况，以及“社区卫生服务机构建设运行和作用发挥情况”专题询问整改落实情况的报告；一审《无锡市物业管理条例（草案）》；审议并通过《无锡市养老机构条例》，报省人大常委会会议审议通过后颁布实施；审议并通过《无锡市人大常委会2015年度立法计划》、无锡市第十五届人民代表大会个别代表代表资格的报告；审议并通过《无锡市人民代表大会常务委员会关于召开无锡市第十五届人民代表大会第四次会议的决定》，决定于2015年1月20~23日召开市十五届人大四次会议；讨论市人大常委会工作报告（征求意见稿）。

（张淇铭　杨　军）

重要工作

【提高地方立法质量】 2014年，市人大常委会探索科学、民主立法新途径，完善立法机制，增强地方立法的及时性、针对性和有效性，发挥立法对改革发展的引领、推动和保障作用。年内，制定修改地方性法规5部。为提高城市照明质量，制定《无锡市城市照明条例》，规范照明设施规划建设程序，落实维护管理责任，并明确将居住区道路照明纳入城市照明体系统一管理，成为全国首部城市照明地方性法规。根据全面深化改革要求，及时修改《无锡市促进行业协会发展条例》，删除“一业一会”等限制性规定，规范退出机制，推动无锡市行业协会健康有序发展。为积极应对人口老龄化挑战，在全国地级市中率先制定《无锡市养老机构条例》，鼓励支持社会力量兴办养老机构，推进养医结合，促进养老事业健康发展。落实市委有关“一城一岛一带、两片多点”旅游格局的战略部署，制定《无锡市旅游业促进条例》，在旅游业规划引领和产业发展、政策扶持和市场促进、服务保障和规范管理等方面明确规定，促进旅游业转型升级。回应群众关切，制定《无锡市物业管理条例》，就物业管理组织体系建设、前期物业管理、停车位（库）管理、专项维修资金缴纳与使用等事项，以及旧住宅小区、拆迁安置房小区物业管理等问题完善相关规定，维护群众切身利益。针对群众反映立法征求民意不够广泛的问题，出台《关于推进民主立法工作的规定》，对立法公开、立法论证调研、征求意见等10个方面进行制度设计，发挥人大代表和人民群众在立法中的作用，力求在法规起草、论证、协调、审议环节听取各方意见；出台《关于开展立法联系点工作的意见》，确定首批18个基层立法联系点，拓宽公民参与立法途径，使地方立法接“地气”。为防止立法中出现部门利益法制化倾向，健全立法论证、协调机制，实行法规草案“隔次审议”和法规出台前评估制度，力求法规草案条款贴近实际、客观公正。加强立法后评估工作，对《无锡市城市公共交通管理条例》制度设计和实施情况，通过大规模调查问卷、委托第三方统计分析、实地察看等方式开展评估，并立足实际，推动条例废旧立新，满足人民群众对公共交通需要。每部法规制定通过后，联合政府召开法规实施工作会议，加强法规宣传，促进法规实施。加大法律法规监督检查，对《中华人民共和国行政处罚法》实施情况开展执法检查，推动政府改善行政执法工作，规范行政处罚行为。采取随机抽查、上下联动等方式，对《无锡市城市市容和环境卫生管理条例》实施情况进行监督检查，听取情况汇报，解决存在问题。配合全国人大常委会和省人大常委会做好《中华人民共和国大气污染防治法》《中华人民共和国老年人权益保障法》《江苏省老年人权益保障条例》执法检查，以及《中华人民共和国行政诉讼法修正案》《江苏省农村扶贫开发条例》等法律法规草案调研和征求意见工作。

（张淇铭 杨 军）

市人大常委会专题视察重大产业项目深化推进情况

（市人大常委会办公室 供稿）

【增强监督工作实效】 2014 年，市人大常委会坚持问题导向，以提高常委会会议审议质量为突破口，加大监督力度，强化跟踪问效，监督工作有力有序有效。

围绕经济发展转型期稳增长问题，听取审议计划和预算执行情况报告，督促政府高度重视实体经济发展，专题视察重大产业项目深化推进情况，强调以大力度、实举措、优服务推进项目建设；召开金融服务实体经济发展座谈会，要求强化政策扶持和财政引导，坚持服务与监管并重，健全社会信用体系，提升地方金融服务实体经济发展能力；对市中小企业应急转贷资金运营管理工作、电子商务发展情况等开展调研，力推中小企业转型发展条例和常委会关于促进实体经济加快发展决议的落实。呼应市委“一城一岛一带”建设决策，开展专题视察，督促加快建设发展。高度关注城市建设，对轨道交通 1、2 号线建设运营情况进行调研，督促规范建设运营，提升城市能级。组织对城乡发展一体化先导示范区建设情况进行视察，提出加大政策扶持力度，带动金融和社会资本投向“三农”，推动城乡一体化建设。视察农业机械化建设情况，督促加强农机装备的改造提升，支持农业现代化发展。

围绕财政增长放缓情况下管好人民“钱袋子”问题，切实加强全口径预决算审查监督。落实党的十八届三中全会关于加强人大预算决算审查监督的要求和省人大常委会相关意见精神，结合实际，出台《市人大常委会关于实施全口径预算决算审查监督的意见》《财政预决算专家审查操作办法》，促进预决算监督工作制度化、规范化。30 名专家组成预决算专家库，举办专题讲座，提高审查监督能力。健全部门预算初审机制，在审查总预算基础上，对 12 个重点部门、25 个专项资金预算进行审查；主任会议听取全口径预算编制初审情况汇报，促进完善新年度预算编制。市公共财政、政府性基金、国有资本经营、社保基金预算提交市人民代表大会审查，实现预算审查内容全覆盖和市、市(县)、区同步实施。同时，听取审议审计工作报告和有关审计发现问题整改情况报告，督促加大对产业引导专项资金、重点项目资金的审计监督力度，提高资金使用绩效。

围绕改革发展成果惠及民生问题，通过征求民意精选监督议题，回应群众关切。为提高基层社区卫生服务水平，听取审议“社区卫生服务机构建设运行和作用发挥情况”报告并开展专题询问，就服务机构规划建设、人才队伍建设、运行补偿机制、双向转诊制度、公共服务能力等工作进行询问，年底又听取审议询问后整改落实情况报告并开展满意度测评，推动解决问题，缓解群众看病难、看病贵。为促进农民增收，听取审议相关情况报告，强调通过大力发展现代农业、壮大村级经济、扶持就业创业，增加农民收入。职业教育事关人力资源和就业，常委会听取审议发展情况报告，督促加强统筹规划，深化职教改革和产教融合，促进持续健康发展。物业管理涉及千家万户，常委会组织专题视察，督促解决开发建设遗留问题，加快安置房和旧住宅区物业管理市场化、专业化步伐，为群众创造好的居住环境。建设工程质量与群众生命财产安全直接相联，主任会议听取相关情况汇报，要求创新举措，加大监管力度，维护群众切身利益。加强城中村、旧住宅区、危旧房整治改造和拆迁超期安置整治工作，以及全民健身、“单独两孩”政策实施等调查研究，及时发现问题，提出对策措施。

围绕大气污染防治问题，专题视察大气环境监测工作，督促政府优化监测点位布局，加大区域特征污染物监测，提升分析研究能力，建立健全统一协调的预警应急机制，力推环境监测工作取得成效；专题调研环境执法工作，督促加强环境综合监管监测，严格执法检查，防止发生重大环境污染问题。同时，围绕水环境治理问题，对防汛防旱和水文气象工作进行调研，督促政府做好防汛防旱和太湖水污染防治工作；调研市区自来水厂生产管理情况，督促加强饮用水源保护，保障群众饮水安全。

围绕文化惠民和发展问题，以

创建全国公共文化服务体系示范区为抓手，主任会议听取专项工作汇报，督促政府立足发展做文章，着眼服务做实事，解决工作中的薄弱环节，促进文化惠民、文化乐民。跟踪监督惠山祠堂群申遗工作，综合运用听取审议专项工作报告、开展代表活动等形式，督促政府强化统筹协调能力，加快规划文本编制和后续项目建设，推动申遗工作取得实质性进展。主任会议听取宗教文化工程建设情况汇报，强调把握正确方向，挖掘内涵价值，发挥宗教优秀文化作用。

围绕落实争创法治中国先导区、平安中国示范区要求，专题视察深化社会治安防控体系和平安创建工作情况，听取审议专项报告，督促完善体制机制，推动老旧住宅综合整治时同步建设技防设施，并列入政府为民办实事项目，以提升动态管控和快速反应能力；听取审议市人民检察院民事行政检察工作情况报告，督促加大执法办案力度，提高监督质效，为改善民生、促进发展提供司法保障；听取审议市中级人民法院商事审判工作情况报告，要求优化商事审判司法环境，强化法官队伍建设，提升审判质量和效率，促进司法公正，维护市场经济秩序和社会和谐稳定。主任会议听取律师管理工作情况汇报，要求从全面推进依法治国的高度，解决相关重点难点问题，推动律师队伍在“法治无锡”建设中发挥作用。

（张淇铭　杨　军）

【制定讨论重大事项制度】 2014年，市人大常委会在调研协商基础上，制定市人大常委会讨论决定重大事项规定，就落实政府重大决策出台前向同级人大常委会报告制度，对人大常委会讨论决定重大事项的范围、程序以及执行等进行科学界定和规范，推动行使重大事项决定权的制度化、规范化，促进决策科学化、民主化。

（张淇铭　杨　军）

【依法用好人事任免权】 2014年，市人大常委会坚持党管干部和依法任免干部有机统一，严格程序，规范实施，坚持拟任命人员法律知识考试、任前承诺发言、颁发任命书制度，依法行使人事任免权。全年依法任免干部64人次，其中，市政府及组成部门15人次，市中级人民法院、市人民检察院47人次，市人大常委会相关工作机构2人次。

（张淇铭　杨　军）

【开展“展示代表风采”主题活动】 2014年，市人大常委会开展“建设‘四个无锡’、展示代表风采”主题实践活动。形式上注重与各类代表活动的渗透融合，与代表岗位尽职、服务群众的有机整合，通过组织代表开展专题调研、专项活动，以及召开经验交流会、构建上下联动机制、先进典型展示等，拓展代表履职空间，展现代表履职风采。市和市(县)、区人大常委会上下联动，组织开展代表社区论坛、“人大代表在行动”、“代表回选区进社区”等活动，解决群众关注的实际问题。

（张淇铭　杨　军）

【加强代表议案督办力度】 2014年，市人大常委会抓好市十五届人大三次会议“关于以改革创新精神加快建立科学的生态补偿机制议案的决议”实施情况督办工作，组织代表全程参与，并先后召开2次常委会会议、3次主任会议听取和审议相关工作情况报告，组织各类协调会、专题调研50多次，推动无锡市出台《关于建立生态补偿机制的意见(试行)》。在督办代表建议过程中，常委会以解决问题为根本、代表满意为标准，年初抓及时交办、梳理确定督办重点，年中抓限期办结、征询代表意见，后期抓督办难点、开展排查“回头看”。针对重点督办建议、代表反馈办理“不满意”建议等，开展“代表建议督办月”活动和专题视察等，推动解决重点难点问题。在此基础上还出台专门意见，促进办理工作科学化、规范化。政府及各承办单位切实改进作风，加大办理力度。经努力，关于站前商贸区环境整治、环蠡湖自行车道规划、严管部分路段交通、乡村河道清淤整治、相关老新村供水改造等问题得到解决，建议办成率64%，代表满意和基本满意率95%，办理工作取得成效。

（张淇铭　杨　军）

【开展“双联”活动】 2014年，市人大常委会开展以常委会联系代表、代表联系群众为内容的“双联”活动。常委会组成人员每人至少与3名基层人大代表建立联系，每名人大代表至少与3名群众建立固定联系。组织代表参与立法、监督等履职活动，全年51人次代表列席常委会会议，120多人次代表参与视察、调研等。推进代表履职信息服务平台建设，创新联系和服务代表工作载体；实施代表向原选举单位报告履职情况制度，密切代表与选举单位和人民群众联系，接受群众监督。

（张淇铭　杨　军）

编辑　罗秋云

综 述

【概况】 2014年，面对严峻复杂的宏观形势和艰巨繁重的改革发展稳定任务，无锡市人民政府紧紧依靠全市人民群众的辛勤劳动和聪明智慧，坚持稳中求进，深化改革创新，统筹做好稳增长、促改革、调结构、重生态、惠民生、防风险等工作，经济社会保持平稳健康发展。全市地区生产总值增长8.2%，一般公共预算收入增长8.0%，城镇居民人均可支配收入和农民人均纯收入分别增长9%和10%，城镇登记失业率1.91%，居民消费价格指数102.2。

（市政府办公室）

【改革成效显著】 年内，无锡市抓好具体改革举措落实，重点领域和关键环节改革取得实质性进展。推进行政审批制度改革，取消和下放市级行政审批事项214项，完成市级非行政许可审批事项清理工作，建立并向社会公布市级政府权力清单。在全省率先启动实施注册资本登记制度改革。加快“一办三中心”（政务办，政务服务中心、公共资源中心、政府公共服务热线受理中心）体系建设，推进行政审批服务监管流程再造。推进经济体制改革，深化民营经济改革，稳步推进国资国企改革，发展混合所有制经济。推进财税体制改革，建立全口径预算管理体系，做好“营改增”试点扩围工作。深化农村产权制度改革和集体资产股份制改革，稳步推进水、天然气等资源环境价格改革。发展地方金融机构，无锡农商行江阴支行和宜兴支行分别开业，互联网金融“开鑫贷”公司落户无锡，国联人寿、物联网产品电子交易中心、金融资产交易中心获批筹建，海峡两岸金融与科技合作试验区获省政府批准。推进对外开放体制机制创新，全面对接上海自贸区，设立驻自贸区代表处，复制推广33项改革事项。无锡航空口岸扩大对外国籍飞机开放，开通至首尔国际航线，韩亚航空进驻无锡，国际快件中心正式投用。推进社会领域改革，实施县级公立医院综合改革，开展全国养老服务业综合改革试点。实施单独两孩政策，在全国率先实现大市范围内户籍准入登记、迁移规定一体化。

（市政府办公室）

【经济运行质量提升】 积极有效推动经济稳定增长。发挥企业稳增长主力军作用，稳定工业运行。继续推动百企做强，15家企业入围2014中国企业500强。优化金融服务，扩大有效信贷规模，实现社会融资规模1410亿元。重视防范和化解金融风险，建立中小企业转贷应急资金平台，钢贸行业债务风险基本化解，银行业金融机构不良贷款余额和不良率比上年实现“双下降”。在稳增长基础上，加大结构调整力度。鼓励战略性新兴产业发展，新兴产业产值增长15%，高新技术产业产值占规模以上工业总产值比重提高0.5个百分点。国家传感网创新示范区建设成效显著，物联网及相关产业业务收入增长40%以上，入选国家级“两化”深度融合试验城市。推动现代服务业发展，无锡成为国家信息惠民试点城市和电子商务示范城市，苏南快递产业园获批全国快递产业集聚发展试验园区，新增国家4A级景区5家。完善现代农业产业体系，农业园区化比重40%以上，率先实现农业现代化建设取得新进展。实施创新驱动战略，累计引进9名诺贝尔奖得主、11名外籍院士与民营企业共建研究院，成立“欧美同学会”留学报国无锡基地。全社会研发投入占地区生产总值比重2.75%；万人有效发明专利拥有量超过18.3件，比上年增长23 %，国家专利奖获奖数列全国地级市首位。无锡高新区（含宜兴环科园）、江阴高新区入列苏南国家自主创新示范区。无锡获评福布斯“中国大陆最佳商业城市”第四名。

（市政府办公室）

【重大项目建设】 开展“项目建设深化年”活动，投资和重大项目建设实现新突破。重点实施180个事关后劲培育、民生改善和城市发展的重大项目，当年完成投资超1000亿元。调动企业投资积极性，全市民间投资占固定资产投资比重63.1%。强化与央企、沪企等战略合作，重大项目建设成效显现，中芯国际集成芯片、华泰汽车自动变速器等一批超50亿元的项目开工建设；海力士五期、万达文化旅游城、世茂旅游等一批超百亿元的重特大项目进展较好；高德印刷电路板、隆基硅材料超薄单晶硅、红牛牌饮料二期等一批重大工业项目竣工投产。城市基础设施项目顺利实施，地铁1、2号线开通运营，苏南硕放国际机场二期航站楼竣工试运行，北中路互通、广南路等一批道路建成通车，锡澄运河江阴段航道工程基本完成。推进"一城一岛一带"建设，海岸城、万象城建成开业，巡塘古镇、灵山小镇一期、古运河绿地景观和亮化工程完工。转变利用外资方式，提高利用外资质量，引进3000万美元以上重大外资项目64个，英飞凌半导体等一批投资超亿美元重大产业项目签约。

（市政府办公室）

【城乡生态环境】 实施"两型社会"（资源节约型、环境友好型）综合配套改革试点，推进污染治理和环境整治。开展新一轮太湖治理，太湖无锡水域水质稳定好转，连续7年实现安全度夏。实施"蓝天工程"，PM2.5年均浓度下降幅度超额完成国家考核任务。严厉打击环境违法行为，完成淘汰落后产能和化解过剩产能年度任务，加大节能减排力度，万元地区生产总值能耗下降4%以上，主要污染物排放削减量均超额完成省定目标。实施主体功能区计划，划定生态红线保护区域，单位建设用地产出保持全省第一。实施生态补偿机制，设立全国首个地级市环保公益发展基金。稳妥推进新型城镇化。推动城市重点功能板块建设。加快中心城区更新，整治改造城中村16.6万平方米、旧住宅区205万平方米、危旧住房10.3万平方米。强化环境综合整治，推进147个生活垃圾分类收集、分类处置试点，完成造林绿化1333.3公顷。新增8个城乡发展一体化先导示范镇。无锡获"全国首批创建生态文明典范城市""中国宜居城市"称号。

（市政府办公室）

【为民办实事项目全部完成】 加大财政投入，精心组织实施，12件79项为民办实事项目完成。全市新增城镇就业14.9万人，城乡基本养老、医疗、失业保险覆盖率均超过98%，市区居民基础养老金、企业退休人员养老金、低保家庭中的重度残疾人救助标准分别提高到每月340元、2230元和792元，市区城乡低保标准提高到每人每月660元，全市最低工资标准提高到每月1630元。在全省率先实施城乡居民大病保险制度，4.5万人次获大病补偿9100万元，职工、居民医保政策范围内住院费用报销比例稳定在80%和70%以上。拓宽"慈福"保险领域，在市区和江阴实施户籍居民住房财产保险制度，安康关爱保险受益老人48.38万人。支持社会化养老机构建设，新增机构养老床位3009张，居家养老服务站基本实现城市社区全覆盖、农村社区覆盖率90%。改善低收入居民居住条件，全市新开工、筹集各类保障性住房5186套，发放廉租房租赁补贴2397户。加强常规公交与轨道交通有效衔接，市区新辟公交线路12条、优化调整61条。完善城市生活配套设施，改造老旧自来水管网64.7千米，新增天然气用户8.3万户，改造老新村天然气7900户，一流配电网建成区面积836平方千米，新增免费无线接入点2.7万个。新建、改造农贸市场20家，培育建成放心粮油单位85家，214家平价商店累计惠民1.7亿元。

（市政府办公室）

【繁荣发展社会事业】 加快教育现代化建设，全市教育现代化水平位列全省第二。提升初中教育质量水平，90%以上义务教育学校达到省定现代化办学标准。新建和改扩建幼儿园36所、社会化早教机构23所。实施省现代职教体系建设试点项目45个。深化与江南大学共建合作，支持民办院校创新发展。新建、改建社区卫生服务中心16家，完成社区卫生服务站标准化建设。推进家庭医生制度，6类重点人群健康管理服务实现全覆盖。创建第二批国家公共文化服务体系示范区，通过国家中期督察。大运河无锡段参与申遗成功，宜兴海峡两岸紫砂文化交流基地创建成功。举办国际马拉松赛、世界斯诺克无锡精英赛、环太湖国际公路自行车赛等赛事。建成西蠡湖慢游系统全民健身带，"10分钟体育健身圈"基本建成。江南大学无锡医学院及其附属医院、市五院、市少年宫、太湖新城国际教育园等一批社会事业重大项目有序推进。加强和创新基层社会治理。开展社区"减负增效"，清理面向社区的创建评比、机构挂牌、台账目录，全市65个镇（街道）试点"政社互动"。开展公益创投等活动，推动社会组织参与社会公益服务和社区治理。推进立体化社会治安防控体系建设，社会治安保持稳定。加强食品药品安全监管，食品、药品安全检测合格率分别为97.4%和98.6%。有效处置各类突发事件，开展安全生产检查整改专项行动，全市未发生重特大安全生产事故。创新信访工作体制机制，排查矛盾纠纷，化解一批信访积案。

（市政府办公室）

【政府自身建设】 开展党的群众路线教育实践活动，推进"作风建设深化年"活动，集中整改"四风"突出问题，以市政府名义召开的会议和下发的文件分别比上年减少26%和18%。健全政府工作规则，规范政府性投资项目决策程序，重大事项按规定程序集体讨论、民主决策。坚持依法行政，提交地方性法规议案5件，出台市政府规章6件、规范性文件22件。贯彻市人民代表大会及其常委会的各项决议，定期向市人大常委会报告工作、向市政协通报情况，做好代表建议和委员提案办理工作。做好"十二五"规划中期评估，完成第三次全国经济普查。加强政务公开，政府预决算及"三公"经费决算向社会公开，无锡政府门户网站连续四年蝉联全国地市级第一，"无锡发布"被评为十佳城市政务新媒体。强化政府性债务管理，建立偿债准备金制度，政府性债务压规模、降成本、控风险取得成效。加大反腐倡廉力度，查处一批违法违纪案件。

（市政府办公室）

市政府领导分工

中共无锡市委副书记、市长　汪　泉

主持市政府全面工作，兼管体制改革、财政、机构编制、人事、审计、监察、规划方面工作。

市委常委、常务副市长 黄 钦

负责市政府常务工作，分管发展计划、国土、行政审批制度改革、统计、税务、金融、证券、保险、企业上市、国有资产管理、重大节庆、政务公开、应急管理以及与市人大常委会、市政协联络方面工作。协助分管体制改革、财政、机构编制、审计、监察工作。分管市政府办公室(市政府研究室)、市发展和改革委员会、市监察局、市财政局、市国土资源局、市审计局、市统计局、市政府国有资产监督管理委员会、市级机关事务管理局、市行政服务中心、市政府金融工作办公室、市政府驻外办事机构、市应急管理办公室。联系无锡市国家税务局、无锡地方税务局、国家统计局无锡调查队、人民银行无锡市中心支行、无锡银监分局、在无锡各金融证券保险机构。

副市长 赵志新

负责公安、司法、信访稳定、食品安全、双拥工作。主管市公安局，分管市司法局、市信访局、市综治办、市双拥办。联系无锡市国家安全局、驻无锡部队。

副市长 华博雅

负责教育、文化、卫生、食品安全、体育、人口和计划生育、妇女儿童方面工作。分管市教育局、市文化广电新闻出版局、市卫生局、市食品药品监督管理局、市体育局、市人口和计划生育委员会、市政府教育督导室、市学校管理中心、市文化艺术管理中心、市医院管理中心、市体育场馆和训练管理中心。联系团市委、市妇联、市红十字会、市文联、市社科联。

副市长 曹佳中

负责工业、科技、能源、信息化、电信、工商管理、市场监督方面工作。分管市经济和信息化委员会、市科学技术局、市信息化和无线电管理局。联系市总工会、市科协、市工商联，无锡工商行政管理局、无锡质量技术监督局、无锡供电公司、中国电信无锡分公司、中国移动通信无锡分公司、中国联通无锡分公司。

副市长 朱爱勋

负责城乡建设、城市管理、交通运输、市政、住房保障和房产管理、环保方面工作，协助分管规划工作。分管市建设局、市城市管理局、市规划局、市交通运输局、市市政和园林局、市住房保障和房产管理局、市民防局、市轨道办、市公建中心、市环境保护局、市太湖水污染防治办公室。联系无锡火车站、江苏省太湖风景区建设委员会办公室。

副市长 刘 霞

负责民政、农业和农村经济、水利、粮食、民族宗教、退管、供销、区政、对口支援与合作方面工作。分管市民政局、市农业委员会、市水利局、市粮食局、市民族宗教事务局、市退管委。联系无锡市气象局、无锡市供销合作总社、市残联、市慈善总会。

副市长 嵇克俭(11月11日，因涉嫌严重违纪违法，接受组织调查)

负责经贸、开发区、旅游、外事、口岸、邮政、市场建设与流通方面工作。分管市商务局、市旅游局、市政府外事办公室。联系市台办、无锡海关、无锡出入境检验检疫局、市盐务管理局、市烟草专卖局、无锡邮政局、苏南(硕放)国际机场、市文化旅游发展集团有限公司。

副市长 王进健

负责人力资源和社会保障、安全生产、政府法制、史志、档案方面工作。分管市人力资源和社会保障局、市安全生产监督管理局、市政府法制办公室、市史志办公室、市档案局、市社会保险基金管理中心。

副市长 史立军(挂职)

协助分管工业、能源、信息化、电信等工作，负责物价、侨务、贸促方面工作。分管无锡国家传感网创新示范区(国家传感信息中心)规划建设领导小组办公室、市物价局、市政府侨务办公室、市贸促会(市会展办)。协助分管和联系市经济和信息化委员会、市信息化和无线电管理局、市侨联、中国电信无锡分公司、中国移动通信无锡分公司、中国联通无锡分公司。

副市长 潘君庆(挂职)

协助分管商贸、开发区、旅游、外事、口岸、邮政、市场建设与流通方面工作，侧重国内贸易、电子商务；负责民防工作。

分管市电子商务发展领导小组办公室、市民防局。协助分管和联系市商务局、市旅游局、市政府外事办公室、市台办、无锡海关、无锡出入境检验检疫局、市盐务管理局、市烟草专卖局、江苏邮政公司无锡分公司、无锡苏南国际机场集团有限公司、市文化旅游发展集团有限公司。

(据市政府办公室2014年11月资料)

重要会议

【市政府全体会议】 2014年，市政府召开一次全体会议。

4月28日，市政府召开第六次全体(扩大)会议暨勤政廉政工作会议，总结一季度工作，安排下阶段任务，同时落实国务院和省政府廉政工作会议精神，部署2014年全市政府系统勤政廉政工作。会议认为，一季度，各地各部门牢牢把握稳中求进工作总基调和又好又快的发展导向，以提高经济增长的质量和效益为中心，统筹做好改革、发展、稳定各项工作，全市经济社会呈现出“运行平稳、活力增强、效益提升、民生改善”的态势，但经济形势的复杂性、严峻性继续增加，经济下行压力较大，投资项目推进不理想，潜在风险不容忽视。会议要求，以群众路线教育实践活动为强大动力，以开展三个深化年活动为抓手，统筹做好稳增长、调结构、促改革、重生态、惠民生、防风险各项工作，下更大力气抓薄弱关节、抓序时进度，确保上半年时间任务“双过半”，重点抓好6个方面工作：千方百计稳定经济增长，攻坚克难抓好项目建设，扎扎实实办好民生实事，坚持不懈加强生态文明建设，多措并举增强金融服务实体经济能力，积极稳妥推进深化改革。会议强调，全市政府系统要落实国务院和省政府廉政工作会议要求，投身群众路线教育实践活动，树立宗旨意识，加强政风建设，提升服务效能，规范权力运行，完善科学决策程序，大力倡导志愿服务，加大反腐倡廉力度，以作风建设、制度建设为重点推进政府自身建设，确保中央和省、市委的决策落到实处。

（市政府办公室）

【市政府常务会议】 2014年，市政府召开15次常务会议，讨论和审议会议议题80项。

1月18日，市政府召开第24次常务会议。听取市政府2014年重点工作目标任务分解情况汇报，审议《无锡市户籍人口大市范围内户口迁移管理规定》。

2月17日，市政府召开第25次常务会议。审议《关于化解产能过剩矛盾的实施意见》、听取落实全国全省国土资源工作会议精神汇报、审议《无锡市城市照明条例(草案)》。

3月3日，市政府召开第26次常务会议。会议讨论《关于严格规范政府性投资项目决策程序的意见(送审稿)》，审议《市政府关于深化市科技创新与产业升级引导资金管理的意见(讨论稿)》，审议《无锡市市区征地补偿和被征地农民社会保障办法(草案)》《无锡市市区征收土地涉及住房市场价格评估指导意见(草案)》《无锡市市区征收土地涉及房屋及其他建筑物、构筑物的补偿安置办法》，审议《市政府关于加快城市配送发展的实施意见（讨论稿)》。

3月24日，市政府召开第27次常务会议。审议《智慧无锡建设三年行动纲要（2014~2016年)》《无锡市大气污染防治行动计划实施细则》《无锡市重污染天气应急预案》《无锡市促进行业协会发展条例（修正案草案)》。

5月19日，市政府召开第28次常务会议。部署2014年市两会议案、建议、提案办理工作，讨论《无锡市国家电子商务示范城市建设三年行动计划(2014~2016)》，听取全市安全生产工作情况汇报、审议《无锡市安全生产“一岗双责”暂行规定(草案)》，审议《无锡市建设工程造价管理办法(草案)》，听取《无锡市防汛防旱应急预案》《无锡市防御台风应急预案》修订情况，《无锡主体功能区实施计划》《无锡地铁票价方案》情况汇报。

7月2日，市政府召开第29次常务会议。听取无锡市落实国务院稳增长促改革调结构惠民生政策措施自查督查情况汇报，审议《无锡市旧住宅电梯整治工作意见》《关于贯彻落实〈省政府办公厅关于推行电梯责任保险的实施意见〉的实施方案》，听取2014年度市区城镇低保标准、居民养老保险待遇标准调整情况汇报，审议《无锡市公安辅助人员管理办法(草案)》，听取清理市级行政审批事项编制权力清单工作情况汇报。

7月21日，市政府召开第30次常务会议。审议《关于鼓励和引导企业兼并重组的意见》《关于推动政府信息资源向社会开放利用工作的实施意见》，听取2014年市级专家选拔、省级专家和享受政府特殊津贴人员推荐、市以上劳动模范待遇标准调整、《无锡市公安辅助人员管理办法(草案)》修改等情况汇报，审议《无锡市养老机构条例（草案)》，学习《中华人民共和国老年人权益保障法》，讨论《关于加强社区治理和服务创新的意见》、审议《关于规范工作事项进社区(村)实施细则》，讨论《无锡市政府党组群众路线教育实践活动集中整改事项方案》。

8月4日，市政府召开第31次常务会议。部署加强安全生产工作和深入推进5大专项行动，审议《无锡市商品房预售资金监管办法》《关于支持外贸稳定增长的实施意见》《无锡市建设工程招标投标管理办法》《无锡市青少年创新发明奖的管理办法》，听取2014年军转安置工作情况汇报，讨论《市政府办公室公文办理若干环节操作规程》，听取关于落实《市人大常委会关于进一步提高常委会会议审议质量的意见》有关情况汇报。

9月2日，市政府召开第32次常务会议。审议《关于大力发展人力资源服务业的意见》，讨论《关于深化无锡市公共资源交易体制改革的方案》，听取《关于试行国有资本经营预算的意见》汇报，审议《〈无锡市航道管理条例〉实施细则(草案)》。

9月22日，市政府召开第33次常务会议。审议《关于加快发展养老服务业的实施意见》、听取《无锡市开展国家养老服务业综合改革试点工作的实施方案》汇报，听取全市大气污染防治工作情况汇报，讨论《关于建立生态补偿机制的意见（试行)》，审议《无锡市快递管理办法(草案)》《无锡市旅游业促进条例(草案)》，学习《中华人民共和国旅游法》，听取《无锡市人民政府工作规则》修订情况汇报。

10月20日，市政府召开第34次常务会议。审议《关于构建节约用地“1236”战略布局的实施意见》《无锡市公共机构节能管理办法（草案)》，听取关于给无锡市公安局及武警无锡支队集体和个人记功情况汇报、2015年市区居民医保筹资标准调整情况汇报，审议锡东电厂相关事宜。

11月8日，市政府召开第35次常务会议。学习十八届四中全会《关于全面推进依法治国若干重大问题的决定》，听取2015年全口径预算编审情况汇报，审议《无锡市市区征地补偿和被征地农民生活保障办法(草案修改稿)》。

11月29日，市政府召开第36次常务会议。审议《无锡市物业管理条例(草案)》《关于进一步减轻企业负担提升服务效能支持企业发展的若干意见》，学习新《中华人民共和国安全生产法》，审议《无锡市安全生产考核奖励暂行办法(草案)》，审议《关于贯彻〈江苏省职工生育保险规定〉的实施意见》，听取无锡市开展大气污染防治工作专项督查和推进长三角跨境电商商贸港项目的情况汇报。

12月19日，市政府召开第37次常务会议。听取2014年为民办实事项目执行情况及2015年实事项目安排情况汇报，审议《无锡市生态补偿专项资金管理办法(草案)》，听取市级非行政许可审批事项清理工作情况、建立市政府各部门权力事项清单工作情况和市区“十二五”水价改革方案的汇报，审议《无锡市政务信息资源共享管理办法(草案)》，听取2014年度无锡市腾飞奖、科技进步奖和第七届专利奖评选情况汇报，听取机关事业单位工作人员落实带薪年休假制度有关情况汇报。

12月30日，市政府召开第38次常务会议。讨论深化无锡市社会事业领域“管办分离”改革方案，听取《无锡市社会信用体系建设规划(2014~2020年)》编制情况汇报，讨论分阶段实施地铁3号线一期工程事宜、市对区财政体制调整方案。

（市政府办公室）

重要活动

【为民办12件实事】 2014年，市委、市政府确定为民办实事项目12个大项79个小项，主要涉及就业保障、医疗养老、文化教育、住房交通、环境治理等与群众日常生活密切相关领域。至年底，完成各实事项目年度任务。

1.鼓励支持就业创业。新增城镇就业10万人，其中，新增在无锡就业大学生3万名，城镇登记失业率不高于3.5%。扶持自主创业1万人，实现带动就业6万人以上。建成大学生创业园3万平方米以上。全市已建工会企业工资集体协商制度覆盖率达到97.5%，改善企业劳资关系。

2.提高社会保障水平。年内提高企业退休人员基本养老金、城乡居民社会养老保险基础养老金标准、城镇居民最低生活保障标准、重度残疾人救助标准和居民医疗保险筹资标准。制定出台老年护理保险办法。推进社会保险扩面，基本养老保险、基本医疗保险分别扩面6万人，失业保险、工伤保险和生育保险分别扩面4万人，适龄居民养老保险参保覆盖率98.5%。

3.提升医疗卫生服务质量。深化公立医院与社区卫生服务机构紧密合作，提升社区卫生服务能力。年内建成独立第三方医患纠纷调处机构。优化门诊特殊病种结算方式，实行工伤保险定点医疗机构划卡结算，开展基本医疗保险部分重大疾病和部分日间手术按病种收费。基本完成市传染病院建设。完成市第三人民医院老病房大楼改造。新第四人民医院开工建设。

4.完善社会化养老服务体系。加大对社会养老服务体系建设的支持力度，大力推进社会化养老机构建设，年内新增机构养老床位3000张，试点推进医疗护理保险定点护理院5~10家（床位不少于1000张），推进医疗机构与养老机构合作，推动医养融合发展；完善社区居家养老服务功能，在社区居家养老服务中心覆盖的基础上，培育一批具有老年"六助"（助餐、助洁、助急、助浴、助行、助医）服务、日托照料等综合性功能的区域性居家养老服务机构，通过政府购买服务方式为2万户以上社区的老年人家庭提供居家养老援助服务。

5.大力促进教育现代化。创建市学前教育现代化镇（街道）15个以上。按省、市优质幼儿园建设标准新建（改扩建）幼儿园30所。新少年宫开工建设，太湖新城2所义务教育阶段学校开工建设。开工建设江南大学无锡医学院。2~3岁婴幼儿接受免费早期教养服务率达60%以上。

6.改善提升市民居住条件。加强住房保障体系建设，全市新建、筹集保障性住房3000套以上，竣工2000套以上；发放廉租住房租赁补贴1500户以上。完成旧住宅区综合整治改造100万平方米，建设小区配套停车位1500个，推进旧住宅区老旧电梯改造工作。完成中心城区各类危旧房改造10万平方米。

7.提高公共交通服务水平。确保年内地铁1号线建成并开通运营，争取地铁2号线年底开通运营，城中区站点投放便民服务设施，枢纽站点实现与公交接驳换乘。新辟、优化调整公交线路15条。新增和更新低碳环保公交车200辆。新改建农村公路50公里，新改建农村公路桥梁50座。开通车驾管业务社会化服务平台。建成老年驾驶人驾照年审"公安—医院"联动服务系统。建立"无锡交警"微信公众平台。加强人行横道安全管理，年内推广应用智能监测系统8套。推广应用电动车物联网"车卫士"，推进"平安无锡"建设。完成太湖新城公交枢纽站点建设。

8.丰富文化惠民活动。积极推进文化惠民工程，举办系列主题展100场次，开展电影公益放映400场次，举办惠民演出120场次。"梁溪大讲堂·东林文化讲坛"举办专题讲座12场以上。加快学习型城市建设，开展无锡市"太湖读书月"活动。建立"无锡文化"微信公众平台。增设公共场所党报阅报栏100处。加快全市健康步道体育健身设施配套，实现社区（村）"10分钟体育健身圈"全覆盖，建成西蠡湖慢游系统全民健身带。

9.健全和规范市场管理。市区完成新建、改造农贸市场12家。建立无锡市惠民价格信息体系。加强食品药品安全检测，食品抽检合格率96%以上，药品检测合格率98%以上。实施放心粮油进万家工程，培育建设各类放心粮油单位（点）50家，建设爱粮教育社会实践基地2家。

10.加快改造生活配套设施。推进燃气老旧管网改造，新增天然气用户6万户，完成老新村天然气改造5000户。新建天然气汽车加气站2座。完成老旧自来水管网改造60公里，完成自来水水表出户改造5000户。提升城市信息服务水平，加快"智慧无锡"建设，年内新增"智慧社区"信息屏400块，推进4G进公交工程，新增2.4万个免费无线接入点，基本实现重要公共场所全覆盖。

11.积极开展社会援助救助。建立市区城乡户籍居民住房财产保险制度。推进城乡户籍居民自然灾害责任保险制度。建设无锡市法制宣传教育中心（法治文化展示馆）。规模以上工矿商贸企业从业人员安全培训率达到100%。加快特殊需要儿童早期干预中心建设，开展苯丙酮尿症儿童的残疾预防救助，实施无业三、四级精神、智力残疾人生活救助。

12.加强生态环境治理。大力实施"蓝天工程"，改善全市空气环境质量。加大太湖治理力度，加强水源监控保护，集中式饮用水水源地水质100%达标。全市完成造林绿化面积1333.3公顷，其中成片林666.7公顷，林木覆盖率26%以上。完成马蠡港河道清淤及部分护岸整治工程。完成护索河、西泾河、唐周巷浜等3条河道清淤工程。主城区优化建设污水管网8公里，处理污水1.85亿吨。加快推动生活垃圾分类收集试点。

（市政府办公室）

对口支援与帮扶

【对口支援新疆工作】 突出抓好援疆项目建设，2014年无锡市对口支援霍城县、阿合奇县重点实施37个项目（霍城县16个、阿合奇县21个），分别援助霍城县资金1.4亿元和阿合奇县资金4549万元,重点实施霍城县援疆干部周转房、民汉初级中学、安居富民工程、农村饮水工程等项目和阿合奇县人民医院外科楼、轻工业园区标准厂房、南山泄洪渠工程、游牧民定居工程等项目。阿合奇县创新柔性引才(银发援疆)机制,引进专业技术人才13名,涵盖教育、卫生、社保、水利等领域。

(尤 丹)

【对口支援延安工作】 2014年,无锡无偿援助陕西延安市对口地区资金620万元,组织实施援助项目30个,总投资2596万元。帮扶项目覆盖13个县(区)23个村(屯),建设内容涉及农民危房改造、村屯道路、农民文化活动场所、医疗卫生、援建希望小学、人畜饮水工程、环境绿化、农业科技培训产业开发等。如饮水工程方面,实施宝塔区南泥湾微动力污水处理系统及富县道德村沟头排洪道工程,保护镇域周边生活质量,改善对口地区的生产生活条件。种植养殖方面,维修和新建弓棚289座、温室大棚156座;新建养殖鸡棚2个,养殖规模3.2万羽;建设山地苹果66.7公顷,提高当地农民收入。希望工程建设方面,为宝塔区王家坪小学解决办公楼楼顶漏水和高清监控设施问题。文化、医疗与人才培训方面,援建延长县计划生育服务站化验室改造建设项目。无锡市发改委被国务院扶贫领导小组评为"全国扶贫先进单位"。

(尤 丹)

【对口支援云阳工作】 2014年,无锡市无偿援助重庆云阳县资金220万元,帮助援建云阳中学北部新区分校综合办公大楼;对云阳县"9·1"特大暴雨洪灾捐款120万元,帮助云阳县人民恢复生产和重建家园;帮助培训党政干部、企事业单位管理人员80人,对云阳县广大干部群众树立新思想、新理念,掌握新信息、新方法起到促进作用;帮助云阳县三峡云海药业、旭达药业移民搬迁企业销售产品,促使一部分移民就业。

(尤 丹)

【南北挂钩工作】 加强与徐州市的合作与交流,推动南北挂钩和共建园区建设工作。组织签订和落实南北挂钩协议,在干部培训、农业、粮食合作、卫生、教育事业等领域开展多种形式的交流合作。在全省共建园区综合评比中,无锡市7个共建园区考评合格,其中,无锡新沂工业园连续四年保持第二名,无锡锡山丰县工业园连续四年保持第五名。

(尤 丹)

【区域经济合作工作】 组织近百名企业家参加第18届中国东西部合作与投资贸易洽谈会暨首届丝绸之路国际博览会,完成签约项目10个,总签约额32.9亿元。其中,江苏陕西协作项目3个,金额24亿元。项目主要涉及环保、新能源、生态农业、机械、电子、基础设施建设和商品贸易等领域。无锡企业与西部在技术支持、注资投产等方面合作开始增多,成为"西洽会"亮点。

(尤 丹)

行政审批

【概况】 2014年,市行政服务中心(以下简称"中心")全面深化行政审批制度改革,有效提升服务企业、服务群众、服务发展的能力和水平。服务大厅办理各类事项30.7万件,即办件占比38.9%,承诺件提速率39.7%,收到企业群众赠送的锦旗(表扬信)182面(封),群众满意率在99.8%以上;"12345"政府公共服务热线受理各类咨询诉求31.8万件,派发电子工单7.6万件,咨询类诉求的直接办结率占比65.2%,电子工单期限内办结率99.6%,成员单位处置结果回访满意率95.9%,前台服务质量回访满意率95.9%,位居全省前列。市行政权力网上平台实现市、市(县)区、镇(街)三级平台运行全覆盖,年内三级平台运行数据550万件,累计运行突破2300万件,保持全省领先。年内,中心获"全国工人先锋号""先进基层党组织"等称号。经省编办同意,市行政服务中心更名为"市政务服务管理办公室"(挂"市政务服务中心"牌子)。市委、市政府批准《关于深化无锡市公共资源交易体制改革的方案》,完成进驻场地整体规划,按时按序推进落实。

(程 骏)

【建立事项目录清单】 年内,市行政服务中心形成市级审批事项目录550项、服务事项目录210项、取消和下放事项目录104项、行政事业收费目录102项。推进非行政许可事项清理,形成非行政许可审批事项清理清单196项,全年削减市级行政审批事项214项,不再保留"非行政许可审批"类别。出台《关于加强工商登记前置改后置审批管理工作的意见》,推进省政府确定的第一批次78个项目的"先照后证"改革,激发市场活力。

(程 骏)

【实施流程优化再造】 年内,累计精简319个事项的606个审批环节,精简率29%;所有事项的对外承诺事项比法定时限提速51%,实际办结时限又在承诺时限基础上提速35%;减少205个事项的429份申报材料,缩减率23%;即办件占比从11.5%提升到25%,实现网上预审全覆盖;取消收费6项,降低8项,免征42项,出台《无锡市行政审批(服务)涉费收缴管理办法》,减轻企业群众负担。

(程 骏)

【设立服务专窗】 3月27日,市行政服务中心在服务大厅设立"市建设工程竣工联合验收办公室",统筹办理原来分散在8个职能部门各自开展的行政性验收工作,办理承诺时限由近6个月缩短到13个工作日,已累计受理339个项目,提前办结268个项目的验收事项。3月28日,在大厅启用"一窗式一表制设立登记服务专窗",新机制使群众原来至少跑中心窗口7趟缩减为2趟,填写表格从10份减少到1份,提供资料从24件减少到10件,办理承诺时间从法定的43天缩短到5个工作日,实际完成时间为4个工作日。年内,352个企业通过该流程完成联办登记工作。

(程 骏)

【提升行政服务水平】 推进重大项目审批"容缺预审",完成"容缺预审"第二批事项扩容,834个企业通过"容缺预审"的方式实施审批服务,解决97个审批事项的前置交叉、串联受理等问题,"容缺预审"制度被省政府推广运用。2014年,中心向重点企业和项目单位发放《行政服务征询书》180份,"组团式"和市(县)、区联动现场服务25次,走访重点企业和重点项目建设单位47家，解决审批难题79个。组织实行“延时、预约、上门、网上、助残、热线”服务举措，分别开展5175件、1347件、1151件、6765件、6件、31.8万件，受到办事人员好评。组织周六值班（预约）服务176人次，答复咨询、办理一批企业人员急需的申请事项。实施各窗口午间值班岗制度，为企业群众提供不间断的午间服务。

（程 骏）

【提高热线运行水平】 年内，市级28个短号整合、融合、联合到“12345”公共服务热线平台，形成6个短号整合并入，2个短号运行融合，20个短号联合的“6+2+20”模式，节约行政资源，方便社会运用；开通热线门户网站，启动公共微信平台，做好电视新闻全媒体“热线12345”等节目的合作播报工作；组织地区和部门开展疑难工单联合踏勘59次；继续实施网络问政，快速答复和回应网民意见、建议与诉求426件。

（程 骏）

【行政权力网上运行】 市、市（县）区、镇（街）行政权力网上运行三级平台实现全覆盖，并向社会公布11大类7575项行政权力，56个委办局（机构）常态化运行，1918位政府工作人员日常在线，实现了“权力进笼子，运行在网上”的工作目标。不断建立、拓展、升级平台功能，实现与市信用体系基础数据库系统的数据对接，会同市发改委、市商务局、市人民检察院等分别构建了企业扶持政策平台、“双打”平台和“两法衔接”联网平台，提升行政权力运行增值服务。

（程 骏）

外事工作

【概况】 2014年，市外办接待来访外宾128批1450人次，其中，国宾1批，省部级以上外宾11批104人次。接待美国、荷兰、法国、瑞士、新西兰、日本、韩国、新加坡、捷克和塞舌尔共和国等驻上海总领馆总领事和官员16批68人次。批准因公出国（境）团组610批1935人次，出访总量比上年下降2.9％，其中，党政人员实际出访791人次，比上年下降20.5%，组织市友好团组出访友城19批121人次。全市实际新增APEC商务旅行卡480张，总卡数780张，居全省前列。市政府办下发《无锡市关于进一步加强与各国使领馆交往的管理工作的规定》。年内，无锡市获中国人民对外友好协会、中国国际友好城市联合会联合颁发的“国际友好城市交流合作奖”。

（陈少黎）

【新增2个国际友城】 2014年，全国友协批准无锡与墨西哥普埃布拉市、宜兴与美国海威市结为友好城市。年内，无锡与孟加拉国锡尔赫特市签署友好交流协议；与阿尔巴尼亚费里市签署友好合作备忘录；滨湖区与法国翁吉安雷班市签署友好关系意向书；与德国友城勒沃库森市签署新一轮友城协议、加强经济合作关系备忘录、学校校际交流协议；与德国友城博霍尔特市签署深化合作协议。

（陈少黎）

【对外经贸交流与合作】 年内，无锡与丹麦友城拜瑟克伦城市联合体签署开展环保合作的谅解备忘录，推进与丹麦土壤修复联盟成立中丹土壤修复技术中心，推动无锡市城发集团与丹麦的Cowi公司、Geo公司焦化厂地块土壤修复项目在内的环保合作项目等达成一致意见。邀请美国加州、韩国蔚山市、巴西索罗卡巴市、芬兰拉赫蒂市、英国埃塞克斯郡、法国米卢兹市、瑞士卢塞恩州，荷兰北布拉邦省、荷兰驻沪总领馆及荷兰贸促会、德国杜塞尔多夫市和勒沃库森市等省市政府的经贸代表团访问无锡，与市相关经贸部门、企业洽谈投资合作，务实推进举办城市推介会，考察无锡有关企业，商谈污染物处理、清洁技术、软件开发太阳能、医疗机械、教育、会展等领域的合作。分两批组织无锡市17家企业赴蔚山参加“2014蔚山国际贸易洽谈会”，举办专场“韩国蔚山——中国无锡中小企业洽谈会”，为两地企业合作搭建全新平台。

（陈少黎）

【对外宣传】 2014年，市外办接待日本富士电视台记者采访华西村活动；邀请11家日本驻沪媒体记者采访“无锡国际赏樱周”；邀请德国《商报》首席执行官嘉伯·施泰因加特率团到无锡采访市委书记黄莉新；俄罗斯主流媒体《共青团真理报》介绍无锡市情，并对无锡与俄罗斯下诺夫哥罗德市开展友好洽谈进行宣传报道。

（陈少黎）

【重大涉外活动】 3月28日，在鼋头渚樱花友谊林举办“2014太湖国际樱花节赏樱周”活动，500多名日韩友好人士参加活动。举办日语演讲比赛、韩国木槿花园建设启动仪式、中日民间人士话友好及系列日韩文化展示活动等。

5月15~19日，接待埃塞俄比亚总理夫人罗曼·特斯法耶，汤加王国公主、汤中友协主席皮洛莱乌·图伊塔，密克罗尼西亚总统夫人艾玛·莫里，斐济总统夫人阿迪·奈拉蒂考等15个国家政要以及联合国驻华机构代表等63名嘉宾出席无锡市举办的“2014灵山公益慈善促进大会”。

5月20日，阿富汗总统卡尔扎伊在中国驻阿大使邓锡军陪同下，率政府代表团一行26人访问无锡。省委常委、市委书记黄莉新，市长汪泉会见并陪同卡尔扎伊一行在无锡活动。

9月26日，市人民政府举行庆祝中华人民共和国成立65周年招待会，澳大利亚、德国、日本、法国、美国和英国等22个国家150名在无锡工作的经济、科技和文教专家参加招待会。市领导汪泉、林国忠、潘君庆、蔡捷敏等出席。

10月20~23日，承办以“旅游与合作”为主题的第七届无锡市国际友城会。24个国家的51个省、市、机构，252名嘉宾参会，其中，有省长、市长和副市长共30位。印尼、马来西亚、孟加拉、泰国等国城市首次派团与会。围绕会议主题，美国、日本、韩国、泰国、柬埔寨等国家的11个城市与无锡市进行大会交流，宣传推介各自城市的旅游特色和环境。会议期间举办经贸、旅游分论坛，邀请无锡企业与参会的外国友城代表团洽谈经贸合作，活动超过70余次（场），达成多个项目合作意向。并组织与会代表参观考察历史文化景区，走进企业、学校和市民家庭进行交流。

（陈少黎）

【重要宾客到访】 3月11日，捷克共和国驻上海总领馆总领事米赫尔·库兹米亚克一行3人访问无锡。

3月29日，韩国驻上海总领馆具相灿总领事一行8人访问无锡，市长汪泉会见客人一行。

4月8日，荷兰海尔德兰省副省长碧可霓一行14人在荷兰驻上海总领馆副总领事那德飞陪同下访问无锡。

5月8日，印度文化部副部长辛格一行在印度驻上海总领事史耐恩陪同下访问无锡。副市长潘君庆会见代表团一行。

7月22日，法国驻上海总领事卢力捷访问无锡，市长汪泉会见总领事。

7月24~25日，韩国驻上海总领馆副总领事李康国一行7人访问无锡。

8月11日，韩国驻上海总领馆副总领事李康国、韩亚航空和大韩航空代表访问无锡，就无锡机场开通直航事宜与无锡市进行交流。

8月20日，国际奥委会执委林德伯格·古尼拉和国际奥委会巴赫主席夫人一行19人访问无锡。省委常委、市委书记黄莉新会见客人。副市长华博雅参加会见。

8月27日，美国驻上海总领馆领事处官员颜丹尼访问无锡，并举办赴美签证政策说明会。

9月24~25日，新西兰驻上海总领馆总领事戴迈雄率新西兰贸易机构代表一行7人访问无锡。

10月19~23日，柬埔寨西哈努克省省长戚少坤率西哈努克省、市代表团(西哈努克市副市长参团)一行15人访问无锡。市长汪泉会见代表团一行。

10月20~23日，马来西亚驻沪总领事陈扬泰到无锡参加第七届无锡市国际友城交流会。

11月10~12日，印度旁遮普省省长普卡什·辛格·巴岱尔率友好代表团一行18人访问无锡。省委常委、市委书记黄莉新会见代表团一行。

11月13日，瑞士驻上海总领事霍力轩一行2人访问无锡。副市长潘君庆会见总领事。

11月27日，荷兰北布拉邦省副省长伯特·保利率政府及企业家代表团一行16人访问无锡。市长汪泉会见代表团一行。

(陈少黎)

【友好往来】 1月5~12日，无锡友城开拓团赴马来西亚怡保市、印度尼西亚泗水市访问。

1月13~14日，日本熊本市观光文化交流局长坂本纯率熊本市友好交流团一行5人访问无锡。市政协副主席王锡南会见代表团一行。

1月20日，新西兰交通局主任多赫蒂一行2人访问无锡，考察无锡市地铁建设情况。

2月19日，丹麦友城拜瑟克伦城市联合体巴勒鲁普市秘书长安德斯·阿格率环保代表团一行5人访问无锡。

3月3日，罗马尼亚弗勒希察市市长罗斯·桑德率企业家代表团一行5人访问无锡。

3月24~31日，市人大常委会副主任曹锡荣率团赴美国华盛顿参加中美友好城市大会，并领取中国人民对外友好协会与美国国际姐妹城市委员会联合颁发给无锡和圣安东尼奥的中美友城“最佳创新奖”。

3月28~30日，韩国利川市副市长尹秉集一行4人访问无锡。

4月3日，日本相模原艺术家协会会长上条阳子率领相鉴舍客人一行6人访问无锡，与无锡市书画院进行业务交流活动，协商无锡市书画家赴相模原市举办书画展相关事宜。

4月9~12日，无锡山禾合唱团赴韩国金海市参加加耶文化节并演出。

4月9~16日，无锡市友好交流团赴韩国金海市、日本明石市访问。

4月19~26日，无锡市友好交流团赴日本明石市、熊本市，韩国利川市、清州市访问。

6月5日，德国勒沃库森市市长莱茵哈德·博鸿一行19人访问无锡。省委常委、市委书记黄莉新会见市长一行，代表团在无锡举办专场经贸洽谈会。

6月16~23日，市政协副主席蒋伟坚率无锡市友好交流团一行6人访问芬兰拉赫蒂市和荷兰斯海尔托亨博斯市。

6月16~23日，市人大常委会主任姚建华率无锡市友好交流团一行6人访问美国查特努加市和墨西哥普埃布拉市。

7月8~16日，应南非纳尔逊·曼德拉湾市和土耳其中国丝绸之路经济贸易文化艺术合作协会邀请，市人大常委会副主任王立人率无锡市友好交流团一行6人访问南非和土耳其。

7月10~19日，无锡市友好交流代表团和企业家代表团一行10人访问俄罗斯下诺夫哥罗德、罗马尼亚弗勒希察和土耳其卡尔西亚卡市。

8月3~14日，无锡市青年学生交流团一行5人赴葡萄牙卡斯卡伊斯市进行为期10天的青年交流。

8月10~13日，日本相模原少年海外体育交流团一行26人在团长井上一彦的率领下访问无锡。

8月18~19日，瑞士洛桑市市长丹尼尔·布雷拉一行4人访问无锡。市长汪泉会见客人。

8月21~27日，江南中学吹奏乐团69人赴日本明石市演出。

9月16~17日，韩国光州广域市青少年代表团一行22人访问无锡，与无锡市市北高级高中进行交流。

10月19~23日，乌克兰切尔尼戈夫州州长及市长顾问 Pokryshka Oleksandr 一行2人到无锡参加第七届无锡市国际友城交流会。

10月20日，法国瓦勒德瓦兹省议会主席阿诺德·巴赞一行18人到无锡参加第七届无锡市国际友城交流会。

10月20~22日，爱尔兰科克市市长玛丽·希尔兹一行5人到无锡参加第七届无锡市国际友城交流会。

10月20~22日，德国博霍尔特市副市长 Reiner Bones 一行3人到无锡参加第七届无锡市国际友城交流会。

10月20~23日，日本南城市市长古谢景春一行6人到无锡参加第七届无锡市国际友城交流会。

10月20~23日，孟加拉国锡尔赫特市市长储德瑞一行7人到无锡参加第七届无锡市国际友城交流会，并与市长汪泉共同签署两市友好交流协议。

10月20~23日，新西兰新中友协哈密尔顿分会会长范森一行5人到无锡参加第七届无锡市国际友城交流会，并与新区硕放小学、无锡国家数字电影产业园等部门进行交流。

10月20~23日，美国哥伦布市副市长侯俊杰一行5人到无锡参加第七届无锡市国际友城交流会，并与无锡科技职业技术学院及无锡金桥中学进行交流。

10月20~23日，韩国清州市国际交流课课长南基常一行5人到无锡参加第七届无锡市国际友城交流会，并拜访无锡新区LS产电集团和海力士公司。

10月20~23日，韩国光州广域市北区区长宋光远一行12人到无锡参加第七届无锡市国际友城交流会。

10月20~23日，马来西亚怡保市议员朱建成一行3人到无锡参加第七届无锡市国际友城交流会。

10月20~23日，日本藤冈市副市长大岛孝夫一行3人到无锡参加第七届无锡市国际友城交流会。

10月20~23日，美国阿拉梅达市友协会长李翠英一行5人到无锡参加第七届无锡市国际友城交流会。

10月20~23日，美国圣安东尼奥市旅游局局长普特尼和电影委员会主席一行2人到无锡参加第七届无锡市国际友城交流会，与无锡广电集团及国家数字电影产业园进行交流。

10月20~23日，美国查特努加市议员史密斯、姐妹城市委员会主席 Karen 一行6人到无锡参加第七届无锡市国际友城交流会。

10月20~23日，澳大利亚弗兰克斯顿市市长泰勒一行7人到无锡参加第七届无锡市国际友城交流会。麦克利兰中学校长一行与无锡外国语学校及辅仁中学就建立友好学校事宜进行交流洽谈。

10月20~23日，美国戴维斯市友协会会长舒迈可一行7人到无锡参加第七届无锡市国际友城交流会。

10月20~23日，韩国金海市副市长崔洛英一行4人到无锡参加第七届无锡市国际友城交流会。

10月20~23日，巴西索罗卡巴市政府经济顾问约瑟一行3人到无锡参加第七届无锡市国际友城交流会，并与无锡市新能源及电动车企业洽谈。

10月20~23日，韩国蔚山广域市国际交流课课长李相银一行4人到无锡参加第七届无锡市国际友城交流会。

10月20~23日，韩国利川市福利文化局局长李汉日一行4人到无锡参加第七届无锡市国际友城交流会，并拜访海力士公司。

10月20~23日，日本由利本庄市副市长小野一彦一行3人到无锡参加第七届无锡市国际友城交流会。

10月20~23日，日本丰川市市长山胁实一行3人到无锡参加第七届无锡市国际友城交流会，并考察无锡新区。

10月20~23日，日本松阪市市长山中光茂一行5人到无锡参加第七届无锡市国际友城交流会，并与滨湖区政府以及教育局交流。

10月20~23日，日本相模原市副市长小池裕昭一行6人到无锡参加第七届无锡市国际友城交流会，并与市外办、旅游局等部门就两市开展旅游观光领域合作事宜进行会谈。

10月20~23日，匈牙利萨瓦市市长米哈利·巴巴克一行4人到无锡参加第七届无锡市国际友城交流会。

10月20~23日，土耳其卡尔西亚卡市市长侯赛因·穆土鲁·阿克皮纳一行8人到无锡参加第七届无锡市国际友城交流会。

10月20~23日，罗马尼亚弗勒希察市市长桑德·鲁斯一行9人到无锡参加第七届无锡市国际友城交流会。

10月20~24日，丹麦拜瑟克伦城市联合体腓特烈松市市长约翰·施密特·安德森一行3人到无锡参加第七届无锡市国际友城交流会。

10月20~24日，德国勒沃库森“无锡—勒沃库森论坛”协会理事车鞠芳到无锡参加第七届无锡市国际友城交流会。

10月27~28日，丹麦友城拜瑟克伦城市联合体巴勒鲁普市秘书长安德斯·阿格专程到无锡探讨巩固和深化友城合作，双方围绕当前和下阶段两地的交流合作内容进行沟通。

10月29日~11月5日，市政府副秘书长唐余开率民政、计生、卫生、残联、外办等部门，赴无锡市友好城市美国圣安东尼奥市访问，并赴日本四日市学习考察。

10月30日，匈牙利萨瓦市代表罗伯特·尼里访问无锡，在市工商联副主席窦林和市外办工作人员陪同下拜访海润光伏科技股份有限公司江阴总部与无锡相关企业。

11月9~11日，应墨西哥普埃布拉市市长邀请，市长汪泉率无锡市政府代表团一行10人赴墨西哥普埃布拉市进行友好访问。

11月19~26日，市人大常委会副主任林国忠率无锡市友好交流代表团一行6人，访问丹麦拜瑟克伦城市联合体和英国切姆斯福德市。

11月24日~12月1日，副市长潘君庆率无锡市友好交流团一行6人访问瑞士苏黎世市和德国纽伦堡市。

11月25日~12月2日，市政协副主席蒋达率无锡市友好交流团一行5人赴澳大利亚弗兰克斯顿市和新西兰哈密尔顿市进行友好交流访问。

11月30日~12月7日，省委常委、市委书记黄莉新率市经贸代表团访问瑞典友城南泰利耶市和德国斯图加特市。

12月7~14日，无锡市媒体记者团赴美国圣安东尼奥市和墨西哥普埃布拉市友城采访，并进行系列报道。

12月7~15日，市外办组织市文广新局和市文管中心专业人员赴韩国金海市研修。

12月9~13日，无锡医疗团赴美国圣安东尼奥市参加世界乳腺癌大会。

12月18~19日，美国查特努加市友协副会长鲍勃·爱德华一行访问无锡，与市外办探讨两市互派师生交流访问事宜。

（陈少黎）

【对外交流合作】 1月9日，法国米卢兹市副市长兼米卢兹博览会董事局主席菲利普·梅特罗一行2人访问无锡，探讨与无锡市加强会展业领域合作。

1月13日，爱尔兰维德国际教育中心总经理龙芬访问无锡。

1月14日，荷兰北布拉邦省驻南京事务代表丁少琛访问无锡，通报2014年荷兰在江苏所开展的各项活动计划，并邀请无锡参加相关活动。

1月22日，驻上海韩国文化院金镇坤一行到无锡访问，就韩国花园场地及樱花节演出等事宜与外办进行磋商。

2月17日，日中经济交流协会正田宏一行4人访问无锡，拜访市民政局，与市民政局就外资参与国内福利、养老等有关事宜进行交流。

3月3日，韩国文化院课长许善皓访问无锡，商讨韩国演出团在无锡樱花节期间演出事宜。

3月3~8日，日本冲绳县中国交流推进协会会长上间昭一率冲绳县高中生交流团一行25人访问无锡。

3月24日，韩国蔚山市经济振兴院院长金正道率蔚山市企业家代表团访问无锡。举办“2014中国无锡——韩国蔚山中小企业贸易洽谈会”。

3月26~27日，美国FIRST SERVE STRATEGIES公司总裁、勒博商学院行政总裁、教授马克在美国驻上海总领馆文化领事卢凯玲陪同下访问无锡，并举办“企业创新文化”讲座。

3月29日，市对外友好协会、市文化旅游集团和韩国驻上海总领馆、驻上海韩国文化院共同推动建设的“木槿花园”在梅园景区启动。

4月1日，芬兰拉赫蒂市LADEC代表及企业家代表团一行11人访问无锡。

4月24日，韩国京畿道公务员研修团到无锡访问，参观无锡新区和海力士公司。

5月7日，日本冲绳县南城市市长代表团到无锡访问，并访问江阴、宜兴。

5月13日，瑞士卢塞恩州州长罗伯特·昆一行6人访问无锡，副市长潘君庆会见代表团一行。

5月30日，美国加州商务部部长一行访问无锡，市长汪泉会见客人。

5月30日，捷克参议院健康与社会政策委员会主席米罗施·雅内切克一行6人访问无锡。市人大常委会副主任曹锡荣会见代表团一行。

5月30日，德国《商报》首席执行官嘉伯·施泰因加特率企业家代表团一行20人访问无锡，省委常委、市委书记黄莉新会见代表团一行，常务副市长黄钦，市委常委、市委秘书长张叶飞，市委常委、宣传部部长王国中参加会见。

6月6~8日，韩国蔚山市乒乓球联合会代表团访问无锡，与无锡市乒乓球协会签署友好交流协议。

6月17日，韩国清州市设施管理公团代表团到无锡访问，与无锡市体管中心交流，并参观市体育设施。

7月24日，巴西索罗卡巴市NEXUS公司代表弗维奥访问无锡。

8月18日，英国水环境治理专家一行2人在英国驻沪总领事馆工作人员陪同下访问无锡。客人与太湖治理办公室负责人等就湖泊治理和流域管理进行交流座谈。

8月28日，斯洛文尼亚驻华旅游投资委员会首席代表尹晓骁一行5人到无锡访问。

9月16日，美国安普瑞斯公司董事长迪克森和诺贝尔奖得主朱棣文访问无锡，省委常委、市委书记黄莉新会见客人。

10月14~17日，市外办组织5家企业赴韩国蔚山参加国际贸易洽谈会。

10月16日，加拿大AV&R公司一行4人访问无锡，副市长曹佳中会见客人一行。

10月19~23日，南非萨索尔堡前商会会长Jacques Stoltz一行3人到无锡参加第七届无锡市国际友城交流会。

10月19~23日，阿尔巴尼亚费里市副市长Florjan Mucaj Male一行4人到无锡参加第七届无锡市国际友城交流会。

10月20~22日，土中丝绸之路经济贸易、文化艺术合作协会会长司马懿一行7人到无锡参加第七届无锡市国际友城交流会。

10月20~23日，韩国佛教文化事业团法师郭庚勋一行4人到无锡参加第七届无锡市国际友城交流会，拜会无锡市民族宗教事务局，并与市旅游局会谈。

10月20~23日，印度尼西亚泗水市社会事业局副局长潘斯潘德瑞一行3人到无锡参加第七届无锡市国际友城交流会。

10月20~23日，加拿大温哥华市海科工业有限公司董事长杨国昌一行4人到无锡参加第七届无锡市国际友城交流会。

10月20~23日，泰国泰中商会常务理事张玉帆一行5人到无锡参加第七届无锡市国际友城交流会。

10月20~23日，韩国群山市驻青岛办事处所长尹锡烈一行4人到无锡参加第七届无锡市国际友城交流会。

10月20~23日，日本樱花保存协会会长新发田丰一行4人到无锡参加第七届无锡市国际友城交流会，与无锡市友协商谈使用友好会馆事宜。

10月20~23日，日本十日町市市长关口芳史一行7人到无锡参加第七届无锡市国际友城交流会，并与市旅游局进行会谈。

10月20~23日，美国桑福德市市长曼恩一行6人到无锡参加第七届无锡市国际友城交流会。

10月23日，韩国庆尚南道议会议长金允根一行12人访问无锡。市人大常委会主任姚建华会见代表团一行。

10月24~26日，丹麦友城组织50名教师到无锡举办“2014年拜瑟克伦—无锡教育博览会”。

10月31日，韩国SKT企业代表团一行7人访问无锡，市长汪泉会见客人。

11月3~9日，无锡市乒乓球协会代表团访问韩国蔚山市。

11月6日，德国杜塞尔多夫市市长托马斯. 盖瑟尔一行15人访问无锡，市委常委、常务副市长黄钦会见代表团。

11月10日，吉尔吉斯斯坦奥什州代表团访问无锡。

11月19日，斯洛文尼亚马里博尔市政府代表团一行6人在斯洛文尼亚驻上海领事馆馆长迭哥·纳普尼克等陪同下到无锡访问。

11月20~21日，俄罗斯莫斯科州杜马副主席康斯坦丁·谢里米索夫率代表团一行5人访问无锡。市人大常委会副主任曹锡荣会见代表团一行。

（陈少黎）

侨务·港澳事务

【概况】 2014年，市侨务部门接待华人、华侨等2100多人次，办结涉侨信访80件人次，向归侨侨眷发放各类困难补助款39.47万元，海内外侨界（含港澳同胞）向无锡捐款1110.97万元(含物折款)。

(章叶春)

【引智引资】 市侨务部门举办各类招才引智、经贸洽谈活动30场次。6月27~29日，举办“2014海外华侨华人高层次人才无锡行”活动，10多位华侨、华人高层次人才与无锡新区、宜兴环科园等进行项目对接，达成物联网、新材料、半导体集成电路等领域合作意向7项。活动结束后，美国博士李福生在无锡新区软件园创立江苏凯斯测新能源科技有限公司，注册资金2000万元。邀请日本国际协力银行专务多次到无锡就“智慧城市”建设进行考察，遴选开展PPP模式的“智慧城市”建设项目信息。做好香港金轮集团、新加坡金鹰集团在无锡项目的跟踪服务工作，定期联系项目负责人，掌握项目进展情况，邀请并陪同香港金轮集团董事局主席王钦贤等多次到无锡进行项目推进。协助促成樱桃阵(中国）信息技术有限公司社区电子商务运营平台于6月落户无锡软件园，注册资本5000万元。江阴市侨办引进新西兰中新贸促会注册成立中外合资企业中侨珍品国际贸易有限公司，并促成中国光大国际有限公司增资1.5亿美元，启动江阴秦望山工业园建设项目。

(章叶春)

【侨界联络联谊】 年内，市侨务部门组织海内外侨界联谊活动31场次，邀请香港工商金融文化旅游界知名企业家投资考察团、印尼华商访华考察团、瑞士华商会代表团、香港江阴商会等重点侨团和海外高科技社团到无锡旅游观光、投资考察。与中国侨商会、清华大学校友总会、北京大学校友会、欧美同学会企业家联谊会等重要侨商组织、专业人士团队的联系进一步密切。参团出访德国、瑞士，与全德广东同乡经贸联合总会、瑞士瑞中友好交流协会等多个社团建立联系，拓展海外新资源。年内，市侨办在美国、意大利设立3个海外联络处，分别为全美中文学校协会联络处、《人民日报》(海外版）洛杉矶办事处联络处、意大利米兰博士沙龙联络处。至此，无锡有海外联络处34个。

(章叶春)

【香港企业家到无锡投资考察】 4月，经省、市侨办牵线，全国政协教科文卫体委员会副主任、香港中华文化总会会长、新恒基集团董事局主席高敬德率香港工商界知名企业家一行到无锡投资考察，市委书记黄莉新、市长汪泉会见高敬德一行。10月，高敬德再次率领香港工商金融文化旅游界知名企业家投资考察团一行270多人到无锡考察。在由市人民政府、香港与内地投资商务促进会、香港中华文化总会主办，市商务局、市侨办等协办的“太湖明珠·魅力无锡”锡港投资合作洽谈会上，无锡国际医疗旅游先行区、新能源汽车、食品科技园、吴文化博览园、蠡湖湾等26个合作项目顺利签约。其中，中国国际医疗旅游(集团)有限公司在太湖国家旅游度假区和新区选定地域范围内，试点发展医疗、养生、科研等国际医疗旅游相关产业，创建低碳生态的无锡国际医疗旅游先行区。新恒基集团、洪桥集团有限公司在无锡投资建设新能源汽车整车及核心部件生产基地，总投资400亿元。

(章叶春)

【服务涉侨企业】 市侨务部门坚持定期走访、定点联系、定人服务制度，做好对高层次人才创新创业团队及重点侨港资企业的调研、服务工作。深入美新半导体(无锡)有限公司、无锡宸瑞新能源科技有限公司等70多家侨港资企业和海归创业企业调研，召开侨港资企业家新春座谈会等听取意见、建议，为企业排忧解难20起，协调解决涉侨经济纠纷3起。市侨商会换届，红豆集团总裁周海江连任会长，会员企业数量扩大。组织侨港资企业家参加第六届世界华人经济论坛、首届东亚世贸中心论坛、第十八届中国东西部合作与投资贸易洽谈会暨丝绸之路博览会、沪苏侨商河北投资考察洽谈会等活动，帮助企业“走出去”寻找商机。市海外交流协会、市侨商会与其他3家协会共同成立无锡市“尚善”教育基金，每年表彰400名“尚善好少年”。促进会员企业互助合作，促成无锡科品达菲进出口贸易有限公司在红豆集团电子商务平台成交业务600万元。

(章叶春)

【侨务宣传】 2014年，市侨务部门邀请《人民日报》(海外版)美国洛杉矶办事处、央视网华人频道、江苏省《华人时刊》、中国新闻社等海内外华文媒体负责人到无锡考察采风。围绕无锡外宣主题先后在加拿大《环球华报》、澳大利亚《大洋时报》、法国《欧洲时报》等媒体制作无锡宣传专版3期，在国内外网站、媒体上发表各类涉侨信息550多篇。举办“侨法宣传月”活动，推进侨法宣传进街道(乡镇)、进社区、进企业、进学校，举办侨法专题讲座6场次，侨法知识问答及现场咨询12场次，发

“中国文化行——弘阳江苏营”开营仪式 (吴慧平 摄)

放侨法宣传册5000多册，并依托网站、手机短信平台、侨刊、社区服务点等多种形式宣传贯彻侨务法律法规。

(章叶春)

【维护侨胞合法权益】 市侨务部门依法行政，为4名"三侨"考生办理身份认定，为8名华侨办理回国定居，救济扶持困难归侨侨眷249名。实施"侨界关爱工程"，在惠山区长安街道长宁社区，滨湖区蠡湖街道美湖社区、太湖街道尚贤社区、河埒街道水秀社区，北塘区北大街卫生服务站等开展健康义诊、卫生服务培训、保健讲座7场，出诊医疗专家65人次，诊疗群众635人次，送医送药累计价值3万元，发放健康书籍及资料1830份。市华侨活动中心举办歌舞、摄影、书画等侨界群众活动170多场次，接待近万人次。推进"万侨助万村"活动，促成8个助村项目，投入侨资253万元。

(章叶春)

【社区侨务示范创建】 市侨务部门召开社区侨务工作推进会，深化"双向服务"(社区为侨服务好，侨为社区贡献多)，做好社区侨务示范创建工作。江阴市华士镇华士社区、宜兴市丁蜀镇公园路社区被国务院侨办确定为2014年度"全国社区侨务工作示范单位"。惠山区长安街道堰新社区被国务院侨办确定为2014年度"侨法宣传角"。江阴市澄江街道文定社区、青阳镇旌秀社区，锡山区东亭街道映月社区，北塘区惠山街道金马社区被省侨办确定为2014年度"江苏省社区侨务工作示范单位"。宜兴市侨办在中国陶都陶瓷城设立"侨务之窗"。

(章叶春)

【华文教育】 市侨务部门推进华文教育工作，弘扬中华传统文化和吴地文化。6月3日，由中国华文教育基金会主办，省侨办、市侨办和崇安区政府承办的"2014年中国文化行——弘阳江苏营"活动在连元街小学开营，为期12天，美国、法国、新加坡、巴西等国50位华裔青少年在无锡学习中国民乐、书法、国画、京剧脸谱、优秀古典文学赏析等中国传统文化课程。5月，江阴市天华艺术学校被省侨办、省教育厅确定为江苏省华文教育基地，并多次与国侨办海外华文教育示范学校德国汉园杜塞尔多夫中文学校开展教学交流，与美国旧金山南侨学校结为友好学校。邀请美国ACE团队(America-China Exchange，中国、美国学校间跨文化语言和教育交换项目)师生14人到江阴市峭岐实验小学开展为期30天的文化教育交流活动。牵线国际友好城市美国阿拉米达市在江阴市徐霞客中学设立奖学基金。

(章叶春)

【美中画家巡回展】 5月17日，由市文化艺术管理中心、市侨办、市侨联、美国北美中华艺术家协会共同主办的"艺术·无界——美中画家巡回展"在无锡博物院开幕。该画展由中国驻芝加哥总领事馆牵线，北美华人艺术家与国内艺术家共同参与，共展出华之宁、英小乐、涂志伟等画家作品近150幅，展期15天。巡展期间，设立"艺术·无界"论坛会场，邀请国内外艺术批评家、艺术经纪人、博物馆及艺术收藏机构负责人等进行多视角对话，并开展野外写生、笔会和品鉴会等活动。

(章叶春)

监察工作

(该分目参见第89页"中共无锡市纪委"类目)

信访工作

【概况】 2014年，全市各级信访部门以推进信访工作制度改革为主线，以及时就地解决信访问题为目标，认真落实《关于创新群众工作方法解决信访突出问题的意见》，完善体制机制，创新思路举措，夯实基层基础，提升信访工作效能和公信力，维护群众合法权益，全市信访形势平稳向好。年内，全市两级信访部门受理信访总量4.4万件次，其中办理群众来信6560件。切实做好省委书记信箱、省长信箱和人民网网友留言的办理工作，确保478件事项"件件有落实、事事有回音"。上海亚信峰会、南京青奥会、北京APEC会议和国家公祭日等重大活动期间，全市未发生有影响的信访群体事件。开展人民建议征集活动，共征集各类建议312件。

(吕一品)

【健全网上信访系统】 2014年，市信访部门在全市构建"横向到边、纵向到底"的网上信访网络，规范网上信访事项登记、办理程序，加强分析研究，努力构建集投诉、查询、服务、跟踪、监督、评价于一体的网上信访综合运行管理体系，实现信访事项办理过程和结果可查询、可跟踪、可督办、可评价。加强对信、访、网、电等各类群众投诉渠道的协调管理，构建一体化的群众诉求受理平台，防止和减少多头管理、重复受理，方便信访群众，提高办理效率。

(吕一品)

【开展化解信访积案专项行动】 2014年，市信访局根据中共中央总书记习近平关于"要从本地区本单位典型案例、重大事件、信访积案中查找问题，把'四风'问题进一步找准找实"的指示精神，市委把化解信访积案、解决突出问题作为推进群众路线教育实践活动的重要措施，在全市召开"真情服务群众、做好信访工作"专题会议，部署化解信访积案专项行动。各地各部门高度重视、多措并举，一案一策，攻坚化解。国家、省、市排查交办的117件信访积案件全部化解或按规定办结。

(吕一品)

【引导群众逐级走访】 2014年，市信访局落实国家信访局《关于进一步规范信访事项受理办理程序引导来访人依法逐级走访的办法》，各地信访部门严格按照国务院《信访条例》的规定和属地管理、分级负责的原则，按职责范围接待群众来访，不受理越级上访。完善党政领导接访、下访制度，因地制宜推进联合接访，压实职能部门责任，提高"一站式"接待、"一条龙"办理、"一揽子"解决、"一单式"服务的水平，引导群众在本级和属地反映诉求、解决问题。

(吕一品)

【依法处理涉法涉诉信访】 2014年，市信访局落实中央《关于依法处理涉法涉诉信访问题的意见》精神，严格按照"访诉分离"的要求受理来信来访，把涉法涉诉信访纳入法治轨道解决，让当事人感到依法律程序就能公正有效解决问题。在明确信访部门对涉法涉诉信访事项不予受理的同时，引导信访人依照规定程序向有关机关提出，使他们的合法合理诉求通过法定途径得到解决。同时，配合公安机关依法处理聚众滋事、缠访闹访等扰乱公共秩序的行为，维护正常的信访秩序。

（吕一品）

接待工作

【概况】 2014年，市接待办安排和接待内宾客人1206批，15385人，30102人次。其中，警卫任务32批23人。接待各级党政代表团、考察团70多批。参与2014灵山公益慈善促进大会、第五届中国国际物联网博览会、学习吴仁宝践行党的群众路线座谈会、无锡万达文化旅游城奠基仪式等大型会议和活动10多次；陪同市领导赴上海、徐州、苏州、张家港等地考察保障4次。

纵观全年接待情况，主要特点有：

接待体现务实、高效。严格执行中央八项规定和省委、市委十项规定，以及《党政机关国内公务接待管理规定》《中央和国家机关差旅费管理办法》等各项制度，到无锡调研、考察的各级团组呈现人员规模缩小、考察时间减短、调研内容增多、服务要求提高的新特点，要求接待服务务实、高效。

考察、调研主题突出。在中央全面深化改革的大力推动下，到无锡考察、调研城镇化建设、现代服务业、“智慧城市”、产业转型升级、生态文明等主题的各级领导和团组明显增多。同时，开展专项督察、调研的接待任务较多，全年20多批，如中央巡视组、中纪委调研组、中办调研组、省党的群众路线教育实践活动督导组等。

商务接待任务增多。面对经济下行压力，无锡市加快深挖自身潜力、拓宽合作领域、提升发展动力的工作步伐，特别关注经济合作洽谈、重大项目签约等方面。因此，市接待办承担到无锡调研、寻求合作的大型上市企业、知名金融财团等商务接待任务明显增多，批数约占全年任务数的百分之四十，如接待香港总商会、台湾海峡交流基金会、中国人寿保险（集团）公司、交通银行总行、万达集团、夏普株式会社、顺风光电国际有限公司等。

接待大型会议面临考验。2014灵山公益慈善促进大会是贯彻中央八项规定后，无锡市参与接待服务的第一个国际性会议。会议有出席中外贵宾多、参与人数多、协作部门广的特点，83名地市级以上领导和多个国家的总统夫人、大使出席会议，近600余人。全市10多个部门参与会务接待。由于规定标准严、协调环节多、要求变化快等因素，接待服务面临严峻考验。

（陈晓海）

档案工作

【概况】 2014年，全市档案系统执行中央《关于加强和改进新形势下档案工作的意见》和省委、省政府《关于加强和改进新形势下全省档案工作的意见》有关精神，将“档案业务提升年”活动与党的群众路线教育实践活动有机结合，突出档案工作“贴近基层、关注民生、服务群众”的要求，夯实各项档案基础业务，增强档案文化宣传和依法治档力度。至年末，市档案馆馆藏档案974690卷、128094件。年内，崇安区档案馆以全省参评单位最高分通过国家一级档案馆测评，成为省内首家中心城区国家一级馆。锡山区档案馆通过国家二级馆测评。惠山区档案馆通过国家二级馆复查验收。

（徐俊文 魏菊仙）

【档案基础业务】 无锡市档案局对照国家一级档案馆复查要求，梳理出“档案业务提升年”的24项基础性业务和重点性工作，将各项任务落实到每个处室、每个人员，明确推进进度和考核要求。市档案馆和机关档案管理中心、民族工商业档案馆全面推进档案管理基础、档案资源挖掘、档案数字化应用及档案进馆等工作主线，严格库房管理，完善基础台账，推进鉴定与划控，加快馆藏整改和电子输目，夯实档案安全保管基地、电子文件中心等基础性

表12　　2014年无锡市档案事业基本情况

指标		全市	其中		
			市区	江阴市	宜兴市
档案馆机构数	（个）	10	8	1	1
档案员工数	（人）	137	84	28	25
馆藏档案数	（卷）	2315341	1548416	387886	379039
馆藏档案数	（件）	1358060	802643	330421	224996
当年接受档案数	（卷）	120491	82536	30724	7231
当年接受档案数	（件）	163922	134013	22479	7430
利用档案人次	（人次）	44040	15652	15442	12946
档案馆库面积	（平方米）	20049	12478	4100	1920
档案网站点击数	（次）			21671	3471
档案文件机读目录	（条）	16780000	8630000	5100000	3050000

说明：2014年底馆藏档案总计974690卷，128094件。

（市档案局）

功能。同时，组建口述档案抢救工作组，对无锡具有历史、人文、社会价值的人物与事件进行查找和挖掘，以录像方式记录口述档案。市档案局与市国资委共同落实《企业文件材料归档范围和档案保管期限规定》，联合印发《关于贯彻落实国家档案局第10号令的意见》，加强对全市各相关集团、企业档案工作的指导。

（徐俊文　魏菊仙）

【征集一批档案资料和老照片】 2014年，市档案局完成国家重点档案抢救和保护项目申报4项；档案库检40多万卷，划控2043卷；编写和审核270家单位全宗介绍；图书和报刊资料归档810本，接收并整改25个进馆单位的档案计35457件、971卷；整理档案93695卷，更换档案标签13168卷，制作检索工具10218页；形成文件级电子目录303989条，档案扫描119万多页，数字档案馆数据导入和质检300万页，重要数据容量近18T；新增照片70张、视频等特殊载体2000分钟；裱糊修复历史档案20万页，仿真制作178幅；征集接收包括机密级档案和地方名人手稿在内的档案资料1340件、老照片1860张；编写《无锡市大事记》10.8万字；清理1949年至1978年规范性文件；汇总统计全市382家机关、企事业单位的档案统计年报；开展慈善藏品目录梳理、涉日历史档案登记、市（县）区级综合档案馆档案利用成本开支调查等专项工作。市机关档案管理中心接收进驻机关移交档案，并完成34个单位会计和业务档案的整理，实现市级机关纸质文件与电子文件同步归档。

（徐俊文　魏菊仙）

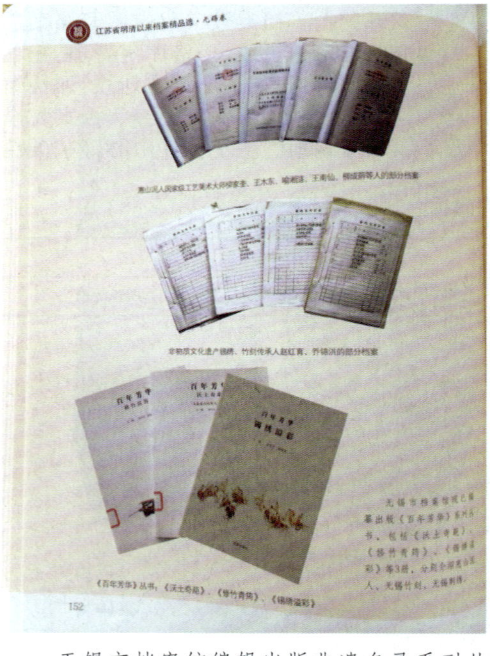

【关注民生档案】 根据2013~2015年三年进馆计划，市档案局下发《关于做好2014年市级各档案进馆单位档案资料移交工作的通知》，将年度进馆工作同档案年度评估、档案管理规范化建设、省星级档案室创建结合起来，深入基层，向一线档案员提供现场答疑、操作示范和政策指南。3月底，召开全市档案业务工作会议，部署推进重点项目档案工作、企业档案工作和新农村档案工作。全年重点在人社、公安、轨交、宗教、校管、法院等涉及民生权益和社会稳定的条线部门开展业务指导，开展上门指导、培训讲座20多次，组织民生档案范围及划分、全市开发区档案管理等专题调研，形成民生档案产生部门清单，召开全市性的宗教档案、农村土地承包经营权确权登记档案等专题会议。11月，配合省档案局对市地铁2号线重点项目档案资料归档工作进行验收。对有需要的部门、单位，采取驻点服务形式，从业务档案生产源头开始，对归档、整理、信息化等工作步骤进行全程监管。

（徐俊文　魏菊仙）

【档案应用】 2014年，市档案馆除抓好市档案馆、市民中心和民族工商业档案馆3个接待窗口的日常服务外，还推出QQ在线、数字档案馆网上受理、审验、反馈的新途径，通过即时互动，准确了解查找意图和具体需求，为群众提供更加便捷高效、更具人性化的服务，提高查档成功率和满意度。至年底，市档案局共接待来馆查档2251人次，调卷36322卷，复印8526页，查到率近80%，同时还开通网上查档平台、设立QQ客服号码，全年通过互联网受理查档共计637人次。

（徐俊文　魏菊仙）

无锡市档案馆编辑出版非遗名录系列丛书《百年芳华》之《沃土奇葩》《修竹清筠》《锡绣溢彩》（魏菊仙　摄）

【增强档案文化魅力】 年初，市档案馆被省档案局命名为首批"江苏省中小学档案教育社会实践基地"，成为全省6家命名单位之一。市档案馆编印的《第二届世界佛教论坛纪实》《锡绣溢彩》《无锡档案》《无锡档案精品展览》等入选"省档案文化建设精品"名单。江阴市档案局编印的《东林英烈李应昇》，被收录《华夏文史博览书系珍藏版》。宜兴市档案局承担纪录影片《紫砂泰斗》的编剧，并编辑《宜兴紫砂名人》《家谱提要续集》等书。

市档案局开通数字电视"无锡档案"互动式专栏和政务微博，拓展档案文化传播的渠道，各市（县）区档案局运用市局开设的宣传新平台，积极上传具有本地区特色的宣传展示资料。2月，国内唯一以生肖文化为主题的专业馆在市民族工商业档案馆内挂牌。3月初，市档案馆会同市摄影家协会等组织无锡老照片征集活动，征集到1000余幅反映无锡历史面貌和发展变化的老照片。3月至6月，举行"无锡知青上山下乡图片展"，观展人数达1万人次。11月，市档案局参与"尚善好少年基金会"活动，拓展档案社会教育新途径。年内，市档案局获全省档案宣传工作特等奖。

（徐俊文　魏菊仙）

【开展档案法制宣传活动】 6月9日起，无锡市档案局开展为期一周，主题为"走进档案——档案连着你、我、他"的大型宣传活动。活动以宣传普及《中华人民共和国档案法》和本市地方性档案法规、政府性规章为主要内容，除市区两级档案部门外，市公安、工商、城建、国土、房产、征收、社会保障、人才、民政、医疗、企业管理等17个部门也加入到档案法制宣传行列中，集中展示各部门的专业档案特色，面对面接受各类咨询。

市、区两级档案部门从群众最关心、最能直接感受到的档案热点问题入手，精心编印制作一批档案法制展板和宣传资料，通过流动展示、咨询答疑、网上受理等形式，向广大群众深入解读档案法律法规，重点理清同民生相关的档案法制知识，提高普通市民的档案法制意识。完成《档案管理违法违纪处分规定》宣传挂图征订200多份，向全市档案系统和重点部门、单位发放市档案局汇编的《档案法律法规大全》及光盘200多套。

（徐俊文　魏菊仙）

【《江苏省明清以来档案精品选·无锡卷》出版】 3月，由江苏档案精品编纂委员会主编，无锡市档案局（馆）承编的《江苏省明清以来档案精品选·无锡卷》由江苏人民出版社出版。

《江苏省明清以来档案精品选·无锡卷》分为档案和资料两大类，从市档案馆和江阴、宜兴、锡山、滨湖、崇安等市（县）区级综合档案馆、崇安区历史文献馆188万多卷（件）馆藏中精选54件（组）精品档案、500多幅图片，精心编撰而成。

（徐俊文　魏菊仙）

机关事务管理工作

【概况】 2014年，市机关事务管理局围绕“安全、高效、满意”目标，全力推进《党政机关厉行节约反对浪费条例》《机关事务管理条例》《公共机构节能条例》的落实，全力提升市民中心运行管理、机关内部管理、党风廉政和内控机制建设总体水平，各项工作取得明显成效。

公共机构节能管理　组织开展以“生态文明伴我行”为主题的2014无锡环境月暨“生态文明体验日”“节能宣传周”和“低碳日”能源紧缺体验、厉行节约反对浪费大讨论等宣传活动。印发《2014年公共机构节能工作要点》。完成全市2841家公共机构上年度能耗统计，综合能耗下降6.34%。发挥市民中心监管平台作用，推行能耗公示通报制度，年内，市民中心比上年减少用电量305万千瓦时，节约经费250余万元。《无锡市公共机构节能管理办法》于2014年12月1日正式实施。市民中心等5家公共机构被授予“国家级公共机构节能示范单位”称号，有9家公共机构被授予“江苏省公共机构节能示范单位”称号。

公务用车管理。做好全市公车状况、驾驶员身份、公车运行费用等基础数据的调查摸底；制定《关于推进无锡市公务用车改革前期准备工作方案》，完成《无锡市公务用车制度改革方案（初稿）》。继续做好公务用车日常管理，彻底清理一车多牌问题，落实每季度末“流动车管所”上门服务。完善市级机关公务用车服务中心服务保障职能，完成市四套班子离退休领导车辆保障服务，参与公务用车定点维修、定点保险、定点加油相关工作，落实对市民中心机关加班人员提供夜间用车服务。

办公用房治理、管理。推进全市办公用房清理腾退工作，并做好办公用房清理纠正“回头看”及腾退办公用房处理使用。年内，腾退办公用房3000余间，建筑面积约12万平方米，已使用腾退的办公用房1500余间，约5万平方米，建筑面积约6万多平方米。制定无锡市《办公用房管理使用实施办法》，做好市民中心办公用房、办公家具的调整、安装、维修和市民中心部分固定资产管理等基础性工作。

财务管理工作。抓好50家机关部门（单位）“三公”经费管理、预决算及信息公开，制定完善会议审批、接待审批、外出考察、重大支出事项报告等制度，全面实行公务卡结算。对食堂采购出入库、成本核算、销售、收款、分析等各个环节全面实行信息化管理，提高工作效率。启用备品备件库，设施设备及物资管理更加规范化。做好财政“一体化”系统衔接，保证新老系统平稳过渡，保证支付和核算、工资支付及财务日常服务保障工作。

（吴建忠　金剑锋）

【创建全国文明单位】 2014年，市机关事务管理局全力以赴创建全国文明单位。在市文明办、市级机关工委帮助下，制定13项创建工作计划和长远创建规划，并按创建工作要求明确分工，责任到人、强力推进。大兴文明之风。在市民中心电梯、楼道、餐厅等公共场所，局门户网站、杂志等宣传阵地，广泛传播社会主义核心价值观。借助中共无锡市委党校、江南大学等院校智力支持，有计划、有步骤、有重点地开展干部职工社会主义核心价值观教育培训活动。开展向全国道德模范、中国好人及江苏好人——局机关驾驶班班长王忠法爱人潘红娣学习活动。开展志愿者服务活动。在市级机关率先成立志愿者服务队，在职干部职工100%成为注册志愿者。先后组织400多人次文明交通协勤活动、6次大规模“学雷锋志愿者活动”。8月，昆山发生特大爆炸伤亡事故后，全局100多名干部职工开展以“情系昆山，奉献爱心，救助伤员”为主题的无偿献血活动，献血量1.4万毫升。开展未成年人思想道德建设，与无锡市机关幼儿园开展“大手拉小手，爱心助成长”为主题的关爱未成年人活动，资助20多个困难家庭和困难学生，并与他们建立长期帮扶计划，资助费用10多万元。举行慈善义拍，局机关干部职工通过自发捐赠拍品和购买拍品的形式，筹集慈善资金3万余元，在市级机关率先建立“关爱救助”基金。开展“三解三促”（了解民情民意、破解发展难题、化解社会矛盾，促进干群关系融洽、促进基层发展稳定、促进机关作风转变）、“三走进三服务”（走进农村、走进社区、走进企业，服务发展、服务基层、服务群众）系列活动。与江阴市徐霞客镇湖塘村结对共建，帮助建立13.3公顷无公害蔬菜基地，提高农村居民经济收入。与江苏省连云港市东海县石梁河镇贾庄村结对共建，投入10多万元，帮助该村解决路灯照明等问题。积极参加红十字会“慈善一日捐”等社会公益活动，年度捐款3万多元。下发《进一步提升市民中心服务群众水平的若干措施》，优化办事流程，简化办事程序，做到便民亲民。到市民中心机关部门办事的群众，外围岗亭取消访客登记，在各楼层内访客服务台边上设立访客接待休息区，配置桌椅，供群众使用。为老同志、行动不便的群众提供就近停车引导、路线指引、搀扶迎送等特殊服务。年内，获第四届“全国文明单位”称号。

（吴建忠　金剑锋）

编辑　罗秋云

政协无锡市委员会

综　述

【概况】 2014年，政协无锡市委员会落实中共十八大、十八届三中、四中全会和中共中央总书记习近平系列重要讲话精神，围绕团结和民主主题，团结各民主党派、人民团体和各界人士，依靠广大政协委员，发挥人民政协政治协商、民主监督、参政议政作用，为无锡经济转型发展、全面深化改革和促进社会和谐建言献策。全年召开常委会议4次、主席会议12次，开展调研、视察及情况通报等履职活动50多次，形成建议案2件，调研报告12篇，建言献策3期。结合政协履职工作，开展群众路线教育实践活动，确保政协工作方向正确，群众观念牢固，工作作风优良。推进“立足本职促发展、当好委员献良策”主题活动，激发委员履职活力。围绕党委政府中心工作和社会民生重要方面确定12项调研课题开展调查研究。助推经济社会发展，组织对全市公共卫生事业发展、农村环境整治、“智慧城市”建设、医养结合型养老机构发展、重大项目建设推进以及文明城市创建工作等开展视察6次。听取全市依法行政、物业管理、传染病防治、外事工作、创建电子商务示范城市、城市总体规划修编、食品药品监督管理、现代服务业发展情况以及全市公安、法院、检察院工作情况通报。发挥政协协商民主作用，就《无锡市物业管理条例》的立法工作进行专题协商。加强民主监督工作，各民主监督员小组共提交民主监督建议书45份。首次开展民主评议政府重点工作，采取调研视察、咨询座谈、千人问卷、委员评议、市民巡访相结合的方法，对全市大气污染防治工作进行评议，推进无锡市蓝天工程。广开渠道反映社情民意，编发《社情民意》147期。举办“推进人民政协协商民主建设”研讨会，征集交流文章50篇。初步完成《亲历无锡城变迁》的征稿工作，举办“纪念人民政协成立六十五周年书画展”。扩大政协对外宣传，开通“无锡政协”微信平台，全年在省级以上媒体刊发文章21篇，编发《无锡政协》刊物、《无锡日报》政协专版各12期，拍摄《政协话题》节目24期。

(郭宇鹏)

重要会议

【政协无锡市第十三届委员会第三次会议】 会议于2014年1月12~15日举行。出席本次大会的市政协委员应到445名，实到434名，到会率97.5%，市委、市人大常委会、市政府、市纪委、无锡军分区的领导人参加大会开幕式。在无锡的全国第十二届政协委员、省第十一届政协委员，曾担任市政协领导职务的老领导和16位市民代表列席大会。会议期间，委员们听取和讨论省委常委、市委书记黄莉新所作的讲话；听取和审议市十三届政协常务委员会工作报告与十三届政协二次会议以来提案工作情况报告；列席市十五届人大三次会议，听取和讨论市人民政府工作报告及其他报告；听取提案委员会关于提案初步审查情况报告；审议通过市十三届政协三次会议决议等。会议期间，市委、市政府14位领导分别到会听取大会发言和大组专题协商讨论。委员们围绕“深化经济领域改革，创新发展内生机制”“构建两型社会，建设宜居城市”“加快发展文化产业，促进经济转型升级”“协调推进社会发展，切实改善民生保障”等专题进行讨论。10名委员代表市各民主党派、工商联、无党派知识分子联谊会和其他有关人民团体进行大会发言，围绕无锡经济社会改革发展提出建设性意见。会议期间，收到委员提案458件，其中集体提案94件，委员及委员联名提案364件。大会还表彰在2013年履职工作和“立足本职促发展，当好委员献良策”主题活动中表现突出的先进个人、先进集体和优秀提案、优秀社情民意、优秀调研成果等。

(郭宇鹏)

【市十三届政协常委会第八次会议至第十一次会议】 3月20日下午，市十三届政协召开第八次常委会议。全国政协委员、副市长华博雅传达全国政协十二届二次会议精神，动员广大政协委员开展“立足本职促发展，当好委员献良策”主题活动，省委常委、市委书记黄莉新出席会议并作讲话。会议协商通过《市政协2014年工作要点》。会议指出，要以改革创新精神统领2014年政协工作，开展党的群众路线教育实践活动，提升履职实效，为无锡全面深化改革事业作出贡献。

6月23日，市十三届政协召开第九次常委会议。会议听取2014年上半年全市国民经济和社会发展计划执行情况通报，民主评议市科技局、市水利局提案办理工作。协商通过《关于进一步加快我市职业教育发展的建议案》《关于加快推进我市海峡两岸金融与科技合作试验区建设的建议案》。协商通过免去周丁丁市十三届政协副秘书长(兼)职务的决定，协商通过同意张雷辞去市政协常务委员职务的决定。

9月22日，市十三届政协召开第十次常委会议。学习习近平在庆祝人民政协成立65周年大会上的讲话精神，听取市政府2014年提案办理情况通报，民主评议市住房保障局、市民政局提案办理工作。在市政协委员中，开展“争做社会主义核心价值观的模范践行者”活动，协商讨论年度重点调研报告等。

12月22日下午，市十三届政协举行第十一次常委会议。会议听取市政府2014年全市经济社会发展情况；总结2014年市政协“立足本职促发展，当好委员献良策”活动；协商通过市政协常委会工作报告、提案工作报告；协商通过市政协十三届四次会议议程(草案)、日程，以及关于召开市政协十三届四次会议的决定。协商通过增补蒋宪平、陈杰、杨思藻、王成明、缪红、陈嘉然为市政协委员；协商通过同意刘洋辞去市政协常委、委员职务，同意芮立平、王玉平、宋结胜辞去委员职务的决定。

（郭宇鹏）

重要工作

【围绕中心工作建言履职】 2014年，市政协围绕全面深化改革和助推“三个深化年”活动，积极帮助搭建政府职能部门与企业之间的沟通交流平台，解决企业发展之困。5月，举办政协委员企业项目投资推进会，一批项目签约和银行授信。7月，赴深圳举行“深圳——无锡委员企业家共谋合作座谈会”，两地企业家委员在交流的同时进行项目合作签约。年内，市政协各委员联系小组和各市(县)区政协组织广大政协委员走企业进社区、促发展惠民生，开展助推项目建设、专题议政、义务咨询、公益慈善等活动200余次，参加活动的各级政协委员2000余人次。组织专委会、党派团体和政协委员，就提升政府服务能力、改进和完善民主监督员工作、规模骨干企业培育和发展、增加财税收入、机动车污染防治、垃圾减量化资源化无害化处理、加快发展现代职业教育、有效预防和化解基层社会矛盾、加快推进社会诚信体系建设、历史建筑的保护利用、海峡两岸金融与科技合作试验区建设等方面开展调研，形成一批高质量的调研报告和建议案，得到市委、市政府主要领导肯定，许多对策建议被相关职能部门采纳。此外，围绕市委、市政府重点关注的创新型企业发展和创新型载体建设、美丽乡村建设、马山国际旅游岛建设、古运河历史文化资源的挖掘与利用、加强宗教团体建设等方面进行专题调研，提出有针对性的对策建议。

（郭宇鹏）

【开展主题活动】 开展“立足本职促发展、当好委员献良策”主题活动。活动重点为全面深化改革，密切联系群众，服务科学发展，助推“三个深化年”和苏南现代化示范区建设。组织召开政协委员企业项目投资推进会，15家委员企业进行项目签约，总投资额93亿元。10家委员企业获得银行授信，总额102亿元，其中增量授信43.72亿元。推进深圳、无锡两地企业家委员加强项目合作，签约7个项目总投资111.5亿元。开展“一帮一、献爱心”和“扶贫帮困、捐资助学”、助老活动，结对帮扶经济薄弱村和挂钩联系重点企业等活动。北塘区政协和市政协北塘、民革、妇联委员联系小组在市、区两级政协委员中发起“幸福百老惠”公益项目捐助活动，筹得帮扶公益资金30万元。滨湖联系小组开展“献爱心、助困大学梦”活动，15名政协委员和企业家当场捐助发放助学金15万元。锡山联系小组筹集3万元，资助30名贫困家庭小学生。经济界委员联系小组部分委员赴南方泉敬老院开展慈善捐款活动等。对全市85家提案承办单位的办理情况进行跟踪督察。充实民主监督员队伍，制定《关于进一步加强民主监督员工作的意见》，16个民主监督员小组到23个与民生直接相关的政府职能部门，开展民主监督和明察暗访，对工作薄弱环节，开展批评和建议，共向受监督部门提交民主监督建议书45份。

（郭宇鹏）

市政协视察新区重大项目建设推进情况 （市政协办公室 供稿）

【提高提案工作质量】 2014年，无锡市政协收到提案486件，经审查立案475件，其中，集体提案99件，个人提案376件。其中，解决和采纳356件，占74.9%；列入计划解决102件，占21.5%；留作参考17件，占3.6%。委员对提案办理情况反映总体较好，表示满意的占91.0%，表示基本满意的占6.0%，表示理解的占2.8%，表示不满意的占0.2%。

多层次征集提案线索。全会前通过新闻媒体向社会各界征集提案线索，上门听取市党政有关部门2014年重点工作意见，汇编成《提案线索目录》供委员参考。提案办理机制逐步完善。帮助各承办单位建立"一把手"亲自抓、明确分管领导和专人具体承办的提案办理责任机制。办理中注重与提案者的沟通交流，听取提案者对提案办理的意见和评价，积极解决问题，获得委员认可和满意。完善提案办理协调制度。会同市政府办公室对疑难提案及不满意提案召开见面会、协调会，督促相关单位进行不满意提案的二次办理，不满意提案由5个减少至1个，最大限度达成共识。完善重点提案与重要提案的督办。全年确定10件重点督办提案，其中，2件由政协主席会议成员集体督办，其余由各分管副主席领衔督办；同时，确定96件事关改革发展与民生的重要提案，由提案委联合相关提案者进行跟踪督办。完善提案办理民主评议。制定《政协无锡市委员会提案办理工作民主评议办法》，通过组织预评、委员发言、承办单位汇报、政协常委投票评议、被评单位领导表态等环节开展评议。2014年对市科技局、市水利局、市住保局、市民政局的提案办理情况进行民主评议并公布评议结果，提高承办单位办理提案的责任心和有效性。跟踪督促问题解决。3月，组织对63个提案承办单位上年度承诺解决的319件提案办理情况进行"回头看"，跟踪了解问题的解决程度和进展情况。

（郭宇鹏）

表13　2014年度无锡市政协重点提案督办情况统计

序号	提案号	提案者	案由	主办单位	分管市领导	督办领导	责任部门
1	4	人口资源环境和城乡建设委员会	关于推进机动车尾气污染治理的建议	市环境保护局	朱爱勋	主席会议成员	人口资源环境和城乡建设委员会 提案委员会
2	2	经济科技委员会	关于加强物联网应用牵引和基础性产业发展，大力巩固智慧城市建设领先优势的建议	市经济和信息化委员会	曹佳中	主席会议成员	经济科技委员会 提案委员会
3	7	社会法制委员会	关于切实提高我市被征地"农转居"群体社会保障水平的建议	市人力资源和社会保障局	王进健	黄士良	社会法制委员会
4	27	民盟无锡市委	关于加强企业信用体系建设，助推金融支持小微企业发展的建议	市经济和信息化委员会	曹佳中	王锡南	经济科技委员会 民盟无锡市委
5	14	民革无锡市委	关于加快实施经济薄弱村生态补偿的建议	市农委	刘霞	张丽霞	市政协研究室 民革无锡市委
6	73	无锡市工商业联合会	推动无锡城市综合体健康有序发展的建议	市发展和改革委员会	黄钦	蒋伟坚	人口资源环境和城乡建设委员会 无锡市工商业联合会
7	58	致公党无锡市委	关于加强基层医疗卫生队伍建设的建议	市卫生局	华博雅	孙志亮	文教卫体委员会 致公党无锡市委
8	45	民进无锡市委	关于科学处置我市农村生活垃圾的提案	市城管局	朱爱勋	章一中	学习文史委员会 民进无锡市委
9	1	提案委员会	关于解决老新村安全供用电问题的提案	市住房保障和房产管理局	朱爱勋	蒋达	提案委员会
10	71	九三学社无锡市委	关于优化科技创新创业投入体系的几点建议	市科学技术局	曹佳中	蔡捷敏	民宗委 九三学社无锡市委

（市政协办公室）

编辑　罗秋云

综　述

【概况】 2014年，全市各级纪检监察机关，认真落实中央和省、市党风廉政建设与反腐败工作决策部署，积极转职能、转方式、转作风，聚焦监督、执纪、问责，构建全面推进党风廉政建设长效机制，严明党的纪律，深化作风建设，以零容忍态度惩治腐败，强化纪检监察干部队伍建设，努力营造风清气正的社会环境，全市党风廉政建设和反腐败工作取得新成效。年内，全市纪检监察机关接受信访举报3660件（次），立案753件，其中，涉及县处级干部17人，乡科级干部64人，给予党纪政纪处分742人，移送司法机关处理28人。

（浦原丰）

重要会议

【市纪委十二届四次全会】 2月17日，中共无锡市第十二届纪律检查委员会第四次全体会议召开。市四套班子领导以及市纪委全体领导参加会议，29名市纪委委员出席会议，市纪委常委会主持会议。会议贯彻中共中央总书记习近平重要讲话和中央纪委、省纪委全会精神，分析当前反腐败斗争形势，部署2014年全市党风廉政建设和反腐败工作。省委常委、市委书记黄莉新在会上讲话，强调要贯彻党要管党、从严治党方针，以零容忍态度反对腐败；切实强化反腐倡廉体制机制创新，健全完善反腐败领导体制和工作机制；严格遵守党的各项纪律，始终在思想上政治上行动上与党中央保持高度一致。全会审议通过市委常委、市纪委书记周铁根代表市纪委常委会作的《聚焦主业转职能，坚定不移反腐败，为无锡现代化建设提供坚强有力纪律保证》报告。全会认为，2013年，全市各级党政组织和纪检监察机关结合无锡实际，认真落实中央和省市反腐倡廉决策部署，以抓铁有痕、踏石留印的精神，持之以恒改进作风，动真碰硬惩治腐败，全市党风廉政建设和反腐败工作取得新的成效。全会部署2014年全市党风廉政建设和反腐败工作，强调要贯彻党的十八届三中全会精神，推进反腐败体制机制改革和制度创新；严明党的纪律，严格监督检查，保证各项重大决策部署落实；深化作风建设，健全常态化制度，持之以恒纠正“四风”；以零容忍态度惩治腐败，坚决查处违纪违法案件，发挥查案治本功能；加强反腐倡廉教育，大力倡导廉政文化，做好廉洁自律各项工作；强化制约和监督，把权力关进制度的“笼子”，从源头上防治腐败；开展党的群众路线教育实践活动，转职能、转方式、转作风，打造纪检监察忠诚铁军。会上，市委与各地各部门党委（党组）主要负责人签订2014年度党风廉政建设责任书。

（浦原丰）

【市（县）区纪委书记座谈会】 3月25日，市委常委、纪委书记陈金虎主持召开市（县）区纪委书记座谈会，面对面听取意见建议，查找市纪委监察局领导班子和领导干部自身存在的问题和不足。座谈会上，各市（县）区纪委书记就加快纪检监察机关“三转”（转职能、转方式、转作风）、强化对基层的业务指导、改进纪检监察工作考核方式、加强纪检监察队伍建设、规范执行制度、树立先进典型等方面提出建议。陈金虎强调，要坚持开门搞活动，突出问题导向，广泛听取并认真梳理归纳干部群众的意见建议，把开展教育实践活动与推进纪检监察机关“三转”结合起来，在完善工作制度，落实长效机制，提升履职能力，忠诚履行监督、执纪、问责使命的过程中，让广大干部群众看到市纪委监察局机关在联系群众、改进作风上所作的努力，使教育实践活动成为群众满意的民心工程。

（浦原丰）

【反腐倡廉建设创新成果展评会】 3月27日，市纪委举办2013年度反腐倡廉建设创新成果展。12家入围单位展示创新成果，市公安局和江阴市纪委监察局获一等奖，市国土资源局等4家单位获二等奖，宜兴市纪委监察局等6家单位获三等奖。省纪委副书记黄继鹏到会并讲话，肯定无锡反腐倡廉建设创新成果展评会做法。市委常委、市纪委书记陈金虎强调：坚持全面发动，营造浓厚的创新氛围；坚持高定位，服务大局抓创新；坚持与时俱进，围绕“三转”抓创新；坚持问题导向，突出重点抓创新；坚持联系实际，强化运用抓创新；坚持建好载体，形成合力抓创新；要坚持打造口牌，持之以恒抓创新。

（浦原丰）

【纪检监察信访举报工作座谈会】 4月25日，全市纪检监察信访举报工作座谈会召开。会上，通报2013年各地进京赴省上访情况和上级纪委交办件办理情况，部署当前及今后一个时期全市信访举报工作任务。市纪委副书记、监察局局长林忆到会讲话。林忆指出，当前和今后一个时期信访举报工作要贯彻落实全省纪检监察信访举报工作座谈会精神，改进信访举报工作方式方法。落实“三转”要求，履行信访举报执纪监督职能。充分发挥主渠道作用，提高信访排查案件线索能力。提高调查报告质量，注重信访办理社会效果。加强队伍建设，关注“灯下黑”问题。

（浦原丰）

【“转作风、提效能、促发展”专项行动推进会】 5月29日，全市召开“转作风、提效能、促发展”专项行动工作推进会，88个市级机关部门负责人、市委党的群众路线教育实践活动领导小组办公室负责人、市委各督导组负责人、市委宣传部和市委市级机关工委负责人参加会议。市委常委、市纪委书记陈金虎到会讲话，强调要切实落实市委要求，以行政审批流程再造、为民服务流程再造、行政监管流程再造为切入点和突破口，找准问题、即知即改，完善制度、注重长效，把专项行动的任务和要求落到实处；要落实好主体责任，履行好牵头责任，发挥好成员单位作用，确保全面完成专项行动各项任务；要深入开展自查自纠，切实畅通监管渠道，切实保障专项行动取得实效，为“四个无锡”建设营造良好环境，提供坚强保障。

（浦原丰）

【纪检监察工作调研推进会】 8月20日，市纪委监察局召开会议，交流调研成果，研究推进下一阶段工作。11个课题调研组作了汇报交流，委局领导结合当前工作进行点评、发言。机关各室、各派出纪工委主任、副主任参加会议。市委常委、市纪委书记陈金虎强调，2014年以来，全市纪检监察工作呈现改革有序、纠风有招、惩治有力、监督有效等鲜明特点，并取得新进展，但也要清醒认识当前面临的新情况、新问题。下一阶段，要认真落实中央纪委、省纪委工作部署，以敢担当的魄力服务好一个大局，以具体化的措施落实好“两个责任”，以更坚决的态度推进“三转”到位，以钉钉子的精神纠正“四风”问题，以强主业的劲头攥紧五个指头，履行好监督责任，抓好监督执纪问责，确保全年各项工作任务顺利完成，为全市改革发展大局提供纪律保证。

（浦原丰）

【市纪委工作务虚会】 12月18日，市纪委召开工作务虚会，认真总结2014年工作，交流情况，分析问题，研究谋划2015年工作思路。市纪委监察局领导班子全体成员出席会议。市委常委、纪委书记陈金虎主持会议并讲话。在听取9个市（县）区纪委监察局和市纪委监察局机关各室部、各派出纪工委主要负责人的发言后，陈金虎肯定各地各部门一年来的工作成效，用“责任落实形成新机制、监督执纪呈现新常态、教育监督取得新成效、深化‘三转’开拓新局面”概括无锡市纪检监察工作特点，并认真分析当前工作中存在的问题和薄弱环节。会议要求全市各级纪检监察机关要强化“挑高标杆、走在前列”意识，贯彻中共十八大和十八届三中、四中全会精神，落实中央纪委、省纪委全会部署，聚焦中心任务，落实“两个责任”，深化“三转”工作，增强改革创新动力，强化自身建设保障，推动全市党风廉政建设和反腐败工作向纵深发展。围绕体制改革、巡察督察、查办案件、教育警示、自身建设等工作，找准切入点，进一步聚焦主业主责，突出重点工作项目，统筹推进任务落实。

（浦原丰）

重要工作

【开展作风建设深化年活动】 2014年，市纪委落实中央八项规定和省、市委十项规定，结合群众路线教育实践和全市作风建设深化年活动，聚焦“四风”问题，加强执纪监督问责。整合市纪委机关及派驻机构监督力量，组建19个专项督察组，一个一个节点抓，一个一个问题查，加强明察暗访，严肃查纠问题，推进作风督察常态化。全市各级纪检监察派出督察组253个，督察591次，暗访213次，对87名违反规定的党员干部进行问责追究，市、市（县）区两级纪委通报曝光39起典型问题。从解决基层反映的社区创建评比多、台账多等“五多”入手，取消面向社区的创建评比33项，削减64%；取消涉及29个部委办局的台账94项，削减30%，社区减负提效工作有序推进。开展转作风、提效能、促发展，整治规范一会所两场所，治理党政机关干部收受购物卡问题等专项行动，督促各地各部门厉行节约，反对浪费，全市党政机关因公出国（境）、公务接待、会议活动、公车购置与运行费用分别比上年下降5.01%、5.7%、14.19%、12.5%。

（浦原丰）

【推进“两个责任”落实】 2014年，无锡市委制定《关于落实党风廉政建设党委主体责任纪委监督责任的实施意见（试行）》，建立责任报告、述责述廉、质询评议、谈话约谈、专项巡察、通报曝光等十项制度。出台《中共无锡市委党风廉政建设责任清单》，督促各级各部门建立领导班子主体责任清单、班子成员领导责任清单、纪委监督责任清单，并排查落实问题清单、整改清单，以“五张清单”（党委主体责任清单、班子成员领导责任清单、纪委监督责任清单、问题清单、整改清单）为抓手推进“两个责任”（党委主体责任，纪委监督责任）落实。年初，市委向96个市管领导班子下达2014年党风廉政建设责任书，签字背书，明确任务；年中，组织开展落实“两个责任”情况专项检查，通报282个问题，督促责任落实；年底，在各地各部门自查的基础上，市委常委和党员副市长带队，重点检查考核9个市（县）、区和12个市级单位党风廉政建设责任制落实情况，指出问题162个，提出整改建议76条。相关做法被中央纪委核心期刊《党风廉政建设》刊用。

（浦原丰）

【纪检监察机关“三转”】 2014年，全市纪检监察机关转职能、转方式、转作风。3月和9月，市纪委分别进行机构调整，纪检监察室增加到4个，每个室8个编制，组建组织部、宣传部、法规研究室、党风政风监督室、纪检监察干部监督室，市纪委机关内设机构和人员，70%的力量直接履行监督执纪职责。对市县两级纪委监察局参与的议事协调机构进行全面清理，全市共退出议事协调机构849个，保留参与117个，其中，市纪委监察局退出93%的机构，保留14个。撤销市纪委监察局派驻市重点工程的4个纪检监察组。下发《关于规范纪委书记、纪检组长分工和兼职的通知》，对市县两级纪委书记、纪检组组长的分工和兼职进行规范调整。制定《无锡市监察机关监督检查立项暂行规定》，明确市纪委、监察局组织或参与的各类监督检查均应立项，通过立项检查“聚指成拳”，突出主业主责，转变监督方式，提升监督实效。加强干部培训、交流轮岗、岗位练兵、理论研讨、实战锻炼，开展太湖清风讲堂和纪检监察业务培训，市县两级开展“三转”培训班9批，共培训纪检监察干部1620人次。

（浦原丰）

【加大查办案件力度】 市纪委监察局两次召开查办案件工作推进会，强化线索处置，规范查办案件工作流程，建立健全问题及时发现、案件有效查办工作机制，加大查办案件力度。年内，全市纪检监察机关共接受信访举报3660件（次），立案753件，其中，涉及县处级干部17人、乡科级干部64人，给予党纪政纪处分742人，移送司法机关处理28人。坚持依纪依法查办案件，严明办案工作纪律，加强案件监督管理，落实“三审一评”（联合审理直属单位案件、交叉审理申诉案件、适用简易程序审理党纪案件和案件质量检查考评）工作。推进办案规范化，加快办案场所建设，细化制度规定，实现办案安全工作向信访调查、审理谈话等环节延伸。坚持抓早抓小，全市纪检监察机关共实施信访监督334人次，函询和谈话279人次。坚持惩处与保护并重，通过调查核实，对反映失实问题予以澄清，涉及145人次。

（浦原丰）

【巡察工作】 2014年，无锡市完善《市委巡视巡察工作实施意见》等4项工作制度，建立与骨干巡察库、专职巡察库、补充巡察库相配合的力量配置。紧扣“四个着力”（着力发现贪污腐败、违反中央八项规定精神、违反政治纪律、违反组织人事工作纪律等问题），改进方式方法，探索运用常规巡察与专项巡察相结合的方式，注重开展定向“点穴式”巡察和“回访式”巡察，在发现问题、执纪问责、督促整改上下功夫。年内，对4个部门开展常规巡察，对2个单位实施专项巡察，共发现突出问题90余个，领导干部违纪违法线索5条，立案查处4人。加强巡视联络工作，协助市委抓好中央巡视组反馈意见整改落实，坚持立整立改，加强督促检查，推动各项整改措施落到实处。集中力量办理中央巡视组下转信访件，依规依纪，分类处置，做到件件有落实。

（浦原丰）

【开展乡镇财政运行专项督察】 市监察局利用审计平台，联合审计力量，强化问题导向，转变监督方式，对全市乡镇财政运行情况进行摸底清查，共排查梳理出7大类22项具体问题，以调查报告形式在一定范围内通报。与审计、财政、国土等部门组成联合督察组，分4个检查阶段，针对排查出的22项具体问题，首批重点对5个市（县）区乡镇财政运行情况进行专项督察。查究违规资金是否追回，查究违规问题原因是否找到，查究乡镇部门和相关责任人的责任履行是否到位，依纪依规追究相关责任人的责任。督促指导发生问题的乡镇和部门针对问题剖析产生原因，以点带面、举一反三，制定整改措施，对于易发多发的共性问题和涉及机制层面问题，在建章立制上下功夫，堵住制度漏洞，严格制度执行，防止类似问题再次发生。

（浦原丰）

【建立“三个一”教育机制】 2014年，市纪委建立健全“一周一提醒、一月一三题、一季一通报”教育机制。一周一提醒的谈话教育机制：利用短信平台发送廉政提醒，按照管理层级开展谈心活动，针对倾向性问题及时提醒谈话，适时对受处理党员干部开展回访谈话。一月一主题的宣讲教育机制：每月组织开展党纪政纪条规和国家法律法规教育、廉洁从政行为规范教育、党内民主和监督制度教育等活动，培养法规和制度意识，强化法纪理念。一季一通报的警示教育机制：每个季度召开一次警示教育大会或下发一次警示教育通报，分类分层开展警示教育；制作无锡反腐警示教育片，深刻剖析案发原因，警醒教育党员干部；出台《案件信息对外发布暂行规定》，及时发布典型案件信息，并从近年来查办的1694件案件中遴选并通报10起典型案例，要求全市党员干部从中汲取教训，提高拒腐防变能力。

（浦原丰）

【崇德倡廉教育在线系统运行】 7月1日，崇德倡廉教育在线系统开通运行，1376名县处级领导干部登录系统，参加中共十八大以来廉政新规知识测试。在线系统设置教育动态、法规解读、明理涵情、警心慎行、悟道养德、廉政测试、集思广益、廉政教育展馆预约等栏目，为全市广大党员干部学习党纪法规知识、了解党风廉政教育动态、交流学习体会、开展廉政教育提供全新平台。系统同步开通微信公众账号，使党风廉政教育适应网络发展要求。同时系统还为各市（县）区、各部委办局、各人民团体及各直属单位开放相关权限，实行平行管理，以实现资源共享、开放互动、教育延伸的功效。

（浦原丰）

编辑 罗秋云

综述

【开展学习实践活动】 2014年,无锡市各民主党派、工商联、无党派知识分子联谊会开展坚持和发展中国特色社会主义学习实践“八个一”活动,即:组织开展一次读书活动,召开一次“同心”实践基地建设交流推进会,举办一系列培训班,召开一次民主党派机关作风建设研讨会,开展一次“我为谱写中国梦——无锡篇章作贡献”征文活动,举办一次庆祝新中国成立65周年书画摄影展,组织一次光彩感恩活动,开展一系列社会服务活动。推进“同心”教育基地经常化、长效化建设,市各民主党派面向全市,成立同心实践活动基地47个,形成特色项目37个,构建覆盖全市的活动网络,受益人数5万余人。

(姚静芳)

【参政议政】 年内,无锡市各民主党派、工商联、无党派知识分子联谊会建立完善知情明政、监督调研、情况专报、督办落实、沟通反馈等“五个机制”,有效提升民主协商和民主监督工作层次和水平。发挥各自人才智力优势,围绕市委、市政府中心大局建言献策。全年上报各类社情民意和统战信息2600余条,被省市领导批示30条,市级录用835条,省级录用900余条,中央级录用66条,为党委、政府决策提供重要参考。围绕“深化经济体制改革”和“生态文明建设”两个专题民主协商课题,深入调查研究,形成高质量调研报告18篇,获市委、市政府主要领导肯定。围绕市委、市政府“三个深化年”(项目建设深化年、基层组织建设深化年、作风建设深化年)工作部署,发挥自身界别人才资源优势,持续开展专题监督调研,编报《民主监督情况专报》3期。

(姚静芳)

【组织建设】 年内,市各民主党派自觉加强组织建设,健全工作机制,

表14 2014年无锡市各民主党派、工商联、无党派知识分子联谊会开展坚持和发展中国特色社会主义学习实践活动一览

名称	特色活动
民革	关爱抗战老兵、黄埔老人,台商网民革法律服务团,博爱义工服务,“心心相连、手手相牵缤纷假日夏令营”
民盟	盟内关怀送温暖活动,“红五月”读书活动,“寻梦”系列活动,民盟先贤故居缅怀活动,“身边人身边事”典型人物事迹宣传活动等
民建	“忆传统、爱民建”征文活动,建立德勤传奇主题馆二期,寻访采风活动
民进	参观民进中央会史教育基地,同心·助学行动,同心·彩虹行动
农工党	“人才强党战略”主题建设活动,“改革践行者”主题参政活动,“健康美丽中国”主题实践活动
致公党	“七彩家园”社区服务,“歌颂祖国,致力圆梦”汇报演出,凝心聚力拓展运动会,“中国道路中国梦”主题演讲,党史回顾展
九三学社	“中国梦·九三梦”征文,庆祝新中国成立65周年摄影比赛,主题演讲会
工商联	非公经济人士理想信念教育实践活动
无党派	“同一片蓝天,同一个梦想”社会服务,统一战线教育基地专题学习,“中国梦”主题征文

(姚静芳)

表 15　　2014 年无锡市各民主党派、工商联、无党派知识分子联谊会参政议政情况

单位:份(条)

名称	完成专题调研报告	被刊用专题调研文章	被采纳社情民意	“两会”提出议案、提案	被有关部门采纳意见、建议
民革	9	9	10	61	82
民盟	38	5	252	79	50
民建	6	1	199	250	93
民进	11	5	289	39	52
农工党	14	5	606	243	162
致公党	22	3	49	75	20
九三学社	14	5	14	8	8
工商联	7	6	4	7	32
无党派	6	6	15	40	12
合计	127	45	1438	802	511

(姚静芳)

表 16　　2014 年无锡市各民主党派组织及成员情况

单位:个、人

名称	组织情况						成员情况		
	市委会	(市)县委会	基层委员会	总支部	单一支部	综合支部	女成员	新成员	成员总数
民革	1	0	4	1	3	25	183	35	436
民盟	1	2	6	5	39	38	626	86	1582
民建	1	1	6	5	8	62	518	93	1549
民进	1	2	7	1	26	50	563	57	1275
农工党	1	1	8	3	41	51	646	73	1319
致公党	1	0	4	3	4	19	166	36	431
九三学社	1	1	12	0	0	13	448	70	1170
合计	7	7	47	18	121	258	3150	450	7762

(姚静芳)

完善组织活动制度，增强领导班子凝聚力和战斗力。全年发展新成员 450 人,净增率 5.2%,平均年龄 38.5 岁。至年底,全市民主党派成员总数 7762 人，其中，博士 178 人，硕士 682 人,本科学历 4606 人;中高级职称以上 6133 人,占 79.01%,民主党派组织结构改善。市无党派知识分子联谊会吸纳 9 名新会员,至年底,有会员 177 人。根据省委统战部下发的《各民主党派江苏省委关于加强机关建设若干问题纪要》精神,市各民主党派开展政治共识深化年、参政议政提升年、社会服务品牌年、班子建设强化年、组织发展规范年等活动,加强思想建设、组织建设、制度建设和作风建设，提高工作层次和水平。促进党外后备人才队伍结构优化,在广泛推荐、民主测评的基础上，推荐选拔各类党外后备人才 1000 余人。推动党派机关提升工作水平，增强党派成员建言献策能力,600 余人次民主党派骨干参加参政议政、宣传信息工作培训。市各民主党派发挥新媒体在传播特色理论、凝聚共识中的积极作用,组织开通手机新闻 2 个、QQ 群 50 余个、微信群 3 个、微信公众号 8 个,实现线上线下活跃互动。市工商联开展“领导班子好、会员发展好、商会建设好、作用发挥好、工作保障好”的“五好”县级工商联建设,推动工商联基层组织建设水平全面提升。年内,新成立湖南商会、江西商会 2 家异地商会，至年底，有市级异地商会 17 家，海外商会 6 家,134 家协会商会归口工商联管理，工商联会员总数 27363 人。

(姚静芳)

【光彩感恩社会公益活动】 全市各民主党派、工商联和无党派知识分子联谊会发挥成员专业优势，深入到社会基层、底层,开展扶贫开发、捐资助学、义工服务等公益活动,形成一批各具特色的统一战线社会服务品牌。继续推进感恩社会光彩公益“百千万工程”(建立光彩公益小组 100 个,开展活动 1000 次,直接帮扶 10000 人次)，深化内涵和成效。全年组织各类社会服务慈善公益活动 380 余场次，累计捐款捐物 1745 万余元,受益群众 4 万余人次。

(姚静芳)

中国国民党革命委员会无锡市委员会

【概况】 2014 年，民革无锡市委制

表 17　2014 年无锡市各民主党派、工商联、无党派知识分子联谊会社会服务情况

名称	社会服务品牌项目	社会服务主要内容	参与公益慈善活动（场次）	结对助学（对）	捐款（万元）
民革	民革无锡市委博爱志愿者服务团，中大残疾人托养庇护中心助残	关爱儿童、法律咨询、扶贫助困、医疗援助、公益讲座、帮扶残疾人	36	20	200
民盟	美丽家园·同心支教行，"捐衣献真情"，"我为张澜家乡种颗树"	扶贫助学、助残济困、结对支教	5	3	30
民建	思源工程—生育关怀行动，光彩感恩行动，蠡湖文明之友	扶贫帮困、捐资助学、参与社区建设、服务企业家会员、关爱环卫工人	148	70	53.2
民进	书画拥军，阳光助学	书画拥军、阳光助学、关爱智障儿童、西部教师培训	5	30	83.6
农工党	春雨助学金，环保进基层，共建幸福社区，同心实践西部行	环保讲座、结对帮困、义诊、捐资助学	90	80	30
致公党	引凤工程	引进人才、捐资助学	40	28	10
九三学社	"九三专家工作站"	科技咨询、科普讲座	7	4	10
工商联	感恩社会光彩公益"百千万工程"，"四信"教育实践活动	援疆助学，援建水窖、赈灾	39	100	279.5
无党派	"同一片蓝天，同一个梦想"社会服务，惠山社区"公益创投"	结对助学、资助独居老人、志愿服务、帮扶结对社区	12	50	50

（姚静芳）

定《关于开展坚持和发展中国特色社会主义学习实践活动方案》，成立活动领导小组，制定坚持和发展中国特色社会主义学习实践活动"十个一"工作计划，有序推进学习实践活动。在基层组织中开展创建基层组织"党员之家""社会服务基地"和"优秀参政议政成果""优秀宣传信息员""优秀博爱志愿者"的"两创建、三争优"评比活动，鼓励党员和各基层组织丰富活动内容、创新活动形式。表彰"党员之家"5 个、社会服务基地 12 个（博爱公益活动基地 8 个、同心实践基地 1 个、同心共建基地 3 个）和优秀参政议政成果 40 项、优秀宣传信息员 15 名、优秀博爱志愿者 50 名。

（温　明）

【组织发展】 年内，民革无锡市委发展和调入党员 35 人，新发展党员平均年龄 39.4 岁，其中男 24 人、女 11 人，硕士 4 人、博士 1 人，高级职称 10 人、中级职称 10 人。至年底，党员总数 436 人，平均年龄 49 岁。成立直属藕塘职教园支部、直属惠山支部、直属综合支部、城市职业技术学院支部和直属江阴、宜兴小组，完成江南大学支部的换届。至年底，辖基层委员会 4 个、总支部 1 个、支部 28 个。锡山区支部被民革中央评为"伸出博爱之手——民革基层组织牵手困难群众"活动优秀基层组织。加强领导班子联系基层组织制度。建立领导班子"谈心日"制度，在统一战线"同心苑"活动中心每 2 个月进行一次主题谈心，全年开展以思想建设和党内监督、组织建设、参政议政、对台工作、社会服务为内容的"谈心日"活动 5 次，听取党员意见建议，参与谈心党员 100 余人次。参与并开展多层次、针对不同对象的学习培训活动。市委会领导班子成员参加中共市委统战部举办的市各民主党派、工商联和无党派知识分子联谊会领导班子成员暑期学习会；20 余名基层组织负责人参加省民革举办的基层组织负责人培训班；市委会举办信息员培训班 2 期；4 名党员参加中共市委组织部、统战部举办的第 25 期党外中青年干部培训班。

（温　明）

【参政议政】 在年内举行的两次民主协商会上，民革无锡市委主委张丽霞作《深化农村金融改革，助推现代农业发展》《构建再生资源回收利用体系，实现废旧物资循环再利用》的发言，受到中共市委书记黄莉新等肯定。民主监督课题《推动"三社联动"，优化社会服务》获市长汪泉批示。民革无锡市委承接民革省委关于推进"智慧城市"建设的调研，形成调研报告《关于在我省推广无锡智慧城市建设经验的建议》。全年报送社情民意和统战信息 268 条。其中，被中共中央统战部和民革中央录用 5 条，中共江苏省委和省委统战部专报录用 14 条，民革省委录用 66 条，中共市委办、市政协录用 48 条。南长区三支部华佳《关于加快公共自行车并轨的建议》获市长汪泉批示，直属机关支部李卫家《关于推行"三证合一"的建议》获副市长黄钦批示。民革市委会信息工作获省民革先进集体二等奖，黄展宏获先进个人二等奖。在省政协十一届二次会议上，民革无锡市委主委张丽霞提交提案《关于加强监狱服刑人员医疗保障的建议》《关于制定更科学合理监狱布局和调整规划的建议》，受到省司法厅、省人社厅、省财政厅重视。在市政协十三届三次会议上，民革市委会作《加强社工队伍建设，提升社会管理水平》的大会发言，提交集体提案 10 件。其中，《关于加快实施经济薄弱村生态补偿的建议》被列为市政协重点督办提案，

受到中共市委、市政府重视。4篇理论研究文章入选市政协推进协商民主建设研讨会交流。在市政协的评比中，民革市委会获评优秀集体提案2件、优秀个人提案2件、优秀社区民意2条和优秀调研成果二等奖1篇、优秀奖1篇。民革市委会组织各界别政协委员和党员代表拍摄的《政协话题——着力引导民间资本进入社会服务事业》于12月27日播出。年内，民革市委会建立调研课题立项申报制度，8件课题获得立项。其中，江南大学支部曾佑新提交的《关于尽快实施物联网产业风险管理的建议》被省民革作为集体提案，获副省长史和平批示，在《江苏政协》2014年第1期刊发；崇安区四支部杜文康提交的《关于强化我市土壤修复工作的建议》被选作民革市委会在市政协十三届四次全会上的发言材料。

（温　明）

【社会服务】 2014年，民革无锡市委全方位、多层次开展博爱志愿服务活动。组建5个博爱志愿者服务团，2个市级、9个基层组织社会服务基地，超过2/3的无锡民革党员自愿成为博爱志愿者，基本形成特色化、基地化、常态化的良好格局，《团结报》《无锡日报》等多次报道。9月，民革江苏省委在无锡召开社会服务工作现场经验交流会。博爱志愿者关爱儿童服务团坚持每月在无锡市儿童福利中心开展关爱孤残儿童服务。法律服务团在无锡民革网和无锡市台商网开设法律服务栏目，通过手机短信平台服务台商台企，为民革党员和台商台企提供法律咨询。书画服务团坚持在江苏省无锡兰亭小学公益活动基地开展义教。医疗服务团多次走进社区、敬老院举办义诊咨询等服务。水上搜救服务团义务辅导航道处工作人员进行水上搜救技能的培训。民革中山书画院参加为纪念政协成立65周年和新中国成立65周年的书画展，举办纪念新中国成立65周年艺术作品展。书画家们开展笔会，与民革江苏省文化艺术委员会专家进行交流。民革无锡中山书画院被民革中央画院吸纳为团体会员。基层组织活动形式丰富多样，锡山区支部在严家桥小学开展第三期“手手相牵，心心相连”外来务工人员子女夏令营；新区总支创建博爱义工家园；直属机关支部与市公路管理处结对共建，慰问一线养护工人；崇安区基层委员会在通江街道站北社区建立“博爱驿站”；崇安区二支部在塔影小学建立博爱公益活动基地；北塘区基层委员会在结对的龙一、刘潭一村社区捐资助困；南长区基层委员会与航道处结对共建，帮扶科技学院困难学生；电信支部为无锡市特需儿童早期干预中心捐赠有线电视机顶盒；滨湖区一支部坚持在江南实验小学开展爱眼护眼活动，党员葛万东主动为市委会开展的公益活动出资；滨湖区一支部、五支部结对帮扶老党员，联合发起为吴塘社区果农解忧的活动；滨湖区二支部组织青山中学新疆班学生与河埒街道的残疾人开展互动，党员谢刚协助民革市委会为市政协委员开展体质检测；滨湖区三支部举办夏日爱心义卖，党员朱万春建立全省第一家民营全资的残疾人托养中心；滨湖区四支部和华庄落霞一社区对接，为社区图书室捐赠书籍和物资；滨湖区基层委员会在中大残疾人托养中心成立博爱公益活动基地，并开展中秋慰问活动。

（温　明）

【促进祖国统一工作】 年内，民革无锡市委参与接待台湾联安医疗集团锦鸿联安股份有限公司董事长颜鸿顺一行，接待由台湾台东县议会议长饶庆玲率领的台东县政府及乡镇、妇女会代表团一行。率博爱志愿者服务团人员走访新麦机械（无锡）有限公司等台资企业10余家。副主委张筠带领祖国统一工作委员会成员对宜兴台资企业进行调研考察。市委会和市侨联联合举办台情报告会，由祖国统一工作委员会顾问宋颂康作有关台湾问题的专题讲座。新区总支部组织党员前往南京与台盟南京鼓楼支部开展工作交流。市委会《关于加快推进我市海峡两岸金融与科技合作试验区建设的建议案》获市长汪泉批示。年内，民革市委会上报涉台信息22条，被有关部门录用29条次，其中江南大学支部何家凤撰写的《在台攻读学位存在各省户籍限制现象应取消》被民革中央录用。民革市委会于年初向基层组织发出“牵手抗战老兵、黄埔老人”倡议，4月在王昆仑故居举办“牵手”启动仪式，帮助各基层组织与全市7个城区的19名抗战老兵、黄埔老人及其遗孀建立联系。国庆节前夕，主委张丽霞陪同中共无锡市委常委、统战部部长陈德荣慰问黄埔老人卢裕康、孙英杰。博爱志愿者法律服务团无锡民革法律服务栏目和无锡市台商网涉台服务团栏目更新文章近500篇，通过手机短信平台发送手机短信约9万条次，寄送《企业法律资讯》等书籍杂志3000余份，举办企业法律风险防范、企业劳动用工风险等讲座4次，接受法律咨询约70件。

（温　明）

中国民主同盟无锡市委员会

【学习教育活动】 2014年，民盟无锡市委开展坚持和发展中国特色社会主义学习实践活动，践行江苏民盟核心价值观，深化“同心共建”主题活动。年内，民盟无锡市委获评民盟中央思想宣传工作先进集体、社会服务先进集体，民盟省委活力基层组织建设组织奖先进集体、参政议政先进集体、信息工作全省第二名、宣传工作先进集体二等奖、社会服务工作特别贡献奖。制订《民盟无锡市委开展坚持和发展中国特色社会主义学习实践活动实施方案》，筹划23项具体学习实践活动。听取全国人大代表金征宇所作的全国“两会”精神传达。开展“学习贯彻十八届三中全会精神”“学习践行江苏民盟核心价值观”“我为谱写中国梦——无锡篇章作贡献”3项征文活动。撰写3篇统战理论文章参加省社会主义学院征文活动，皮何总撰写的《从党的章程认识中国特色社会主义参政党》获优秀论文奖。民盟机关委员会、科技总支、教育局支部等基层组织开展“红五月”读书活动、学习总书记习近平系列讲话精神朗诵会。崇安区基层委员会、南长区总支、机关委员会参观民盟先贤李公朴故居、革命先辈瞿秋白纪念馆、中共淞浦特委机关旧址、陶行知纪念馆、江阴中国航天远洋测量船基地。举行"当好改革促进派"座谈会暨"三八"纪念活动。开展"身边人、身边事"典型人物事迹宣传活动。《无锡民盟》进行改版,出刊6期,开设"活力基层"彩页,封底开设"无锡民盟名人"专栏。制作下发《薪火传承(第一辑)》新媒体学习资料。各基层组织上报宣传稿件319篇,比上年增长45.7%。其中,在《人民政协报》《团结报》等国家级刊物发表20篇,在《挚友》《无锡日报》等省市级媒体发表130多篇,在人民网、中央民盟网等各类网站发表200多篇。《无锡民盟》网站信息量大幅度提升,全年上传信息300多条。

(眭俊宝)

【参政议政】 年内,民盟无锡市委围绕全市改革发展大局民生热点问题建言献策。"两会"期间,共向市政协提交集体提案10件、大会发言1件、大组专题讨论发言5件、个人及联名提案60件。其中,《关于加强企业信用体系建设助推金融支持小微企业发展的建议》被列为市政协主席重点督办提案,其余9件集体提案均被列为重要提案;全国人大代表金征宇提交的利用秸秆发电、规范物业管理方面的建议和省人大代表薛建英、省政协委员王卉青、孙璘提交的6份提案受到各级人大、政协高度重视。在中共无锡市委召开的两次民主协商会上,高亚光、皮何总分别作《深化权力下放对接工作,提高政府行政管理效能》和《关于工业危险废物处置利用工作的调查建议》的发言,受到市委书记黄莉新肯定。形成民主监督报告2份,其中《关于切实推进落实企业研发机构相关扶持政策的建议》获市长汪泉批示。15个基层组织、专委会共申报课题20个。《借鉴台湾经验,建设江苏小微企业信用贷款实验区的建议》被盟省委采用。向第五届江苏教育发展论坛上报《物联网技术人才培养模式的改革与探索》等调研报告12篇,10篇被选用,盟江阴市委主委、江阴市副市长龚振东参加"第二届城镇化建设研讨会"并作交流发言,盟宜兴市委副主委黄兵参加第一届江苏生态文明建设研讨会。开设首期"民盟大讲堂",主委高亚光作"工业经济现状分析和未来展望"讲座。民盟无锡市委邀请市政府部门人员建立特约研究员队伍。全年共报送信息540余条,为上年3倍,其中252条被采用,采用率比上年提高13%,在全省13个地级市民盟组织和全市民主党派组织排名中均列第三。《内外兼修、迎接产业转移大潮到来》等8条信息被盟中央采用,《民主党派要为"助梦"而出力》等18条信息分别被中共江苏省委、省委统战部采用,《关于适当扩大医保患者门诊日间病房治疗病种报销范围的建议》等6条信息被市领导批示。首席信息员、锡山区总支朱小红撰写信息78条。

(眭俊宝)

【组织建设】 年内,民盟无锡市委贯彻民盟中央"人才强盟、人才兴盟"战略思想,根据盟省委深化"活力基层组织建设年"活动总体部署,稳步推进组织发展和人才培养,优化、完善组织结构。在民盟无锡市十二届四次全委(扩大)会议上,顺利完成届中调整和新老主委政治交接。机关委员会、惠山区总支被盟中央授予"基层组织建设先进基层组织"荣誉称号。年内,民盟无锡市委对部分基层组织进行调整,成立无锡城市职业技术学院支部、无锡市教育局支部等5个支部,完成体育支部届中调整;完成无锡民盟基层组织概况上网;推动基层组织根据《江苏民盟基层组织测评指标体系》要求开展自我测评;落实新盟员谈话制度。盟江阴市委完成15个基层组织换届工作。至年底,全市有市(县)级地方组织2个,基层委员会6个,总支部5个,直属支部25个。全年发展新盟员86人,平均年龄40.9岁,其中男性52人、女性34人,本科以上学历70人。至年底,全市有盟员1582人。全年选送58人参加市社会主义学院新盟员培训班,6人参加盟省委盟务骨干培训班,1人参加江苏省第一期高校民主党派骨干培训班,6人参加无锡市第25期党外中青年干部培训班。根据中共无锡市委统战部部署,启动并完成党外人士后备干部推荐工作。举行教师节庆祝活动,举办电影招待会,召开教师节座谈会,号召广大盟员教师学习身边模范人物事迹;组织文艺、文联支部和文化专委会参加市政协、中共市委统战部书画、摄影作品展;举行"同心"恳谈会,得到各级中共党组织对盟员发展培养方面的支持;坚持开展"盟内关怀送温暖"新春走访及"高温走访"慰问活动;惠山区总支承办第三届"同心"运动会,300余名盟员参加趣味比赛,加强了党盟之间、盟员之间的联系。江南大学基层委员会金征宇获国家技术发明二等奖,崔荣荣参与2014年APEC会议领导人的服装设计,获纪念证书、优秀证书和荣誉证书,庄若江当选市妇女理论与家庭教育研究会会长,盟江阴市委马莉获"全国优秀教师"称号,沈彬被评为"江苏省第十三批特级教师",文艺支部黄静慧主演的锡剧版《蘩漪》获锡剧界和观众好评。

(眭俊宝)

【社会服务】 年内,民盟无锡市委继续推进"美丽家园"品牌建设,探索社会服务活动新模式。"烛光行动——四川支教行"被盟省委列为2014年社会服务重点项目,新社会阶层联谊会组织捐赠电脑、网络设备、图书等,赴四川省凉山州开展第三次"同心"支教活动,为中坝九年制义务学校等3所学校援建无锡民盟"烛光电子阅览室";在江阴举办农村校长培训活动,甘肃省天祝县多名校长和教育部门领导干部参加培训;组织基层组织的优秀教师赴江阴天华艺校开展"盟师助学"活动;盟江阴市委赴甘肃省敦煌市定西小学捐赠图书3000册;南长区总支盟员王培第五次赴贵州省培训苗乡农村教师,为贫困地区学生捐赠文具和书籍。无锡民盟(惠山)社区矫正帮教工作站开展"黄丝带课堂"活动,为帮助社区矫正人员成功回归社会,提供义务心理疏导、技能培训、法律援助等服务。宜兴盟员张乃明促其企业与宜兴市司法局合作共建宜兴市方圆帮教中心,中央电视台作专题报道。江阴盟员李惠珍以"关爱未成年人工作室"为基地,开展"三无"(无固定住所、无收入来源、无监护人)涉罪外来未成年人关爱教育,分别被省、市评为"十大法治人物"。响应盟中央"我为张澜家乡种棵树"活动号召,盟市委在全盟开展"美丽家园"大型捐助活动,共捐树1224棵(折合捐款61200元,

澄江街道总工会舞蹈——芙蓉花开 （蒋 宁 供稿）

(区)考评工作以及直属单位团组织的年度考核，对60个基层团委、120个基层团支部、100名团干部、130名团员进行表彰，并授予2013年度市级团内先进称号。至年底，全市共有共青团员381235名，团组织20319个。

（朱晓峰 顾城烨）

【推进服务型团组织建设】 2014年，团市委结合群众路线教育实践活动，开展“走基层、听心声、转作风、办实事”深化行动。发布“梦想加油站”“青春微舞台”等10项在全市具有社会功能、符合青年喜好、社会广泛知晓的功能品牌。建立一支“找得到、靠得住、用得上”的青年骨干库，全年入库青年骨干2000余名。全年举办各类“走听转办”主题活动5674场，覆盖乡镇街道、企业、社会组织等基层团组织4539个，直接联系青年16万人，实现微心愿69879个。

（朱晓峰 顾城烨）

【区域化团建工作】 2014年，无锡被团中央列为首批城市街道区域化团建工作试点。团市委召开全市“基层组织建设深化年”暨区域化团建工作推进会，承办全省街道区域化团建工程第二期示范培训班，探索形成无锡市“二三三”(抓住两支力量，提升条块融合水平；运用三条纽带，形成区域联动机制；聚焦三大区域，细化团建网格设置)区域化团建工作模式，并作为地市级代表在团中央区域化团建工作推进会上进行典型交流，区域化团建工作视频在团中央《区域化团建大讲堂》上进行展播。至年底，全市49个街道全部建立了青年工作共建委员会，联系青年社会组织143个，整合团属工作阵地307个，共建委成员单位全年开展活动997场次。实施“三进三助力”工程(品牌进基层，助力团建创新；资源进基层，助力优化发展；骨干进基层，助力配强队伍)，全年联系农村青年社会组织217个，挖掘青年共享阵地307个，共评选四星级以上乡镇团组织6个和星级村团组织100个、乡镇直属团组织250个。全年实体化“大团委”建设数据库新录入乡镇直属团组织800余个，乡村好青年录入380余人。

（刘 尧 顾城烨）

【搭建新媒体交流平台】 2014年，团市委建立一支2244人的网络宣传评论员队伍，依托“青·谈”网友交流互动平台，举办新媒体大V交流，与网宣员现场互动，开展“青·谈”活动23场次，覆盖线上网络青年9.5万人次，线下大学生、专兼职团干部、社团青年等4200人。指导市(县)区团组织运用新媒体工具开展团工作。

（王彩霞 顾城烨）

【“我的中国梦”主题活动】 2014年，团市委在全市青年中相继开展“中国梦无锡篇章——青春大讲堂”理论宣讲活动、“奋斗的青春最美丽”分享团走进高校活动、“我们身边的好青年”海选活动。全市推选出好青年358人，其中6人入围江苏省“好青年百人榜”。全年开展“好青年”分享会39场、举办“青春大讲堂”179场。联合无锡公安系统开展“青春榜样”评选、分享活动。在全市团员青年中开展“我身边的好党员、社会主义核心价值观”等网络话题讨论，动员各级团组织、网络宣传员于7月1日参与讨论，参与11672人次，影响受众超过15万人。

（王彩霞 顾城烨）

【重点青少年群体服务管理】 2014年，团市委开展“12355青少年成长服务好帮手”项目系列活动，先后组织“青春红绿灯”青少年法律知识挑战赛、青少年自护夏令营、考前减压“12355”热线服务、青少年成长公益课堂、亲子教育沙龙、“12355”青少年成长关爱服务日等服务活动。加强“12355”服务的网格化建设，凝聚法律、心理、社工服务等6家专业机构建立爱心驿站，在全市23个社区设立处理青少年事务的“12355青春加油站”。建立“社区青少年事务站”16家。举办“自护伴成长，共圆中国梦”无锡市第三届中小学生自护情景剧大赛、“守护彩虹，助力成长——江苏共青团‘倾听日’走进无锡”活动，就“未成年人远离营业性娱乐场所”主题与相关领域人大代表、政协委员进行专题研讨。

（王彩霞 顾城烨）

【青年志愿者活动】 2014年，团市委开展以“志愿社区行·共筑中国梦”为主题的青年志愿者集中活动。举办青年志愿者助残“We爱·阳光行动”小微项目评审会，“博爱家园”奇奇农疗站等4家单位挂牌成为无锡市青年志愿者助残“We爱·阳光小站”。开展新一批市级“希望来吧”项目审核，新建10家市级“来吧”，在市慈善总会、供电公司的支持下给予每家“来吧”1万元资金扶持。参加首届中国青年志愿服务项目大赛，“向日葵艺术团”计划项目赴广州参展并获银奖。

（王彩霞 顾城烨）

【青年社会组织活动】 2014年，团市委实施青年社会组织凝聚行动，梳理全市青年社会组织的基本情况，将其中具有一定人员规模，组织比较健全，制度相对完善，工作形成特色的500多家录入数据库。制定《无锡市星级青年社会组织评定办法》，全年评定五星级青年社团20家，四星级青年社团41家，三星级青年社团252家。建立无锡青年社会组织实践基地申报制度，全年有10家单位通过审核挂牌，为青年社会组织提供活动场地支持。联合网易房产、伽力森食品等单位，成立无锡市青年社会组织项目扶持基金，支持青年社会组织开展各类活动。建立青年社会组织公益活动联动平台，以“幸福无锡·千团结对千社区(村)”为主题，开展各类公益活动，服务辖区居民。在“团聚无锡”微信公众平台开通专栏并设置照片墙，提高参与度和知晓率。“青春心愿微公益”开展活动145场，实现新市民孩子微心愿1000多个。连续第三年举办无锡青年创意节、无锡青年公益节等活动。

(华晓蕾　顾城烨)

【培育青年人才】 2014年，团市委实施青年人才“智力行动”。先后举办智企对话暨“北大·清华”无锡籍学子创新创业体验营、“感知智慧无锡——2014暑期无锡优秀学子创新创业体验营”、青商大讲堂走进复旦大学无锡研究院、“与世界互联——锡商新思维高峰会”等活动。与复旦大学无锡研究院签署《青年人才培养战略合作协议》，并在复旦大学无锡研究院挂牌设立“无锡市青年创新创业实训基地”和“无锡市青年科技人才驿站”。江苏法尔胜光电科技有限公司高级工程师赵霞获评第十四届江苏省青年科技奖暨2013~2014年度“江苏省十大青年科技之星”称号。推荐赵清、朱澄、谢汝胜、杨凯等4名优秀青年企业家担任江苏省青年企业家大学生创业导师。江南大学食品科学与技术国家重点实验室教授刘立明等4名优秀青年入选第五届中国青年科技工作者协会会员。

(华晓蕾　顾城烨)

【推动青年交流与援建】 2014年，团市委与无锡广电集团、华谊兄弟影院、花姐婚恋网、豪强车友汇等组织合作，在青年休闲集聚地、青年居住地和工作集中地，以“缘来是你”为主题定期开展大中小型青年交友活动30余场，青年交友信息数据库录入近700人。广泛动员青联委员、青商会会员参与对口援建、南北挂钩等工作。全年落实援疆援藏物资及资金总计29万元。开展“无锡—阿合奇融情实践夏令营”、在无锡务工阿合奇籍青年“走听转办”专场座谈会、“情传西部，微爱万里”无锡市青年商会爱心暖包甘肃行等特色援建活动。配合中央团校做好第十期“澳门青年领导才能培训班”在无锡参观交流等接待工作。

(华晓蕾　顾城烨)

【扶持青年创业就业】 2014年，团市委完成“拎包入驻，创响青春”全市青年创业大赛项目收集整理及评审表彰工作。举办“盐商杯”中国青年创新创业大赛无锡赛区海选活动，“云汽修服务开发与运用”项目获全省正式创业组唯一特等奖。联合金融机构发放青年创业小额贷款864笔、3.96亿元。联合人民银行无锡中心支行、市关工委推进农村青年信用示范户创建及融资扶持工作，至年底，累计采集信息7614户，评定信用示范户418户。打造“职场微体验·暑期莫宅家”大学生就业创业公益行动工作品牌，累计开展各类招聘会30场(次)，提供各类岗位4300余个，为大学生提供就业见习岗位近3000个；并依托前程无忧网开发信息管理系统，联合无锡新闻广播电台开播“职场微体验，暑期莫宅家”直播8期。联合市供销总社开展全市高级农产品经纪人培训班，100余名农村青年参加培训。

(刘　尧　顾城烨)

【青少年环保公益活动】 2014年，团市委开展全市青少年环保公益创投活动。首批无锡市青少年环保公益创投11个项目，发放项目资助金55000元。建立“无锡青少年环保公益站”淘宝店，无锡青少年环保小额筹资平台，倡议和发动全市青少年和社会各界力量，以小额持续捐赠方式关注并参与无锡的绿色公益事业。开展“团聚无锡”网友环保理论热点交流活动，网络招募欢乐义工、水清清社团、江南绿点环保协会等60余名环保人士、热心青少年、环保社团骨干参加活动。开展青少年植绿护绿行动。

(刘　尧　顾城烨)

【助推新农村建设】 2014年，团市委参与江苏省“最美新型青年农民”评选活动，郑霞、朱虹、李晓峰3人被评为江苏省“最美新型青年农民”。无锡团市委作为全省唯一的地级市团委代表参加了“‘创业乡村里，美在天地间’——首届江苏省‘最美新型青年农民’揭晓暨青农电商创业讲堂”活动。联合市农委举办第二届寻找“无锡最美新型青年农民”活动，王慧等10人当选，并在第九届无锡现代农业博览会期间举办“真人图书馆”(读者“借”一个人交谈，获得更多见识的活动，源于丹麦根本哈根)和结果发布会。组建全市新型青年农民联谊会，组织联谊会成员单位参加2014海峡两岸(江苏)名优农产品展销会展会。范伟群获第九届“全国农村青年致富带头人”称号，钱建新等4人获2014年度“江苏省农村青年致富带头人”称号，江阴市蔡村水景百花奇草专业合作社等10家单位获2014年无锡市“三为三新”(为农村青年外出务工增收落实新岗位、为农村青年劳动致富培训新技能、为农村青年创业先富提供新服务)活动示范基地称号。

(刘　尧　顾城烨)

【青年文明号建设】 2014年，团市委开展“真情二十年，文明伴你行”青年文明号服务季活动，组织50余个青年文明号集体在八佰伴广场提供与群众日常生活息息相关的用电用水、金融理财、医疗保健、土地房屋、法律维权等26个大类、100余个服务项目，当场服务群众3000余名。团市委机关干部走访基层一线各行业青年集体18个，发放慰问物资凉茶200余箱。举办第21期市级青年文明号创建集体负责人培训班，41个集体参加培训。考核并命名2013年度市级青年文明号34个，命名2013年度省级青年文明号18个。联合市商务局开展2014年无锡市生活服务业技能大赛，1500余名青年参加了育婴、美发等8个行业工种的比赛。联合市银监局、银行业行业协会开展市第四届银行业机构青年技能比赛。联合市职业技能鉴定中心，选拔推荐全省青年职业技能大赛计算机网络管理员、焊工、美发师3个竞赛职业（工种）选手9名，获全省技能大赛三等奖。开展2013年度市级青年岗位能手评选，评选标兵10人、能手78人，优秀组织单位9家。

（刘 尧 顾城烨）

【推进学校共青团、少先队工作】2014年，团市委、市少工委围绕实现中国梦和践行社会主义核心价值观，开展"青春梦工场""红领巾梦工场""核心价值观记心中""核心价值观I践行"主题教育实践活动。在小学、中学、中职、高校分别开展"红领巾寻访""与人生对话""彩虹人生""与信仰对话"及"奋斗的青春最美丽"等各类活动，举办报告会、分享会、成长故事会及主题团队日活动等近3000场。承办江苏省学校共青团"青春五月"主题团月活动启动仪式，举行中学生入团仪式暨"入团第一课"示范活动。推进少先队活动课程建设，举办骨干辅导员培训班，组建代表队参加全省少先队辅导员说课展示活动，获团体总分特等奖第一名。开展"魅力中队"建设、"追梦好少年"展评、少先队特色品牌项目评比、电子媒体阵地和文化产品创作运用评比。举办大学生菁英培训班，开展"魅力无锡，青春闪耀"无锡大学生社团文化节系列活动。

（华莉莉 顾城烨）

【希望工程系列活动】2014年，团市委开展"共青团在你身边"——"暖冬行动"青少年服务月活动，全市各级团组织共资助贫困家庭青少年学生1399人，发放助学金108.94万元，走访慰问青少年贫困家庭1483户，赠送新春礼包(学习用品、慰问品等)价值60.51万元。继续实施"希望之星""优秀受助生""希望工程慈善助学金"等爱心助学项目，120名贫困家庭中小学生每人获得600~3000元不等的爱心助学金。开展希望工程"圆梦大学行动"，设立"希望之家状元奖"、"慈善圆梦助学基金"、"电力助学金"、"国酒茅台助学金"、"青商助学金"、"感爱滨湖"爱帮奖学金、"我要上大学"圆梦助学金等希望工程助学基金，发放"圆梦行动"助学金120.66万元，帮助354名贫困家庭学生圆梦大学，并为贫困大学生提供勤工俭学岗位1030个。援建南湖中学和惠山区张镇新市民子女学校图书室2所，捐赠图书1万余册。组织开展"青春助梦·益起来"青少年公益项目创投大赛，择优选拔63个项目参加省赛，43个项目入围复赛，4个项目获得二、三等奖，在帮扶单亲家庭未成年人、残智障青少年、闲散青少年群体及社会公益志愿服务等方面形成了良好社会影响，受到了中国青年网、团中央官方微博、《扬子晚报》、《无锡日报》等省市媒体的报道并赢得了无锡市公益创投基金等组织的青睐和资金支持。

（华莉莉 顾城烨）

无锡市妇女联合会

【概况】2014年，全市各级妇联组织争创全省妇女事业发展的先行区、妇女权益保障的示范区、妇联工作创新发展的实践区，推动服务型妇联组织建设。至年底，全市女性人口306.81万人，有各级妇女组织5537个。全市"两新"领域妇女组织5488家，全市各类女性社会组织1251个、女性文体特色团队5119个，涵盖巾帼志愿服务、维权、家教、文体活动等多个领域。网络妇联全年举办各类活动80余场，数万人受益。提升"妇女儿童之家"建设。推动"岗家结对、岗农共建"活动和百名律师结对百个村（社区）"妇女儿童之家"活动发展。举办女性社会组织负责人培训班，组织34个女性社团与市"先锋公益伙伴"结对。举办镇（街道）、村(社区)妇联干部实务培训班、巾帼志愿骨干培训班等，参加培训660人。选聘优秀女带头人、女性社团负责人、女性专业人才等担任基层妇联兼职副主席（副主任）、"妇女儿童之家"负责人等。鼓励基层妇联干部参加社会工作专业培训、考证及参与社工实务，提升妇联干部的专业素养。无锡市妇联被省妇联推荐为全国巾帼建功先进集体。

（蒋凌燕）

【城乡妇女创业就业】2014年，市妇联利用各种媒体，宣传创业女性典型、讲述女性创业故事，引导广大妇女树立创业信心、参与创业行动。"三八"妇女节期间，在无锡经济广播开设"微创业"话题；出版《锡商》杂志三月女企业家专刊。组织创新转型"她"驱动座谈会，举办"女企业家创业导航行——对话'古运河'"公益论坛，帮助女性创业者拓展思维，突破发展瓶颈。持续开展"千名困难妇女就业技能培训"，全年举办免费培训班60多期，培训人数3000人以上。开展农村妇女劳动力转移培训，提高农民种养殖水平。通过举办农产品女经纪人、中级女茶艺师等培训班，组织参观各类巾帼示范基地，组织参加全国农产品经纪人中、高级资格培训与考试等，培养眼界宽、有知识、能创业的妇女致富骨干队伍。全年举办妇女创业、电子商务、微信营销等培训班24期、女大学生村官创业培训班1期，免费培训学员近千人。举办女性专场招聘会，200多家用人单位提供了6000多个就业岗位。全年发放妇女小额担保财政贴息贷款近5000万元，870名创业妇女获得自主创业各项补贴479万元，75名农村妇女获得创业一次性开业补贴45万元，247名妇女获得创业租金补贴90万元。开展银企对接活动，协助女企业家获得银行融资受信和贷款超过2亿元。

（蒋凌燕）

【提升妇女与家庭文明素养】2014年，市妇联以培育和践行社会主义核心价值观为重点，以"我与中国梦"为主题，开展面向妇女和家庭的宣传教育活动。举办市级女性讲坛6场，"无锡女性讲坛社区行"公益讲座40场，涌现出陶都女性讲坛、玫瑰新家庭课堂等一批特色鲜明的公益课堂。开展寻找"最美家庭"、"爱和你一起"幸福家庭汇、"爱的守护"家庭教育指导服务、亲子教育实践等活动。组队参加全省"文明礼仪进万家"电视大赛，获一等奖。在公交、楼宇、地铁等移动电视终端、智慧无锡手机客户端等新媒体宣传男女平等基本国策和妇女事业发展成就。支持"智慧人生·心灵e站"网络在线心理咨询服务平台建设，该项目作为无锡市20项重点网络文化系列活动之一向全市推广，并被人民网数字大屏第三期专刊宣传。将家长学校与"云家教"等新媒体有机结合，传播"为国教子、以德育人"的家庭教育理念。联手教育电视台、网上

无锡市女企业家创业导航行——对话“古运河”活动 （蒋凌燕 供稿）

家长学校等专业教育媒体举办现代家庭教育研讨交流活动，探索新形势下的家庭教育之道。

（蒋凌燕）

【巾帼志愿服务】 2014年，市妇联推动妇女参与志愿服务活动，女性参与公益活动呈现出群体化、组织化、专业化特征。“落花生”女性公益促进会、尚善志愿团、“风信子”巾帼志愿团等女性公益组织活跃在无锡的公益舞台上。市妇联还通过开展公益创投、建设巾帼公益服务园、举办巾帼志愿者骨干培训班、开展典型宣传等方式，促进女性公益活动发展。市妇联制定《关于进一步推进无锡市巾帼志愿服务工作的意见》，就规范队伍建设、打造工作品牌、深化内涵管理等提出具体意见，推动巾帼志愿服务工作的制度化建设和规范化发展。

（蒋凌燕）

【妇女儿童权益维护】 2014年，市妇联在机制建设、源头维权、法制宣传、维权关爱、队伍建设等方面主动作为，依法维护妇女儿童合法权益。全年开展广场法律宣传咨询活动100多场次，在移动电视终端播放普法宣传短片，发放普法宣传资料10万多份。举办婚姻家庭类案件审判实务培训、艾滋病的预防和控制等专题讲座。关爱特殊女性群体，走进无锡市收容教育所、南通女子监狱开展帮教活动；走访戒毒人员家庭，开展面对面的普法和心理疏导工作。完善市政策法规性别平等咨询评估委员会工作机制，明确成员单位工作职责，选送到省妇联的评估案例被评为优秀案例。配合开展农村土地承包经营权确权登记，在38个镇（街道）、70个村开展确权登记试点工作，通过发放《致农民朋友的一封信》、召开村民会议等方式，明确妇女的土地权益。关注网络、电视等媒体曝光的侵害妇女儿童权益热点事件，在救助“蜗居女孩”小倩倩、应对硕放流动妇女虐童等事件中，主动干预、积极作为、有效处置。至年底，全市有“家庭暴力投诉站”1000多个，发出反家庭暴力告诫书67份。全市镇（街道）、村（社区）普遍建立调解室，并在镇和村（社区）建立婚姻家庭矛盾社会大调解机制，聘请特邀调解员1133名，调解涉及妇女和婚姻家庭的各类矛盾纠纷2000多起。

（蒋凌燕）

【关爱困境儿童】 2014年，市各级妇联组织开展救助困境儿童的“春蕾计划——护蕾行动”。深入推进“爱的守护”——“蒲公英”生命教育、女童健康自护等品牌项目。“关爱女童·守护花开”公益项目进学校、社区巡讲。编辑发放《迈好青春第一步》《预防儿童意外伤害》《守护童年》等宣传材料3.2万册。新增爱心家庭结对贫困流动儿童500名。在第七届“社会妈妈助春蕾·移动真情献爱心”活动中，又有百名儿童结对，该活动累计已有700余名贫困儿童得到爱心资助。与101医院联合开展爱心助学活动，百名医务人员与101名贫困家庭的学生结成长期帮扶对子。

（蒋凌燕）

【无锡女性讲坛】 2014年，市妇联组织6场市级无锡女性讲坛，分别是“塑造阳光心态，做妇女群众的贴心人”“歌唱与健康”“我的情感我做主”“安全健康食品的辨别与选购”“社会性别主流化与政府责任”“当幸福来敲门——职场、家庭如何平衡？”，并走进村、社区、高校、企业举办40场“无锡女性讲坛社区行”公益讲座。年内，特邀全国妇联妇女研究所副所长、研究员刘伯红主讲“社会性别主流化与政府责任”专题讲座，首次纳入梁溪大讲堂课程。无锡女性讲坛自2009年创办已惠及数万人。

（蒋凌燕）

【“走访美丽乡村，共圆创业梦想”系列活动】 2014年，市妇联联合无锡广电经济电台，开展“走访美丽乡村，共圆创业梦想”主题系列活动。先后5次组织600多位市民，走访陶都“美丽乡村”张阳村、阳羡贡茶文化生态园、玉祁乡村礼舍生态农庄等地。带领有创业梦想、热心创业事业的市民，走访各类女性创业示范基地，实地感受创业女性的创业成果，发挥女性创业基地的示范带动作用，带动更多市民投身创业。

（蒋凌燕）

【寻找“最美家庭”活动】 2014年，全市开展寻找“最美家庭”活动，各级妇联在“妇女儿童之家”组织群众围绕“夫妻和睦、孝老爱亲、科学教子、勤俭持家、邻里互助”进行广泛的讨论，议家风、谈家规、讲家庭和谐故事、晒家庭幸福生活、展家庭文明风采、秀家庭未来梦想。全市有1380个妇女儿童之家展开寻找活动，晒出家庭照片7453幅、举办家风家训评议会937场次、在“妇女之家”举办最美家庭故事会738次，举办“最美家庭”事迹巡讲30场。向上级妇联选送6户“最美家庭”，吴成家庭入选全国“最美家庭”提名奖，并入选“江苏最美家庭”。王华芳、钱晓红、蒋琴华3户家庭获第九届全国“五好文明家庭”荣誉称号。为持续推进“寻找最美家庭”活动，无锡市还开展了“爱和你一起”幸福家庭汇展示活动。通过“幸福家庭”大家谈，“家庭故事会”——说说我的幸福家庭故事征集，“爱的告白”——我想对你说文字、音视频征集，“幸福家庭是什么”家庭原创格言、箴言征集，“我眼中的最美家庭”摄影作品征集等系列子活动，引导妇女和家庭通过身边人、家常事来启迪心灵、促进文明。

(蒋凌燕)

【与台东县妇联会交流】 (参见第61页“台东县乡镇和妇女会代表团到无锡交流”条目)

(蒋凌燕)

【公益服务创投项目】 5月16日，市妇联首届公益创投活动启动。此次公益创投活动是通过整合社会资源，引入社工服务方法，为全市妇女儿童提供公益性专业化服务。重点围绕妇女、儿童、家庭等服务领域，鼓励、支持全市各级各类社会组织开展以城乡社区妇女儿童和家庭为主要关注和服务群体的公益项目，通过项目扶持一批服务妇女儿童的社会组织，凝聚一批专业社工人才，打造一批深受妇女儿童欢迎、优质专业的公益服务项目品牌。作为首次面向全市社会组织开展的服务妇女儿童项目公益创投活动，共征集到78个项目，经过项目评审，立项资助10个、资金扶持5个。此外，市妇联还面向妇联系统和女大学生村官开展项目征集，共征集到妇联系统项目41个、女大学生村官项目26个，经评审组评审，资金扶持妇联系统项目15个、女大学生村官项目6个。

(蒋凌燕)

【反家庭暴力工作推进会】 9月16日，市妇联会同市公安局召开全市反家庭暴力工作推进会。会上，市公安局指挥中心通报了近年全市家庭纠纷、家庭暴力警情情况，江阴市公安局、崇安公安分局、滨湖公安分局，以及崇安、滨湖区妇联作了经验交流发言。会议还就进一步加强联动、履职尽责，深入推进落实《无锡市家庭暴力告诫制度实施办法》，认真做好反家庭暴力工作作出部署。

(蒋凌燕)

【创业导航行——对话“古运河”活动】 11月21日，由无锡市妇联和无锡广电集团联合举办，无锡广电经济广播、智慧无锡、市女企业家协会承办的无锡市女企业家创业导航行——对话“古运河”活动在无锡丝业博物馆广场举行。传统工商业代表、新兴行业代表等130多名女企业家、女性创业者和妇联干部参加活动，共同探讨女性创业发展话题。嘉宾们结合自身行业特点和如何对古运河的保护与发展，如何使这座历史工商文化名城实现更好的可持续发展各抒己见，让线上线下与会者收获颇丰。

(蒋凌燕)

【城乡妇女“岗位建功”活动工作会议暨女性创新创业创优推进会】 12月17日，全市城乡妇女“岗位建功”活动工作会议暨女性创新创业创优推进会召开。会议总结“巾帼建功”活动两年中取得的成果，对下阶段的“巾帼建功”活动提出新的要求。表彰市“巾帼文明岗”130个、市“巾帼建功”标兵50名、市“巾帼建功”先进集体30个、市“巾帼建功”先进工作者30名；命名表彰无锡市巾帼科技创新示范基地、无锡市巾帼创业示范园区(街区)、无锡市女性创业孵化园、无锡市巾帼现代农业科技示范基地、无锡市巾帼示范专业合作组织、无锡市巾帼来料加工示范基地、无锡市巾帼农家乐示范基地各10个，无锡市女性就业创业实践基地50个。

(蒋凌燕)

无锡市归国华侨联合会

【概况】 2014年，无锡市侨联贯彻中央《关于加强和改进新形势下侨联工作的意见》和省、市委的实施意见，依托海内、海外两个平台，推进老侨、新侨各项工作。开展“建侨胞之家，做侨胞之友”为侨服务系列活动。与市第八人民医院联合举办“情系侨胞、共享和谐”专题健康讲座，为老归侨健康体检；组织“百名归侨看无锡”品牌活动；留亲会组织会员游览太湖新城；侨青会组织侨界志愿者开展“关爱空巢老人”结对帮扶活动。全年走访侨户170多户，慰问困难归侨侨眷475人次，慰问金及慰问品价值共计40万元。至年底，全市有归侨191人，侨眷10万人。

(许竹敏)

【“创业中华——2014侨界人才聚无锡”系列活动】 10月，市侨联与市委统战部承办中国侨联、省侨联主办的“创业中华——2014侨界人才聚无锡”系列活动。邀请知名专家、学者以及海外华人专业团体、海内外侨商代表170多人，近50家银行私募等金融机构，100多家无锡新侨创新创业企业，市级机关有关部门，开发区和重点园区，无锡市企事业单位，高校创新人才代表等参加活动。其间，无锡市新侨创业辅导服务中心揭牌；上海浦东发展银行无

创业中华——2014侨界人才聚无锡 (许竹敏 供稿)

无锡国际生物医药研讨会 （许竹敏 供稿）

锡分行与无锡市归国人员创业商会签订战略合作协议；经统战部和侨联牵线搭桥，引资引智的8个项目签约；无锡“530”企业代表谈创业体会；香港无锡商会会长荣智权代表海外锡商发言；中国私募行业投资联合会王连洲会长代表金融机构讲话。还召开了“投资与新侨创业对接洽谈会”“2014无锡国际生物医药研讨会”，举办了江苏省侨界庆祝新中国成立65周年“与共和国同舟共行”图片巡回展。

（许竹敏）

【海外联谊】 2014年，市侨联接待美国、加拿大、德国、土耳其等国家和中国香港等地区多位侨社团负责人和重要侨胞70批、600多人次。组团出访美国、加拿大7个国家（地区）8批、60人次，拜会美国无锡商会、加拿大无锡商会等10多个海外侨社团，会见了160多位华人华侨、当地政府官员和国际友人，开展引资引智推介洽谈，商议建立友城等事宜。协助引进经济、科教等项目（含独资、合资、合作）13个，协议利用外资和港澳台资3940万美元。邀请土耳其、马来西亚、泰国、阿联酋、新西兰等海外商会到无锡参加“2014年海外商会无锡行暨全球锡商联盟启动仪式”。接待全球蓝丝带助残基金会访问团到无锡寻根助残活动，加深海外侨界新生代对祖国的了解。

（许竹敏）

【服务新侨】 2014年，市侨联走访多家新侨创业企业，听取改善投资创业环境的意见。宣传推荐新侨创业典型。引进海外高层次人才30人。经各级侨联推荐，在中国侨联“第五届新侨创新成果交流表彰大会”上，无锡市共7个创新成果、创新项目和创新团队获得“中国侨界贡献奖”，获奖数在省内各市和全国地级市中名列第一。无锡德思普科技有限公司在“2014第九届中国留学人员创新创业论坛”上荣膺年度“最具成长潜力的留学人员创业企业”称号。《人民日报》《光明日报》《科技日报》等中央媒体对新侨创业企业的创业故事和取得成就给予报道，宣传了无锡的良好政策环境。成功申报新区创业中心、软件园为“江苏省侨界人才创新创业基地”。

（许竹敏）

【依法护侨】 2014年，市侨联受理来信（电）来访186件次，解决归侨侨眷实际问题30件，协助解决经济纠纷3起，挽回经济损失5万元。配合省侨联《江苏省华侨投资权益保护条例》立法起草调研，召开座谈会，征集侨商、新侨人才和法律顾问意见并汇总上报。调研新侨企业，为企业在知识产权保护、劳务用工等方面存在突出问题释疑解惑、出谋划策。全年开展“送法下基层进社区”法律讲座6次，提供法律咨询服务40次。

（许竹敏）

【参政议政】 2014年，侨界代表委员在各级人大、政协提交建议、提案66篇。侨界人大代表段涛《关于吸引人才政策中对于归国人员海外生育子女落户政策进行完善的建议》、市政协委员钱丽忠《关于加强城市地下管网建设与管理的建议》和薛海萍委员《关于扶持中小微企业健康发展的建议》等提案得到相关部门重视。做好侨情专报工作，多渠道倾听侨界意见建议，上报侨情专报采用率在全省名列第一。其中“吸引和留住海归高层次科研人才的建议”得到国家副主席李源潮批示。“无锡市侨联围绕‘三个深化年’活动扎实做好今年工作”被《江苏侨联简报》采用，“创业中华——2014侨界人才聚无锡”活动情况和无锡市作为“新侨回国创业示范基地”的工作经验得到好评。江南大学商学院副院长朱晋伟“关于提高中国企业海外子公司管理水平，加快走出去步伐的建议”一文被中国侨联侨情专报采用。

（许竹敏）

【文化宣传】 7月22日~8月2日，无锡市侨联与江阴市侨联、天华艺校共同承办“亲情中华，汉语桥”江苏华侨华人学生夏令营，美国、加拿大、德国、日本、韩国等国家的华裔青少年29人参加活动。5月17~31日，与市文管中心、市侨办、美国北美中华艺术家协会等单位联合举办“艺术·无界——美中画家巡回展”。5月15日，与上海市侨联共同举办“中国梦·归侨情——上海、无锡老归侨交流联谊活动”。9月19日，组织北塘区选送歌舞剧《游子吟，中国心》参加全省侨界庆祝新中国成立65周年文艺汇演，获优秀组织奖。5月25日，配合“天南地北宜兴人”新闻采访活动，推荐4位宜兴籍海外乡贤接受采访。6月4日，承办由中国华文教育基金会组织的“2014中国文化行——弘阳江苏营”活动，接待50多位海外华裔青少年文化之旅。与无锡市广电集团交通台联合制作“中国梦，无锡情”专栏新闻，在《无锡日报》头版和无锡电视台《无锡新闻》节目“先锋之歌”专题中宣传“中国侨界杰出人物”、中国陶瓷艺术大师徐安碧事迹。11月10日，成立无锡华侨摄影协会，举办“亲情中华·魅力无锡”摄影协会会员摄影作品展。加强侨联网站、侨讯期刊建设，保持信息通讯工作在全省侨联系统位于前列。

（许竹敏）

无锡市台湾同胞联谊会

9月28日，市台联组织中秋国庆台胞座谈会（王志好 供稿）

【概况】 2014年，无锡市台湾同胞联谊会(以下简称“市台联”),围绕中心任务,发挥自身优势,团结和联络国内外台湾同胞,宣传贯彻“和平统一、一国两制”的对台方针政策，组织台联专干参加省台联和市委统战部举办的一系列学习培训、参观交流活动;针对台胞、台商特点,组织开展各项联谊活动，加强培养中青年台胞和小台胞，选送5名中青年台胞参加上级培训学习；加强宣传和信息上报工作，全年向省台联报送信息77条、稿件24篇。至年底，无锡市定居台胞123人。

（王志好）

【服务台胞】 2014年，市台联走访慰问定居老台胞、患重病台胞和困难台胞70余户,发放慰问金共8万余元。收集整理定居台胞基本信息，统计患重大疾病台胞、困难台胞的情况,做好台胞情况调研工作,开展联谊活动增进了解。4月,配合省台联组织“全省老台胞踏青活动”。相继组织女台胞“三八”节春游、4名台胞选手参加省台联“迎青奥乒羽比赛”、“六一”儿童节慰问、4名台胞中小学生参加省台联“放飞梦想”夏令营等活动。选送8幅摄影作品参加省台联第六届“新视野”摄影比赛；参加第十五届、十六届世界华人学生作文大赛无锡地区选稿工作,选送11篇优秀作文参赛，获三等奖2名；组织老台胞欢度重阳节暨高山族台胞欢庆“丰收节”活动;协调地方派出所为4名台胞办理户籍更正;继续做好台籍考生核对确认工作。

全年为台胞、台商提供政策咨询20多人次。11月,组织8位台商参加省台联“江苏台商看江苏—兴化行”联谊活动,增进台商对祖国大陆的认同感。协调市、区教育局和育英实验小学，为1名台商解决子女入学问题。

（王志好）

【两岸交流】 7月,市台联接待台北浦东同乡会青年参访团一行31人到无锡参观学习。参访团参观了灵山景区、鼋园和市台联机关,并与相关人员进行集体座谈。

（王志好）

【参政议政】 2014年，市台联充分发挥台籍代表委员的优势，积极参政议政、建言献策,在各项考察、调研活动中尽心尽责反应民众心声,提出具体可行的议案。年内,台籍代表委员提交提案议案12件,均得以办结。1名台籍委员参加政协十三届三次会议的第001号和第0027重要提案主席督办会议，并作为委员代表在会上发言。1名台籍委员在电视《政协话题》上抒发己见、为民讲话，建议政府加大平价超市价格调节基金的调节力度，得到广大群众的赞同。在市政协纪念人民政协成立65周年座谈会上,1名台籍政协委员代表台联界别发言，阐述台联界别在政协的地位、作用以及台籍委员在政协大家庭中获得的锻炼和成长,受到参会代表好评。

（王志好）

无锡市老台胞参加省台联欢度“重阳节”活动（王志好 供稿）

编辑 邵文凯

综 述

【全力维护社会和谐稳定】 2014年，全市政法机关积极预防化解社会矛盾，突出抓好重大不稳定因素化解工作，对1300余项重大事项实施社会稳定风险评估，全市成功调处各类矛盾纠纷5万余起，依法清理征地拆迁“不立不裁”案件784起，重点矛盾化解、缓解率达65%。加强信访工作，集中化解信访积案，依法处理进京非访，推进涉法涉诉信访改革，完成了中央和省、市交办的117件信访积案的化解任务，进京非访、去省集访量位居全省第9位和第6位，市政法各部门把1851件涉法涉诉信访案件导入司法程序、终结导出1124件。推进国家安全人民防线建设，加强反邪教、反恐怖工作，国安工作和反邪教工作绩效位居全省前列，反恐基础工作绩效位列全省第一。做好重大活动和重要敏感节点的维稳安保工作，圆满完成南京青奥会等安保任务。

(范润男)

【平安无锡建设】 年内，全市政法机关依法严厉打击各类违法犯罪，集中整治治安重点地区，全市公安机关共破获刑事案件18318起，抓获刑事作案人员17059人，检察机关共提起公诉8175件、10816人，法院系统共受理案件131776件、审执结108384件，40起现行命案实现全破，48个市、市(县)区挂牌整治的重点地区的治安面貌有效改善。推进社会治安防控体系建设，健全完善巡防布局，升级改造技防设施，整合汇聚社会面视频监控1.3万余路，全市刑事案件发案数比上年下降14.8%，“两抢”(抢劫、抢夺)案件发案数实现10年连降，3000多个小区(村)实现“零发案”。加强基层基础建设，9个市(县)、区全部建成社会管理服务中心，全市80个镇(街道)政法综治工作中心和1217个村(社区)综治办达到规范化建设标准，所有村(社区)实施网格化管理，流动人口、特殊人群等服务管理工作有效加强，社区服刑人员无重新犯罪，刑满释放人员重新犯罪率控制在1‰以下，青少年违法犯罪率占比连续4年下降。加强公共安全监管，全市道路交通、消防安全、安全生产保持平稳态势，连续13年实现事故起数、死亡人数“双下降”。2014年，全市群众安全感提升至96.28%。

(范润男)

【法治无锡建设】 年内，无锡市加快推进重要领域和关键环节的政府立法，提请市人大常委会制定《无锡市城市照明条例》等4件地方性法规，制定《无锡市公共机构节能管理办法》等6件市政府规章。全面深化法治系列创建，江阴市、滨湖区、锡山区进入全国法治县(市、区)先进行列，宜兴市被表彰为全省法治建设示范县(市、区)，南长区、北塘区、新区被表彰为全省法治县(市、区)创建工作先进单位。坚持严格执法、公正司法，加强执法司法规范化建设，继续深化司法体制改革，强化监督制约，集中治理执法不公问题，执法司法公信力不断提升。加强法治宣传教育，加强领导干部、公务员学法和青少年法治教育，推进法治文化建设，营造全社会尊法守法用法氛围。推进法治惠民利民，建立健全公共法律服务体系，加强法律援助和司法救助，组织实施市、市(县)区级法治惠民实事项目88项。每季度组织召开法治无锡建设新闻发布会，主动接受社会各界的监督评议。加强法学理论研究，为推进法治建设提供理论支撑。2014年，全市法治建设满意度提升至93.68%。

(范润男)

【政法队伍建设】 年内，全市政法系统开展群众路线教育实践活动，抓好学习教育、听取意见，查摆问题、开展批评，整改落实、建章立制等工作，加大政法工作正面宣传力度，牢固树立政法队伍忠诚为民务实清廉的良好社会形象。开展专项整改活动，查摆整改“四风”(形式主义、官僚主义、享乐主义和奢靡之风)方面存在的突出问题291个，建立健全各项制度规定430项。加强思想政治、能力素质、纪律作风建设，按照政治过硬、业务过硬、责任过硬、纪律过硬、作风过硬的要求，严格执行中央“八项规定”、省市委“十项规定”和政法机关禁令规定，全面落实党风廉政建设责任制，推进政法队伍的正规化、专业化、职业化。广大政法干警立党为公、执法为民的自觉性和责任感得到增强，政法队伍的整体素质提升，涌现出一批公正执法、爱岗敬业、甘于奉献的先进典型，全市政法队伍建设满意率提升至91.93%。

（范润男）

【政法创新实践工作】 全市政法机关贯彻落实科学发展观，牢牢把握创新导向，开展政法创新活动，在平安无锡、法治无锡、政法队伍建设等工作中，研究新情况、新问题，探索新办法、新经验，攻难点，创特色，树品牌，涌现出一批时代特色鲜明、工作成效显著、社会评价良好的创新成果，促进了政法工作的发展进步。“扎实开展镇村企校‘四个文明’交通建设”“坚持以‘八个第一’，全力打造创新型社会管理服务中心”被评为“全市政法工作创新奖”一等奖，“创新公开听证机制，让公平正义看得见”等5个项目被评为“全市政法工作创新奖”二等奖，“触角延伸+‘五位一体’，提升职教园检察室履职空间与质效”等7个项目被评为“全市政法工作创新奖”三等奖。

（范润男）

【加强法治建设】 2014年，无锡市全面推进依法行政、加快建设法治政府，深化改革，加强制度建设，加强行政执法监督，依法化解矛盾纠纷，政府法治工作取得新成绩。年内，审核市政府规章6件，审核市政府规范性文件和其他文件60件，为市政府提供法律意见和建议34件，审核强制执行函30件，审核信访复查复核函22件，办理国家和省立法草案征求意见稿31件。

（张卫红）

【依法行政】 年内，市政府法制办落实《无锡市2014年依法行政工作要点》，对全市推进依法行政、建设法治政府工作情况开展全面考评，重点检查行政指导、重大行政决策、行政处罚备案等工作的推进落实情况。加大考评力度，完善考评方式，落实问题整改，注重考评结果应用，将法治政府建设考评结果与地区部门的领导干部绩效考核挂钩；加强依法行政考评的标准化、规范化、信息化建设，开发无锡市依法行政工作统计报送系统，强化日常考评，简化考评程序，压减考评环节，提升考评质量。根据政府工作人员调整和形势变化，及时将执法综合部门负责人调整充实进市全面推进依法行政领导小组。召开全市依法行政工作会议，推广宜兴市培育法治思维能力、助推法治政府建设等经验做法，示范引领工作创新。在2013年度依法行政考核和“规范执法示范单位”创建的基础上，评选出无锡市2014~2016年度依法行政示范单位12个和示范点23个。

（张卫红）

【政府立法】 年初，无锡市制定《2014年度立法工作计划》，明确2014年全市22个立法项目和调研项目，其中地方性法规项目和调研项目10件，市政府规章规范性文件项目和调研项目12件。审核《无锡市促进行业协会发展条例》《无锡市城市照明条例》《无锡市养老机构条例》《无锡市旅游业促进条例》《无锡市物业管理条例》等地方性法规草案；制定《无锡市建设工程造价管理办法》《无锡市公安辅助人员管理办法》《无锡市建设工程招标投标管理办法》《〈无锡市航道管理条例〉实施细则》《无锡市快递管理办法》《无锡市公共机构节能管理办法》等政府规章以及《无锡市商品房预售资金监管暂行办法》《无锡市市区征地补偿和被征地农民社会保障办法》等规范性文件。坚持民主立法，扩大群众参与，探索政府立法社会网站征求意见工作。在制定涉及广大人民群众切身利益的地方性法规和政府规章时，及时组织召开立法听证会，全面听取和吸纳人民群众的立法诉求。推进立法协商工作，就《无锡市物业管理条例（草案）》与市政协进行协商。实施立法项目新闻发布制度，就《无锡市快递管理办法》《无锡市公安辅助人员管理办法》颁布实施召开新闻发布会。年内，组织开展《城市照明管理办法》《夜景照明管理办法》《机动车辆排气污染监督管理办法》《物业管理办法》《航道管理办法》等政府规章立法后评估活动，对政府立法的科学性、可操作性和实效性进行全面评估，提出完善政府立法的意见和建议，提高政府立法质量。

（张卫红）

【行政执法监督】 年内，市政府法制办会同市编办、市行政服务中心对市政府各部门的行政职权开展全面清理，共梳理权力事项565项，制定“权力清单”，规范权力名称，优化运行流程。围绕人民群众普遍关注的公共安全、食品安全、征收征用、环境保护等社会热点难点，开展执法监督，开展《无锡市消防条例》《无锡市城乡规划条例》《无锡市地下管线管理办法》《无锡市餐厨废弃物管理办法》等涉及民生保障领域的专项执法检查，重点检查有关职能部门依法履职情况，纠正行政执法中的“不作为、慢作为、懒作为、乱作为”现象，维护人民群众的合法权益，保障法规规章的全面贯彻实施；创新行政执法监督方式，提升执法监督公信力，邀请市人大常委会有关工委会参加执法检查监督，采取听汇报、查台账、召开座谈会、走访管理相对人、明察暗访、问卷调查、随同执法检查等方式，全面规范执法行为，落实突出问题整改，推进严格规范公正文明执法，并在全市行政执法人员中评选出33名行政执法办案能手。推进行政执法考试的规范化、标准化、信息化建设，开发行政执法人员资格考试软件，建立行政执法考试题库，为执法资格考试提供方便快捷高效服务。组织开展全市1100多名新申领行政执法证人员的法律法规知识考试，全面提升行政执法人员的法治素养。全年上报省政府备案的市政府规章规范性文件7件，受理部门规范性文件备案25件，在网上直接对全市52个行政执法部门的行政处罚事项办理情况进行重点监督。在驻点式案卷评查工作中发现执法问题30多个，当场向有关执法部门进行反馈沟通，督促限期整改。

（张卫红）

【行政复议】 2014年，全市各级行政复议机关收到行政复议申请441件，受理391件，作其他处理50件；审结364件（包括2013年结转案件35件）。其中，作出维持决定的255件，驳回的22件，撤销的2件，确认违法的3件，责令履行的1件，调解的1件，终止的72件，作其他处理的8件。年内，国务院未受理涉及无锡市行政复议案件。省政府受理市政府为被申请人的行政复议案件5件，其中4件为信息公开案件，1件是不服土地征收方案案件，均已审结，予以维持。另有以省政府为被申请人、申请事项涉及无锡市的行政复议案件5件，其他要求无锡市政府作出案前情况说明的案件18件。市政府法制办与市公安局联合召开强制隔离戒毒行政复议案件专题研讨会，就强制隔离戒毒的法律适用问题，特别是对吸毒成瘾认定证据的审核进行专题研讨。对重大复杂的涉毒类行政复议案件，派专人进行实地调查。

（张卫红）

【法治宣传】 市政府法制办在政府法治网站上公布地方性法规和政府规章年度立法计划、公开地方性法规草案、政府规章草案和重要规范性文件草案，并在太湖明珠网、东林论坛发贴公开征求立法意见和建议，动员群众参与立法。年内，提请市政府常务会议学习《中华人民共和国老年人权益保障法》《中华人民共和国旅游法》《中共中央关于全面推进依法治国若干重大问题的决定》和修正后的《中华人民共和国安全生产法》。编发《无锡市人民政府公报》共12期，向上级政府法制部门报送依法行政信息183篇，被录用87篇。年底，市政府办、市政府法制办、市法学会行政法学研究会联合召开“政府信息公开与依法行政”论文交流研讨会，对60余家单位报送的70余篇论文进行评审，评出一等奖2篇、二等奖5篇、三等奖8篇。

（张卫红）

公安

【概况】 2014年，无锡市各级公安机关推进平安建设、法治建设和过硬队伍建设，发挥职能作用，维护全市政治安定、社会安全和人民安居。圆满完成南京青奥会、北京APEC会议、国家公祭日等重大安保任务。加强反恐维稳防暴处突工作，建立涉恐线索核查绿色通道和情报互通机制，反恐基础工作考核绩效在全省位列第一。开展清理信访积案专项活动。完成重大决策事项社会稳定评估项目850项。加大不稳定因素和群体性事件排查梳理力度，规范“公法联调·庭所对接”“公调对接”等矛盾纠纷调解工作机制，努力将矛盾纠纷处置在小、化解在早、消除在萌芽状态。“法治维稳新经验”获公安部肯定。组织开展打击治理“两盗一扒一骗”(入室盗窃、盗窃电动车，扒窃，电信网络诈骗)犯罪、“除毒害”打击整治、“打假打传”等一系列专项斗争、专项行动，始终保持对各类违法犯罪的严打高压态势。加强立体化治安防控体系建设，在市、县两级公安机关全面建立巡特警专职机构，启动市级情报平台三期建设，形成情报工作与指挥工作一体化、实战化运行组织架构，完成“110”接处警系统升级改造一期建设，在全省率先研发投用重大警情同步广播系统，优化完善武装巡逻、动中备勤的勤务模式，整合汇聚社会面监控1.3万多个。全市没有发生危害国家安全和社会政治稳定的重大案事件，没有发生暴力恐怖事件，没有发生有影响的群体性事件，没有发生重大恶性案件和治安灾害事故，没有发生涉及无锡、涉及稳定、涉及公安的舆情热点事件。在年底省综治委委托第三方开展的“公众安全感”随机测评中，无锡市公众安全感96.28%，成为全省仅有的2个指标上升的市之一。在窗口单位全面开展预约服务、延时服务、上门服务、网上服务、热线服务、助残服务、提醒服务、“特事特办”等人性化服务。开展公安行政权力事项清理规范和编制权力清单工作，清理规范公安行政权力事项1623项(其中公安行政审批事项61项)，优化调整行政审批流程和下放审批权力26项，调整取消非行政许可审批事项9项，取消各类审批相关资料20种，简化办事环节10个，事项承诺时限比法定时限提速55.41%，户口准入、剧毒化学品购买凭证许可等多项审批事项实现“立等可取”。加快构建公共安全精细化管理体系，交通安全监管工作连续4年名列全省第一，城市道路畅通率位居全国同类城市前列；组织开展消防安全专项整治行动，强化消防安全监管措施，全市未发生群死群伤等恶性火灾事故；创新社会管理理念，加强场所管理、涉危管控、保安监管等治安行政管理工作。完成70批次警卫任务和236项大型活动的安全保卫工作。扎实开展党的群众路线教育实践活动，公开推出深化“四个服务”百项承诺。推进“基层组织建设深化年”活动，制定干部交流工作规定、重点岗位民警交流的工作意见。推进“作风建设深化年”活动，完善经常性联系群众工作机制。邀请中央和省市级媒体集中采访210余次，市级以上平面媒体刊发报道无锡公安工作和队伍建设稿件1.7万余条(篇)，电视、广播等播出公安新闻3180条(篇)，新华网江苏频道首页开设无锡公安频道。实施新一轮能力素质建设工程，制定2014~2016年民警能力素质建设规划，与中国政法大学、中国人民公安大学、铁道警察学院等开展校局战略合作，创新能力素质建设模式，探索按警龄和能力差异施训的训练模式，举办3期“能力素质大讲堂”。立足实战需要完善机构设置和警力配置，在省内率先成立食品药品犯罪侦查支队和舆情引导处(新闻中心)。施行《无锡市公安辅助人员管理办法》，加强公安辅助人员规范化管理。落实爱警惠警措施，完善民警职业保障机制，解决民警个体困难，关爱民警身心健康。推进创先争优活动，全局603个集体、3495名民警受到市公安局以上表彰，其中1个集体、6名民警立一等功，15个集体、41名民警立二等功，1名民警入围“中国好人”，3名民警被评为“江苏最美警察”，4名民警被评为“江苏省五四青春警星”和“江苏公安青春警星”，6名民警和1个集体当选“无锡好人”，2名民警被评为“无锡最美人物”，市公安局在全市市级机关绩效管理和作风建设社会评议中继续保持第一。

（耿永军）

【“110”接处警服务工作】 2014年，市公安局“110”报警服务台接警238.8万余起，其中警情类29.1万余起、求助类61.5万余起。报警电话一次呼入成功率97%，短信回访接警、处警环节群众满意率分别为97.5%、95.9%。推进接处警规范化建设，出台《关于贯彻落实深化“四个服务”百项承诺进一步加强接处警工作的意见》，提出“六个第一”（坚持有警必接，实现“第一速度”；坚持为民服务，打造“第一窗口”；坚持是警必处，落实“第一责任”；坚持处警必快，落实“第一时间”；坚持急难必救，追求“第一效率”；坚持预警通报，服务“第一民生”）工作目标和11项具体工作措施；提出处警单位和一线民警接到群众重大紧急报警求助或“110”指令后，严格按照“主城区5分钟、城郊结合地区10分钟、农村地区和水上（除不可抗拒的原因）15分钟”赶赴现场处置的刚性要求，要求各出警单位科学划定辖区“三级出警圈”，实现第一时间出警的承诺。制定完善《移车类警情处置工作的意见》《110接处警工作读本》和《关于部分求助类警情处理办法》等10余类警情处置规范，细化明确具体流程和要求，提升民警执法规范化能力和水平。强化应急信息搜集研判，及时预警各类重大事件，制定出台《全市公安机关情报信息搜集报送工作管理办法》，细化绩效考核办法及具体指标；依托互联网、“110”接处警渠道，加大对重要紧急信息的实时监测和核查处置，不断提升重大事件提前预警的时效性和准确率。健全情报工作体制机制，优化综合研判模式，市局指挥中心增挂“情报中心”牌子，推进派出所勤务指挥室建设，逐步形成由市局指挥中心、分（县）局指挥中心和派出所勤务指挥室构成的三级情报工作体系；优化完善情报信息每日综合研判工作模式，建立情报部门开展综合研判、专业警种开展专项研判、市（县）分局开展区域研判、二次研判的分层级多维研判体系，全年通过研判下达指令抓获违法犯罪嫌疑人2200余名，其中网上在逃人员750余名。探索建设“人车关联”“情指联动”机制，以人、车等重点信息轨迹线索为突破口，通过与应急指挥对接联动，促成研判成果落地生效。强化公安指挥手段建设，升级改造“110”接处警系统设备，简化系统界面和各类字典项，减少接派警操作流程，提升接派警运作效能；开发建设“110”接处警“同步广播系统”、应急力量报备系统，完善应急值守响应机制。强化反恐维稳机制建设，修制反恐应急预案，细化完善涉暴涉恐警情处置工作流程，建立完善市局、分（县）局、派出所三级预案体系，组织全局性暴恐袭击应急处置拉动演练3次。建立依托“110”接处警联动人工干预电信诈骗机制，对电信诈骗被骗人劝阻干预，全年防范电信诈骗案件260余起，避免群众经济损失1500万元。组织“关城门”实战80余次，通过接处警快速反应直接抓获违法犯罪嫌疑人1130余名。定期开展全市治安形势分析，为重大警务决策和行动部署提供依据，根据研判结论组织开展打击治理“两盗一扒一骗”犯罪、电信网络诈骗犯罪防范宣传行动，全市公安机关接报入室盗窃、盗窃电动自行车、扒窃警情比上年分别下降7.5%、33.2%、31.7%，电信网络诈骗警情增幅趋缓。强化社会联动体系建设，将社会联动工作纳入政府机关部门绩效管理和作风效能建设考评范围，倒逼各联动单位快速、高效参与处置各类急难险重群众报警求助。制定《无锡市12345政府公共服务热线与公安110（122）报警服务台联动工作机制》，合理分流非紧急报警求助和非公安业务诉求。开发“移车宝”系统，试点应用后实现80%以上移车警情的处理。全年通过社会联动处置各类求助50余万起，解救危难群众3000余人次，群众对联动工作综合满意度98.9%。

（耿永军）

【社会面巡防工作】 年内，市公安局加强社会面巡防工作，整合各种巡防警力资源和群防群治力量，着力构建以立体化、现代化社会治安防控体系为主体，街头路面动态巡逻和治安卡口定点堵控的“一体两线”格局。理顺管理体制，融合市公安局指挥中心武装巡逻大队和交警支队专职接处警中队，整合公安分局特警、巡防等部门，在市、区两级分别建立100人以上建制的巡特警部门；在市区84个派出所建立88个巡逻处警中队，将全市33个治安卡口、查报站统一命名为“治安卡口”。全面建立由巡特警部门负责规划部署、组织实施的社会面巡防工作新体制和市局巡特警支队、分局巡特警大队、派出所巡逻处警中队分级负责的市、区、乡镇（街道）三级巡防体系。根据地理位置、治安状况等在全市划定251个巡防区域、198条重点巡逻路线、368个巡逻必到点和10处重点守护部位，每日投入261个车（步）巡组，综合运用多种勤务模式、打防手段和巡逻方式落实常态控制。在南京青奥会安保等战时最大限度地将可用警力和防暴处突特战装备布设到一线，实施高密度、武装性、复合型的巡逻防控。按照“整体规划、统一标准，动静结合、互为补充”的原则优化调整治安卡口布局，形成“外扇内圆”两道防线整体锁控的全包围格局。对因路网建设出现堵控盲点或实战效能不明显的治安卡口进行新建、移址，对不具备建设固定卡口条件的使用移动智能卡口驻守堵控，形成常态与应急、固定与流动有机结合的道路治安防控圈。建立每月全市巡防工作例会制度，通报运作情况、分析薄弱环节、研究改进举措，推动社会面巡防工作规范运行。在勤务运作上，建立情报信息研判机制，通过研判成果与实战应用的衔接转化，提升街面设防精度；建立视频巡查实战机制，提高主动发现、主动进攻、主动防范能力；建立多警种勤务对接机制，有效增强社会面防控工作的针对性、有效性和预见性；建立车站地区反恐处突应急指挥联动运作机制，实现铁路和地方公安机关巡防力量“无缝”对接；建立公安武警联席会议机制，实行武警力量与公安民警一体化混编联勤巡逻。落实巡防勤务每日督察通报、提示单制度和问责机制等日常监督管理措施，提升全市社会面巡防质效。制定勤务规范、情巡对接、指巡对接、监巡对接、巡逻盘查等配套运行规范，保持巡逻工作的针对性和实效性。建立巡防考核评估、巡防工作奖励、平战指挥调度、人员长效保障、装备物资保障和技能培训保障“六项机制”，提升巡防勤务组织管理水平。组织全市巡特警开展警务实战技能和业务知识培训，提高民警的理论层次、执法理念及警务实战技能。全年各级巡特警部门累计投入巡防力量61万余人次，检查盘查48.1万余人次、车辆21.4万余辆、物品10.6万余件，通过巡防抓获各类违法犯罪嫌疑人5714名，其中网上逃犯323名、涉毒人员858名，缴获各类毒品1018.59克；“两抢”、扒窃、拎包、涉车类盗窃等街头路面警情总体呈下降趋势，其中“两抢”和“两盗一扒”(入室盗窃、盗窃电动自行车、扒窃)警情分别比上年下降21.64%、8.73%。

(耿永军)

【推出深化“四个服务”百项承诺】 年内，市公安局在党的群众路线教育实践活动中，依据公安机关政策法规，借鉴外省市公安经验做法，结合各界意见建议及无锡公安实际，向社会公开推出深化“四个服务”百项承诺(简称“百项承诺”)。“百项承诺”分为“服务大局更自觉、服务民生更主动、服务发展更高效、服务群众更便捷”四大主题。在服务大局方面，推出强化社会治安综合整治、打造升级版平安无锡、推进“阳光执法”保障社会公平正义等10项承诺；在服务民生方面，针对“舌尖上的安全”、出行顺畅、追赃挽损等民生热点问题推出20项承诺；在服务发展方面，推出30项承诺，通过落实对企业的服务保障措施、保护企业合法权益等工作维护市场秩序，为无锡经济发展提供有力保障；在服务群众方面，推出40项承诺，在所有窗口单位全面实行全日制受理群众急办业务和接受群众预约，优化“110”快速反应机制，加强街面武装巡逻，最大限度提高街面见警率、提高整体防控能力。“百项承诺”通过服务延伸、流程再造、内涵扩展等方面的改革创新，具有“简、便、减、增”四个特点，即简化涉及出入境、人口、交警、消防等部门的7类手续；依托信息网络平台延伸服务和开展主动服务，为群众办证办事提供最大便利；加快工作流程和提高工作效率，缩短15项业务办事时间；在原有服务的基础上，新增16项服务项目，为群众提供更多的帮助和服务。同时，建立考核、问责两大体系予以支撑和保障，设立投诉举报中心“89110110”热线，24小时接受群众举报，确保承诺事项做到“一诺千金、违诺必究”。全市各级公安机关切实践行“百项承诺”，取得显著成效，省委常委、市委书记黄莉新等省、市领导多次批示肯定，市委专门发文在全市进行推广，被《人民日报》《新华日报》《光明日报》《经济日报》以及中央人民广播电台、中央电视台、江苏电视台等50余家中央、省、市新闻媒体多次采访报道。

(耿永军)

【南京青奥会安保】 2014年8月16~28日，第二届夏季青年奥林匹克运动会在南京市举行。全市公安机关贯彻落实中央、省、市和上级公安机关的部署，于4月份启动历时5个月的南京青奥会安保工作，创新建立青奥安保战时工作机制，圆满完成青奥安保各项任务，确保全市社会治安大局持续平稳可控。建立情报信息综合研判战时机制，全面开展各类涉稳事件和人员的排查梳理和处置管控，有效维护全市在青奥会期间社会大局和谐稳定。强化社会面治安管控，平均每天向社会面投放巡逻民警3100余名、保安辅警5000余名、巡逻车辆900余辆，累计检查盘查人员10.1万余名、车辆4.9万余辆、物品1.8万余件，查获违法犯罪嫌疑人104名；对全市公交车按照“一站二员”“一车一员”标准配备专职安全员710名、兼职安全员6052名及治安志愿者9435名；对9个市级社会治安重点地区进行挂牌整治；开展“利剑”系列社会治安集中清查整治行动，清查各类重点场所部位4.3万余处，抓获各类违法犯罪嫌疑人670余名。强化严打侦破攻势，开展专项严打整治。组织开展反恐应急拉动演练50余次，提升应急处突能力。对全市重点要害单位开展动态巡查1.4万余次，发现整改安全隐患1500余处。强化交通、消防、危险物品安全监管措施，及时消除一大批安全隐患。研究起草民警“依法规范用枪”情形及公务用枪保管、领用、交接和训练相关规定，整理汇编“盘问检查工作要点”“接处警工作规范”，规范青奥安保民警执法执勤工作。开展战时专项训练，举办集中培训350期(次)，培训民警7800余人次。推出战时民警心理疏导减压5项措施，增强民警战时心理素质。制定战时旅馆业特殊管控措施，建立加油站散装汽油销售实名制登记、刀具购买实名制登记、物流寄递行业安全监管等制度机制，检查旅馆单位3万余家次。强化战时宣传动员，激发民警工作热情。严明战时组织纪律，制定出台战时值班备勤、请假纪律、问责规定等警纪律令，加强督察督导。青奥安保期间，全市公安民警累计加班300余万小时，1名民警牺牲，115名民警负伤，141名民警因过度劳累住院，1500余名民警带病坚持工作，829名民警、105个集体受到市公安局以上表彰奖励，其中市公安局被市政府记集体二等功，市公安局和2名民警被省委、省政府分别授予“第二届夏季青年奥林匹克运动会先进集体”和“第二届夏季青年奥林匹克运动会先进个人”荣誉称号，1名民警被省公安厅记一等功，19名民警被省公安厅记二等功，13名民警被市政府记二等功。

(耿永军)

【大型活动安全监管】 年内，市公安局巡特警支队针对大型活动安保工作面临的风险和挑战，按照“政府监管、承办者负责”的原则组织和部署安保措施，组织协调全市各类安保力量8万余人次，圆满完成无锡太湖国际马拉松赛、环太湖国际公路自行车赛等294项、303万余人次参与的大型活动安保工作。完善执法依据，规范监管流程，会同市行政审批中心等部门修订大型活动许可办理指南，简化办理流程，明确职责分工，消除管理死角；围绕材料审核、风险评估、方案制定、安全检查和秩序维护等5个管理环节，建立安保工作日常工作规范，优化安全监管模式。围绕“5大方面65项”风险源，对申报的各类大型活动采取积分预警的模式落实风险评估制度，并根据活动风险等级和组织形式特点，提出不予许可或从严监管建议。坚持落实安保措施与大型活动进程同步进行，督促主办方、承办方等安全责任主体制定完善安全保卫方案，落实安全保卫措施，排查和整改安全隐患，杜绝各类灾害事故的发生。全年制定大型活动安保方案和应急预案150份，开展安全检查168次，整改安全隐患1800余处。加强与相关警种部门的沟通协作，建立情报共享、捆绑研判、联勤联动工作机制，落实源头稳控措施，加大对活动现场及周边区域治安环境管控、矛盾纠纷排查、交通指挥疏导、街面巡逻防控，确保大型活动顺利进行。

（耿永军）

【无锡“网上公安”建设管理】 年内，市公安局加强“网上公安”建设管理工作，强化对“网上公安”运行动态监管，完善工作规范、优化工作流程、强化监督制约，切实发挥“网上公安”最大功效；组织各级公安机关宣传推介“网上公安”，并依托“网上公安”栏目与网民群众开展交流沟通，提高社会影响力和群众满意度。按照“公开是常态、不公开是例外”的政府信息公开原则，最大限度地提供公安机关的政策和法律服务，提高和扩大公众参与社会管理的主动性，“网上公安”四级站点全年公开政府信息5.7万余条，政务微博公开政府信息4700条，政务微信公开政府信息490条。立足服务民生，坚持“服务群众想到最细、做到最实”的思路，提升便民服务的层次和水平。“网上办事大厅”全年接收服务事项申办46万余件，月办结近4万件；受理各类咨询建议、监督投诉、网上110非紧急警务4100余件，答复、处置率100%。新增“执法公开查询”等专题专栏，完善警务公开机制，以公开促公正、以公正保公平，规范公安执法行为，提升公安机关执法公信力。开展行政处罚决定法律文书网上公开试点工作，首批试点公开7类30种一般程序公安行政处罚案件，增强行政处罚工作的透明度。完善从市公安局“平安无锡”官方微博到基层单位部门微博的多层级微博群建设，提高微博整体覆盖度、传播力、引导力和网民关注度、认同度。“平安无锡”新浪、腾讯微博全年发布博文信息5074篇，开展微博直播5次，拥有“粉丝”128万余人，被网民评论、转发12.6万余条，受理网民来信148件。无锡公安新浪、腾讯微博群成员单位157个，吸引“粉丝”172万余人。“平安无锡”政务微博获2013年度江苏省“十大政府机构微博”称号和无锡市“十大回音壁”奖。5月，作为市公安局推出的又一项兼备权威发布、警务资讯、互动交流、形象展示等多种功能的服务民生重大警务创新举措，“平安无锡”官方微信公众服务平台上线运行，至年底共编发各类微信629条。

（耿永军）

【从优待警工作】 年内，全市各级公安机关按照“从严治警力度有多大，从优待警力度要更大”的要求，落实爱警惠警各项措施。完善民警职业保障机制，落实执法勤务机构警员职务套改后续配套政策，探索建立警员职务晋升常态化选拔机制，打通民警职业发展通道，拓展民警职业发展空间。完成第三期公安大病特困救助基金募集工作，基金规模突破1.85亿元，全年开展医疗救助258人次、特别程序救助74人次，发放救助金、慰问金988万元。市公安局设立维护民警正当执法权益慰问专项经费。制定双警家庭从优待警工作规定，帮助双警家庭解决实际困难。制定民警荣誉退休规定，增强民警职业归属感、从警自豪感。依托微信平台建立“战时慰问群”，畅通信息渠道，向因公负伤和患病民警传递组织温暖。开展解决民警个体困难专项活动，梳理符合困难帮扶情形的民警343人次，帮助民警解决异地调配、岗位调整、家属就业、子女入学等个体困难220件。丰富基层警营文化活动，满足民警精神文化需求。举办第四届全市公安系统警体运动会和球类、棋类比赛。严格落实民警年休假制度，将民警年休假情况纳入绩效考核。邀请中医专家每月开展义诊活动，建立红十字警务救护培训基地并开展专项培训，集中购置急救箱和常用医疗器械、药品发放至基层所队，落实年度体检、功模和患病民警疗休养等措施，加强民警健康动态监护和干预，帮助民警增强防病抗病能力。健全民警心理服务和危机干预机制，加大心理健康辅导员和心理健康舒缓场所建设力度，提高保护民警心理健康水平。

（耿永军）

【推进和谐警民关系建设】 年内，全市公安机关开展为期8个月的第二批党的群众路线教育实践活动，以整风精神对形式主义、官僚主义、享乐主义和奢靡之风等“四风”问题进行大排查、大检修、大扫除，着力解决群众反映强烈的突出问题，提高做好新形势下群众工作的能力。市公安局党委和38个中层单位、367个公安基层党组织，6138名民警和全体党员辅警深入学习贯彻党的十八大、十八届三中、四中全会和习近平系列重要讲话精神，开展专题辅导和集中轮训，强化宗旨意识，筑牢队伍思想根基。开展“为何从警、如何做警、为谁用警”大讨论，学习焦裕禄精神，引导民警从思想深处解决“我是谁、为了谁、依靠谁”的问题。挑选20余名优秀民警组建群众工作巡回宣讲团，开展上门送讲活动，增强民警践行群众路线的自觉性和主动性。坚持群众满意第一标准，坚持群众参与开门搞活动，坚持边学边改、边查边改、即知即改，着力解决联系服务群众“最后一公里”的问题。针对作风方面存在的突出问题，按照整改有目标、推进有措施、落实有责任、完成有时限的“四有”要求 逐一列出整改任务书、时间表，改进作风情况进行公示和民主评议，确保整改措施全部落地生效。加强和改进行政管理和执法服务工作，推出深化“四个服务”百项承诺，让群众感到服务更贴心、管理更人性、办事更便利。完善经常性联系群众工作机制，改进“警民恳谈日”活动，推进“万名民警与万户困难家庭交朋友、听民声、解民忧”“三解三促”(了解民情民意、破解发展难题、化解社会矛盾，促进干群关系融洽、促进基层发展稳定、促进机关作风转变)“万名党员干部进万家”等爱民实践活动，全市公安民警开展警民联系活动9.3万余次，征集意见建议4060条，整改突出问题660个，提供物质资助619.6万余元，帮助群众解决实际困难1.1万件。

（耿永军）

【公安科技信息化年工作】 年内，全市公安机关推进公安科技信息化项目的研发、建设、推广和应用工作，为各项公安工作提供强有力的科技信息化支撑保障。加快社会信息资源汇聚，调研掌握社会信息采集的主要内容、工作流程和关键字段，打造集中式的社会信息采集汇聚平台，以专线接入方式实现8家单位信息资源交换共享，至年底共汇聚94类2.4亿条社会面数据，实现对部分主要社会面数据的实时预警研判。加快公安数据资源整合，完成请求服务系统升级，登记注册在线应用系统73个、数据库33个、1124类28亿条数据,初步构建全局公安数据仓库、资源目录体系和资源服务总线。完成数据管理服务平台(一期)建设,初步实现公安内外部数据资源整合共享应用,为警种部门提供25个数据服务接口。深化视频监控体系建设,视频汇聚整合平台整合接入公安自建及社会单位视频平台17个,汇聚视频图像资源1.8万多路,建成视频巡逻、网上督察、运维管理等实战应用功能模块的基础上,开展图像实战平台研发和配套机制建设,构建全市嫌疑人、车、物导入价值视频库,整合多种手段开展案件信息综合研判。人像识别系统新建涉恐人员等人像特征数据库,入库人像信息总量1200万条;研发人像辅助采集比对系统,开展标准化信息采集试点应用;立项建设无锡机场动态人脸监控系统;开展地铁车站出入口动态人脸监控应用测试。搭建11套移动式道路车辆抓拍系统,进行车辆抓拍、黑名单比对等功能测试,有效提高巡防民警现场发现和处置违法车辆能力。推进移动警务、执法记录仪综合应用、PGIS(警用地理信息系统)等业务系统应用项目建设,研发全文检索、多维统计分析、警情检测、智能轨迹分析等工具;以软件服务外包方式完成网上评议评鉴、境外人员管理、访客登记、车管所办证人员核查等系统项目开发任务;启动反电信网络诈骗大数据综合服务平台建设,优化"恶意呼叫拦截管理系统"处理方式和软硬件,提升系统处理能力,应用平台建成手机端防诈骗APP应用原型,初步实现手机端可疑电话拦截提醒、黑名单查询等应用功能。强化反恐维稳通信保障,完善350兆无线通信集群,实行350兆电台日常值守点名工作机制;建成应急通信指挥车,集成"现场应急指挥综合通信平台"和"公安卫星通信装备",集成语音通信、视频、计算机网络数据、现场指挥和基本支撑等系统,采用卫星、公网、专网"三网"数据传输,公安机关可在不同应用场景下开展移动通信指挥和情报研判应用,满足应急条件下反恐处突、维稳处置、重大安保和警卫等现场移动通信保障需要;建成民警手机短号虚拟网,建设民警手机通信资源库,统一管理民警手机通信资源,并与短信平台等系统对接进行快速通信,实现手机V网通等功能,可将语音、文字、音频、视频和任务信息及时推送给指定或群组民警。探索研究警力定位手段和方式,在警用车辆、移动警务终端GPS定位基础上,开发应用有定位功能的执法记录仪和佩戴式设备,实时展示警力分布,进行流程化、规范化、集约化指挥调度和处警处置。强化运行维护管理工作,引入云计算、虚拟化技术,初步建成云计算服务平台,提高设备利用率;全局公安二级主干网、三级主干网、主页存活率、域名解析(DNS)系统存活率等均保持在100%。加强公安信息网络安全管理,为6651名民警配发安全U盘,完成全市"一机两用"监控系统服务器升级和1.5万余台公安网计算机终端的升级工作。市公安局信通(科技)处获2014年度省公安厅科技强警奖,全市公安机关20个科技信息化项目获部、省、市级奖项或被列为科技成果推广引导项目。

(耿永军)

【出入境管理工作】 年内,全市公安出入境管理部门加强和改进出入境管理工作,有效维护无锡涉外治安环境稳定和正常出入境秩序。全面推行出入境公共服务标准,从业务范围、引用文件、术语定义、基本原则、服务提供、服务保障和监督评价等七个方面对出入境窗口证件办理工作进行规范统一。简化中国公民出入境证件申请手续,实施护照、港澳通行证、大陆居民往来台湾通行证(简称大陆证)三张申请表"三表合一",全年24万人次因填表程序简化而缩短办证时间;简化未满16周岁未成年人出入境证件办理手续,取消核查表、同意信两项提交材料。在公安部对外承诺的办证时限基础上,简化受理环节,优化审批流程,缩短护照、港澳通行证和大陆证等三类主要中国公民出入境证件的办证时限。对于本市户籍居民已经持有有效大陆居民往来港澳通行证或大陆证,申请再次签注的,确保6个工作日完成;本市居民首次申办护照、港澳通行证和大陆证等三类证件的,控制在10个工作日内完成。外国人申请签证或是居留证件的,无特殊情况的,办理时限分别由7个工作日和15个工作日减至5个工作日和10个工作日。10月,在新区增设中国公民出入境证件受理服务点,方便新区周边近70万人口就近办证。在苏南硕放国际机场台胞口岸签注点推出"预填表"服务,通过有关航空公司提前了解掌握搭乘国际航班到无锡台胞的基本情况,对需办理一次性台胞证及签注的人员由航班空乘提前发放填写申请表,减少台胞落地后现场等候时间。开通大陆居民赴台湾地区个人旅游受理审批业务,启用新版电子港澳通行证。全年办理各类出入境证件40万余份,其中公民出国境证件38.8万余份、境外人员签证(注)1.25万份;苏南硕放国际机场口岸签注点受理一次有效台胞证346本,一次有效入出境签注6942份。建立包括近60名国家"千人计划"、"530"工程、"东方硅谷"人才在内的重点服务对象库,推出特色服务举措,建立"绿卡"(永久居住证)申请优先受理和预约办证"专属绿色通道",为5名"千人计划"人才颁发"绿卡",为5名"海外高层次人才"颁发"海外人才居住证"。加强外管基层基础建设,在全市范围内启用境外人员管理信息系统,实现境外常住人员管理基层基础工作的自动化、信息化,全年登记临时入境住宿境外人员55万余人次、常住境外人员1万余人次。开展"三非"(非法入境、非法居留、非法就业)外国人清理整治行动,查处"三非"案事件115起,遣送出境26人。开展国际警务合作打击跨国犯罪,通过外管工作抓获被国际刑警组织通缉的韩国籍电信诈骗犯罪嫌疑人金某,并通过国际刑警组织中国国家中心局移交给韩国警方押回,金某系江苏省首次查获被国际刑警组织红色通报通缉的外国籍犯罪嫌疑人;选派民警参与海外追逃"猎狐行动",协助办案部门与警务联络官及所在国警察部门沟通联系,成功将11名犯罪嫌疑人押解回国。

(耿永军)

【打击刑事犯罪】 年内,全市公安机关破获刑事案件11225起,抓获各类刑事作案人员18278名。加强大要案件攻坚力度，年内发生的宜兴市宜城街道临溪花园杀人案、新区旺庄春丰村秦巷杀人案、吴某某系列杀人案等40起现行命案全部成功破获，其中杀人案件20起。破获命案积案5起，抓获外地命案逃犯3名。按照侦破命案的要求，加大对绑架、爆炸等严重暴力犯罪案件的侦办力度。以“零容忍”的态度严打“黑恶势力”犯罪，重点打击扰乱市场秩序、干涉民生建设、非法讨要债务、插手经济纠纷的“黑恶势力”，查处3个黑社会性质犯罪组织；摧毁恶势力犯罪团伙39个、成员225名。严厉打击各类涉枪犯罪，核查公安部和省公安厅交办涉枪线索90条，抓获违法犯罪嫌疑人40余名，查获各类枪支40余支、枪支配件近100件、铅弹6000余发，参与侦破公安部“3·11”“3·22”特大涉枪案件。开展打击“两盗一扒一骗”专项行动，有效解决一些地方扒窃、盗车、入室盗窃等侵财型案件多发的突出问题，侵财案件破案追赃率稳步提升。持续组织开展赴外驻点侦查和攻坚会战，严密打防通信网络诈骗犯罪，破获通信网络诈骗案件283起，摧毁犯罪团伙45个，抓获涉案成员154人；组织人员赴广西壮族自治区南宁市开展驻点侦查通信网络诈骗犯罪，摧毁犯罪团伙11个，抓获涉案成员28人；部署开展打击网络诈骗犯罪破案攻坚会战，组织力量赶赴福建、广东、广西、海南、贵州、山东等源头地开展侦查工作，侦破网络诈骗案件50余起(串)，其中挂牌督办案件8起(串)。加强合成侦查工作，市公安局合成作战工作办公室全年发布合成侦查指令133期，通过侦查破获案件365起；督办破获重点攻坚案件23起(串)。

(耿永军)

【加强刑侦基础建设】 全市公安机关刑事侦查部门加强刑侦基础建设，推进刑事侦查手段、方法和机制的转型创新，整合侦控手段资源，提升打击犯罪的整体效能。加强刑事技术规范化、专业化建设，市局刑事科学技术研究所DNA实验室、痕迹实验室被公安部评定为全国公安机关重点司法实验室；推行简易现场勘查工作模式，盗窃电动车等一般侵财小案现场勘查率大幅提升；完成全国公安机关现场勘验信息系统(无锡版)、刑事技术管理应用系统的升级改造，刑侦类源头信息采集水平明显提升，全年利用指纹、DNA比对分别直接破获案件2079起、1752起。推进科技强警工作，研发的“防诈骗智能拦截平台”“刑侦网上作战平台”分获2014年省公安厅科技强警奖一等奖、三等奖；研发的DNA新型试剂入选全省公安基层技术革新成果展。投资1585万元建成专业化警犬训练基地，基地警犬先后参与南京大屠杀死难者国家公祭仪式、2014年亚太经济合作组织会议领导人峰会和南京青奥会安保等国家重要活动安保工作。加快图侦队伍建设进程，推广应用图侦新战法，在侦破现行命案和“两抢”(抢劫、抢夺)等街面案件中发挥重要作用。加强和改进阵地控制等传统手段和便衣侦查队伍建设。建立完善防范电信诈骗人工干预机制，“防诈骗智能拦截平台”全年拦截诈骗通话742万余条，开展人工干预提醒14778人次，电话劝阻和防止发生案件1354起，与指挥中心联动直接上门出警劝阻693人次，避免和挽回群众财产损失3923万余元。成立“无锡反扒大联盟”，动员更多市民参与打防扒窃犯罪工作。落实现场勘查防范建议反馈制度，在勘查案件现场时，注意排查分析防范漏洞和安全隐患，全年向居民群众发放《安全防范建议书》8420份，提出安全防范建议2万余条。推进刑事案件立、破案短信告知服务平台建设，全年刑事案件告知率100%，其中通过短信告知报案人的占84.1%。

(耿永军)

【公安法治工作】 全市公安法制部门围绕执法质量“全省领先、全国一流”奋斗目标，推进新一轮执法规范化建设，有效提升全市公安机关执法质量和执法公信力。加强法制教育培训和指导工作，组织民警参加全省基本级、中级和高级执法资格考试，分别为348人、2030人和510人；完成网上法律考试系统升级改造，参加网上学法活动民警40万余人次；每季度按比例随机抽取民警进行法律知识测试，提高民警学法自觉性。建立刑事案件法制部门“统一审核、统一出口”工作机制，依法全面取证和审查判断证据，避免造成冤假错案。全年未发生因审核把关不严而造成严重执法过错和重大影响的案件。组织开展刑事拘留突出问题专项整治活动。制定《无锡市公安局常见治安违法行为量罚标准》，对常见的36种行政案件处罚裁量标准进行分类界定，解决“同一违法行为同城不同罚”的问题。制定《无锡市公安局执法规范化建设联席会议制度》，定期梳理、通报刑事、行政执法情况。组织开展执法办案场所“四个一律”(违法犯罪嫌疑人被带至公安机关后，一律直接带入办案区，严禁违反规定带出办案区讯问询问；进入办案区后，一律先进行人身检查和信息采集；违法犯罪嫌疑人在办案区内，一律有人负责看管；在办案区内开展执法活动，一律有视频监控并记录)专项检查。开展集中治理执法不公专项行动，重点整治派出所自裁行政案件、酒后驾驶案件和未破未诉刑事案件的办理以及检查对“四个一律”的落实情况。加大对检察机关监督案件的内部检查力度，每月对检察监督中发现的问题进行逐案核查。制定《无锡市公安局执法过错责任追究流程(试行)》等制度，实施民警执法办案过错问责终身追究制。完善执法办案“网上巡查”和“飞行检查”工作规范，强化执法监督的信息化、动态化和规范化。开展执法办案场所安全使用情况专项检查，发现整改各类执法安全问题。强化市局法制部门与基层所队执法工作挂钩制度，采取上门执法培训、指导办案、蹲点调研等形式，帮助解决实际困难。对挂钩单位遇到的新型案件、特殊案件和疑难复杂案件，提前派员介入，帮助分析案情，理清侦查办案思路。利用公安网“法制在线”栏目搭建执法互动交流平台，即时解答基层民警在执法办案中遇到的实际问题和困惑。结合挂钩工作探索规范执法新机制，制定和编发《接处警疑难问题答复》《关于依法处理进京非正常上访若干问题的指导意见》和《关于规范办理强制隔离戒毒案件的通知》等指导性、规范性文件。

(耿永军)

【打击经济犯罪】 年内，全市各级公安经济犯罪侦查部门破获各类经济犯罪案件720起，抓获犯罪嫌疑人1308名，打击处理768名，挽回经济损失16亿元，使企业和群众避免经济损失20亿余元。重点打击危害国家经济安全的经济犯罪，破获白某某骗取政府种子资金案、刘某某等人合同诈骗3.5亿元案、屠某某侵犯商业秘密案、白某某信用卡诈骗案等20余起大要案件，办理领导批示案件58件、疑难信访案件142件以及一批上级机关交办案件。加大对涉众型经济犯罪案件的查办力度，破获各类涉众涉稳型案件232起，挽回经济损失9亿元。加大追赃挽损工作力度，提高破案打击效能。组织开展“猎狐2014”境外追逃、打假、打击传销犯罪和打击假币等专项行动，整治经济领域突出问题，将潜逃至美国、澳大利亚、菲律宾、泰国、柬埔寨等国家和中国香港、澳门地区的16名境外逃犯缉捕归案，抓捕数名列全省第一；破获各类涉假案件80起，抓获犯罪嫌疑人266名，捣毁制假窝点58个；加强与工商等行政执法部门的协作配合，破获传销案件63起，抓获犯罪嫌疑人162名，解救受骗传销人员800余名；破获假币案件145起，收缴假币212.07万元。

(耿永军)

【经侦执法服务工作】 年内，全市各级公安经侦部门开展执法检查“回头看”专项工作，严密执法办案受理、办理、监理三个环节，提高执法能力，确保执法监督到位。规范案件源头管理，警情受理后由案件审核委员会集体通案转递办案部门侦查，避免受到人情和关系的影响；通过“一机三屏”受理系统、服务评价系统，按规定开具“三联单”回执，接受群众实时监督和评价；执行涉稳评估机制，疏导和化解在接待报案和办理信访件中发现的不稳定因素。应用“经济犯罪案件侦查监督系统”，清晰反映每起经济案件的立案、破案、抓获嫌疑人和追赃挽损等主要信息，规范经济案件办理全过程，在执法关键节点上设置自动提醒功能，避免执法过错，促进规范执法。健全完善执法监督制度，形成层级结合、内外结合、网上与网下相结合的执法监督体系。创新社会管理服务模式，启动经济犯罪打击、防范、控制一体化建设。组织开展“访百企、征意见”活动，引导企业自觉排查、主动规避经营风险，构建经济犯罪“防火墙”。深化警企经侦协作交流机制，听取企业意见建议，主动提供预防经济犯罪法律咨询和防范指导。全年走访企业300余家，提供法律咨询600余次。加大宣传教育力度，通过新闻媒体、网络、短信平台、社区宣传窗口等，向社会公众发布警情提示和防范指导信息，帮助群众特别是弱势群体提高自我保护意识和防范能力。树立“前置管控”理念，在巩固现有外协领域的基础上，拓展与银行金融、行政执法和行业协会的协作渠道，建立定期会商、派驻联络员、线索移送、案件协查等多种形式的协调会商机制，逐步形成集信息共享、沟通便捷、控制有力的管控机制。开通网上“无锡市公安局经济犯罪举报中心”，设立24小时举报投诉电话。对重点区域、重点行业、重点人群实行动态化、常态化管控，努力实现精确打击和有效遏制经济犯罪的目标。

(耿永军)

【打击涉毒违法犯罪活动】 年内，全市公安机关组织开展“除毒害”“吸毒人员大收戒”“禁毒会战”等专项行动，破获毒品刑事案件1032起，抓获毒品犯罪嫌疑人1155名，查处涉毒违法人员5979名，缴获毒品折合海洛因81.17千克，攻克7起公安部毒品目标案件和24起省公安厅毒品目标案件，缉毒执法绩效连续13年保持全省第一，市局禁毒支队被公安部记集体一等功。2014年10月，公安部组织全国109个城市开展百城禁毒会战，作为参战城市之一，市公安局在全市公安机关部署开展为期半年的禁毒会战。构建毒品立体查缉网络，在强化4个省级市级公路毒品检查站查缉工作的同时，在苏南国际硕放机场新建毒品检查站，组建缉毒犬查缉队伍；加强物流寄递行业禁毒管理，建立健全实名登记、收寄验视、安全管理等制度；组织开展全市歌舞娱乐场所涉毒问题专项清查。推进禁毒信息化实战应用建设，投资300万元启动禁毒智能分析情报研判系统建设，强化情报信息实时收集、分析和研判运用，增强精确打击能力；应用公安部DIAS禁毒情报研判系统破获涉毒案件855起，位列全省第一，占全省总数59%。

(耿永军)

【禁吸戒毒】 年内，全市各级公安禁毒部门坚持人文关怀、科学戒毒，推进对吸毒人员的管控、戒治、康复、救助等一揽子措施，着力解决吸毒人员管理控制难、戒断巩固难、融入社会难等一系列问题，最大限度帮助吸毒成瘾人员摆脱毒品、回归社会。对社会面吸毒人员开展基础调查、动态调查，落实“逢嫌必检”措施，对发现排摸出的隐性吸毒人员及时纳入动态管控系统，落实分级管控措施；市公安局制定出台《涉毒人员分级管控工作规定》，解决长期困扰基层派出所社区民警在涉毒人员管控工作中“做什么，如何做”的问题。深化戒毒康复人员就业安置“百千计划”(100名企业家帮扶1000名戒毒人员安置就业计划)，巩固和发展“一区一基地”(每一个县区建成一个戒毒康复就业安置工作点)建设成果，探索符合无锡实际的街道和社区就业安置工作模式。完成市级戒毒人员就业安置培训基地升级改造，可容纳100名戒毒康复人员参加劳动就业。

(耿永军)

【禁毒宣传教育】 年内，全市各级公安禁毒部门在各有关职能部门的密切配合下，搭建社会化禁毒宣传教育平台，提升全民拒毒、防毒能力。围绕“6·26”国际禁毒日开展系列宣传教育活动，举行“‘人人禁毒’——无锡市‘6·26’大型禁毒宣传公益活动启动仪式”和焚烧毒品大会，以“人人禁毒，关爱未来”为主题开展禁毒宣传教育活动80余场次，发放禁毒宣传资料15万余份，受教育群众20余万人次。加强“百城禁毒会战”宣传，4次组织《新华日报》、《江苏法制报》、《无锡日报》、《江南晚报》、江苏卫视、无锡电视台等省、市媒体记者到一线采访报道会战进展情况，发布新闻报道90余篇，中央电视台《今日说法》栏目到无锡专题采访无锡市禁毒会战进展情况。推进禁毒宣传教育的常态化，会同市教育行政管理部门在全市职业教育院校范围内组织开展以“远离毒品，健康生活，拥抱美好人生”为主题的“禁毒宣传教育主题班会竞赛活动”；依托无锡市禁毒教育基地（群）宣传禁毒知识，市禁毒教育馆作为全市禁毒教育和志愿服务实践基地全年接待参观学习人员50余批次、5000余人次。创新禁毒宣传教育载体，拍摄的禁毒微电影《回归》获“全国禁毒公益微电影大赛”最佳影片和最佳女主角奖；协助国家禁毒办成功举办大型禁毒公益活动——“全国禁毒家庭总动员”；组织参加全省大学生禁毒辩论赛，代表无锡市出赛的江南大学禁毒志愿者辩论队获得季军；通过“无锡发布”“平安无锡”“无锡公安新闻”等微博群、QQ群开展禁毒微预防，实现禁毒宣传教育全覆盖；开通省内首家民间禁毒公益微平台——“人人禁毒”，受理举报，提供咨询，及时向实名举报人回复查证情况，积极传递禁毒宣传正能量。强化禁毒行政管理，推动易制毒化学品行业协会工作站科学布点；发挥市易制毒化学品行业协会、市太湖禁毒基金会这两个社会组织优势，深化禁毒工作社会化参与度，全市3917家易制毒化学品企业入会率达98.3%。

（耿永军）

【推进社区警务工作】 年内，市公安局人口管理支队围绕动态化、信息化条件下科学警务、实时警务、高效警务的要求，推进城乡社区警务工作。在全面开展标准化示范警务室创建工作的基础上，重点提升城乡社区警务室的软硬件标准，前移警务工作阵地，拓展社区警务室功能，打造“百姓家门口派出所”品牌。明确社区民警“源头信息采集、治安动态管控、开展群众工作”三项主要业务工作，推动社区警务勤务模式转变，探索实践社区民警减负增效机制。社区警务室严格按规范开门运作，依托公安互联网开展受、办理有关证照、简单户籍事项、一般证明、法律咨询、纠纷调解等事项，初步实现“社区群众的警务超市”目标。优化调整社区警务工作考核评估机制，取消对派出所、社区民警的网上考评排序，调整为重点通报社区民警配备、警务室建设运作情况、信息采集质量等社区警务主要数据，引导推进全市社区警务工作；研发应用“基层基础工作质态研判系统”，由各市（县）局、分局结合本地实际，合理评估社区民警工作成效。完善第三方抽样测评机制，通过扩大抽测样本、规范统一测评标准、每月通报研判测评数据等方式，有效提升全市社区民警见警率和群众满意度。至年底，全市社区民警群众熟悉率98.9%。举办全市“社区警务大讲堂”系列讲座活动，提升社区民警从事社区警务工作的能力素质。

（耿永军）

【流动人口服务管理】 年内，全市各级公安机关推进流动人口社会管理创新，提升流动人口服务管理水平。市公安局制定《关于贯彻落实〈江苏省流动人口居住管理办法（试行）〉的实施方案》，完成制证模式确定、专项经费落实以及相关设备和服务的招标工作，筹建无锡市制证中心，为集中换发江苏省流动人口居住证工作顺利开展奠定基础。同时做好“无锡市居住证”发证工作，全年通过“绿色通道”为急需用证的流动人口加急办证5600余张。整合流动人口信息登记采集渠道，加强流动人口信息采集工作。在明确社区民警流动人口信息采集工作职责的同时，加强户口协管员队伍建设，通过提高薪酬待遇的方式，有效解决协管员队伍年龄结构老化、文化程度不高、队伍稳定性差等问题。至年底，全市配备专职协管员3809名、兼职协管员2266名。通过专职户口协管员信息管理平台，实行网上绩效管理，实现队伍考核信息化和管理常态化。报请市政府立项建设新型流动人口信息社会化采集系统，实现流动人口、出租户主自主申报登记，出租房屋等落脚点信息通过“二维码”扫描采录，集中居住点信息推送上报等功能，有效帮助派出所开展信息采集工作。全年共核对登记流动人口312.9万余人、注销133万余人，核对登记出租房屋70.1万余户、注销3.4万余户，依法处罚违规人员4038人，抓获各类违法犯罪人员18216人，其中网上“三逃”（批捕在逃、负案在逃、服刑或羁押在逃）人员256人。针对流动人口管理工作中的难点问题，报请市政府修订《无锡市房屋租赁管理办法》，为派出所加强群租房整治工作提供法律依据。针对流动人口服务管理工作中群租房、集中住宿区、房屋租赁中介机构管理、公寓式出租房等管理工作难点，探索创新流动人口服务管理模式，提高服务管理质效。加强与人力资源社会保障、建设、住房保障、计划生育、城市管理等部门间的协作沟通，形成共同管理机制；落实流动人口登记“一证二合同三承诺”制度，健全“以证管人、以房管人、以业管人”工作机制，实现流动人口服务管理工作的社会化、社区化和规范化。通过落实长效管理措施和加强对流动人口治安管理重点地区以及出租房屋、公寓房、群租房、房屋租赁中介机构等落脚点的清理整顿，改善流动人口生活、工作环境，维护流动人口的合法权益，增强流动人口接受服务管理的自觉性，形成一批具有无锡特色的流动人口服务管理创新模式。强化流动人口信息动态分析研判，落实管理控制措施，提高对违法犯罪精确打击水平。全年通过流动人口管理破获各类刑事案件7976起，摧毁违法犯罪团伙64个280人。

（耿永军）

【全面统一城乡户籍准入、迁移政策】 2014年，市公安局围绕市委、市政府下达的目标任务，推进户籍制度改革，创新户口登记管理，在全省和全国率先实现大市范围户口登记、迁移规定‘城乡一体化”，有效助推市区、江阴、宜兴三地经济社会一体化发展。研究制定《无锡市范围内户口迁移管理规定》《无锡市户籍准入登记规定》，经报请市委、市政府审议批准实施。自3月1日起，无锡市范围内（包括无锡市区和江阴、宜兴二市）户口迁移全部作为市内户口迁移，实行受理地派出所“一站式”办理；自5月1日起，无锡市范围内执行统一的户籍准入政策，推动江阴、宜兴二市户籍准入政策与市区对接入轨，实现大市范围户籍管理规定的全面统一。按照中央关于进一步放宽落户政策、降低落户条件的总体要求，根据不同人群到无锡落户需求，结合本市实际，综合考虑购房面积、投资纳税、学历层次、就业年限、社会保险缴纳等不同条件，对相关政策规定进行调整和补充，进一步明确18项户籍准入的具体规定，形成差别化、阶梯式户口准入政策结构，设置科学合理，条件相对宽松，手续办理简便，基本满足各层次群众落户需求。其中包括：调整放宽子女投靠父母落户政策，取消原规定的未婚限制；增设退休回原籍落户政策；进一步放宽购房落户政策面积标准，降低外来务工人员落户政策的住房面积要求和参保缴费年限，并吸收补充“优秀农民工”“优秀新市民”落户政策；增设外商、港澳台投资人员落户政策，充分发挥户籍准入管理在鼓励投资创业和纳税、促进就业和社会保障等方面的积极作用。至年底，全市有3200余人办理大市范围内户口统迁，3.4万余人享受到市外落户迁移新政实惠。12月20日，在北京举行的2014中国全面小康第九届论坛上，无锡市“全面统一城乡户籍准入、迁移政策”入选“2014年中国全面小康十大民生决策”。

（耿永军）

【优化户籍窗口服务】 年内，全市各级公安户籍窗口落实首接责任制、服务承诺制和限时办结制等三项制度，提高服务效率，提升服务质量。推出社保参保证明在线查询出具、户籍审核事项提速服务、户口准入直办试点等三项户籍便民举措。在全省、全国率先实行办理户籍准入所需的合法稳定工作证明（社保参保证明）由行政审批中心公安窗口在线查询核验；在无锡市和惠山区行政审批中心公安窗口开展“投资、购房、务工人员”等三类户口准入直办试点，对符合政策条件、证明材料齐全但须报县级以上公安机关审批（审核）的市外户口迁入事项，改由窗口民警受理审核，由窗口事后监督岗位民警复核无误后当场签发“户口准迁证”。优化精简服务流程，压缩办理时限，户籍事项审核、身份证、居住证、暂住证制放工作全面提速，身份证、临时身份证制发周期分别由法定的60日、3日缩短至20日、2日，居住证核发于受理之日起由法定的30个工作日减至20个工作日完成。开通户政业务“绿色通道”，为本市有特殊困难群体提供上门办证、发证服务。在全省首先推出“同城查档”服务，无锡市民（含江阴、宜兴）凭有效证件可在本市任何派出所查询与本人有关的户籍档案，并由首接派出所按规范出具符合规定的户籍信息证明，共接待查档群众2.3万余人次，解决问题2.6万余件。根据省公安厅部署，开展户口登记清理整顿行动，规范户口登记管理，杜绝户口违法违规行为，共纠正户口登记项目差错300余项，发现并注销重复户口48个，解决疑难户口67个。结合无锡城乡统一的户籍准入、迁移政策的实施和新便民举措的推出，加强对全市户籍窗口民警的业务培训，帮助窗口民警掌握相关政策规定，提高窗口民警履职能力。规范户籍窗口服务接待工作，探索试行户籍窗口服务“AB角”制度。在派出所办理身份证业务中增设信息采集效果确认环节，民警采集人像后必须征求市民本人意见，对效果不满意要求重拍的，给予重拍并直至满意为止。全市公安户籍窗口全年受理各类户口31.1万人次，办理二代身份证17万余张、临时身份证4万余张，为173名困难群众上门办理身份证件，审核编制588个新村小区的门牌，制作各类门牌1.8万余块。建立户籍窗口服务满意度第三方测评情况通报制度，全市公安户籍窗口服务群众满意度保持全省领先。

（耿永军）

【治安行政管理】 年内，全市公安治安管理部门创新社会管理理念，加强场所管理、涉危管控、保安监管等治安行政管理工作。调整优化治安行政管理要求与服务流程，开通“打四黑除四害”（“四黑”指从事制假售假、收赃销赃、涉黄涉赌涉毒等违法犯罪活动的“黑作坊”“黑工厂”“黑市场”“黑窝点”，“四害”指严重危害人民群众生命健康、危害青少年身心健康、危害百姓财产安全、危害公共安全和社会诚信）官方微博和公众微信号，宣传公安机关打击整治工作成效，设立24小时举报热线“82706113”，全天候在线接受群众咨询建议和投诉举报；启动保安服务公司等级达标建设，以等级评定促进行业自律，推动行业健康有序发展；对全市保安服务企业实行动态监管，落实公安机关定期检查制度，通过保安协会引导企业完善内部组织建设，加强行业自治，规范企业经营行为；开通“无锡保安监管”官方QQ群、微信群和公众微信号，通报违反《保安服务管理条例》的个案，全天候为保安企业提供在线咨询服务，接受群众对保安服务企业的监管意见和投诉举报；为娱乐服务场所、旅馆业、典当业等场所行业硬件建设和危险物品单位治安防范建设提供提前介入指导服务，规范场所行业硬件建设，提高危险物品单位治安防范水平，减少和避免因建设不规范引起的事后整改及经济损失；主动介入爆破作业项目安全评估，把公安机关实地核查从项目评审会后提前至评审阶段，缩短爆破作业项目行政许可办理时限。探索新兴事务管理模式，启动“农家乐”“慢游居”治安管理机制建设，初步实现分级分类管理；制定《物流寄递行业治安管理工作指导意见》，将全市1348家物流配载企业、77家寄递企业逐步纳入规范管理；在省内率先实现旧机动车交易市场规范运作，全市8家市场全部建立内部安全保卫机构并安装使用特种行业治安管理信息系统；在省内率先完成机动车（含电动车）维修业治安管理信息系统研发工作，在879家机动车维修企业安装系统，对644家电动车修理摊店推广手机客户端APP软件应用；启动公安机关对危险物品单位视频三级监管机制建设，先行在烟花爆竹和民用爆炸物品企业试点运作，初步建立网上巡查和实地检查相结合的工作机制；从市民巡访团、警风警纪监督员、新闻记者、青年志愿者中选聘32名人员组建“治安巡访团”，参与场所行业和重点地区暗访、巡访，对发现的问题开展专项查处。推进电动车物联网“车卫士”工程建设，市局确定“前装为主、后装为辅”的市场化推广原则，协调移动公司、“车卫士”生产企业等单位部门解决前装推广问题，调整优化车踪系统平台，全年签约前装车厂30家，“车卫士”产品前装在行业内部形成量产规模。加强公务用枪管理，确保公务用枪保管、领用等各环节的安全。加强对各类场所、行业的检查监管力度，规范经营行为，全年检查场所行业单位3.3万个次，查处场所行业单位3942个，取缔无证经营295个，查破各类案件2855起，抓获违法犯罪嫌

检 察

【履行刑事检察职能】 2014年，全市检察机关着眼于促进社会安定有序，依法履行审查逮捕、审查起诉职责，共批准逮捕各类刑事犯罪嫌疑人4094人，提起公诉10747人。其中，对严重危害群众生命财产安全的严重暴力犯罪、多发性侵财犯罪提起公诉4501人，对破坏社会主义市场经济秩序犯罪案件提起公诉513件、969人，对侵害知识产权犯罪案件提起公诉39件、78人，对破坏环境资源犯罪案件提起公诉13件、20人。严厉惩治危害民生民利的犯罪，对制售假药以及"毒豆芽""问题牛肉"等严重影响群众健康的案件，依法提起公诉58件、100人。开展查办发生在群众身边、损害群众利益职务犯罪专项工作，集中力量查办征地拆迁、保障性住房、医疗卫生、食品药品安全等民生领域的职务犯罪101件、119人。落实宽严相济刑事政策，对涉嫌犯罪但无逮捕必要的，决定不批捕756人；对犯罪情节轻微、依照刑法规定不需要判处刑罚的，决定不起诉93人。开展涉检信访矛盾纠纷排查化解专项行动，化解10件重点信访案件。主动参与社会治理创新，加强社会风险排查研判，向党委、政府报送风险研判报告109份；深化涉罪外来人员观护帮教工作，试行城区观护帮教工作站分类管理模式，全年新接纳涉罪人员150人。

(王 峰)

【惩治和预防职务犯罪】 全年立案查办贪污贿赂犯罪案件111件、130人，其中处级干部7人、科级干部36人，涉案金额100万元以上的14人，为国家挽回经济损失2530余万元。市检察院依法查处无锡市国土资源局原局长王某某受贿案、副局长朱某某受贿案，锡山区财政局原局长华某某受贿案等一批重特大案件；根据省检察院交办要求，依法查处徐州市人大常委会原副主任丁某某受贿、巨额财产来源不明案，连云港市原副市长、公安局局长陆某某受贿案。加大惩治行贿犯罪力度，组织开展打击行贿犯罪专项行动，对28名构成犯罪的行贿人依法追究刑事责任。加大惩治渎职侵权犯罪工作力度，立案查办渎职侵权犯罪案件29件、34人，其中重特大案件14件，挽回经济损失1230余万元。深入开展预防职务犯罪督察和职务犯罪风险源点防控工作，加强对重点行业、重点领域职务犯罪发案特点、发展趋势的分析。推进行贿犯罪档案查询应用，提供行贿犯罪档案查询17529次。开展预防职务犯罪警示教育，协助组织全市党政机关、行业单位、基层组织186批、13950人次到市预防职务犯罪教育基地接受警示教育，联合市纪委、市委组织部、市委宣传部在全市开展"清莲苑"数字化警示教育。微电影《廉洁是福》在全省检察机关预防职务犯罪微电影评比中入选"十佳作品"，并获全国优秀奖；摄影作品《晚来终自在》获全国预防职务犯罪摄影大赛一等奖。

(王 峰)

【法律监督】 年内，全市检察机关加强刑事立案和侦查活动监督，对侦查机关监督立案14件，监督撤案10件；追加逮捕11人，追加起诉45人；对侦查活动中的违法情况监督纠正112件次。加强刑事审判活动监督，对认为确有错误的刑事裁判依法提出抗诉16件，发出再审检察建议3份，发出书面纠正意见13份。加强捕后羁押必要性审查，对不需要继续羁押的146名犯罪嫌疑人建议有关机关变更强制措施。完善刑罚变更执行同步监督机制，监督纠正减刑、假释、暂予监外执行不当148人，对9名不符合继续保外就医的罪犯发出收监检察建议，并全部收监执行。维护监管秩序和被监管人员合法权益，监督纠正违法情形190件次。加强派驻监管场所检察室规范化建设，宜兴市检察院驻看守所检察室被评为第四届全国检察机关派驻监管场所一级规范化检察室。完善社区矫正法律监督机制，对全市3007名社区服刑人员的矫正活动进行监督，促进社区矫正工作依法、规范开展。对民事行政裁判提出抗诉11件，提请省检察院抗诉21件，发出再审检察建议8份。开展虚假诉讼专项监督活动，监督纠正虚假诉讼案件102件，锡山区检察院办理的无锡杰利公司虚假诉讼监督案入选全国检察机关法律监督十大典型案例。加大对诉讼活动的监督力度，提出检察建议20份，肖保江民事诉讼保全案检察建议书被评为全国民事行政检察优秀法律文书；加强对执行活动的监督，对12件民事执行案件提出检察建议。对法院正确的民事行政裁判，做好释法说理、服判息诉工作，共息诉81件。探索督促履行职责、督促起诉、支持起诉工作，共督促行政机关及有关单位履行职责33件、督促起诉3件、支持起诉3件。

(王 峰)

【推进检察机制创新】 年内，全市检察机关推进涉法涉诉信访工作机制改革，把好案件导入关，完善信访诉求性质审查和甄别机制，共接收各类信访4475件，依法导入检察管辖办理1085件。把好案件办理关，共审查办理刑事申诉案件74件、审查处理民事行政申诉案件532件。把好案件导出关，探索建立公开听证、公开答复、依法终结机制，将3390件案件导出检察环节。推进检务公开改革，加强以执法办案信息公开为核心的全面检务公开，上线运行案件信息公开系统，发布案件程序性信息5425条，发布重要案件信息161条，公开生效判决案件起诉书2029份。探索主任检察官办案责任制改革，江阴市检察院、宜兴市检察院开展主任检察官办案责任制试点工作，制定试点工作方案，选好配强主任检察官，明确主任检察官的职责权限，健全办案组织，建立办案过错责任追究、职业待遇保障等制度机制，保障主任检察官依法独立行使职权。

(王 峰)

【注重自身监督制约】 年内，全市检察机关采取专题报告、通报情况、邀请视察、举办"检察开放月"活动等多种形式，主动接受人大法律监督、政协民主监督和社会各界监督。全市检察机关向两级人大常委会报告专项工作23次，市检察院向市人大常委会专题报告民事行政检察工作情况，向市政协通报全市检察工作情况，听取意见。加强与人大代表、政协委员的沟通联系，对代表、委员提交的14件建议和提案均按期办结并及时反馈。健全人民监督员、特约检察员、专家咨询委员制度，聘请56位民主党派、工商联、无党派人士担任特约检察员；邀请人民监督员对职务犯罪案件“七种情形”进行权利监督告知144件、152人，对3件案件依法启动监督程序。加强内部监督制约，先后对落实中央“八项规定”及执法为民公开承诺情况等10余项事项开展专项督察。全面推进司法规范化建设，共监管各类案件14653件，开展案件质量评查136次，开展涉案款物管理检查等专项检查40次。无锡市1家基层检察院被评为全省第二批“公正司法示范点”，市检察院被评为全市“规范执法示范单位”。

(王 峰)

【加强队伍和基层建设】 年内，全市检察机关开展党的群众路线教育实践活动，全面深入排查、着力整改“四风”方面的突出问题，征求社会各界意见建议400余条，作出10项整改承诺，制定82项整改措施，在改进举报工作、联系服务群众、规范公务接待等方面建立健全30余项制度。着力提升检察队伍整体素质能力，“综合运用电子数据推动职侦工作转型发展”课程被评为第二批全国检察教育培训精品课程。开展业务竞赛和岗位练兵，2人被评为全省检察机关“十佳反渎侦查员”，2人获“全省检察机关电子数据取证业务能手”称号，1人在全省刑事申诉检察业务竞赛中被评为“优秀办案能手”。提升检察理论研究水平，在国家级、省级法学刊物上发表理论文章100余篇，市检察院被最高人民检察院确定为检察理论实证研究联系点。全市检察机关有38个集体、210人次受到省级以上表彰，崇安区检察院副检察长杨志钢被授予全国“模范检察官”称号，8家单位被评为“全国检察宣传先进单位”，2家单位被评为“江苏省检察机关先进集体”，3名干警被评为“江苏省检察机关先进工作者”。

(王 峰)

法 院

【概况】 2014年，全市法院围绕“努力让人民群众在每一个司法案件中都感受到公平正义”的目标，把握司法为民、公正司法主线，履行宪法和法律赋予的职责，受理各类案件131776件，审执结108384件，法定正常审限内结案率91.24%。

(张圣斌)

【刑事审判】 年内，全市法院受理刑事案件8271件，审结7946件，判处罪犯9796人。突出打击严重刑事犯罪，审结杀人、抢劫等严重暴力犯罪，盗窃、诈骗等多发性侵财犯罪案件3513件、4652人，毒品犯罪案件802件、890人。依法惩治经济犯罪，审结传销、生产销售伪劣商品等犯罪案件465件、837人。其中，审结胡某某等80人以“连锁经营”为名的特大传销系列案，李某某、韩某某生产销售“毒豆芽”等一批与老百姓生活息息相关、有较大社会影响的案件。加大职务犯罪打击力度，审结贪污贿赂、渎职侵权犯罪案件100件、119人，其中包括徐州市政协原副主席张某受贿、滥用职权等大要案。加强未成年人案件审判工作，采取社会调查、心理干预、轻罪犯罪记录封存等措施，教育、感化、挽救未成年罪犯，其中刘某强奸案入选“江苏法院2014年度保护未成年人合法权益典型案例”。坚持宽严相济、罚当其罪，判处缓刑、管制和免予刑事处罚2455人，以刑事和解方式审结轻微刑事案件15件、15人。

(张圣斌)

【民商事审判】 年内，全市法院受理民商事案件79182件，审结65833件，诉讼标的额491.49亿元。注重保护公民人身财产权益，审结物权确认、土地承包等权属案件210件，交通事故、消费纠纷等案件10140件，审结的1起机动车交通事故责任纠纷案被最高人民法院确定为指导性案例，1起消费者权益保护纠纷案被《最高人民法院公报》录用。注重维护妇女、儿童、老年人和劳动者等群体的切身利益，审结婚姻家庭、继承纠纷案件6014件，劳动争议纠纷案件4241件，审结的全国首例“常回家看看”精神赡养案入选“江苏省第二届十大法治事件”，1起劳动合同纠纷案入选“2014年度江苏省十大典型劳动争议案件”。注重维护公平竞争的交易秩序，审结买卖、租赁等

图3 无锡市法院受理审结各类案件情况

单位：件

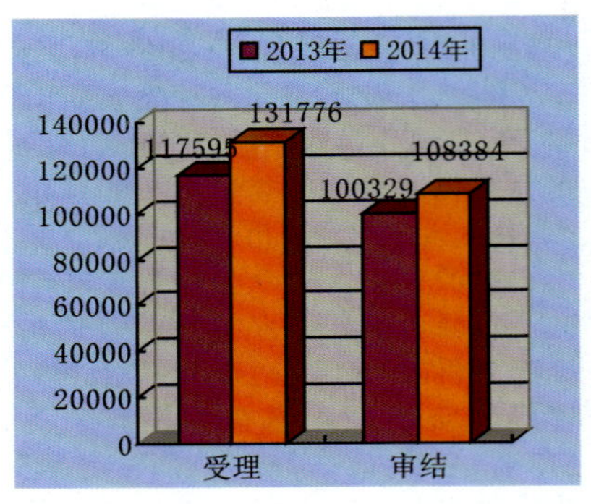

说明：1.受理案件数比上年上升12.06%；2. 审结案件数比上年上升8.03%

(张圣斌)

图4 2014年无锡市各类案件分布情况

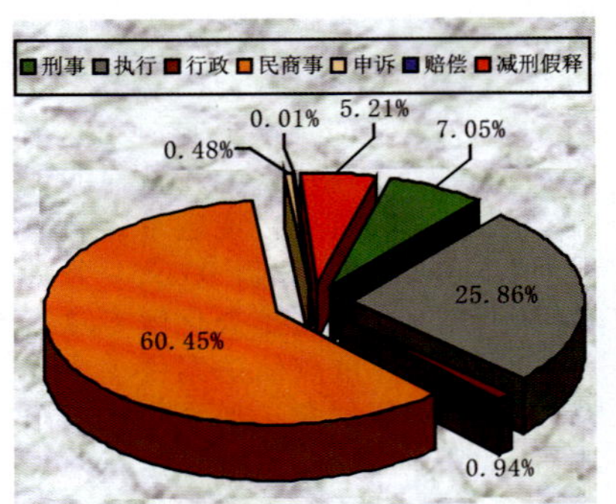

(张圣斌)

图5 2014年无锡市人民法庭结案情况

单位：件

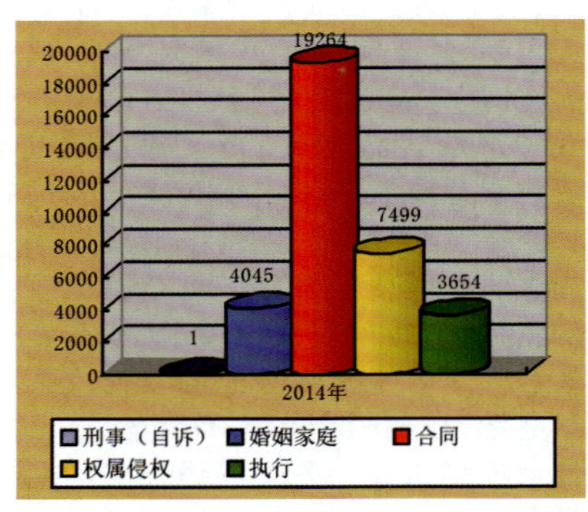

(张圣斌)

合同纠纷案件11661件，民间借贷纠纷案件9254件，股东权纠纷案件296件。注重保障金融安全，审结融资、证券等金融纠纷案件8607件，清理金融债权232.99亿元。注重规范市场主体退出秩序，受理无锡小天鹅洗涤机械有限公司等企业破产案件98件，审结26件。注重保护知识产权，审结各类知识产权纠纷案件672件，审结的1起侵害商标权和不正当竞争纠纷案被中国外商投资企业协会评为“2013~2014年度知识产权保护最佳案例”，1起侵犯商业秘密案入选“江苏法院知识产权司法保护十大典型案件”。

（张圣斌）

【行政审判和环保审判】 年内，全市法院受理行政诉讼案件1112件，审结965件。坚持支持与监督并重，对行政行为合法有效的430件非诉行政案件裁定准予执行；在生效的行政裁决中，判决撤销、变更行政行为或确认行政行为违法、无效的17件，协调和解193件。推动行政机关负责人出庭应诉，出庭应诉率达90.17%。继续发布行政审判年度报告，定期与行政机关召开例会、研讨会，对行政机关败诉原因和行政执法中存在的突出问题进行剖析，并提出对策建议，促进司法与行政良性互动。抓好征地拆迁司法工作，妥善处理司法强制搬迁案件44件。继续完善刑事、民事、行政和行政非诉执行“四合一”的环保审判工作模式，审执结噪声污染、破坏土壤资源等各类环保案件354件，其中两起环境公益诉讼案件被《最高人民法院公报》录用。

（张圣斌）

【立案信访和审判监督】 年内，全市法院畅通立案渠道，统一立案审查条件和标准，采取专项治理、集中督察等形式，切实解决“立案难”问题。深化诉讼服务中心建设，广泛开展诉讼引导、预约立案等工作。加大司法救助力度，为确有困难的当事人缓减免诉讼费417.98万元。推进涉诉信访工作改革，健全诉访分离机制，依法办结中央政法委、最高人民法院等交办的信访案件86件。加强审判监督，依法保障当事人申诉和申请再审权利。审结申诉和申请再审案件241件，改判26件。推进减刑、假释案件审理机制改革，审结案件5249件，对职务犯罪、金融犯罪和“涉黑”犯罪“三类案件”的减刑、假释实行一律网上公示、一律公开开庭等“五个一律”，促进案件审理的透明化和规范化。

（张圣斌）

【民事执行】 年内，全市法院受理执行案件36189件，执结27091件，执结标的额73.27亿元。开展涉民生案件专项集中执行活动，执结案件1795件，执行到位标的额7021万元，被最高人民法院授予“全国法院涉民生案件专项集中执行工作先进集体”称号。推进执行指挥中心建设，建成执行信息网络查控、执行信息共享和执行快速反应三大平台，形成两级法院统一指挥、协调联动的执行工作新格局。锡山法院建立的执行快速反应机制，受到省高院的高度肯定，并召开经验交流现场会向全省法院推广。强化外部协作，与11家银行以及公安、国土等14个部门建立了“点对点”实时查控机制，及时采取措施控制被执行人或保全其财产，共完成查控16万余次。建立悬赏执行制度，调动社会力量参与执行，成功执结案件93件。全面推行网上司法拍卖，在淘宝网对厂房、汽车等1658件标的物进行公开拍卖，成交655件，成交率39.5%，成交金额22.74亿元，总体溢价率4.36%，为当事人节约拍卖费用8936万元。

（张圣斌）

【加强司法分析研判】 年内，全市法院明确司法工作在服务发展大局中的定位和切入点，开展宏观经济形势变化司法应对专题调研活动，形成调研报告、司法建议40余份。其中，《当前部分金融创新模式凸显市场风险》《一季度与宏观经济相关的三类案件高发》两篇调研信息分别被中办、国办录用。在充分调研的

表23　　2014年无锡市法院诉讼结案情况

单位＼指标		结案(件)	结案标的(亿元)
中级人民法院		5533	118.91
基层人民法院		69228	372.89
其中	人民法庭	30809	97.74
合计		74761	589.54

说明：本表不含减刑假释、申诉申请和执行案件

（张圣斌）

表24　　2014年无锡市位居前十位的民商事一审案件收案情况

单位：件

序号	案由	收案
1	借款合同纠纷	15191
2	人身损害赔偿	10820
3	买卖合同纠纷	8839
4	婚姻家庭纠纷	6237
5	劳动争议纠纷	4499
6	承揽合同纠纷	2331
7	服务合同纠纷	1836
8	房地产开发经营合同纠纷	1795
9	租赁合同	1363
10	保险合同	1321

说明：民间借贷和其他借款合同纠纷收案14990件，占借款合同纠纷案件的98.68%

（张圣斌）

图 6 2014 年无锡市民商事案件类型分布情况

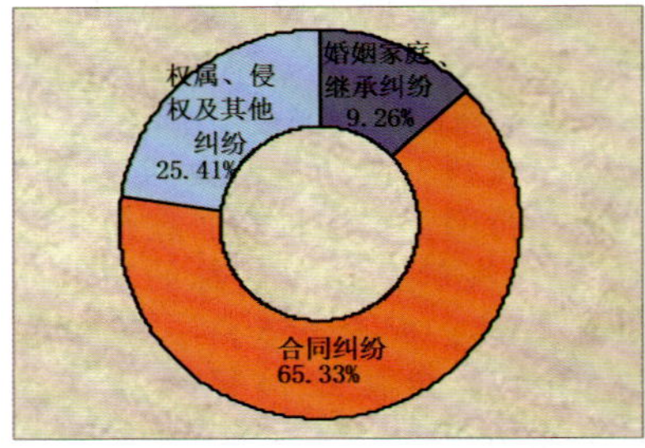

说明：1. 新收合同纠纷案件 45216 件，比上年下降 2.34%；2. 新收婚姻家庭、继承纠纷案件 6412 件，比上年上升 0.45%；3. 新收权属、侵权及其他纠纷案件 17591 件，比上年下降 2.54%

（张圣斌）

图 7 2014 年无锡市知识产权案件受理结案情况

单位：件

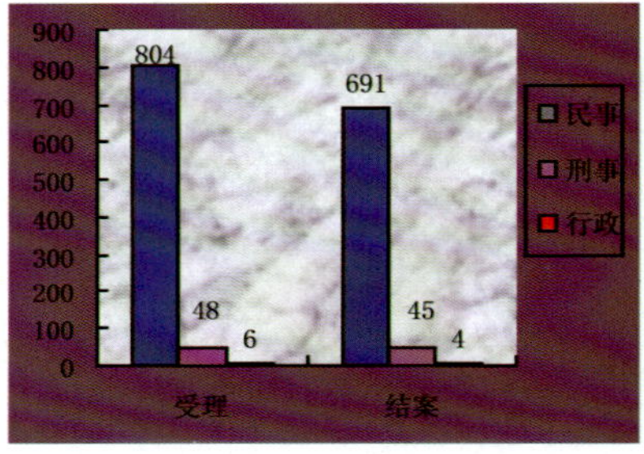

说明：受理数比上年下降 39.66%，结案数比上年下降 46.08%

（张圣斌）

图 8 无锡市人身损害赔偿、劳动争议案件一审结案情况

单位：件

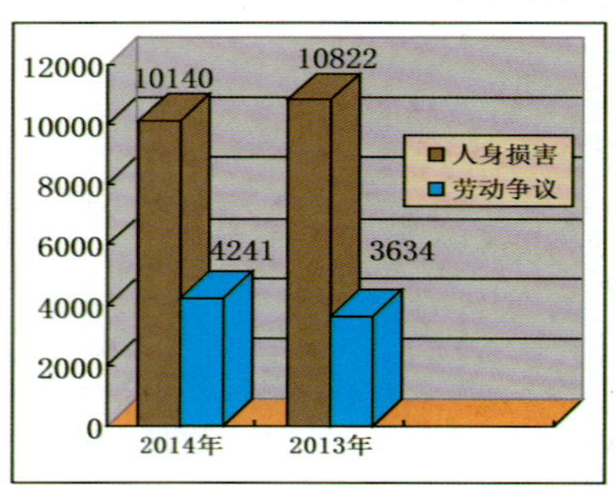

说明：1. 审结人身损害赔偿案件 10140 件，比上年下降 6.3%；2. 审结劳动争议案件 4241 件，比上年上升 16.7%

（张圣斌）

基础上，制定《关于依法服务和保障我市创新发展和生态文明、社会信用体系建设的实施意见》等指导文件 15 份。全市法院围绕中心服务大局的创新举措和成效，被《人民日报》、《法制日报》和中央电视台等媒体报道 30 余次。

（张圣斌）

【促进经济平稳健康发展】 年内，全市法院制定《关于为中小企业转型发展提供司法保障的实施意见》，系统提出 20 项司法举措，保障中小企业转型发展。着力优化金融法治环境，与相关部门联合举办“金融创新中的法律风险防范”研讨会，发布“金融审判年报”“金融审判十大典型案例”，通过联席会议、专家咨询委员会、信息共享协作等方式，建立金融审判与金融监管良性互动机制。继续加大涉钢贸市场金融纠纷化解力度，集中打击逃废金融债务行为。健全以法治化为保障、以市场化为导向的破产案件审判工作机制，妥善审理霞客环保色纺公司、西姆莱斯公司等企业破产重整案，统筹兼顾企业、股东、职工、债权人等各方主体利益，努力实现企业破产的“软着陆”和“零震荡”。落实市委、市政府推进“两型社会”（资源节约型、环境友好型社会）建设的部署要求，充分发挥司法保护生态文明的主导作用。联合公安、检察机关以及政府法制部门，建立环保案件跨区域集中管辖机制。无锡法院开展环境公益诉讼，两次承办全国性高层论坛，应邀赴法国、意大利等国交流介绍环保司法经验。

（张圣斌）

【推进社会信用体系建设】 年内，全市法院制定《关于在民事诉讼中规制虚假陈述的若干意见》，推出 10 项举措依法惩治虚假诉讼、恶意诉讼等行为。召开“打击欺诈、构建诚信”新闻发布会，向社会公布 22 起依法制裁不诚信诉讼行为的典型案例，引导市场主体合法、诚信经营。建立全方位、立体化打击执行“老赖”的工作模式，在商业广场电子显示屏、186 条公交线路 2600 多辆公交车的移动电视平台、地铁站台及 1480 多个车厢的 LED 屏幕、法院微博微信等载体上，公布 5 批、640 余名失信被执行人名单信息，迫使 82 名“老赖”主动履行债务 1.46 亿元。联合公安、检察机关开展集中整治抗拒执行犯罪专项行动，移送涉嫌犯罪“老赖”43 人。运用司法强制措施打击规避执行行为，司法拘留 814 人，罚款 30 人，限制出境 242 人，发布限制高消费令 624 件，向最高人民法院失信被执行人名单库推送“老赖”4666 人，对其获得信用贷款以及乘坐飞机、高铁等行为进行限制。无锡法院打击“老赖”、推进社会信用体系建设的举措引起各级媒体和社会各界的广泛关注，央视《新闻联播》《焦点访谈》等栏目作专题报道。

（张圣斌）

【推行院庭长办案制度】 年内，全市法院制定《关于全市法院院庭长办案的实施细则》，强化院庭长审判职责，要求院庭长全部回归审判一线办案，明确院庭长办案的重点为有重大社会影响的案件，在法律适用上具有普遍指导意义的案件，以及现行法律没有明确规定且具有探索价值的新类型、疑难复杂案件。组织开展院领导庭审现场观摩活动，充分发挥院庭长“以审案指导审判”的引领示范作用。全市法院院庭长审理案件 20495 件，占全部审结案件总数的 18.91%。其中，无锡中级法院领导审理的全国首例人体冷冻胚胎监管权和处置权纠纷案被誉为“中国好判决”，入选“2014 年度全国法院十大民事案件”，最高人民法院院长周强肯定此案判决情理法兼容，是民事审判的范例。

（张圣斌）

【探索审判权运行机制改革】 年内，全市法院按照“让审理者裁判、由裁判者负责”的原则，构建以审判为中心、以法官为主体、以去行政化为重点的审判权运行机制。市中院确定民一庭为改革试点，组建以审判长、审判员、法官助理、书记员为基本架构的扁平化审判组织，完善合议庭运作方式，明确合议庭成员具体职责，强化审判长及合议庭办案责任制，除审委会讨论决定的案件外，由合议庭定案，院庭长不再签发本人未参审案件的裁判文书。江阴法院推进改革试点工作，组建 26 个由主审法官、法官助理、书记员组成的审判组合，并进行审判绩效、廉

来自周边县市的16名服刑人员特困家庭进行走访帮扶，有效化解释放安置难5人、保外就医难5人，推动"刑释解教人员信息管理系统"与地方司法部门无缝对接，与无锡市人力资源市场合作成立就业指导站，将刑释人员纳入地方就业保障体系，建立服刑人员就业推介"绿色通道"，定期举办创业典型事迹报告会，增强服刑人员回归创业就业的信心。

（刘素林）

【加强监区文化建设】 年内，无锡监狱围绕建设书香监狱，制定《监狱文化环境建设三年规划》，全力打造"一轴两翼三线四区"的"一区一景"人文环境品牌。推进以"一区一主题、一区一训词、一区一歌曲、一区一队伍、一区一装扮、一人一兴趣"为主要内容的"一区一品"建设，新组建启明星电声乐队、威风锣鼓队、鼓子秧歌队等特色文化队伍，定期开展核雕、泥塑、铁艺、编织、十字绣等特色文化队伍展示和验收活动，服刑人员兴趣教育覆盖面100%。发挥文化教育改造罪犯作用，举办"一周一短文""一旬一沙龙""一月一讲座""一季一书市""一年一主题"为主要内容的第六届"读书伴人生书香飘监区"主题读书节；围绕第八届新春文化月，开展一次文艺演出、一次亲情帮教、一次视频劝勉、一次亲情家书、一次亲属寄语等"五个一"的主题活动；围绕"母亲节""父亲节""感恩节"等重要节点，开展感恩系列教育，全力打造"正德、正心、正行"为主题的"三正"文化品牌。

（刘素林）

【坚持公正文明执法】 无锡监狱开展"规范执法强履职，廉洁从警正警纪"主题教育活动，构筑民警队伍拒腐防变思想防线，努力打造"忠诚、为民、务实、廉洁"警察队伍。严格执行国家规定的伙食实物量标准，加大食堂物资管理、食品加工、食堂环境保洁等专项检查力度，大力完善食品安全监管体系。加大医疗实施保障力度，升级改造手术室、五官科、换药室，开展医疗质量第三方专业检查，邀请院外专家进监会诊，落实挂钩监区医生定期巡诊制度，畅通地方医院急救绿色通道，提升罪犯医疗救助水平。适应监狱执法形势政策调整，邀请无锡市中院、检察院领导作专题讲座，开展减假保专项整治活动，对2241份减刑假释案卷进行全面自查，对234名病犯进行全面复查，对35名保外罪犯进行现场考察，对法定情形消失的6名罪犯予以收监。加强执法源头管理，制定《监区执法议事规则》，严格计分考核、特岗犯选用、改造岗位调整等8大执法重点环节管理，形成"监区所有民警平等议事，五分之四以上多数通过，少数人意见如实记录"的规则体系。推动阳光执法，重新聘请9名执法监督员，利用刑罚执行信息平台，定期将罪犯奖惩情况、刑罚执行情况以短信的形式告知罪犯家属，年内发送执法信息20330条，向罪犯亲属发放《狱务公开手册》2000余册，减刑、假释和暂予监外执行依法办案率均达100%，无一例差错。

（刘素林）

典型案件

【破获系列跨国拐卖妇女案】 2014年5月13日，无锡市锡山公安分局接到Vang Thi Ho（黄氏湖，女，18岁，越南奠边省盲茶县人）报案，称自己被人拐卖至无锡。当地派出所出警后当场抓获涉案人员吴某蕾（男，29岁，安徽省宣城市人），解救被拐卖妇女Vang Thi Ho。市公安局刑警支队获悉后，决定成立专案组开展专案侦查。经审查，查明吴某蕾于云南省花费7.6万元买来该越南籍女子，中间人为熊某义（男，44岁，云南省丘北县人）、侯某珍（女，39岁，广西人）夫妇。5月15日，专案组在安徽省宣城市宣州区抓获熊某义夫妇，熊某义夫妇对拐卖外籍妇女黄氏湖一事供认不讳，同时供述自2012年以来，将另外7名越南籍妇女拐卖至安徽省各地的犯罪事实。案情上报后，公安部将该案列为全国打击拐卖儿童、妇女犯罪专项行动第522号督办案件予以督办。5月28日，专案组在云南警方协助下，在云南省红河州蒙自县抓获涉嫌拐卖妇女的马某祥（男，37岁）、刘某英（女，37岁，均为云南省红河州人）等3名犯罪嫌疑人，查明自2011年以来，马某祥先后多次将越南籍妇女拐卖至境内，后通过犯罪嫌疑人熊某义将被拐妇女拐卖至安徽各地从中获利的犯罪事实。成功侦破无锡市首例跨国拐卖妇女案后，专案组经过艰苦细致地工作，在安徽省成功解救被拐卖妇女10名，将3名越南籍妇女依法遣送回国，将其余被拐卖妇女移交安徽警方处理。

（耿永军）

【破获销售假冒国际知名品牌商品案】 2014年3月，无锡市新区公安分局接到法国路易威登公司（简称LV公司）报案，称有人在互联网建立假冒网站向英国、美国、意大利等国客户销售高仿LV品牌奢侈品，该网站曾被美国加利福尼亚法院多次查封，但又迅速重建并继续作案，嫌疑人疑似在无锡市新区，请求查处。接到报案后，新区公安分局立即开展线索排摸工作。5月27日，新区公安分局会同市公安局经侦支队组成专案组开展专案侦查。对售假网站域名进行侦查后，发现网站所使用的代理服务器在英国，登录网站后，在国内无法正常注册购买商品，且网站上没有QQ、邮箱、电话等信息，证实犯罪嫌疑人有高超的计算机网络技术和反侦查能力，可以对顾客的地域分布进行选择性屏蔽，防止自身真实地址暴露。经LV公司英国分公司配合，专案组查明售假网站的售货流程、货款支付方式和物流情况，随后查明犯罪嫌疑人的真实身份和团伙中的分工情况。10月中旬，在江阴市和福建省莆田市抓获金某薇（女，27岁，江阴市人）、徐某（男，27岁，湖北省黄冈市人）等6名犯罪嫌疑人，捣毁制假售假窝点3个，查获假冒LV、GUCCI、UGG等品牌奢侈品5000余件以及大量制假设备物品。经查，2013年8月至2014年10月，金某薇、徐某等犯罪嫌疑人租赁境外服务器在互联网上先后建立100余个售假网站，利用网络手段吸引境外消费者，从涉及江苏、福建、广东、吉林、山东、重庆、上海等五省二市的20余家供应商处购买成品、半成品箱包鞋帽及商标标识、防伪标签、吊牌等包材，通过国际快递公司向英国、美国、法国、南非等40余个国家销售6000余件假冒注册商标商品，涉及LV、

GUCCI、MULBERRY、MK、UGG、PRADA等10余个国际知名品牌，涉案金额53万余元。11月24日，公安部经侦局组织五省二市公安机关对犯罪网络发动集群战役收网行动，抓获犯罪嫌疑人23名，摧毁犯罪团伙2个，查获假冒LV、GUCCI等国际知名品牌箱包皮具等2万余件，扣押大量制假设备物品，涉案金额1.8亿元。

（耿永军）

【审结一起巨额诈骗案】 2001年起，被告人江某、钱某夫妇在江苏省无锡市、福建省南平市先后投资经营金暾（无锡）精密模具有限公司、邵武金腾化工有限公司等7家公司，至2010年4月30日，被告人江某、钱某所辖公司因高息民间借款等原因已严重资不抵债。2010年5月，被告人江某决定到澳门经营赌场填补亏空，遂以公司生产经营为名，以支付高额利息为诱饵，先后多次从滕红燕、华立新和江阴大友投资有限公司等17名（个）个人和单位处骗取资金，至2011年12月，被告人江某骗取资金79110万元，所骗资金主要用于经营澳门赌场、支付民间借款本息及赌博。其中，被告人钱某于2010年12月得知被告人江某诈骗事实后，仍伙同其骗取他人资金5272.7623万元，并通过个人银行卡汇往澳门用于经营赌场。后澳门赌场因经营不善及向赌客发放高利贷无法收回导致巨额亏损，至案发时实际造成损失12816.2927万元。该案看似民间借贷纠纷，实质是江某以非法占有为目的，明知无偿还能力仍虚构名目大肆举债，骗取个人和单位财物，数额特别巨大，已构成诈骗犯罪。江某夫妇还采用为赌博提供场所、设立赌博方式、提供赌具和资金等方式组织赌博，其行为已构成开设赌场罪。无锡市检察院公诉处查清事实，准确定性，理清错综复杂的民事关系，将两名被告提起公诉。为尽力弥补被害人损失，检察官多次会同公安机关前往承办金暾公司破产案的法庭，就具体的破产分配方案和进度进行磋商，截留破产分配资金200余万元用于赔偿刑事案件被害人；积极与江某家属进行接触，释法说理，加强宣传，希望他们配合司法机关做好赃款赃物的退赔工作，后江某家属退赔50万元和1套别墅。考虑到江某家中有3个孩子需要抚养，法院结合钱某在犯罪中作用较小且积极退赔的表现，最终认定钱某为从犯，对其减轻处罚。2014年7月28日，该案由无锡市中级法院作出一审判决，被告人江某因诈骗罪、开设赌场罪两罪并罚被判处无期徒刑，其妻钱某因诈骗罪被判处有期徒刑7年。

（王　峰）

【国内首例人体冷冻胚胎监管权和处置权纠纷案】 江苏宜兴80后夫妻沈某、刘某都是独生子女。2012年8月，因自然生育困难，他们在某医院进行了试管婴儿手术，获得了胚胎，即受精卵。手术后，他们并未立即进行新鲜胚胎移植，而是将4枚胚胎冷冻保存在医院。可就在实施胚胎移植的前几天，两人不幸遭遇车祸双双去世。2013年11月，沈某的父母将刘某的父母诉至宜兴市人民法院，要求获得儿子儿媳所遗留4枚冷冻胚胎的监管权和处置权。因医院与案件审理存在关联性，法院将其追加为第三人。一审法院以冷冻胚胎不能继承为由，判决驳回原告诉讼请求。二审法院无锡中级法院在法律存在空白的情况下，综合考虑伦理、情感和特殊利益保护等因素，撤销了一审判决，将4枚冷冻胚胎判归双方父母共同监管和处置。此案为全国首例人体冷冻胚胎监管权和处置权纠纷案。无锡中级法院在国内现行法律对人体胚胎的法律属性没有明确规定的情况下，在严格遵循法律原则、法律精神的基础上，合理采用法律解释方法，综合考量伦理、情感和特殊利益保护等因素，以具有包容性、开放性的司法态度，作出了兼顾各方利益主体诉求的判决，在提供判例参考、填补法律空白、推动立法完善等方面具有重要意义。

（张圣斌）

【全国首例“常回家看看”精神赡养纠纷案】 77岁老太储某到无锡市北塘区人民法院起诉，要求其女儿女婿履行物质和精神两方面的赡养义务，明确要求女儿应定期及在传统节假日至其住所予以看望、问候。北塘法院对此案进行公开判决，对老人的诉求予以支持，判决女儿每两个月至少看望问候老人一次；元旦、端午、重阳、中秋、国庆节5个节日，应当至少看望两次；除夕至元宵节的春节期间，应当至少予以看望一次。该案被评为江苏省第二届“十大法治事件”，江苏省“十大民生案例”。媒体誉之为“常回家看看”第一案。

（张圣斌）

编辑　李汉洪

人民武装

【思想政治建设】 2014年，无锡军分区认真学习贯彻党的十八届三中、四中全会和习近平系列讲话精神，进行党委机关学习和干部理论集训，围绕强军目标开展战斗力标准大讨论。深化党史军史学习教育，推进一本军史册、一个宣传片、一个军史室“三个一”建设，筹划战斗文化培育、干部清廉文化建设试点。传达中央关于周永康、徐才厚案件通报，组织专题教育和涉徐才厚信息清查。召开军分区第六次党代表大会，完成党委、纪委换届选举。组织第一书记党管武装述职讲评，推进军转安置等重难点问题协调解决，军地联合出台随军家属安置实施意见，协调落实全市74名军人子女享受加分优待。认真抓好双拥共建和新闻宣传，军分区政治部被省军区表彰为新闻报道、政工研究、对台宣传工作先进单位。

（陈　勇）

【军事斗争准备】 年内，无锡军分区先后召开市委常委议军会、军事斗争准备推进会和实战化训练现场会，市委常委议军做法连续3年被省军区转发。组织“苏防-2014”指挥所演习，滨湖区民兵高炮连出色完成全省实弹射击考核任务，取得“命中目标奖”，江阴市民兵应急分队参加全省“打得准”比武竞赛，获团体总分第一和6个单项名次。完成市、县两级战时国防动员指挥机构预建、人员预编和省国动委赋予的机动部队过境车辆装备动员支前保障任务。探索军民融合式发展，指定1个园区和5家企业为军民融合式发展重点单位。207名专职武装干部通过资格认证。完成基干民兵整组任务和新兵征集任务，廉洁征兵实现零举报，市征兵办被军区表彰为先进。

（陈　勇）

【基层建设】 年内，无锡军分区落实党委挂钩帮建，推动基层建设全面进步。江阴市人武部坚持排头兵建设标准，被省军区表彰为基层建设先进团单位和安全管理工作先进单位；宜兴市人武部全面建设巩固提高，被军分区表彰为全面建设先进单位；锡山区、惠山区人武部加强党委班子对全面建设的统筹，被军分区表彰为先进党委；滨湖区人武部加强基层基础建设，被省军区表彰为基层建设先进单位；崇安区人武部党委班子团结巩固，整体建设稳中有进；南长区、北塘区人武部保持领导带头、和谐奋进的氛围，全面建设持续向好；干休所不断提高老干部工作质量，保障老干部“两高期”服务，保持安全稳定发展的势头；新区人武办、国防教育训练基地注重加强规范化、精细化管理，各项任务指标有效落实。

（陈　勇）

【依法从严治军】 年内，无锡军分区坚持按条令条例和法规制度建设部队，组织依法治军授课辅导，强化法规制度学习灌输和贯彻落实，注重规范权力运行和依法行政，依法管人、管事、管物，执勤、训练、工作和生活秩序进一步正规有序。做好意识形态领域斗争，深化军地隐蔽斗争协作。组织“拉网式安全排查”“安全大检查”“暑期安全竞赛”和“枪支弹药和武器装备仓库专项检查”，组织核心涉密人员政治考核和思想考察，有效杜绝重大安全问题。完成保密集中管控体系建设，建成集中文印室并投入使用，进一步规范机关办公保密。加强重要目标部位安全警戒和管控，加强营区防暴恐袭击能力建设，提高武器弹药仓库等重点目标安全等级，保持全军分区的安全稳定。

（陈　勇）

【后勤装备综合保障】 年内，无锡军分区着眼全面建设现代后勤，深化军事斗争后勤准备，严格落实党委理财，突出工程建设、经费预决算、领导干部离任经济责任和专项经费审计管控，将财力物力保障向能打胜仗聚拢，经费使用效益显著提高。组织2012年以来经费开支自查整改，财经管理更加规范。落实上级关于停止发放补助补贴规定要求。规范有偿服务和房地产租赁项目，整治内部接待场所的运营。清房工作成效明显，违规住房100%清退、超标准办公用房100%整改。部署人武部兵器室建设，完成29.1吨报废弹药调运和军区装备管理骨干训练保障任务。

（陈　勇）

【党的作风建设】 年内，无锡军分区开展党的群众路线教育实践活动，组织各级党委班子层层召开民主生活会，对照“四面镜子”和焦裕禄精神开展思想交锋，筹措300余万元经费开展22个突出问题专项整治、14个办实事专项服务、6个专项建设活动，机关文电下发比上年下降25%，工作组合并精简33%，看望慰问基层主官家庭84户、困难官兵职工26人、离退休老干部61人和老干部遗孀43人。印发中共十八大以来新规禁令实用手册，制定具体配套措施，形成作风转变的长效机制。

（陈　勇）

驻无锡部队

【武警8720部队概况】 2014年，武警8720部队学习中共十八大、十八届三中、四中全会精神，开展主题教育活动。完成以执勤处突为中心的各项任务，推进战备训练演练，加强部队基础训练。围绕保中心、保生活、保基层，完善保障预案，规范战备库室，补充战备物资器材，加强基础设施配套建设，提高综合保障效益。

（徐英杰）

【武警8720部队思想政治建设】 年内，武警8720部队发挥政治工作的服务保证功能，促进中心工作完成和部队安全稳定。宣传贯彻强军目标，扎实抓好“牢记强军目标、献身强军实践，永远做党和人民的忠诚卫士”主题教育，结合建师70周年开展“强军风采”系列文化活动，坚持用“皮旅”精神培育部队精气神。加大隐蔽斗争工作力度，开展工作研究，组织政治工作要素训练演练，采取建立教育统筹机制、开展政治教员评比竞赛等方法提高教育质量，确保部队政治坚定、思想稳定、纯洁巩固。

（徐英杰）

【武警8720部队军事训练】 年内，武警8720部队突出抓中心、打基础、保稳定，提升信息化条件下执行任务能力，军事工作取得进步。贯彻武警部队参谋长网上集训精神，开展战斗力标准大讨论，围绕中心抓建设的意识和能力。扎实抓好经常性战备建设，分级分类制定战备方案，组织野营拉练和长途机动演练。抓好参谋集训、预任指挥士官培训、战训法集训和各类专业兵集训，组织“实兵实装实弹”训练、干部军事训练考核、建制连比武性考核等活动。武警8723部队、8724部队被武警部队表彰为军事训练一级单位。

（徐英杰）

【武警8720部队后勤服务保障】 年内，武警8720部队狠抓专业兵新训复训集训和专勤专训，抓好应急保障训练演练，组织后勤“指挥组、综合物资保障分队、卫勤保障分队、给养保障分队、运输油料保障分队、维修技术保障分队”检验评估。抓好重大任务中后勤保障，做好饮食、医疗、维修、营房维护等服务保障工作。规范后勤管理秩序，采取财务大检查、专题分析讲评等办法加强财经管理，组织领导干部经济责任、经费预决算、基建工程等审计，抓好补助补贴清理整顿、超面积办公用房整改，推进公务卡结算、资产管理、物资采购制度改革，全面推行军人保障卡应用。

（徐英杰）

【武警无锡市支队概况】 2014年，武警无锡支队在总队党委和无锡市委、市政府的领导下，围绕强军目标要求，按照“清醒、担当、实干、求精”的指导思想抓建设、谋发展，部队建设保持平稳向前发展势头。8月，支队被无锡市政府记集体二等功。支队连续14年实现“三无”（无刑事案件、无行政责任事故、无严重违规违纪）。

（王敏捷）

【武警无锡市支队加强思想政治建设】 年内，武警无锡市支队牢固树立“抓教育也是抓战斗力”的观念，始终把“铸牢强军之魂”作为部队建设的根本来抓。采取原原本本学与提纲挈领学、专家解读与领导宣讲、知识竞赛与讨论辨析相结合等方式，抓好中共十八大和十八届三中、四中全会精神等创新理论武装；注重把强军理念融会贯通于各项教育实践全过程，按照“支队辅导强化、中队分解细化、班排讨论消化、岗位实践转化”的模式，抓好主题教育实践等活动；跟进做好意识形态和帮教解难工作，每月和特殊敏感时期坚持思想调查和个别人排查，坚持教育疏导，官兵思想纯正，内部关系和谐。年内，慰问特困官兵18人，转化重点关注对象4人。支队法律服务做法被《解放军报》刊发。

（王敏捷）

【武警无锡市支队抓好执勤战备训练】 年内，武警无锡市支队紧紧围绕能打胜仗要求，始终坚持战斗力标准，狠抓执勤战备训练，部队遂行多样化任务能力明显提升。狠抓执勤秩序规范和“常见病”纠治，扎实搞好执勤隐患“六查”，严格执行战备、处突“两个规定”，重点加强营区“三防”（哨兵防袭击、武器防抢夺、营区防端窝）工作，常态备勤工作较为扎实。认真贯彻总部参谋长集训精神，广泛开展战斗力标准大讨论，树立“三个坚持”导向，着力营造大抓训练氛围。圆满完成“卫士-14”演习苏南片区保障和南京青奥会、亚信峰会安保等任务。通信工作成绩全省居第1名，体能创破纪录考核获苏南片区总评第2名，排爆狙击手集训、特勤排考核分别获总队第1名、第4名，1名战士获总部狙击手抽点竞赛第13名。8月，《无锡日报》连续3个专版报道支队强训实录。

（王敏捷）

【武警无锡市支队确保安全稳定】 年内，武警无锡市支队坚持依法从严治警方针，抓好条令法规学习贯彻和部队规范化建设，注重强化红线意识和底线思维，坚持把人员防失控、车辆防事故、枪弹防大案、信息防泄密、形象防炒作作为重点，支队每季、大队以下单位每月组织一次安全隐患排查，扎实开展安全大检查和车辆管理专项整顿活动，安全发展根基持续巩固。

（王敏捷）

【武警无锡市支队加强基层全面建设】 年内，武警无锡市支队认真学习贯彻武警党委1号文件精神，始终把工作重心放在抓基层保稳定上。结合“过中队、理思路”、辅导式检查、迎考推进会等时机，扎实开展

湾湿地公园布设观光自行车租赁点4处，购入各类电动船、脚踏船10条,双人自行车、三人自行车、逍遥自行车等30余辆。至年底,共计吸引客流量超5万人次。

(沈　雷　张　杰)

【惠民、便民设施近期建设规划编制完成】 6月，太湖新城建设指挥部办公室组织编制完成《太湖新城惠民、便民设施近期建设规划》,规划范围为太湖新城中心区，总用地面积62平方公里,规划在对现状已建和已布点的相关设施开展普查、调研的基础上，根据新城现状和近期人口分布情况及各类设施的服务半径要求，对尚未覆盖到的服务区域进行规划布点。提出“邻里生活中心”的概念,即一定服务区域内应具备的惠民、便民设施种类和规模,以指导后续项目开发和建设。

(沈　雷　张　杰)

【举办2014秋季房交会】 10月17~20日,2014秋季房交会暨无锡市第45届房地产交易展示会在太湖国际博览中心举行。秋交会期间,新城13家精品楼盘共成交152套,成交总额超2亿元。此次房交会,太湖新城以“新城乐生活”为主题,展示太湖新城“综合交通宜行、生态环境宜人、商务会展宜业、丰富配套宜居、文化艺术宜乐”的特性;通过搭建特色主题展厅，以展板为主,模型、多媒体触摸系统及宣传片为辅的形式，通过策划推出在新城乐做的“十件事”和乐游的“五条休闲线路”以及“新城新生活的一天”,集中展示太湖新城作为无锡城市新中心、产业发展新高地、生态宜居新天堂的功能定位和发展优势。中海凤凰熙岸、朗诗太湖绿郡等13家地产商在新城展厅内亮出项目核心品质,围绕户型、楼层、景观、绿化、科技等设计要素展现新居住理念,尽显太湖新城宜居特色。

(沈　雷　张　杰)

【周末广场试运营】 11月16日,太湖新城最大的旅游集散中心——周末广场试运营,并举办绿色骑行、单车趣味赛活动。当日,300余位无锡城骑行爱好者围绕尚贤河湿地进行5公里骑行,并在周末广场开展单车趣味赛活动,吸引1000余名市民到此参观。周末广场位于方庙路与立德道交叉口东南侧，占地面积6万平方米,是仅在周六、周日营业的综合性游客接待中心。至年底,一期项目建设完成,开放旅游咨询、茶水接待、儿童游乐、观光车接送等服务。

(沈　雷　张　杰)

【万象城打造“金色港湾”】 12月20日,投资超26亿元、购物面积逾24万平方米的太湖新城首个临湖商业综合体万象城盛大开业，开业当天人流量超27万人次。万象城坐落于蠡湖南岸、无锡大剧院西侧,其建筑造型由世界著名的建筑设计公司Callison担纲设计,为体现特有的无锡城市元素，设计公司将无锡太湖石的造型融入到主体购物中心的设计之中，为万象城量身打造具有通透有致、疏而不漏的采光系统。当漫步于购物中心时，斑驳陆离的自然光影亦会令市民感受到人类文明与自然生态的完美融合。万象城更以“More in Mall”理念为人们提供多维度消费体验与乐趣,从购物、餐饮、娱乐、文化等多方面提升无锡市民的生活品质，打造专属于无锡的全新生活方式与消费潮流。

(沈　雷　张　杰)

【市少年宫新址开工】 12月30日,无锡市少年宫易地新建项目在太湖新城开工,市长汪泉、副市长华博雅等出席开工仪式。市少年宫新宫项目位于清舒道西侧、秀水河北侧范围内,占地面积约3.07公顷,建筑面积约3.5万平方米,总投资约2.5亿元，于2015年年底基本完成建设。市少年宫成立于1956年,是全国最早建立的校外教育机构之一。近60年来，共开设20多个门类,50多个项目,400多个科技、艺术、体育类兴趣小组,培养数以十万计的学生,在丰富学生课余文化生活、培养和发展学生兴趣特长、提升学生能力素质等方面作出重要贡献。新宫总体定位为全市中小学生校外教育的核心阵地、全市校外教育的指导服务中心,服务全市少年儿童,满足学校社会多样需求，在项目设计上以少年儿童为主体,注重公益服务,注重体验特色。

(沈　雷　张　杰)

【金融商务区集聚102家金融机构和企业总部】 至年底,太湖新城金融商务区入驻102家金融机构及企业总部项目，引进各类金融专业人才超5000名,资产运营规模逾5000亿元。有11家市级银行、10家保险公司以及31家投资管理公司入驻，形成多种金融业态并存,区域性、地方性金融机构多元发展的新格局，成为全市金融机构种类最齐全、数量最多、分布最密集的地区。

(沈　雷　张　杰)

【无锡大剧院全年演出178场】 2014年,无锡大剧院以“持续引进高水平演出,打造国内一流艺术水准”为宗旨，先后上演保利原创音乐剧《王二的长征》、知名导演孟京辉的经典话剧《两只狗的生活意见》、世界四大踢踏舞之一《凯尔特传奇》、中宣部“三个一精品工程”奖作品芭蕾舞剧《海盗》、《音乐武侠——赵传个人演唱会》、张继钢导演作品——大型原创音画舞剧《千手观音》、中央芭蕾舞团芭蕾舞剧《红色娘子军》、《李云迪王者幻想音乐会》、话剧《人民公敌》、著名男高音歌唱家戴玉强音乐会、盛中国濑田裕子小提琴钢琴名曲音乐会、用长笛征服格莱美——郎达拉尔森音乐会、杂技剧《生命阳光》等,较大地提升了剧院在华东乃至全国范围内的知名度。举办蝴蝶恋艺术讲堂21场,惠及市民过万人,涵盖舞蹈、器乐、戏曲等多种形式,推出12个“开放日”为6万余人次提供“文化惠民”服务。全年大剧院共演出178场,上座率81%。3月10日,英国《每日电讯》文化版发布一组图片——“世界上最壮观的剧院”,无锡大剧院上榜。5月23日,道略演艺产业研究中心发布“2013年中国综合型剧场活力十强”排行榜中，无锡大剧院位列第六。

(沈　雷　张　杰)

【博览中心举办商务会展】 2014年，无锡太湖国际博览中心有限公司举办展会及活动共计55场。其中,展会活动43场,企业活动3场,试驾活动6场,会议活动3场。超额完成年度任务，比上年增长34%,展厅出租率21%,全年完成营业额1625.5万元，比上年增长41%。获评“无锡市安全生产先进集体”“市工人先锋号”“市青年文明号”等称号。

(沈　雷　张　杰)

市政建设

【概况】 至2014年年底，全市市管道路96条，区管道路（不含惠山区）624条，道路总计720条，总长1016.33公里。市管桥梁320座，7个区区管桥梁616座，街道管理及其他产权单位自行管理的桥梁706座，桥梁总数1642座。全年养护维修市管道路107393平方米、人行道90655平方米、桥梁1520座（次），疏通市管道路雨水管道2232.3公里，清淤检查井157674座（次），收水井614356座（次）。批准道路占用、挖掘事项延期申请13件，牵头召开管线协调会19次，组织、参与施工方案论证会16次，组织掘路工程竣工验收12次，对62项掘路工程决算进行审核把关。发出违章整改通知书13份、行政执法联系函40份。全年受理、处置“110”联动458起，“12345”公共服务热线590起，累计接办、处置1048起。

（市政设施管理处处）

【解放环路内市政公用管网升级改造】 为贯彻落实国务院《关于加强城市基础设施建设的意见》精神，提升中心城区城市基础设施的服务水平和质量，经市政府批准，开展中心城区（解放环路内）市政公用管网升级改造工程。此次管网改造共包括解放环路内10条道路，涉及给水、污水、雨水、燃气、电力、信息、热力等7种管线，10家管线单位。项目于2014年6月底开工，至2015年1月底，已有复兴路、学前街、学前东路、健康路、新生路等5条道路完工。

（市政设施管理处）

【市管桥梁结构定期检测】 为保障市管桥梁安全受控运行，市市政设施管理处于2009年编制并开始实施6年桥梁结构定期检测计划，2009~2013年，委托有资质的专业检测单位共检测市管桥梁357座（次）。2014年是第一轮检测计划实施的最后一年，共对梁溪大桥、仙蠡桥等20座市管桥梁进行结构定期检测。据桥梁检测报告显示，大部分市管桥梁检测结果良好，对于个别存在隐患的桥梁，市市政设施管理处及时组织养护单位进行维修和养护，确保市管桥梁安全。

（市政设施管理处）

【市政工程质量监督工作】 2014年，共受理市政公用质量监督工程162项，质监工程量约16.4亿元（其中，新注册市政道桥工程40项，公用工程18项，轨道工程10项，室外市政工程86项，大中修工程8项）。共组织市政工程质量大检查11次，巡查在建重点工程94个，监督抽测284次，监督抽检65次，监督检查457次，共发出整改通知书204份，停工通知3份，不良行为记录3起，行政处罚立案9件，结案13件。编发质量监督月报11期，编发质监简讯5期，有效提高市政公用工程质量。

（市政工程质量监督站）

图13 2014年与2013年主要质监工程数量比较

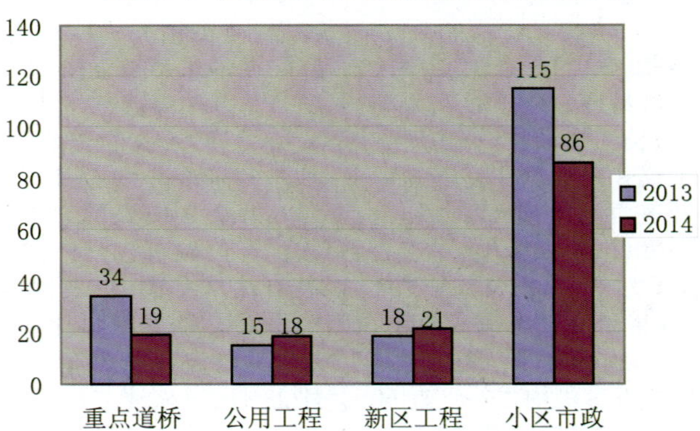

（市政工程质量监督站）

图14 2010~2014年轨道工程质监数量比较

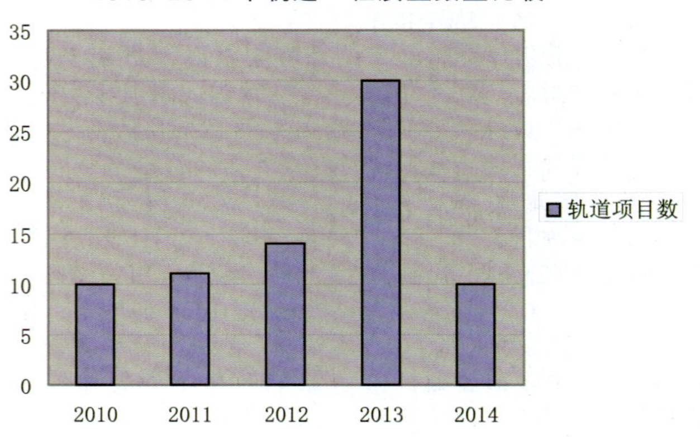

（市政工程质量监督站）

【制度法规和技术标准建设】 随着《江苏省房屋建筑和市政基础设施工程质量监督管理办法》（省政府89号令）和《无锡市建设工程质量监督管理办法》（市政府143号令）正式实施，对进场的原材料、构配件、预拌混凝土和砂浆的监督管理提出新的要求。结合实际情况，2014年，市市政工程质量监督站完成《无锡市市政基础设施工程材料登记暂行管理办法》的起草工作，同时编制了无锡市市政基础设施工程材料登记申报表等一系列的配套清单和表格，为下一步工作打好基础。继续做好监督月报的汇总编制工作，编发质量监督月报11期，分别从工程质量状况分析、监督工作统计等方面系统反映每月质量监督工作情况。依据质量监督工作管理规定，在监督月报中新增加《在建工程质量监督抽查、抽测月报表》，清晰反映每月实际监督抽查和抽测情况的具体数据。完成《市政工程质量问题条文表》的编写工作，严格依照道路、桥梁和给排水管道的施工与质量验收规范条文内容，进行适当的拆分和细化，使之成为质量监督人员抽查记录规范填写的助手。

（市政工程质量监督站）

【轨道交通工程质量监督工作】 2014年，市市政工程质量监督站多次参加市建设局组织的地铁1、2号线验收协调会议，与地铁公司、建设质监站等就验收中存在的问题进行充分沟通；参与编写竣工验收制度文件，规范验收行为；推行预验收制度，在正式验收前先对工程实体及质保资料等进行全面检查，对存在的问题提出整改期限。在做好验收工作的同时，对在建项目做好日常监督工作，编制监督计划并进行交底8次，发出抽查记录91份、抽测记录52份，发出抽检通知单13份、整改通知书26份，竣工验收监督34次。对地铁1号线的监督经验进行总结，撰写完成《无锡地铁管片生产质量通病及防治措施》，发表于《江苏工程质量》杂志。

（市政工程质量监督站）

【信息化基础工作】 2014年，市市政工程质量监督站根据监督工作特点，开发"无锡市政质监管理系统"，并完成调试和完善工作，投入试运行。该系统由网上办事大厅、工地现场检查手机终端程序和市政监督管理平台三大模块组成。"网上办事大厅"实现网上报监、报验以及工程抽查、整改反馈功能。"工地现场检查手机终端程序"实现工程信息实时查看、工程现场地图定位、监督人员GPS运行轨迹定位以及监督抽查、抽测、整改通知单、停工单的实时查看和录入功能。"市政监督管理平台"实现质量趋势数据采集、统计、趋势图表分析、地图显示、图形管理等功能。利用多项技术手段支撑，逐步实现监督工作的程序化、规范化、标准化。

（市政工程质量监督站）

【扩展检测项目】 2014年，市市政工程常规检测工作量比上年下降约30%，市市政工程质量监督站开拓新的检测项目。检测结论准确率100%，其他差错率0.3%；持证上岗率100%；在用设备完好率100%；检测报告及时率98%；服务满意率100%，未接到申诉和投诉。围绕"科学、公正、准确、及时"宗旨，继续完善质量管理体系和管理制度，并严格执行，完成资质认定监督评审工作。完成日常检测工作，进一步规范检测行为，杜绝虚假检测数据和检测报告，确保数据科学、准确和及时。扩展新检测项目，开展排水管道及其他管道检测工作。

（市政工程质量监督站）

【市政设施养护】 2014年，无锡市市政设施建设工程有限公司实施"政府放心、市民满意"优质养护发展战略，积极配合城市各项创建活动，做好市区范围内的主次干道103条约776万平方米、291座桥梁、770公里下水道、525米隧道、23座城市高架桥梁、18座公铁立交桥的日常养护维修。年内完成道路养护99619平方米、人行道养护100139平方米；侧平石维修69524米、调整窨井高低371座；完成桥梁养护316座/1566座次；疏通窨井172384座、雨水井519362座，累计疏通主管和支管1831.85公里；更换雨水井盖10703只、窨井盖1578只；城镇道路综合完好率98%；"110"联动206次，投诉处理率100%。

（高吉庆）

【解放环路内市政公用管网改造工程】 6月27日，无锡市针对解放环路区域市政管线建设年代久远、设施老化、标准偏低、地块开发强度加大等问题，以轨道建设为契机，对环路区域管线实施升级改造。该工程建设单位为无锡市政设施管理处，设计单位为无锡市政设计研究院有限公司，监理单位为无锡市新城建设监理有限公司，施工单位为无锡市市政设施建设工程有限公司。改造主要包括学前东路、学前街、县前街、解放东路（书院弄—工运路，人民路—县前街，学前东路—崇宁路）、解放西路（复兴路—县前街）、健康路。具体情况为：1.学前东路全长约630米，现状道路宽30米，23米车行道，两侧各3.5米人行道，道路两侧地块均已建成。此次管线工程新排雨水、电力燃气及信息4种地下管线，同时在新生路路口有热力、燃气及信息管线穿过学前东路；2. 学前街长约740米，现状道路宽30米，20米车行道，两侧各5米人行道。此次管线工程新排雨水、给水、电力、燃气、信息及热力6种市政地下管线；3. 县前东街全长370米，道路宽34米，县前西街新建1000根管线，双侧布置，流向自东向西，至解放西路处汇总为1根d1350管；4.解放东路路宽40米，设计雨水管线全长约850米；5.解放西路道路宽40米，此次管线工程主要为信息、电力2和市政地下管线；6.健康路全长712米，道路宽20~30米，崇宁路—学前街段排入复兴路规划d1000雨水管内，管径d800，崇宁路—学前街段排入学前街d1350管，管径为d600~d1000，双侧排管。

（高吉庆）

【中山路道路改造及环境整治工程】 中山路位于无锡主城区核心商务区，为中心主城区内重要的南北向城市主干道，道路红线宽35米，设计车速40公里/时。中山路道路改造及环境整治工程起点为解放北路，终点为解放南路，建于1998年，2007年进行改造，为沥青混凝土路面，全长约2.2公里，两侧主要以商业用地为主，并有少量商办混合、居住商业混合用地等。沿途相交12条主要道路。全线无河道。该工程建设单位为无锡地铁集团有限公司，设计单位为无锡市政设计院有限公司，监理单位为无锡市市政建设咨询监理有限公司，施工单位为无锡市市政设施建设工程有限公司，于2014年4月25日开工建设，至2014年6月25日竣工。

（高吉庆）

【华清大桥维修工程】 华清大桥建于2004年，跨越京杭大运河、连接清扬路和华清大道，属下承式钢管混凝土提篮拱桥，存在系杆支撑轴弯曲变形严重，吊杆及系杆PE护套破损，钢横、纵梁生锈较严重，油漆剥落面积达15%左右等病害，严重影响到桥梁的耐久性。此次维修工程由市市政设施建设工程有限公司负责施工，于2014年11月20日启动，总工期95天，分为3个阶段。第一、第二阶段陆上施工，利用吊篮分别对出城及进城方向的吊杆进行PE修补、PVF带缠绕、上锚头防腐处理等，于2014年12月7日结束；12月13日，第三阶段水上施工启动，利用两套梁下挂篮进行水上钢梁涂装、支撑轴钢板防腐、吊杆下锚头防腐，同时在桥面机非隔离带内进行系杆脱空支撑轴衬垫及支撑轴更换等施工。

（高吉庆）

【钢铁桥维修工程】 钢铁桥位于南长区金城路，跨越古运河，建于1984

年,是一座3跨简支梁桥。经检测评估,该桥运行情况属于不合格状态,需进行全面整修,确保桥梁安全运行。此次维修工程由无锡市市政设施建设工程有限公司负责施工,主要涉及边跨板梁拆除重建、伸缩缝拆除重建、支座更换、梁体混凝土缺陷修复、人行道拆除改建、桥面沥青铣刨重铺等项目。此工程全封闭施工,于2014年11月20日开工。

(高吉庆)

【市政养护首次应用橡胶沥青抗车辙处理技术】 年内,市市政设施建设工程有限公司面对市政道路及红绿灯交叉口处沥青面层严重的车辙、变形和拥包等问题,积极调研、多方实验,发现橡胶沥青混合料在动稳定次数、高温稳定性、水稳定性等方面与SBS改性沥青相比,具备明显优势,并在吴桥引坡改造项目中使用了橡胶沥青,共计摊铺1950平方米,其质量和各项数据均达到预期目标,尤其是抗车辙变形效果显著。这是无锡市政养护历史上首次将橡胶沥青混凝土应用于市政日常养护交叉口的车辙整治中,也是沥青固废再生项目的应用延伸。既减轻了废旧轮胎堆放的压力,消除"黑色污染",又能延长路面使用寿命、减低交通噪声、增强行车安全性,有效减少了市政养护经费的投入,具有良好的社会效益、经济效益和环保效益。

(高吉庆)

【地铁1号线工程土建施工22B获评市政示范工程称号】 西漳车辆段与综合地基位于锡北运河以南,沪宁高速公路以北,锡澄北路以东,长约1100米,宽约320米。该地块工程包括道路工程、雨水工程、污水工程、站场工程和电力工程。该工程建设单位为无锡轨道交通建设领导小组(指挥部)办公室,设计单位为中铁第四勘察设计院集团有限公司,监理单位为浙江江南工程管理股份有限公司,施工单位为无锡市市政设施建设工程有限公司。工程于2010年10月开工建设,至2012年7月竣工。该工程先后于2011年12月被评为无锡市文明工地,2012年2月被评为江苏省文明工地,2013年4月被评为无锡市示范工地,2013年8月被评为全国金杯奖候选示范工地,2014年被无锡市市政公用协会评为年度"无锡市市政示范工程"。

(高吉庆)

【龙湖滟澜山项目Ⅲ、Ⅳ标段市政工程获评市政示范工程称号】 龙湖滟澜山Ⅲ、Ⅳ标段市政工程为龙湖滟澜山小区三、四期室外市政工程,位于净慧西路以西干城路以北。该工程包括道路工程6352平方米,DN200污水管860米,DN300污水管2453米,DN200雨水管730米,DN300雨水管1174米。工程建设单位为无锡龙湖置业有限公司,设计单位为无锡市市政设计研究院有限公司,监理单位为上海三维工程建设咨询有限公司,施工单位为无锡市市政设施建设工程有限公司,于2012年5月15日开工,至2012年9月1日竣工。2014年,被无锡市市政公用协会评为2014年度"无锡市市政示范工程"。

(高吉庆)

城市建设重点工程

【清源路工程竣工】 清源路西起蠡湖大道,东至万顺道,全长680米,宽42米,双向4车道,城市次干道。该工程建设单位为无锡市公共工程建设中心,设计单位为无锡市政研究院有限公司,施工单位为无锡市第二市政工程有限公司,监理单位为无锡市市政建设咨询监理有限公司,于2012年12月开工,2014年11月底竣工。

(林子江)

【大通路工程竣工】 大通路西起运河西路,东至南湖大道,全长 3000米,宽20米,双向4车道,城市次干道。该工程建设单位为无锡市公共工程建设中心,设计单位为中国华西工程设计建设有限公司,施工单位为无锡鸿源建设集团有限公司、无锡市交通工程有限公司,监理单位为无锡市市政建设咨询监理有限公司,于2011年6月开工,2014年12月底竣工。

(林子江)

【东安路工程竣工】 东安路西起吼山大道,东至山河路,全长1300米,宽50米,双向6车道,城市次干道。该工程建设单位为无锡市公共工程建设中心,设计单位为江苏科佳工程设计有限公司,施工单位为无锡市第二市政工程有限公司,监理单位为无锡市市政建设咨询监理有限公司,于2013年7月开工,2014年12月底竣工。

(林子江)

【锡州路西延工程竣工】 西起江海东路,东至中储围墙,全长180米,宽24米,双向4车道,城市支路。该工程建设单位为无锡市公共工程建设中心,设计单位为中国华西工程设计建设有限公司,施工单位为无锡市市政建设工程有限公司,监理单位为无锡太湖明珠建设咨询有限公司,于2014年7月开工,2014年12月底竣工。

(林子江)

【凤宾路北延工程竣工】 凤宾路北起S342省道,南至刘潭第二幼儿园,全长920米,宽42米,双向6车道,城市主干道。该工程建设单位为无锡市公共工程建设中心,设计单位为江苏中设工程咨询集团有限公司,施工单位为无锡市政建设集团有限公司,监理单位为无锡市市政建设咨询监理有限公司,于2014年6月开工,2014年12月底竣工。

(林子江)

【锡虞立交工程竣工】 锡虞立交位于锡虞西路与G312国道相交处,全长1630米,宽27.5~33米,为迂回定向+苜蓿叶式的全互通。该工程建设单位为无锡市公共工程建设中心,设计单位为上海市政工程设计研究院有限公司,施工单位为上海建工四建集团有限公司,监理单位为中铁武汉大桥工程咨询监理有限公司,于2013年3月开工,2014年12月底竣工。

(林子江)

【广南路工程竣工】 广南路北起锡沙路,东至新兴塘河,全长1400米,宽30米,双向4车道,城市次干道。该工程建设单位为无锡市公共工程建设中心,设计单位为江苏中设工程咨询集团有限公司,施工单位为无锡市第三市政建设工程有限公司,监理单位为无锡市市政建设咨询监理有限公司,于2013年8月开工,2014年12月底竣工。

(林子江)

【广桐路工程竣工】 广桐路北起新

104.08万平方米，比上年下降23.86%，成交二手房64.05万平方米，比上年下降28.15%。

（周　琳）

【住房价格总体平稳】 2014年，无锡市房屋价格总体平稳，一季度市区商品住宅加权均价环比增长0.26%，二、三季度环比依次下跌0.79%、0.58%，至四季度止跌回稳。经测算，第四季度无锡市区商品住宅加权均价8379元/平方米，环比增长0.23%。二手住宅加权均价7289元/平方米，环比增长1.09%。

（周　琳）

【住房贷款发放额明显减少】 至2014年12月末，无锡市房地产开发贷款余额总计636.85亿元，环比9月末增长1.25%，其中，房产贷款余额382.91亿元，环比9月末下降6.78%。2014年，全市个人住房商业贷款发放190.44亿元，比上年下降20.42%；同期市区公积金贷款发放54.59亿元，比上年增长13.29%。1~12月，无锡市区房地产营业税48.7亿元，比上年增长3.2 %；征收契税19.22亿元。

（周　琳）

【对新建商品房预售资金进行监管】 2014年11月，无锡市政府会议审议通过《无锡市商品房预售资金监管暂行办法》，明确购房人按照商品房预售合同约定支付的定金、首付款以及后续付款（含商品房按揭贷款）等全部房价款，应当存入商品房预售资金监管专用账户。监管机构将对用于房屋建筑安装、区内配套设

表30　　2014年度无锡房地产指数统计

单位：点

统计时期	住宅指数	比上季度涨落
一季度	7507	+19
二季度	7448	−59
三季度	7405	−43
四季度	7422	+17

（周　琳）

表31　　2014年度无锡房地产住宅均值统计

单位：元/平方米　涨落：%

统计时期			锡房住宅	城中板块	崇安板块	南长板块	北塘板块	新区板块	蠡溪板块	太湖新城板块	锡山板块	惠山板块	城中板块办公房	城中板块商业房
一季度	商品房	均值	8476	12270	8976	10677	7756	7313	10989	10042	6254	5185	14790	28982
		涨落	+0.26	−0.16	+0.77	−0.34	−0.71	+0.54	+0.36	+0.12	+0.63	−0.09	−0.95	−1.32
	二手房	均值	7336	8618	7088	7037	6530	7028	7855	8880	6860	6494		
		涨落	−1.63	−2.33	−1.34	−1.44	−0.85	−2.23	−1.93	−3.43	+1.57	−1.24		
二季度	商品房	均值	8409	12168	8895	10592	7696	7266	10920	9951	6306	6169	14758	28963
		涨落	−0.79	−0.83	−0.90	−0.79	−0.77	−0.64	−0.63	−0.91	+0.83	−0.25	−0.22	−0.07
	二手房	均值	7271	8417	7030	6911	6391	7059	7726	8937	6674	6433		
		涨落	−0.89	−2.33	−0.82	−1.78	−2.12	+0.44	−1.64	+0.65	−2.71	−0.94		
三季度	商品房	均值	8360	12078	8823	10521	7631	7251	10885	9902	6287	6181	14708	28925
		涨落	−0.58	−0.74	−0.81	−0.67	−0.85	−0.21	−0.32	−0.49	−0.30	+0.19	−0.34	−0.13
	二手房	均值	7211	8472	6829	6840	6378	7045	7772	8818	6629	6371		
		涨落	−0.82	+0.65	−2.86	−1.03	−0.20	−0.20	+0.59	−1.34	−0.69	−0.96		
四季度	商品房	均值	8379	12135	8804	10508	7678	7244	10874	9937	6305	6214		
		涨落	+0.23	+0.48	−0.21	−0.12	+0.61	−0.09	−0.10	+0.36	+0.23	+0.54		
	二手房	均值	7289	8578	6989	6875	6390	7030	7838	8779	6544	6470		
		涨落	+1.09	+1.26	+2.34	+0.52	+0.18	−0.22	+0.85	−0.44	−1.27	+1.55		

（周　琳）

施建设等费用的资金额度进行重点监管，保证工程建设。“办法”从2015年1月1日起施行。

(周 琳)

【举办春季房地产交易展示会】 5月16~19日，以“生态宜居城，梦想惠生活”为主题的2014中国(无锡)家居博览会暨中国太湖·无锡春季房地产交易展示会在无锡新体育中心会展馆举行。展会启用一、二层展厅，房展区有40余家企业参展，其中，房地产开发企业30余家，参展房源总面积400万平方米；二层家居区参展企业35家，汇聚国内外知名家居建材品牌。会展期间，无锡市区商品房网上合同备案429套，面积4.56万平方米，金额3.67亿元，其中，大会参展开发企业成交235套，面积26438平米，金额22935万元，包括网上签约164套，面积17596平米，金额14246万元；交付定金71套，面积8842平米，金额8689万元。另预约登记559套。参展中介成交二手房30套，面积2652平米，金额1839万元；意向成交9套。家居区累计成交金额300万元。展会4天，观展市民10.3万人次，比上届展会增加14%。

(周 琳)

【举办金秋房地产交易展示会】 10月17~20日，以“品质生活，宜居无锡”为主题的2014中国太湖·无锡金秋房地产交易展示会在无锡太湖国际博览中心举行。展会有31家开发企业、2家中介企业、数十家相关企业参展，参展房源总面积300余万平方米。会展期间，观展市民约7.9万人次，与往届相比人气虽然有所下降，但成交情况明显好转。市区商品房网上合同备案826套，与上届相比增长95.31%，面积9.82万平方米，比上届增长115.14%，金额7.79亿元，比上届增长115.43%，其中大会参展开发企业网上签约254套，比上届增长54.88%，面积2.96万平方米，比上届增长67.17%，金额2.6亿元，比上届增长82.52%。另参展楼盘展会期间交付定金150套，预约登记1243套。参展中介成交二手房34套，面积3191平米，金额2121万元。此届秋交会，太湖新城板块和北塘板块组团参展，尤其是北展厅的太湖新城综合展示区，汇集10余家大型房企以及新城规划、配套展示，受到市民的热切关注。展会还推出网上房展会，实现线上线下同步，还首次引进豪车展示。三位一体，提高展会的品质与层次，打造全新的展会模式。

(周 琳)

【十大热销楼盘揭榜】 2014年是楼市政策年，从取消限购、放松限贷，到降息，房地产开发企业积极应对，适时调整营销策略，以实用的中小户型、亲民的价格吸引购房者，以价换量，为2014年交上满意的答卷。十大热销商品住宅楼盘分别是无锡碧桂园、世茂首府、孔雀城、无锡万达文化旅游城、绿地世纪城、金科中心、恒大绿洲、玉兰西花园、时代上城、长江国际花园，成交面积及金额分别为12.90万平方米、9.27亿元，10.97万平方米、7.42亿元，10.49万平方米、7.85亿元，10.09万平方米、7.16亿元，9.34万平方米、6.10亿元，9.21万平方米、7.02亿元，9.11万平方米、7.27亿元，9.01万平方米、9.26亿元，8.92万平方米、7.15亿元，8.64万平方米、6.67亿元。

(周 琳)

房产管理

【推进房产信息化建设】 2014年，市住房保障和房产管理局全面启动基于GIS系统的行业信息化建设，该项目面广量大，从年初的立项、招标到年中的调研，再到开发运用，全年初步建成数个业务子系统。至年底，白蚁防治系统和房屋安全管理系统进入试运行阶段，物业管理系统计划投入试运行。通过覆盖全、更新快的信息数据，优化业务流程机制，增强工作的科学性，为加快建设廉洁、勤政的行政体系打下技术基础。

(顾小江)

【落实住房保障各项任务】 2014年省下达无锡市(含江阴、宜兴)各类保障性住房新开工和筹集任务4600套，基本建成任务7800套。全年实际完成各类保障性住房新开工和筹集5186套，完成率113%，基本建成10317套，完成率132%；市区年审住房保障资格2532户，新增审批符合经济适用住房条件家庭1446户，组织3834户经济适用住房轮候家庭选房；发放廉租房租赁补贴2428户，公廉租房实物配租132户。

(顾小江)

【为民办实事工程】 年内，无锡市旧住宅区改造从年初制定的100万平方米到205万平方米（其中4个城区150万平方米），年底前全部竣工验收，受益群众8万人。改造中心城区危旧房10.34万平方米，涉及家庭1756户，完成市政府下达的年度10万平方米的改造任务。其中，北塘区将丽新路旧城改造项目列为区政府民生改造一号工程，按照《国有土地上房屋征收与补偿条例》的规定，采取预征收模式，改造之前先征询住户意见，达成一致意见后(90%以上)再启动，取得突破性的进展。该项目自2014年3月10日发布征收决定后，完成征收1054户，实际征收签约比例达到93.19%。

(顾小江)

【安置房小区物业管理和办证工作】 经统计，安置房小区物业管理覆盖率达55%，提前完成全年预定50%的计划进度。至2016年年底，安置房小区实现物业管理全覆盖。全力推进安置房办证工作，产监处建立全市各区域联系人制度，开辟绿色通道，简化手续，组织专门人员分区分项目逐一排查登记所存在的问题及其原因。至2014年年底，完成安置房办证近37万户，建筑面积约3800万平方米，百姓和社会各界反映强烈的“办证难”问题得到有效解决。

(顾小江)

【房地产市场平稳运行】 依据房地产市场形势变化，市房地产调控领导小组分别于7月26日和8月30日调整限购政策；严控年度土地储备及出让计划，削减50%；完善房屋征收货币补偿政策体系、加大金融支持力度、调整公积金贷款最高限额；加快培育房地产新兴产业。通过努力，2014年商品房成交实现从年初的一季度比上年降幅21.89%到年底603万平方米的成交总量，实现市场的健康稳定发展。

(顾小江)

【技经指标实现新增长】 GIS系统建设完成112平方公里，完成各类房屋权属登记30.6万起，新增档案整理和数字化扫描29万份；档案数据信息维护16.25万卷；市区新建房屋白蚁预防面积1481.2万平方米，竣工验收面积1614.2万平方米，核发新建房屋白蚁预防验收合格证明314份，预防合格率100%；归集物业维修资金4.35亿元，实现基金增值1232万元；房管122抢修服务超过4143起，回访满意率99.8%；直管非住宅公房完成租金收入1200万元，首次对工艺路8号等9处房屋进行房屋安全鉴定，并制定相应解危措施；金佳公司经营收入突破6000万元，入围“2013年度全省物业企业综合实力50强”。

（顾小江）

【行业管理规范化】 2014年，无锡市调整健全保障性住房后续管理体系；制定《无锡市商品房预售资金监管暂行办法》，于2015年元旦开始实施；配合市发改委起草并报市政府办公室印发《关于促进城市综合体项目建设健康发展的意见》，为规范商业综合体发展提供有力保障。新《无锡市物业管理条例》完成人大一审，制定《无锡市物业服务项目经理诚信管理办法（试行）》《无锡市物业服务企业诚信管理办法（试行）》，建成物业行业诚信监管平台。会同市物价部门制定《无锡市物业服务收费管理实施办法》，调整物业服务等级标准和收费标准；历时6个月完成市区公房清产核资，清查发现账外房产8.27万平方米，追回历史欠账33万元。

（顾小江）

【行政执法监察】 立足房屋安全执法，监察执法工作向房产其他各领域渗透。全年受理装修审定17072起，完成因历史原因未经竣工验收房屋结构可靠性评估、特种行业房屋结构改造安全评估、危险房屋鉴定、装修鉴定等项目960个，鉴定面积144万平方米。处理违法装修举报596起，行政处罚14宗；依法严肃查处阳光100开发商未取得商品房预售许可证擅自销售的违法问题，规范市场秩序，保护购房者的合法权益；对全市6个区24家物业服务企业进行抽检，审查其物业服务是否规范到位。

（顾小江）

环境卫生

【概况】 2014年，无锡市环境卫生管理工作以营造“整洁、美观、文明、有序”的城市市容环境为目标，做好突出问题攻坚和长效管理落实，推动环卫管理水平再上新台阶。城区清扫保洁城市道路882.08公里，保洁面积为608万平方米，其中机械化作业里程为2556.26公里，保洁管理公厕346座。保洁背街小巷道路1116条，道路总长31.13公里，道路总面积195.18万平方米，其中清扫面积167.65万平方米。保洁通航河道61条（段）、非通航河道257条，保洁河道水面面积638.55万平方米，总长259.86公里。

（汤丽娟　朱晋辉）

【推进生活垃圾分类收集试点】 2014年，市环卫管理部门采取有效措施，推进生活垃圾分类收集试点工作。在2013年垃圾分类试点实施的基础上，根据《进一步做好市区生活垃圾分类收集工作的意见》，有序推进分类试点工作开展。各区分别完成2个居民小区（每小区不少于500户），5个机关，5个学校，5个企事业单位（含事业单位、工厂、商场、超市等），2个农贸市场，2个公共场所（广场、公园、步行街等）的日常生活垃圾分类收集任务，并在实施垃圾分类试点单位中培育不少于2个示范单位（餐饮垃圾处理示范点、废旧物品回收示范点）。在完成垃圾分类收集箱（桶）招标的基础上，严格质量关，加快做好收集箱（桶）的安装配置工作。14个试点小区生活垃圾经源头分类投放后，餐厨垃圾实施专业收运，建立相应的分类转运体系。完成对2013年各区实施垃圾分类试点居住小区、企事业单位、学校、公共场所等现场考核验收。采取多种宣传途径，进一步提高市民垃圾分类意识。结合“中国环境日”，携手无锡市落花生女性公益促进会举办“向污染宣战，共建美好家园”讲座，向垃圾分类试点社区代表普及垃圾分类知识，传授分类工作经验。发挥3支志愿服务队伍的力量，有计划有组织地将垃圾分类活动的宣传、培训和服务请进社区，有效提高居民垃圾分类投放的数量和质量。鼓励民间资本参与垃圾分类收集。锡山区、惠山区、新区在条件允许的试点小区配置“爱心绿循环小屋”，用于可回收物的分类收集与清运。崇安区、滨湖区在试点小区设置居民废旧纺织品回收点，尝试垃圾源头减量和旧衣物循环再利用。

（汤丽娟　朱晋辉）

【做好背街小巷环卫保洁监管工作】 2014年，市环卫管理部门指导各区街道不断完善市场化保洁运作管理机制，做好背街小巷环卫保洁工作。根据《无锡市社区背街小巷环卫作业考核办法》，每月组织一次暗查工作，按照市城市管理局、市财政局要求，每季度对7个区街道背街小巷环卫管理、保洁作业情况进行综合考评，进一步推动各区背街小巷管理水平提升。

（汤丽娟　朱晋辉）

【加强环卫基础设施改造管理工作】 2014年，市环卫管理部门做好环卫基础设施改造管理工作。做好市区30座公厕改造工作。做好新建住宅区环卫设施配套、验收交接工作，完成30个小区项目的配套验收工作。全年生活垃圾转运代建资金收缴入库1738.43万元，城镇垃圾处理费收缴入库5485.16万元。加强环卫设施拆迁复建工作，跟踪复建公厕实施进度，督促相关单位办理手续，着重做好北塘区高桥河道收集站及惠山大道公厕拆迁复建工作。实施运河东路粪便处理站（供水站）改造项目。针对道路废物箱破损现象，及时安装补缺道路废物箱5批次共480只，路段包括广石路、解放环路、凤翔路、建筑东路，盛岸西路、中南路、金城西路、县前西街、青祁路等。

（汤丽娟　朱晋辉）

【加强生活垃圾终端处置监管工作】 2014年，市环卫管理部门采取有效措施，加强生活垃圾终端处置监管工作。针对垃圾量高峰期提前，日产量高（近4000吨）的状况，一方面积极协调3个终端处置场所的垃圾进量，确保生活垃圾日产日清；另一方面加大对各处置场所的规范化运行监管力度，第一时间发现并解决监管过程中发现的不规范、不稳定因素，同时每半个月将运行情况向上级汇报，请求行政协调，确保生活垃圾终端处置工作的安全有序。全年共处置生活垃圾 122.35 万吨，其中焚烧 72.99 万吨，填埋 49.36 万吨；处理粪便 9.67 万吨。对进入终端处置场所的工业垃圾和抛洒滴漏车辆开展专项整治工作，从源头上控制垃圾增量，查处问题车辆 413 辆车(次)。通过召开专题会议，要求各区限期整改，整治工作初见成效。加强餐厨垃圾收运处置的监管，全年续签餐饮单位 328 家，全年集中收运、处置泔水 21299.59 吨、油脂 690.79 吨。指导作业单位制定餐厨废弃物收集运输管理制度、员工管理奖惩制度、餐厨废弃物收集运输考核细则，使餐厨废弃物签约、收集、运输工作责任到人。

(汤丽娟 朱晋辉)

【加强环卫质量监管】 2014 年，市环卫管理部门加强环卫质量监管。加强市管、区管道路的环卫质量巡查监管工作。精心组织好市管道路每月一次、区级环卫作业每两月一次的明查。做好环卫招标市管道路任务量的测量复核工作。撰写《关于提高道路环卫作业机扫率的可行性调研报告》，结合作业单位申报慢车道机扫情况，测算核定慢车道机扫作业任务量；指导督促各区完善区级环卫招标任务明细资料，为招标工作提供准确、详细的任务量数据。

(汤丽娟 朱晋辉)

【加强建筑装潢垃圾管理】 2014 年，市环卫管理部门根据《市政府办公室关于加强装潢垃圾收运处置管理的意见》要求，进一步理顺装潢垃圾管理体系流程，强调工作要求。在管理文件的基础上配套形成相关指导意见，细化相关环节的具体实施标准，突出运输监管环节，设计完成装潢垃圾运输准运证、路单等相关配套材料。会同各区多次组织召开专题会议，要求各区城管局每半月上报本区装潢垃圾管理实施推进情况。各区推进工作进展情况良好，南长区和滨湖区进展速度较快，工作成效也比较明显。专门组织其他各区参观南长区、滨湖区各两处装潢垃圾临时堆放点，促进各区之间的交流，更好地完成推进工作。完成锡山区羊尖镇南村和惠山区洛社镇绿化村的堆场基础设施建设，投入运营。同市区航道管理处及相关区城管执法大队，对运河西路各水路换装点开展整治工作。依照建筑垃圾处置许可规定，与水路换装点责任主体签订处置责任书，办理许可手续，督促其对周边道路的抛洒滴漏与环境卫生进行责任落实。

(汤丽娟 朱晋辉)

【加强环卫法治科技建设】 2014 年，市环卫管理部门加强环卫法治科技建设。启动实施餐厨废弃物处置规划和环卫"十二五"规划的修编工作，做好"智慧无锡"公共服务环卫便民设施数据共享的整理工作，做好各类审批接件工作。全年共办理生活垃圾清扫保洁服务 41 件，核准 36 件；生活垃圾经营性处理服务 4 件，核准 4 件；建筑垃圾运输处置 7 件，核准 8 件；消纳处置 12 件，核准 10 件；车辆许可 525 件，核准 636 件；泥浆车 7 件，核准 13 件；水路换装 13 件，核准 14 件。

(汤丽娟 朱晋辉)

【加强环卫服务保障工作】 2014 年，市环卫管理部门加强环卫服务保障工作。做好"两节""两会""五一""十一"等重大节庆活动期间的环卫保障工作，及时清扫烟花爆竹，清运居民生活垃圾，为全市人民营造良好的节日环境氛围。做好雪天环卫应急保障工作。各作业单位成立应急小分队，储备扫雪除冰物资扫雪车辆 18 辆、冲水车 14 辆、装载车 3 辆、撒播机车 8 辆，草包 5900 只，购买工业盐 69 吨。在 1 月 8 日、9 日的保障工作中，组织夜间值班、道路巡视，发现情况及时通知作业单位做好撒盐防冻工作，确保市内 51 座大桥防冻防滑。接听市长公开电话、环卫服务热线、市政"110"联动投诉 128 件，做到件件有答复，事事有落实。办理人大建议、政协提案主办件 19 件，会办件 5 件，均在规定的时间内办结，人大代表、政协委员均比较满意。

(汤丽娟 朱晋辉)

【桃花山垃圾填埋场扩建】 针对各焚烧厂生产运行不稳定、进场垃圾量增多、库区垃圾库容即将耗尽等问题，市城市环境卫生有限公司积极实施桃花山垃圾填埋场扩建一期工程(第三次建设)。工程在原填埋区基础上进行扩建，设计库容为 177.5 万立方米，主要建设内容为库区工程、渗滤液处理扩容及技改、沼气处理技改、配套工程、污泥潭修复及高压线搬迁等，总投资约 14118 万元。至年底完成招投标、高压铁塔迁移和稳评等各项前期工作，进入施工阶段。

(董夏伟)

【桃花山填埋场技改工程】 该工程为桃花山垃圾填埋场扩建一期工程(第三次建设)配套工程，总投资约 4000 万元，在反渗透系统(RO)前新建一套 800 立方米/日规模的纳滤系统(NF)。至年底，正在办理各项手续。工程建成投用后，将为无锡市民提供一个安全、可靠的生活垃圾消纳场所，对保护太湖流域生态环境具有重要意义。

(董夏伟)

【固体废物安全填埋项目】 工业固体(危险)废物安全填埋(一期)工程一阶段 5 万立方米填埋库已填埋工业固体(危险)废物约 3 万立方米，为保障填埋库的安全顺利运行和换领危险废物经营许可证的需要，避免因工程建设不能及时衔接而导致运营安全风险，市城市环境卫生有限公司积极实施一期二阶段 5 万立方米填埋库的建设。该工程主要建设内容包括部分老结构的清基和拆除、二阶段坝体填筑及防渗系统铺设、二阶段道路及排水系统建设等，总投资约 800 万元。至年底，前期各项准备工作全部完成，进入施工阶段。项目实施完成后，将为无锡市企业提供专业、系统的工业固体废物安全处置服务，对提升环境基础设施配套水平、促进环境保护与经济协调发展具有重要作用。

(董夏伟)

【天顺填埋气发电厂恢复生产】 2014 年 3 月，市城市环境卫生有限公司完成对无锡天顺环境技术有限公司 100%股权的收购，对原有填埋气发电设备进行更新改造。经过精心调试，2 台机组正常发电，2014 年度，填埋气体总计发电量 239.76 万度。填埋气体发电厂的运行，有效降低臭气对周边环境的影响，消除安全隐患，推进垃圾处理的资源化、能源化。

(董夏伟)

【工废公司股权收购】 无锡市工业废物安全处置有限公司主要从事全

客运,省、市级包车客运和旅游客运。

（惠　勤）

【汽车客运站新增农行自助购票】 4月24日，市农行网点自助终端购票加入汽车票售票网点。自尝试中国银行自助购票方式后，汽车客运站现增添农业银行自助购票渠道，与中行自助购票相同，农行购票只需要农行持卡人在农业银行各网点自助银行服务终端点击“购买汽车票”,选择班次时间后用银行卡直接付费。付款成功后,银行将自助打印行程单，旅客根据行程单可直接到检票口乘车,无需换票。农行自助购票在节假日等时段还能专享车票九折优惠。全市80个营业网点均可购票,江阴、宜兴农行网点也可提供自助购票服务。

（惠　勤）

【客运客车安装免费WiFi】 8月20日，客运有限公司在470多辆营运客车上安装带有功能的车载信息服务终端,免费向旅客提供信号强、速度快、无限量的免费上网服务。这次与北京中交汇能集团合作,利用3G转WiFi技术,在车辆上全面覆盖无线网络,这是继2011年无锡汽车客运站启用开始，公司在客运站内部开通免费WiFi（Coach Station Free）满足旅客候车上网需求后的又一创新服务举措。旅客使用免费Wifi上网,只需打开手机、电脑,搜索无线网络“9797168.COM”，不用密码,即可直接连接上网。网络连接后,旅客可获取道路安全信息、乘车注意事项,也可浏览新闻、微博、视频、证券、旅游、天气、交通等各种远程信息,不用耗费自己的上网流量。

（惠　勤）

公共交通

【概况】 2014年，无锡城市公交继续保持优先发展,市区新辟、调整一批公交线路,新增、更新低碳环保公交车240辆，公交分担率达到27.1%。重点完善对藕塘职教园、胡埭工业区、锡山工业园、洛社镇区、锡山区周家阁村等片区的公交线网,开通6条微循环线路。在太湖新城开通1条微循环公交,优化调整7条跨区域线路，建成启用海岸线公交换乘中心。围绕地铁1号线、2号线的开通，新辟公交线路12条,优化调整线路9条，新建候车亭72座，与地铁接轨。实施智能公交工程，手机、网站日均访问查询量超300万人次,4G网络公交覆盖面达50%。候车环境得到改善,新装候车凳211张,公交站杆460根,线路站牌23115个,灯箱49座。城乡公交一体化格局加快完善，镇村公交通行率继续保持100%。公共交通服务水平不断提高，群众满意率持续提升，在对全市有关民生事项市民满意率调查中，城市公共交通出行满意率92.5%,列各测评项目第一。市公交公司拥有公交线路160条,营运车辆2223台,运客总量为3.33亿人次,日均运客91.22万人次,日均营运班次9587个，日均营运里程34.69万公里。

（徐天南　周　瑞）

【新辟优化公交线路】 年内，无锡市公共交通股份有限公司新辟路线5条、专线4条,优化调整线路37条次,调整营运时间线路4条。新辟线路为:1月1日起，开通88路夜班线,由灵山公交停车场始发,经古竹路、雪云路、梅梁路、湖山路、环太湖公路、梁清路至梅园公交总站。4月28日起,新辟公交153路,由胡埭停车场始发,经环镇北路、胡山路、安泰路、胡埭路、强胡路、胡山路、胡埭人民路、鸿翔路、胡阳路、翔鸽路、振胡北路、陆藕路至鸿翔路后循原线返回。4月28日起，新辟公交155路,由海岸城公交停车场始发,经观山路、五湖大道、南湖中路、新八路、南湖路、兴隆路、缘溪道至方泉苑。4月28日起,新辟公交159路,由无锡职教园始发,经钱胡路、新藕路、钱藕路、文良路、显山路、钱藕路、藕塘北路、藕塘大道、政新路至藕塘北路后循原线返回，逢周末和假期停运。9月26日起,新辟公交G2线,由旅游商贸学校始发,经行驶广石路、锡宁路、锡澄路、江海路、广益路、广南路、学前东路、机场路、旺庄路、春华路、新光路后循原线行驶。新辟专线为:4月30日起,新辟职教园山北专线，由无锡职教园始发，经钱胡路、新藕路、钱藕路、钱胡路、西环线、环太湖公路至梅园公交总站(该线路至梅园67路停车场迂回)。4月30日起,新辟职教园梅园专线,由江南影视学院始发，经钱藕路、新藕路、文良路、钱洛路、钱桥大道、盛岸西路、石门路、惠钱路、钱皋路至盛岸西路后循原线返回。3月21日起，开通河埒口至胡埭工业园区的河埒口—胡埭专线，由河埒口停车场始发,经梁溪路、梁清路、环太湖公路、西环线、钱胡路、刘闾路、金桂路、胡埭路、陆藕路、振胡北路、合欢西路、孟村路、陆藕路、胡阳路、钱胡路、振胡北路、环镇北路至胡埭停车场。河埒口停车场发车时间：早晨6点10分和6点20分,胡埭停车场发车时间:下午16点30分,16点40分。3月21日起,开通山水城至胡埭工业园区的山水城—胡埭专线，由南方泉停车场始发,经南湖路、新八路、南湖中路、蠡湖大道、具区路、五湖大道、吴都路、蠡湖大道、中南西路、蠡溪路、建筑路、环湖路、渔港路、环太湖公路、西环线、钱胡路、刘闾路、陆藕路、刘塘路、合欢路、联合路、陆藕路、孟村路、合欢西路、振胡北路、环镇北路至胡埭停车场。南方泉停车场发车时间：早晨6点和6点15分，胡埭停车场发车时间：下午16点30分和16点45分。优化调整线路为:1月24日起，公交26路延伸至锡惠公园停车场始发，同时恢复行驶胡埭人民路，由锡惠公园停车场始发，返回行驶至河埒口站后调整行驶惠河路至锡惠公园停车场。1月24日起，公交59路延伸至锡惠公园停车场始发，返回行驶至河埒新村站后调整行驶青祁路、惠河路至锡惠公园停车场。1月24日起,公交359路延伸至锡惠公园停车场始发，返回行驶至上里东站后调整行驶梁溪路、惠河路至锡惠公园停车场。1月28日起,公交快1线调整部分行驶路段,由大学城停车场始发,返回时经万顺道、高浪路至蠡湖大道后循原线返回。1月28日起,公交128路调整部分行驶路段,由大学城停车场始发，原线行驶至蠡湖大道与观山路路口后调整行驶观山路、万顺道、大通路、立信大道、观山路、南湖大道至高浪路后循原线行驶；返回时经万顺道、高浪路至蠡湖大道后循原线返回。1月29日起,公交3区调整部分行驶路段,由东北塘公交总站始发，循原线行驶至解放东路与崇宁路路口后调整行驶崇宁路、中山路、解放南路、健康路至梁溪大桥后循原线返回。2月20日起，因锡南路(缘溪道—南湖中路段)永久封闭，公交8路、68路、157路调整部分行驶路段。公交8路、68路：由各自始发站始发，原线行驶至缘溪道与锡南路路口后调整行驶缘溪道、南湖中路、新八路、南湖路至南方泉；返回时经南湖路、锡南路至南湖中路后循调整的线路返回，原锡南路的葛埭桥站迁移至缘溪道停靠。公交157路：由瑞景道停车场始发，原线行驶至缘溪道与锡南路路口后调整行驶缘溪道至南湖中路后循原线行驶，原锡南路的葛埭桥站迁移至缘溪道停靠，原南湖中路的青桥头站迁移至缘溪道的桑竹桥站停靠。3月11日起，公交26路、59路、359路终点站由青山支路（惠河路)站迁移至锡惠公园站(与56路并站停靠)。3月14日起，公交508路、56路、131路、207路、211路、11路、1路、33路、41路、63路往市区方向蠡桥站前移100米（至住友路以北)。3月20日起，公交15路新增招商城(兴源路)站。4月26日起，快6、快7、359路部分行驶路段进行调整。公交快6线：由凤翔分公司始发，原线行驶至大通路与立信大道路口后调整行驶大通路、贡湖大道、观山路、立德道、方庙路、立信大道至观山路后循原线返回。公交快7线：由麦德龙停车场始发，原线行驶至观山路与立德道路口后调整行驶立德道、方庙路、立信大道、观山路至贡湖大道后循原线返回。公交359路：由锡惠公园停车场始发，原线行驶至观山路与立德道路口后调整行驶立德道、方庙路、立信大道、观山路至贡湖大道后循原线返回。5月10日起，公交31、35大、35路进行调整。公交31路由新区分公司始发，原线行驶至珠江路与泰山路路口后调整行驶泰山路、长江路、旺庄路至旺庄立交后循原线行驶。撤销停靠：德司达公司、宝龙城市广场(珠江路)。增设停靠：泰山路(统一马口铁)、长江北路(泰山路)、科技园、新区国地税局、宝龙城市广场。公交35大站由新区分公司始发，原线行驶至锡士路与高浪路路口后调整行驶高浪路至机场路后循原线行驶。撤销停靠：耐帆包装、阿尔卑斯、郁甲里、瑞城国际社区、春潮二期站。增设停靠：机场路(高浪路)、工业园二号门、黄山路(机场路)站。公交35路由新区分公司始发，原线行驶至锡士路与高浪路路口后调整行驶锡士路、旺庄东路至长江路后循原线行驶。撤销停靠：机场路(高浪路)、工业园二号门、黄山路(机场路)、春丰村站。增设停靠：耐帆包装、阿尔卑斯、郁甲里、瑞城国际社区、泰山路(锡士路)、三高中、春潮花园二区、春潮村站。5月15日起，公交207、158路进行调整。公交207路由渔港始发，原线行驶至渔港路与环一路路口后调整行驶环一路、银湖路、环太湖公路、梁清路、景宜路至建筑路后循原线行驶；返回时途经梁清路与独月路路口后调整行驶独月路至渔港路后循原线返回，原建筑路的小渲(上行)站迁移至景宜路停靠。公交158路由梅园始发，原线行驶至古华山路与通惠西路路口后调整行驶通惠西路、惠钱路、凤翔南路、兴源路、凤宾路至中山路后循原线行驶。5月29日起，公交507路增设蓉湖新村站，原蓉湖新村站改名通惠西路（盛岸路)，公交133路上行增设锡澄路(锡沪西路)站。5月31日起，公交快8、华庄—胡埭专线调整。公交快8线由梅园公交总站始发，原线行驶至安泰路与芙蓉北路路口后调整行驶芙蓉北路、胡埭人民路、环镇北路、振胡北路、陆藕路、芙蓉北路至胡埭停车场。撤销停靠：芙蓉路(陆藕路)、联合路(陆藕路)、刘闾路(陆藕路)、钱胡路(刘闾路)、胡埭路(环镇北路)、芙蓉南路(人才苑)站。增设停靠：滨湖区社会福利中心、花汇桥、花汇园一期、花汇园二区、钱胡路(振胡路)、陆藕路(振胡北路)、陆藕路(芙蓉北路)站。华庄—胡埭专线由水乡苑始发，经清源路、瑞景道、震泽路至华庄后循原线行驶。增设停靠：水乡苑站。6月24日起公交87路调整，公交87路由鼋头渚始发，原线行驶至县前街与解放东路路口后调整行驶解放东路、人民东路、江海东路、上马墩路、广瑞路至人民东路后循原线返回。撤销停靠：国际饭店(下行)、吉祥桥(江苏银行)(上行)、火车站。增设停靠：东门(保利广场)、长庆路(人民东路)、广瑞路（人民东路)(下行)、马巷路(人民东路)(下行)、江海东路(人民东路)(下行)、靖海医院、塔影一村(上行)、市人力资源市场(塔影桥)(上行)站。7月1日起，公交503路、128路、156路、153路等线路部分行驶路段进行调整。公交503路由华庄始发，原线行驶至南湖大道与观山路路口后调整行驶观山路、瑞景道、塘铁桥路、南湖大道、梁东路、华清大道、清扬路至金城路后循原线行驶；返回途经南湖大道与高浪路路口后调整行驶高浪路、瑞景道、观山路至南湖大道后循原线返回。撤销停靠：观山路(南湖大道)、梁东路(南湖大道)、中南分公司(扬名公交总站)、金石东路(南湖大道)、双庆桥、芦庄一区、南湖大道(金城路)、五星家园站。增设停靠：瑞景道(塘铁桥路)(下行)、塘铁桥路(瑞景道)(上行)、永昌桥(下行)、南湖大道(梁东路)、芦中路(梁东路)、华扬路(梁东路)、永兴寺(华清大道)(下行)、永兴寺（梁东路)(上行)、五星桥、人民医院(疾控中心*儿童医院)站。公交128路由大学城停车场始发，原线行驶至观山路与南湖大道路口后调整行驶观山路、华清大道至高浪路后循原线行驶。撤销停靠：观山路(南湖大道)、永昌桥、落霞苑(高浪路)、华清路(高浪路)站。增设停靠：南湖大道(观山路)、高浪路(华清大道)站。公交156路始发站由瑞景道停车场调整至海岸城停车场，其他行驶路段不变。撤销停靠：市民中心东、市民中心西、瑞景道停车场、南湖大道(观山路)、兴梁道(观山路)站。增设停靠：海岸城停车场。公交153路由胡埭停车场始发，原线行驶至翔鸽路与舜耕路路口后调整行驶舜耕路至陆藕路后循原线行驶。撤销停靠：孟村路(翔鸽路)(下行)、负米桥路(翔鸽路)(下行)、振胡北路（陆藕路)(下行)、孟村路（陆藕路)(下行)、胡阳路(陆藕路)站。增设停靠：芙蓉北路（胡埭人民路)。8月6日起，公交5路、23路、70路、113路、118路增设停靠永和路(清扬路)站。8月9日起，公交81路、201路撤销停靠朝阳广场(解放南路)站。8月14日起，公交快3新增停靠蠡湖隧道南站，3路、3区增设停靠朝阳广转型升级取得新成效。研究制定《无锡市轨道交通乘客守则》《无锡市轨道交通运营服务规范》并发布实施。开展“五项执法”行动，加强执法监督和行政指导，推进部分基层站所“公共服务标准化”建设。市局被市委、市政府表彰为“规范执法示范单位”。轨道交通1号、2号线分别于7月1日、12月28日试运营，新增轨道交通里程56.5公里。推进公交优先发展，市区新辟公交线路12条，调整公交线路61条，公交分担率达27.1%，城乡公交一体化格局加快完善，镇村公交通行率继续保持100%，新增CNG公交车100辆，更新出租汽车全部采用油气双动力，完成公交候车亭LED光源改造732块，灯箱牌LED光源改造450块，市区公交站点500米覆盖率达99.27%。公交服务水平不断提高，群众满意率持续提升。引导客运企业实施“车头向下”战略，“家校直通车”进入常态化。推进“客巴联运”，在中央车站成立上海机场无锡航站楼，实行异地值机。启用无锡东站，有效衔接高铁中转旅客换乘需要。汽车维修行业发展连锁化、品牌化经营，发展“江苏快修”品牌企业3家，基本建成无锡“车大夫”服务平台。创新驾培培训模式，倡导“诚信乐驾”品牌，全面推进“预约培训，先培后付”培训经营模式，全市已有4家驾校，36辆车采用。引导货运业加快向现代物流转变，金南物流成为国家5A级物流企业并通过中国物流与采购协会评审。推荐“江苏快货”品牌企业3家，实现无锡市“江苏快货”品牌企业“零”的突破。发展甩挂运输，众盟物流等一批企业联盟形态实现快速发展。提请市政府出台《关于加快城市配送发展的实施意见》。推进内河船舶标准化工作，累计拆解船舶14艘，超额完成年度目标任务。无锡市绿色循环低碳交通运输区域性试点实施方案获批复，45个试点项目已完成8个，开工建设项目30个，7个项目在开展前期工作，累计完成投资98414万元，占计划目标约55%，节能减排量完成计划目标约52%。无锡市“绿色汽修”在全国性会议上作为经验推广。“智慧交通”深入推进，参与全省“232畅通网”和全市“智慧城市”重点项目建设，驾培智能化系统、物流公共信息平台、智能化公交等取得新的成果。出租车安装双向感知设备1371辆。运输管理行政审批事项从127项精简到35项，精简审批材料215项，精简率达到39%，减少审批环节64个，业务即办率达到67%。

安全形势持续保持稳定。安全生产各项指标均在省市控制范围之内，形成安全可靠的安全监管责任体系和网络，完成南京青奥会、国家公祭日活动等安保工作。水上交通安全形势平稳，未发生6小时以上航道堵塞事件、重特大水上交通事故和船舶污染水域事故。地方海事系统全年海巡艇出航2.7万艘次、8.15万人次，巡航71.32万公里，查处违章船舶10.37万艘次；办理船舶进出港签证30.2万艘次、7249万总吨，其中，危险品船舶签证7741艘次、186.16万总吨。全年受理水工作业申请58件，发布航行通告56次，实施水上交通管制558次，水上人命搜救率达100%。全年检验船舶1935艘，其中，新建船舶195艘、26057总吨；检验船用产品2762台套，审核船舶和船用产品图纸94套，完成吨位丈量复核船舶374艘，换发吨位证书310艘。为16家船厂培训焊工72人、质检员38人。完成19期共751人次的各类船员考试，发放各类船员证书675本；办理各类船舶登记889艘次。市地方海事局获准签发内河游艇一等驾驶证(BIE)，实现无锡地方海事局签发的内河游艇驾驶证在内河水域“一证在手，全国通用”。窗口服务效能再提升，海事行政服务窗口全年办理各类审批事项6362件，其中，行政许可事项4810件，办结提速率由50%提高到62%，办件满意率稳定在98%以上。海事服务窗口在全市服务窗口的考核评比中多次名列前茅，被评为“红旗窗口”，窗口人员连续三个季度被评为优质服务明星，服务窗口盛文革被授予“无锡市为民服务先进标兵”称号。

（张豪亭　杨　蕾）

【春运水上交通安全保障】 1月6日~2月25日，无锡地方海事部门共检查单位29家，各类旅游船舶264艘、危险品运输船21艘、危险品码头8个、水上加油船19艘，对发现的安全隐患督促相关单位落实整改到位；加大巡航力度，强化现场维护，加强应急值班，强化灾害性天气的预防预控。提高水上应急处置能力，共投入值班人员5326人次，海巡艇出航1716艘次，巡航52750公里，“12395”接处警41次；切实增强做好“三个服务”的主动性、积极性和创造性工作，启动枯水期水上保畅应急预案。开辟成品油和电煤等重点物资运输“绿色通道”，确保干线航道安全畅通、重点物资运输快捷；加强客渡船的安全监管，对风景旅游区水域加大巡查频率，坚决制止客船超载行为发生，杜绝无营运证船舶非法载客；安排海事执法人员在风景旅游区内对客渡船进行现场监管，维护码头现场安全秩序，春运期间共安全护送游客171877人次，比上年增长8%。

（蒋明江）

【做好上海亚信会期间水上交通安全保障】 5月20~21日，亚洲相互协作与信任措施会议第四次峰会(以下简称“亚信会”)在上海举行。4月15日，根据中国海事局的统一部署要求，市地方海事局组织三处召开上海亚信会水上交通安全与应急保障专项部署会，全面开展亚信峰会水上交通管控工作，并成立上海亚信峰会期间水上交通安全与保障工作领导小组、制定水上交通安保工作实施方案，在无锡辖区内设置2个专项检查点，对驶往特定水域、上海内河水域及黄浦江核心管制区水域船舶实施严格的专项检查和签证工作，及时报送船舶专项检查、船舶、船员等信息，配合公安部门对入沪船籍港为江苏的船舶实施信息核查、动态管控、逢疑必查和处置。共签证1968艘次，船舶专项安全检查196艘，报送船舶信息906艘次。

（蒋明江）

【整治内河水上无线电通信秩序】 6月19日，江阴海事处黄田港海事所和无锡市电信局、长江江阴通信管理处、长航公安江阴派出所联合对长江江阴段水上无线电秩序进行突击检查。此次专项整治活动主要针对长江江阴段内船舶非法安装大功率甚高频电台、乱占乱用水上通信频道和违规使用船舶AIS电台标识码的行为，对各类违规行为进行现场整改，并下发整改通知书。共检查大小船舶25艘，发放宣传资料50份，现场更换到期电台执照2本。在执法过程中，执法人员还发现部分船舶上虽已按要求配备AIS终端设备，但AIS设备上出现参数设置错误，或未开启AIS设备的情况。针对此种情况，执法人员帮助船员对AIS设备的正确使用进行讲解，并对错误数据进行整改，同时技术人员还为船民讲解电台维护方法，并为部分船主免费维修损坏的电台。

（谭 洁）

【运管网上业务办理平台上线】 9月1日，无锡市运输管理处推出网上办理平台。该平台启用后，全市的道路运输经营业户只需凭固定的账号登录无锡市运管处对外门户网站的“企业平台入口”，就可以进行网上业务办理。此平台主要有预警信息、业务查询、业务办理“三大功能”。

（张豪亭）

【“云通途”车货电子信息交易平台运行】 6月30日，无锡禾健物流园区的“云通途”车货电子信息交易平台启用，7月底完成公测，进入全面推广运营。“云通途”车货电子交易平台是由禾健物流与江苏天泽信息共同开发的电子信息交易平台，也是省内首个依托实体物流公路信息港的车货电子交易平台，主要为车主和物流公司提供配合、调车服务，致力于解决物流公司、货代（运输公司）、个体车主之间信息不对称的问题。

（杨江锋）

【推进城市配送体系建设】 年内，为加快构建“高效、集约、绿色、现代”的城市配送体系，无锡市运管处在稳步推进城市配送体系落地中做大量工作。开展无锡城市货运需求调查，会同市经信委组织开展对全市货运需求的问卷调查。对从事城市配送的第三方物流企业、商贸流通企业所属物流配送企业、快递等400多家企业开展货运需求调研，了解掌握市区商业网点货运需求情况和对城市配送服务的相关意见和建议；明确无锡城市配送发展的基本思路，召开苏南片区城市配送体系研究专题研讨会，明确无锡城市配送的优势和存在问题、配送发展的基本思路。开展城市配送体系发展研究，与交通部规划研究院共同开展的“无锡市城市配送体系发展研究”稳步推进，在前期完成《外省市城市配送管理调研报告》的基础上，协助市政府制定《关于加快无锡城市配送发展的实施意见》；引导城市配送领军企业（华商物流）加速供应链的整合，加紧现代化城市配送物流中心的打造，加快智能配送管理信息平台的研发，加大配送网点和智慧超市（自有门店）的布局，形成华商物流城市共同配送体系。华商物流与金南物流就城市配送车辆合作达成合作意向，双方签署城市配送车辆合作框架协议，为城市配送开展奠定基础。

（荣宜君）

【颁发全省首批新版内河游艇驾驶证】 5月17日，无锡市地方海事局向18位学员颁发省内首批全国适用的新版内河游艇驾驶证，该证由国家海事局统一制证、江苏省地方海事局签发。新版的内河游艇驾驶证全国适用，可持证在证书注明的内河水域内驾驶规定类型推进动力装置的内河游艇。与原版证书相比，新版证书设计更加美观、合理，信息容量更大，更能体现出持证人持有证书的资格、有效期限、档案编号、签发机关等相关信息。新版驾驶证使用二维码技术，不仅加强证书的防伪能力，也更便利于海事现场监管工作。

（李 君）

【水上加油船安检】 3月25日，市地方海事部门会同公安水警支队消防大队、南门派出所对辖区水上加油船进行安全检查，先后检查水上加油站2个。从总体上看，安全管理措施落实尚可，但检查中仍发现存在安全隐患3起，发出整改通知书限期进行整改，消除安全隐患，保证水上加油船的安全运行。

（贺振亚）

【首条水上巴士投入试运营】 12月28日，环城古运河“水上巴士”通航试运营。首期环城古运河“水上巴士”线路由复兴路码头至南禅寺（朝阳农贸市场码头），分上午和下午两个航班，全程设光复门、文化宫、西水墩、南禅寺4个停靠码头。票价为单向全程3元/人，按每站2元/人收取，70岁以上老人可凭高龄卡免费乘坐，1.4米以下儿童免票，从复兴路航行到朝阳市场仅20分钟。

（杨 蕾）

【海事救援遇险船舶船员】 3月12日，江阴海事处救援1艘满载800吨石子粉、由溧阳驶往如皋搁浅在锡澄运河水韵大桥北100米水域处的皋8808号货船。同日，无锡马山海事所救援1艘搁线在太湖神骏桥外1公里处水域的苏盐货11699号船舶。同日，新区海事所救援1艘因舵机失灵、操纵失控，横在苏南运河无锡段与古运河交叉口水域的苏盐货93119号船舶。4月16日，江阴黄田港海事所救援1艘搁浅在黄田港大桥北30米水域的金顺航5988号船舶。5月19日，救援江阴周庄海事趸船锚地附近两名落水女船民。11月3日，江阴周庄海事所救援1艘满载500吨液碱的危化品船舶。

（崔明生 谭 洁）

编辑 周胜忠

信息业

【概况】 2014年，无锡市信息化工作以及智慧无锡建设，开拓创新，呈现“项目突破、产业提速、排名晋位、稳中见快”的良好发展态势。年内，无锡获中国智慧城市发展水平评估第一名，实现三连冠；“中国无锡”政府门户网站获得全国地市级政府网站绩效评比第一名，实现四连冠；政府网站国际化程度评比第一名，实现五连冠。先后荣获“2014年度中国领军智慧城市”“中国智慧城市建设示范领先奖”“2014中国智慧城市推进工作十佳城市第一名”“2014中国城市信息化50强第六名”等称号。无锡被确定为国家信息惠民试点城市、国家电子商务示范城市，全国首批云服务安全审查试点城市。“智慧健身信息化示范工程”和“公共免费无线热点建设项目”被确定为2014年江苏省信息化试点工程。

（叶 军）

【加强信息基础设施建设】 年内，全市推进无线无锡、光网无锡、宽带无锡、三网融合“四大工程”建设。新建4G基站8929个，其中，电信新增3718个，移动新增4331个，联通新增880个，总数达到11185个，分布密度为2.3个/平方公里，为全省最高；新增免费WiFi接入点2.7万个，累计3.38万个，开通免费WiFi服务的公交车2117辆，基本建成国内领先的WiFi全免费服务城市；光网实现村村通，覆盖家庭用户超过526万户，新增37万户。城域网出口带宽3.38T，新增2.08T。其中，电信2.0T，移动1.2T，联通180G，宽带接入能力为城镇100兆，农村50兆，用户平均接入带宽9.5兆，新增2.5兆；固定电话187.19万户，减少18.7万户；移动电话941.4万户，新增17.5万户；互联网用户数211.36万户，新增27.31万户；移动互联网655万户，新增39.5万户。数字电视用户177.86万户，减少0.92万户；其中，高清电视用户70.8万户，新增2.46万户；云媒体40万户，新增20万户。IPTV44.5万户，新增2.1万户。建成社区智慧信息屏405块。推进1.4G和3.3G城市政务数据专网建设，对接以北斗为核心的卫星地面广播网建设。

（叶 军）

【开展信息资源整合】 年内，全市推进“整合、优化、共享、外包”工作，出台《关于推动政府信息资源向社会开放利用工作的实施意见》《无锡市政务信息资源共享管理办法》；率先在全国建成并启用法人数字证书一证通平台，基本解决多头发证、重复领证的现象，已有国税、地税、人社局、经信委等部门的系统使用该一证通平台；开通政府数据服务网，整合开放包括公安、卫生、教育等29家重点部门近200个数据集；数字无锡地理空间框架项目通过验收，项目实现市区陆域多尺度的矢量数据、多时相、多分辨率影像数据的集成，形成权威的基础地理信息数据库，完成涉及政务管理、公众生活等15个示范应用；企业信用基础数据库取得新进展，基本实现39个成员部门信用信息的互联共享，全市18万家企业、4400家社会组织的393万多条信息归集入库，全年出具企业征信报告3000余份，个人征信报告63000余份；企业设立并联审批一表制信息系统，实现工商、国税、地税、财政、质监和公安等部门的数据对接；完善“中国无锡”政府门户网站功能，拓展网站服务内容，优化“中国无锡”政府门户网站手机版。

（叶 军）

【强化网络信息安全】 年内，市信电局推进信息安全保障工作，制定并下发《2014年无锡市网络与信息安全工作要点》。加强日常重要网站信息安全监测，建立市重要网站信息安全监测平台，对全市50多个重点网站进行周期性监测，积极推动重要信息系统开展相关应急演练。全年共组织处理政务网络安全事件82起，处理病毒总数10488个，并积极推动云计算平台安全保障体系建设。

（叶 军）

【健全“智慧无锡”推进机制】 1月，经市政府同意，“智慧城市”建设推进办公室成立。4月，建立“智慧城市”推进联络员工作制度，全市主要党政机关和相关企事业共80家单位均明确负责“智慧无锡”建设的分管领导和联络员，加强地区和部门间的沟通协调。制定并出台《智慧无锡建设资金管理办法（暂行）》，强化专项资金的管理。探索筹建“智慧无锡”建设运营实体——无锡智慧城市建设发展有限公司，并向全社会公开招聘总经理。

（叶 军）

【发布“智慧无锡”行动纲要】 3月，市信电局制定并发布《智慧无锡建设三年行动纲要(2014~2016年)》，此纲要着重通过科学搭建“一中心、四平台（无锡城市大数据中心，电子政务综合信息服务平台、城市管理综合信息服务平台、经济运行综合信息服务平台、民生服务综合信息服务平台）智慧架构和25个智慧应用重点提升工程建设，夯实信息基础设施，完善政务应用，优化城市管理，推进民生服务和加快产业发展。

（叶 军）

【强化CIO队伍建设】 为提高CIO的业务能力和管理水平，市信电局出台《无锡市社团首席信息主管管理规定》，先后举办6次CIO培训，并将CIO队伍范围从党政机关、企业、事业单位扩展到社团。至此，全市聘任的CIO人数500名，其中，党政机关CIO人数80多名，企业CIO人数100多名，事业单位CIO人数200多名，社团CIO人数近100名。

（叶 军）

【组队参加南京青奥会保障】 7月28日，按上级要求，市信电局抽调无线电管理7名骨干成员，组成无锡青奥保障团队，参加在南京举行的第二届世界青年奥林匹克运动会（以下简称“南京青奥会”）保障工作。无锡青奥保障团队根据南京青奥会组委会的总体安排，具体负责五台山体育场馆群周边电磁环境整治、违法电台清查、有害干扰查处、无线电频率协调等，并负责赛事有关组织指挥、比赛计时计分、现场转播、相互间联络、安全保卫及青奥会开（闭）幕式等方面的无线电安全保障工作。通过一个多月的精心准备与现场艰苦细致的工作，实现赛前提出的确保“车辆安全、人员安全、赛事安全”保障目标，保障工作做到“零失误”“零事故”，被江苏省无线电管理局评为南京青奥会无线电保障有功单位，3人被评为青奥保障有功人员，4人被评为青奥保障优秀人员。

（叶 军）

【成立信息化协会】 2月28日，无锡市召开信息化协会成立大会。大会审议通过《无锡市信息化协会章程》，选举产生协会会长。协会以推进智慧城市建设为中心，以促进信息资源的开发利用和信息产业的发展为重点，以普及和深化信息化应用为宗旨，搭建政府、IT企业、各企事业单位首席信息主管、IT从业人员相互交流的平台，发挥沟通、咨询、中介、服务作用。协会下设5个专业委员会，会员数达到1097个。

（叶 军）

【举办智能技术研讨会】 11月7日，“清华大学·无锡CIO高层论坛之‘智慧托起梦想 科技点亮生活’2014清华智能技术研讨会”在清华大学无锡应用技术研究院举行。来自无锡、北京、上海、南京、苏州、马鞍山以及英国、澳大利亚、马来西亚和中国港、澳、台地区的150余位智能科技领域的专家、学者和企业家、工程技术人员共同探讨智能技术发展与“智慧城市”建设。9月3日，举办“2014太湖论道——大数据时代下的智慧无锡”论坛。11月6日，举办中国智慧城市产业联盟年会暨首届中国市长论坛。

（叶 军）

邮 政

【概况】 2014年，无锡邮政管理部门规范邮政市场运营秩序，引导行业健康有序发展。苏南快递产业园保持发展势头良好，成为“全国快递产业集聚发展试验园区”；《无锡市快递管理办法》公布，无锡成为全国首个对快递管理立法的地级市；进小区、进机关、进高校的“三进工程”稳步推进，快递公共服务平台建设进展顺利；快递专用电动三轮车上路运行；村邮站建设完成年度任务；推行收寄验视章制度，推进3G信息化监管，全系统未发生一起安全责任事故；实施快递网点备案管理制度，促进网点标准化建设；完成“双十一”“双十二”业务旺季服务保障工作。全年快递业务量创新高，突破1.85亿件，同比增长63.72%。全市邮政企业和规模以上快递企业业务总量累计完成40.5亿元，比上年增长41.7%。业务收入累计完成29.98亿元，比上年增长增长20.81%，各项行业发展目标均超过年度计划。2月19日，无锡邮政局更名为江苏省邮政公司无锡分公司，是江苏省邮政系统第一个完成更名的地市分公司。更名后的邮政公司继续面向全市各级党政军机关、社会团体、企事业单位和居民等广大客户提供邮政普遍服务的社会公用性企业。至年底，全区邮政企业共有职工3273人，资产规模6.94亿元。全区共有邮政局（所）141个（其中金融业务网点133个），集邮专业网点3个，报刊零售网点139个，信箱（筒）468个；全区共有邮路68条，投递段道833条，邮路单程总长3532公里。全年完成邮政业务收入8.7亿元，比上年增长12.14%，缴纳各类社会保障金、税金7022万元。

（仓富芝 汤 娴）

【苏南快递产业园】 市邮政管理局联合空港产业园区管委会建立工作协调机制，积极做好项目引进工作。年内引进9大项目进驻园区，总投资额52.2亿元，占地面积超过1000亩。全年，园区内规模以上快递企业累计完成快递业务量5411.5万件，中转业务量6.7亿件，实现业务收入9.9亿元，集聚规模效应成效明显。9月5日，国家邮政局授予苏南快递产业园“全国快递产业集聚发展试验园区”称号，园区成为国内唯一的国家级快递产业集聚区。

（仓富芝）

【《无锡市快递管理办法》公布施行】 9月29日，《无锡市快递管理办法》公布，无锡成为全国首个对快递管理进行立法的地级市。《办法》从设施规划、资金支持、土地政策、车辆通行等方面对促进快递业发展提出相关扶持政策，并设置加强快递公共服务平台建设和快递安全监督管理方面的条款，为行业长期发展提供法律保障。《办法》于2015年1月1日起施行。

（仓富芝）

【推进“三进工程”】 年内，市邮政管理局继续推进快件进小区、进机关、进高校的“三进工程”。抓住市政府对26个老住宅小区进行改造的契机，联合相关部门商定将快递终端设施建设纳入老小区改造项目；指导亿佳汇等第三方企业在小区建立社区服务中心，为居民提供门对门的贴心服务；对市民中心“快递e站”和江南大学“快递超市”运行数据进行分析并予以推广复制，指导无锡科技职业学院建成第二家“快递超市”；引进成都速递易、南京三宝、江苏鸿雁、上海收件宝等多家智能箱品牌在无锡投放约100个智能快件箱。

（仓富芝）

【快递服务网点实行备案管理】 4月11日，市邮政管理局联合无锡工商局对全市尚无法满足分支机构条件，无法办理营业执照的快递服务网点实行备案管理，并向符合标准的公共服务平台发放14张备案证明。保障合法快递企业设立服务网点的运营需要，减轻企业办理快递经营许可和营业执照的负担。市邮政管理局研究制定《无锡市快递服务网点备案管理细则》和《无锡市快递服务网点规范提升标准》，为推进快递网点直营化、标准化发展水平提供依据。年内共向顺丰、EMS等17家主要快递企业发放570张备案许可证明。

（仓富芝）

【快递专用电动三轮车上路运行】 市邮政管理局参照北京、石家庄等地的实际情况和相关规定，依据国家邮政局《快递专用电动三轮车技术要求》(YZ/T 0136—2014)规范设置快递电动三轮车。11月28日，快递专用电动三轮车专项整治动员大会召开，对全市快递三轮车实行统一编号、统一标识、统一牌号、统一上岗证的“四统一”管理，向主要品牌快递企业发放首批70辆符合标准的电动三轮车，市交巡警部门对这些车辆的通行停靠提供便利。

（仓富芝）

【提升邮政业信息化水平】 3月13日，市邮政管理局与中国电信无锡分公司签订《共同推进无锡快递行业信息化发展战略合作框架协议》，加强快递业与电信业的资源共享，提升快递企业信息化水平。全市在去年3G信息化建设的基础上，推进工程建设，在南京青奥会开幕前完成视频监控中心与手机实时监控系统同步投入使用的目标，实现对顺丰、申通、圆通等10家一级快递分拨中心PC端和手机端实时监控的全覆盖，为寄递渠道安全工作提供信息化保障。

（仓富芝）

【苏南国际机场国际快件监管中心开通运行】 4月29日，苏南国际机场国际快件监管中心通过南京海关运营验收，5月8日，全省唯一的国际快件监管中心开通运行，首票国际快件运抵通关。中心集快件分拣、仓储、报关于一体，是苏南快递产业园区的重要公共平台。

（仓富芝）

【完成年度村邮站建设】 年初，市邮政管理局启动“快递下乡”工程。制订《无锡市村邮站建设实施方案》，明确用3年时间，在全市642个行政村分期分批建成农村邮政便民服务站(村邮站)。年内，按照“试点先行、全面推进”的原则，邮政企业按照计划，与“苏邮惠民”服务点建设整合推进，不断完善邮政便民服务功能。截至11月5日，全市已建成145个村邮站，超额完成年度计划目标任务。

（仓富芝）

【跨境电子商务产业园挂牌成立】 7月14日，无锡邮政跨境电子商务产业园挂牌成立。产业园由无锡邮政分公司和无锡年喜禾光商务有限公司共同创办，位于邮政枢纽大楼，由无锡邮政提供5000平米作业场地和全套办公及作业设备。园区集跨境电商平台优势、仓储服务优势和邮政绿色通关优势于一体，提供办公、仓储、人才服务、跨境物流等“一站式”服务，吸引国内13家大中型跨境电商企业落户无锡，被批准为市级电商产业园、大学生创业园。10月26日，园区与江苏信息职业技术学院联合创办“年喜禾光跨境电商创新实验班”，培养跨境电商人才100多人。12月26日，无锡邮政分公司发起成立无锡市跨境电子商务产业联盟。

（仓富芝）

【基层党组织建设】 8月4日，成立中共无锡市邮政管理局机关支部。截至12月底，11家快递企业党支部获批成立，120余名快递行业“口袋党员”落户安家，4家快递企业党支部召开成立大会，选举产生第一届支部委员会，开始正常的组织生活，50名党员完成党组织关系转移，并陆续收到30余份入党申请书。

（仓富芝）

【邮政速递长三角集散中心落户无锡】 6月28日，中国邮政速递物流长三角集散中心项目在无锡空港产业园区举行奠基仪式。该项目位于苏南快递产业园，占地面积约180亩，总投资8.6亿元，是中国邮政速递物流长三角、珠三角、环渤海三大全国性区域集散中心中业务量最大的项目，承担着苏、沪、浙、皖三省一市特快邮件集散，华东区域陆路邮件运输集散，国际特快邮件和国际普邮处理，省内各地市特快邮件处理及电商物流仓储任务，并为多家知名电子商务企业提供集中物流解决方案。项目采用世界上最先进的全自动分拣流水线、智能化的仓储设施、完善的信息系统以及智能环保新工艺。建成投产后，将连接全国主要邮政节点，并与中邮航南京速递物流集散中心构成陆空立体邮件运输集散网络，预计邮件处理能力将达到145万件/天，第三方物流及电商物流仓储出库量5万件/天，现代化仓储面积10万余平方米。

（仓富芝）

【校企合作】 10月14日，上海韵达快递有限公司和无锡城市职业技术学院就开办物流班等校企合作事宜达成一致意见。经协商，韵达公司将作为学院的实习基地，学院向韵达公司提供毕业生和实习生资源，双方还将围绕“订单班”培养等展开进一步合作。

（仓富芝）

【打造“邮”文化平台】 无锡邮政利用邮票这一“国家名片”的作用，挖掘无锡深厚的历史文化底蕴，开展全国性的集邮活动。年内，先后推出《魅力无锡——旅游五十景集粹》《徐悲鸿十二生肖典藏》《萌画红楼》《运河水弄堂》《中国紫砂艺术大师》《邮览宜兴》等宣传无锡城市形象的集邮品，成立宣传鼋头渚太湖文化的“樱花邮局”、宣传灵山佛缘文化的“灵山邮局”、宣传无锡地铁建设成就的“地铁邮局”,举办纪念《太湖》邮票创作20周年暨范扬书画作品展、无锡2014全国首届签名封片邀请展、无锡市第四届集邮文化日等精彩纷呈的集邮活动,成立全国签名封片研究会,提升无锡在全国集邮文化领域的影响力。

(汤 娴)

【创办跨境电商产业园】 7月14日,在无锡市政府、崇安区政府的支持下,无锡邮政成立跨境电子商务产业园。产业园由无锡邮政和无锡年喜禾光商务有限公司共同创办,位于邮政枢纽大楼,由无锡邮政提供5000平方米作业场地和全套办公及作业设备,集跨境电商平台优势、仓储服务优势和邮政绿色通关优势于一体,提供办公、仓储、人才服务、跨境物流等“一站式”服务。产业园吸引国内13家大中型跨境电商企业落户无锡,被批准为市级电商产业园、大学生创业园,与无锡两所高校联合创办“跨境电商创新实验班”,培养跨境电商人才100多人,成功孵化小微电商企业8家,并发起成立无锡市跨境电子商务产业联盟,为无锡跨境电子商务发展奠定基础。

(汤 娴)

【建设“苏邮惠民”连锁公共服务体系】 无锡邮政依托网络优势,建立面向社会公众的“苏邮惠民”公共服务平台,常年为群众提供代收水电费、煤气费、通信费,代售汽车票、机票、彩票、分销商品等便民服务。全年,累计建设“苏邮惠民”加盟店686家,设立村邮站147家,邮政服务网络覆盖至各乡镇、社区和行政村。全年,代收电费34.56万笔、水费9.14万笔,代收移动、电信、联通话费10.68万笔,代收费金额达到7808万元,代售汽车票93378张,方便农村地区居民的生活,使农民享受到与城镇居民相同的缴费公共服务。

(汤 娴)

【推进优质农产品返城】 通过江苏邮政强大的网站、寄递、分销系统,与无锡桃博士、宜兴红岭茶场等无锡知名农业企业联手,将阳山水蜜桃,太湖大闸蟹,宜兴茶叶、百合、乌米饭、紫砂工艺品等名优特产推向全省乃至全国,拓宽农产品销售渠道,帮助农民实现增收,提高无锡现代农业的社会知名度和品牌影响力。

(汤 娴)

【助力“智慧无锡”建设】 作为建设“数字无锡”的配套单位,自行绘制邮编分布图,为电子地图平台提供邮编定位服务,给市民提供最直观、简便的邮编查询服务。会同市信息化和无线电管理局、市互联网协会共同搭建“智慧无锡·网络生活”市民体验活动平台,开通“邮乐无锡”微信公众平台,在无锡邮政所有网点提供免费WiFi上网服务,让市民体验最新的网络科技给生活带来的改变。

(汤 娴)

【强化能力建设】 年内,全区共改造营业网点20个,总面积约4000平方米。完成城南投递部、邮区中心局等生产场地的综合改造,新增存取款一体机17台,新增“苏邮惠民”网点39个、村邮站145个。按照银行业服务标准,推进金融网点销售化转型工作,围绕“改进客户体验”的目标,全面提升窗口服务水平,全年服务标准达标率100%;在国邮大厦设立“无锡邮政印象”综合展厅和昊星艺术中心,在14个支局设立职场,在网点设立VIP客户专区,为客户提供温馨、舒适、高标准的邮政服务;突出老年人特色服务,联合社区居委、村委,以社区活动中心和区域联盟商户为两个基本点,组成“一个专窗、两个驿站、多个服务点”,开展邮政金融联盟活动,方便老年金融客户办理业务,窗口提供测量血压服务,定期开展健康讲座,以更优质的服务和产品为老年客户提供邮政增值服务。

(汤 娴)

【关爱空巢老人】 年内,无锡邮政公司联合市体管中心、江南晚报社,开展助老希望邮路“暖冬行动”“春风行动”和青少年“助老暑期体验”等系列活动,联合市老龄委、民政局、文明办、老龄协会举办无锡市第五个敬老月启动仪式暨“中华孝道”邮票首发式活动,形成全社会共同关爱空巢老人的“爱心联盟”。至年底,共帮扶空巢老人417名,累计服务时间超过13万个小时。在市践行党的群众路线党员志愿者进社区活动暨第12届志愿者活动月启动仪式上,助老希望邮路公益服务品牌被评为市志愿服务活动“十大杰出先进集体”。

(汤 娴)

【传播先进文化】 发挥邮政报刊发行的主渠道作用,为全市各大高校、中小学、幼儿园提供报刊订阅服务,免费为校园图书馆征订部分书刊、赠送样报样刊、援建学校图书室,回馈社会教育事业,并通过专家讲座、读书节、“小报童”、彩虹邮局夏令营等形式多样的活动拓宽学生视野,用社会主义先进文化占领青少年的思想阵地,弘扬社会正能量。年内,参与活动的学生数量达3万余人次,订阅校园报刊10万份。侨谊中学把学生“成人礼”活动与爱心包裹传递活动结合起来,全校师生共捐赠147个学生型美术包裹、2个校园体育包,通过彩虹邮局传递到贫困地区学生手中。

(汤 娴)

【开展公益服务】 与地铁集团联合印制《地铁新生活·无锡便民手册》,通过邮政网络送到80万户家庭,内容涵盖地铁1号线周边生活所需的各种信息,让广大市民充分享受地铁交通所带来的方便快捷。发挥邮政寄递网络优势,承担“江阴市第三次全国经济普查”有奖知识竞赛资料寄递工作,惠及江阴市2.8万个法人单位、产业活动单位和个体经营户。组织100多名职工参加无锡市公民无偿献血活动,向社会力量传递爱心。在全体投递员中开展以“讲文明,树新风”为主题的道德讲堂活动,争当城市文明交通的示范者和引导员。

(汤 娴)

电信

中国电信股份有限公司无锡分公司

【概况】 2014年,中国电信股份有限公司无锡分公司(以下简称“无锡分公司”)围绕“规模发展、变革创新、合作开放、提质增效”工作主线,扎实推进市场经营、网络运营、信息化等重点工作。年内,加快服务网点建设,新建网点371个,布局进一步优化;快速推进4G建设运营,覆盖率92%以上,重点区域网络质量行业领先,高铁沿线测评全省第一,4G用户数居集团前列;实现光网优质覆盖,覆盖用户310万户,覆盖率97.2%,全省第一,全国领先;启动超大规模云计算中心建设,首次联合民资打造无锡国际数据中心三期,运营模式全省电信系统内首创;实施信息惠民和为民办实事项目,开通免费WiFi热点1.05万个、小区智慧信息屏402块,推进4G进公交,研发推广天翼云盒、家卫视、翼支付等众多智慧应用。公司获得"中国电信4G TOP8城市奖""江苏电信企业信息化先进单位""江苏电信党建思想文化工作先进集体""无锡市社会救助先进集体"等诸多荣誉。

(梁华伟)

【推动快递行业信息化发展】 3月13日,无锡分公司与市邮政管理局达成"共同推进无锡快递行业信息化发展战略合作"协议,旨在应用现代信息技术全面提升市快递企业的信息化水平,推动快递服务业转型升级,助力无锡早日实现苏南邮政现代化。针对无锡快递行业的发展情况和信息化需求,无锡分公司量身打造"天翼对讲""掌上千里眼""外勤E通""总机云""微服务""综合虚拟网"等6项行业应用,并将在此基础上继续深入开发设计,为无锡快递行业改善服务质量、降低成本、提高物流效率提供整体、高效的信息化服务。

(梁华伟)

【支撑市民热线推行新消法】 3月15日,新的《中华人民共和国消费者权益保护法》公布实施后,无锡分公司精心优化政府公共服务热线的结转单签收、处理、反馈等环节,全程保障服务热线推行新消法,组织全体管理人员和一线员工认真学习新消法,并邀请消费者权益保护委员会专家授课,现场分析解剖。形成系列新消法施行举措,设立舆情平台,支撑政府公共服务热线持续优化"一号对外、集中受理、分类处置、统一协调、各方联动、限时办理"的工作机制,消费问题期限内办结率99.4%,回访满意率94.8%,实现高效落实。

(梁华伟)

【物联网分公司成立】 3月26日,中国电信物联网分公司在无锡成立。分公司立足无锡、面向全国,以通道型业务、应用型业务、终端产业链作为3大核心业务板块,推动物联网规模化应用。中国电信通过3年努力,将物联网分公司打造成国内一流、业界领先的物联网服务提供商,带动更多的合作伙伴到无锡落户,助推无锡国家传感网创新示范区建设。

(梁华伟)

【获评全国优秀数据中心】 3月27日,2013~2014年度中国数据中心颁奖盛典在北京举行,中国(无锡)国际数据中心凭借国际T4标准的IDC设计、绿色节能技术的广泛采用、多年稳定高效的运营服务、行业知名度与客户美誉度被中国数据中心产业发展联盟授予"2013~2014年度优秀数据中心"荣誉称号。

(梁华伟)

【助力电梯安全监管】 4月1日,无锡分公司与市质量技术监督局达成"智慧无锡电梯安全监管物联网系统项目战略合作",以促进电梯安全运行监管,保障民众安全为目标,整合各自资源,优势互补,为全市各类电梯安全提供高效、便捷和优质的服务,全面提升无锡市电梯安全运行信息化管理水平。项目通过在电梯设备上布置诸如拉力传感器、温度传感器、电子应变片、超载限制器等电子感应器件,并通过3G/4G网络实时上传相关运行数据。依托配套设计的无锡市特种设备智能化动态监管平台,远程工作人员可及时获取运行状态、运行楼层、运行方向、门状态、供电情况、温湿度、灯光、承载情况、门厅呼叫情况以及视频图像等信息,实时监督所有联网电梯运行情况,第一时间处理异常情况。

(梁华伟)

【研发商用天翼云盒】 5月17日,无锡分公司正式商用首发创新研发的"天翼云盒"。作为三网融合的前沿型产品及当前OTT与iTV融合应用的升级产品,基于电信极速光网宽带,该产品不仅拥有观看1080P、蓝光、4K高品质海量视频等iTV和OTT的基本功能,更能实时提供政务公告、本地资讯、天气、公交信息、物价信息、交通路况、读报和视频教学等服务,并可根据需要进行个性化定制。还可实现高清视频通话、远程医疗、网上商城、在线支付等多种应用。

(梁华伟)

【建成全市首家智能体验厅】 8月7日,无锡分公司全市首家智能体验厅开业。除具备传统电信营业厅的基本功能,该厅还融入多种现代信息化元素:科技跨界,内有英国最新的STRIDA自行车与智能手机融合;跨业整合营销,引入国际顶级品牌illy咖啡,体现高端互动;内有各种最新潮的行业信息化展示,可提供临时办公环境;内设智慧家庭包厢,现场体验智能家居;可使用翼支付手机钱包方便前卫地消费;提供手机充电等多种便民服务。

(梁华伟)

【推出4G全方位服务】 9月5日,天翼4G无锡首发仪式在南禅寺广场举行,标志着无锡分公司4G手机业务等全方位服务启动。无锡分公司4G网络于2013年7月启动建设,一年多时间即实现无锡城区,江阴、宜兴主城区及周边经济发达乡镇,以及高铁、地铁、重点景区、交通枢纽主要公交线路的良好覆盖。无锡分公司于此前推出4G数据业务后,用户认为业务办理方便快捷、网络稳定快速。在4G手机业务推出后,为确保用户良好使用感知,无锡分公司通过多种举措确保天翼4G手机业务新上市后的密集受理。用户数突破30万人,位居集团前列。

(梁华伟)

【推进免费WiFi进企业】 9月12日,无锡市首个"免费WIFI进企业"项目在市民中心签约。无锡电信、无锡中苗科技、健鼎(无锡)电子有限公司3方就在健鼎(无锡)公司万人宿舍区建设免费WiFi项目达成合作。根据3方约定,由无锡分公司联合民资——中苗科技在"无线无锡"建设合作基础上,利用4个月左右的时间为健鼎(无锡)公司宿舍区建设700个免费WiFi公共接入点并实现后向运营。整个项目将打造成为全市首个"免费WiFi进企业"的标杆。

(梁华伟)

【联合民资打造超大规模云计算中心】 12月3日,无锡国际数据中心三期暨云计算中心项目合作在无锡分公司成功签约。作为中国电信江苏公司与市政府《“十二五”信息化战略合作框架协议》的又一内容，无锡分公司将联合江苏腾云创智信息技术有限公司将项目打造成华东地区首屈一指的云计算中心，力争在2017年年底前投运。该项目投资和建设规模创下新高：预计投资8.92亿元（其中民资占比约60%），建筑面积4.42万平方米，机房总面积3.78万平方米，提供5500个机架能力。工程在建设规模、建筑面积、项目总投资、机架服务能力等方面均超前两期总和。此外，项目创新基础设施建设的融资和运营模式，其中“引入第3方合作建设、风险共担、长期合作经营数据中心的运营模式”尚属江苏公司首例，得到集团的高度重视。

（梁华伟）

【强化新产品开发推广】 年内，无锡分公司针对新产品管理方面存在的研发推广与实际需求脱节的传统弊端，全新出台新产品开发管理办法。办法囊括从研究并选择适应市场需求的产品开始，到产品设计、服务流程设计、投入正常运营的一系列决策过程，有效激发电信员工以用户为中心的创新意识，鼓励各级员工围绕市场需求积极研发推广新产品。

（梁华伟）

【支撑“智慧教育”建设】 年内，无锡教育信息化区域综合试点方案明确提出依托无锡分公司建设涵盖各级各类教育的信息化公共服务体系。近年来，无锡分公司针对全市教育行业的信息化变革举措，实施周全的服务和技术保障方案，将光纤及高速移动网络全面覆盖城乡各类教育机构，与高职院校共建“物联网技术应用实训基地”，成功应用推广“宝宝在线”“翼校通”等教育信息化项目。此外，还在校园并轨开通无线有线高速网络，推进多媒体教学、物联网技术在校园的规模化应用。

（梁华伟）

【推广桌面平移信息化应用】 年内，无锡分公司在工商、石化、保险和特种设备检测等行业积极推广创新设计开发的“桌面平移”信息化应用。该应用通过镜像虚拟化技术和安全接入技术，可实现PC上各类信息化办公系统快速无损安全地平移到手机、平板等移动终端。该技术无需另外开发软件，只需在内部一次部署移动云办公管理平台和服务器，通过云端热备份技术，就可实现手机、平板电脑在任何环境下安全地访问内部所有的B/S、C/S的办公及应用系统，方便工作人员移动办公，提升各行业工作效率。

（梁华伟）

【助力开通“智慧督导”系统】 年内，无锡分公司助力市政府教育督导室成功开通“智慧督导—教学督导管理系统”，为提升全市责任督学工作效率，促进教育督导工作信息化发展奠定坚实基础。该管理系统分为PC端和安卓手机客户端。PC端管理平台可实现发送任务，汇总采集信息以及发布公告通知等功能。安卓手机客户端可实现任务接收、信息采集、网上报送、查看通知公告等功能。管理系统全部功能基本覆盖责任督学在日常工作中的各方面内容。

（梁华伟）

【助力劳动监察效能提升】 年内，无锡分公司为江阴人力资源和社会保障局量身打造劳动监察E通平台，利用桌面平移技术和电信3G/4G网络将劳动监察E通客户端平移至平板电脑和手机等移动终端，提升办公和执法效能，完善和健全劳动监察工作体系。通过后台同步，平台可将相关规章制度及内部文件要求同步到手持终端，满足工作人员的无线办公需求，提高文件的传达效率和执行力；同时，平台以信息采集为依托，通过逐步完善监察信息数据库，将各类用人单位信息和监察案件全部充实到平台数据库，提高信息的全面性和案件的追溯性；此外，在做好基础数据管理的基础上，人力资源和社会保障还可依托平台的数据分析功能，有针对性地对相关企业开展日常巡查、专项检查和书面审查，有效化解劳资纠纷、预警预防突发事件和处理案件。

（梁华伟）

中国移动通信集团江苏有限公司无锡分公司

【概况】 2014年，中国移动通信集团江苏有限公司无锡分公司（以下简称“无锡移动”）契合4G技术变革，率先完成4G网络建设与正式商用，推广和运营全新“和”系列服务品牌和综合信息服务应用，以全新、极速的移动4G网络为基础，专注于移动通信领域的发展以及社会信息化进程的推动，提供更贴近生活、贴切社会的智能化、信息化服务。推进“智慧无锡”“无线城市”建设，拓展4G与物联网融合应用，为政府、公安、城管、金融、教育等各行业，提供“平安无锡”“国检通”“国土卫士”等一系列信息化解决方案。创新推出“车卫士”“和居家”“和孩子”等智慧应用民生工程。坚持“服务为根、用户为本”的经营理念，深入推进文明创建，争做优秀企业公民，连续8年开展“满意100”服务创建活动。公司先后获得“中央企业先进集体”“全国用户满意服务单位”“江苏省五一劳动奖状”“江苏省文明行业”“江苏省诚信单位”“江苏省用户满意服务明星企业”等称号。

（沈　超）

【建成全城覆盖4G网络】 无锡移动自2013年12月20日实现4G正式商用以后，已开通4G基站6000个，在省内率先实现高铁、高速、地铁、机场航站楼、商圈、景区、校园等重点场所4G网络全覆盖，建成一张360度全覆盖的4G精品网络。同时，无锡移动不断推进业务与网络同步发展，以亲民资费、优质服务、多样终端、多彩应用等赢得用户认可。

（沈　超）

【3个项目入选为民办实事项目】 无锡移动的智慧无锡平台建设、4G进公交、电动车物联网“车卫士”3个项目入选无锡市政府2014年为民办实事项目。其中，电动车物联网“车卫士”已连续两年入选市政府为民办实事项目。

（沈　超）

【推出可穿戴智能产品“和孩子”】 9月，无锡移动面向幼儿园和中小学学生实际需求，创新研发推出儿童语音智能手表“和孩子”，采用卫星和基站双定位技术，具备高精度的实时定位、轨迹追踪功能，家长可对孩子随时发起定位请求，即时了解孩子的实时位置。同时，产品借鉴互联网热门应用微信的操作模式，支持家长监护人手机微信和手环的一键双向对讲，实现监护人家长与儿童的语音通信互动。此外，家长还可通过电子围栏设置提醒，将孩子离家、到校、离校以消息提醒形式推送到家长手机或微信上。

（沈　超）

【打造省首个可视化虚拟养老系统】 12月，无锡移动打造江苏省首个可视化虚拟养老服务系统。“和居家”系统以互联网电视系统以互联网电视、智能手机为载体，基于运营商的宽带网络，在全省范围内打造集家政服务、医疗康复、法律咨询、健康档案管理等服务和管理功能于一体的“虚拟养老”服务平台。老年人不仅可通过电视、手机与亲朋好友视频通话，还可通过操作电视屏菜单、客户端界面，挑选、享受专业便捷的养老服务，平台会按照老年人需求下达订单，并派服务人员上门或通过高清视频提供相应服务。

（沈　超）

【打造“国土卫士”视频监控项目】 无锡移动借助中国移动云计算和物联网前沿优势技术打造“国土卫士”视频监控项目，将基站高塔高清网络球机摄像头与后端信息化平台实时对接，单个监控球机可覆盖约2公里半径范围，集视频录像回放、定时彩信照片加载、图像智能识别报警触发、快速移动侦测、抓拍查询、语音对讲以及电子地图加载等多种功能于一体，可实现对所监控区域的智能化、大范围、广视野、全天候管理，有效解决国土管理监管面积大、巡检成本高、取证过程难等问题，显著提升国土系统信息化执法能力，可有效发现并制止违法用地、偷采偷挖矿山宕口行为。

（沈　超）

【打造4G“120”急救指挥调度系统】 无锡移动基于4G网络，为江阴市卫生局建设“120”急救指挥调度系统，打造4G急救车，为患者救治抢得时间。急救中心工作人员可通过车载GPS定位系统对急救车进行实时定位，通过4G车载视频监控系统掌握急救车内情况，借助4G网络将车上配备的平板电脑与急救中心服务平台连接，实现急救车与急救指挥中心、医院间的实时联网，调取病人健康档案、过往病史、PACS影像，实现院前预诊，还可与医院医生实时召开视频会议，对车内急救进行全面指导。

（沈　超）

无锡移动研发儿童语音智能手表　　（沈　超　供稿）

【打造大数据分析系统】 无锡移动为市旅游局建设游客信息采集与分析系统，系统包括旅游团队信息采集平台、游客反馈信息采集平台、基于WiFi热点的游客信息采集平台以及游客信息分析平台4部分。该系统通过前端各种渠道和信息来源的数据采集，完成中心平台的数据加工处理，形成旅游局所需要的业务报表，最终实现对游客、旅行社、酒店的全面管理和大数据行为分析，挖掘游客的二次消费需求，提升无锡旅游的舒适度和服务质量，推动无锡市“智慧旅游”建设进程。

（沈　超）

【与无锡地铁共同开启极速时代】 年内，无锡移动4G网络与无锡市地铁1、2号线同步投入运行，实测地铁上4G平均下载速率达60Mbps，站台、站厅内4G平均下载速率则可达70Mbps，全程呼叫成功率达100%。无锡移动在地铁通信规划设计阶段，就已同步部署沿线的2G、3G、4G网络建设，在地铁运行前就完成全线4G设备安装、调测和站点优化工作，实现4G信号的全线覆盖，同时，创新采用4G MIMO技术，实现4G网络信号双通道双收发，有效提升网络速度。

（沈　超）

【4G应用参展第五届中国国际物联网博览会】 9月25日，第五届中国国际物联网(传感网)博览会在无锡开幕。无锡移动作为中国移动通信集团物联网应用示范单位参展，以“4G助力智慧城市”为主题，通过4G即摄即传、4G车载监控、国土卫士、平安工地、献血监控、和游戏、和视界、4G微打印及多款4G智能终端的现场体验，凸显4G网络高速率、高带宽的优势；通过智能门锁、儿童智能手表等典型物联网应用，集中展示日趋成熟的物联网感知技术；通过“智慧无锡”“智慧医疗”“智慧交通”等智慧城市应用的现场模拟与演示，展现智慧应用为百姓生活带来的便捷。

（沈　超）

中国联合网络通信有限公司无锡市分公司

【概况】 2014年，中国联合网络通信有限公司无锡市分公司(简称“无锡联通”)盈利能力快速提升，坚持以改革促发展，推进专业化、扁平化营销体系改革，职能上收、资源下沉，体制革新取得成效。坚持以能力突破为基础，渠道销售能力、重大项目突破能力、维系服务能力、网络支撑保障能力等显著增强。坚持凝聚团队共识，后备干部培养常态化规范化、启动新大学生“雏鹰培养计划”、团队长建设基本到位，打通员工上升通道,队伍建设显成效。坚持清风正气、积极向上。干部业绩考核兑现，以业绩和结果为导向成为工作共识。加强风险管控,重点关注业务经营全过程。落实八项规定,抓好群众路线教育实践活动整改措施落地工作和干部作风建设。创新开展面对面的“总经理接待日”活动,解决事关企业发展和员工切身利益的问题。开展反腐倡廉宣传教育活动,遵守廉洁自律相关规定，规范干部员工工作行为。

年内，无锡联通成功举办第一届职工趣味运动会。组织“最美联通人”、20周年主题等活动。

(马小敏)

【管理人员执行力培训】 1月14日，无锡联通为提升公司中层管理人员的职业化素养及管理技能,以适应4G时代公司业务不断发展的需要，对中层管理人员进行执行力培训。培训特邀中兴通讯学院首席讲师进行，主要为更好地解决公司战略、政策得不到正确理解和贯彻;部门领导下达的任务没有有效执行;员工自认工作很努力,部门却不认可;部门内各自为政,无法提升整体团队高效执行力等问题。

(马小敏)

【联通版iPhone6首发】 10月17日零点,无锡联通iPhone6首次销售仪式在中山路云蝠大厦举行，与国内首发时间同步。这是继iPhone5以后再次在零点进行首发，网上营业厅www.10010.com也在零点开始销售。17日上午,无锡清扬路营业厅、苏宁广场、江阴澄江路营业厅、国通人民路营业厅、宜兴劝业广场、国讯和信店也开展首次销售。

(马小敏)

【开展后备干部竞聘选拔】 年内，无锡联通以公开竞聘的方式选拔后备干部。通过广泛宣传和动员,共有57名符合条件的员工参加笔试和面试。笔试主要考察竞聘人员的基础素质和能力水平,包括政治、历史、文学、逻辑、管理、文字表达等内容。面试阶段，公司领导和部分中层干部组成面试评委，结合竞聘人员的竞聘演讲和评委提问，对竞聘人员的工作业绩、工作能力、工作思路、逻辑思维等进行全方位的考察和评定。根据笔试和面试综合成绩,经公司党委和领导班子研究，首先拟定后备干部考察人员，通过对考察人员所在部门广大干部员工的民主考察和民主测评，最终确定9名竞聘人员成为公司后备干部并进行公示。

(马小敏)

【双向合作】 3月4日,中国联通江苏省分公司与红豆集团签署合作协议。6月24日,无锡联通与无锡职业技术学院签署《无锡职业技术学院信息化建设合作协议》。

(马小敏)

【获得荣誉】 年内，无锡联通先后获得一系列荣誉。被江苏省总工会授予“江苏省工人先锋号”称号,被全国通信行业评为“用户满意企业”。在江苏省全行业“用户满意服务”创建活动中,获省级用户满意企业、服务明星荣誉称号。在江苏省通信管理局开展的江苏“宽带中国2013专项行动”中,无锡联通因工作突出,被评为“2013年度江苏省‘宽带中国’专项行动先进单位”。

(马小敏)

【通信保障】 4月10日，第九届中国文化遗产保护无锡论坛在无锡阖闾城遗址博物馆召开。无锡联通对阖闾城遗址博物馆活动会场进行多次测试和优化,并在原3G覆盖的基础上拆旧设备补充2G的信号覆盖,确保会场2/3G网络的覆盖质量。4月13日,无锡国际马拉松赛在蠡湖之畔鸣枪。为做好此次国际级体育盛会的通信保障，无锡联通对3条赛程的路线进行详细路测，针对沿线基站进行紧急扩容与天馈优化,赛事当天安排无线、动力、线路维护人员沿线待命，网优人员监控沿线基站话务负荷变化。活动期间,为广电网络媒体、公安远程视频监控提供优质的3G赛况视频直播及安全监控等通信服务，也为参赛选手和观赛民众提供联通3G成熟、先进的快速网络体验。4月29日~5月3日,“2014中国宜兴两岸素食文化暨绿色生活名品博览会”在宜兴大觉寺举行。无锡联通部署落实各项工作,完成为期5天的“素博会”移动通信保障任务。5月16~18日,2014灵山公益慈善促进大会在无锡灵山梵宫妙音堂开幕。无锡联通根据市委要求做好通信保障准备，到灵山梵宫和灵山大佛检查维护室分设备,进行全场信号测试,同时针对与会领导入住的元一希尔顿酒店和马山温泉酒店制定室、内外信号覆盖完善方案，在慈善大会开幕前紧急安装并开通两个3G拉远小站。在为期3天的慈善大会期间，两组现场通信保障人员分别在灵山梵宫内和灵山景区外基站待命，应急通信车也根据会务要求停放到指定位置,网管实时监测基站和室分设备的工作状态及小区指标。6月7~9日,无锡联通采取多种措施做好高考标准化考点的保障工作。8月16~28日,第二届青年奥林匹克运动会在南京举行。其间,无锡联通应省分公司要求对青奥公园、老山国家森林公园两个场馆在赛事期间进行通信网络保障。

(马小敏)

【江阴联通·香山书屋店挂牌成立】 9月24日，坐落于江阴联通澄江路自建厅内的联通香山书屋店挂牌成立。江阴联通协同香山书屋,共同打造联通职工之家示范点，开展全民阅读推广，以此吸引更多的读书爱好者。

(马小敏)

【清扬路自营旗舰营业厅获“百强营业厅”称号】 年末,无锡联通清扬路营业厅获“中国联通百强门店”称号。清扬路营业厅是无锡联通自营旗舰营业厅,是面向所有联通客户,提供规范、便利的销售和客户服务功能最齐全,服务最完备的营业厅。营业厅主要划分为客户体验区、产品销售区、业务受理区、自助服务区、售后终端区、VIP俱乐部、集团受理区7大功能区域。

(马小敏)

编辑 周胜忠

发展与改革

【概况】 2014年，无锡的发展与改革工作把握科学发展主题，把握稳增长、调结构、促改革主线，开展“项目建设深化年”活动，全市经济发展质量效益持续提升，各项社会事业持续发展。全年完成地区生产总值8205.31亿元，比上年增长8.2%；完成一般公共预算收入768.01亿元，比上年增长8.0%；完成固定资产投资4634.21亿元，比上年增长16.0%；城镇居民人均可支配收入达41731元，增长8.6%；农民人均纯收入达22266元，比上年增长10.1%。

（苏占刚）

【稳定经济增长】 年内，市发改委做好月度、季度经济运行分析，定期召开经济运行分析会议，开展季度工业、服务业景气情况调查，科学研判国内外形势变化，开展专题研究，并形成多篇调研报告与工作专报。制定出台《关于加快发展现代市场体系的指导意见》《无锡市促进行业协会发展条例(修正案草案)》《关于2014年政府向行业协会购买公共服务的实施方案(试行)》等文件，推进现代市场体系建设。牵头制定《关于加快推进产业转型升级的实施意见》《关于进一步推进战略性新兴产业发展的实施意见》，推进产业转型升级。牵头推进企业扶持政策和涉企收费专项治理工作，设立企业政策信息发布和互动平台，制定涉企专项政策汇编，取消、降低、免征涉企收费87项，减轻企业负担1.5亿元。完成市社科联2项精品课题和“十三五”前期研究课题等研究工作。向上争取工作成效明显，无锡获批国家下一代互联网、电子商务和信息惠民示范城市。全年获得上级各类扶持资金11.8亿元，比上年增长22%，其中，争取到国家和省战略型新兴产业扶持资金1.7亿元，省级太湖治理专项切块地方资金安排无锡5.1亿元。加强企业债券申报，全市有2只债券获得核准并发行，发行规模28亿元。争取光伏发电国家年度指导规模指标，在省能源局分解下达的分布式光伏发电2014年度新增建设规模中，无锡指标列全省第一。

（苏占刚）

【重点领域改革】 年内，市发改委推进“两型社会”改革试点，执行生态红线区域规划和主体功能区计划，改善生态环境质量。开展以太湖治理为重点的水环境整治，下力气防治空气雾霾，加大节能减排力度。淘汰落后产能，实施煤炭消费总量控制，制定全市煤炭消费总量控制方案和目标责任管理办法，实施重点用能企业能效提升工程。制定并组织实施《关于建立生态补偿机制的意见（试行）》，建立健全科学合理、积极有效的生态补偿机制。同时启动实施《无锡市水生态文明城市建设试点实施方案》，探索重要水源地以及流域上下游不同区域生态补偿协商机制。进行行政审批制度改革，承接和下放相关行政权力，制定投资“负面清单”，优化内部审批流程，制定《无锡市投资项目核准管理实施办法》。清理和调整现有的行政审批事项，拟保留的权力事项由原24项减少至16项，核准项目审批时间由20天缩减至5天，审批效率大幅提高。落实国家《关于创新重点领域投融资机制，鼓励社会投资的指导意见》，优化投资环境，鼓励引导更多社会资本参与重点领域建设，着手研究并起草PPP、特许经营等具体落实办法，争取继续向社会推出一批鼓励民间资本参与投资的具体项目。合理界定政府投资职能，提高投资决策的科学化、民主化水平，建立投资决策责任追究制度。拓宽项目融资渠道，发展多种融资方式。加强政府性融资管理，防范政府性债务风险。加强投资监管，维护规范的投资和建设市场秩序。深化医药卫生体制改革。加强医改统筹协调，制定下发《无锡市2014年医药卫生体制改革工作要点》。会同有关部门研究制定《关于深化医药卫生体制改革，建设现代医疗卫生体系的实施意见》，并研究完善医师多点执业制度和城乡居民大病保险制度。加强卫生资源合理配置，推动综合性医院与社区卫生服务机构建立稳定的分工协作、分级医疗、双向转诊制度。

(苏占刚)

【项目管理】 全市加快推进项目投资,固定资产投资比上年增长16%,完成年度计划目标。重大项目推进情况良好,180个市级重大项目完成投资1000亿元。万达文旅城、海力士五期等一批重大项目开工建设。建立健全市领导挂钩服务重大项目制度,健全重大项目协调推进、服务指导、监督考核"三大机制",建立推进例会、分工负责、强化招商、挂钩跟踪、现场服务、绿色通道、进度通报、督察检查、考核奖惩"九项制度",确保项目早落地、早开工、早投运。成功举办"2014年无锡—北京重大项目战略合作恳谈会",近百家央企、民企、外资企业、金融机构代表参加恳谈交流,共签署45项合作协议。结合国家和省有关文件精神,制定《关于进一步简化和提升企业投资项目审核管理的实施意见》,明确审核范围、方式,简化审核流程、环节,并拓展容缺预审的范围。建立领导挂钩服务重大项目制度,对重大项目的审批(核准、备案)、开工建设、投产达效等进行全方位跟踪服务。做好过渡时期外商投资和境外投资项目服务,方便企业办理相关手续。严格执行项目稽察制度。完成91个项目的稽察,对31个项目发出整改意见。牵头组织完成经一路延伸段工程等3个项目的竣工验收。完成城市职业学院、汽车工程学校、无锡高等师范学校3所学校项目的后评价工作。

(苏占刚)

【经济转型升级】 全市围绕建设"三地三中心"和苏南自主创新示范区目标,推进产业转型。加快总部经济、文化创意、服务外包等现代服务业发展,推进滨湖区省级服务业综合改革试点工作,制定《全市服务业综合改革试点工作方案》。推进服务业标准化工作,制定地方标准8个。万达文旅城、东方园林等一批重大服务业项目加快推进。推动新兴产业发展。履行战略性新兴产业发展办公室职能,推进新兴产业发展,国家传感网创新示范区建设成效显著,无锡新区跻身首批"智能传感系统创新型产业集群",物联网和云计算、高端装备、生物产业保持快速发展。年内,战略性新兴产业产值增长15%。推进能源结构调整,研究起草控制能源消费总量工作方案以及煤炭消费总量控制实施方案。推进分布式光伏发电应用,协调无锡高新区50兆瓦分布式光伏发电示范区项目加快建设。牵头组织公共资源交易中心机构的筹建和机制的创新,制定《关于深化无锡市公共资源交易体制改革方案》《关于进一步加强再生资源回收利用体系建设的实施意见》,推进"双百工程"和城市矿产示范试点工作,部分项目列入国家和省试点。开展低碳环保工作,在省内率先编制完成市级《温室气体排放清单(2010~2012)》并每年动态更新,做好2010~2013年度碳排放核算。

(苏占刚)

【规划统筹】 市发改委启动"十三五"规划前期工作,组织召开全市"十三五"规划编制启动暨前期研究工作部署会议,下发《关于做好"十三五"规划编制有关工作的通知》,明确"十三五"规划编制的阶段步骤、时间节点,全面启动"十三五"规划编制前期工作。广泛征集社会各界意见,印发《关于下达无锡市"十三五"规划前期研究重点课题计划安排的通知》,确定18个市重点课题,明确牵头单位开展研究,形成较高质量研究成果。起草形成"十三五"规划纲要基本思路。落实新型城镇化规划,牵头编制下发无锡市城市现代化和城乡一体化规划及实施意见,争取国家新型城镇化综合试点,制订试点方案并加强与国家和省的对接工作。在全省率先编制发布《无锡市主体功能区实施计划》,支持宜兴市积极申报国家主体功能区试点示范县(市)。苏南现代化建设示范区各项工作加快推进,太湖低碳创新示范区规划启动编制。

(苏占刚)

【发展社会事业】 市发改委牵头制定实施《关于深入推进民生幸福工程的实施意见》,围绕建设"幸福无锡"总体目标,城乡居民收入稳步增加,就业服务能力不断提升,社会保障水平持续提高,基本公共服务均等化水平全面提升。稳步推进收入倍增计划。无锡最低工资标准从1480元上调到1630元,市区居民养老保险基础养老金从每人每月310元提高到340元,城乡低保标准由每人每月600元提高到660元,企业退休人员基本养老金人均月增发247.5元。全市城镇居民人均可支配收入增长8.6%,农民人均纯收入增长10.1%。重大基础设施项目进展顺利,地铁1号线、2号线投入运行,苏南硕放机场二期工程建成,加快建设太湖新城、马山旅游岛、古运河风光带"一城一岛一带",城市功能进一步提升。天然气基础设施不断完善,新区LNG应急储备站竣工投运,提高城市燃气应急调峰能力。征集实施一批市委、市政府为民办实事项目,年内共完成12件79项为民办实事项目,市民调查满意率达到97.6%。全年新增城镇就业14.9万人。新开工建设、筹集各类保障性住房近5186套。完成旧住宅区综合整治改造205万平方米,完成中心城区各类危旧房住宅征收10.3万平方米。完成新建和改扩建幼儿园36所,新增养老床位3000张。市医患纠纷人民调解委员会暨医患纠纷调处中心挂牌运行。市区新辟公交线路47条。新增天然气用户9万户,改造老新村天然气用户7500户。造林绿化1334公顷,其中,成片林677公顷。完成骂蠡港河道清淤及部分护岸整治工程。完成护渎河、西泾河、唐周巷浜3条河道清淤工程。

(苏占刚)

国有资产管理

【概况】 2014年,无锡市国有企业发展和国有资产监管工作围绕深化企业改革,增强企业核心竞争力,提高企业发展协调性和可持续性,国企发展和国资监管各项工作取得积极成效。至年底,市属国企资产总额3714.73亿元,比上年增长13.9%;所有者权益1442.6亿元,比上年增长17.2%;归属于母公司所有者权益1262.19亿元,比上年增长17.2%。实现营业收入340.21亿元,比上年增长10.6%;利润总额53.93亿元,比上年增长16.2%;净利润45.34亿元,比上年增长12.9%;归属母公司净利润29.30亿元,比上年增长7.2%;上缴税费28.83亿元,比上年增长12.2%。完成国有资本收益收缴3.9亿元,比上年增长11.54%。产业集团位列"中国企业500强"第217位,国联集团、交通产业集团分别位列"中国服务业企业500强"第278位和第430位。

(张　萍)

【国资国企改革】 市国资委坚持制度先行,制定《关于进一步深化国资改革促进国企发展的意见》《关于推进国资改革十项重点工作的意见》以及分类改革、监管事项目录、财务风险管理办法等8个相关的制度规定。同时,对2005年以来出台的相关制度规定进行全面清理,对140件中64件继续有效的10件予以修改,66件予以废止或失效。

(张　萍)

【开放性重组】 市国资委通过国有、非国有资本共同参与相关项目、非国有资本增资参与国资现有开发项目等方式,发展混合所有制经济,共完成国联期货、诚鼎德同环境产业并购基金公司等17个项目,总投资30.02亿元,吸收非国有资本12.3亿元;同时,推进一级企业的开放性重组,引入国寿(无锡)城市发展产业投资企业以货币方式增资69亿元,绿洲公司23亿元,共引进社会资本92亿元。推进竞争型企业的股改上市工作,加快宏源科技、捷讯科技管理层增资持股和资产重组,通过引进战略投资者,促进企业上市成为混合所有制企业。启动国联证券在香港H股上市工作,人寿公司成功获批筹建,构建完整的地方金融体系。

(张　萍)

【监管手段和能力建设】 市国资委制定市属国有企业外部董事监事管理办法,规范外部董(监)事管理。制定市属国有企业财务风险管理办法,加强企业风险管控。对企业经济运行情况进行动态预测和监控,完善季度经营情况分析,根据国内外经济形势发展变化,部分市属国企经营出现较大困难的实际,对2013年度经营出现较大亏损的10家市属国企进行专题调研,主要就企业生产经营现状、亏损原因及构成、措施和展望等方面展开调查分析,提出相关建议,为企业经营决策提供支持。完善"国资监管信息系统"建设,做好资产评估备案工作,完成评估备案项目共26个,涉及资产账面值17.92亿元,评估值24.90亿元,增值6.98亿元,增值率38.95%。规范捐赠行为,核准和备案捐赠项目19个,金额1151.15万元。

(张　萍)

【重大工程项目建设提质增效】 全市全年完成固定资产投资155.85亿元。其中,列入市级重点项目共计17项,完成投资92.62亿元。地铁1号线、2号线建成运行。硕放机场二期航站楼扩建工程年底竣工,国际快件中心投用,开通无锡—首尔航线。大运河无锡段申遗成功。推进与央企开展重大项目战略合作,累计签约13个项目,涉及金额609.8亿元,其中,集中签约项目7个,涉及总额达437.5亿元,占全市签约总额的32%。向中央、省争取资金21196万元,为国有企业平稳发展提供支持。

(张　萍)

【市属国资全年计划投资超360亿元】 4月,市国资委完成国有监管企业2014年度投资计划的审核核准工作。2014年,市属国有企业投资项目共133个,总投资额达1102亿元,全年计划投资361亿元。其中,固定资产投资项目101项,项目总投资904亿元,当年计划投资174亿元。其中,结转项目30项,当年计划投资123亿元;新开工项目71项,全年计划投资51亿元。股权投资项目32项,项目总投资198亿元,全年计划投资187亿元。其中,新设项目18项,全年计划投资7亿元;增资项目8项,全年计划投资23亿元;收购项目6项,全年计划投资21亿元。

(张　萍)

【"千企万岗"助残招聘】 5月18日,市国资委组织全市39家国企参加"千企万岗"助残招聘活动。此次"千企万岗"助残招聘活动,由市人社局、市教育局、市残联和市国资委联合主办,为全力配合此项活动开展,全市39家国有企业拿出78个岗位151个职位供应聘人员挑选,活动当天有100余名残疾人进行报名登记。

(张　萍)

【两家企业入围中国服务业企业500强】 9月2日,在重庆举行的2014中国500强企业高峰会上,中国企业联合会、中国企业家协会连续第10次向社会发布"中国服务业企业500强"名单。无锡有两家市属国有企业入围,无锡市国联发展(集团)有限公司以81.73亿元的营业收入位列278位,较上年下降45位;市交通产业集团有限公司以39.27亿元的营业收入位列430位,比上年提升42位。

(张　萍)

【开展专项审计调查】 11月25日,市国资委组织召开市属国有企业资产出租和对外担保情况专项审计调查工作布置会。各企业分管领导、财务和资产管理部门负责人、相关会计师事务所代表等参加会议。会上,布置具体工作方案,从资产出租要求对制度建设情况、制度执行情况、方案制定情况、租金底价情况、招租形式情况、合同订立情况、租金收取情况、管理建议情况等8个方面进行调查;从对外担保情况要求对制度建设情况、制度执行情况、担保决策情况、合同订立情况、担保监测情况、风险控制情况、信息披露情况、管理建议情况等8个方面进行调查。市国资委拟通过此次调查,规范企业资产出租和对外担保行为,提高企业资产运营效益,防范企业经营风险,落实国有资产保值增值责任。

(张　萍)

【开展国企改革专项检查】 11月25日~12月10日,市国资委对国联集团、市政集团等企业进行专项检查。以书面检查和实地检查相结合的方式进行,严格依照规范开展专项检查,分析存在问题,提出整改措施。检查组对各企业在国企改制方案的制定、审批、清产核资、财务审计、资产评估、资产处置、产权交易等业务操作的程序规范方面给予充分肯定,同时针对部分企业在资产出租方面存在的问题提出整改要求。

(张　萍)

审计

【概况】 2014年,无锡审计机关紧扣经济工作中心,依法履行监督职责。全年,共完成审计和审计调查项目220个,为国家增收节支9.08亿元,其中,已上交财政4.5亿元、已减少财政拨款或补贴3.8亿元、已归还原渠道资金7524万元,完成政府投资审计总额70.2亿元,核减工程款5.87亿元。提交各类工作报告和信息453篇次,被批示采用375篇次。移送司法、纪检监察机关处理19起,13名相关人员受到党纪、政纪、法律处理。

(伏小军)

【政策执行审计】 根据审计署统一部署以及市、市(县)区两级党委政府要求,无锡审计机关先后集中全市审计力量对城镇保障性安居工程、耕地保护和土地管理政策落实情况进行审计,重点对教育、科技金融、环境保护等相关政策执行情况以及中央八项规定和省、市委十项规定落实情况进行审计。其中,耕地保护和土地管理政策落实情况审计,全市审计机关123名参审人员现场实施两个半月,每周6天工作制,在全省第一批率先完成现场审计任务。

(伏小军)

【财政管理和预算执行情况审计】 年内,全市审计机关将所有政府性资金纳入审计监督视野。首次将一般公共预算、政府性基金预算、国有资本经营预算、社会保险基金预算等"四本预算"同时纳入审计范围,重点评价预算执行效率,并结合财政预算执行审计对工业发展资金、市属国有资本收益情况、市区农贸市场改造提升等专项资金开展审计调查。部门预算执行情况审计则重点检查预决算编制、"三公"经费、公务卡管理等内容,全市审计机关重点检查30个市级部门、88个市(县)区级部门预算执行情况,促进有关部门提高预算执行的真实性、合规性,改善预算执行质量和效率。

(伏小军)

【经济责任审计】 全市审计机关坚持"全面推进、突出重点、健全制度、规范管理、提高质量、深化发展"的总体思路,加强对领导干部经济责任审计,强化对权力运行的监督制约,促进各级领导干部依法行政、履职尽责。全年,共对106名地方党委政府、党政部门和事业单位领导干部、国有企业领导人员实施经济责任审计,其中,任中审计41名,查处违规及损失浪费金额4.89亿元。

(伏小军)

【固定资产投资审计】 全市审计机关关注政府投资项目建设情况及项目建成后的运营状况和实际效果,对项目的经济效益、社会效益和环境效益进行客观评价,确保投资项目建设规范,资金投入安全、有效。全年共完成竣工决算审计项目36项,决算审计投资总额48.02亿元,核减工程款5.87亿元。市审计局和江阴市审计局顺利完成年度援疆审计任务。

(伏小军)

【民生审计】 全市围绕增进百姓福祉,促进公平正义,关注民生资金的分配、管理和使用等情况,关注强民惠民政策的实施效果,加强重点民生项目和资金审计,在促进资金及时拨付到位、规范管理和高效使用等方面发挥作用。对农贸市场改造提升情况进行审计,保障农贸市场改造提升工作的顺利进行。对住房公积金运行情况进行审计,促使5000多家企业的8万余名职工调高公积金汇缴工资基数。

(伏小军)

统 计

【概况】 2014年,无锡统计工作开展以投资改革试点、联网直报单位在线核查系统、月度劳动力PDA(手持电子终端设备)调查、各类信息化应用为主要内容的统计改革;推进以保真护统、强基固统、育才助统"三大工程"为主体的统计基础建设;完成以第三次全国经济普查为重点的各项普查调查任务;开展以紫砂陶瓷行业统计、手机报、统计资料开发应用、统计宣传为代表的统计服务;落实以教育实践活动、统计教育基地、《无锡统计60年》等为载体的统计队伍和统计文化建设。

(徐 洁)

【经济普查】 全市统计部门完成第三次全国经济普查机构组建、宣传动员、人员培训、现场登记、质量抽查、汇总评估和资料开发等12个阶段的各项任务。全市共查清查实法人单位12.7万家、产业活动单位1.3万家、个体经营户31.9万户。组织各级各类普查培训百余场次。编印《经济普查简编资料》,完成经济普查年鉴结构设计,确定并开展普查课题研究32项、分析研究81篇、技术研究5篇,全面完成经济普查主体工作。这次普查采用手持电子终端设备(PDA)上门对普查对象逐一进行普查登记,是统计史上应用现代信息技术最为广泛的一次统计实践。

(徐 洁)

【建立紫砂陶瓷行业统计制度】 市统计局为及时准确掌握宜兴紫砂陶瓷行业的规模、结构和经营情况,在大量基础数据分析和基层走访调研的基础上,无锡市与宜兴市两级联动,建立《无锡市宜兴紫砂陶瓷行业统计调查制度》,并于11月通过省统计局审批。《无锡市宜兴紫砂陶瓷行业统计调查制度》调查对象为全市范围内从事紫砂陶瓷行业的所有经济体,具体包括联网直报法人、非联网直报法人、个体经营户。调查内容包含调查对象的基本情况、生产经营情况及从业人员情况等内容,调查频率以年度为单位,调查方法为全面调查、抽样调查、重点调查相结合。

(徐 洁)

【统计监测分析】 市统计局在继续开展"八项工程"(转型升级工程、科技创新工程、农业现代化工程、文化建设工程、民生幸福工程、社会管理创新工程、生态文明建设工程、党建工作创新工程)、"基本实现现代化"、"民生幸福六大体系"(终身教育体系、就业服务体系、社会保障体系、基本医疗卫生体系、住房保障体系、社会养老服务体系)、"双百"(100家重点骨干企业、100家高成长科技型企业)工业企业、新兴产业、文化产业等统计监测的同时,建立月度社会消费品零售总额数据测算与使用制度,按月向各市(县)、区反馈数据。完善服务业统计,开展对村级集体经济股份合作社的统计试点。二季度起每月月初根据一套表开网后上报情况及时开展预测分析。9月起切实做好规模以上工业总产值、固定资产投资、社会消费品零售总额旬报工作。

(徐 洁)

【统计宣传】 市统计局制定"2014年无锡市统计局统计信息发布日程

表"并认真执行。首次与《统计公报》同步发布公报导读，在《无锡日报》上以2/3的版面刊载市统计局编印的"两会"画册内容，在《中国信息报》上整版宣传无锡市和有关市(县)区统计工作特色亮点。围绕第五届"统计开放日"系列活动展开宣传。通过《江南论坛》增刊宣传统计课题成果和工作成果。与《无锡日报》《江南晚报》等主流媒体合作，专版宣传"最美普查员"先进事迹、劳动力调查、《江苏省统计条例》解读等。

(徐 洁)

【基础建设】 全市统计部门落实"保真护统"工程，共对1000余家单位开展统计执法检查，查处统计违法案件19起。开展"一套表"联网直报企业专项整治工作，重点解决冒名报送和指令报送统计资料的违法违规行为。推进"强基固统"工程，开展"一区一特色、一站一品牌"建设。做好第二批三级统计规范化省级创建工作，全市所有市(县)区、镇(街道)均通过省级规范化建设的达标验收，其中，4个市(县)区、19个镇(街道)获得省级"规范化建设示范单位"称号。发放《江苏省统计条例》宣传资料1.1万册，并做好宣讲工作。启动"育才助统"工程，出台《无锡市2014~2016年统计教育培训"育才助统"工作规划》，举办"育才助统"镇街干部统计业务轮训班，提升基层统计的执行力和工作水平。

(徐 洁)

【宏观数据库投入使用】 市统计局统计宏观数据库整合全市各部门及相关城市数据资料，涵盖局内各专业和18个部门约2100多个指标，加载1949~2005年主要经济指标年度数据和2005年以来主要指标月度数据，并每月通过宏观数据库自动生成经济动态和城市动态资料，构建2009~2014年所有统计分析、2004年第一次经济普查、2008年第二次经济普查、2009年R&D资源清查、2010年第六次人口普查数据资料汇编等资料库。

(徐 洁)

【开展社情民意调查】 年内，市统计局通过"12340"全国社情民意调查热线和CATI访问系统开展社情民意调查。继续与《江南晚报》联合开设"民意大调查"专栏，开展交通出行、垃圾分类、中心商圈吸引力、投资意向等13期调查。完成房地产业现状、百姓马年新愿望、党的群众路线教育实践活动征求意见3项自主调查。做好终身教育满意度，市委、市政府重点工作民生事项满意度，"十二五" 医改规划中期评估满意度，省级机关绩效管理社会公众满意度等17项委托调查。

(徐 洁)

【建立教育基地】 6月，坐落在惠山区玉祁街道礼社村的薛暮桥故居和孙冶方纪念馆被命名为无锡统计教育基地。10月，薛暮桥故居和孙冶方纪念馆被命名为江苏统计教育基地。

(徐 洁)

价格管理

【概况】 2014年，无锡价格管理部门围绕使市场在资源配置中起决定性作用和更好发挥政府作用，加强价格总水平调控，完善主要由市场决定价格的机制，推进资源环境价格改革，提升价格监管和服务水平。全年居民消费价格指数上涨2.2%，低于苏南五市平均涨幅0.02个百分点，实现居民消费价格涨幅控制在3.5%左右的调控目标。

以健全价格形成机制为目标，实施水价气价改革，推进医药价格改革。以保持价格水平稳定为核心，分解落实调控目标，推进平价商店建设。打造价格信息发布平台，加强价格监测预警，改善价格调控。助推经济发展动力，加大涉企价费监管，推进公交事业发展。助推"三农"建设，营造良好价费环境。维护群众利益，科学制定无锡地铁票价，规范居民住房收费，有序推进教育价费改革，营造民生消费和谐氛围，推进惠民利民建设。以创先争优为追求，加强价格法治建设、价格宣传调研、价格公共服务、党风廉政建设，锻造过硬干部队伍。

(刘耀月)

【水电气价格改革】 根据全市经济和社会发展的需要，市物价局主动运用价格杠杆，服务推进转型升级和生态文明建设。水价方面，针对全市供水"双水源"、在省内率先实施"深度处理"等特点，组织多层次、多方面调研，完善照顾低收入群体的价格补贴政策，召开"十二五"规划水价改革听证会，为实施水价改革、完善阶梯式水价政策作充分准备。电价方面，会同经贸部门对19家高能耗企业和淘汰类设备实施惩罚性电价，对5家使用节能减排设备的企业落实取消惩罚电价政策。气价方面，根据国家和省统一部署，抓住CPI涨幅相对温和的有利时机，先后调整车用压缩天然气价格和非居民用天然气销售价格，近2年先后4次调整天然气价格，理顺天然气与可替代能源的价格关系。

(刘耀月)

【节能减排】 市物价局对5家环保设施符合规定的企业实施环保汽价，出台污泥处置价格，会同环保等相关部门开展排污权有偿使用和交易工作，涉企家数和交易总额始终保持全省第一。根据煤价及运价变动情况，实施煤热价格联动机制，按季审核调整蒸汽价格，确保无锡蒸汽价格在周边城市处于最低水平，有效减轻企业负担。

(刘耀月)

【医药价格改革】 市物价局推进县级公立医院医药价格改革，制定出台《无锡市县级公立医院医药价格综合改革动态管理实施细则》，指导江阴和宜兴市公立医院实行医疗服务价格动态管理，会同卫生等部门组织开展专项督察工作，确保改革措施落实到位。在全省率先制定出台中药饮片价格联动办法，并根据联动办法公布第一批61种142个品规和第二批198种328个品规中药饮片联动价格。聘请市相关职能部门、医疗机构、中药饮片生产流通企业、药品流通商会等单位人员，成立无锡市中药饮片价格专家评审小组，提高中药饮片价格决策的科学性和透明度，完善药品价格决策机制。

(刘耀月)

【出台新版物业服务收费管理实施办法】 市物价局在多次征求房管部门、物业服务企业、相关专家、学者以及居民业主意见的基础上，根据新版《江苏省物业服务收费管理办法》，制定出台全市的实施办法。明确停车服务内容及收费标准，放开部分代办服务、特需服务的收费，进一步规范物业服务收费行为。

(刘耀月)

【教育收费管理改革】 市物价局开展幼儿园收费政策评估工作，在全面梳理汇总市区106所公办幼儿园上报的收费情况调查表的基础上，选取不同等级具有代表性的14家公办幼儿园进行实地调研并开展成本监审，完善幼儿园收费政策。探索民办教育收费定价方式改革，对部分民办中小学的学费初次实行基准价加浮动幅度的定价方式，给予民办学校一定的定价自主权，促进民办教育健康发展。

(刘耀月)

【涉企价费监管】 市物价局结合收费年审，贯彻省行政事业性收费监督管理办法，编制发放涉企收费指南，动态调整涉及行政审批(服务)事项收费目录清单，先后取消、降低、免征行政事业性收费4项，减轻企业和群众负担近2000余万元。会同市法制办、政务管理中心等部门全面清理涉企行政事业性收费项目，编印公布涉企收费清单，同时放开部分具备竞争条件的商品和服务价格，及时调整企业付费负担监测网络，全面运行收费动态监管系统，为企业发展营造宽松发展环境，再次获“全国收费管理统计工作先进集体”称号。

(刘耀月)

【平价商店建设】 市物价局修改完善平价商店考核办法，对平价商店的经营状况、价格执行情况及诚信程度、服务质量等实行更严格的量化考核。组织价格志愿者参与平价商店的日常巡查，在“智慧无锡”移动终端和局政务网站同步推出“无锡菜篮子”栏目，每日公示采集的农贸市场均价和平价商店农副产品销售价，公布平价商店电子地图，方便群众就近选择平价商店。至年底，全市累计有平价网点217个、省示范平价商店3个。年内，全市平价商店销售平价蔬菜11102.4万公斤，销售金额42166万元，惠民金额为16862.4万元。

(刘耀月)

【制定无锡地铁票价】 按照市委、市政府的部署，市物价局研究制定无锡地铁票价听证方案，听取社会各界对地铁票价及优惠措施的意见建议，在充分兼顾政府扶持力度、地铁健康运行及市民承受能力的基础上，科学合理确定地铁票价方案，得到社会各界和广大市民的普遍认可，确保地铁1号线按期投入运行。

(刘耀月)

【发展公交事业】 针对全市公交运行状况，市物价局在省内率先出台公交定制票价，实行公共交通票制差别化管理，核定学生定制、旅游定制共4条定制公交线路票价，倡导绿色出行，满足不同层次市民的出行需求，有力支持市公交集团搞活经营、增加营业收入。

(刘耀月)

【打造价格信息发布平台】 市价格管理部门主动将惠民价格信息体系建设列入全市为民办实事项目，结合“智慧无锡”公共服务平台建设，围绕“菜篮子”、超市、医药、停车场、教育、公共事业、房地产、价格投诉等9个专题、2万多种重要民生商品和服务价格，全力打造“无锡价格在线”民生价格信息数据发布平台，方便市民群众查询相关价格信息。同时，借助市农委在各村建立的村务公开电子触摸屏平台发布民生价格信息，将价格为民惠民落到实处。

(刘耀月)

【降低公园景点门票价格】 市价格管理部门配合旅游部门共同开展“中国旅游日”无锡城市旅游休闲周活动，大幅降低公园景点门票价格，涉及旅游景点55个，平均优惠幅度53.31%，累计优惠42.38万人次，优惠金额约131万元。

(刘耀月)

【整治价费热点问题】 全市以缓解民生价格问题为重点，畅通价格举报渠道，重点整顿银行服务、汽车维修、医药卫生和宾馆酒店等行业收费，打击各类价格违法行为，全年共查处价格违法案件96件，办结价格举报投诉613件，实行经济制裁7290万元。

(刘耀月)

【民生价格信息监测发布】 市价格管理部门发挥170个规范采价点作用，加强对农副产品、成品油、建材、农资等重要商品和服务价格跟踪监测，通过价格政务网、社区公示栏、无锡价格在线等多种渠道，每10天发布一次，方便群众货比三家、理性消费，促进商家合理定价。全年共发布各类价格信息17万条，报送监测简报及各类分析文章130余篇，其中，1月上报的生猪成本收益分析报告，受到国务院和省领导的批示表扬。开展涉案、涉税、涉纪财物价格认定工作，启动价格争议调解处理和援助制度，市价格认证中心蝉联省认证工作先进集体称号。

(刘耀月)

【价格公共服务】 全市有序开展各类价格鉴证评估业务，共完成各类价格鉴证和评估项目4665件，标的金额7.1亿元，全面推行价格争议调解处理和援助制度。推进价格阳光工程，提升市行政服务中心物价窗口规范化服务水平，实行提速增效，全年共受理与办结各类承诺件520件，其中，审批事项的对外承诺平均办结天数21个工作日、实际平均办结天数8个工作日，审批服务时限平均提速61.9%。办结人大代表建议、政协委员提案16件，满意率达100%。

(刘耀月)

【法制建设和宣传】 市物价局修订《重大价格行政决策程序规定》，将合法性评估、廉洁性评估和社会稳定风险评估“三评合一”。制定行政调解和行政指导工作制度，提高价格争议处置和价格行政管理效率。坚持“凡调必审”，利用ECPA会计查证系统，提高成本监审工作效能，先后对教育、养老、供水、公交、景区门票等7个行业的43家单位的定价成本进行监审，核减不合理成本费用1.83亿元，核减幅度7.66%，连续第7年被评为全省成本工作先进集体。先后组织开展价格法宣传、景区价格惠民等10多次集中宣传活动，累计发布价格政务微博1290条，连续7次被评为全市专业法宣传优胜单位。通过《政风面对面》节目，走进电台直播室和电视台直播现场，和网民、市民面对面沟通交流、释疑解惑、解决问题。

(刘耀月)

工商行政管理

【落实登记改革】 1月1日起，全市工商系统在全省率先出台关于注册资本改革试点的实施意见，全面推行新设企业注册资本认缴制，当天颁发全省首张认缴登记的内资企业营业执照。3月1日起，又按照国务院部署全面落实改革举措，降低创业门槛。3月11日，集中颁发全省首批新版营业执照。全年共新登记各类内资企业26982户，注册资本1115亿元，比上年分别增长23.88%和122%；新登记外资企业法人210家，注册资本31.79亿美元，分别增长3.45%和14.93%；新发展个体工商户41529户，比上年增长14.40%。全年新登记的外资企业(非法人+法人)503户。

(许洪度 冯筱岑)

【换发新版营业执照】 9月1日起，在全市全面推进企业换发新版营业执照工作，并依据旧照存量和新照数量逐步推进个体工商户的换照工作。至年底，先后为建设银行、天惠超市等单位集中换照1500余份，全市各级工商登记机关累计完成换照7万余份。

(许洪度 冯筱岑)

【发展广告产业】 年内，全市新增广告经营单位480户，完成户外广告登记2267件；共查处各类广告案件276件，罚没款384.83万元（其中，新媒体广告案件59件，罚没款61万元）；共监测各类广告425040条次，发现违法广告11409条次，违法率2.70%。4月，在全国工商系统广告工作会议上，无锡广告产业园以综合指标第一的成绩被总局认定为国家广告产业园并授牌；以举办2014灵山公益慈善促进大会公益广告主题分会为契机，推动全国首个公益广告发展基金会成立，“公益广告人人网”项目同步启动。

(许洪度 冯筱岑)

【服务城乡发展】 全面开展市场兴农、品牌强农、合同助农、维权帮农等工作。新发展家庭农场192家，新指导申请农副产品商标3件，建成合同助农指导站5个。在经纪人培育发展过程中，按照“规范发展、扶强树优、城乡并重、量质并举”的发展思路，严把市场准入。对农村经纪人实行“低门槛准入”，在资格认定上提供优惠政策和快捷服务，年内共发展农村经纪人166余人。制定并实施《全市工商系统农资监管软件运行实施方案》，为建立农资经营主体、农资商品、农资商品质量监测、农资案件处罚、农资市场专项整治和农资预警及农资“黑名单”等基本信息数据库奠定基础。借助农资监管软件的推广运用，对农资监管工作进行专题调研，对农资监管软件推广应用中存在问题进行研究与分析，并提出相关意见和建议。

(许洪度 冯筱岑)

【延伸执法领域】 市工商行政管理部门对危害人民群众财产安全、侵害消费者合法权益等违法行为进行打击，全年共查办各类经济违法案件3226件。其中，一般程序立案案件2601件，罚没6222万元，案件总标值4.06亿元。案值100万元以上的案件41件，罚没款10万~30万元之间的案件95件，罚没款30万~50万元之间的案件15件，罚没款50万~100万元之间的案件10件，罚没款100万元以上的案件2件。其中，适用《中华人民共和国反不正当竞争法》的案件217件，适用《中华人民共和国商标法》及相关法规的案件249件，适用《中华人民共和国产品质量法》的案件230件。开展全市房地产市场专项整治，立案查办各类房地产市场违法案件116件，案值556.2万元；开展竞争执法和“双打”行动，查处商业贿赂案件30起，侵犯商业秘密案件4起；涉及假冒伪劣、侵犯知识产权案件264件。探索网络取证分析和ODR系统建设，承担全省网购商品质量抽检工作和无锡重点网络交易平台商品质量抽检。推进“红盾网剑”专项行动，共查办各类网络交易违法行为122起，罚没款总数151.8万元。

(许洪度 冯筱岑)

【加强权益保障】 市工商局开展新《中华人民共和国消费者权益保护法》社会宣传工作，主办“3·15”和你在一起大型广场咨询服务活动，向媒体公布保护消费者权益典型案例12件；先后开展血压计比较试验与冰冻食品价格和计量比对试验；对银行与部分公共服务企业展开专题消费调查评议。累计开展定向抽检1159批次，不合格商品生成案件174起；同时对消费者投诉、举报比较集中的服装、皮鞋、电动车、箱包、灯具等商品抽样送检256批次，不合格商品生成案件68起。年内，各级“12315”工作机构共受理消费者咨询、投诉、举报45797起，纠纷调处成功率96.38%，形成“诉转案”线索237起。全市已建立“12315”消费维权服务站551个，聘请专(兼)职工作人员1090名；消委会组织与基层法院进一步对接，形成“消委调解，法院确认”的工作机制；出台全省首个快递服务网点备案管理规定。

(许洪度 冯筱岑)

【食品安全专项整治】 年内，全市共组织开展过期食品、农村食品、婴幼儿配方乳粉、鱼肝油、粉皮、明胶等21次专项整治；累计出动执法人员3.78万人次，查处不符合食品安全标准食品9169公斤。为强化食品质量检验，在全市建立消费者送检、经营者自检、工商部门快速检测、法定部门定向监测“四检联动”食品质量监控平台，覆盖全市48家超市、101家集贸市场，共检测45.49万批次，其中，不合格4983批次，合格率99.89%。全年共计查办食品违法违章案件1970起，罚没款739.2万元。

(许洪度 冯筱岑)

【信用建设】 市工商行政管理部门树立“信用监管”大局观，推进企业年度报告公示制度，完善市场主体信用体系建设。截至12月31日，已有291628户主体完成2013年度年报，占应年报主体总数的81.04%。新发展重合同守信用企业430家，市政府命名表彰第九批AAA级重合同守信用企业247家，全市AAA级重合同守信用企业累计达3647家；21家企业荣获国家级“守合同、重信用”企业称号，35家企业通过国家级复审；至年底，全市重合同守信用企业总数达7030家；验收新申报和复核的文明诚信市场52家，对396家市场实施信用监管等级认定。全年共查处市场开办者和场内经营者不履行法定义务的案件657起，罚没款1952989.21元，其中，市场开办者不履行法定义务的案件31起。

(许洪度 冯筱岑)

【处置无证无照经营】 全市共发现无证无照经营5268户，引导办照和取缔户数3315户，抄告相关前置许可部门1953户(次)，立案查处594户，罚没款793.41万元。

(许洪度 冯筱岑)

【创建“百千万工程”】 至年底，全市已有省级示范单位83个，先进单位229个；示范行业18个，先进行业14个；示范街（区域）32个，先进街（区域）50个。培育市级放心消费先进、示范单位462家。

（许洪度　冯筱岑）

【完善网络监管】 年内，网监分局共接收总局网络主体数据16116条，数据人工比对主体数据27184条，核查89781家网站信息，更新15853家网站主体数据，申请关闭网站13家，网络经济主体较上年增长101%。全年共受理投诉咨询555起，其中，电话投诉118起，现场投诉25起，电话咨询30起，现场咨询20起，接省局市场处流转投诉6起，接“12345”转投诉9起，接市局“12315”平台投诉347起。在“红盾网剑”专项行动中，各直属局、分局共查办各类利用网络从事不正当竞争、销售假冒伪劣商品和侵犯商标专用权等违法行为33起，罚没款总数65万余元。

（许洪度　冯筱岑）

食品药品监督管理

【概况】 2014年，市食品药品监督管理系统立足保健食品、化妆品、药品和医疗器械质量安全监管职能，强化日常监管，将监管与服务相结合，推动社会共治，全市药品、保健食品、化妆品、医疗器械“三品一械”安全形势稳定向好。行政处罚案卷和行政许可案卷在重点评查单位中获第二名。“饮食用药安全365宣传服务”获评江苏省优质服务品牌，无锡食品药品行业“少儿悦读e站”志愿者服务队获评2013年度无锡市志愿服务活动先进集体和2013~2014年度无锡市青年志愿服务优秀项目称号。市级机关绩效管理和作风建设综合考评排名再次提升5个位次。荣获省级依法行政示范点、全省“六五”普法中期先进单位荣誉称号。

（尹年华）

【开展专项治理】 市食品药品监督管理系统医疗器械虚假注册申报、违规生产、非法经营、夸大宣传、使用无证产品的“五整治”专项行动，巩固打击保健食品非法生产、非法经营、非法添加、非法宣传的“打四非”成果，开展以严厉打击药品违法生产、严厉打击药品违法经营、加强药品生产经营规范建设和加强药品监管机制建设为主要内容的“两打两建”等专项行动，完成南京青奥会药源性兴奋剂专项治理工作。全年累计查处药械违法案件188件，涉案货值310.58万元，没收物品标值47.69万元，没收违法所得178.21万元，罚没款总额493.66万元；取缔无证经营19家，捣毁制假窝点16个；监测违法广告8513条，移送工商部门提请查处违法广告6033条。

（尹年华）

【打击食品药品安全违法犯罪行为】 全年共移交公安机关涉嫌犯罪案件9件，案值3180.4万元，追究刑事责任30人。城区分局、江阴局、惠山分局分别联合公安部门查处“6·26”特大制售假药案，马某团伙生产销售假冒药品、保健食品等产品案，陈某等人涉嫌生产销售有毒有害食品案均入选省食品药品监管系统大（要）案。其中，“6·26”特大制售假药案涉案金额逾亿元，捣毁外地涉案窝点6个，批捕犯罪嫌疑人11人，被国家总局、公安部列为联合挂牌督办案件，并作为典型案件在省和中央媒体报道。

（尹年华）

【保健食品、化妆品监管】 全市开展保健食品生产企业质量授权人试点和保健食品安全风险隐患排查。组织化妆品生产、经营和使用单位专项检查，对4624家企业提出整改意见1605条。指导全市22家化妆品生产企业的400个产品通过国产非特殊用途化妆品备案。

（尹年华）

【药品监管】 市食品药品监督管理系统做好药品、药包材注册和再注册的现场核查与后续监管，对全市18家生产基本药物企业实施不少于2次的飞行检查，对全市47家药品生产企业和23家药包材生产企业实施全覆盖日常监管。全市无菌和非无菌药品生产企业新版药品GMP通过率分别达到100%和74%。强化医疗机构制剂监管和药物临床试验监管，未发生特药流弊事件。

全市21家药品批发企业、6家药品零售连锁企业、458家药品零售企业通过认证，对17家基本药物配送企业、4家互联网药品（医疗器械）交易服务企业和24家信息服务企业实施全覆盖监管。对2家疫苗经营企业进行监督检查。组织8家药品零售连锁企业开展远程药事服务试点。公告取消3家违法饮片供应商销售登记资格，约谈4家假劣饮片供应商，严把中药材及饮片市场入口关。

（尹年华）

【医疗器械监管】 市食品药品监督管理局医疗器械“五整治”专项行动经验和做法在全国“五整治”总结会上作交流发言。对1600余名生产、经营从业人员开展医疗器械新法规体系培训，完成第一类医疗器械注册“回头看”工作。对全市569家装饰性彩色平光隐形眼镜、无菌和植入性医疗器械等企业实施专项检查，对11家生产企业、1家经营企业予以不良行为登记，7家生产企业和22家经营企业注销生产、经营许可证，约谈11家有风险的生产企业，发放行政指导书8份。全市47家无菌和植入性医疗器械生产企业100%通过规范验收，医疗器械产品注册现场核查抽样全部合规。

（尹年华）

【食品药品检验检测能力建设】 市食品药品监督管理系统完成年内市政府为民办实事药品检测合格率项目，药品检测合格率达到98.61%。发挥药品检测车“快速筛查、靶向抽样”的效能，新建16个地产药品近红外模型，开展药品快速检测4000批次。完成保健食品、化妆品抽样245批次及筛查100批次。参与国家总局和质检总局专项课题研究。市药品检验所新增化妆品领域7项检测能力，成为全省第8家具有非特殊用途化妆品检验资质的机构，开始承担省局化妆品行政监管和国产非特殊用途化妆品备案产品的相关检验任务，已具备食品、药品、医疗器械、药包材、保健食品、化妆品、环境检测7大类211项检测能力。

（尹年华）

【药品不良反应监测体系建设】 市食品药品监督管理局落实对市属公立医院和一级以上医院的医疗器械不良事件考核指标，建成4家医疗器械重点监测哨点单位。制定《无锡市药品不良反应/事件现场调查工作规程》，发布2013年度药品不良反应监测数据分析。年内，收集药品不良反应报告 6416 份。

(尹年华)

【医疗器械不良事件监测体系建设】 全市每季度发布医疗器械不良事件监测数据分析和工作通报。年内,收集药品不良反应和医疗器械不良事件报告 6517 份,继续保持全省领先。

(尹年华)

【信息化建设】 市食品药品监督管理系统推动全市 47 家药品生产企业通过省药品生产电子监管平台上传监管数据。建成新的药品经营电子审批系统和医疗机构备案系统,指导全市 31 家药品批发企业和 1270 家药品零售企业完成新版 GSP 计算机软件升级。巩固医疗器械生产电子监管系统,启用全市医疗器械经营电子监管系统和医疗器械经营审批系统,全市 1300 余家医疗器械生产经营企业电子监管覆盖率达 100%。推进食品药品监管政务平台和社保、卫生部门与本部门共用的区域药品管理平台建设。滨湖区将"药品经营安全动态监管"确定为 2014 年十大法治惠民实事工程,加大药品信息化监管工作力度。

(尹年华)

【行政审批制度改革】 按照全市清理行政审批事项编制权力清单统一部署,市食品药品监督管理局梳理出本部门行政许可事项 2 大类 12 项,行政服务事项 11 大类 20 项;承接省局下放权力事项 12 项,下放江阴局、宜兴局权力事项 6 项。对"第二类医疗器械经营企业备案""第三类医疗器械经营企业许可"等多项行政许可(服务)事项进行流程再造,所有事项对外承诺时限比法定时限提速 51%。重新编制 8 大类 25 个子行政许可事项办事指南,完善更新各类许可事项的示范文本。全年共受理各类申请 1670 件,审批项目的按时办结率、办件准确率均达 100%。开辟为注册的个体工商户(不含港、澳、台居民申办的个体工商户)升级为企业(包括个人独资企业、合伙企业、公司制企业)的"个转企"、个体工商户升级为连锁式企业的"个转连"办理"绿色通道",发放 230 余份行政提示书,提示企业开办风险和药学技术人员在职在岗要求。推进"局长接待日"制度,年内共接待办事群众 300 余人次,所提问题均得到圆满解决。

(尹年华)

【助力生物医药产业发展】 市食品药品监督管理局积极对接服务百时美施贵宝药品生产、阿斯利康、华润无锡物流配送中心建设和百时美施贵宝、纽迪希亚经营企业开办等重点医药产业项目。开展"促进医药产业发展园区行"等帮扶企业活动,全市新增 13 家医疗器械生产企业,一批"530"企业销售过千万元。大力促进药品流通领域发展和质量安全保障水平提升,全年全市药品批发、零售连锁和零售企业累计投入 7900 余万元进行认证改造,企业药品经营条件得到显著提高,全市新增 3 家药品批发企业和 5 家药品零售连锁企业,药品零售连锁化比率比上年提高约 10 个百分点。

(尹年华)

【推进社会共治】 市食品药品监督管理系统通过专家授课、组织研讨等方式,培训企业管理和技术人员 8000 多人次。为全市所有的零售药店配发服务承诺牌和投诉意见箱,引导和督促企业落实质量安全主体责任,接受群众监督。

开展"三品一械"生产经营企业和医疗机构药品质量安全信用等级评定并向社会公示,A 级以上企业占比达 92.2%。在保健食品、化妆品经营企业中启动诚信示范建设和典型失信企业"黑名单"曝光工作。

通过参与"政风面对面"与广大群众互动交流并接受咨询投诉。全市依托"饮食用药安全 365 宣传服务"活动和食品药品安全科普宣传站、市法制宣传教育中心食品药品安全主题馆建设,拓展宣传阵地。打造"无锡食药监"政务微博品牌;创新制作以无锡元素"阿福、阿喜"为形象的医疗器械公益动漫宣传片,在公交、地铁、移动电视上播放;举办"医疗器械质量万里行"江苏无锡站活动,《人民日报》等 7 家中央和省级主流媒体进行集中报道。

(尹年华)

质量技术监督

【概况】 2014 年,无锡质量技术监督部门落实《质量发展纲要》,推进质量强市建设,作为江苏唯一的实地考核城市,接受国务院质量工作考核组对全省质量工作考核,得到高度评价。根据《省委办公厅省政府办公厅关于印发〈江苏省人民政府职能转变和机构改革实施意见〉的通知》,省、市、县质监部门由省级以下垂直管理调整为地方政府分级管理。

(单衍超)

【质量强市建设】 无锡推进立体化质量强市建设,兴澄特钢获得全国质量奖,红豆集团获评全国质量标杆企业,阳光集团、海澜集团获得江苏省质量奖。江阴高性能特钢及制品产业和灵山佛教文化主题创意旅游产业知名品牌创建示范区通过国家验收。"市长质量奖"评选范围从生产领域向建筑领域、服务行业和新兴产业延伸。无锡在 2014 年度质量强省绩效考核中名列全省前茅,8 项重要指标名列全省第一。

(单衍超)

【计量认证】 无锡在全省率先开展能源计量审查工作,完成 64 家重点用能企业审查工作和 294 座加油站、393 辆油罐车的油气回收检测工作。开展锅炉能耗测试和锅炉房安全节能双达标活动。开展能源管理体系评价活动,推进节能产品认证,推动环保达标的企业实施环境管理体系认证,能源管理体系认证证书比上年增长 50%。

(单衍超)

【标准化战略】 全市新增企业参与制定国际、国家、行业标准 172 项,比上年增长 13.1%;新增标准化专业技术组织 10 个,比上年增长 18.5%。19 个战略性新兴产业技术标准入选全省专项,数量占全省 38%。"无锡市街道(镇)人力资源和社会保障服务标准化试点"等两个项目被纳入国家首批社会管理和公共服务综合标准化试点,全市 8 个部门(行业)15 项基层站所公共服务规范备案发布,各单位实施标准化服务后的群众满意率始终保持在 98.5%以上。灵山景区成功入选 2014~2015 年度全国服务业标准化示范标杆,游客满意度继续领跑全国知名旅游景区。

(单衍超)

【食品安全监管】 全市共有 636 家企业 820 单元取得食品生产许可证,其中,新发证 68 家 87 单元,到期换证 149 家 179 单元,变更 30 家 35 单元。纳入监管食品生产加工小作坊 490 家。坚持开展舆情监测和抽样检测结果分析,及时采取措施防控风险并通报各级政府及有关部门,共出动监管人员 4465 人次,开展各类专项监督检查 17 次,检查生产加工单位 1943 家次,发现和整改问题 2301 个,联合各部门劝退、取缔食品小作坊 89 家。食品省级监督抽查合格率 99.45%。《无锡市机构编制委员会关于调整完善市级工商质监食品药品管理体制有关问题的通知》明确:将市工商行政管理局的流通环节食品安全监督管理职责,市质量技术监督局的生产环节食品安全监督管理以及化妆品生产许可和强制检验工作职责,市卫生局综合协调食品安全、组织查处食品安全重大事故和餐饮服务环节食品安全监管职责划入市食品药品监督管理局。

(单衍超)

【特种设备安全监察】 全市共有特种设备 258947 台(套),其中,锅炉 7067 台,压力容器 67939 台,起重机械 106555 台,电梯 56972 台,场内专用机动车辆 19012 辆,大型游乐设施 53 台(套),客运索道 4 条。在重要节假日、重大活动期间开展专项安全检查,根据全市特种设备使用特点开展电梯安全和在用液压升降作业平台专项检查,发现并整改各类隐患 2724 条。在全省率先推出电梯安全责任险,9000 多台在用电梯已完成投保,600 余台电梯实施物联网管理。

(单衍超)

【执法稽查】 市质量技术监督部门继续保持对食品、特种设备和重点产品质量安全违法行为的高压惩治力度,规范市场经济秩序,维护企业和群众的合法权益。全市系统共出动稽查执法人员 8155 人次,受理投诉举报 3607 起,立案查处违法行为 737 起,其中,大(要)案 14 起。

(单衍超)

【公共检测平台建设】 无锡地区质监部门有建成、在建国家中心(实验室)8 个,建成、在建省中心(实验室)9 个。其中,国家材料试验机型式评价实验室获批筹建,省级光伏产品可靠性等两个检测技术重点实验室获批设立,省传感产品质检中心获批成立,国家船舶材料质检中心通过现场评审,国家环保设备质检中心、省石墨烯检测技术重点实验室和无锡标准图书馆建设工程加快进行。新获批省部级以上科技项目 11 个,太阳能电池运行情况与地理位置及环境气候关系的研究等 3 个项目获得省局技术成果奖,石墨烯检测技术重点实验室完成 13 项实验室检测标准,填补国内空白;1 篇研究论文被全球核心检索网站 EI 收录。已建成的各级中心运行质量继续保持全省领先,光伏中心承担的江苏无锡光伏产品公共服务平台取得全省公共服务平台绩效评估第四的好成绩。

(单衍超)

【服务企业发展】 国家桥门式起重机械产品质量监督检验中心推出图纸修改设计等新服务项目,为起重机制造企业解决技术难题 42 个,帮助企业产生直接经济效益近百万元。光伏中心与全球主要光伏认证机构全部建立合作通道,一测多证服务降低企业检测成本 60%、缩短认证周期一半以上。实施营业执照、组织机构代码证、国税登记证、地税登记证、公章"一照三证一章"便利化改革,对特种设备注册登记等 6 项行政许可事项实施"流程再造",业务办理速度平均提速 41%,4 类事项进行环节压缩,2 个事项流程再造后办事者到行政机关一次性即可办结,行政审批时间大幅缩减。

(单衍超)

【服务民生】 市质监局对 46 台故障多发、居民反应强烈的老旧住宅电梯进行安全评估,成功为华通大厦 220 户居民协调解决电梯更换工作。对全市 942 家集贸市场和村级卫生室的 23229 台(件)贸易结算用计量器具、医疗卫生用计量器具实施免费检定,为群众节省检定费用 103.2 万元。处理群众各类申诉 375 起,开设 2 个血压计计量服务站,为全市 7000 余户家庭免费检修水银式血压计。

(单衍超)

国土资源管理

【概况】 2014 年,无锡国土资源管理部门适应新常态,把握新定位,以落实"双提升"(提升节地水平、提升产出效益)行动计划为统领,以深化国土资源管理体制改革为突破口,积极投身"四个无锡"建设,以创建国土资源"四全"(全流程优化审批,全区域便民服务,全业务网上办理,全节点效能监管)服务模式为代表的各项重点工作和改革工作得到有力推进,全市国土资源管理水平跃上新台阶。年内,无锡国土系统先后被评为无锡市"文明行业"、全省国土资源节约集约模范县(市)创建工作"优秀组织奖"、全省国土资源系统推进依法行政工作先进单位。

(周 勇)

【节约集约用地】 全市谋定"1236"(高举"一面"旗帜,即高举"全国节约集约用地先行军"的旗帜;坚持"两型"导向,即坚持无锡"资源节约型、环境友好型"的"两型社会"示范区建设;围绕"三大"目标,即"用地规模严格控制、国土空间布局优化、用地效益显著提升"三大目标;实施"六量"举措,即"强化规划约束控制总量、科学配置资源优化增量、创新市场机制盘活存量、优化结构布局用好流量、强化绩效管控提升质量、构建长效机制科学考量")节地战略,将省厅"双提升"要求与无锡实际无缝对接,科学谋定无锡节约用地战略布局,明确 3 大目标 6 项任务 19 项具体政策。强化配套机制建设,以工业用地调查、可利用资源调查和地理国情普查工作为基础,摸清全市存量建设用地家底,建立多部门土地利用效率共享数据库和全覆盖基准地价体系,全面构建差别化税收调节、城镇低效用地再开发、工业用地弹性出让、工业项目考核验收等机制。积极研究土地有偿使用制度,初步拟定《无锡市区划拨目录国有建设用地有偿使用办法》,对照划拨供地目录逐条确定土地有偿使用方式。全力服务保障发展,全年全市总供地 2536.03 公顷(其中,存量占比约为 64%),市级 180 个重大项目中 161 个完成供地。虽然市场整体受经济下行影响,但全年依然以比上年下降 47.7%的总供地,支撑 8.2%的经济增速和 8.5%的公共财政收入增长。加大盘活存量力度,市区完成定向盘活存量土地 533.29 公顷，完成"绿地工程"591.28 公顷，收回闲置土地面积 9.3 万平方米，征收闲置费 783 万元，全市闲置土地处置做到发现 100%、认定 100%。2014 年，全市单位建设用地 GDP 产出为 5.9 亿元/平方公里。

(周 勇)

【国土资源保护】 无锡国土资源管理部门突出规划引领作用，探索"多规融合"机制，与发改、规划部门定期会商，研究国民经济与社会发展规划、主体功能区规划、城乡规划、土地利用总体规划等"多规融合"的技术方案、标准和路径，已提出《探索开展无锡市"多规融合"工作建议方案》，优化土地利用布局。严守基本农田红线，全市科学划定 11.08 公顷基本农田，省厅下达的 10.99 万公顷基本农田保护任务全部落实到位；开展零散基本农田整合归并试点，形成《无锡市零散基本农田归并整合试点工作方案(讨论稿)》，待征求意见、修改完善后实施；建立基本农田生态补偿机制和保护预警机制，运用经济和科技杠杆激励保护基本农田。其中，自行研发、基于"四全"平台的基本农田保护预警机制，是全省乃至全国范围内基本农田规范管理的创新。开展土地整治复垦，全市实际完成土地整治项目新增耕地面积 575.49 公顷，完成率 146%，其中，耕地占补平衡项目新增耕地 397.8 公顷，城乡建设用地增减挂钩复垦项目新增耕地 177.69 公顷；完成高标准基本农田建设 9504.75 公顷，完成率 101%。规范土地市场秩序，全面清理处置全市各类违法违规用地行为，全年已依法制止、停止施工 417 起；督促自行整改纠正、恢复土地原状 81 宗，面积 28.83 公顷；依法立案查处违法用地 126 宗，面积 68.84 公顷(耕地 39.34 公顷)，落实追究责任 4 人。

(周 勇)

【改革创新试点】 市国土局对 12 项行政审批事项权力清单进行重新设置，将"四全"服务流程总节点由 43 个压缩到 35 个，全面建成覆盖国土资源"批、供、用、补、查"16 个专题、420 个要素图层的核心数据库，研发完成基本农田预警、供地率预警、地质灾害预警、批后监管预警、可利用资源动态管理等一批深层次应用，实行大厅(窗口)公共服务标准化建设，"四全" 服务模式实现全市域覆盖，国土资源服务水平和效能有了质的飞跃。3 月 12 日，省国土资源厅召开无锡国土资源"四全"服务模式推广会，把"四全"服务模式作为进行土地管理制度改革和行政审批制度改革的突破口，在全省国土系统予以推广。4 月 25 日，市委、市政府召开党的群众路线教育实践活动现场推进会，在市党政机关全面推广"四全"服务模式。新华社、中央电视台、《人民日报》、《光明日报》、《经济日报》、《新华日报》、《中国国土资源报》、《中国组织人事报》、《中国纪检监察报》等中央和省级媒体，都在显著位置对"四全"服务模式进行深入报道和解读。10 月 20 日，央视《新闻联播》以"流程再造、简政放权"为题报道无锡国土资源"四全"服务模式，产生极大影响。依据《苏南现代化建设示范区规划》，深入探索集体土地流转，允许依法取得的农村集体经营性建设用地按规划用于除商品住房以外的建设。从农村土地确权和土地收益分配制度的研究入手，探索搭建城乡统一建设用地市场交易平台，启动城乡一体的基准地价评估工作，稳步推进"两个产权、一个市场、同地同价" 的统一城乡建设用地市场建设。提速不动产统一登记工作，建立不动产统一登记联席会议制度，研究符合全市实际情况的工作方案和统一登记信息管理基础平台，并以滨湖区作省级试点为契机，依托"四全"服务模式和窗口，探索房屋登记和土地登记合署办公管理模式。

(周 勇)

【维护群众权益】 无锡国土资源管理部门实行"大监察"模式，优化整合法规条线和纪检监察条线的资源，集中专业力量解决疑难问题。市局法制服务办公室全年共受理集体土地责令交地案件 35 件，受理依申请信息公开 938 件，办理行政复议 67 件、行政诉讼 77 件、仲裁 13 件。纪检监察办公室完成"四全"平台监管办件 12 万余件，开展全覆盖检查 16 次，市区 41 个窗口全部安装视频探头，全时录音录像。以"四全"为依托，依法规范行政行为，逐项逐点依法梳理行政事项，确保所有的流程再造和制度设计都在 "法无授权不可为" 的框架下进行。积极配合巡视、审计专项工作，根据反馈意见分别迅速制定《整改工作实施方案》，并以此为契机，结合信息公开、诉讼、行政复议等有关争议案件开展"回头看"，对现行工作中存在问题和瑕疵实施研究，加以规范。贯彻省政府 93 号令，维护群众合法权益，起草《无锡市市区征地补偿和被征地农民社会保障办法(草案)》。积极保障安居工程用地，全市保障性住房供地 349.42 公顷，占住房供地总量 56.26%；全面完成集体土地调查建库和集体土地所有权确权登记任务，获得国家验收组的充分肯定(综合评价为优秀)；深入开展地质灾害防治工作，研发实现全省首例物联网在地质灾害预警预测中的运用；高度重视群众合理的利益诉求，有效处理信访积案 13 件，对已经或者依法应当通过行政复议、仲裁、诉讼等法定途径解决的信访诉求，引导纳入法治轨道妥善解决。

(周 勇)

安全生产

【概况】 2014 年，无锡安全监督管理部门以压降安全生产事故为目标，强化责任，严格监管，加强基层基础建设，深化专项整治，排查治理隐患，推进安全生产标准化，全市安全生产形势总体平稳。全年未发生重特大事故，较大事故在省控指标以内。比上年各类事故起数下降 17.8%，死亡人数下降 9.7%，连续第 13 年实现事故起数、死亡人数"双下降"，其中，非煤矿山连续 10 年"零"死亡。无锡市在省政府 2014 年度安全生产考核中连续第三年获得优秀等次。

(朱伟毅)

【形成"党政同责、一岗双责"工作格局】 9 月 22 日，市委、市政府印发《无锡市安全生产"党政同责、一岗双责"暂行规定》，安全生产"党政同责、一岗双责、齐抓共管"的工作格局初步形成，并明确由政府行政首长担任安委会主任，相关部门主要负责人任安委会成员。各市(县)区也相继发文件出规定，进一步细化各级党委、政府及工作部门、班子成员安全生产职责。

（朱伟毅）

【细化安全生产责任考核】 年初，市政府对全市安全生产控制指标和重点工作进行细化分解，实行季度考评和年终考核相结合的动态监控机制，强化目标管理和绩效考核。市政府还先后出台《无锡市安全生产工作目标考核奖惩办法》及其细则、《无锡市安全生产考核奖励暂行办法》等，强化激励约束。

（朱伟毅）

【构建事故隐患排查治理长效机制】制定隐患排查标准，全市市级29个部门共制定54个隐患排查标准，已有50509家企事业单位通过自查自报信息平台进行事故隐患申报。全年申报事故隐患24万余项，当年整改率97.7%。坚持安全生产事故隐患挂牌督办制度，全年市、市（县）区、镇（街道）三级共挂牌督办隐患整改项目453个，其中，市级二批挂牌督办48项，按期整改率100%。

（朱伟毅）

【提升企业安全生产水平】 无锡安全生产监督管理部门综合运用法律、行政、经济手段，落实企业主体责任，推进企业安全生产标准化达标工作，提升企业安全生产水平，全市有5686家企业完成安全生产标准化达标。其中，规模以上冶金等工贸企业达标率100%，危化、烟花爆竹、非煤矿山企业达标率100%，全市安全生产标准化达标的一、二级企业数量居全省第二。

（朱伟毅）

【开展春节和“两会”期间安全生产检查】 1~3月，市政府安委会部署对事故多发、易发的重点行业领域、地区以及安全管理基础薄弱的重点企业、单位，开展全面检查督察。其间，共组织检查、督察组3604个，排查企业10753家，排查整改事故隐患38400余条，有效预防各类事故的发生。

（朱伟毅）

【安全生产检查整改专项行动】 6月19日，市安监局印发《关于在全市生产经营单位集中开展安全生产检查整改专项行动的通知》，部署6月中旬至9月，在全市危险化学品、烟花爆竹、油气输送管线、非煤矿山、冶金有色等行业和领域，集中开展安全生产检查整改专项行动。各级突出工矿商贸、道路交通、建筑施工（含轨道交通）、消防等19个行业领域，排查治理事故隐患。其间，全市没有发生重特大事故、较大事故及有影响的生产安全事故或事件，各类事故死亡人数比上年下降8.4%，实现安全度夏，确保青奥会以及国庆期间安全稳定。

（朱伟毅）

【“六打六治”工作】 8月~12月，全市组织开展“六打六治”打非治违专项行动，各部门明确工作分工，做到重点突出、全面覆盖。“六打六治”（打击矿山企业无证开采、超越批准的矿区范围采矿行为，整治图纸造假、图实不符问题；打击破坏损害油气管道行为，整治管道周边乱建乱挖乱钻问题；打击危化品非法运输行为，整治无证经营、充装、运输，非法改装、认证，违法挂靠、外包，违规装载等问题；打击无资质施工行为，整治层层转包、违法分包问题；打击客车客船非法营运行为，整治无证经营、超范围经营、挂靠经营及超速、超员、疲劳驾驶和长途客车夜间违规行驶）期间；打击处理各类非法违法行为6610起；行政处罚718起，其中，没收非法所得并按国家规定上限罚款162件，处罚金额2331.78万元；责令停产、停业、停建295家，关闭取缔非法企业17家，对压降事故起到积极作用。

（朱伟毅）

【加强安全监管执法】 市各级安监部门实行明察暗访、“四不两直”（不发通知、不打招呼、不听汇报、不陪同接待，直奔基层、直插现场）检查督察机制，坚持专项执法、联合执法，加大执法检查频次和力度，定期组织专家对重点行业企业进行交流互查。全市安监系统共执法检查企业53881家次，督促整改隐患11.94万条，立案查处非法违法企业829家，处罚金额1270万元。按照“四不放过”（事故原因分析不清不放过，事故责任者和群众没有受到教育不放过，没有采取切实可行的防范措施不放过，事故责任者没有受到严肃处理不放过）的原则，查处各类安全生产事故，事故查处按期结案率、责任追究率均达100%。

（朱伟毅）

【开展安全月宣传咨询活动】 6月16日，“安全生产月”宣传咨询活动在万达广场举行。活动现场，由市安监局、质监局、公安交警支队、公安消防支队、交通局、海事局、建设局、卫生局、气象局、地震局、城管局、教育局、供电公司、华润燃气、地铁集团、红十字会、保险公司等相关部门和单位以及滨湖区相关政府部门及单位共40余个单位设立宣传咨询活动服务点，开展安全生产法规、知识宣传，向市民发放宣传资料，普及安全知识，并接受市民咨询。

（朱伟毅）

无线电管理

【概况】 2014年，无锡无线电管理部门登记各类专业无线电台44368部（不含业余），比上年增加5785部，增长率为15%。共核发换发无线电台执照8000余本，执照年检7000余本。全市无线电管理工作以对讲机清理整治和“打黑除伪”为重点，加大空中电波秩序维护力度。共开展无线电监测9689小时，其中，共发现不明无线电信号15个，识别5个，查实3个，查处7个；发现并取缔“黑广播”6起，打掉“伪基站”6个；排除有关国家电网、无锡地铁、无锡公安、空军预警机等多起重大无线电干扰。全年在对讲机清理整治中，发放整治通告和宣传材料600余份，补办对讲机设台手续700余份；组织参加国家司法考试、全国高考、研究生资格入学考试等12次重要考试反作弊活动，查获作弊案3起。完成南京青奥会、环太湖国际马拉松赛、2014环太湖国际公路自行车赛等8次重大活动无线电安全保障任务。出台《无锡市业余无线电台操作技术能力验证考试实施细则》，规范组织业余无线电操作能力测试和新版业余无线电操作证换发工作。全年组织A类、B类考试共14场次，换发A类、B类操作证书482本。

（叶　军）

编辑　周胜忠

综述

【概况】 2014年，无锡市农村各地围绕率先基本实现现代化目标，实施城乡发展一体化战略，加大农村改革创新力度，加快转变农业发展方式，推进现代化新农村建设，全市农村经济社会继续保持良好发展态势。全市各镇(涉农街道)工商两业销售收入20246亿元，比上年增长2.1%；其中，工业销售收入11536亿元，比上年下降1%；商业销售收入8710亿元，比上年增长6.5%。全市村级集体收入超过700万元。

(朱　瑶)

【农村改革创新扎实推进】 年内，市委、市政府下发《关于以“三改三化”(更大力度改革农业发展方式，加快推进农业现代化；更大力度改革公共资源配置方式，加快推进公共服务均等化；更大力度改革农民增收方式，加快推进农民市民化)全面引领农村改革，深入推进城乡发展一体化的意见》。围绕农村改革，深入谋划布局。深化村级集体经济股份合作社建设，建立村(社区)股份合作社，推进“政经分设”，组建镇(街道)股份合作社联合社，实行抱团发展，联合发展。37个村完成村(社区)经济股份制改革，累计有61.2%的村实现股改；钱桥、洛社、安镇、东亭、云林街道组建镇级社区股份合作联社，48个村级社区合作社实现抱团发展；累计12个镇街114个村(居)实施“政经分设”试点。在2013年4个村试点基础上，推开农村土地承包经营权确权登记颁证试点工作，成立由市委、市政府分管领导任正、副组长，市相关部门负责人为成员的全市农村土地承包经营权确权登记颁证试点工作领导小组，两办印发《无锡市2014年村土地承包经营权确权登记颁证试点工作方案》；在全市范围内选定40个镇(街道)和84个村，开展土地确权登记颁证工作，涉及1885个村民小组、约6万户农户和10666.7公顷承包土地。

(朱　瑶)

【农民收入稳步提升】 无锡市推进城乡一体的就业创业政策体系建设，鼓励镇(街)、村(社)集体牵头成立劳务合作社，完善创业扶持、创业培训、创业服务工作机制，全市培训农业实用技术人才2.6万人，培训农村劳动力38152人，其中，创业培训3372人，城乡劳动力就业率95.2%。完善合作组织收益分配机制，保障合作组织成员享受更多利润，全市近70%的农民持有集体经济股权，各类合作组织中农民股权收益额9.81亿元。扩大养老、医疗、失业、工伤、生育保险覆盖面，2014年，居民养老保险基础养老金提高到340元，比上年增长9.7%；征地补偿性养老金到龄人员提高到330元；未到龄人员提高到220元，比上年分别增长10%和15.8%；市区低保标准提高到每月660元，比上年增长10%。农民人均可支配收入22266元，比上年增长10.1%，连续5年超过城镇居民收入增速，其中江阴市农民人均可支配收入名列全省县级市第一名。

(朱　瑶)

【公共服务体系城乡接轨】 2014年，无锡市从群众最关心的就业、教育、医疗、社会保障等问题入手，建立城乡接轨的公共服务体系，促进基本公共服务均衡配置、合理布局。年内，全市社区卫生服务站规范化建设完成率98.8%，96%的村（涉农社区）幼儿园建成市级优质幼儿园，80%的农村基层公共体育设施免费向社会开放，农村公共文化设施覆盖率100%，92%的村文化活动室和100%的乡镇文化站实现全年无休开放服务。年内新建万亩以上达标圩区6个、标准化泵站172座，新增高效节水灌溉面积468.1公顷，新建改建农村公路60公里、农路桥梁57座。新建科普示范村(涉农社区)36个，100%的村(涉农社区)建成“民主法治村(社区)”，85%的村、97%的镇达到市级以上文明村、文明镇建设标准。

(朱　瑶)

【生态保护修复】 2014年，无锡市建立基本农田生态补偿机制，实施《关于建立生态补偿机制的意见(试行)》,对列入市土地利用总体规划的水稻田按每年每亩400元、阳山水蜜桃种植资源保护区按每年每亩300元、市属蔬菜基地按每年每亩200元进行补助。围绕创建国家生态文明建设示范市目标,推进生态保护修复工程,年内新增造林绿化面积1276.7公顷,自然湿地保护率44%,新建成省级以上生态村21个。宜兴市被认定为全国休闲农业与乡村旅游示范县,绿缘农业观光园、锡山区东港镇山联村被认定为全国休闲农业与乡村旅游示范点;宜兴市白塔村、滨湖区古竹社区和惠山区阳山村入围2014年"江苏省最具魅力休闲乡村";江阴市华士镇华西新市村、江阴市月城镇双泾村,宜兴市湖㳇镇洑西村、宜兴市西渚镇白塔村,锡山区东港镇山联村,惠山区阳山镇桃源村被评为"无锡市美丽乡村休闲旅游示范村"。

(朱 瑶)

城乡发展一体化

【概况】 2014年,无锡市围绕实现城乡规划、建设、管理、服务、保障一体化,加大农业发展方式、公共资源配置方式、农民增收方式改革力度,推进农业现代化、公共服务均等化、农民市民化3大类40项目标任务完成。全市"三集中"(乡镇工业向开发区和工业集中区集中、农民向城镇和农村新型社区集中、农业向适度规模经营和都市农业规划区集中)水平提升,全市乡镇工业集中区产出占全市乡镇工业经济总量的92%,完成145个自然村居民集中居住工作,农业园区化比重44.96%。

(朱 瑶)

【以"三改三化"引领农村改革】 年内,市委、市政府出台《关于以"三改三化"全面引领农村改革,深入推进城乡发展一体化的意见》,制定59项举措及目标。意见提出,加大农业发展方式改革力度,实现构建农业经营新体系、推进农业科技新突破、完善农业可持续发展机制。加大公共资源配置方式改革力度,完善镇村建设、公共产品供给、乡村治理民主机制,按城乡同步规划、同质标准、统筹建设要求,促进农村社会和谐稳定、文明进步。加大农民增收方式改革力度,推进"以股生财""以地生财""以房生财"方式,实现农民人均纯收入增幅超过城镇居民可支配收入增幅,财产性收入增幅超过农民人均纯收入增幅目标。完善要素流转市场,建立城乡一体的就业保障、产权交易、金融市场体系,发挥各级政府公共服务职能,为深化改革创造良好环境和条件。

(朱 瑶)

【扩大先导示范区试点】 2014年,无锡市把周庄镇、华士镇、和桥镇、西渚镇、锡北镇、玉祁街道、马山街道和梅村街道纳入城乡一体化先导示范区建设试点范围,全市先导示范区累计两批18个。制定先导示范区建设工作考核意见,加强专项资金绩效管理,引导先导示范镇街建设突出重点、体现特点、塑造亮点。组织18个先导示范区开展规划完善、产业转型、民生示范、制度创新等重大项目建设,加大发展投入,加快发展速度。

(朱 瑶)

【经济薄弱村扶持力度加强】 2014年,无锡市完善薄弱村扶持方式,大力强化财政扶持,出台《2014年无锡市帮扶经济薄弱村发展专项资金实施方案》,市级重点帮扶薄弱村增加到81个,安排薄弱村帮扶专项资金3000万元,是上年的6倍。开展经济薄弱村与机关、企业、园区、军队等单位的结对挂钩活动,促进薄弱村投资见效快、效用长、后劲足的出租物业经济;在基础设施、资金投入、标准厂房等项目建设和干部力量配备上加大扶持力度,鼓励兴建厂房、商业用房等经营性物业,推动市级重点帮扶薄弱村村级集体增长。年内,市级重点帮扶薄弱村村级集体收入平均达225万元,比上年增长12%。

(朱 瑶)

【幸福镇村建设】 2014年,市委农办协调各部门对分管幸福镇村建设指标进行动态监测和跟踪分析,针对村容环境优化、基础设施建设、社会保障改善等群众普遍关注的问题,加强数据统计分析,提出整改要求。年内,全市新建"幸福镇"18个、"幸福村"125个,累计建成"幸福镇"43个、"幸福村"618个,建成比例分别为75%和87%,提前一年完成到"十二五"计划末,全市二分之一涉农镇(街道)建成"幸福镇",三分之二涉农村(社区)建成"幸福村"的目标。

(朱 瑶)

【农村"三资"管理整改】 2014年,市委办、市政府办联合下发《关于加强农村集体"三资"管理的实施意见》,明确年内"三资"(资产、资金、资源)管理五大类十个项目任务。选取江阴市长泾镇南国村、宜兴市杨巷镇城典村、锡山区鹅湖镇青荡村、惠山区洛社镇福山村、滨湖区河埒

12月28日,农业部部长韩长赋(右一)到无锡考察无锡国家现代农业示范区

(市农委办公室 供稿)

街道北桥社区、新区江溪街道春丰村，重点就财务会计制度、内控管理制度的执行情况，开展“三资”管理审计试点，至年末，有10个集体和12名个人获全市农村集体“三资三化”（资产、资金、资源，管理制度化、规范化、民主化）管理工作先进称号。

（朱　瑶）

【成立“惠农贷”支持家庭农场发展】 2014年，市委农村工作办公室、市供销合作总社、无锡农村商业银行股份有限公司签订《“惠农贷”家庭农场风险补偿基金合作协议》（以下简称“惠农贷”）。根据协议，市农办出资100万元成立“惠农贷”家庭农场风险补偿基金，按1:10的比例由市农商行按相应期限档次最低贷款利率，向全市范围内经各市（县）、区农经部门认定，并获得“无锡市家庭农场证书”的家庭农场，提供单笔不高于30万元、总额不超过1000万元、期限不超过1年的贷款，满足家庭农场在生产经营过程中周转性、季节性、临时性资金需求，解决家庭农场缺少有效抵押物问题。年内，“惠农贷”向15家家庭农场发放贷款400多万元。与此同时，出台《市级示范家庭农场认定管理办法》《家庭农场建设资金管理办法》，全年登记家庭农场307家，创建省级示范家庭农场7家、市级示范家庭农场32家。

（朱　瑶）

【农民专业合作社建设】 无锡市坚持发展与规范并重的原则，加强对合作社依法登记、成员账户、财务管理、盈余返还、民主管理等内容的审核，出台《关于加强农民专业合作社规范化建设的意见》，在全市建立政府优先扶持合作社名录。641家合作社进入2014年政府优先扶持合作社名录，占全市工商登记合作社总数的26.4%。做好省市两级专项资金论证、申报和绩效评价，开展2010~2013年度省级农民合作社项目的自查自纠及专项检查。年内，全市新增各类合作组织335家，其中，社区股份合作社新增37家，合作组织总数达到3448家；创建市级以上“五好”专业合作社示范社32家，累计建成市级以上“五好”示范社191家、国家级示范社13家。

（朱　瑶）

【村级“一事一议”财政奖补增加资金配套】 按照省《关于下达2014年村级公益事业建设一事一议财政奖补资金的通知》要求，无锡市加大对新型农村社区、保留村庄和经济薄弱村的扶持力度。引导各类资金投入村级公益事业建设，从资产和财务管理专项资金中安排100万元村级公益事业建设以奖代补资金。年内，全市确定财政奖补项目231个，项目总投入19844.92万元。其中，江阴市确定财政奖补项目84个，省级财政奖补资金1066万元；宜兴市确定财政奖补项目69个，省级财政奖补资金1950万元；锡山区、惠山区、滨湖区和无锡新区确定财政奖补项目78个，财政奖补资金1420万元（省级财政奖补资金1200万元，追加奖励资金120万元，市级配套奖励资金100万元）。部分资金由村或企业自筹。

（朱　瑶）

【首笔土地承包经营权抵押贷款】 8月，经相关农经部门牵线，无锡农村商业银行与惠山区玉祁镇新云水产合作社、国蓉水产合作社签订贷

表33　　2014年无锡市农业农村重点工作完成情况

序号	主要目标	责任部门	单位	目标要求	完成实绩	完成率
	农业现代化					
1	农业园区化比重达到40%	市农委	%	40	44.96	112%
2	粮食播种面积150万亩	市农委	万亩	150	152.9	102%
	其中水稻播种面积78万亩		万亩	78	78.47	101%
3	新增高标准农田面积2万亩	市农委	万亩	2	3.01	151%
4	新增高效设施农业（渔业）3万亩	市农委	万亩	3	3.98	133%
5	新增市级以上农业龙头企业15个	市农委	个	15	28	187%
6	生物农业产业规模达到52亿元	市农委	亿元	52	62.9	121%
7	农业机械化水平达到88%	市农机局	%	88	88	100%
8	建设5个万亩以上达标圩区	市水利局	个	5	6	120%
	建设130座标准化泵站		座	130	172	132%
	新增高效节水灌溉面积6600亩		亩	6600	7021	106%
9	基本农田保护面积保持在164.82万亩	市国土局	万亩	164.82	165.98	101%
10	实施土地整治项目5900亩	市国土局	亩	5900	6725	114%
11	新建5个农业科技超市或现代农业科技创新中心	市科技局	个	5	6	120%
	新建5个农业科技示范基地	市科协	个	5	15	150%
	申报5个农业科技示范项目		个	5		
12	建成市级以上示范家庭农场30家	市委农办	家	30	39	130%
13	粮食流通现代化综合得分85分	市粮食局	分	85	85.09	100%

续表 33

序号	主要目标	责任部门	单位	目标要求	完成实绩	完成率
	公共服务均等化					
14	启动新一轮全市镇村布局规划修编	市规划局		完成	完成	100%
15	新增115个现代化新农村建设“幸福村”	市委农办	个	115	125	109%
	新增14个现代化新农村建设“幸福镇”		个	14	18	129%
16	建设6个农村河道综合整治示范镇	市水利局	个	6	7	117%
	建成11个省级以上生态村	市环保局	个	11	21	191%
17	完成135个自然村的居民集中居住工作	市建设局	个	135	145	107%
18	乡镇工业集中区产出占全市乡镇工业经济总量的比重达到92%	市经信委	%	92	92	100%
19	新增造林绿化面积2万亩	市农委	万亩	2	2.59	130%
20	新建改建农村公路50公里	市交通局	公里	50	60	120%
	新建改建农路桥梁50座		座	50	57	114%
21	90%的村(涉农社区)幼儿园建成市优质幼儿园	市教育局	%	≥90	96	107%
22	在镇(街道)残疾人服务机构、活动场所以及文化进社区示范点设立市残疾人数字图书馆阅览点达到99%	市残联	%	99	99	100%
23	基层公共体育设施(农村的乡镇、行政村和农民集中居住点的体育设施)免费向社会开放,免费开放率达80%	市体育局	%	80	80	100%
24	新建34个科普示范村(涉农社区)	市科协	个	34	36	106%
25	95%的村(涉农社区)建成“民主法治村(社区)”	市委政法委	%	95	100	105%
26	85%以上的村达到市级以上文明村建设标准	市文明办	%	≥85	85	100%
	97%以上的镇达到市级以上文明镇建设标准		%	≥97	97	100%
	农民市民化					
27	农民人均纯收入增长10%左右 (2014年最新统计口径为“农村居民人均可支配收入”)	市委农办	%	10左右	10.1	101%
28	村级集体收入增长10%左右	市委农办	%	10	10	100%
	其中市重点扶持的经济薄弱村村级集体收入增长12%以上		%	≥12	12	100%
29	城乡劳动力充分就业率保持95%以上	市人社局	%	≥95	95.2	100%
30	农业实用技术培训2.5万人	市农委	万人	2.5	2.6	104%
31	培训农村劳动力3万人	市人社局	人	30000	38152	127%
	其中创业培训2700人		人	2700	3372	125%
32	适龄居民养老保险覆盖率达到98.5%以上	市人社局	%	≥98.5	98.6	100%
	居民养老保险基础养老金(江阴、宜兴)增长15%以上		%	≥15	16	107%
33	居民基本医疗保险覆盖率达到99%以上	市人社局	%	≥99	≥99	100%
34	社区卫生服务站规范化建设完成率达到95%以上	市卫生局	%	≥95%	98.8%	104%
35	新农合(江阴、宜兴)人均筹资水平达到600元	市卫生局	元	600	662.06	110%
36	新增29个农村集体资产股份合作改革村	市委农办	个	29	37	128%
37	各类合作组织中农民股权收益总额达到9.7亿元	市委农办	亿元	9.7	9.81	101%
	新建30家市级以上专业合作社示范社		家	30	32	107%
38	新增34个农村土地承包经营权确权登记颁证试点村(不含整县和整镇推进试点单位)	市委农办	个	34	43	126%
	确定3个镇(街道)为整体推进土地确权登记试点(不含整县推进试点单位)		个	3	4	133%
	确定1个整县(区)推进土地承包经营权确权登记试点		个	1	1	100%
	市(县)区财政按不少于30元/亩标准保障试点工作经费(不含GPS测绘和信息化建设费用)			建立	建立	100%
39	新建30家为农服务社示范社	市供销社	家	30	30	100%
40	农村宅基地使用权登记发证率达到97.3%	市国土局	%	97.3	97.6	100%

（市委农办）

款合同，约定由农商行按相应期限档次最低贷款利率，向新云合作社股东名下确权的3.33公顷土地承包经营权授信100万元，向国蓉水产合作社股东名下确权的5.33公顷土地承包经营权授信160万元，缓解农业生产过程中的周转性、季节性、临时性资金需求，支持农业经营主体扩大生产。至此，无锡市首笔土地承包经营权抵押贷款生效。

(朱 瑶)

现代农业

【概况】 2014年，全市各级农林部门以实现农业基本现代化为目标，以全面深化改革为动力，以高端、高质、高效为方针，发展“六大农业”(精致农业、园区农业、“智慧农业”、生态农业、安全农业、和谐农业)，重点推进农村农业现代化、公共服务均等化、农民市民化等工作。年内，全市实现农业产值253.8亿元，农业增加值157.0亿元。

(徐 业)

【现代农业示范区建设】 2014年，全市各地坚持规模和质量并重方针，加快重点园区、重点项目建设，提升农业园区建设水平，鸿山生态农业园成为无锡市第6家省级现代农业园区，新认定市级现代农业园区10家，全市农业园区面积占耕地比重达到44.96%。完善园区管理机制，对全市128家重点园区实施跟踪管理，对13家园区进行动态调整。全年新建高标准农田面积2000公顷，高效设施农业（渔业）面积2600公顷。推广建设组培中心、检测中心、智能监控等先进设施，提升生产能力和经济效益。年内，市级财政落实6700万元专项资金，支持示范区建设。加快无锡现代农业发展基金运作，形成农业储备项目44个，重点投资悦禧玫瑰、正大畜禽、联业生物等企业。

(徐 业)

【农业产业化发展水平】 2014年，无锡市以农业龙头企业为重点，从政策、资金、金融等方面，加大新型农业经营主体支持力度。年内，新认定市级农业龙头企业28家，全市市级以上龙头企业达到127家，实现销售收入505亿元，比上年增长9.5%。加快品牌化发展，增强农产品市场竞争力。太湖翠竹、无锡毫茶、宜兴百合、宜兴脆梅、马山杨梅和阳山水蜜桃入选农业部《全国名特优新农产品目录》。滨湖区马山街道成为无锡市第4个国家级“一村一品”专业示范村镇(街道)。

(徐 业)

【农业转型升级】 年内，无锡发展生物农业、“智慧农业”和休闲农业等农业新兴产业，加快农业转型升级步伐。加大招商引资力度，推进重点项目建设，全市生物农业产业稳步发展。年内，新增生物农业企业13家，总数达到129家，实现产值59.6亿元。因地制宜，加强农业物联网示范点建设。新建江阴现代农业产业园物联网系统等示范点9个，优化完善宜兴智能水产养殖系统等示范点8个，在生产环境监控、在线监测、智能控制等方面发挥成效。锡山台湾农民创业园农业物联网综合应用示范项目入选全市十大物联网优秀案例。采取提升基础设施、挖掘文化内涵、打造知名品牌、开发特色商品等手段，加快休闲农业和乡村旅游产业发展。宜兴市被认定为全国休闲农业与乡村旅游示范县，绿缘农业观光园、锡山区东港镇山联村被认定为全国休闲农业与乡村旅游示范点。宜兴市白塔村、滨湖区古竹村、惠山区阳山村被评为2014年“江苏最具魅力休闲乡村”。

(徐 业)

【农业生态环境保护】 2014年，无锡市坚持生态修复和污染治理相结合，工程建设和制度建设相结合，加强农业生态环境保护工作。全年新增造林绿化面积1333.3公顷。开展林地年度变更调查，划定省级生态公益林1306.7公顷。开展非法侵占林地排查专项行动。做好森林抚育、林业有害生物防治和林木种苗培育与管理，提高森林资源质量，全市林木覆盖率26.6%。推进省级湿地公园、湿地保护小区建设，新增自然湿地保护面积733.3公顷，自然湿地保护率达到44%。市生态湿地保护建设研究会和野生动物保护协会开展国际合作交流和民间活动，为全市湿地保护和野生动物保护发挥作用。以太湖水环境治理和大气环境治理为重点，推进农业面源污染防治和秸秆综合利用工作，开工建设19个循环有机农业示范工程、15个养殖场整治工程和3个秸秆能源化利用工程，培育形成各类秸秆市场化利用主体43家。构建生态补偿机制。市农委在全面调研、先行试点基础上，参与生态补偿实施意见和资金申报办法编制工作，提出生态补偿范围、对象、方式和标准。11月，无锡市《关于建立生态补偿机制的意见(试行)》实施。

(徐 业)

【“智慧农业”应用示范项目】 2014年，全市农林系统围绕“智慧无锡”建设目标，在农业物联网工作上下力气，建设一批内容丰富、产业类型多样的“智慧农业”应用示范项目，其中新建江阴现代农业产业园物联网系统等示范项目9个，完善宜兴智能水产养殖系统等示范项目8个，在环境监控、在线监测、智能控制等方面发挥成效。锡山台湾农民创业园物联网综合应用示范项目被评为“2014无锡物联网十大应用案例”之一。截止到年底，无锡市“智慧农业”应用示范畜禽养殖面积15万平方米，设施栽培面积866.7公顷，水产养殖面积4866.7公顷，大田种植366.7公顷。

(徐 业)

【“智慧农业”服务手段】 2014年，市农委探索物联网技术在农业生产经营管理领域中的应用，完善智慧农业综合服务平台，强化“12316”三农专家服务、开展农业数字执法和龙头企业在线申报，实现线上联动、线下互动格局。在江阴市和宜兴市开展农业农村信息进村入户试点工作，入户服务内容包括生产技术、便民服务、远程教育、村务公开等方面，解决农民信息接收难、充值服务难、网络营销难问题。

(徐 业)

【无锡农商协会成立】 3月12日，无锡农商协会成立。该协会是由无锡市内国家、省、市、县级农业产业化重点龙头企业为主，其他农商企业以及相关企事业单位和有关人员，按照自愿、民主、平等、互利原则，自愿结成的区域性、行业性、非营利性质社团组织。有会员122个，其中企业会员109个，并成立种植业分会、畜禽养殖业分会、水产养殖业分会、花卉苗木业分会、加工业分会、流通业分会、生物农业分会、家庭农场分会、合作经济组织分会。年内，先后开展北京国际农商高峰论坛、台湾设施农业考察、安徽农业项目对接洽谈、主食加工业培训等活动。

（徐　业）

【江苏弘宇农业股份有限公司登陆天交所】 3月27日，江苏弘宇农业股份有限公司（以下简称“弘宇农业”）在天津万丽太达酒店举行挂牌仪式。弘宇农业在无锡高新区注册，2012年3月成立，是一家经营绿色、有机、高品质的农产品连锁企业，以打造品牌农产品为目标，拥有“原始口粮”“弘品坊”“弘宇”“HONYUM”等商标。弘宇农业计划用三到五年时间内，发展500家线下连锁网点或渠道，建设好包括自建平台、第三方平台等在内的电商平台，建立完整的品牌农产品O2O体系；并在基于包括农产品在内的农业物联网综合应用、在品牌农产品的规划建设引导、在功能营养保健食品的研发等方面，建立自己的高效团队、研发优势产品、探索更有效的赢利模式，在农业行业树立自己的标杆位置。

（徐　业　汪　英）

【伽力森主食产业（无锡）有限公司在“新三板”成功挂牌上市】 11月11日，伽力森主食产业（无锡）有限公司专场“新三板”挂牌仪式在京交所举行，成为国内唯一一家靠生产主食登陆“新三板”的企业。伽力森公司引进并吸收国外先进技术与经验，传承与创新并重，研发和生产具有中国人膳食特征，乐情享用的“冷鲜即食面”“冷冻乌冬面”“捞面火锅套餐”等产品，产品具有安全、营养、味美和无添加等特征，得到消费者青睐和国家有关专家认可，获批入选《国家2013年战略性新兴产业和结构调整专项项目》。2014年，伽力森被农业部评为“全国主食加工业示范企业”。

（徐　业）

【第二届寻找“无锡最美新型青年农民”结果揭晓】 6月，无锡团市委、市农委以“创业致富领头雁·青春建功新农村”为主题，开展第二届寻找“无锡最美新型青年农民”评选活动。活动经层层推荐、审查、筛选，确定20名新型青年农民代表为网络投票候选人，通过网络刊登候选人名单和简要事迹，进行社会公示，接受群众投票，最终江阴市爱心林艺园艺场总经理王慧等10人获2014年“无锡最美新型青年农民”称号。

（徐　业）

【农林综合执法】 2014年，无锡市加大农林综合执法力度，重点突出农药、肥料产品质量抽检。全年抽检农药样品124批次、种子样品46批次、肥料样品53个批次、兽药样品35个批次、饲料及饲料添加剂42批次、农产品60批次。其中，农药检测合格率91.13%，不合格样品主要以检出未经登记成份为主。肥料合格率96.23%，不合格样品主要以有效成分含量不足为主。兽药合格率为60%，不合格样品主要以假冒伪劣为主。种子、饲料的检测合格率均为100%。突出案件查处，严厉查处农业领域各类违法行为。全年全市农林执法部门下发查案通知18份，督办农资打假案件26起，涉及农资生产企业29个/次，涉及问题产品30个/次，其中，农药涉及11个单位，11个问题产品；兽药涉及10个单位，13个问题产品；肥料涉及4个单位，4个问题产品；饲料涉及1起群众投诉举报。年内，办结各类行政处罚案件81起，其中，农资领域40起，林业和野生动物案41起，移送司法4起。

（徐　业）

种植业

【概况】 2014年，按照“稳面积、提产量、控质量”目标，无锡市推进农作物规模化种植、标准化生产、产业化经营、社会化服务，各项工作取得显著成效。全市夏粮亩产356.6公斤，面积52573.3公顷，总产27.41万吨，其中，小麦亩产362.3公斤，面积49640公顷，总产26.98万吨，分别比上年减少1.8公斤、860公顷、0.83万吨；油菜亩产150.5公斤，面积3400公顷，总产0.754万吨，分别比上年增加6.4公斤、减少250公顷、增加0.022万吨。全市实种水稻52360公顷，比上年减少1830公顷；亩产606.53公斤，比上年减少1.33公斤；总产47.64万吨，比上年减少1.78万吨。加快蔬菜基地现代化建设，全年蔬菜播种面积47400公顷，产量158.2万吨，比上年增长0.8%；茶园面积5706.7公顷，产量6543.33吨；果园面积16180公顷，产量18.61万吨。

（徐　业）

【农作物防治覆盖面扩大】 2014年，全市病虫害专业化统防统治服务覆盖面扩大，注册农作物病虫害专业化统防统治服务组织269家，从业人员8033人，其中，持证上岗人数1115人，机械装备5549台，其中大中型装备1721台，日作业面积可达12733.3公顷。全年主要农作物重大病虫害专业化统防统治面积为322.3万亩次，占总防治面积的60.1%，粮食高产创建示范万亩示范区实现100%专业化统防统治，开展专业化统防统治地区节本增效明显，农药用量和次数均低于普通农户的单一防治。

（徐　业）

【耕地质量监测体系基本建成】 2014年，全市53个耕地质量监测点运作情况良好，耕地质量监测体系基本建成。全市部署稻麦监测试验36个，采集耕层土样53个，小麦、水稻籽粒、植株样360个，检测分析30个项目1800余项次，掌握全市耕地质量状况及其演变趋势。根据监测情况，全市耕地质量总体良好，有机质及氮磷钾等营养元素处于“中”及“丰富”等级，微量元素较为丰富，土壤含锌量中等，硼素相对较缺。

（徐　业）

【耕地质量建设与管理】 2014年，全市推广施用有机肥14373.3公顷，种植绿肥1386.7公顷，实施测土配方施肥101.1万亩次，通过多种措施补充土壤有机质，改善土壤养分结构，提升耕地地力。启动耕地占补平衡项目补充耕地质量评定工作，市农委、国土局联合印发《关于做好补充耕地质量评定工作的通知》，规范耕地质量评定程序。

（徐　业）

【粮油高产万亩片建设】 2014年全市承担部省小麦万亩片10个、油菜万亩片1个、水稻万亩片19个，其中，江阴徐霞客镇小麦万亩片、宜兴张渚镇油菜万亩片申请省组织专家测产。

（徐　业）

推广坡地山地专用单轨运输车等新型适用机械，开展芦蒿收获机的适应性试验，强化洋马、富来威等蔬菜移栽机作业试验。惠山礼贤生态农业基地引进花菜生产机械，实现翻耕、播种、移栽、植保、灌溉等主要环节机械化。宜兴市加大物联网技术推广与应用，高塍镇中农物联网设施机具推广889台套，建成市级茶叶清洁化生产示范基地5个。年末，全市拥有重点农业园区物联网技术应用示范点13个，覆盖水产和畜牧养殖、蔬菜、茶叶、果品等种养业。三新工程"茶园物理农业装备及智能化控制技术研究与成果转化"项目获省农业丰收奖二等奖。

（蔡宏雷）

2014年无锡市农机科技入户物化补贴发放仪式

（市农机局办公室 供稿）

【农机优质服务】 围绕春耕备耕、夏秋大忙，无锡市开展"农机优质服务月活动"，落实机具、人员、技术、供应等服务，全市出动人员1196人次，抢修机具1173台，送货下乡234次，供配金额184.8万元。发放"农机跨区作业证"、《农机跨区作业服务手册》1200份，建立跨区作业接待服务站64个；落实农机用油保供，实施"三优一免"(优先加油、优惠加油、优质服务，免费办卡)，"双优卡"(优先加油，优惠加油)用户8300多人。针对公安部门关于购买散装汽油的新规，联合市治安支队出台《农机手购买散装汽油管理办法》，发放农户购买散装汽油专用卡，解决农忙插秧机用油保障供给问题。实施"平安农机通"优惠政策，年末，全市入网用户1.06万户。

（蔡宏雷）

【农机操作管理教育培训】 2014年，无锡市开展秸秆机械化还田技术操作培训、高新适用机具推广与技术培训、农机管理人员培训、项目资金使用管理培训等，同时组织赴盐城调研农机职业技能培训鉴定及获证奖补工作。就高效水产生态养殖机械化技术和农机合作社做大做强等项目，赴苏州吴江长漾渔业生态科技发展有限公司、常州溧阳海斌和海清农机专业合作社实地考察。全年培训10231人次，完成技能鉴定1078人次，其中获证奖补800人。宜兴市农业机械技术学校被评为"全国农机职业技能培训和鉴定示范基地"。

（蔡宏雷）

【秸秆机械化还田新机具新技术试验】 2014年，江阴市、宜兴市和锡山区、惠山区设立试验示范点，引进犁旋复式机具8台，就麦秸秆还田作业进行试验，创新和探索秸秆还田技术、犁旋耕技术和机插技术集成运用的新路径。开辟秸秆利用新途径，惠山区南联农业合作社的农作物秸秆固化成型造粒项目投产运行，补贴额15.4万元；惠山区农机推广服务中心与企业设计的间接式秸秆热风炉，获国家发明专利证书，实现批量生产。年内，全市落实省级还田补贴资金819万元，完成秸秆机械化还田面积58066.7公顷，还田率56.6%。启动第三方对秸秆机械化还田作业核查，提高部门履职公信力。

（蔡宏雷）

【农机科技入户】 2014年，无锡市根据各区农业生产现状以及各区高效农业机械化薄弱环节，市级农机科技入户项目主推技术为设施农业机械化除草、耕翻、植保技术和茶叶机械化采摘、修剪技术。54台田园管理机、27台手推式机动植保机、17台割灌机、15台茶叶修剪机和8台茶叶采摘机，总价值30多万元，作为物化补贴，送给全市121户农机科技示范户和"双学双比"(学文化、学技术，比成绩、比贡献)女能手。

（蔡宏雷）

【农机安全生产】 无锡市贯彻《江苏省农业机械安全监督管理条例》，提高法治意识，规范执法行为。坚持"文明监理、优质服务"理念，开展"送检下乡、免费检验、一站式办公"等便民服务，全市农机综合"三率"(机具登记上牌率、年检率、驾驶人持证率)达96.6%。深化"农机安全生产年"活动，开展农机安全生产"六打六治"(打击矿山企业无证开采、超越批准的矿区范围采矿行为，整治图纸造假、图实不符问题；打击破坏损害油气管道行为，整治管道周边乱建乱挖乱钻问题；打击危化品非法运输行为，整治无证经营、充装、运输，非法改装、认证，违法挂靠、外包，违规装载等问题；打击无资质施工行为，整治层层转包、违法分包问题；打击客车客船非法营运行为，整治无证经营、超范围经营、挂靠经营及超速、超员、疲劳驾驶等问题；打击"三合一""多合一"场所违法生产经营行为，整治违规住人、消防设施缺失损坏、安全出口疏散通道堵塞封闭等问题)专项行动，全市共排查一般农机安全隐患472起，整改472起，整改率100%。

（蔡宏雷）

【农机政务服务】 年内，无锡市通过梳理农机行政权力事项，列出权力清单46项，全年行政权力网上办件1.8万多件，事项在线运行率100%，承诺件办结提速率75%，按时办结率与群众满意率100%。行政处罚案件全部上网运行，查处农机行政违法案件189件，行政处罚执行率100%，未出现投诉信访和复议诉讼现象。

（蔡宏雷）

表 34 **2014 年无锡市农机化基本情况一览**

序号	项目	单位	合计	江阴市	宜兴市	锡山区	惠山区	滨湖区	新区
1	一、农业机械原值	万元	97717.21	25113.21	46130	7539	12823	2819	3293
2	二、农业机械净值	万元	68179.09	16484.09	31996	5654	9489	2396	2160
3	三、农机总动力	万千瓦	100.44	25.13	53.47	9.71	8.19	1.87	2.07
4	四、拖拉机	台	7922	1908	4752	494	354	142	272
5	1.大中型拖拉机	台	2153	668	990	315	110	9	61
6	2.小型拖拉机	台	5769	1240	3762	179	244	133	211
7	五、拖拉机配套农机具	部	16591	3377	10911	1222	612	92	377
8	1.大中型拖拉机配套农具	部	8660	2501	4276	1032	422	57	372
9	2.小型拖拉机配套农具	部	7931	876	6635	190	190	35	5
10	六、种植业机械	*	*	*	*	*	*	*	*
11	1.耕整机(田园管理机)	台	3564	941	1633	294	426	216	54
12	2.旋耕机	台	5659	1147	3404	679	299	12	118
13	3.水稻直播机	台	300	4	244	44		2	6
14	4.水稻插秧机	台	3399	719	2042	551	50	20	17
15	其中:乘坐式	台	770	294	292	125	49	5	5
16	七、排灌动力机械	台	14261	3332	8055	923	1262	422	267
17	八、节水灌溉类机械	套	3770	2243	328	274	351	126	448
18	九、田间管理机	*	*	*	*	*	*	*	*
19	1.机动喷雾(粉)机	台	17411	4915	8641	1757	921	512	665
20	2.茶叶修剪机	台	1749	29	1036	219	37	417	11
21	十、收获机械	*	*	*	*	*	*	*	*
22	1.稻麦联合收割机	台	1475	373	823	173	58	10	38
23	其中:自走式	台	1181	278	743	120	24	7	9
24	半喂入式	台	595	132	322	82	24	6	29
25	2.其他收获机械	台	3463	787	1895	361	257	76	87
26	其中:油菜籽收获机	台	47	17	17	12			1
27	茶叶采摘机	台	682	10	399	31	181	61	
28	秸秆粉碎还田机	台	2662	755	1441	294	74	12	86
29	十一、收获后处理机械	*	*	*	*	*	*	*	*
30	1.机动脱粒机	台	17442	5775	10875	672			120
31	2.谷物烘干机	台	450	64	228	130	19	1	8
32	3.保鲜储藏设备	台	1339	273	648	263	75	42	38
33	十二、农产品初加工作业机械	台	6815	1157	4438	661	190	236	133
34	1.粮食加工机械	台	3564	927	1937	436	152	30	82
35	2.油料加工机械	台	299	69	181	31		5	13
36	3.果蔬加工机械	台	81		28	12	3		38
37	4.茶叶加工机械	台	2727	19	2290	182	35	201	
38	十三、畜牧养殖机械	套	3679	928	1103	1344	230	74	
39	十四、渔业机械	台	41345	5733	29235	2824	1884	1473	196
40	其中:增氧机	台	22077	3387	15280	1731	991	638	50
41	投饵机	台	15876	2274	10887	1093	893	583	146
42	十五、林果业机械	台	2242	443	1027	69	252	348	103
43	其中:果树修剪机	台	2183	443	1008	69	252	347	64

续表 34

序号	项目	单位	合计	江阴市	宜兴市	锡山区	惠山区	滨湖区	新区
44	十六、运输机械	*	*	*	*	*	*	*	*
45	1.农用运输车	台	1275		964	207	104		
46	2.手扶变型运输机	台	3373	310	1883	611	424	56	89
47	十七、农机化作业总体情况	*	*	*	*	*	*	*	*
48	1.机耕面积	公顷	118191	34963	64000	10921	5533	614	2160
49	2.机播面积	公顷	101207	25933	61660	8997	2200	257	2160
50	3.机电灌溉面积	公顷	56093	14200	31000	4400	4866	437	1190
51	4.机械植保面积	公顷	118680	38663	60000	9241	7133	1843	1800
52	5.机收面积	公顷	102708	26060	62790	9241	2200	257	2160
53	6.小麦机耕面积	公顷	48953	11333	30667	4620	1000	133	1200
54	7.小麦机播面积	公顷	48946	11333	30660	4620	1000	133	1200
55	8.小麦机收面积	公顷	49263	11530	30660	4740	1000	133	1200
56	9.水稻机耕面积	公顷	52491	14200	31700	4400	1134	124	933
57	10.水稻机械种植面积	公顷	50668	14200	30000	4287	1134	114	933
58	其中:水稻机播面积	公顷	5278	1405	3333	400		7	133
59	水稻机插面积	公顷	45390	12795	26667	3887	1134	107	800
60	11.水稻机收面积	公顷	52187	14200	31330	4400	1200	124	933
61	12.油菜机耕面积	公顷	2038	930	1000	101		7	
62	13.油菜机播面积	公顷	1290	200	1000	90			
63	14.油菜机收面积	公顷	1231	330	800	101			
64	15.农田机械化节水灌溉面积	公顷	12786	6400	2500	829	2341	516	200
65	16.机械化秸秆还田面积	公顷	59697	13580	35000	7210	1900	207	1800
66	17.机械化脱粒粮食数量	百吨	8123.75	1923.55	5000	747.2	153	20	280
67	18.机械化烘干粮食数量	百吨	1928.58	183.64	1300	356.24	61.2	2.5	25
68	19.机械初加工农产品数量	百吨	7713.94	2202.87	4800	519.42	2.55	39.1	150
69	其中:(1)加工粮食数量	百吨	6848.85	1923.55	4250	495.3	2.4	27.6	150
70	(2)加工油料数量	百吨	253.7	18.2	220	15.2		0.3	
71	(3)加工果蔬数量	百吨	195.96		180	7.55	0.06	8.35	
72	(4)加工茶叶数量	百吨	153.68	0.12	150	1.05	0.05	2.46	
73	20.农机跨区作业面积	公顷	53470	10330	36667	3933	1333	7	1200
74	其中:(1)跨区机耕面积	公顷	0						
75	(2)跨区机播面积	公顷	0		0				
76	(3)跨区机收面积	公顷	50837	10330	36667	1300	1333	7	1200
77	其中:跨区机收小麦	公顷	22564	4130	16667	750	467		550
78	跨区机收水稻	公顷	28273	6200	20000	550	866	7	650
79	十八、农机化作业服务组织	个	359	106	133	70	17	7	26
80	其中:农机专业合作社	个	221	75	113	18	10	2	3
81	十九、农机维修厂及维修点	个	140	48	53	23	15	1	0
82	其中:一级修理点	个	2		1	1			
83	二级修理点	个	35	17	6	5	7		
84	三级修理点	个	100	31	43	17	8	1	
85	专项维修点	个	3		3				
86	二十、农机化培训	人次	10231	2010	5860	873	668	91	302
87	二十一、农机化总投入	万元	12806.46	3530.4	4170	1580	1339	580.06	200
88	其中:农机购置	万元	6116.66	2157	2950	303	340	294.66	72
89	二十二、农机化总收入	万元	46343.5	16463.5	18950	6118	1918	1100	1794
90	农机化作业收入	万元	0						
91	其中:跨区作业收入	万元	0						

说明:农机保有量 182489 台套,其中高效机械 73208 台套,温室 4883 万平方米。★★★★★农机跨区作业面积:指外来农业机械在本县完成的作业面积

(蔡宏雷)

编辑 罗秋云

综 述

【概况】 2014年，全市工业部门面对严峻复杂的宏观形势和经济下行的压力，把握稳中求进、转型发展的总体要求，深化改革创新，全力促进工业经济平稳健康发展，全市工业经济运行质量效益逐步好转。

年内，全市实现规模工业增加值3017亿元，增长4.9%；累计工业申报销售16770亿元，比上年增长1.9%；工业产销率97.83%，比上年提高0.03个百分点；累计工业用电量477.5亿千瓦时，比上年增长0.3%；累计完成工业投资1746.3亿元，比上年增长12.5%。全市规模工业完成出口交货值2668.6亿元，比上年增长1.6%，增速比上年提高7.1个百分点，比一季度提高0.4个百分点，比上半年提高1.3个百分点，比三季度末提高0.2个百分点，保持稳步小幅回暖态势，呈现逐季回升格局。全市规模工业实现利税1247.9亿元，比上年增长10.2%；实现利润866.7亿元，比上年增长15.7%。利税和利润增速分别比上年提高10.6和19.2个百分点。主营业务利润率为6.0%，比上年提高0.9个百分点。企业亏损面持续收窄，比上年收窄0.37个百分点，比一季度收窄15.4个百分点，比上半年收窄6.7个百分点，比三季度末收窄4.4个百分点；亏损企业亏损额比上年下降9.8%。随着工业企业盈利状况的好转，工业税收增长较快，对全市地方财税贡献率有所提升。工业企业国税、地税收入合计占全市比重超过一半，达52.2%，其中，工业国税收入522.2亿元，比上年增长9.3%，比上年同期提高7.9个百分点；工业地税收入129.2亿元，比上年增长7.1%，比上年同期提高7.6个百分点。

全市主要工业品价格全年延续波动向下的态势，石化、钢铁、有色金属、光伏、纺织品等价格全面大幅下跌，12月末，PTA均价比上年下跌33.3%，螺纹钢下跌22.9%，线材下跌19.1%，板材下跌18.2%，多晶硅组件价格下降13.8%，直纺短纤维下跌21.1%，棉花下跌8.1%，铜、铝等有色金属价格分别下跌9.2%和6.7%。工业品价格整体低迷，市经信委监测的25种主要工业品中，除多晶硅片价格比上年上涨3.1%外，其余24只产品价格全线下跌，平均跌幅超过15%。

(陈学龙 张伟峰)

【新兴产业增长】 全市制造业领域战略性新兴产业发展良好，完成营业收入6945.1亿元，比上年增长13.2%。其中，物联网营业收入1254.3亿元，比上年增长39.5%；新能源产业687.6亿元，比上年增长3.5%；新材料产业2156.8亿元，比上年增长4.7%；高端装备制造业737.2亿元，比上年增长11.2%；节能环保产业825.8亿元，比上年增长10.6%；生物技术和新医药产业465.5亿元，比上年增长15.5%；微电子产业705亿元，比上年增长12.1%。制造业领域一批新兴产业加速成长，应用领域不断拓展。环保部环保物联网、卫生计生委医疗物联网等一批重大行业示范应用项目获国家部委推广，远景风场管理等一批商用模式逐步成熟。无锡物联网产业研究院牵头项目成为中国首个牵头主导顶层架构标准。环保工业园成为全国最有影响力园区。同时，根据无锡发展实际，加快推动3D打印、工业机器人、航空发动机和燃气轮机等产业发展，编制“航空发动机和燃气轮机”产业发展规划，推进“两机”关键零部件产业发展。工业强基和智能化工程项目建设取得积极成效。

(陈学龙 张伟峰)

【传统行业分化】 全市机械、冶金、纺织、电子、石化等五大传统支柱行业运行情况明显分化，除电子行业继续保持回暖势头外，机械、纺织、石化、冶金等行业受有效需求不足、价格下行等因素影响，产值增速出现下滑。电子行业受出口带动，保持较快增长，全年出口交货值、产值增速分别为7.6%和7.7%，分别高出全市平均增速6个和8.7个百分点。机械行业中，通用设备、汽车制造、仪器仪表保持较快增长，但电气机械、金属制品业回落较为明显，对行业增长形成拖累，全年机械行业产值价年产值超3000亿元关口，完成3071亿元，工业增速比全市工业平均增速高出4.89个百分点。全年产出增量超5亿元的分支行业有：计算机制造增5.61亿元，广播电视设备制造增12.56亿元，视听设备制造增39.08亿元，电子器件制造增34.99亿元，电子元件制造增17.95亿元，其他电子设备制造增13.78亿元。这6个分支行业增量达124亿元，为全行业产出总增量的107.82%。

（顾尧仁）

【行业利润创新高】 年内，全行业实现利润达到164.69亿元，比2012年的125.41亿元和2013年的105.83亿元，分别高出31.32%和55.62%，创出“十二五”规划以来新的历史高点。全年利润增量超2亿元的分支行业有：广播电视设备制造增2.17亿元，视听设备制造增2.85亿元，电子器件制造增40亿元，电子元件制造增5.15亿元。这4个分支行业年增量达50.17亿元，为全行业利润总增量的85.24%。

（顾尧仁）

【半导体、集成电路发展继续向好】 年内，全市半导体分立器件和集成电路行业呈现产、销、利全面增长局面。其产出分别比上年递增9%和15.4%，高于全市工业平均增速。无锡华润微电子的产、销、利分别增长4.1%、9.7%和113.1%；新潮科技产、销、利分别增长10.4%、10.9%和102.5%，海力士半导体产、销、利分别增长14.4%、16.1%和从上年亏损3.88亿元，扭亏为盈32.35亿元，海太半导体产、销、利分别增长10.7%、10.7%和-8.1%。

（顾尧仁）

【光伏行业现恢复性增长】 年内，新能源产业完成现价产值687.6亿

表38　2014年无锡市电子信息产业分行业完成情况

分支行业	现价产值(万元)		实现利润(万元)	
	全年	比上年增幅(%)	全年	比上年增幅(%)
计算机制造	800976	7.5	35514	45.5
通信设备制造	686371	2.7	23056	-20.1
广播电视设备制造	968758	14.9	55806	63.4
视听设备制造	4202080	10.3	150904	23.3
电子器件制造	6302256	5.9	495354	419.3
电子元件制造	3691747	5.1	182306	39.4
电机制造	2863216	18	280062	41.5
电池制造	502333	7.2	19105	-0.4
电光缆制造	8717901	-7	282800	-7.1
通用仪器仪表制造	611789	6.3	59929	33.9
专用仪器仪表制造	462764	9.3	44433	14
其他电子设备制造	909044	17.9	17678	2.1

（顾尧仁）

表39　2014年无锡市电子信息产业各分支行业生产情况

分支行业	现价产值逐季增幅(%)				实现利润逐季增幅(%)			
	一季末	二季末	三季末	四季末	一季末	二季末	三季末	四季末
计算机制造	-19.6	-2.6	4.8	7.5	-99.5	-42.4	-32.4	45.5
通信设备制造	12.5	13	3.5	2.7	20.2	-26	-22.5	-20.1
广播电视设备制造	6.7	14.7	12.5	14.9	111	53.7	55.7	63.4
视听设备制造	1.9	6.6	10.6	10.3	-29.5	23.3	20	23.3
电子器件制造	-8.3	-4.4	-3.5	5.9	亏损	-69.9	2639.3	419.3
电子元件制造	-2	0.6	4.3	5.1	121.8	104.5	37	39.4
电机制造	31.4	37.1	26.4	18	166.5	123	88.3	41.5
电池制造	10.4	-1.3	6.5	7.2	扭亏	亏损	-19.75	-0.4
电光缆制造	-9.6	-9	-3.3	-7	-18	-19.4	-10.2	-7.1
通用仪器仪表制造	21.3	8.1	4.3	6.3	120.1	71.6	33	33.9
专用仪器仪表制造	12.1	11.9	9.4	9.3	-5.1	8.1	-5.6	14
其他电子设备制造	7.9	5.6	23	17.9	亏损	-87.8	-32.2	2.1

（顾尧仁）

表 40 2014 年无锡市电子信息制造业逐季完成情况

单位:亿元

指标	全行业实绩				逐季末同比增幅(%)			
	一季度	二季度	三季度	四季度	1~3 月	1~6 月	1~9 月	1~12 月
现价工业总产值	625.36	844.38	774.85	827.36	-1.75	1.3	3.81	3.89
实现利润	8.75	34.9	31.84	89.21	-46.43	3.94	41.23	55.61

(顾尧仁)

表 41 2014 年无锡市主要电子产品产量

主要产品名称	单位	全年完成数	比上年增幅(%)
半导体分立器件	亿只	926.58	9.0
锂离子电池	万只	49777.78	17.3
集成电路	亿块	209.56	15.4
数码照相机	万台	496.29	-30.9
硬盘存储器	万台	6183.00	6.3
微型计算机设备	万台	103.94	-8.9
电子元件	亿只	142.25	-0.1
电、光缆	万千米	327.62	2.0
印制线路板	万平方米	3708.99	-3.6

(顾尧仁)

元,比上年增长 3.5%。7 家主要光伏企业经济态势初有起色,产、销、利实现恢复性增长。海润光伏产值增长 25.1%、销售增长 42.8%,比上年减亏 1.26 亿元;尚德太阳能产值下降 25.5%、销售增长 34.1%,从上年亏损 13.7 亿元扭亏为盈 0.64 亿元;高佳太阳能产值增长 3.1%、销售增长 4.8%、利润增长 148.2%;江阴海润产值增长 22.5%、销售增长 3%、盈利 0.35 亿元;浚鑫科技产值增长 9.6%、销售增长 15.9%、盈利 0.91 亿元;佳诚太阳能产值下降 7.8%、销售下降 3.5%、盈利 1.11 亿元;浙江昱辉阳光产值下降 7.76%。7 家光伏骨干企业中仅海润光伏 1 家尚亏损 0.46 亿元。

(顾尧仁)

【产、销、利全面增长】 年内,全行业 20 家代表性大型骨干企业,产、销售增长长态势明显。工业景气度回升,其中,有 9 家企业实现产、销、利 "三增长"。无锡夏普产值增长 15%、销售增长 19%、利润增长 21.1%;华润微电子产值增长 4.1%、销售增长 9.7%、利增 113.1%;海力士半导体产值增长 14.4%、销售增长 16.1%、利增盈 36.23 亿元;海润光伏产值增长 25.1%、销售增长 42.8%、利减亏 1.26 亿元;新潮科技产值增长 10.4%、销售增长 10.9%、利增 102.5%;健鼎无锡电子产值增长 0.8%、销售增长 5.6%、利增 105.8%;西门子中压开关产值增长 5.1%、销售增长 4%、利达 2.61 亿元;捷普电子产值增长37.4%、销售增长 63.6%、利增 149.3%,达 3.15 亿元;高佳太阳能产值增长 3.1%、销售增长 4.8%、利增 148.2%。20 家企业中,有 14 家企业实现生产值增长,15 家企业实现销售增长,10 家企业实现利润增长;和 2013 年相比,生产值增长长企业数增加 7 家、销售增长企业数增加 9 家,利润增长企业数持平。

(顾尧仁)

【18 家企业跻身全市工业经济总量前 50 强】 年内,按全市现价工业总产值统计口径,跻身全市工业经济总量前 50 强的 18 家企业分别为:远东控股第 6 位、无锡夏普第 7 位、法尔胜泓昇第 12 位、绿点科技(无锡)第 13 位、海力士半导体(中国)第 18 位、远景能源(江苏)第 20 位、健鼎电子(无锡)第 25 位、江苏海达科技第 27 位、江苏新潮科技第 29 位、浙江昱辉阳光第 33 位、江阴海润第 36 位、高佳太阳能第 37 位、无锡江南电缆第 38 位、索尼电子(无锡)第 39 位、索尼数字产品(无锡)第 40 位、捷普电子(无锡)第 43 位、同方计算机第 46 位、瀚宇博德科技第 47 位。比上年减少 1 家(第 50 位进线年产值为 43.54 亿元)。

(顾尧仁)

【12 家企业跻身全市工业效益前 50 强】 年内,跻身全市工业效益前 50 强的 12 家企业分别为:海力士半导体(中国)第 2 位、远景能源(江苏)第 8 位、高佳太阳能第 14 位、江苏法尔胜泓昇第 19 位、无锡江南电缆第 20 位、无锡夏普第 23 位、健鼎电子(无锡)第 28 位、无锡普洛菲斯电子第 39 位、江苏新潮科技第 40 位、远东控股第 41 位、捷普电子(无锡)第 47 位、绿点科技(无锡)第 50 位。比上年增加 1 家(第 50 位进线年实现利润 3.06 亿元)。

(顾尧仁)

【创新发展】 年内,无锡夏普新增 3 条自动化生产线项目成效显著,全年新增主营业务收入 39.1 亿元。美新半导体采用世界最先进技术,造出新款 3D 加速度计,这一传感器可广泛用于手机、平板电脑、玩具和可穿戴产品,有望打破国外垄断。复合新材料科技(无锡)有限公司自主研发的"HELF"功能性散热材料问世,可广泛应用于汽车、空调、手机、LED、电脑等需要散热的电子设备领域,并开始向国际照明巨头欧司朗程有限公司的“全自动液晶面板清洗、注胶模组生产单元”等9家企业的产品，被认定为2014年度江苏省首台（套）重大装备及关键部件产品，另有速升自动化装备股份有限公司的“轨道车辆转向架检测生产线成套装备示范工程”等3家企业的示范项目通过认定。至年底，无锡市共有39家装备企业的产品和5家企业的示范项目通过该项认定，为无锡市高端装备制造业的发展起到引领作用。

（朱　宇）

【油泵油嘴研究所攻克国家重大专项】 9月，由无锡油泵油嘴研究所领衔的“电控共轨柴油喷射系统制造技术与关键装备的研发及应用”国家04专项课题通过工信部的验收，填补国内一大批超精加工设备空白，对提高国内装备制造业和汽车行业技术水平具有深远意义。无锡油泵油嘴研究所联合国内机床、汽车和发动机等行业的多方力量，重点掌握8大关键技术，完成11套关键设备开发，并实现成套化。特别是攻克汽车、内燃机、机床3大行业公认的最难的两大关键技术——电控共轨技术和超精加工技术，使中国成为世界上第四个攻克这一尖端技术的国家，为中国汽车制造业接轨全球市场开辟新的“突破口”，使中国的汽车制造从此告别“粗笨大”，转向生产“大脑加心脏”。

（朱　宇）

【透平叶片获罗罗公司10年锻件订单】 3月，无锡透平叶片公司参与竞标，经过历时3天半、7轮谈判，最终作为新的供应商，获得罗罗公司BR700NG发动机低压涡轮盘锻件1~3级每年不低于20%份额的10年合同。10月份，透平叶片公司再次获罗罗公司XWB84K压气机转子叶片1级不低于33%份额的10年新订单。这是国内第一家获得国际航空发动机高温部件生产订单的企业，为国内企业拓展GE航空等业务做榜样。年内，经中国机械制造工艺协会组织专家评审，无锡透平叶片有限公司入选全国首批“百强制造工业创新基地”。

（朱　宇）

【工业设计概况】 2014年，全市列入统计的工业设计企业961家，其中，规模以上企业324家，工业设计产业实现产值458.8亿元，比上年增长20%。年内，在太湖国际博览中心举办第11届中国（无锡）国际设计博览会。博览会沿用“创新改变生活，设计成就未来”的主题，在展出规模、展示内容、参展单位以及参观人数方面均达历届最多。其间还举办2014无锡市产、学、研合作科技成果洽谈会、设计研发中心授牌与项目签约仪式、第三届“太湖奖”设计大赛评选及颁奖仪式、设计峰会与专业论坛等系列活动。第三届中国“太湖奖”设计大赛以“释放”为主题，累计收到包括国内外重点设计院校和设计企业4000余件作品，除传统工业设计产品参赛之外，一批优秀的新兴设计类型如APP设计、3D打印作品等纷纷加入。最终，来自小米科技有限责任公司的小米路由器和来自浙江工业大学的新型秸秆粉碎车突出重围，摘得第三届“太湖奖”设计大赛特等奖桂冠；12件作品获得一等奖，24件作品获得二等奖，42件作品获得三等奖。组织企业申报无锡市工业企业设计中心，组织设计创新能力强、品牌建设成效显著的企业申报工业企业设计中心。全年新认定无锡市工业企业设计中心105家，累计达到352家。建成无锡（国家）外观设计专利信息中心数据库。国家知识产权局完成对无锡（国家）外观设计专利信息中心外观专利数据库建设的验收。该数据库的图像检索系统，是大陆唯一可以进行国内外外观设计专利数据检索的专业系统，可与国家知识产权局最新数据同步更新，查询单位只要提供一张产品图，就能与数百万件专利进行比对分析；或者仅需提供一个专利申请号，就可便捷查询到该专利及相关专利的图片与信息。

（张秋平）

软件和服务外包

【软件业概况】 2014年，全市软件业务收入1479.72亿元，比上年增长23.9%；云计算产业业务收入112.93亿元，比上年增长57.6%。全市软件企业总数达1500多家，新增通过认定软件企业107家，累计735家；新申报软件产品登记996项，累计3963项。全市新注册软件和信息服务业企业940家，比上年增长53.34%；总注册资本26.99亿元，比上年增长60%。

（叶　军）

【出台双“十强”认定政策】 年内，为加快助推软件、云计算和微电子产业发展，在充分调研论证的基础上，结合无锡实际，市政府制定出台《无锡市软件“十强”企业、IC设计“十强”企业评选办法》和《无锡市优秀软件产品“飞凤奖”申报评选办法》，并规范开展年度相关评选工作。

（叶　军）

【服务外包概况】 2014年，全市服务外包规模总量继续保持稳步增长，完成业务合同总额121.6亿美元，比上年增长40%；执行总额99.3亿美元，比上年增长42.8%；离岸合同总额79.2亿美元，比上年增长38.9%；离岸执行金额63.9亿美元，比上年增长39.5%。业务规模稳步增长，全年营业收入超亿美元或者从业人员超2000人的外包企业10家，全年新增16家服务外包“123”计划企业，新增从业人员18634人。

（康冬舟）

【拓展重点领域外包业务】 年内，代表高端服务外包业务的KPO项目较上年有较大增加，业务形态向高端攀升。涵盖软件外包、IC设计外包、工业设计创外包、生物医药研发外包、产品技术研发等KPO项目，业务占全市总量的26.8%，比上年提升2个百分点左右；ITO、BPO业务总量分别占全市总量的68.3%和4.9%。离岸服务外包业务发展到包括美国、韩国、日本等97个国家及中国香港地区，比上年增加4个国别和地区。软件外包、IC设计外包、创意设计外包、生物医药研发外包、金融后台服务等重点领域服务外包拓展国内外市场。

（康冬舟）

【加大政策扶持】 在市服务外包公共服务平台资金管理办法中新增对大学生服务外包创新创业基地、服务外包人才网络平台等项目建设的扶持。全市共有113个项目获得国家、省、市服务外包专项扶持资金5013.96万元，其中，向上争取获得国家、省服务外包专项扶持资金

3165.8 万元，列全省第一。

（康冬舟）

文化创意

【出版《无锡市文化创意产业发展报告(2014)》】 10 月，第二部展示无锡文化创意产业发展的报告——《无锡市文化创意产业发展报告(2014)》出版。报告以无锡市文化创意产业的融合发展为主线，以行业、要素、专题、板块等为基本内容，全面反映近年无锡市文化创意产业发展的基本情况和相关数据，分析文化创意产业发展态势与对策，重点研究文化创意产业的部分行业，对无锡日趋完善的"文化+科技+金融"融合模式、新媒体与传统媒体融合、文化与旅游融合、文化创意和设计服务与相关产业融合等进行较全面分析与总结。无锡成为唯一连续两年出版"文化创意产业蓝皮书"的地市级城市。

（陆建明）

【全国文化金融合作会议在无锡召开】 3 月 25 日，文化部、中国人民银行、财政部联合举办的全国文化金融合作会议暨全国文化产业交流研讨会在无锡召开。会议总结交流近年来文化金融合作的成果与经验，谋划部署促进文化金融合作发展的战略与行动，部署落实《关于深入推进文化金融合作的意见》。这次会议的召开标志着由文化部、中国人民银行、财政部等部门共同建立的文化金融合作部际会商机制启动。会议揭晓全国优秀文化金融合作创新成果 10 佳名单并授牌，无锡灵山公司上榜。会议期间，代表们实地考察金融支持项目惠山古镇和无锡国家数字电影产业园以及社会资本参与投资的《梦回江南》裸眼 3D 山水实景演出等文化产业项目。

（陆建明）

【全省首家文化银行在无锡成立】 3 月 26 日，无锡农村商业银行太湖文化支行揭牌成立，该行是经银监部门报备批准的全省首家文化产业专营银行机构。太湖文化支行与江阴传澄制袜有限公司、宜兴中超利永紫砂陶公司、无锡凤凰画材有限公司等 5 家文化企业进行首批集中授信签约，授信额度超过 2 亿元。以后，该行将通过实行单独对象、单独授权、单独标准、单独核算、单独考核，建立一整套契合文化型中小企业的服务模式，推出动漫网游之星、影视传媒之星等"文企星路"8 大系列产品，推动无锡文化产业和文化企业发展。

（陆建明）

【灵山入选省级文化产业示范园区】 4 月 21 日，省文化厅公布 2013 年度江苏省文化产业示范园区名单，无锡灵山文化旅游创意产业园入选，成为全省 7 家入选园区之一，也是无锡市第 4 个省级文化产业示范园区。无锡灵山文化旅游创意产业园坐落于无锡太湖国家旅游度假区核心区域，其核心项目——灵山胜境，是国家 AAAAA 级旅游景区、中国驰名商标。园区总规划面积 33 平方公里，区内有文化企业 14 家，占园区企业总数的 87%以上，初步形成以旅游观光产业为核心，以创意设计、文化产品研发、文化旅游地产、文化休闲、文化演出、咨询服务产业为重点发展领域的文化旅游创意产业体系。

（陆建明）

【举办第四届中国(无锡)国际文化艺术产业博览会】 11 月 14~18 日，第四届中国(无锡)国际文化艺术产业博览会在无锡太湖国际博览中心举办。文博会以"传承、创新、融合"为主题，以"把艺术带回家"为特色，以"打造城市文化名片，引导民众艺术生活"为目的，为广大艺术爱好者提供艺术鉴赏收藏专业平台。此次展览规模 4.7 万平方米，内容上整合"传承与创新"的文化艺术资源，增加创意设计、影视出版、动漫网游、文化生活等新兴文化产业方面的展示内容。文博会共设 4 大综合展厅，一楼 A 厅文化创意产业展，参观者与真人比例的 3D 明星进行人像合影，动漫游戏、5D 影院、多款卡通人偶与大家互动游戏，家长与孩子们在此享受亲子快乐。在创意设计与时尚生活馆，可以欣赏到裸眼 3D 作品、布艺作品和最具创意的家具设计作品，有相关图书及文化生活百货用品的展销；在一楼 B 厅展示传统文化艺术珍品，苏州"炉缘阁"铜炉、台湾"茗韵堂"铁壶、黄杨木雕、山水字画、紫砂壶、玉雕珠宝等珍品；二楼 A 厅展出的是名人字画、沉香翡翠、南红田黄、石雕陶瓷等艺术品；二楼 B 厅展示历代古乐器、香道、酒文化等内容，其中，"旗袍生活馆"由无锡旗袍会的百名佳丽进行现场展示。

（陆建明）

【两项目入选"国家文化创新工程"】 无锡新区的新兴城区(开发区)现代公共文化服务社会化的标准化建设、梦回江南文化演艺传媒有限公司与无锡市演艺集团的裸眼 3D 全息影像技术与实景演出舞台应用两个项目入选"2014 年度国家文化创新工程项目"，在全国 13 个立项项目中占据 2 席位，在 3 个重点立项项目中占据 1 个席位，并分别获得 35 万元和 15 万元的项目扶持资金。同时，江苏睿泰教育科技有限公司的《虚实交互技术在青少年文化教育领域的研究与应用》入选"2014 年文化部科技创新项目"，成为入选全国 25 个项目之一和全省唯一的文化市场与文化产业类项目，获得 5 万元项目扶持资金。

（陆建明）

【首批影视投资项目现场预订】 1 月 11 日，2014 年华莱坞企业年会暨第三期影视投资广场沙龙在无锡国家数字电影产业园举行，40 多家影视公司、基金公司代表参加活动。交流会上，众多知名影视公司及电影人带来最新的影视作品，其中，园区与入园企业合作的最新项目美剧《异现场调查科》、美国大片《摧毁华盛顿》、微软投资美剧《北极星》等 5 部由好莱坞团队制作的影视剧也在会上首次亮相。Base FX 还与园区合作成立剧本合作开发基金，共同致力于搭建中国最专业的剧本开发和交易平台。与会嘉宾与园区接洽，园区与入园企业合作开发的 5 个剧本预售一抢而空，影业公司带来的一些影视项目也被许多基金公司争抢投资，这也是园区按好莱坞模式首次开启剧本预售业务，3 部剧本预售超 100 万元。自此，园区将每月定期举办影视投资广场沙龙活动，致力将园区打造成为中国优秀影视剧本和影视项目的集聚地。

（陆建明）

编辑 周胜忠

综 述

【概况】 2014年，全市开放型经济难中有进，结构趋优，平稳发展。全年实现到位注册外资及港澳台资31.16亿美元，位列全省第三位，比上年下降6.67%。全年外贸进出口额741.7亿美元，比上年增长5.4%。增幅高于全省平均水平，居苏南5市首位，进出口规模继续保持全省第二位。境外投资额14.5亿美元，比上年增长20.9%，新批1000万美元以上重大境外投资项目25个，为历年最高。全年全市核准研发类项目10个，营销类项目31个，资源合作开发类项目1个，生产加工类项目37个，推动企业自主创新，扩大出口市场，规避贸易制裁，转移过剩产能，促进产业转型升级。至年底，全市累计有95个世界500强跨国公司在全市投资设立180家企业。

（朱祎敏）

利用外资及港澳台资

【概况】 2014年，全市实现到位注册外资及港澳台资31.16亿美元，位列全省第三位，比上年下降6.67%。为进一步提升全市利用外资水平，优化产业结构，大力引进和推动先进制造业项目，全年制造业到位外资及港澳台资16.99亿美元，占全市比重55%；服务业到位外资及港澳台资14.16亿美元，占全市比重45%。建立利用外资新方式，全市累计引进外资融资租赁公司11家，外资商业保理企业2家。全年累计新批外资项目407个，协议注册外资及港澳台资55.01亿美元，比上年增长25.4%。电气器材、建材、软件业和金融业等行业均出现高速增长。其中，金融行业增速最快，到位注册外资及港澳台资比上年增长717.75%。从资金来源地区和国别分析，传统来源地中国香港到位资金16.2亿美元，比上年下降3.79%，占全市比重51.91%。日本和欧盟等其他传统来源地均出现大幅下滑趋势。其中，日本和欧盟到位外资分别为9066万美元和7624万美元，分别比上年下降73.52%、66.15%。中国台湾地区和韩国的投资保持较高增长，到位资金分别达到1.6亿美元、1.3亿美元，比上年分别增长44.19%、502.84%；英属维尔京群岛和投资性公司投资7.41亿美元，比上年增长31.43%，占全市比重较上年增加10.14个百分点。年内，全市外资及港澳台资企业缴纳税款369亿元，比上年增长6.59%。无锡利用占全省10.31%的国际资本，实现了占全省14.26%的涉外税收。

（吴 栋）

【总部经济集聚效应明显】 2014年，无锡市有5家外资企业获省商务厅认定的江苏省第二、三批跨国公司地区总部和功能性机构。其中，跨国公司地区总部为无锡江南电缆有限公司、见龙投资有限公司和江苏赛特钢结构有限公司3家企业，跨国公司功能性机构为无锡药明康德生物技术有限公司和安利(中国)植物研发中心有限公司2家企业。至年底，全市累计有省级跨国公司地区总部8家，跨国公司功能性机构13家。

（吴 栋）

【重大项目投资增大】 2014年，全市新批协议注册外资及港澳台资超3000万美元以上的重大外资项目65个，比上年增加9个。协议注册外资及港澳台资47.07亿美元，比上年增长52.56%，占全市比重85.56%。重大项目平均规模为7242万美元，比上年增长31.43%，投资总额65.06亿美元。其中，总投超1亿美元项目28个，累计投资额48.5亿美元；超3亿美元重大项目5个。

（吴 栋）

对外及对港澳台贸易

【概况】 2014年，无锡市对外及对港澳台贸易实现持续稳定增长。全年完成进出口及对港澳台贸易总额741.70亿美元，比上年增长5.4%，增幅分别高于全国、全省平均2.0和3.0个百分点，位列苏南5市首位，为历年最高。其中,出口及对港澳台输出442.3亿美元,比上年增长7.5%,增幅分别高于全国、全省平均1.4个和3.5个百分点;进口及港澳台输入299.4亿美元,比上年增长2.5%。高新技术产品、机电产品出口分别为183.0亿美元和266.7亿美元,分别比上年增长4.8%和8.6%,占全市出口比重分别为41.4%和60.3%。

2014年,全市加工贸易进出口总额318.5亿美元,比上年增长3.5%,占全市进出口总额的42.9%;一般贸易进出口总额371.5亿美元,比上年增长4.4%,占全市进出口总额的50.1%。全市有进出口实绩的企业7210家。全市外资及港澳台资企业进出口、出口额分别为468.3亿美元、259.4亿美元,分别比上年增长0.4%、下降0.1%。民营企业进出口保持较快增长,进出口额、出口额分别为229.6亿美元、148.5亿美元,分别比上年增长12.9%、15.8%,占比分别提升2.1%、2.4%。全年,全市出口额超亿美元企业有62家,较上年增加2家,共出口200亿美元,占全市出口总额45.2%。

2014年,全市对欧盟、美国分别出口69.9亿美元、64.6亿美元,比上年增长6.1%、6.0%;对中国香港输出额60.5亿美元,比上年增长30.0%。对日本、韩国分别出口43.2亿美元、33.03亿美元,比上年下降1.8%、0.6%。全年无锡对东盟、非洲等新兴市场出口增长较快,分别出口56.7亿美元、11.0亿美元,比上年增长10.5%、8.3%。

(余衍思)

【品牌建设】 2014年,无锡市推进品牌国际化工作,推动外贸转型升级,在"2014~2016年度江苏省重点培育和发展的国际知名品牌"评选中,有69个品牌入围,较上届新增21个,占全省比重22%,省级品牌数量蝉联全省第一,比第二名多出15个,为加快推进无锡创建全省品牌先导区和示范区奠定了坚实基础。

(余衍思)

【外贸电商发展】 2014年,无锡市与知名电商开展战略合作。联合广交会电子商务有限公司举办"广电商无锡交易团推广日"暨无锡会员企业"广交会电子商务平台"集中上线仪式,鼓励更多外贸企业利用无锡市广电商平台优惠入网政策线上线下开拓市场。

(余衍思)

【外贸综合服务平台建设】 8月,无锡世贸通供应链服务有限公司正式上线运行。这是无锡市首家外贸综合服务平台,也是江苏省外贸综合服务体系建设试点企业之一。公司主营线上外贸业务服务,以加快进出口通关和收汇速度、降低企业外贸环节成本、增加企业融资源头为目的,搭建新型外贸综合服务专业应用平台,为众多中小企业提供供求、政策、运输、仓储、单证、报检、报关、口岸、保险、外汇、核销、退税、融资等全方位的外贸"一站式"服务。至年底,公司实际报关进出口2133万美元。

(余衍思)

【提升出口信用保险】 2014年,全市出口信用保险累计支持全市一般贸易出口85.5亿美元,比上年增长9.0%,承保规模占全省承保总量的17.2%;一般贸易出口支持率38%,比上年提高2个百分点;服务支持出口企业1330家,出口企业政策受益面23%,位居全省和全国前列。承保规模和市场覆盖进一步扩大,出口信用保险对无锡外贸发展的支撑力度进一步增强。全年累计服务全市范围内小微出口企业857家,比上年增长38%,支持出口6.8亿美元,比上年增长7个百分点,小微企业政策覆盖面达20.4%,比上年提高6个百分点。提高无锡市中小出口企业统保平台承保服务能力,全年累计服务无锡和江阴两区域市场中小企业279家,支持出口15.3亿美元,比上年增长近9个百分点,中小企业政策覆盖面达30.2%。出口信用保险在支持中小微出口企业"扩出口、抢订单"方面发挥的政策性作用愈发明显。

(余衍思)

对外及对港澳台经济合作

【概况】 2014年,无锡市对外及对港澳台经济合作呈现强劲稳健的发展态势。全年新批境外企业(机构)110家,投资领域新增莫桑比克、阿尔巴尼亚、厄瓜多尔、喀麦隆和塞舌尔5个国家,累计78个国家(地区)。中方协议投资额14.5亿美元,比上年增长20.9%,为历年来最高。其中,民营企业对外投资项目70个,中方协议投资额6.9亿美元,项目数和投资额分别占总量的63.6%、47.9%,继续保持对外投资主力军地位。全年,对外工程承包和劳务合作完成营业额1.4亿美元,合同额4748万美元,新派劳务人员219人,至年底,在外劳务人员1107人。无锡市具有国家援外资格的机构,以其专业领先优势,继续承担和发挥在渔业养殖和寄生虫防治方面的培训基地作用。

(陆 方)

【西港特区良性发展】 2014年,无锡市制定柬埔寨西哈努克港经济特区(以下简称西港特区)二期控制性详细规划。完成4平方公里区域内通路、通电、通水、通信、排污(五通)和平地(一平)。在青岛、佛山举办2场西港投资推介会。年内,西港特区新签约工业企业25家,其中4家为已入区企业二期扩产;服务业企业2家。累计引入包括工业、服务行业在内的企业(机构)68家,58家已生产经营,区内从业人数1万多人。

(陆 方)

【境外投资规模提升】 2014年,全市境外投资新批项目110个,项目平均规模1320.9万美元,超过苏南地区平均水平316.3万美元。其中,超1亿美元项目2个,中方协议投资额2.7亿美元;1000万美元以上项目30个,中方协议投资额13.3亿美元,比上年增长33.5%。

(陆 方)

【对外工程劳务稳健发展】 2014年,无锡大诚建设有限公司获得对外承包工程经营资格。至此,无锡市对外承包工程企业总计已有26家。

(陆 方)

贸促(会展)工作

【概况】 2014年,无锡市贸促会提升服务经济国际化质量,贸易促进和服务企业并举,推进各项事业稳步发展。加强对外经贸交流合作，开拓国际市场，全年组织1000多家外贸企业参加40个国际性展（博）览会，接待美国、德国、印度和南非等20个国家的40多批到访团组，举办“无锡—韩国蔚山中小企业贸易洽谈会”“无锡—埃及新能源合作交流会”“江苏企业‘走出去’——由新加坡通往第三方市场研讨会”等经贸交流活动15场，组织企业参加国际商务对接洽谈活动30多次。推行电子原产地证ECO试点工作，为企业提供快捷便利的出证认证法律服务。全年办理各类涉外经贸类法律文书、单证及行政审批事项6.9万件。举办“第六届中国无锡国际新能源大会暨展览会”，提升新能源展会国际化市场化水平。加强无锡国际商会工作，主动对接上海自贸区发展，先后组织会员企业参观考察上海自贸区洋山港，举办“2014年海关税则解析及上海自贸区对企业的影响”“2014外汇风险管理和企业融资”等13场专题讲座。

（张鉴仪）

【会展业稳步发展】 2014年，无锡市会展办推进会展业招商招展。拜访50多个会展机构，参加30多个业界盛会，举办“无锡市会展业合作交流会”，大力推介无锡市会展业，引进会展资源。按照《无锡市会展业管理办法》，对在无锡市举办的各大会展活动实施备案管理，并明确要求备案内容新增安保方案。根据《无锡市服务业（会展业）资金管理办法》，对全市符合条件的6个市场化重点会展项目和9个政府类会展活动，兑现2014年会展扶持（补贴）资金近600万元。组织会展人才培训，与“长三角”会展联盟、会展财富杂志社等机构合作举办“展会国际化推广”“大型展馆的专业化管理”等5场会展培训，提升全市会展服务水平。年内，无锡市举办各类会展活动88个，比上年增长20%；展览总面积近95万平方米，比上年增长15%。第十届中国会展经济合作论坛、第十届国际汽车改装展、第十二届中国物流企业家年会、第十一届中国美业领袖年会暨首届国际美容经济发展论坛相继举行。年内，无锡市获“2014年优秀会展城市”称号，获得“2014中国会展业年度杰出城市管理大奖”。

（张鉴仪）

【第十届中国会展经济国际合作论坛】 1月9~11日，由中国国际贸易促进委员会、国际展览业协会、国际展览与项目协会和独立组展商协会联合主办的第十届中国会展经济国际合作论坛在无锡举行。本届论坛以“开放 合作 互赢”为主题，吸引中国、美国、德国、日本等国家和地区的会展业精英、学者及政府官员600余人参加，探讨在当今世界经济现状下，中国会展产业在国际舞台上的话语权，旨在为中外会展业搭建广泛交流与合作的平台，探寻国际会展企业进入中国和中国会展企业开拓国际市场新渠道，促进中国会展业法制化、专业化、市场化、国际化发展。中国贸促会在论坛上发布《中国展览经济发展报告2013》。无锡市成为首个承办中国会展经济国际合作论坛的地级城市。

（张鉴仪）

【第六届中国（无锡）国际新能源大会暨展览会】 11月6~9日，由国家能源局、中国国际贸易促进委员会、江苏省人民政府主办的“第六届中国（无锡）国际新能源大会暨展览会”在无锡举办。本届展会主题为“新能源、新城镇、新生活”，包含主题展览会及“2014全球新能源产业峰会”“国际光伏产业技术与标准发展论坛”“分布式光伏发电培训研讨会”“分布式光伏市场拓展与金融创新峰会”“绿色建筑与中国城镇化建设论坛”“海外光伏市场专场推介”“2014国际新能源电动车高峰论坛”“光伏扶贫研讨会暨东西部新能源项目对接会”“2014北极星杯CREC年度颁奖典礼”等系列活动。展览会总面积近2万平方米，吸引了欧美、中东、拉美、非洲等20多个国家以及江苏、甘肃、安徽、山东、新疆等26个省（自治区）100多个城市的500多家政府机构、行业组织和企业厂商参展参会，观众人数超过2万人次。其间，还举办了“国家能源局分布式发电工作座谈会”“江苏省光伏产业协会会员代表大会”和“光伏发电进万家宣讲会”。

（张鉴仪）

口岸

【概况】 2014年，无锡市口岸货物吞吐量1.27亿吨，比上年下降7.01%；其中，江阴口岸货物吞吐量1.25亿吨，比上年下降7.73%。全市口岸集装箱吞吐量61.25万标箱，比上年下降52.46%，其中江阴口岸集装箱吞吐量52.25万标箱，比上年下降56.59%%。无锡空港旅客吞吐量为418万人次，比上年增长16.43%，其中出入境旅客吞吐量45.17万人次，比上年增长23.46%；货邮吞吐量9.61万吨，比上年增长9.67%。空港口岸主要经济指标持续稳定增长。

（张 艳）

【航空口岸扩大开放】 7月15日，无锡航空口岸得到《国务院关于同意无锡航空口岸扩大对外国籍飞机开放的批复》。9月5日，江苏省预验收组对无锡航空口岸扩大对外国籍飞机开放进行预验收，形成《无锡航空口岸扩大对外国籍飞机开放预验收纪要》并同意通过预验收。11月3日，无锡航空口岸扩大对外国籍飞机开放正式获得海关总署（国口办）批复，通过国家验收。苏南硕放机场成为真正意义上的“国际机场”。苏南硕放机场国际航行资料于10月15日对外公布，11月13日正式生效。这说明机场具备保障境外航空公司的资格，为进一步提升苏南开放型、创新型经济发展和国际竞争力提供了新的空中引擎。12月2日，开通无锡—首尔航线，每周4班，为两地经贸、文化、旅游、医疗、教育、人文等方面沟通架起桥梁。韩亚航空成为无锡航空口岸扩大开放后引进的首个境外航空公司。

（张 艳）

【口岸发展建设】 2014年，苏南硕放机场新增5个通航城市，国际（地区）客货运航线10条，通达42个国内外主要城市。5月8日，无锡机场海关国际快件监管中心投入运营，成为江苏省唯一正式运营的国际快件中心。该中心利用香港、台北客运航线开展进口快件业务。因城市建设规划的需要，无锡市下甸桥二类口岸作业区搬迁到新区高新物流空港物流园区，项目建设施工顺利。至

10月底，监管场所场地、办公用房、围网、卡口等工程建设竣工，查验单位监管系统、营运设备进入招投标阶段。

（张 艳）

海 关

【概况】 2014年，无锡海关优化管理，创新服务，提高各项工作成效。全年征税57.73亿元，比上年增长62.7%，创建关以来最高纪录。实施分类查验和查验分流机制，完成各类稽查核查182项，发现违法违规线索29起，涉案金额2.05亿元。发挥风险研判处置平台优势，加强联合研判和集中处置，通过平台研判处置问题10个，查发移交案件5起，案值和涉嫌偷逃税款数值分别比上年增长65.5倍、84倍。推进简易程序案件办理，提升行政执法效能，全年行政立案271起，案值和涉税额分别比上年增长93%、300%。开展"绿风"专项行动，查获涉农案件3起。完成口岸南京青年奥运会安保和埃博拉出血热疫情口岸防控工作。

（张 海）

【推进业务改革】 2014年，无锡海关主动复制推广上海自贸区改革成效，推动10项自贸区海关监管创新制度在辖区先行先试，申报2项制度复制需求，促进自贸区改革红利本地化。推进通关业务改革，参与首批长江经济带海关区域通关一体化改革，推进海关和出入境检验检疫"三个一"(参见第257页"落实关检合作通关模式"条目)合作。推动通关作业无纸化、区域通关、加工贸易无纸化报核作业、关库联网工程等一系列通关业务改革。建设智能物流管理体系并形成初步规模，成功试点关区安全智能锁、电子车牌、出口转关自动审核放行业务及特殊区域间流转业务等多项改革，推广安全智能关锁应用于沪宁海关间跨关区联动，提升物流监控信息化管理系统和综合保税区管理系统。

（张 海）

【提升监管服务质量】 2014年，无锡海关规范公平公正市场秩序，提升服务质量，支持区域外贸持续稳定发展。以"破难题、促诚信、助发展"为主题，开展系列重点服务活动和为民办实事活动，选定40家企业实行重点服务。全年确定为民办实事10件，解决一批涉及海关通关监管问题。完善监管制度，规范海关监管场所管理，各项监管指标处于良好区间。推进加工贸易转型升级，开展加工贸易内销集中征税改革，促进企业内销便利化，扶持对外服务贸易发展，支持软件检测、服务外包企业做大做强并向多样化发展。在关区率先开展企业自律管理工作试点，推进企业分类管理，引导企业申请高资信管理类别，推动企业诚信发展。

（张 海）

5月8日，苏南(硕放)国际机场进出境快件监管中心首票快件货物顺利通关 （张 海 供稿）

出入境检验检疫

【概况】 2014年，无锡出入境检验检疫局(以下简称无锡检验检疫局)出入境货物检验检疫4.86万批，金额44.52亿美元。其中，出境货物检验检疫1.61万批，金额7.67万美元，实施进境货物检验检疫3.25万批，金额36.84亿美元。检出不合格出入境货物3055批、货值5.25亿美元。签发产地证49817份，签证金额25.05亿美元。检疫查验入境集装箱23191标箱，对其中16988标箱实施检疫处理监督，截获植物疫情108种、276标箱。检疫查验9867批次入境木质包装，截获动植物疫情113种、815种次。完成出入境航空器卫生检疫3648架次，出入境旅客卫生检疫查验439529人次，发现病症状285例。在出入境旅客携带物查验中截获禁止进境物2949批次，截获有害生物499批次。

（丁一忠）

【突发埃博拉出血热疑似病例应急处置演练】 9月10日，无锡检验检疫局根据国外埃博拉出血热疫情发展动态和口岸核心能力建设实际，组织开展空港口岸突发埃博拉出血热疑似病例应急处置演练。演练模拟检验检疫人员在入境通道发现某香港入境航班有1名中国籍旅客红外线体温监测报警，复测腋温38.9度，伴有头痛、咽痛症状，并有埃博拉出血热疫情地旅行史，卫生检疫人员现场判定该发热旅客为埃博拉出血热疑似病例并迅速开展后续处置工作。演练提高了口岸突发事件应对能力，增强了检验检疫与口岸各联检部门、地方医疗部门沟通协作能力。

（丁一忠）

【应对技术性贸易措施新闻发布会】 9月25日，无锡检验检疫局召开"应对技术性贸易措施"新闻发布会。驻锡各新闻媒体，市、区商务局领导，重点进出口企业等20人参加新闻发布会。会上，检验检疫人员介绍了技术性贸易措施及影响，发布了检验检疫部门应对技术性贸易措施帮扶措施，接受了媒体、进出口企业人员就技术性贸易措施方面情况的提问。全年，发布10期工业品国外信息专报，组织检验人员编译各类信息139篇。

(丁一忠)

【国家级质量安全示范区建成】 11月13日，无锡市锡山区国家级出口摩托车、电动车质量安全示范区通过国家质检总局考核组考核验收。示范区内有摩托车、电动车生产企业32家，拥有“新世纪”“新日”等中国驰名商标13个，江苏省著名商标18个，江苏省重点培育和发展的知名品牌4件，境外注册商标53件，企业自主品牌覆盖率100%。全年出口摩托车1700多批、20万辆，货值1.2亿美元；出口电动车1000批、12万辆，货值6000万美元。

(丁一忠)

11月13日，国家级出口摩托车、电动车质量安全示范区通过国家质检总局考核组考核验收

(丁一忠 供稿)

【综保区企业开展维修再制造业务】 2014年，无锡检验检疫局推动综合保税区功能拓展，支持捷普电子(无锡)有限公司、铁姆肯(无锡)轴承有限公司通过旧机电维修再制造现场审核。无锡检验检疫局制定《无锡综保区开展旧机电检测维修业务操作指导》，督促企业落实专门的维修车间、存储仓库、核销台账、维修队伍等，确保检测维修产业向“高技术含量、高附加值、无环境污染”的方向发展。年内，捷普电子(无锡)有限公司检测维修业务达到5000万美元。

(丁一忠)

【空港口岸快件中心平稳运行】 2014年，无锡检验检疫局支持苏南硕放国际机场扩大开放，推动空港口岸快件中心建设和运行。确定快件中心运行中检验检疫工作规范和流程，制定完善作业指导书和各项文件记录；与机场公司、顺丰快递公司协调推进快件中心运行工作。全年该中心完成进出境快件检验检疫4万批、182吨。对入境快件实施现场查验351批，发现不合格54批，并依据相关规范对查验不合格的快件进行处理。

(丁一忠)

【“质量月暨实验室开放月”系列活动】 9月18日，无锡检验检疫局在锡山区锡北镇举办“质量月暨实验室开放月”系列活动，召开“技质中心检测技术能力宣传贯彻会”“生命基因健康及社会公共卫生安全宣传贯彻会”及“CQC认证业务宣传贯彻会”，区内相关政府部门人员和15家重点大型企业代表共30多人参加活动。其间，无锡检验检疫局向企业发放检测优惠券一万元，集中讲解了家电产品、汽车零部件、儿童座椅、食品及食品接触材料、生态纺织品、产业用纺织品等产业发展动态，解读检验监管、质量检测、3C认证、自愿性认证规则等政策信息。

(丁一忠)

【落实关检合作通关模式】 2014年，无锡检验检疫局落实《海关总署—质检总局关于全面推进关检合作“三个一”的通知》和《江苏省商务厅—南京海关—江苏出入境检验检疫局关于切实推进关检合作“三个一”的通知》等文件精神，与无锡海关共同在辖区落实关检合作“三个一”工作，即一次申报、一次查验、一次放行。11月6日，无锡检验检疫局与无锡海关就全面推进“三个一”通关模式，共同建设“单一窗口”，集聚执法合力和职责优势，提升贸易便利化水平等重点工作内容签署合作备忘录，并通过合作协调机制，有效解决通关现场、共同查验场地等问题。

(丁一忠)

【开展目录外进出口商品监督抽查】 2014年，无锡检验检疫局2次对目录外进出口商品进行监督抽查。第一次目录外商品抽查24批，主要是出口小家电、儿童服装、进口电动工具、儿童服装、湿巾、儿童汽车安全座椅等商品；第二次目录外商品抽查33批，主要是出口空气净化器、风扇等多种家用电器以及灯串、插头插座等商品。目录外商品抽查中发现不合格商品22批，准确掌握了进出口商品质量状况。

(丁一忠)

编辑 邵文凯

开发区

综 述

【概况】 2014年，无锡市省级以上开发区和特色产业园（Park 园区）以“项目建设深化年”为契机，加快推进转型升级和“二次创业”，推动特色发展和差异化发展，各项经济指标保持平稳增长。全市开发区完成到位外资26.24亿美元，占全市比重84.21%；完成协议外资37.75亿美元，比上年增长10.5%；完成进出口总额588.59亿美元，比上年增长6.5%，占全市进出口总额的79.4%；完成出口额326.45亿美元，比上年增长7.2%；完成地区生产总值4720亿元，比上年增长11.2%；完成地方公共财政预算收入389.28亿元，比上年增长9.4%。

（洪建忠）

【利用外资结构优化】 2014年，无锡国家高新技术产业开发区（无锡高新区）、无锡高新区综保区、江阴高新技术产业开发区（江阴高新区）、惠山经济开发区等4家开发区到位外资超过年度目标。无锡高新区、高新区综保区、江阴高新区、宜兴环保科技工业园（宜兴环科园）、宜兴经济技术开发区、锡山经济技术开发区、无锡太湖国家旅游度假区、江阴临港经济开发区、江阴—靖江工业园、无锡空港产业园、惠山经济开发区等11家开发区完成重大外资项目全年目标任务。开发区加强招商引资，新材料、电子信息、光电、节能环保、总部经济、城市综合体等领域新批重大外资项目52个，占全市比重80%，重大外资项目投资总额49.97亿美元，比上年增长4.67%。总投资超1亿美元的重大项目14个。重点项目包括：总投资3亿美元的国泰精密机械项目、总投资2.99亿美元的中际物资贸易项目、总投资2.98亿美元的宇培仓储物流项目、总投资2.76亿美元的国宏硬质刃具项目、总投资2.23亿美元的江南电缆项目、总投资1.5亿美元的大明金属科技项目等。

（洪建忠）

【开发区功能升级】 2014年，全市开发区推进创新发展、特色发展。无锡传感网产业园、无锡高新区生命科技产业园、无锡蠡园研发设计园和江阴上市公司总部集聚园获批成为江苏省特色产业园，全市省级特色产业园达到17家。知识产权试点园区创建取得新进展，锡山经济开发区通过省知识产权试点园区期满验收并申报国家级知识产权试点园区成功获批，全市国家级知识产权园区达到3家；江阴临港经济开发区、宜兴陶瓷产业园获批成为江苏省知识产权试点园区，全市省级知识产权试点园区达到7家。

（洪建忠）

【产业转型】 2014年，无锡市各开发区产业结构不断优化和集聚。至年底，世界500强企业中有95家企业、180个项目落户无锡，其中，开发区承接了82家企业、142个项目，分别占全市的86.3%、78.9%。物联网、集成电路、新能源、环保、服务外包、生物医药等战略性新兴产业在开发区加速发展，合计实现销售收入7238亿元，占全市比重76.5%。江阴临港开发区新建国光重机、泰阳成索业等4家博士后创新实践基地，与丹麦VIA大学建立战略合作关系。长江港口综合物流园与软件园合并，实现商贸物流产业和软件文化创意产业的同向发展。惠山经济开发区新引进包括江苏首家诺贝尔奖得主控股的路易斯生物科技等高科技企业73家。高新区综保区利用综保区新功能快速启动海力士销售中心运作，实现制造业向制造销售型总部的转变。江阴高新区新建成哈特穆特·米歇尔生物医药(江阴)研究院，使江阴高新区诺贝尔奖得主研究院达到3家。

（洪建忠）

【自主创新水平提升】 2014年，全市开发区高新技术企业新增117家，累计955家，占全市69.55%，高新技术产业产值占规模以上工业总产值比重47.46%。开发区“三创”（创新、创业、创意）载体服务功能日益完善，“政、产、学、研”合作力度不断加大。年内新建成“三创”载体75.6万平方米，全市“三创”载体使用率75%以上。江阴—靖江工业园中铁建康远公司研发的时速300公里以上高速铁路的接触线和承力索，打破了国外技术和价格垄断；完成时速400公里以上接触线研制及产品试制工作，获得国际电工CE认证。蠡园开发区利用清华大学无锡研究院、十一科技华东总部、江大开放创新研究院等开发区内研发机构不断集聚优质资源，成功举办第三届中国"太湖奖"设计大赛、十一届中国(无锡)国际设计博览会。无锡高新区苏南硕放国际机场航空口岸扩大开放正式通过国家验收；机场国际快件中心通过验收，成为江苏省唯一正式运营的国际快件中心。

(洪建忠)

【特色园区发展】 2014年，全市列入统计的24家特色园区(Park园区)业务总收入4625.64亿元，比上年增长3.33%，实现税收总额139.02亿元；引进各类新兴产业项目1676个，项目投资总额达247.69亿元，比上年增长70.02%；拥有144个公共服务平台，223个独立研发中心。13家省级特色园区在省商务厅年度考核中总成绩位列第一，有7个园区获省通报表彰。特色园区国际化程度提升。香港奥托泰制造厂落户宜兴经济技术开发区新能源产业园，该企业是完全占领北美市场的备用电源制造企业。惠山生命科技产业园西比曼生物技术(无锡)有限公司在美国纳斯达克资本市场上市，成为国内在纳斯达克资本市场上市的第三个生物科技公司。江阴临港新能源及节能环保装备制造产业园"远景能源丹麦创新研发中心"获批为江苏省国际合作项目。特色园区品牌知名度和发展内涵提升。宜兴环保产业设计园与湖北理工学院合作，成立了中宜环保学院。学院是以普通高等教育为主，研究生教育、继续教育和职业技能培训相结合的应用型人才培养基地，成为以环保科技为主的应用技术研发和推广基地。同时，为发挥基地的集聚效应，联合南京大学等10多家院校、科研院所和10多家国内水处理与装备龙头企业及6个国家级环保产业基地，成立"水污染控制先进技术与装备协同创新中心"，实现国内高水平水污染控制技术与产业发展优势资源的协同与汇集。特色园区科技创新能力提升。江阴高新区金属新材料产业园依托园区金属新材料产业群建成江苏省高性能金属线材制品产业技术创新战略联盟和国家金属线材制品工程技术研究中心、江苏省特钢工程技术研究中心、贝卡尔特亚洲研发中心和兴澄特钢研究院等具有国际先进水平的核心研发机构。惠山生命科技产业园科技企业孵化器通过国家级书面评审，并被省经信委认定为省中小企业创业示范基地，成为无锡市首个生物医药类小企业示范基地。锡山科创园汇聚国内外院士、教授、博士及各类高级工程师200多人，并与清华大学、南京理工大学等院校开展院地合作，依托高校科技和人才优势建立"产、学、研"高端合作平台，成为地区转型跨越发展的"活力之源"。

(洪建忠)

无锡国家高新技术产业开发区

【概况】 2014年，无锡国家高新技术产业开发区(以下简称高新区)坚持改革创新，提速增效，经济社会稳定发展。全年实现地区生产总值1260.86亿元，比上年增长9%；公共财政预算收入134.8亿元，比上年增长10.3%。规模以上工业总产值2873.5亿元，比上年增长3.9%；全社会固定资产投资777.6亿元，比上年增长16.9%；其中工业投入387亿元，比上年增长15.8%。全年完成社会消费品零售额245.5亿元，比上年增长13.5%。进出口总额340.3亿美元，比上年增长3.5%；到位注册外资12.12亿美元。高新区已连续9年获全省开发区综合排名第二名，其中社会贡献指标位列全省第一。

(汪　英)

【产业结构调整】 2014年，高新区服务业总收入3000亿元，比上年增长13.5%，服务业增加值占GDP比重达到36%，比上年提高1.5个百分点，服务业在经济发展中重要性持续增加。6大服务业集聚区服务业收入1400亿元，比上年提升30%。服务业固定资产投资360亿元，比上年增长9.1%。软件产业收入600亿元，比上年增长17%，云计算产业完成45亿元，比上年增长50%。电子商务企业全年销售收入达到150亿元，其中骨干企业销售收入超过100亿元。新增服务业项目注册资本30亿元，其中外资超过1亿美元，CEC、中国日报网、中船、天下网商、宇信易诚等重大项目入住。年内，高新区引进总投资超1亿美元、注册3000万美元以上的重大外资项目23个，引进世界500强跨国企业投资项目12个，涉及装备制造、生物医药、高端服务业等产业。夏普、博世、海力士、绿点、感知集团5家企业实现产值百亿元，比上年增加2家。引进英飞凌IGBT半导体模块、富士电机电气传动等一批先进制造项目。海力士五期技术升级项目、欧司朗、康明斯扩建、威孚产业园等一批省市级重点项目顺利实施或竣工达产。德国博世动力传动系统新项目、海力士半导体增资项目、现代摩比斯动力转向器等一批项目落户，巩固了新区在半导体及汽车零部件等既有支柱产业上的优势地位。以瑞士布勒亚太区总部基地化发展项目、布勒中国投资有限公司增资项目、韩国OCI分布式光伏发电中国投资公司项目、英国阿斯利康亚太区分拨中心项目、韩国乐金华奥斯中国销售总部项目为代表的一批总部经济类项目落户，提升了高新区企业的产出和税收效益。正大总部商务园项目、哥伦比亚无锡凯宜医院项目、富力地产F4-5项目、京华山一商业保理项目、太平保险养老地产项目、FamilyMart国际连锁便利项目等一批生产性服务业、生活性服务业、商业服务业项目落户，有效满足社会民生需求。

(汪　英)

【新兴产业培育】 2014年，高新区高新技术产业产值超1824亿元，高新技术产业占规模以上工业比重63.5%，全社会研究与开发投入占地区生产总值比重4.12%，认定国家高新技术企业47家；累计对上争取科技项目超过100个，争取各级科技经费超过2亿元。全年"三创"(创新、创业、创意)载体在建55万平方米，建成38.5万平方米。全年新增发明专利申请4340件；新增授权专利6405件，其中发明授权专利771件，占全市授权发明专利总量的28%；新增PCT专利申请114项，占到全市PCT专利申请总量的64%；有效发明专利累计3056件，万人发明专利拥有量达到55.23件，是全市平均数的3倍，全省平均数的5.4倍，处于全国领先水平。引进诺贝尔奖获得者、院士等牵头的顶尖科技创新创业项目3个，"千人计划"入选者15人，省"双创"人才16人，省"创新团队"3个入选科技部"创新人才培养示范基地"和"欧美同学会留学报国无锡基地"2个国家级人才基地。全年新增挂牌企业40家，其中实现"新三板"挂牌17家，位列高新区中全国第三、江苏第一。新增创投资金21.71亿元，基金总规模202.59亿元，领先全市。物联网核心产业产值突破700亿元，感知集团产值突破100亿元。新区生物医药园区综合实力跻身全国前十，集聚世界500强企业总数达到8家。

(汪　英)

【环境建设】 2014年，高新区完成《吴都新城规划》报批工作，完成《鸿山街道城乡统筹规划》设计，优化市政基础设施专项规划(8类)，细化公共服务设施专项规划(9类)，编定《商贸核心区和旺庄路金融科技商务区公开开放空间导则》，推进伯渎河沿岸、运河西路、城南路等8公里慢行绿道建设。新宅路跨望虞河大桥、泰伯大道项目进入施工阶段。新建续建道路16.2公里，铺设市政污水管网26.5公里、中水管网7.1公里。在高新区次要道路路侧，新增528个公共停车泊位。新增高浪路机场路口、旺庄路锡士路口2个可变车道。制定《古运河风光带环境整治建设指南》，完成9个自然村，13.8万平方米城中村综合整治。全年建成市级优质工程11个，获评太湖杯4个。年内，高新区大气优良天数比例达到67%，好于全市61%的平均水平。现代化考核地表水Ⅲ类水体达标率为62.5%，顺利实现现代化考核目标。河长制达标率85%以上。化学需氧量减排700吨、氨氮减排70吨，完成11家燃煤锅炉"煤改气"工程，原煤消耗量比上年下降5%。取缔城中村老虎灶83台。完成第三批20家低效高耗企业整治工作。再生水回用供水量达到3万吨/年、用水量达到2.1万吨/年。新增绿地93.6万平方米、游园2个、企业林30家、公益林2家。全年建成节能建筑230万平方米，可再生能源在建筑中应用面积达43万平方米，万科金色家园、协信阿卡迪亚等一批项目取得绿色建筑标识，新增绿色建筑面积31.1万平方米。全年拆除违建173处，面积26351平方米。完成1处城郊结合部、3条背街小巷、2个农贸市场整治。建成10个村庄环境长效管理示范村。完成纺城大道等10条道路绿色照明改造工程，改造LED路灯985盏，新区LED照明水准处于全省领先水平。

(汪　英)

【民生改善】 2014年，高新区投资9453万元，实施10大类60项民生幸福工程，涵盖改善环境、增加就业创业、完善社会服务体系、提高社会保障水平、丰富群众文体生活等方面。在第三方调查机构入户调查与电话调查满意度测评中，分获83.9%和88.6%的成绩。年内，职工养老保险、医疗保险、失业保险、工伤保险和生育保险五险合一参保人员净增4900人，适龄居民养老保险参保覆盖率98.5%，居民医疗保险覆盖率99%。高新区对有需求的1177户老年人家庭开展居家养老援助服务928人次，完成支付居家养老信息服务费65.586万元。全年走访困难对象2576次，赠予慰问金129.71万元，物资约29.6万元。120户单亲困难家庭享受到每户5000元的扶助，重病独生子女每人得到1万元补助。新区实验小学等3所小学的扩建工程和江溪街道中邦城市、首创悦府、美新玫瑰，梅村街道海天兴隆、硕放街道香楠佳苑等5所配套幼儿园在秋季新学期全面启用，小学和幼儿园分别新增学位1000个和1500余个，基本做到符合条件的新市民子女应收尽收。增设4个社区卫生服务站并通过市级规范化验收。新建居民健康档案11890份，建档率71.23%，有序推进对口协作和特色科室建设，专家门诊占比达6%。建成企业女职工保健示范窗口7个，完成8家企业"幸福驿站"项目建设。对6大类重点人群的健康管理服务实现全覆盖。年内，红十字会为165户因病致贫困难家庭发放一次性慰问补助金近33万元，为78名白血病患者救助共计28万元。开展"急救技能进万家"活动，全年培训初级救护员446人，救护知识普及4789人。成立社会管理服务中心，各类矛盾纠纷督办率、调解率和调解成功率分别达到100%、100%和80%。年内，完成太湖花园一期、景南路、小叙康里3个旧住宅区40万平方米整治改造工作。新开、优化公交线路16条，部分区域新设公共自行车租赁点。新区朗诗绿色家园、长江国际雅园2个小区创建成园林式居住区。建成"两型社会"示范街道1个、示范社区5个。组织鸿山、梅村编制完成生态文明规划。

(汪　英)

【"幸福驿站"服务流动人口】 2014年，高新区社会事业局针对30余万外来务工人员推出"幸福驿站"惠民创新项目。该项目根据高新区外来务工人员多、企业环境相对封闭的特点，由企业提供阵地，人口计生部门提供服务，为企业员工特别是外来员工提供免费避孕药具领取、生殖健康指导、心理咨询、信息管理、政策答疑、技术服务等"六位一体"的综合服务。年内，"幸福驿站"被列入高新区民生幸福工程实事项目，并在松下能源、绿点科技、微密科技、迈特动力等8家大中型企业建成并运行，形成人口计生均等化服务网络。

(汪　英)

【高新区成为国家知识产权示范园区】 2月，无锡高新区获批成为国家知识产权示范园区，为江苏省本批次唯一入选的高新区。自2006年起，无锡高新区发明专利申请、授权量，以平均每年100%的速度增长，企业自主创新能力、区域创新水平大幅提升。至2013年年底，万人发明专利拥有量达到44件，为全市平均的3倍多，全省平均的近6倍，专利授权量连续4年位列全省高新区首位。无锡高新区知识产权工作体系健全，建立省内首个行业联盟——江苏省物联网知识产权联盟、首个专利运营机构——江苏佰腾专利运营中心，牵头成立集专利运营、代理、资产评估、法律、金融等机构为一体的无锡高新区知识产权创新服务联盟，在专利运营方面特色明显,知识产权工作成效显著,处于全国高新区领先地位。

(汪　英)

【"弘宇股份"挂牌天交所】 (参见第222页"江苏弘宇农业股份有限公司登陆天交所"条目)

(汪　英)

【东亚银行无锡分行开业】 5月15日,东亚银行(中国)有限公司无锡分行在高新区开业。东亚银行于1918年在香港成立,是香港最大的独立本地银行,在全国40个城市设有126个网点。东亚银行无锡分行是东亚在中国的第27家分行,经中国银监会批准为各类客户提供全面的人民币和外汇服务。

(汪　英)

【养老健康城项目落户】 7月9日,投资额近百亿元的"中国太平无锡新区高端养老健康城"项目签约仪式在高新区举行。太平养老产业投资有限公司,是中国太平集团旗下专业从事养老产业投资与经营的子公司。公司主要经营范围为养老产业投资与资产管理、养老服务等。项目将以集团保险业务的高端客户为主要服务对象,建设文化娱乐、医疗保健、运动健身、美食餐饮、社会交往、精神实现等配套设施,并依托梁鸿湿地丽笙酒店、梁鸿湿地公园、鸿山生态园、新区瑞金医院等资源,医养结合,以服务无锡、辐射长三角地区为目标,打造国际一流、国内领先的养老养生社区。项目首期受让土地13.33公顷,投资总额30亿元,建筑面积约20万平方米,建设完成后可为超过3000个老人提供高品质养老服务。

(汪　英)

【超市仓储物流服务项目落户】 7月15日,利丰国际总部项目在高新区签约。利丰国际是国内最大的超市仓储物流服务商,专送麦德龙、家乐福、沃尔玛等国内外大型超市,服务3800家供应商。此次,利丰国际联合多家投资商投资建设"无锡(华东)跨境商贸供应链平台",进行总部化运营管理,打造全球跨境商品和零售行业重要的决策中心及展示、交易、办公、采购、配送、服务和电子商务服务平台。根据规划,利丰国际将分别在综保区、工博园投资设立针对跨境商品和国内商品的展示交易中心,注册资本2亿美元。引进30家国内外大型进出口商品零售商、地区总部、采购中心,国内外采购组织、贸易促进机构和行业组织等;引进200家进出口商品、零售商品大型供应商,以及中小供应商和相关配套服务公司。

(汪　英)

【社区金融电商服务项目签约】 8月8日,拉卡拉电子商务有限公司落户高新区揭牌开业仪式在无锡软件园(iPark)举行。拉卡拉集团作为国内首批获得第三方支付牌照的企业,已在全国300个城市、30多万个服务网点布局,涵盖支付、生活、金融、电商4个领域,是中国最大的社区金融服务及社区电商服务运营商。拉卡拉电子商务有限公司作为拉卡拉集团的重要组成部分,依托社区网点,为消费者提供电商、金融、支付、生活一体化的服务网络,是一个提供最优质体验和消费价值的新型社区电商平台。

(汪　英)

【江苏股权交易中心无锡分中心成立】 9月29日,江苏省区域性股权交易市场——江苏股权交易中心无锡分中心在高新区530创业大厦成立。江苏股权交易中心是经江苏省人民政府授权批准设立,由华泰证券、东吴证券、东海证券、南京证券及国联证券共同出资设立,注册地南京,注册资本2亿元。江苏股权交易中心无锡分中心为无锡及周边地区中小微企业、高新技术企业开辟新型融资渠道,为广大企业提供股份合理流动、资源优化配置的市场化交易平台。

(汪　英)

【梁鸿湿地获"国家级水利风景区"授牌】 11月3日,梁鸿水利风景区正式入选第十四批国家水利风景区。年内,吴文化博览园以梁鸿湿地公园为基础,依托湿地水网和吴地文化风情,实施水系疏浚、河道整治、植被恢复、人文景观塑造、旅游配套设施建设等,将梁鸿水利风景区作为生态修复和治理的典范,创建国家级水利风景区,全面打造"吴文化之源"水利旅游品牌。

(汪　英)

【"去哪儿网"落户】 11月21日,无锡新区—去哪儿网合作签约仪式在无锡软件园(iPark)举行。去哪儿网是全球最大的中文旅行平台,凭借其便捷、先进的智能搜索技术对互联网上的旅行信息进行整合,为用户提供实时、可靠、全面的旅游产品查询和信息比较服务。

(汪　英)

【金秋经贸系列活动】 11月25日,高新区重大项目集中开竣工仪式、重大项目集中签约仪式、金秋经贸恳谈会举行。此次开竣工重大项目52个,总投资427.9亿元,其中开工项目28个,总投资252.3亿元,竣工项目24个,总投资175.6亿元。项目主要集中在高端装备制造、物联网、新材料、集成电路、高端服务业和民生等领域。在此次集中签约的100个重大项目中,包括先进制造业项目30个、总部经济项目13个、高端服务业项目23个、科技创新类项目34个,总投资358亿元,签约项目主要涉及高端装备制造、新材料、新能源、生物医药、物联网与云计算、软件和服务外包等新区支柱产业,普遍具备良好的发展潜力和增长空间。金秋经贸恳谈会上,高新区分别为日本久保田(中国)有限公司董事长小川纯司、瑞典阿特拉斯·科普柯(中国)投资有限公司副总裁杜熹哲(Liselotte Duthu)、美国安永会计事务所中国业务合伙人沈钰文、美国德勤会计事务所华东区总经理曾福顺等10位跨国公司和国际著名咨询公司高层颁发了无锡高新区国际咨询顾问委员会新增及更新委员聘书。德国博西家用电器投资(中国)有限公司总裁盖尔克(Roland Gerke)、中日韩经济发展协会会长权顺基等30多位来自全球跨国公司及咨询机构、金融机构等嘉宾先后在大会上发言。

(汪　英)

【苏南快递园获全国快递产业集聚发展试验区授牌】 12月3日,苏南快递产业园区获全国快递产业集聚发展试验区授牌。1~10月,苏南快递产业园内规模企业业务量4093.09万件,派件量4556.75万件,分别占无锡全市业务量和派件量的30.21%和39.84%;业务收入7.6亿元,占全市快递业务收入48.53%;中转量4.65亿件,占全市所有分拨中心中转量69.32%。入驻的顺丰、中通、韵达、优速、全一5家企业业务量合计比上年增长71.93%，业务收入合计比上年增长近50%。其中中通、韵达两家企业的业务量均比上年增幅超过110%。

（汪　英）

【锡通科技产业园获批省科技产业园】 2014年，锡通科技产业园获批为江苏省科技产业园。经过3年建设，锡通产业园发展框架展开、形象初现、效益渐显。至年底，园区开工、投产企业总投资约57亿元，以卡特彼勒、优华劳斯等跨国公司为龙头，打造集汽车零部件生产、整车研发、制造、测试于一体的汽车产业集群以及高端装备制造业。

（汪　英）

中国宜兴环保科技工业园

【概况】 2014年，中国宜兴环保科技工业园（以下简称环科园）经济社会发展保持平稳健康的上升态势，被列为国家首批低碳示范园区试点单位、国家级环保服务业示范园和苏南国家自主创新示范区，在全省开放园区的排名升至第40位。1月，亚洲品牌协会、人民日报《环球时报》社和国家发改委中国经济导报社等共同举办2013年亚洲品牌年会暨中国品牌年度总评榜颁奖典礼，环科园获"亚洲十大最具投资价值品牌"和"2013中国品牌100强"两大奖项。至年底，园区面积212平方公里，全社会固定资产投入133.9亿元，比上年增长16.3%，其中，基础设施建设投入14.8亿元，比上年增长1.7%；规模以上企业工业增加值195亿元，比上年增长8%；公共一般预算收入24.7亿元，比上年增长10.3%。

（孙　夏）

【园区建设】 2014年，环科园先后完成环科新城低碳经营、环保标准工场等规划设计，形成较为完善的规划体系。国际环保展示中心、大学科技园、人才培训基地二期、科技孵化园一期（低碳大厦）等配套设施相继投用。环保部支持的中国东盟环保技术和产业合作示范基地启动建设。国家2011协同创新"一中心两基地"——水污染控制先进技术与装备协同创新中心及其成果转化基地、人才实训基地落户。与中国科学院武汉岩土力学研究所组建的江苏中宜生态土研究院投用，实现当年建设当年营运当年产出。环科园和湖北理工大学联办的中宜环保学院开学，南京大学、哈尔滨工业大学、同济大学3个研究生教育实训基地同步启用。组织企业申报省级、国家级重大科技项目69个，引进高级人才33人、海归人才8人，科技创业企业8个。投资40多亿元完成高塍区块拆迁100多万平方米、建成（在建）拆迁安置房80多万平方米。科技大道、环保大道建成通车，总投资1.5亿元的两侧绿化以及节点建设启动。

（孙　夏）

9月1日，宜兴市首所本科类环保专业大学正式开学（孙　夏　供稿）

【扩大合作交流】 2014年，环科园加强与东盟中心、上海合作组织环境保护合作中心合作，与环保部国际合作中心、科技部国际合作司、省科技厅国际合作处等建立合作关系，举办第二届中国环保技术和产业发展推进会、中国工程院环境与轻纺工程学部"问情·资政·服务"恳谈会、第五届IEPZ国际环保设备交易会等活动。依托中德、中荷等8个国际清洁技术对接中心，开展国际交流合作，组织企业参与德国、韩国以及上海的国际环保展，开展中韩、中日、中欧等跨国技术交流10多批（次）。与美国尼康集团、加拿大绿色中心、新加坡工商总会等组织、机构建立合作关系，引进韩国精确曝气系统等一批先进清洁环保技术、产品和项目。

（孙　夏）

【中宜环境医院启动建设】 10月，宜兴市启动中宜环境医院建设，推动环保企业由制造业向高端服务业发展。中宜环境医院是全国首个环境医院，以宜兴环保产业集团为龙头，依托宜兴环保企业集群，整合国际国内领军专家、领先技术、优势企业、资本等，以各产学研创新平台为支撑，为国内外的区域环境治理提供系统解决方案、工程建设和运营服务等全程综合服务。至年底，10万平方米、18幢小楼的"环境总院"竣工，集聚污水处理、给水处理、固废资源化、污泥处置、土壤修复、流域生态治理、农村环境连片综合整治、废气噪声治理、环保物联网等专科门诊11个。

（孙　夏）

【国内首个环保类电子商务平台建成】 2月，宜正环保电子商务平台上线运行。该平台由江苏中宜金大环保产业技术研究院有限公司运营，是国内首个通过阿里巴巴集团全方位认证、入驻工业品品牌商城的环保综合类电商。通过电子商务模式，将传统非标的环保设备实现系列化、标准化，采用"阳光交易、明码标价"的方式在线销售，压缩从产品制造到实际用户的交易链条，使

领军团队1家。加强高层次人才服务中心、博士后工作站等人才服务平台功能。推动企业自主研发,开发区科技研发支出超2.4亿元。全年专利申请650件、授权785件,其中,专利发明申请249件,万人发明专利拥有量64件。鼓励企业增加研发投入和新产品开发,开展企业科技项目申报。聚云科技、卓胜微电子、盛邦电子申报2014年国家创新基金获立项,天和电子等8家企业获“高新技术企业认定”,宝禾生物等2家企业入选省创新基金项目,创晨科技等2家企业获“省科技型中小企业”认定,微研公司精密五金模具等11个项目获“省高新技术产品”认定,江苏先施等8家企业获批“省级民营科技企业”称号,中科芯、路通光电等15家工业设计企业获批“市工业企业设计中心”称号。

(陈 羚 张 薇)

【资产经营管理】 2014年,开发区拓宽融资渠道,降低融资成本,提高资产经营管理水平,推进土地出让、信托洽谈和银行贷款对接,多举措做好资金平衡工作。以创意园四期金融大厦建设为载体,推进滨湖区创投产业集聚区建设。筹建完成滨湖区常熟农商村镇银行。发挥“蠡湖之光”科技融资担保基金扶持作用,累计为万象工业设计、国动网络、中普微电子、亚迪流体等14家科技成长型会员企业提供近9000万元银行授信。以滨湖区成立公共资源交易中心为契机,开展清产核资、资产整合工作,筹建“无锡蠡园产业投资集团”,推进开发区所属经营性国有资产优化重组,探索市场化、专业化运作,实现国有资产布局的科学优化和国有资产的保值增值。

(陈 羚 张 薇)

【扶持企业升级改造】 2014年,开发区推进企业升级改造,鼓励企业开发新产品、购买新设备、引进新工艺。贝斯特、路通、微研冲压件等15个技改项目开工建设,科索电子电源类产品生产线扩建等6个技改项目竣工投产。扶持规模企业,争取胡埭东扩区发展用地,组织申报各级各类扶持和品牌39类,其中,国家级2类、省级10类、市级19类、区级8类,共对上申请资金7840余万元,到位资金6345万元。继续推进企业上市,上海股权托管交易中心无锡企业挂牌孵化基地在开发区正式落户揭牌,乾晟景观、江苏昊华实现场外挂牌;路通视信、贝斯特、天语和声等企业上市工作进展顺利。艾柯威进入2014年首批江苏省经信委公布的科技型中小企业榜单。

(陈 羚 张 薇)

【特色产业发展】 2014年,开发区产业布局逐步完善,产业贡献成效显著。创业园、创意园、胡埭工业园、高层楼宇管理服务中心、无锡国家集成电路设计中心、恒大投资发展有限公司、江南工业设计大厦有限公司7个园区完成税收8.6亿元,占区域税收的63%。推进国家集成电路设计中心、创意园三期载体招商,租售率分别为71%、70%。西园、隐秀苑、环湖、湖滨苑、大箕山、湖景、渔港7个社区实现国税、地税1.76亿元,一般预算收入7738万元,分别比上年增长3.3%、1.8%;实现可用财力4780万元,比上年增长16.6%。推动工业设计、集成电路设计形成特色品牌,协办第三届中国“太湖奖”设计大赛、十一届中国(无锡)国际设计博览会。无锡国家工业设计园创业服务中心被认定为第二批“省科技企业加速器”、首批“省苗圃-孵化器-加速器科技创业孵化链条试点单位”。无锡(国家)外观设计专利信息中心建成“市知识产权信息与产业化公共服务平台”,申报“省知识产权服务能力提升工程实施项目”“省知识产权服务业集聚区”。无锡国家工业设计园获批“江苏无锡蠡园研发设计园”、申报“国家知识产权示范园区”,推进“蠡园开发区设计产业园”服务业集聚区建设。

(陈 羚 张 薇)

【园区建设】 2014年,开发区推动项目用地申报,继续推进创意策划和规划设计工作,调整中央商务区地块规划设计方案,组织集成电路设计中心二期地块概念方案设计,完成紫京地块挂牌出让和渔港地块挂牌准备,完成渔港地区环境整治项目和中央商务区地块拆迁扫尾,推进鸿桥苑、湖滨苑、大箕山家园、管社山家园二期、渔港家园、隐秀苑等安置房产权证转移登记。以滨湖区创建“国家生态文明建设试点示范区”活动为契机,继续完善控源截污长效管理制度,推进河道综合治理和长效管理,全面消除劣V类水质河道。落实节能减排各项措施,引导企业改进生产工艺和治污手段,实现污染物减排和循环经济模式。实施亮化美化工程,投资1500余万元,完成绿化种植6.67公顷。湖景社区创建为“市级单位园林式小区”。加强无证设摊整治,规范门头店招,制定鸿桥市场整治方案,投资130余万元改造更新建筑西路沿线门头店招,完成鸿雁路北段背街小巷综合整治。加强道路规范化管理。加大违建督察取缔力度,查处违法建筑550平方米。完善市政公共设施,维修建筑路、滴翠路、鸿桥路等路段1800余平方米、人行道板900余平方米。推进生活垃圾分类收集,完成生活垃圾分类试点9个。湖滨苑社区创建为无锡市唯一“省级城市管理示范社区”。蠡园街道获评“2014年度城市管理绩效考评优秀街道”称号。

(陈 羚 张 薇)

【社会事业发展】 2014年,开发区推进无锡市首批农民创业孵化基地创建活动,成功创建十八湾茶文化农庄农民孵化基地,完成无锡湖景科技园孵化基地扩容。推进社会保障全覆盖,完成社保扩面净增1504人。完善各项社会保障制度,完成社区退休农民认定审核养老补贴1569人、150万余元,灵活就业人员社会保险补贴审核1330人、145万元,企业社会保险和公益性岗位补贴351家、213万元。发放市民卡3400张。化解企业员工劳资纠纷,调解劳动争议55件。均衡基础教育优质资源,蠡园街道获评“无锡市学前教育现代化镇(街道)”称号,育英锦园实验小学9月1日开学,蠡园实验幼儿园高分通过“滨湖区AA特色幼儿园”评估验收,蠡园中心小学获评“无锡市示范家长学校”。医疗卫生“功能社区服务”入围“2014~2016年度市社区卫生服务与管理模式创新项目”。全年发放低保、一次性救助、临时生活救助等各类助困资金165余万元,慈善冠名基金解缴180余万元。提升养老服务,蠡园养老服务中心结构封顶。新增社区公益项目3个,“同心园”公益坊规范化建设达标率100%，湖景社区成功创建国家级“综合减灾示范社区”，隐秀苑社区创建国家级“人口计生基层群众自治示范社区”。开展信访积案集中化解专项活动，化解拆迁上访户群体和重点强拆户个案矛盾。蠡园街道获评“2013年度法治街道创建工作先进单位”称号。健全安全生产管理网络，落实监管责任，巩固和提升“安全示范社区”创建成果，启动“全国安全社区”创建工作，开发区获评“2014年无锡市安全生产先进单位”，隐秀苑获评“无锡市地震安全示范区”称号。

（陈 羚 张 薇）

【第三届工业设计大赛】 1月，由无锡国家工业设计园承办的第三届“太湖奖”中国设计大赛启动。本次大赛主题为“释放”，涉及产品范围包括家具家居、生活用品、互联物联、电子产品、交通工具、公共设施、3D打印设计与应用等。大赛至5月结束，分为设计阶段、邀请阶段及评奖颁奖阶段。部分作品在5月底举办的第十一届中国（无锡）国际设计博览会上展出。

（陈 羚 张 薇）

【信息产业电子第十一设计研究院华东总部入驻】 5月1日，信息产业电子第十一设计研究院华东总部在无锡国家集成电路设计中心举行入驻仪式。中国电子信息产业集团有限公司成立于1989年5月，是中国最大的国有综合性IT企业集团，以提供电子信息技术产品与服务为主营业务，产业分布于新型显示、信息安全、集成电路、信息服务等国家战略性、基础性电子信息产业领域，核心业务关系国家信息安全和国民经济发展命脉。

（陈 羚 张 薇）

【“上拓3D打印定制店”落户】 5月12日，江苏省首家“上拓3D打印定制店”落户开发区创意体验中心。除销售3D打印设备外，该店还为市民提供3D打印服务，可根据客户的需求和创意，打印出不同材质的工艺品，包括杯子、手机壳、杯垫等各种模型。该店的“东家”——无锡易维模型设计制造有限公司，已跻身于国内一流、国际先进的3D工业服务供应商行列。打印定制店的成立和运营有效整合了无锡的设计资源和3D制造资源，通过提供3D打印课外实践课程、组织各类设计大赛、组织设计师开发和制造3D打印品牌产品等活动，推动无锡设计产业和3D打印产业发展。

（陈 羚 张 薇）

【捷太格特旗下两公司开业】 5月15日，捷太格特JTEKT旗下的无锡光洋轴承有限公司(WKB)和光洋滚针轴承（无锡）有限公司(KNBW)在胡埭工业园开业。捷太格特公司为国际汽车零配件领域排名前20强企业。捷太格特科技研发中心（无锡）有限公司是捷太格特在中国的第1家技术基地，也是在无锡投资的第10家集团企业，主要从事汽车零部件及配件、驱动装置的研究开发与检测，转让技术成果，并提供相关技术咨询服务。

（陈 羚 张 薇）

【外观设计专利图像检索系统建成】 6月20日，无锡国家外观设计专利信息中心建成外观设计专利图像检索系统，通过国家知识产权局验收。该系统是国内唯一实现了与国家知识产权局最新数据同步更新、包含中、美、日、韩、WIPO外观设计专利的数据库。至12月24日，数据库含纳外观设计专利数440多万件，视图数2000多万件，可针对多种著录项目进行检索，为设计公司、制造企业开展专利查新检索，专题检索，授权专利检索，法律状态检索等。中心还与“太湖奖”等设计大赛组委会合作，做好投稿产品专利查新、获奖作品专利保护等工作，建成“无锡市知识产权信息与产业化公共服务平台”。

（陈 羚 张 薇）

【同乐拾珍艺术馆开馆】 6月20日，位于无锡国家工业设计园内的无锡市同乐拾珍艺术馆开馆。该馆为全市第7家、滨湖区第3家登记在册的民间博物馆。艺术馆占地近1300平方米，汇集无锡地区具有较高科学、历史、艺术价值的文物精品400余件，涵盖玉器、瓷器、青铜器、金银器、竹木牙制雕刻器等门类，分为“拓泥填土成珍品”“斑斓璀璨夺天工”“文玩微器现大观”等专题陈列，直观形象地反映无锡物质文明的进化历程。

（陈 羚 张 薇）

【“研究生联合培养基地”落成】 12月14日，开发区海博瑞恩电子科技（无锡）有限公司与西安交通大学共同建设的“研究生联合培养基地”落成。海博瑞恩电子科技（无锡）有限公司为西安交大的研究生提供研究课题的实际操作平台，让纯理论的实验室产品对接市场应用，培养一批有潜质、高层次创新人才，为国内能量储存行业培养更多的应用型人才。

（陈 羚 张 薇）

【振发新能源(美国)有限公司与STR签署并购协议】 12月15日，江苏振发控股集团有限公司（中国）旗下振发新能源（美国）有限公司，与美国STR公司签署战略并购协议，并经中国各监管部门、美国外国投资委员会及STR股东特别大会批准，完成股权交割。该项交易由振发新能源（美国）有限公司出资2170万美元，收购STR公司51%股权，取得控股权。交易完成后，STR公司普通股将继续在纽约证券交易所挂牌交易。STR是美国第一家专业研发和生产太阳能电池组件——太阳能用EVA薄膜的公司，其领先的密封技术是全球光伏封装材料的先驱和领导者。江苏振发控股集团有限公司（中国）作为中国顶尖的太阳能光伏电站系统集成商之一，将对STR现有业务进行重组，并布局全球太阳能光伏电站的建设与运营。

（陈 羚 张 薇）

江苏无锡惠山经济开发区

【概况】 2014年，惠山经济开发区推进项目建设，转型发展，经济社会发展稳中求进。全年全社会固定资产投资271.18亿元，比上年增长16.37%；规模以上工业总产值545.64亿元，比上年增长11.70%；到位注册外资2.24亿美元，比上年增长76.11%；公共财政预算收入31.67亿元，比上年增长17.98%。全年产出保持15%以上增幅，完成市、区两级下达的年度目标任务，主要指标中外资到位占惠山区一半以上，全社会固定资产投资占惠山区52.44%，公共财政预算收入占惠山区

44.76%。年内，新增就业1903人，登记失业987人，登记失业率3.5%，与上年持平。累计发放救助金超200万元，救助困难群众1800多名。为1687名60周岁以上老年人购买安康关爱险。开发区获2013年度江苏省信息化与工业化融合示范区称号。

（叶晓雯）

【科技园区建设】 2014年，开发区科技型园区进入建设产出同步期，全年产出首超百亿元。生命园C区二期、宇野网络大厦等9.5万平方米三创载体实现竣工交付，推进华科大研发楼、生命园D区等32.5万平方米载体建设。“四园区一中心”（风电科技产业园、生命科技产业园、数字信息产业园、软件外包园和科创中心）累计建成投运各类三创载体64.65万平方米。软件外包园引进优盟农业、麦吉安琪等75个项目，入园企业累计204家，全年实现产值24亿元，获无锡市电子商务示范产业园、2014年度“无锡市软件名园”称号。数字信息产业园引进沃姆斯科技、金木土科技等企业73家，其中包括诺贝尔奖获得者控股企业路易斯生物科技，入园企业累计285家，全年实现产值21亿元。园区无锡力合科技孵化器被认定为无锡市生产性服务业重点企业。生命科技产业园引进锐汗德医疗、甘泉医药等16个项目，入园企业累计100家。脑镁素实现试生产，西比曼生物在纳斯达克上市，全年实现产值20亿元，获全省科技研发类园区考核第一名，并被省经信委批准为江苏省小企业创业示范基地，成为无锡市首个生物医药类小企业示范基地。风电科技产业园引进金润汽车、伟博动力等22个项目，入园企业累计59家，全年实现产值30亿元。科创中心引进碳世纪、惠力激光等企业21家，入园企业累计183家，全年实现产值18亿元。石墨烯技术与应用研发中心一期建成投用，检测中心获评省石墨烯检测技术重点实验室，年内获评为优秀(A类)国家级科技企业孵化器。软件园智慧大厦单位面积产出达到5.1万元/平方米。

（叶晓雯）

【重大项目建设】 2014年，开发区开工建设超5000万元重大产业项目41个，总投资79.43亿元。其中，列入市、区重点的20个工业项目全年完成投资22亿元。亚萨合莱门业、韩国东宇、金润汽车投产；上汽商用车二期、宝湾物流、威孚力达二期等项目正在施工。透平叶片厂“通用飞机零部件开发制造项目”、威孚力达“尾气后处理系统产品产业化”项目等20个超千万元技改项目完成技改并投产。惠山万达金街、惠山迪卡侬如期开业，五洲哥伦布广场、华润橡树湾二期开盘销售，好得家二期完成装修，振江商业在上海证券交易所上市。招商引资成果显著。总投资2.34亿美元的精科汽车、注册资本1亿美元的坤盛国际、总投资1亿元的华讯方舟，以及中移动互联网基地、乾圆大通商品合约交易中心项目相继落户开发区。在惠山经济开发区第二届金秋招商月活动中，35个项目签约，总投资16.83亿元。上汽配套区有12家核心零配件企业签约入驻。开发区与东沙湖金融、元禾控股等国内知名创投、风投机构开展合作，为开发区可持续发展奠定基础。

（叶晓雯）

【园区建设】 2014年，开发区推动“一流人居环境、一流功能配套”的现代新城建设。政和大道商业金融街完成全线景观提升改造，堰新路科技创新创业走廊完成吴韵路-惠山大道段侧分带改造，总投资3600万元的惠山新城亮化改造工程完工。继续加强“标准化、精细化、网格化”城市管理，开展各类专项整治行动，提升市容环境。完成拆迁23.68万平方米，交付安置房23.7万平方米，新开工安置房31万平方米。总投资7.12亿元，推进涵盖安居乐业、便民利民、教育均衡等八大项为民办实事工程建设。省锡中实验小学、长安中心幼儿园、长安中心小学改扩建等教育工程加紧施工；惠山新城慢行系统、公交微循环系统启用。古庄生态园二期、安置房小区停车位新增及信报箱改造等项目完工。安全形势平稳，安全生产获市级年度先进表彰。

（叶晓雯）

【公共自行车服务系统（一期）启用运营】 4月11日，惠山新城公共自行车服务系统（一期）工程启用运营。惠山新城公共自行车系统规划建设网点有40个，投入公共自行车600辆，锁车柱750个，分四期实施，形成完善的慢行系统服务网，覆盖惠山新城三城区各个商住区及办公区。

（叶晓雯）

【城市候机厅启用】 6月20日，苏南硕放国际机场惠山区城市候机厅启用，这是无锡苏南国际机场集团在无锡市设立的第一个跨区城市候机厅。候车厅设立在惠山经济开发区艾迪花园酒店，运营面积约1000平方米，设有与苏南国际机场实时相连的航班信息显示系统，提供机票预订购买，免费换登机牌、艾迪巴士直送旅客登机等便捷服务。

（叶晓雯）

【公交环线系统开通】 9月3日，全市首个完备的区内公共交通环线系统——惠山经济开发区惠山新城公

惠山经济开发区夜景 （叶晓雯 供稿）

交环线系统投入运营。惠山新城公交环线系统依托政和大道公交首末站，始发4条线路，沿线共设立76个公交站点，覆盖开发区36平方公里建成区，平均每0.5平方公里内有1个站点。

（叶晓雯）

【盛力达香港证券交易所上市】 11月11日，无锡盛力达科技股份有限公司在香港证券交易所上市，是开发区第一家在香港上市的企业，是继西底曼生物科技在美国纳斯达克上市后开发区第二家境外上市企业。盛力达科技股份有限公司是一家专业从事自动化控制成套设备和钢帘线专用设备的研发、制造和销售的科技型企业，是汽车零部件专用设备的研发制造公司，2013年成为中国最大的电镀黄铜钢丝生产线制造商，市场份额达到44.9%。

（叶晓雯）

【城市配送信息处理平台落户】 11月19日，国内首家绿色、高效城市配送信息处理平台——深圳市华讯方舟科技有限公司城市配送公共信息服务平台签约落户开发区。华讯方舟科技有限公司投资1亿元，建设包括云计算平台、车载物联网终端、移动APP应用等城市配送公共信息服务平台，通过与线下配送设施网络、车辆及商超客户的相关信息系统对接，完成线上线下相结合的业务运营及管理。

（叶晓雯）

无锡山水城

【概况】 2014年，山水城实现公共财政预算收入5.75亿元；财政总收入10.34亿元；规模以上工业总产值44.17亿元；限额以上社会消费品零售总额2.11亿元；到位外资3568万美元；进出口总额约13446万美元，其中，出口总额为11250万美元，完成年度目标的107.6%。全社会固定资产投资82.57亿元，比上年增长108.6%。

（王彦炜）

【产业发展】 2014年，山水城引进企业578家，其中引进楼宇经济企业352家，实现税收3.4亿元，完成租售面积5.34万平方米，其中，科院软件所一期二批新出售36619平方米，科教软件园新出租6520平方米，创新创业园新出租3014平方米，太湖数码新出租1581平方米，K-Park服务中心大厦新出租3897平方米，软件园新出租7992平方米。

（王彦炜）

【园区建设】 2014年，园区1平方公里启动区入库国地两税3.87亿元，比上年增长34.85%。清理企业7家，压降自建载体1.66万平方米，压降社会载体3.21万平方米。收缴房屋租金和物业管理费2580余万元。K-Park服务中心完成交接，进入内部装修及外观亮化阶段，启动服务中心招商工作，美尊网络公司和华飞航空公司入驻办公。推进南泉工业园提升改造工程。旅游业发展迅速，雪浪山景区特色项目加快集聚，薰衣草扩大种植面积6.67公顷，欧式配套用房建设基本结束并投入使用；雪浪山漂流项目建成并投入运营；配套用房（会所）主体工程完工，完成配套设施改造提升。推进龙寺生态园、红沙湾生态园改造提升。三大景区全年共接待游客78万余人次，各类经济收入1038万元。全年共新开工安置房36万平方米；竣工交付16.88万平方米、1055套；完成223万平方米、17716套安置房竣工备案工作，完成80万平方米、8223套住宅的初始登记工作。改造背街小巷立面墙壁，完成山水西路、南湖路、塘南路、南湖东段坑洼修复；开展大学城、仙河苑周边环境集中整治行动5次；拆除违法建设8010平方米，全面完成目标任务；完成第三方监管平台曝光问题整改950个，整改率100%；全年创建1个精品社区、3个长效管理示范社区、6个市级长效管理示范村和1个小游园；完成两型社会示范街道创建工作。

（王彦炜）

【科技人才培育】 2014年，山水城引进各类人才1430人；新增社会事业领军人才2人，新增海外留学人才16人，新引进国外智力项目3个，完成全年目标。申报国家“千人计划”人才1人，省“双创计划”创新人才2人，创业人才3人，省团队2个，“企业博士集聚计划”6人，国家中青年创新人才推进计划1人。

（王彦炜）

【社会民生保障】 2014年，山水城围绕“全员进保”目标，养老保险综合覆盖率、医疗保险参保率达99%以上，实现城镇下岗失业人员再就业2424人，企业职工技能培训2812人、城乡劳动者技能培训432人。探索“政社互动”社区治理机制，减轻社区负担。提升教育质量，雪浪中学通过省高位均衡质量验收。组织开展“公益结伴行动”，落实政府购买服务项目3个，新增社区居民养老服务中心和“幸福餐厅”各1家，完成卫生服务中心信息化融合工作。加强治安防控体系建设，推动平安社区、平安学校、平安工地等系列平安创建工作。

（王彦炜）

【重点项目建设】 2014年，山水城继续推动重点项目建设。万达文化旅游项目涉拆的195家非住宅评估率100%，除A块1家加油站及B块3家非住宅已签未搬外，基本完成拆迁工作。胡埭安置区建设工作顺利推进。无锡国家数字电影产业园一期工程已全面投用，全年新增注册企业130家，累计落户各类拍摄制作企业、影业公司、金融机构、名人工作室200余家。累计完成《变形金刚4》《环太平洋》《忍者神龟》《西游记之大闹天宫》《武则天》等影视剧拍摄、制作近200部。全年，产业园实现销售8亿元，税收4000多万元，被列入财政部“重要电影工业项目和高科技核心基地建设扶持项目”，申报“国家文化与科技融合示范基地”。产业园二期项目影棚区域已进场施工。电子商务产业园75家电子商务企业年内实现落地税收7200万元，比上年增长600%。新引进企业18家。成功申报中央财政促进服务业发展专项资金300万元，2014省级现代服务业发展专项引导资金120万元。推进“锡货网上行”平台发展，平台累计注册会员数量为15万人次，交易额4050万元。金桥副食品市场锡货网运营中心正式建成投用。产业园二期旭通科技完成相关前期手续，确定设计方案；雪浪环境项目地块完成定桩放线，进行施工准备；完成北侧道路建设并通车；607所2个国家重点实验室主体建筑封顶；公交停车场迁建项目主体建设完成；南大创业总部项目进入装修阶段。

（王彦炜）

江苏无锡经济开发区

【概况】 2014年，江苏无锡经济开发区（胡埭镇）辖区面积40.5平方公里，园区总规划面积21.29平方公里，已开发面积约16平方公里，总人口7万人（其中常住人口4.5万人）。开发区加快融入无锡城市化进程，推动转型提升，建设"一园（航空动力科技产业园）、一港（物流港）、一城（汽车城）、一都（太湖花都）和四大聚集区（高端制造产业聚集区、新兴产业产业化聚集区、现代服务产业聚集区和传统优势产业聚集区）"产业体系，提升综合实力。年内，开发区（含胡埭镇）有企业1600多家，职工总数约3.9万人。工商两业纳税销售455亿元，其中工业纳税销售399亿元。财政收入16.5亿元，一般预算收入7.22亿元。全社会固定资产投入46.1亿元。可用财力持续增长。全年镇级可用财力1.24亿元，村级可用财力4960万元，比上年增长8%。

（邱晓东　周晓刚）

【产业发展】 2014年，开发区推动产业集聚与转型。投入46亿元推动重大项目建设，中航动控、江苏永瀚和振华轿车等53个重大项目按时序顺利推进。引导传统企业加快技改升级，增强核心竞争优势。新增国家高新技术企业3家，省级工程技术研究中心3家。服务企业增强自主创新能力，全年申报省级高新技术产品35个，新增发明专利20件。加快构建高效益、可持续的现代服务业体系。汽车城奔驰、雷克萨斯、英菲尼迪和进口大众4家4S店销售情况良好，克莱斯勒和奥迪2家4S店进入试营业阶段，物流园辉泰金属完成竣工验收，佳材钢贸建设进展顺利；腾宏大酒店开业，生产性卖场综合娱乐项目进入装修阶段。以太湖花都建设为核心，加强招商，完善配套，推动花卉苗木产业规模化发展，以点带面推动现代生态农业高位发展。花卉交易中心入驻商户120家，婚纱摄影、港式茶餐厅等外延项目推进顺利，景观园入驻商户10家，新建1.5万平方米配套大棚。统筹推进有机农产品品牌培育、农技推广等工作。

（邱晓东　周晓刚）

【环境建设】 2014年，开发区落实基础配套设施建设和镇容村貌长效管理，有效改善和提升区域整体形象。以东区为重点，加大基础设施建设，全年累计投入1.6亿元，完成道路5.1公里，完成污水管网5.1公里，道路绿化等市政配套工程同步建设；陆藕路延伸段、丁香路等东区内部道路推进顺利。推进钱胡路改扩建和342省道以北涉及的93户住宅拆迁；安泰路直湖港大桥进入主桥安装阶段；新增公交专线2条，快8、微循环等公交路线及沿线站点全面优化。完善各项功能配套。马鞍苑按时竣工交付，全面实现拆迁"零过渡"；花汇苑二区、三区房产证办理审核通过1169套；商品房绿城雅园开盘；推进公租房试点；人民路沿线智能化交通系统投入运行；商业街全年入驻商户20家。推进区域环境综合整治，通过省卫生镇复审和全国文明城市创建迎检工作。完成胡埭、张舍农贸市场改造和人民路沿街包装出新。完成"无新增违建社区"创建3个，全年拆除违章建筑5050平方米。完成立人、富润等4个市级"幸福村"创建及张舍社区、龙延村等3个区级"长效管理示范村"创建。推进水环境综合整治，落实农业农村面源污染整治、畜禽养殖综合整治和排水许可证的发放；长效落实"河长制"管理，完成石漕头等6个河道及家塘清淤。

（邱晓东　周晓刚）

【社会民生保障】 2014年，开发区落实各项富民惠民政策，提高群众幸福感和满意度。坚持政府主导、社会参与，聚集社会慈善公益力量，参与贫困弱势群体的帮扶救助。全年为56户低保户发放低保金43.11万元，发放各类救助金102.7万元，慈善捐款1561万元。审批通过群众住房困难申请9户。推进老龄事业发展，全年发放尊老金85.2万余元，为1070名高龄和特定老人购买意外保险，为59户特定老年人购买居家照料服务；富安、立人社区服务中心投入运行。开展就业"春风行动"。全年组织招聘会18场，累计提供岗位1.28万个，新增就业2295人，扶持创业115人。引入社会专业机构与人才服务中心合作，引进各类人才1365名，其中高技能人才20名。提高在职人员职业技能，为华星电力、法兰锻造等企业培训技术工人1360人次，624人获得高级工证书。落实各项社会保障措施，扩大居民医保

无锡经济开发区内胡埭工业园区　　（周晓刚　供稿）

小胡山公园远眺安置小区 (王晓东 摄)

覆盖面，实现社保扩面1214人，居民社保、医保参保率均达99%。构建和谐劳资关系，调解劳动争议146起，成功率99%以上。健全公共教育、医疗、卫生服务体系。提升立人幼儿园、立人小学办学品质；胡埭小学书法特色、立人小学吴文化特色教育特色明显；立人幼儿园成功创建“省优质幼儿园”。锡西新城医院开通门诊医疗结保，残疾人综合服务中心稳步运行；持续推进殡葬整治长效管理。

(邱晓东 周晓刚)

【和谐园区建设】 2014年，开发区创新社会治理模式，加强稳控体系建设和安全管理监督，营造安定和谐的社会环境。加快社区居民属地化建设，推进扁平化管理，完成富润社区“政社互动”试点工作。持续完善“部门、社区、居民”三方联动的监督考核机制，督促市场化物业公司提高管理水平，带动提高花汇苑、张舍苑等自管社区的服务质量。统筹工青妇等群团组织力量，以“阿福进社区”“百姓大舞台”等群众喜闻乐见的形式，推动文明新风进社区。开展公民法治教育，发放法治宣传资料1.5万份，增强人民群众的法治观念。发挥村(社区)各类自治组织作用，健全民主选举、决策、管理和监督等制度，提高村(社区)工作的民主性、科学性和规范性。落实安全监管属地责任，推动综合监管和执法检查，加强整治与隐患排查，压降各类安全事故。开展安全生产标准化创建等专项行动，推动高层住宅消防安全、电梯安全，交通、建筑、食品、防汛防台、护林防火等安全工作。健全和落实重要信息报告、领导包案限时办结和重大事项社会稳定风险评估等制度，持续开展领导信访接待活动，畅通民意诉求反映渠道，全年接待来访群众43批，1200多人次，回复处理12345热线督办事项159件。推进联调联动模式，落实村(社区)主体责任，解决各类苗头性问题，维护社会和谐稳定。

(邱晓东 周晓刚)

江苏江阴临港经济开发区

【概况】 2014年，江阴临港经济开发区围绕建设“临港产业强区、生态宜居新城”目标，实施产业开发、基础设施、城市建设、生态环境、产城融合“五位一体”工程，辖区经济社会保持良好发展态势。全年完成地区生产总值(含临港街道、璜土镇数据，下同)577.26亿元，比上年增长6.9%；工商开票销售收入3464.46亿元；公共财政预算收入40.98亿元，比上年增长11.31%；全社会固定资产投入320.75亿元，比上年增长10.6%，其中，工业投入194.92亿元，服务业投入121.17亿元，分别比上年增长8.8%、13.1%。协议注册外资5.59亿美元，到位注册外资3.19亿美元。辖区规模以上企业工业产值1469.52亿元；自营进出口总额77.13亿美元，限额以上消费品零售总额15.54亿元。临港金属新材料、新能源、机械装备、石化新材料、现代物流、文化创意和电商六大支柱产业发展迅猛，全年开工建设重点项目55个，竣工重点项目47个，高新技术产业产值达460.61亿元。申请各类专利4935件，实施产学研合作项目20项，怡达化工、天邦涂料在“新三板”挂牌。全年公共基础设施投入超30亿元，新增城市建成区面积超100万平方米。拆迁农户1180户、企业13家，腾出净地超667公顷。江阴市首个电子商务产业园落户，临港(节能环保)装备产业园被省商务厅评为全省特色产业园建设发展第三名。获批国家级科技企业孵化器、江苏省知识产权试点园区。推进国家级综合保税区、国家级开发区申报工作。在江苏省商务厅2014年公布的全省开发区科学发展综合评价中，江阴临港经济开发区综合排名上升2位，经济实力在省级开发区中实现“三连冠”。

(华柳霞)

【新港区建设】 2014年，江阴临港经济开发区加强港口功能，提升港口效益、港口服务和港口环境，江阴港本港重箱比上年增长8%，新增江阴至汕头、厦门集装箱航线2条，加密航班4班，累计航线51条，航班密度每周109班。引进世界500强企业、全球第六大船公司美国总统轮船公司(APL)。5号码头二期、6号码头、长博汽渡、港口集团通用码头、石庄围堰工程项目基本建成。长江港口综合物流园与软件园实行合署办公，实现开票销售收入845亿元、上缴税金5.9亿元，分别比上年增长23.37%、27.37%。临港国际物流园新引进商贸流通、运输等各类企业52家，园区全年开票销售收入45.9亿元，上缴税金4800万元。中外运江阴综合物流基地、丽天石化品交易市场等项目落户，港口物流园区交易中心、华东石化物资交易市场、江阴海运煤炭专业市场以及百威啤酒华东分拨中心、平煤神马总部市场等一批特色基地发展良好。

(华柳霞)

【城乡建设】 2014年，国际生态智慧健康城、法国迪卡侬、黄冈博学世纪城等城市功能配套项目签约落户江阴临港经济开发区；世茂滨江摩天城、海岸城、五洲国际广场等重点城市功能性项目加紧建设或竣工投运；中央商务区超过50米的高楼45幢，成为江阴高楼密度和规模最大的地区。建成夏东苑三期、湖滨佳苑一期西区等安置房44.8万平方米、交付3220套。在建、拟建龙港花园二期、小湖七期等安置房147万平方米。完成珠江路等11条结转道路、镇东路等6条新建道路施工，打通创新南路、红旗北路、人民北路3条断头路。临港街道创建无锡市农村道路示范街道。长江村成为江苏省唯一入选的“中国十佳小康村”，维常村、黄丹村、后梅社区实现脱贫转化。

（华柳霞）

【保税物流中心建设】 2014年，保税物流中心物流集聚效应更加明显。全年报关单量26194票，比上年增长20%；监管货值24.58亿美元，比上年增长6.7%；货运量129万吨，比上年增长13%；开票销售收入107亿元，比上年增长35%；入库税金2750万元，比上年增长13%。对企业特殊要求按政策特殊处理，为企业退税2.47亿元，缓税1.81亿元，实现关税2.04亿元。协议注册外资3951万美元，比上年增长57%，到账外资1755万美元。引进宇盛出口厨卫、百威啤酒分拨、保税棉仓储分拨、中化华东地区分拨中心、美的集团仓储项目等。

（华柳霞）

【招商引项】 2014年，江阴临港经济开发区根据产业定位，重点招引资源节约型、科技创新型、产业带动型、龙头基地型及税收贡献型的产业龙头企业和配套协作项目。开展大型专题招商活动4场次，组织韩国、日本和中国台湾地区驻点招商，全年签约项目44个，总投资454.8亿元；新增项目19个；新增超千万美元项目10个；注册超3000万美元项目6个；招引世界500强、基地型项目4个。全区累计工商登记协议注册外资5.59亿美元；到位注册外资3.19亿美元。

（华柳霞）

【重大项目建设】 2014年，江阴临港经济开发区加强服务企业、服务基层，推进重点项目、重点工程建设，签约落户项目44个、总投资454.8亿元，包括投资140亿元的保利协鑫天然气、投资26亿元的神通—常隆新能源客车基地、投资10亿美元的中国油气等项目。总投资1.5亿美元的普洛斯工业物流园项目、投资3500万美元的江阴嘉鸿橡塑科技新建医用塑料制品项目、总投资2998万美元的江阴东南重工有色金属管道制品制造加工项目、投资2.1亿元的江苏中矿立兴能源科技二期项目等开工建设。总投资超100亿元，包括投资29.7亿元的三房巷EPTA二期、投资19.8亿元的国光1.95万吨大型铸锻件等项目竣工投产。全年开工在建项目55个，总投资279.06亿元；竣工投产项目47个，总投资108.24亿元；在批拟建项目54个，总投资266.28亿元。

（华柳霞）

【科技创新创业】 2014年，江阴临港经济开发区修订《关于促进经济优化发展、产业转型升级的若干奖励政策》，并兑现2013年扶持资金1645万元。全年新增国家火炬计划1项、国家小企业发展专项资金项目1个、国家重点新产品2个，省重大科技成果转化1项，省科技企业技术创新资金1项，省级以上两化融合（信息化和工业化深度结合，以信息化带动工业化、以工业化促进信息化）试点企业6家，累计申报各类项目126个。新增高新技术企业22家，开展高新产品申报及新产品鉴定65个，入库专精特新科技小巨人培育企业16家，新增中船澄西国家级企业技术中心1家，省级工程技术研究中心（企业技术中心）2家，推进规模以上企业新建研发机构59家。全年高新技术产业产值460亿元。申报各项专利4935件，授权1977件，其中发明专利申请1294件，累计有效发明专利333件。开展核新太阳能与中国矿业大学合作太阳能发电系统技术中心、德玛斯特钻具与高校合作研发超高强度高疲劳性能深海钻杆等产学研项目21个，新增制定国家标准1条，行业标准6条，利士德化工获省名牌产品，明大化工“金明及图”等5个获省著名商标。双良集团申报江阴市市长质量奖。江阴临港经济开发区获批省知识产权试点园区。年内，新引进院士2人、外国专家和海外工程师11人，引育国家千人计划专家1人，新增各类高层次人才96人、江苏省“双创”人才1人，培养高技能人才590名。新申报国外技术管理和人才项目8个，新增国光重机、泰阳成索业等省级博士后创新实践基地4

江阴临港经济开发区中央商务区一瞥 （华柳霞 供稿）

家，江阴临港经济开发区成为江阴市唯一一家省级博士后创新实践基地总站。

(华柳霞)

【社会事业】 2014年，江阴临港经济开发区民生投入17.95亿元。本地劳动力实现就业9515名，就业率超96%，新型农村合作医疗保险、被征地农民基本生活保障覆盖率均达100%。新增城保扩面7519人，完成目标任务121%。启动第二人民医院、西石桥社区卫生服务中心建设。新增新能源公交车22辆，增设及优化公交线路15条。推进环境综合整治和道路绿化、村庄绿化等工程，创建无锡市村庄环境长效管理示范村9个，并对利港、石庄两个化工园区进行专项整治，投资400余万元建设化工园区监控中心、大气自动化监测站，关停"五小"企业9家，超额完成年度化学需氧量、氨氮削减任务。推进"法制临港、平安临港"建设，化解各类矛盾纠纷881件，为辖区民众提供法律援助90件次。成功创建省和谐示范社区2家、无锡市和谐示范社区4家。编制完成辖区安全应急预案，辖区安全伤亡事故和死亡人数实现双下降。提升村庄环境长效管理水平，滨江村、横塘村等5个村创建幸福村。完成仁和社区村级集体经济股份合作社组建，对维常村、黄丹村、后梅社区进行脱贫转化，完成巨轮村土地确权试点工作。编制开发区农业园区规划、水系总体规划和申南村绿化生态园区规划；渔业园区朝阳河整治和朝阳河路改建工程开工建设。便民服务中心入驻窗口28个，服务项目68个、服务子项目125个，全年受理各类办件项目73473件，办结率100%，群众满意率95%以上；"12345"公共服务呼叫平台受理诉求件2554件，答复满意率99%。

(华柳霞)

【国家级科技企业孵化器获批】 12月5日，江阴国家软件园正式获批国家级科技企业孵化器，成为江阴临港经济开发区创建的第9个国家级平台。软件园于9月正式申报国家级科技企业孵化器，11月在科技部火炬中心完成国家级科技企业孵化器答辩，以高分通过评审，12月5日被正式认定。江阴国家软件园成立于2007年9月，依托院士工作站、江阴软件测试验证中心等平台，逐步建立起以企业为主体、市场为导向、政产学研融合的创新体系，先后获得江苏省留学人员创业园、江苏省中小企业创业基地、江苏物联网产业示范基地等称号。至年底，园内有科技型中小企业420多家，在孵企业141家，毕业企业31家，每年吸引30家企业入园孵化。累计知识产权数370件，9家企业获得CMMI认证（由美国软件工程学会制定的一套专门针对软件产品的质量管理和质量保证标准)、5家企业获得高新技术企业认证。

(华柳霞)

【获批省知识产权试点园区】 11月13日，江苏省商务厅和江苏省知识产权局联合批复江阴临港经济开发区为江苏省知识产权试点园区。年内，辖区有省级以上高新技术企业76家，累计申报各类专利18273件、授权7964件，有效发明专利333件，万人发明专利拥有量达16.6件，累计中国驰名商标9个，省级以上名牌产品21件，拥有全国标准化技术委员会(工作组)5个，拥有自主知识产权或核心专利技术的企业已占规模以上企业70%以上。

(华柳霞)

江阴临港经济开发区管委会大楼 (华柳霞 供稿)

【电子商务产业园落户】 10月26日，在江阴国家软件园举行的2014江阴首届电商大会暨"双十一"淘宝嘉年华大会上，江阴市首个电子商务产业园落户江阴临港经济开发区。电子商务产业园拥有多个服务平台，不仅可为电商卖家带来机遇，还为传统企业打开新商机。同时成立的江阴市电商应用人才培训基地，成为电商发展的坚实后盾。

(华柳霞)

【远景能源自主研发4兆瓦海上智能风机批量下线】 5月28日，江阴临港经济开发区远景能源4兆瓦136米叶轮直径的大叶轮海上智能风机首台机组批量下线，这是迄今全球出产的海上风电机组中，单位千瓦扫风面积最大的一款机型，至5月底，该机型已获订单超过13万千瓦。远景能源将机组智能化控制与云计算相结合，突破性地将智能机群升级为智能风场，通过智能协调优化全场发电量，提升发电效率20%以上，成为首家为美国公司提供风场管理服务的中国企业，成为中国最大的海上风机供应商之一。

(华柳霞)

【10万吨级码头投入运营】 9月3日，江阴港申夏港区件杂货码头结构加固改造工程通过省交通厅验收，标志着江阴港第一座10万吨级码头正式投入运营。该改造工程于2013年12月12日开工，2014年6月12日完工，7月4日通过通航安全核查。该码头有效缓解江阴港码头靠泊能力不足与船舶日趋大型化的矛盾，提升江阴亿吨大港在航运市场的竞争力，促进港口经济持续发展。

(华柳霞)

【江苏怡达化学股份有限公司挂牌上市】 9月19日，江阴临港经济开发区辖区企业江苏怡达化学股份有限公司在北京"新三板"(简称"怡达化学"，代码为831103)举行挂牌仪式。这也是江阴市在"新三板"正式挂牌的第6家优质高新技术企业。江苏怡达化学股份有限公司是国家火炬计划重点高新技术企业，是全国醇醚生产的龙头企业，其主导的“怡达牌”丙二醇醚和乙二醇醚及醋酸酯系列产品，广泛应用于印刷、油墨、清洗剂、油漆、覆铜板、印染及农药等行业。公司被全国标准化委员会批准为“丙二醇醚和乙二醇醚工作组”召集单位，负责醇醚类产品国家标准的起草。年内，公司有总股本4980万元，总资产超8亿元。

（华柳霞）

无锡空港产业园区

【概况】 2014年，无锡空港产业园区经济社会发展稳中有进。全年国民生产总值132.5亿元，实现技工贸总收入662.6亿元，比上年增长13.2%。规模以上工业总产值202.6亿元。服务业收入340亿元，比上年增长23.6%，占技工贸总收入比重56.7%，连续三年占比提高4%以上。园区排名前150位工业企业上缴税金总额12.3亿元，比上年增长14.6%；实现利润6.6亿元，比上年增长18.3%。财政总收入14.5亿元，其中，公共预算收入8.86亿元，比上年增长11.3%。固定资产投资67.2亿元，比上年增长18.14%，其中，工业投资41亿元，比上年增长21.8%。信达胶脂在“新三板”挂牌。富力逊精密机械、威逊新能源科技在上海股交所上市。苏南硕放国际机场航空口岸扩大开放正式通过国家验收。机场国际快件中心通过验收，成为江苏省第一个正式运营的国际快件中心。

（唐钰倩）

【项目建设】 2014年，园区开展“项目建设深化年”活动。制定《空港产业园关于印发狠抓项目加快产业转型的实施方案》等。年内，园区签约落户项目13个，其中，引进注册资本超5000万元以上企业3家（丰泰电商2.5亿元、菜鸟网络5000万元、科里斯特科技5000万元）。推进项目建设。建立“一对一”挂钩服务督导制度，围绕时序进度促进落实。年内开工项目6个，在建项目13个，竣工项目7个。

（唐钰倩）

【园区建设】 2014年，园区推进改善辖区面貌、交通、绿化和环境保护等工作。完成锡宅路（环太湖高速至经一路段）、环太湖高速硕放互通连接段改造工程，完善园区交通路网结构，方便周边企业和居民出行。配合做好新区在空港范围内承建道路的施工，机场南路、飞凤路等重点工程进展顺利。新增绿地10.38万平方米，完成振发路游园等绿地建设。开展社区连片整治，加强环境管理和市政公共设施的巡查，润硕苑、咏硕苑、新锦园等社区环境明显改善。开展扬尘污染防治和低效高耗行业专项整治行动。金鑫混凝土等2家企业推进扬尘专项整治；天山水泥等7家企业参与水泥行业提标整治；4家低效高耗能企业停产。

（唐钰倩）

【民生事业】 2014年，园区安居房工程在建面积30万平方米、2275户。全年接受拆迁户富余的安置房折价入股3650套，发放股金6665万元。平稳分配安置香楠佳苑、锦硕苑1000余套安置房。企业职工社保净增近3000人，居民养老和医疗保险覆盖率分别达到98%、99%，发放居民养老保险金及助养金9900万元。推进“幸福安康社区”创建工作，重点解决安置小区汽车停放、设施维修、保洁、安全等群众反映较为集中的问题，提升居民满意度。举办首届居民运动会。

（唐钰倩）

江苏江阴—靖江工业园区

【概况】 2014年，江苏江阴—靖江工业园区在发展创新，产业发展、招商引资、项目建设等方面取得积极成效。园区全年地区生产总值102.8亿元；规模工业总产值187.4亿元；工商开票销售收入328亿元，其中，工业开票销售收入152亿元，商业开票销售收入176亿元；公共财政预算收入5.19亿元；全社会固定资产投入29.03亿元，其中，工业投入18.21亿元，服务业及基础设施投入10.82亿元。

（毛 璧）

【产业发展】 2014年，江阴—靖江工业园区推动产业转型，引导企业适应性调整市场结构、产品结构、投资结构，加强技术创新、品牌创新、模式创新，提升园区主导产业综合竞争力，新兴产业不断壮大，现代物流集聚发展，进入良性发展轨道。园区船舶、钢铁等产业加快转型升级，长强钢铁、中建钢构、大明重工、中泰桥梁、东方能源等重点企业在园区扩大投资。园区的造船能力占全国市场的13%左右。新扬子造船厂适应海运业最新动态，及时调整市场策略，围绕“运量最大、能耗最小、污染最少”实施产品升级，全年新接订单超20亿美元，2015、2016年造船计划已排满，且价格有所回升，在全球船市低迷的情况下保持订单不少、生产不减的良好形势。园区依托“国家级重钢结构产业基地”效应，集聚重钢结构企业近10家，年生产能力近80万吨，高端钢结构和桥梁钢结构分别占全国市场的15%和40%。重点企业中泰桥梁钢构研发中心大楼建成投运，全面提升自主设计与试验检测能力。中建钢构中标苏州中南中心等12个项目，中标金额超20亿元。通过引进新人才、嫁接新技术、投入新项目，催生出一批科技含量高、产品附加值高、盈利能力强的产业。中铁建康远公司研发的时速300公里以上高速铁路的接触线和承力索，打破国外技术和价格垄断，时速400公里以上接触线研制工作也已完成，获得国际电工CE认证。格尔顿在汽车零部件领域引入节能概念，研发并批量生产智能节能电磁风扇离合器。奥海锚链建立计算机管理体系，采用先进的闪光焊接技术，研发生产达到国际先进水平的船用锚链、系泊链等各类链条。三鹏科技专业从事设计、制造各种汽车冲压件模具及汽车零部件，8月在上海股交所成功挂牌，为园区中小企业借助资本市场平台获取发展动力提供了示范。海鹏特种车辆有限公司与比利时Faymonville公司签订合资协议，合资成立项目公司，从事半挂车和特种运输车生产和销售。全年汽车零部件制造业总产值比上年增长20%，能源行业开票销售收入8.5亿元，比上年增长120%。海鹏、东方能源、奥海船配、华澄重工等企业产值增幅均超100%以上。推动港口经济发展，扩大港口经济总量，以物流园区为中心，钢材、煤炭、建材三大市场开票销售收入增幅均超过10%。落实营改增税收政策，引导企业主辅分离，新扬子造船厂将码头装卸仓储业务进行主辅分离，加快咨询服务领域方面业务分离，成立巴柏赛斯船舶科技公司，把上海的设计业务部分转移到园区，传统产业得到多元化发展。

（毛　璧）

【项目建设】 2014年，江阴—靖江工业园区化解资源瓶颈，推进项目建设。总投资1.5亿元的中泰研发中心、总投资1.2亿元的长强高炉技改、总投资2980万美元的三鹏汽配、总投资1亿元的九易科技等项目已竣工投产；总投资1.5亿美元的大明重工、总投资1亿元的东方能源润滑油仓储等项目建设中；总投资10.8亿元的长强铬铁、总投资5亿元的中建钢构三期、总投资5亿元的兴业综合建材市场、总投资8亿元的永益华元、总投资3000万美元的中力机械等一批项目进入开工准备阶段。

（毛　璧）

【招商引项】 2014年，江阴—靖江工业园区利用自身平台优势和客商优势，开展以商引商、产业链招商、企业合作入股招商，提高招商引资层次和成效。锁定船舶及海工、钢构加工、车船零部件、冶金新材料、机械装备和现代服务业六大产业开展产业链招商、敲门式招商、规划招商。多次赴北京、深圳等地开展招商活动，推进中船重工、中建钢构三期及检测中心等一批重点项目；赴欧美进行经贸考察活动，推进东方能源防冻液项目、海鹏与比利时Faymonville的合作生产特种车项目；举办园区经贸洽谈会，签约项目7个，总投资超42亿元。至年底，园区项目库储备充足，续建项目7个，拟新建项目8个，重点推进项目20个，重点意向项目19个。

（毛　璧）

【基础设施建设】 2014年，江阴—靖江工业园区按照“竞争力强、集约度高、配套性好”的要求，完善园区基础设施，提升园区功能配套能力。对园区内供水、供电、绿化、道路等工程实施缜密规划，做到净化、绿化、美化、亮化同步。完善提升园区总体规划，深化港口、路网、电力、通信等专项规划。加强对园区及周边居民生活区、社区服务中心、文化、体育、教育、卫生等民生设施建设，完成中心河北段的驳砌和河道疏浚工程，推进雨污管线铺设，完善莲沁苑、溢馨苑2个安置小区公共设施及基础设施配套服务功能。完成各类基础设施投入近3亿元，园区载体功能进一步完善。推进重点地块拆迁，签约交拆120户。坚持依法拆迁安置，规范操作程序，做到公平公开公正，在建安置房20万平方米基本竣工，续建的10万平方米安置房加快推进建设，完成936户、1005套安置房的分房工作。

（毛　璧）

江苏宜兴陶瓷产业园区

【概况】 2014年，宜兴陶瓷产业园构建以陶瓷和非金属材料制造产业为主、机电冶金等产业为辅的现代产业新格局。全年工业应税销售收入160.5亿元。其中，规模以上企业应税销售收入141.24亿元。到位注册外资437.6万美元，自营出口创汇3.90亿美元，比上年增长5.75%。工业后劲投入21.24亿元，比上年增长17%。流通应税销售收入24.48亿元。无锡市瑞尔精密机械股份有限公司、市海科耐火材料制品有限公司的2个重点项目竣工达产。至年底，入园企业500多家，其中，年销售收入超10亿元企业3家。举办“千人计划”专家丁蜀行活动。开展校企对接活动，提升产学研合作深度和广度。加强服务企业意识，组织企业参加北京耐火材料展、上海国际陶瓷工业展等国内经贸交流活动。帮助企业开拓国际国内市场，引进国内外先进技术装备，提升园区企业科技创新能力。陶瓷产业园区被评为江苏省知识产权试点园区。

（吕俊昌）

【主导产业发展】 2014年，园区机电、冶金、陶瓷3大支柱产业经济占丁蜀镇经济总量的79%，分别比上

江苏新扬子造船有限公司　（毛　璧　供稿）

年增长4.8%、2.3%、2.3%。骨干企业发展稳健。江苏亨鑫科技有限公司等企业应税销售收入位列宜兴市前50强。宜兴东方石油支撑剂有限公司、宜兴王子制陶有限公司2家企业应税销售收入增幅超上年50%。宜兴维多利亚家俱有限公司、新嘉理(江苏)陶瓷有限公司等11家企业应税销售增幅超上年30%。宜兴华丰陶瓷有限公司、江苏富陶科陶瓷有限公司、宜兴市瑞弘耐火材料有限公司、宜兴市隆昌耐火材料有限公司等5家重点成长型企业应税销售增幅超上年50%。宜兴市蓝天玻陶材料有限公司等9家重点成长型企业应税销售增幅超上年25%。自营出口保持增长，宜兴东方石油支撑剂有限公司完成出口超1700万美元。宜兴华丰陶瓷有限公司、江苏锦绣苑陶瓷有限公司、宜兴宝明环保设备有限公司等3家企业出口增幅超上年50%。江苏林龙电磁线有限公司、宜兴诺伏电工材料有限公司、江苏蓝翔线缆有限公司在天津股权交易所挂牌。

(吕俊昌)

【科技创新合作】 2014年，园区搭建企业与高校、科研院所双向互动机制和“政、产、学、研”合作交流平台，提升经济能级和创新能力。4月27日，举办“千人计划”专家丁蜀行活动。活动中，加拿大工程院院士陈志璋与江苏亨鑫科技有限公司合作成立的“江苏省外国院士工作站”揭牌。陈志璋教授工作站成立后，把亨鑫科技作为主要技术创新和成果转化基地，为宜兴市移动通信产业向高端攀升提供有力支撑。同日，“海创千人宜兴产业协同创新促进中心”成立，其下设的“千人计划”无机非金属材料产业协同创新联盟、金属及机械加工产业协同创新联盟成立运行。江苏瑞尔精密机械股份有限公司等5家企业的“千人计划”专家工作站成立。

(吕俊昌)

宜兴陶瓷产业园亨鑫科技检测中心 (吕俊昌 供稿)

【服务企业】 2014年，园区制定一系列举措，维护金融秩序和企业生产经营，处理好企业出现资金链断裂及银行贷款、集资和相互担保等问题。4月，成立丁蜀镇中小企业互助发展基金会，累计帮助25家企业转贷资金超10亿元。盘活园区企业闲置资产，减轻企业业主土地和房屋转让负担。调查园区工业企业闲置土地及厂房并专题研究，按照宜兴市政府相关政策，帮助企业处理转让事项。组织开展耐火保温、电力环保和窑炉类企业在外地开票现状和经营情况调查，解决税收外流和窑炉企业定额税调整问题。

(吕俊昌)

【亨鑫科技检测中心通过国家认可】 6月，江苏亨鑫科技有限公司检测中心通过中国合格评定国家认可委员会(CNAS)国家实验室认可，具备按相应认可准则开展移动通信天线产品的电气性能和环境性能检测服务的能力，被确定为中国联通3个天线测试场地之一。江苏亨鑫科技有限公司检测中心成立于2012年，拥有华东地区最大的天线室内远场方向系统。该系统配备电气性能检测设备，主要包括(驻波、隔离、幅相、静态及动态互调)测试暗室以及天线可靠性试验设备，如电磁振动台、淋雨试验室、步入式高低温湿热试验箱、盐雾试验箱、模拟风载试验架等设施设备，具有屏蔽效能高、静区电平低、测试精度高等特点，能保证天线辐射性能指标的准确测量和制造精度。

(吕俊昌)

编辑 邵文凯

财 政

【概况】 2014年，无锡市财政局围绕财税改革、财源建设、财政收支综合平衡、推动经济转型升级等开展工作，促进全市经济社会持续稳定健康发展。财政收入稳步增长，全年一般公共预算收入768.01亿元，比上年增长8%，其中，税收收入620.34亿元，比上年增长7.1%，占比80.8%。财政支出结构不断优化，全市一般公共预算支出748.06亿元，比上年增长5.1%，其中，教育文化、医疗卫生、交通运输、城乡社区事务、社会保障和就业等城乡公共服务支出占财政一般预算支出比重提高到74.0%。年内，市财政局获"中央财政支农资金整合及改革创新先进单位""全省法治标准化建设先进单位"等荣誉称号。

（杨亦婧）

【转变支持经济发展方式】 2014年，市财政局落实积极财政政策，转变扶持经济方式，促进全市经济发展。加大产业扶持投入，全年筹集投入市级以上财政资金20亿元，推动全市人才集聚、科技创新和产业升级。以市场化机制为导向，逐步扩大创业投资、风险分担等间接支持比重。出资1亿元，支持设立中小企业转贷应急资金，带动银行发放中小企业转贷应急资金50多亿元。整合设立创新创业投资引导基金，投资本土企业30家，投资总额5亿多元。支持设立江苏银行股份有限公司无锡科技支行和中国农业银行股份有限公司无锡科技支行，出资1.7亿元设立贷款风险补偿资金，有效缓解科技型中小企业融资难、融资贵问题。会同新区研究确定省级区域成长股权投资资金运作方式，联合组建新区科技中小企业引导基金，支持初创期科技型中小企业发展。开展近三年产业投入绩效调研评估，突出有效产出和税收贡献，促进产业政策导向调整优化。创新产业资金扶持项目管理机制，加强信息化建设，实现各类产业扶持项目统一平台申报和管理，发挥服务企业、部门联动、堵塞漏洞、强化分析和提高绩效等支撑作用，全年核减虚报、重复申报、多头申报项目近50个，核减资金3500多万元。

（杨亦婧）

【保障民生项目建设】 2014年，市财政局履行公共财政职能，加强重大民生项目资金保障，推动全市城乡社会发展。全年教育、文化、医疗、交通运输、城乡社区事务、社会保障和就业等城乡公共服务支出550多亿元，推进落实"为民办实事"各项惠民政策，促进城乡统筹和民生事业发展。鼓励创业带动就业，提高城乡低保标准和企业离退休人员养老金待遇。支持基本药物制度、基层医疗卫生服务体系建设，为8类老年人提供居家养老援助服务。系统建立从幼儿到中职和高中阶段教育的学生资助政策体系。创新图书馆、学校图书配置方式，为创建国家公共文化服务体系示范区奠定基础。有序推进旧住宅区改造及保障性安居工程，推动地铁轨道交通一、二号线建设并投入运行。进一步支持太湖底泥清淤、蓝藻打捞、资源化利用、控源截污等生态环境治理项目。加强城乡发展一体化、农业现代化和水利现代化重点项目资金保障，支持现代农业经营体系构建和经济薄弱村发展。

（杨亦婧）

【财政收支综合平衡】 2014年，市财政局开辟增收渠道，优化支出结构，促进财政收支综合平衡。围绕财政收入目标，完善收入征管考核，开展收入征管质量评估，牵头建立财税联席会议制度，推动涉税信息共享，排查增收空间，促进财税收入应收尽收。规范政府平台税收管理，加强国库资金调度运作，促进社保资金保值增值，改进对上争取工作机制，完善行政事业单位房产出租、资产处置和对外投资管理，加强停车泊位、广告、排污权等政府性资源收入征管。联合国家税务、地方税务部门研究制定促进财税收入稳定增长的17条实施意见，推进落实个体工商户转企、建筑安装在地纳税、鼓励"利股红"分配、实施"反避税"等系列征管措施。启动财源建设治本之策，聚焦全市百强纳税企业、上市公司、高新技术企业、新增重大投资项目等重点企业税源，分类开展调研分析，探索财政增收长效机制，为市委、市政府科学决策提供参考。推动企业财务会计向管理会计方向转变，为财政部门跟踪服务重点企业提供便利。完成汽车消费产业链、住宅装修行业税收和非居民企业税收等调查报告，调研提出落实房地产限贷放宽等政策建议，市政府先后两次召开专题会议研究落实。落实中央八项规定，构建厉行节约长效机制，先后制定无锡市党政机关因公临时出国经费、会议费、培训费、差旅费等系列管理办法，实施会议定点饭店公开招投标，从严控制公务接待、因公出国、公务用车费用，压缩清理一般性支出。全年，全市运转类支出实现零增长，市级党政机关一般公务用车零购置。

（杨亦婧）

【财税体制改革】 2014年，市财政局推动财税治理体系建设。建立涵盖一般公共预算、国资经营预算、政府性基金预算和社保基金预算的全口径预算管理体系。推动预算管理重点转向事前编制论证和事后审计监督。实行预算单位分类管理，加强95家一级预算单位对下属单位的统筹协调。实施分类论证财政绩效，加强专项资金使用情况绩效评价。规范预算支出执行与调整管理。建立政府专项资金管理清单制度。与市人大对接，建立与实际相适应、程序性监督与实质性监督并重的地方人大全口径预决算审查监督新机制，组织实施2015年全口径预算审查。推动财政预算信息公开，全市除涉密部门以外的91家一级预算单位，均按规定于年内公开部门预决算和“三公”经费信息。调研制定新一轮市对区财政体制调整方案。推动制定生态补偿资金管理办法，落实生态补偿资金安排，保障生态区域公平发展。清理下放财政审批权限，规范行政审批中介服务收费，财政121项行政处罚事项整合为39项，累计取消或免征涉企收费4项、降低涉企收费标准198项，促进企业减负8.6亿元。完善政府投资项目代建制实施办法，加强基本建设贷款贴息管理，严格投资项目决策审批。完善全口径预算管理流程，加强财税信息大数据应用分析。扩大政府购买公共服务范围，制定购买服务规范，全市当年政府采购规模165亿多元，节约资金逾25亿元。继续推进“营改增”改革，会同国税、地税部门将铁路运输、邮政业、电信业纳税人纳入“营改增”试点，至年底，全市试点纳税人3.4万户，改征增值税累计入库26.6亿元，试点以来累计减税超30亿元。探索完善地方税收管理，规范财税政策执行，联合国税、地税部门，开展针对个人房屋租赁、房屋建设装潢、餐饮娱乐、中介服务等行业的专项治理，推动相关行业依法公平纳税。加强政府性债务和投融资管理。完善债务风险防范机制，制定《关于进一步加强政府性债务管理的通知》，严格债务管理约束；完善债务管理考核办法；制定市本级政府性债务偿债准备金管理办法，建立健全偿债准备金制度；结合审计成果理清存量债务底数；开发上线政府性债务管理系统，加强债务数据统计和风险分析；建立债务举借审批制度，控制新增成本，优化债务结构。配合国家审计署开展土地专项审计工作，建立土地出让收支纳入预算管理制度。组织召开投融资工作会议，推动落实债务管理要求和年度投融资目标任务；推进资本市场直接融资，运用中期票据、短期融资券和非公开定向债务融资工具等直接渠道融资；把握投资概算、决算等关键环节，开展政府投资项目评审。

（杨亦婧）

国家税务

【概况】 2014年，无锡市国税系统依法履行税收职能，优化纳税服务，实现国税收入与经济发展的协调增长。全年组织国税收入705.7亿元，比上年增长8.1%；其中，实现“营改增”收入26.6亿元，比上年增长59.7%；入库企业所得税181.2亿元，比上年增长5.3%；入库车购税27.9亿元，比上年增长17.3%；个体税收12.26亿元，比上年增长33.8%；办理免抵调库111亿元，比上年增长19.4%。全年一般公共预算收入209.7亿元，比上年增长10.7%。市国税局先后被江苏省全面推进依法行政工作领导小组评为“省级依法行政示范点”；被市委、市政府表彰为2014年度“无锡市市级机关部门（单位）绩效管理和作风建设二十佳单位”；被市政府办公室表彰为全市政务服务工作先进单位。

（张立早）

【落实税收优惠政策】 2014年，全市国税系统落实国家关于税制改革的各项决策部署，推进铁路运输、邮政业和电信业“营改增”扩围工作。兑现结构性减税政策，发挥税收杠

惠山商业街区夜景　　（叶晓雯　供稿）

杆在调结构、促转型、惠民生方面的积极作用。全年累计办理各类税收优惠超过300亿元,其中,办理出口退(免)税296.2亿元,比上年增长8.3%;为小微企业兑现各类税收优惠2.4亿元,"营改增"试点纳税人减税面达到90%以上。撰写《关于我市主辅分离工作的情况与建议》《工业企业去库存化对我市经济税收的影响和建议》等调研报告,为税收工作和经济转型升级建言献策。

(张立早)

【推进税收管理改革】 2014年,市国税局按照省局统一部署,启动税收管理改革,实施机构改革和职能调整,合并三个城区分局,成立风险应对分局,推进纳税服务一体化和风险管理"一条龙"工作,建立起"纳税服务+风险管理"的新型征管模式。以"211"工作为重点,落实《税收检查任务管理办法》和《纳税服务任务管理办法》,全年实地检查减少70%以上;按照《税收职责清单》要求,明确税收执法和纳税服务两类30项工作事项,取消审批节点46个,减轻纳税人负担;提升信息管理能力,加强货物劳务税管理、企业所得税管理、出口退(免)税管理,对大企业开展个性化服务,提高企业税收遵从度。

(张立早)

【提升纳税服务能力】 2014年,全市国税系统落实《全国县级税务机关纳税服务规范》。开展"便民办税春风行动",实施"阳光审批",推进"三证合一"(工商营业执照、组织机构代码证和税务登记证三个证件合并成一个),全年办理各类企业税务登记3.5万件,比上年增加5.4%,实现服务零投诉,承诺100%到位。简化发票领用手续,推行抄报验旧一体化,减少纳税人往返次数。拓展非接触式服务,推广自助办税服务,推广"智慧国税"、网上办税等移动服务,开通涉税文书邮政专递,全年纳税人利用24小时自助办税机进行办税累计7.2万户次,网上申报率98.3%,比上年提高近5个百分点。推行纳税咨询首问责任制和限时回复承诺制,全市特服电话接听量4.7万次,受理回复各类咨询投诉建议5.3万余件次。拓展税收宣传辅导,全年通过纳税人学校举办培训149场次;通过短信平台发送涉税宣传短信101万条;开展纳税人权益保护宣传活动304场。

(张立早)

【依法行政】 2014年,全市国税系统规范税收执法行为,落实省局行政处罚裁量权实施办法,完善内控机制,确定欠税管理等9个项目为2014年度执法风险管理内控项目,进行重点监督检查。制定《重大行政决策办法》,规范重大税务案件集体审理工作,全年组织案件审理12次,审结56户。完善督察内审机构职能设置,对落实税收优惠政策、行政处罚自由裁量权管理等开展年度税收执法督察,组织开展代开发票专项督察。完善分类分级稽查,通过稽查,查补入库6.2亿元,查处百万元以上大要案27件,比上年增加6件。

(张立早)

地方税务

【概况】 2014年,无锡地方税务局坚持依法征收和服务发展,促进税收与经济协调增长。全年组织收入927.6亿元,比上年增长7.7%;其中,地方税收544亿元,比上年增长6.3%;全年累计完成公共财政预算收入411.3亿元,比上年增长5.4%。年内,市地税局获得江苏省总工会颁发的"江苏省五一劳动奖状"。

(办公室)

【完善税收分析机制】 2014年,无锡地税局加强收入进度监控和统筹管理,按经济税收、管理型税收、政府性税收分类确定绩效目标;完善收入质量监控体系,建立税收增长质量风险预警机制,细化微观收入质量评价指标,全年税收质量运行良好,税收均衡入库系数优于全省平均3个百分点;建立税收分析报

蠡湖风光 (曹莉莉 供稿)

告制度,发布税收分析报告25篇。

(办公室)

【开展堵漏增收专项行动】 2014年,无锡地税系统开展堵漏增收专项行动,全年管理型税收突破42亿元,比上年增长51.5%,占税收收入增量44%。探索搭建自然人股权转让系统框架,征缴自然人股权转让个人所得税1.8亿元。加强个人投资者利息、股息、红利等个人所得税管理,征缴入库税款14.9亿元。全年预清算建筑项目3881个,补缴税款2561万元。加强存量房交易税收管理,在全省率先上线存量房评估系统省级集中版,全年评估存量房2.9万套,评估调整比例55%,增加税款1.7亿元。全面清理房产税、土地增值税税源;委托代征江海船舶车船税。

(办公室)

【多部门联动征管】 2014年,无锡地税局在企业所得税后续管理中实施多部门合作,年度汇缴入库企业所得税10.5亿元,比上年增长63.7%。实施土地增值税清算团队管理,上线土地增值税申报管理软件,引入建筑造价第三方审计,清算入库税款6.5亿元,比上年增长1.4倍。实施境外上市企业涉税风险多部门合作核查,补征29家境内重点关联企业相关税收7300万元。

(办公室)

【加强第三方信息采集利用】 2014年,无锡地税局推动制定《征管保障工作考核办法》。全年采集第三方数据1400万条,实现管理绩效7亿元,其中,通过分析利用国土局土地出让合同信息和容积率调整信息,补征契税1.2亿元。开展大数据情报收集,实时监控纳税人经营行为,通过采集分析12家在港交所上市无锡企业的股权变动信息,查补股权转让个人所得税1亿元。第三方信息采集利用工作的经验成果,被国家税务总局推介。

(办公室)

【创新纳税服务举措】 2014年,无锡地税局落实《全国县级税务机关纳税服务规范》,构建专业化模式下纳税服务联动机制。开展便民办税春风行动,推出企业设立登记六部门联办制度。推进"无线地税"服务品牌建设,开通"无锡地税"微信公众平台,"纳税人学校"推出"QQ微课堂"、"掌上学校"等新举措,全年参训4.2万人次,比上年增长20%。建立"纳税人需求响应中心",推出神秘客户现场检测、隐形观察员、服务与执法事项回访三项制度,倒逼办税服务效能提升。助推企业上市首次公开募股税援团工作经验被《经济日报》要闻版宣传报道。

(办公室)

【提升风险应对】 2014年,无锡地税局实施风险识别预分析机制,对计划推出的风险管理事项进行预分析,优化风险管理决策;加强税源管理事项统筹,编印《税收风险应对操作规范与指引》,开发风险任务管理及绩效评价系统,全年风险管理产生绩效30.4亿元,比上年增长66.2%,居全省地税系统前列。

(办公室)

【落实税收优惠政策】 2014年,无锡地税局发挥税收杠杆和导向作用,落实各项税收优惠政策,释放政策红利,服务经济大局。全年依法减免税收43亿元。其中,为7207户次企业减免所得税32亿元,为395户企业落实研发费用加计扣除金额10亿元,为284户高新技术企业减免税款6.2亿元。简化小微企业免税手续,全年为1万户小微企业减免税款4500万元。推进简政放权,取消非许可类行政审批事项,原行政审批事项全部转为行政确认事项,并形成了权力清单。

(办公室)

【健全执法手段】 2014年,无锡地税局制定《行政强制工作规程》,明确税务行政强制的依据、程序、文书等操作指南,解决基层税务部门"行政强制怎么做"难题。建立与法院的联动执行机制,征收入库不动产拍卖税款1600万元。组建税收法律专家顾问团,对行政争议和疑难案件提前介入指导,预防化解基层执法风险。

(办公室)

【提升稽查效能】 2014年,无锡地税局注重"办案中心"建设,加强查账软件和高风险应对辅助系统应用,对高案值、高风险、高难度案件实施过程管理,提高稽查效能。全年查补税款4.1亿元,比上年增长20.8%,查处百万元以上大要案23件。持续打击发票违法犯罪活动,查处发票违法案件91起,涉及金额3亿元。

(办公室)

编辑 邵文凯

综 述

【概况】 2014年，无锡市实现各类社会融资总量1827亿元，新增社会融资规模1416.45亿元。至年末，全市银行本外币各项贷款余额9029.65亿元，比上年增加464.27亿元；本外币各项存款余额12315.01亿元，比上年增加673.05亿元。全市各保险公司实现保费收入合计191.30亿元，比上年增长12.79%。其中，产险保费收入74.18亿元，比上年增长14.01%；寿险保费收入117.13亿元，比上年增长12.02%。全市证券营业部资金账户114万户，托管市值1425.64亿元；期货营业部开户数3.9万户。推动企业上市，全年新增境内外上市公司4家，全市上市公司数达88家。全市有37家企业在“新三板”成功挂牌(其中1家被并购)，“新三板”上市企业数约占全省总数的1/3。在区域性股权交易所挂牌企业36家。全市有17家A股上市公司参与兼并重组，兼并重组总金额超180亿元。有15家上市公司实施再融资，13家实施定向增发，2家发行公司债，累计融资200余亿元。推动担保、典当、小贷等新型金融机构工作，全市以中小企业融资担保为主营业务的担保机构有29家；典当企业53家，本地典当分公司17个，异地典当分公司4个，典当经营网点合计74个；纳入监测的小额贷款公司65家（农贷60家、科贷5家)，贷款余额128.05亿元。

(陈仁权)

【推进金融改革创新】 年内，无锡市推出《关于加快推进金融改革创新的意见》，由市金融办牵头制定的《无锡市深化金融改革创新发展中长期规划(2014~2020)》完成全面征求意见工作。无锡市获省政府批准同意，设立“无锡市海峡两岸金融与科技合作试验区”，争取到跨国公司跨境人民币资金池、外汇资金集中运营管理等外汇试点政策，并启动向国台办申报国家级试验区。制定《关于进一步推进农村金融改革创新的实施意见》，启动农村金融改革创新综合试点。无锡金融投资公司完成调整股权结构和完善管理体制阶段性任务。

(陈仁权)

【增强地方金融实力】 年内，招商银行无锡分行升格为一级分行，东亚银行无锡分行开业，无锡农商行成功发行15亿元二级资本债券。无锡市第一家地方法人保险公司国联人寿完成筹建工作，顺利通过保监会验收，筹备开业。红豆集团申报第二批民营银行试点，三房巷集团获批筹建企业集团财务公司，国开金融旗下互联网金融企业“开鑫贷”落户无锡市，全省首家地市级金融资产交易中心成功组建运行，全国首家物联网大宗商品交易中心获准筹建。

(陈仁权)

【增强服务地方能力】 年内，全市各金融机构加大对万达文旅城、地铁、机场扩建、世茂旅游及“一城一岛一带”等重大项目建设的信贷支持。完善科技金融服务体系，依托科技型中小企业信贷风险补偿资金池累计发放贷款28.3亿元。推动农村金融产品和服务方式创新，试行农村土地承包经营权抵押贷款、家庭农场风险补偿专项贷款。江阴市霞客镇、锡山区安镇街道建成农村产权交易市场。

(陈仁权)

【加强金融风险防控】 年内，随着部分企业资金链断裂以及钢贸行业存量风险的显性化，全市银行业不良贷款率连续数月上升。市委、市政府高度重视，各市(县)、区和各部门采取一系列措施，建立政银企风险共防机制，稳定企业贷款存量。各银行业金融机构努力对上争取，全年通过现金清收、核销、打包出售等方式，累计处置不良资产266亿元。全市银行业金融机构不良贷款余额比上年末减少7.44亿元，不良贷款率低于上年末0.21个百分点，成功实现“双降”。

(陈仁权)

银 行

【概况】 2014年，无锡市银行业联系辖区经济金融实际，推进金融改革，创新金融服务，实现全市金融运行总体平稳，社会融资规模适度增长。至年末，全辖金融机构本外币各项贷款余额9029.65亿元，比上年增加464.27亿元，增长5.42%；全辖金融机构本外币各项存款余额12315.01亿元，比上年增加673.05亿元，增长5.78%；全市银行业实现利润195.84亿元。全年全市新增社会融资规模1416.45亿元，比上年增加485.93亿元，增幅52.22%。

（杨 月）

【人行无锡市中心支行加强融资扶持】 年内，人民银行无锡市中心支行促进社会融资规模提升，全年全市新增社会融资规模1416.45亿元，比上年增加485.93亿元，增幅52.22%。组织27家银行与2249家(次)企业授信签约2183亿元，组织服务“三农”专项银企对接，向477家(次)农业经营主体授信124.15亿元；深化“百企百项、百行百人”融资服务专项行动，全市100家重点骨干企业、100家高成长科技型企业贷款余额分别比上年增长13.1%、38.34%。促进直接债务融资实现倍增，全年全市累计发行直接债务融资工具项目50个，比上年增加22个；募集资金483.4亿元，比上年增加281.3亿元，增幅139.19%，融资项目数和金额均创历年新高。推动货币政策工具创新增量，开展“央行票据通县区行”系列活动，扩大“央行票据通”惠及面，全年累计办理2537笔，金额52.2亿元。创新“央行微贷通”业务，制定《“央行微贷通”业务实施办法》，明确扶持小微企业、推行利率优惠等相关措施，发放支农支小再贷款3.5亿元，满足近220户农业经营主体融资需求。优先扶持诚信企业融资，制定《无锡市诚信小微企业基准评价内容和标准》，开展“诚信小微企业”培育活动，评定“诚信小微企业”339家。推出“诚信评定+信用放款”支持方案，推动银行发展“诚信评定+信用放款”支持模式，实施信用放款、利率优惠政策，年末“诚信小微企业”信用贷款比上年增长63.79%。加速拓展应收账款融资，全省率先开展应收账款融资服务平台推广工作，实现应收账款融资业务金融机构全覆盖。年末应收账款融资余额878亿元，比上年增长14.63%，高于各项贷款增幅9.21个百分点。

（杨 月）

【人行无锡市中心支行推进金融改革】 年内，人民银行无锡市中心支行有序推进农村金融改革，会同相关部门制定《农村金融改革创新工作意见》，确定江阴市、宜兴市、惠山区为农村金融综合改革试验区。设立100万元“惠农贷”家庭农场风险补偿基金，以1:10比例推动家庭农场类贷款落实，发放9笔贷款、255万元。至年末，全市农业龙头企业、农业合作社、专业大户和家庭农场四类新型农业经营主体贷款比上年分别增长4.4倍、3倍、1.6倍和11.2倍。推动试点乡镇与金融机构合作探索农村土地承包经营权贷款，对2家专业合作社授信260万元，发放首笔75万元，实现全市首笔农村土地承包经营权贷款落地。推进金融市场业务，指导无锡农商行成为全国首批6家信贷资产证券化试点和全国银行间市场利率定价自律机制基础成员，完成10亿元信贷资产证券产品、15亿元二级资本债和首笔5亿元大额存单发行。推动跨境人民币资金池成功落地，主动服务无锡市“海峡两岸金融与科技合作试验区”建设，成功为扬子江船业、三房巷和华宏化纤3家跨国企业集团申报成为江苏省内第一批开展跨境人民币资金池业务的资格企业。推动跨国公司外汇资金集中运营成功试点，无锡市成为全国跨国公司总部外汇资金集中运营管理改革试点地区；新扬子、海润光伏成为首批试点企业，试点企业归集调配境内成员企业对外放款额度14.6亿美元、外债额度5000万美元。累计汇出资金3.59亿美元，境内归集外汇资金4.27亿美元。

（杨 月）

【人行无锡市中心支行优化金融环境】 年内，人民银行无锡市中心支行加强小微企业信用体系建设，积极推进无锡全国小微企业信用体系建设试验区设立工作，促成人民银行南京分行与无锡市政府签订《共建小微企业信用体系试验区合作备忘录》，达成合作协议开展共建。小微企业信用信息系统实现7个政府综合部门非银行信用信息数据采集，建档企业达16.7万户，基本实现小微企业全覆盖。与无锡市太科园和鑫园开发区开展“科技企业信用示范区共建’活动，为745户高新技术企业建立信用信息档案。建立金融系统恶意逃废债“黑名单”制度，促进企业法人提升信用意识，优化共建信用环境。推进农村信用体系建设，建立“农户和农村经济合作组织信用管理系统”，为1.5万户农户建立信用档案，对8323户农户进行信用评定，评定农村青年信用示范户1611户。推进金融生态创建实现县区全覆盖，推动制定《关于推进无锡市金融生态环境建设的指导意见》，在全市各市(县)、区全面开展金融生态创建活动，并纳入无锡市政府对各市(县)、区政府的工作目标考核。制定无锡市金融生态环境建设考核评价办法和评价指标体系，创新建立金融生态评价机制，指导全市各市(县)、区金融生态创建活动深入推进。

（杨 月）

【人行无锡市中心支行防范金融风险】 年内，人民银行无锡市中心支行严格执行重大事项报告制度，召开金融机构重大事项报告工作推进会，明确重大事项报告要求。关于无锡西姆莱斯的风险报告得到国务院副总理马凯的批示。建立金融风险专项报告制度和周报制度，每周梳理辖区风险事件、存量风险后续处置动态及风险防控工作开展情况，形成专报向各行领导报告。建立法人机构金融风险月报制度，分类统计法人机构金融风险情况，强化法人机构重大事项监测分析。加强金融风险防范处置，会同市金融办、无锡银监分局制定《无锡市企业担保链风险防范化解工作意见》，深入重点地区、金融机构和企业宣传指导金融风险防范工作，协助政府参与处置企业信贷风险事件。与南京分行行长周学东一行赴宜兴做化解担保互保风险专题调研。构建“平安金融”安全防控体系，建立“平安金融”风险防控动态报送制度，开展“平安金融”示范点创建，辖内10家金融机构(网点)被省创建办评为江苏省“平安金融”示范单位(网点)。

（杨 月）

表 43 2014 年年末无锡市金融机构存贷款情况

项目 单位	人民币存款			其中:储蓄存款			人民币贷款			外币存款			外币贷款		
	余额(亿元)	比上年增加(亿元)	比上年增幅(%)	余额(亿元)	比上年增加(亿元)	比上年增幅(%)	余额(亿元)	比上年增加(亿元)	比上年增幅(%)	余额(万美元)	比上年增加(万美元)	比上年增幅(%)	余额(万美元)	比上年增加(万美元)	比上年增幅(%)
全市合计	11849.03	643.25	5.74	4341.45	254.61	6.23	8669.62	561.48	6.92	761537	46125	6.45	588389	-161574	-21.54
农发银行	23.37	3.58	18.11	-	-	-	94.19	1.64	1.77	86	-79	-47.75	-	-	-
工商银行	1122.36	47.52	4.42	411.10	10.93	2.73	820.98	50.22	6.52	44813	14761	49.12	74973	-17033	-18.51
农业银行	1468.00	0.99	0.07	839.35	32.96	4.09	950.57	19.84	2.13	87354	-37992	-30.31	81912	-26691	-24.58
中国银行	1078.62	35.94	3.45	512.99	19.31	3.91	813.43	15.62	1.96	98608	-13205	-11.81	121501	-41870	-25.63
建设银行	931.64	-112.90	-10.81	476.05	7.14	1.52	874.97	39.10	4.68	166132	7642	4.82	108400	-37643	-25.78
交通银行	684.89	-5.38	-0.78	168.70	3.53	2.14	675.29	-9.76	-1.43	31894	-3609	-10.17	22371	6736	43.08
中信银行	319.76	13.85	4.53	45.44	-2.00	-4.21	268.48	14.34	5.64	58895	-10363	-14.96	23231	-4516	-16.28
光大银行	251.26	56.84	29.24	19.08	2.73	16.70	223.63	57.22	34.39	7477	-3783	-33.60	7027	-8439	-54.56
华夏银行	236.73	15.10	6.81	33.07	-0.99	-2.91	199.30	10.40	5.50	2301	-2515	-52.22	4627	-6925	-59.95
广发银行	135.68	-18.26	-11.86	15.45	-1.51	-8.91	90.83	-20.32	-18.28	9098	5355	143.07	3878	-1557	-28.65
平安银行	79.79	-15.28	-16.07	3.43	-0.49	-12.39	53.24	-6.78	-11.29	17727	15200	601.46	2861	-34	-1.18
招商银行	252.12	52.31	26.18	59.86	3.67	6.53	202.53	7.80	4.01	14755	-4265	-22.42	7073	-6585	-48.21
无锡浦发	144.25	-13.08	-8.32	19.26	-0.57	-2.85	148.27	7.60	5.40	16029	13074	442.44	11703	-12926	-52.48
江阴浦发	210.44	14.32	7.30	26.55	-2.38	-8.22	172.60	2.31	1.36	17610	2567	17.06	17927	-4286	-19.30
兴业银行	269.01	-16.98	-5.94	35.26	-9.02	-20.37	190.36	28.08	17.30	2527	-536	-17.51	1763	-2010	-53.27
民生银行	238.10	18.89	8.62	17.78	6.52	57.86	157.96	16.48	11.65	30707	30399	9895.31	-	-	-
恒丰银行	200.18	58.53	41.32	15.25	3.57	30.57	79.29	15.00	23.34	5376	4474	496.05	6361	6000	1659.77
浙商银行	70.26	7.04	11.13	1.30	0.42	46.99	30.30	7.14	30.80	8678	5809	202.49	-	-	-
渤海银行	47.90	-6.89	-12.58	2.02	-1.40	-40.93	27.85	1.36	5.15	19	7	65.35	-	-	-
上海银行	56.59	2.64	4.90	2.15	-0.54	-20.15	92.13	7.40	8.73	14852	7281	96.17	3138	274	9.57
南京银行	229.79	50.75	28.35	27.30	7.12	35.27	136.40	14.18	11.61	14878	12533	534.46	2373	-115	-4.62
江苏银行	1260.29	99.74	8.59	415.59	19.25	4.86	867.01	76.21	9.64	16812	-12465	-42.58	15520	-1084	-6.53
宁波银行	135.89	45.70	50.67	12.85	5.69	79.40	75.68	27.73	57.82	22458	16455	274.11	12959	12533	2942.02
无锡农商	773.88	114.42	17.35	352.59	57.52	19.49	483.39	66.96	16.08	1622	476	41.55	556	-105	-15.90
江阴农商	580.07	46.24	8.66	287.11	31.76	12.44	420.64	32.65	8.42	7169	-930	-11.49	2194	-2072	-48.57
宜兴农商	353.66	33.87	10.59	212.37	32.31	17.95	261.23	25.00	10.58	1405	-146	-9.42	397	61	18.20
汇丰银行	11.75	1.25	11.94	0.15	-0.03	-16.54	6.60	-2.22	-25.16	4169	1323	46.47	1544	857	124.65
东亚银行	4.20	4.20	100.00	0.25	0.25	-	7.40	7.40	-	336	336	-	-	-	-
花旗银行	3.54	-1.88	-34.75	0.83	0.24	39.51	1.50	-1.17	-43.90	2172	740	51.64	100	-5167	-98.10
瑞穗银行	18.25	5.48	42.94	-	-	-	23.86	-1.59	-6.25	24186	-6133	-20.23	28874	-667	-2.26
三菱银行	11.91	2.07	20.98	-	-	-	34.45	3.65	11.84	22330	-716	-3.11	18737	-3826	-16.96
新韩银行	13.74	3.43	33.26	1.40	0.27	24.20	7.60	1.23	19.31	3958	414	11.67	3984	802	25.22
南洋银行	22.53	3.37	17.62	0.53	0.18	52.38	34.53	13.04	60.70	5005	4016	406.07	2402	-5284	-68.75
邮储银行	343.25	35.07	11.38	318.30	26.04	8.91	59.01	22.89	63.37	92	2	2.26	-	-	-
民泰村镇	7.10	2.84	66.74	0.83	0.21	33.87	4.20	0.88	26.53	-	-	-	-	-	-
建信村镇	0.22	-0.01	-5.13	0.18	0.02	11.45	1.69	0.85	99.93	-	-	-	-	-	-
浦发村镇	12.54	-0.68	-5.11	2.14	0.15	7.74	12.24	0.48	4.04	-	-	-	-	-	-
阳羡村镇	19.07	2.35	14.07	4.93	1.75	55.16	18.84	2.22	13.36	-	-	-	-	-	-
国联财务	34.20	1.67	5.14	-	-	-	13.98	0.00	0.03	-	-	-	-	-	-
红豆财务	15.88	3.06	23.86	-	-	-	15.92	1.97	14.15	-	-	-	-	-	-
华西财务	16.09	-1.64	-9.27	-	-	-	14.70	3.61	32.50	-	-	-	-	-	-
国联信托	-	-	-	-	-	-	2.57	0.83	47.70	-	-	-	-	-	-

（杨　月）

【人行无锡市中心支行提升金融服务】 年内,人民银行无锡市中心支行推动农村金融综合服务站增量扩面,创新推进“分区式”“驻场式”“自助式”农村金融综合服务站建设,统一编制宣传手册、统一组织站长培训、统一配置点钞机具,建成服务站175个,无银行网点行政村覆盖率67%,超额完成2014年度建设目标。小额取现、转账消费、水电费缴纳业务量分别为上年的2.5倍、1.8倍和80倍。推进人民币流通满意工程,“货金二代”扩大试点工作位居全省前列,全市15家金融机构实现“货金二代”系统上线运行。实行残币回笼主办行制度,建立残币回收绿色通道,推进自助设备增设联网,安装运行硬币自助服务设备15台。创新经理国库业务,开发“国库会计核算风险监测系统”获得国库总局领导肯定。与无锡海关签订《电子支付方式海关税款联网管理备忘录》,实现关税入库电子化,至年末无锡市本级海关入库税款8.92万笔、49.83亿元,比上年增长16%、70.65%。率先推进金融综合统计试点,在全省率先建立法人金融机构综合统计月报体系,探索开展影子银行统计监测,推进国联信托纳入综合统计开展数据报送,金融统计工作继续保持“零差错”。金融IC卡实现有效应用,加快金融IC卡受理环境改造,全市快餐、便利店等小额快速支付领域新增的POS终端均具备非接受理功能,存量POS终端非接受理率70%。推进宜兴地区700多辆公交车全部实现金融IC卡“闪付”乘车,无锡地区500个停车位实现金融IC卡与公交、城管、“智慧城市”等外部平台对接的“智慧停车”管理。推进金融消费教育,率先推进金融消费教育“校园课堂”“社区学校”示范点建设,在全市建立无锡商业职业技术学院等示范点10家,达到“有场地、有课程、有教师、有教材”的“四有”标准,全市金融消费教育“校园课堂”“社区学校”分别达83家、21家。开展金融消费教育课程和宣讲员竞赛活动,在全辖推广使用10门优秀课程,评选出优秀宣讲员15名。

(杨 月)

【银监分局推进不良贷款处置】 年内,无锡银监分局先后三次向市委、市政府提交书面报告,得到市领导批示肯定,召开全市金融工作会议和不良贷款处置工作推进会,专题研究金融风险化解措施。全年全市银行业处置不良贷款283亿元,创历史新高;不良贷款余额和不良率分别比上年下降7.44亿元和0.21个百分点,实现不良贷款“双降”目标。

(许凯元)

【银监分局成功化解钢贸市场信贷风险】 年内,无锡银监分局推动无锡银行业处置钢贸不良贷款120亿元;会同市金融办推进全市钢贸市场重组方案落地,在交通银行总行集中资源支持下,交通银行无锡分行化解风险,一次性打包处置58亿元钢贸不良贷款,资产包规模创江苏银行业历史之最。至年末,钢贸不良贷款余额较峰值下降近九成,风险化解工作基本结束。

(许凯元)

【银监分局优化小微金融服务】 年内,无锡银监分局实施“4123”工程,全面提升对小微企业金融服务水平。制定一个《关于小微企业金融服务工作的实施意见》;开展一项“小微企业金融服务工作宣传月”活动;会同市经信委,搭建一个“小微企业融资服务平台”;设立一批社区银行、小微支行,新设社区银行10家、小微支行4家,并有8家传统支行转型为小微支行。召开两次会议,即小微金融工作座谈会和政策落地推进会。开展三次对接,会同滨湖区、锡山区、惠山区政府开展融资项目签约活动,25家银行与455家企业成功对接,授信39.69亿元。

(许凯元)

【银监分局推动银行业转型发展】 年内,无锡银监分局向市委、市政府提交《关于推进金融改革创新有关情况的报告》,得到市领导批示肯定。在银监分局积极推动下,红豆集团拟发起设立全省首批民营银行的方案由省政府上报银监会;三房巷集团获得省内唯一的新设财务公司指标;全市5个涉农市(县)、区实现村镇银行全覆盖;无锡农商行及江阴农商行成功开展19.85亿元资产证券化业务和发行15亿元二级资本债,转型发展成效显著。

(许凯元)

【银监分局助推绿色信贷业务】 年内,无锡银监分局与市环保局联合下发《关于建立环保信息共享机制推进绿色信贷工作的通知》,并召开环保信息共享暨绿色信贷签约仪式,6家银行代表与绿色企业代表签署授信合作意向,授信金额23.51亿元。全年无锡银行业累计拒绝不符合环保要求的企业贷款申请31.62亿元,累计退出不符合环保政策的企业贷款14.53亿元;对节能环保项目授信支持为企业节约标准煤42.86万吨,节水4174万吨,减排二氧化碳量98.95万吨。

(许凯元)

【银监分局推动建立金融安全示范区】 年内,无锡银监分局联合宜兴市政府推动12家骨干企业与36家银行签订联合公约,涉及贷款202亿元,占宜兴地区贷款总量的15%;出台主办行制度,明确牵头银行及具体职能,成功构建政、银、企有效合作新模式,共同维护地方经济金融稳定。

(许凯元)

【银监分局推进案件风险防控】 年内,无锡银监分局部署开展员工涉及社会融资行为排查等三项专项自查,涉及网点累计1948家次,发现问题759个,处罚人员408人次;加强突击检查,全年检查15家银行21个网点,发现问题75个,处罚人员49人,经济处罚13.68万元;组织开展新政策、新制度、新业务“三新”知识竞赛,31家银行参赛,竞赛实况在无锡电视台播出,社会反响良好。

(许凯元)

【工行无锡分行发展普惠金融】 2014年,工商银行无锡分行发展普惠金融,服务地方小微企业。为客户量身制定金融服务方案,向宜兴市、高新技术开发区的5户科技型企业,投放5000万元贷款支持。继续加大小企业经营型物业贷款、中小企业标准厂房按揭贷款等创新产品的支持力度,在1000余户有贷户中仔细梳理,向8户小企业累计投放2.15亿元创新型小企业贷款。发展核心客户的上下游小企业供应链融资,使工行的产品能够服务于企业生产流通的全过程。年内,分行在全市各网点的电子显示屏滚动播放“第三届小微企业金融服务宣传月”“助小微、促升级、防风险、惠民生”等主题标语。举办银企对接活动16

次，活动期间累计发放贷款15.5亿元。走访小微企业、个体工商户512户，举办座谈会等活动14次，发放宣传资料2万余份。

（赵晓军）

【工行无锡分行支持重点项目建设】 年内，工商银行无锡分行调度信贷规模，投向无锡经济发展的新领域和重点项目。全年完成新批项目18个，累计新发放项目贷款59亿元。对江阴、宜兴地区，介入农田水利建设、河道疏浚整治和防洪能力提升等项目；对锡山、惠山等省级以上开发区，介入土地增减挂钩建设和产城一体化建设等项目；对城区范围，介入文化旅游服务和城中片区产业升级改造等项目。至年底，完成上述项目14个，金额52亿元。

（赵晓军）

【工行无锡分行促进新型农业经营主体发展】 年内，工商银行无锡分行以农业产业化龙头企业、农村城镇化建设、农村基础设施建设、特色资源开发等为金融服务重点，全力支持新型农业经营主体发展。加快网点布局，最大化挖掘存量网点的经营效能。新招聘的大学生和柜面人员优先分配到乡镇网点实习。持续推进“金融服务区”试点工程，利用自助渠道“不占网点指标、建设周期短”的特点，在金融资源丰富的新兴区域加大投入力度，建网布点，增加自助渠道，弥补网点空白的不足。持续开展“金融下乡”宣传活动，结合节庆日，针对农村客户特点，推广保本理财产品、县域专属理财产品、贵金属产品。改进服务模式，提升服务能力，借助保险公司、通信公司经营场所安置自助机具、派驻销售人员，向农村客户重点推荐标准化的个人信贷产品、信用卡等，并进行信息收集与业务办理预约及后续保持跟进等服务。配备专门的员工骨干队伍，优先做好重点区域农业产业化客户的金融服务，以公司信贷业务为抓手，配套代发工资业务。推广银行卡、理财产品、担保等综合业务，挖掘生产基地农户等有需求的客户资源，支持个人阶段性资金需求，以融资业务带动结算、理财等金融产品及业务，同步覆盖新型农业经营主体，促进良性发展。

（赵晓军）

【工行无锡分行推行“逸贷”业务】 年内，工商银行无锡分行通过渠道宣传、职场服务、产品体验等多项措施，推行“逸贷”业务，普惠于民。通过在各营业网点摆放展架、宣传画册，在电子显示屏、滚动屏等滚动播放“逸贷”宣传片，加大宣传力度。组织员工上门向大中型商户宣传，对其财务部门和收银员进行现场操作指导，在收银台处摆放“逸贷”标识牌，方便对刷卡客户推介“逸贷”产品。在主流新闻媒体开展“逸贷”主题节目等多种渠道宣传，提升社会各界对工行“逸贷”产品的关注度，激发对潜在目标客户的影响力，扩大市场覆盖率。联动大型商场、加油站、家居、汽车经销商等特约商户，派出服务小组上门讲解“逸贷”业务优势，联合举办“刷工行卡、办工行逸贷、送消费积分”的优惠活动，以“逸贷”为纽带，建立银商合作关系，方便客户消费。全年利用“逸贷”新增特约商户400家，布放POS机1000余台，举办10余场职场服务活动。

（赵晓军）

【农行无锡分行助力“一城一岛一带”建设】 2014年，农业银行无锡分行继续支持太湖新城、马山国际旅游岛、古运河风光带“一城一岛一带”建设。为太湖新城周围500多户机构类客户提供金融服务，向新城建设以及地铁1号线建设等提供近50亿元的资金支持。支持灵山景区建设，提升和完善马山国际旅游岛的文化资源优势，为灵山一期、三期建设提供信贷支持6亿余元。向古运河片区入口段保护修复工程提供项目贷款6亿元。

（胡晓峰）

【农行无锡分行开展小微企业金融服务】 2014年，农业银行无锡分行继续开展小微企业金融服务。至年末，小微企业贷款余额189.9亿元，比上年增加7.3亿元，增速高于全行各项贷款平均增速3.63个百分点；累计发放小微企业信贷166.5亿元，服务小微企业1024户。专注服务于科技小微企业的农行科技支行成立4年来，服务范围覆盖全市9个县、区，扶持小微企业总数约300家，累计发放贷款30亿元。

（胡晓峰）

【农行无锡分行支持农村发展】 至2014年年末，农业银行无锡分行设立的农村金融综合服务站达30余家。服务站具有刷卡取现、余额查询、零币兑换、水电费代缴、反假币宣传、投诉接报等多项功能，使农村居民足不出村就能享受便捷的金融服务。年内，重点支持3家都市高效农业、精细蔬菜种植、农产品经销企业，投放贷款5亿余元。对江阴市新桥镇、惠山区阳山镇等城乡一体化建设授信7亿元。

（胡晓峰）

【中行无锡分行提升金融服务水平】 2014年，中国银行无锡分行根据市民消费的不同需求，全年发放个人经营类贷款10.23亿元，中银消费新增0.94亿元，住房类贷款新增10.01亿元，比上年增长36.8%，授牌15家网点成为中行出国金融中心，重点服务出国留学、出境旅游两大客群，信用卡跨境客户数30465人，增幅34%。在服务市民基础需求的同时，丰富民生产品种类，加大便民服务拓展力度，加强便民渠道拓展深度，开展与保利社区、无锡市民卡公司、宜兴港华燃气公司、无锡电信公司等合作，研发“手机APP便民缴费项目”，实现全省中行系统范围便民缴费APP项目“零”的突破。年内，无锡分行营业部被中央文明委授予“全国文明单位”称号，被全国妇联和“全国妇女‘巾帼建功’活动领导小组”共同授予全国级“巾帼文明岗”荣誉称号。

（林其密）

【中行无锡分行加大小微企业支持力度】 中国银行无锡分行创新金融产品和服务，推出“置换贷”“中银网络通宝”“中银接力通宝”“村村通”等特色产品，以便捷的“中银信贷工厂”业务模式，努力解决小微企业融资难问题。全年累计向3015户小微企业（含有经营性贷款需求的个人）发放贷款279.75亿元，小微企业授信户数6727户，比上年增长1261户。强化政银企合作，成功运用转贷应急资金服务企业28家，计1.94亿元。利用第二批“科技型企业风险补偿基金”合作银行契机，支持科技中小企业205户，信贷资金计16.42亿元。参与银监分局组织的多场小微企业融资对接会，加大对小微企业的信贷投放，成为全市7家累计投放超过1亿元的银行之一。

(林其密)

【中行无锡分行跨境业务突出】 年内，中国银行无锡分行紧抓全市进出口逐步复苏机遇，全方位服务无锡区域外向经济。全年完成国际结算业务总量318亿美元，比上年增长5.57%，完成跨境人民币结算总量762.13亿元，比上年增长14.12%，继续领先同业。服务出口型和“走出去”企业，拓宽海外融资渠道，叙做协议融资、协议付款145.49亿元。创新产品，主动对接外管部门，实现省辖外汇跨境资金池首单业务，累计发生3.24亿美元；联动海外行，创新推出“单捷通”业务，计25.57亿元；推广利率掉期交易业务量1.78亿美元；成功叙做省辖首笔林吉特NDF业务、省内首单卖出人民币期权业务等，充分借助产品优势，多元化满足市场主体需求。

(林其密)

【建行无锡分行打造住房金融服务品牌】 2014年，建设银行无锡分行坚持以惠民安居、服务大众为目标，着力打造住房金融服务品牌。密切跟踪政策执行情况，发挥金融职能，有效运用“房e通”等产品和渠道，与开发商、中介、公积金中心等机构加强合作，汇聚各方力量共同促进居民住房消费金融服务水平的提升。全年投放个人住房贷款43.09亿元，至年末，余额198.86亿元，比上年增加13.29亿元，住房公积金贷款余额、住房公积金归集、个人住房贷款新增等多项指标列同业第一位，市场份额持续提升。

(陈文寅)

【建行无锡分行服务企业发展】 年内，建设银行无锡分行坚持走转型发展之路，强化金融服务创新，为企业发展壮大增添动力。推动供应链金融服务创新，帮助企业“扩面筑网”，借力总行开发的网络银行“e点通”、定向保理和“金银仓”等供应链产品和业务，为核心企业及其上下游提供“一点对全国”的整体服务；通过组建资金结算网络，帮助海澜集团对全国78家门店进行资金归集。推动外汇业务创新，帮助企业“走出去”，联合外资银行通过“票易贷”和全额保证金质押方式为企业

消费者权益保护日，建行无锡分行在南禅寺广场设立“3·15”服务展台，热情接受市民咨询 (史国云 摄)

办理全省系统内首笔人民币出口保付业务；获无锡地区首个外币现金池项目主办资格，帮助海润光伏搭建跨国公司境内外外币现金管理系统并实现资金划拨。创新运用小微产品，帮助小微企业破解难题，累计运用“善融贷”业务向53户优质小微企业发放信用贷款2365万元，帮助企业解决“缺担保”问题；运用“网银循环贷”业务帮助76户优质小微企业通过网银系统自主支用贷款1.81亿元，为企业节约了财务成本。

(陈文寅)

【建行无锡分行开辟综合化融资渠道】 年内，建设银行无锡分行服务地方经济建设，为项目建设和企业发展提供“一体两翼”的综合化融资。以传统信贷业务为主体，支持实体经济、深化银政企合作。至年末，各项贷款余额942.94亿元，比上年增加18.03亿元。全年累计投放人民币对公贷款395.64亿元，重点支持地铁等重大基础设施项目，实现新沟河、建发集团、港口集团、普惠建设等多个重点项目银团的合拢；有效支持海澜集团、威孚高科等优秀龙头企业，与全市25家销售过100亿元企业中的24家进行全面合作。推动投行、国际业务两翼齐飞，全方位满足各类融资需求。运用理财、债券、信托等投行类资金，支持古运河二期、贡湖湾整治、新区万顷良田、无锡开发区东扩等一批重点项目及国联、红豆、三房巷等一批实体企业，投放资金79.6亿元，比上年增长50%，其中债券业务总量在四大行中占比超过40%。通过出口应收账款风险参与、海外保付、海外融资保等国际业务新型融资产品帮助红豆等重点客户实现低成本融资，融资总量162.94亿元，占全省系统内国际业务新型融资总量的40%。

(陈文寅)

【农发行无锡市分行推动新农村建设】 2014年，农业发展银行无锡市分行重点支持政府主导、社会关注、具有显著民生效应的新农村建设项目，全年获批7个贷款项目、计23.7亿元，其中3个项目实现支持模式的创新突破。锡山云林苑安置房项目在全省农发行系统首家创新地方政府融资平台公司与专业土地储备机构的‘1+1’合作新模式；荡口河道综合治理工程项目以防洪保安基金、水利建设基金及农田水利建设资金为第一还款来源并提供保证担保，实现信贷支持模式的多元化；龙栖湾地块储备开发项目在全省农发行系统首笔创新实施土地出让收入返还账户质押(同时追加保证担保)形式。至年末，共实现中长期项目贷款投放13.44亿元。支持涉农企业，实行定期联系、定人办理、定时办结，专人、专业、专心的“三定三专”服务机制，逐企业制定存款、贷款、国际结算、票据、中间业务等一揽子

银企合作方案,主动对接客户需求,实施优质客户战略。全年累计投放流动资金贷款17.6亿元,比上年增加2977万元,商业性贷款余额19.22亿元,比上年增加1.06亿元。

(黄丽君)

【农发行无锡市分行保障粮油收储资金供应】 年内,农业发展银行无锡市分行履行农产品收购资金供应与管理职能,多措并举确保夏秋两季收购资金安全有序投放。全行累计投放夏秋两季收购小麦稻谷投放储备、收购贷款76452万元,入库粮食26255万公斤,发挥政策性金融支农作用,确保收购资金安全运行和粮食市场稳定。

(黄丽君)

【农发行无锡市分行提升经营质效】 年内,农业发展银行无锡市分行坚持精细管理、稳健经营,取得良好经营业绩。至年末,人均创利228万元,位居全省农发行系统首位;人均存款2614万元,人均贷款9915万元,连续8年保持无不良贷款和无应收未收利息。建行以来,连续19年无任何经济、刑事案件,无重大责任事故及严重违规违纪问题发生,保持"资产优质行"荣誉称号。

(黄丽君)

【交行无锡分行创新金融服务】 2014年,交通银行无锡分行创新金融服务理念,为企业量身定做融资方案,当好企业财务顾问,多种渠道满足企业融资需求,累计办理债券、直投理财、保债、托管、证券化等新型业务金额超100亿元。完成30亿元"太平—江阴城投债券投资计划"发放;完成20亿元"平安—宜兴城投债权投资计划"发放;模塑集团1.8亿元上市公司股票收益权质押投行类理财提用,为系统内首次约定采用四方协议的方式处置股票;"微纳"9000万元经营性物业直投完成额度提用,是系统内首单经营性物业直投业务;完成分行首单对公信贷资产证券化入池转出,合计规模4.5亿元;为博耳发放保理融资4.5亿元,为系统内首单共同买方项下公开型无追索权快捷保理;操作系统内首单基金对接信贷资产转让业务和基金资管公司托管业务,转让无锡山联农业流动资金贷款4000万元。

(陆 炜)

【交行无锡分行支持小微企业发展】 年内,交通银行无锡分行深化小微企业金融服务。至年末,小微企业贷款余额313.52亿元,剔除核销及现金清收因素,实际比上年增加24.78亿元。从企业的需求出发,与市经信委、市中小企业服务中心达成合作意向,签订"无锡市中小企业转贷应急资金"合作协议,满足中小企业的转贷、续贷需求,有效防止和化解中小企业资金链断裂风险,开拓中小企业授信客户转贷融资的新渠道;顺利成为"江苏省科技成果转化风险补偿专项资金贷款"(简称"苏科贷")的合作银行,通过联合市科技局,以低息贷款的方式支持科技型小微企业,重点解决科技型小微企业首贷难题。联合滨湖区科技局、国联担保、国联信托,针对滨湖区中小微科技企业率先推出"蠡湖之光"集合信托计划,采用专利权质押、应收账款质押等新型反担保措施,为入围的10家科技型小企业提供总额3000万元的融资。至年末,基金总额度1亿元,支持的企业超过12家,放款金额6700万元。

(陆 炜)

【交行无锡分行支持重点项目建设】 年内,交通银行无锡分行继续加大对区域内重点项目、民生工程的金融支持力度。全年累计为重点项目新增敞口授信超100亿元。其中,为建发集团发放30亿元融资性保函,年末为其叙做10亿元债务优化融资;为江阴城投集团发放30亿元融资性保函;为宜兴城投集团发放20亿元借款保函;为高新区高端金融集聚区升级改造项目发放5亿元贷款;为长乐苑五期安置房项目发放2亿元贷款;为锡山经济开发区宛山湖新城项目建设发放2亿元贷款。牵头和参与银团贷款项目10个,累计投放16亿元,包括锡东新城现代服务业集聚区建设用地前期整理项目一期贷款4亿元,厚桥花苑A、C块安置房及配套设施建设项目贷款5亿元,太湖水流域西北地区水环境综合整治工程项目贷款2亿元,江阴市城镇化建设一期项目贷款2亿元。

(陆 炜)

【中信银行无锡分行支持地方经济发展】 2014年,中信银行无锡分行加快发展模式转型,持续优化业务结构,走低资本消耗、内涵式增长之路。提高信贷资源的使用效率,用好用足有限的信贷资源,根据无锡市发展规划,立足地区产业结构布局和产业升级导向,结合区域经济特点,围绕新型工业化、信息化、城镇化和农业现代化同步加大信贷投放。全年贷款时点余额比上年增加11.6亿元,增幅4.3%。其中,个人贷款余额比上年增加4.3亿元,增幅13.1%;城镇化建设贷款余额比上年增加6.4亿元,城镇化建设贷款余额占比从上年的2.8%提高至4.3%;农业贷款余额比上年增加2.1亿元;现代服务业核心子行业的贷款余额比上年增加4.9亿元,增速66.2%,占比5.4%,比上年提高2.1个百分点。

(瞿峥屹)

【中信银行无锡分行融资项目获全国优秀文化金融合作创新成果奖】 中信银行无锡分行拓宽融资渠道,提升金融服务水平,加大对地方经济的支持力度。围绕地区重点项目的融资需求,结合自身优势加快经营转型,通过融资类理财和结构化融资等创新业务满足客户的融资需求,有效扩大融资总量,支持地区经济建设。全年投行业务共实现客户融资规模71亿元,取得较大突破。投行业务共实现融资类理财余额合计64.2亿元,比上年增加21.4亿元,增幅50%。通过发行委托理财方式,为灵山胜景项目提供4亿元资金支持,该合作项目获全国优秀文化金融合作创新成果奖。

(瞿峥屹)

【华夏银行无锡分行支持地方经济发展】 2014年,华夏银行无锡分行加快推进营销机制转型,助力地方中小企业,支持地方经济发展。至年末,全行各项贷款余额202.17亿元,比上年增加6.27亿元,其中小企业贷款占全行贷款34.17%。实施中小企业金融服务商战略,全年实现城区6家支行专营小微企业的转型。推广年审制贷款和信用贷等多种新产品,至年末,全行小微企业授信余额91.65亿元,比上年增加15.09亿元;小微企业贷款余额69.08亿元,比上年增加7.71亿元,高于上年6.81亿元的增量。分行被无锡银监分局评选为2014年度无锡市银行业金融机构小微企业金融服务工作先进单位。年内，在梅村设立梅村支行，位于解放环路内的城东支行迁至锡东高铁商务区，将金融服务覆盖面向城镇延伸。

（苏辰飞）

【广发银行无锡支行推动零售业务转型】 2014年，广发银行无锡支行依托“两卡一中心”（生意人卡、信用卡、小企业金融中心）业务，推进零售业务转型，零售金融、小微金融发展成效显著。全年零售业务收入首次超过对公业务收入，占全行营业收入的53%。年内，“生意人卡”客户遍布40多个大中型专业市场及多个行业协会、商会，客户量达3000户以上，累计发放“生意人”卡贷款16亿元，年末余额10亿元。

（周子良）

【招商银行无锡分行实现升格新发展】 1月1日，招商银行无锡分行升格为直属招商银行总行管理。年内，通过重塑机制、整合资源、提升专业等方式，实现升格首年经营管理水平的全面提升优化。各项业务保持稳中有进的发展态势，业务经营呈现多个亮点。年末表内总资产305亿元，比上年增加47.3亿元。全折自营存款261.27亿元，比上年增加49.94亿元；全折自营贷款206.91亿元，比上年增加3.92亿元。实现营业净收入逾13亿元、经营利润9.5亿元、非利息净收入3.5亿元。债券承销、融资租赁、信托、托管等新兴业务实现突破，非传统融资月末余额近70亿元。公司客户、零售客户数量均超额完成年度目标。

（丁 寅）

【招商银行无锡分行加快提升网点服务能力】 年内，招商银行无锡分行重新启动并加快渠道建设和网点建设步伐，实施对同城网点迁址调整、对县域网点寻址增设的网点服务策略，新开设宜兴丁蜀支行、崇安寺小微支行、五爱广场小微支行3个网点，城南支行、锡山支行完成新址开业，新建4家自助银行和3个单点设施。至年底，有10个同城支行和江阴、宜兴4个异地支行，形成以城市中心区域为重点，向周边辐射并侧重覆盖江阴、宜兴区域的经营服务网络。通过覆盖全员的服务管理训练营、服务资格认证、“岗位服务红宝书”等，巩固和提升网点的客户服务能力。

（丁 寅）

【招商银行无锡分行履行社会责任】 年内，招商银行无锡分行通过创新担保方式，缓解中小微企业“担保难”问题，解决其融资需求。推出“挂牌贷”“诚信纳税贷”“订单贷”等产品，为中小微企业转型发展提供有力支持。加大对节能减排企业支持力度，通过结构调整，适度退出环保评估不达标企业，整体推行绿色信贷。支持公益事业，向云南武定地区定点扶贫捐款、结对子助学捐款9.83万元，开展“慈善一日捐”活动，累计捐款6万元。组织发动青年志愿者，开展文明交通志愿协勤、金融知识进社区、反假币宣传、“情系大别山、爱心捐赠”等志愿活动。

（丁 寅）

【浦发银行无锡分行加大金融支持地方发展力度】 2014年，浦发银行总行与市政府签署政银合作协议，确定3年内将提供约300亿元资金，重点支持无锡城镇化建设、“智慧城市”建设和先进制造业、战略性新兴产业、绿色环保行业发展，以及其他重点技术改造项目。浦发银行无锡分行与市信电局独家签署《“智慧城市”建设战略合作协议》，率先提交“智慧城市系列债”建议书，牵头召开全市“共建智慧城市，助力科技巨人”会议。至年末，浦发银行无锡分行总资产余额187.5亿元，存款余额167.7亿元，贷款余额155.5亿元。贸易金融业务总量59.4亿美元，比上年增加13.1亿美元，增长28%。实现营业净收入6.6亿元，比上年增加5349万元。中间业务收入14155万元，比上年增加4328万元，增长44%。

（杨 华）

【浦发银行无锡分行转型发展取得突破】 浦发银行无锡分行全年运作金融市场资金351亿元，比上年增加180亿元，增长106%；实现金融市场业务收入10217万元，其中资金收益和票据价差4847万元，比上年增长91%；新拓展同业客户30户，占同业客户数的64%。直接债务融资业务取得突破性进展，获得5个项目、34亿元注册通知书。年内，营业部成功创建中国银行业协会“文明规范服务千佳示范单位”和中国银行业协会全国百家“安全管理先进单位”；在全市金融机构中创新开展无障碍服务，成为同业首家无障碍环境建设先进单位；获无锡银行业“三新”金融知识大赛团体二等奖。

（杨 华）

【兴业银行无锡分行支持民生经济项目】 2014年，兴业银行无锡分行围绕市委、市政府提出的发展规划，累计支持民生经济发展近200亿元。支持重点区域的土地储备，棚户区改造及旧城镇、旧厂房、旧村庄“三旧”改造，房地产开发及保障安居建设等项目，累计金融支持逾80亿元。重点支持具有区域垄断或特许经营地位、经营管理规范的电力、自来水、燃气及热力生产供应等项目，向无锡燃气热电、污水处理等民生工程累计金融支持逾30亿元。重点支持符合产业政策、有市场、有效益的制造业企业逾50亿元。安排专项贷款规模、合理控制利率水平，扩大零售信贷业务规模。累计投放个人贷款近10亿元。

（岳国锋）

【兴业银行无锡分行服务小微企业】 年内，兴业银行无锡分行通过完善体制机制建设，推出新产品、新服务，主动搭建各类平台等措施，支持小微企业业务发展。至年末，全行小微企业贷款余额46.59亿元，实现“两个不低于”的发展目标：小微企业贷款增幅21.64%，超各项贷款增幅5.32个百分点；小微企业贷款增额8.29亿元，超上年同期增额8亿余元。

（岳国锋）

【兴业银行无锡分行首开社区支行】 7月，兴业银行无锡分行新设无锡奥林花园、无锡梅村、宜兴阳羡东路、江阴迎阳路等4家社区支行，成为无锡市首批获批和开业的社区银行。社区支行利用其贴近小区的地理优势，发挥错时营业、亲民便民、公益利民等特色，为周边居民提供便利的金融服务，打通联系服务群众“最后一公里”。

（岳国锋）

【江苏银行无锡分行推进科技金融发展】 2014年，江苏银行无锡分行加快推进科技金融业务发展。以科技支行为主体,其他机构为依托,深化“1+N”联动营销增强拓展能力。整合特色业务产品,创新业务模式,提升服务针对性。借力政府风险补偿机制开发并形成一条覆盖科技型企业生命周期的产品脉络。至年底,累计新增科技型贷款客户196户,投放贷款20.63亿元,为省双创人才、市科技创业领军人才发放2笔“小快灵·人才贷”,在科技金融服务中取得突破。

(于浒莹)

【江苏银行无锡分行支持实体经济】 年内,江苏银行无锡分行立足服务中小企业、服务地方经济的市场定位,加大对地方实体经济和中小企业的扶持。至年末,各项贷款余额876.63亿元,比上年增加75.78亿元,贷款增量全市第一。其中,实体企业贷款比上年增加48.92亿元;中小企业贷款比上年增加57.08亿元,小微企业贷款增量全市第一。率先推广应用无锡市中小企业转贷应急资金,全年累计为319家中小企业申请413笔转贷应急资金共19.84亿元,帮助企业转贷26.98亿元。

(于浒莹)

【无锡农商行成功发行二级资本债券】 9月22日,无锡农商行成功发行15亿元二级资本债券,用于补充附属资本,期限不超过10年,利率6.26%,成为江苏省第二家发行二级资本债的农村金融机构,实现低成本资本扩容。通过二级资本债券发行,资本充足率显著提升,至年末,资本充足率为13.55%,保障了各项资产业务的可持续发展。

(张婷婷)

【无锡农商行成功发行首单信贷资产支持证券】 11月27日,无锡农商行通过公开招标的方式,发行首期信贷资产支持证券“锡元2014年第一期信贷资产支持证券”,总金额9.846亿元。此是江苏省内农村中小金融机构成功发行的第二单信贷资产支持证券。

(张婷婷)

【无锡农商行开展同业存单业务试点】 年内,无锡农商行完善利率定价机制建设,顺利通过人民银行评估,取得同业存单发行资格。经过前期准备并报全国银行间同业拆借中心批准,于10月20日发行首期同业存单5亿元,期限3个月,收益率4.6%,成为江苏省首批6家同业存单试点法人机构之一。

(张婷婷)

【邮储银行无锡市分行助力新型农业经济发展】 2014年,邮储银行无锡市分行践行“普惠金融”的服务理念,持续加大对“三农”领域的金融支持力度。围绕家庭农场、农业专业大户、农民专业合作社等新型农业经营主体,创新思路、创新产品,有针对性地对接现代农业需求。5月,发放全省系统内首笔农业合作社贷款,有效满足部分无抵押物农户的融资需求,全年累计发放各类农业合作社贷款34笔,金额1.42亿元;8月,发放首笔“富农贷”,该项目由省财政厅、省农委、省邮储银行三方合作共同设立担保基金,为省内农村合作社、家庭农场等优质涉农经营主体提供融资服务,全年累计发放“富农贷”9笔,金额1600万元;9月,与无锡通威饲料公司签约“公司+农户”家庭农场贷款项目,解决部分农户、经销户融资难题,助推现代新型农业经济发展。

(缪晓静)

【邮储银行无锡市分行支持小微企业发展】 年内,邮储银行无锡市分行履行服务小微企业的社会责任,加快转型发展,逐步走出一条独具特色的小微企业金融服务道路。对接行业协会、企业家协会、商会、专业商贸市场等,组织开展小微企业客户推介会,以客户为中心,着力开发创新型小微企业信贷产品。推进产品要素差异化,以标准化产品为基础,在贷款期限、还款方式、贷款额度、利率等多方面实行差异化管理,有效满足小微企业多样化的融资需求。加快推进担保方式的创新,形成房产净值抵押贷款、流水贷、互助贷、快捷贷、增信贷等小微企业贷款产品服务体系,为小微企业客户提供专业、优惠的担保服务。全年累计发放小微企业贷款1117户、14亿元。

(缪晓静)

保 险

【概况】 2014年,无锡市保险市场总体呈现良好发展势头。全市实现保费收入191.30亿元,比上年增长12.79%,保费规模位居全省第三,增速排名第九。其中,财产险保费收入74.18亿元,比上年增长14.01%;人身险保费收入117.13亿元,比上年增长12.02%,产寿险规模均位居全省第三,但增幅低于全省平均水平。按无锡市2014年GDP 8205.31亿元计算,保险深度2.33%,比上年增长0.23个百分点;按照无锡市户籍人口477.14万人计算,保险密度4009.31元,比上年增加417.42元。至年底,无锡市商业保险主体发展至72家,在全省排名第三。其中,产险公司28家,寿险公司44家。总公司1家(国联人寿),省级分公司1家(三井住友海上火灾保险);外资公司17家;保险中介机构14家,其中经纪公司2家、代理公司11家、公估公司1家(不含出口信用保险)。年内,无锡财产保险业承担4.83万亿元的风险保障,加上寿险业,共承担超过10万亿元的风险保障。

(刘 高)

【保险聚焦民生】 年内,无锡市保险业继续开展“慈福”民生系列保险,以自然灾害公众责任险、城乡户籍居民住房财产险、低保老人和低保家庭人员人身意外伤害险、养老机构综合责任险、入住养老机构老人意外险为主体,以“和谐家园”综合险、“安居乐业”家财险和“安康关爱行动”意外险为配套,实施“5+3”系列保险新模式,并发挥大病保险、住院补充保险等险种作用。全年自然灾害公众责任保险保费规模470万元,共发生赔案56起,赔付金额245.86万元。全市136家养老机构为近1.5万名入住老人投保养老机构综合责任保险,共发生赔案98起,赔付金额161万元。全市3966位老人投保入住养老机构老人意外保险,共发生赔案25起,赔付金额31万元。紫金保险无锡分公司与市滨湖区残疾人联合会合作,以“政府委托、保险运作”的模式为滨湖区6393名残疾人及959名监护人购买团体人身意外伤害保险。无锡市区有13427人、累计4.7万人次,实时享受到大病保险补助待遇,累计赔付额近9200万元。

(刘 高)

【保险服务经济】 年内，无锡市保险业继续推行环境污染责任保险，推出电梯安全责任保险、专利保险，支持地方经济建设。至年底，环境污染责任保险参保企业1032家，累计参加风险评估企业1600家、参保企业3210家。政策性农业保险在继续巩固小麦、油菜、水稻、能繁母猪、奶牛五大险种的基础上，重点开办高效设施保险和地方特色农业保险。至年底，全市农业保险保费总收入4584万元，其中高效设施农业保费收入2049万元。全年农业保险赔付1841.12万元，赔案6100余件。紫金保险公司无锡分公司投入5000万元，建立市物联网产业信用贷款风险补偿专项基金。会同市经信委创新设计小额贷款保证保险产品。阳光产险无锡中心支公司全年小额贷款保证保险赔付161件，赔付金额436万元。3月11日，人保财险无锡市分公司签发江苏省电梯责任保险首张保单。无锡市作为全省开展电梯责任保险工作的首批4个试点城市之一，至年底，有12000部电梯参加保险。人保财险无锡市分公司推出“专利执行保险”产品，实行由“政府补贴50%，企业支付50%保费”的模式。至年底，为77家企业的129项专利承保专利执行保险，保额456万元。1月，中国出口信用保险公司无锡办事处成功处理一起涉及无锡市出口企业的南美买家巨额违约案，向投保企业支付赔款2250万美元。全年出口信用保险累计支持出口85.5亿美元，比上年增长9.0%，承保规模占全省承保总量的17.2%；一般贸易出口支持率38%，比上年提高2个百分点；服务支持出口企业1330家，全市出口企业政策受益面23%。

（刘 高）

【保险服务社会】 年内，无锡市保险业继续实行诉调对接“庭前联合调解”无锡模式。市保险行业协会全年参与调解案件1054件，成功调解959件，调解成功率90.99%，涉案金额8069.7万元。9月29日，会同市公安局交巡警支队，召开完善交通事故保险理赔服务工作联席会议和车险欺诈防控工作会议，开展反保险欺诈进警队工作，依托市公安局和协会搭建的“保险业反欺诈工作站”，成立无锡市道路交通事故保险欺诈防控工作领导小组，组织和指导全市道路交通事故保险欺诈防控工作。

（刘 高）

【加强保险宣传】 年内，无锡市保险业利用立体传播手段，向市民宣传保险理念，营造良好舆论氛围。市保险行业协会运用各种活动载体，加强行业宣传，增强消费者信心，为行业发展创造良好的外部环境。9月17日，举办“学习贯彻国务院‘新国十条’辅导讲座”。11月9日，中国保监会副主席周延礼在梁溪大讲堂作题为“保险业的改革与发展”的专题讲座。创办无锡市保险业放心消费创建活动简报（电子版），不定期向会员单位通报创建活动情况。7月17日，会同市放心消费创建办公室、市消委会、无锡电视台生活频道，举办以“保险，让生活更美好”“爱无疆，责任在行”为主题的宣传活动，组织保险公司现场开展保险咨询活动，普及保险知识。与无锡日报社合作开设《金周刊》保险专栏，搭建保险公司与消费者的沟通桥梁。利用市消委会主办的《消费指引》期刊，开辟保险专栏，刊登为客户维权的案例，通过维权故事为消费者解惑答疑，打开保险维权通道。

（刘 高）

【人保财险无锡市分公司保费规模突破23亿元】 2014年，人保财险无锡市分公司在生态环境、安全生产、交通运输、校园安全、职业责任、科技等领域，探索“事前风险预防、事中风险控制、事后理赔服务”的全流程管理，发挥责任保险的社会管理功能，为无锡社会经济稳定发展保驾护航，经营业绩稳步提升。全年保费收入23.4亿元，比上年增长15.03%，利润总额12422万元。车险保费收入18.62亿元，比上年增长12.9%，其中电销直通车业务全年超1亿元，成为全国系统非省会及中心城市第二家电销保费过1亿元的地市级分公司。非车非农业务保费收入46992万元，增速超25%，各险种市场份额均位居全市第一。

（孙梦誉）

【人保财险无锡市分公司探索环境污染责任险“无锡模式”】 人保财险无锡市分公司探索开展环境污染责任保险业务，逐步建立一支由风险评估专家和专业人员组成的专业化队伍，通过保前、保中及保后服务，推进全市在降低环境污染事故发生率方面做出成绩。年内，承保企业1032家，承担风险责任限额8.3亿元；累计处理理赔案件14起，赔付金额140余万元；为450余家企业作风险防范专题培训，为648家企业提供风险评估报告，发现、提出问题总数5760条，对其中733条较大问题提出整改建议。3月29日，《人民日报》刊文报道环境污染责任保险“无锡模式”。

（孙梦誉）

【人保财险无锡市分公司扩大农险投保领域】 人保财险无锡市分公

市保险协会举行“保险进社区”宣传活动 （刘 高 供稿）

司遵循政策性农险“支农惠农”的宗旨，提升服务能力，着力开拓符合农业和农村实际的新险种，农业保险覆盖领域不断扩大。2014年，可投保产品由最初的小麦、油菜、水稻、能繁母猪、奶牛5种扩大到蔬菜大棚、葡萄、水蜜桃、茶叶、林木、生猪、家禽、山羊等19种，基本覆盖农、林、牧、渔领域。全市农民投保50余万户次，投保数量比2008年增加约10万户次。全年全市处理农业保险案件6100余件，共计赔款1841.12万元，对促进受灾农民恢复生产、保障稳定发展，发挥了重要的保险经济补偿作用。年内，完成14家网点升级改造，新建网点产能均达400万元以上，在全市设“三农”保险服务站57个，服务点200余个，遍布各涉农乡镇。缩短赔付到位时限，养殖业保险从报案到赔付由20天缩减至不超过10个工作日，其他险种定损后赔付时限缩减至不超过15个工作日。

(孙梦誉)

【无锡市区和江阴实施城乡户籍居民住房财产保险】 8月30日起，无锡市区及江阴市全面实施一体化城乡户籍居民住房财产保险制度，对所辖行政区域内的城乡户籍居民遭遇火灾、爆炸及13种自然灾害造成的住房财产损失给予保险救助。从启动保险至年底，无锡市区和江阴市因出险获得救助的住户1000余户。此为市政府2014年为民办实事项目，人保财险无锡市分公司为该项目首席承保，份额80%，是公司继2013年锡山、惠山两区城乡户籍居民住房家财险试点项目成功实施后，在无锡“慈福”民生系列保险领域的新拓展。

(孙梦誉)

【人保财险无锡市分公司推出“和谐家园”综合险】 年内，人保财险无锡市分公司在市民政局支持下，新推“和谐家园”综合保险，作为“慈

表44　　2014年无锡市主要保险业务指标

单位：万元

指标项目	保费收入	增幅	赔款支出				
			产险赔款	赔付率	寿险给付	产险、寿险合计
无锡地区商业保险	1913016.91	12.79%				737359.35
产险公司	741752.06	14.01%	422168.44	56.92%		
企财险	51815.06	6.63%	42382.92	81.80%		
家财险	2902.62	63.73%	569.19	19.61%		
工程险	1990.71	−29.60%	2675.83	134.42%		
商业车辆险	451607.01	14.95%	244222.37	54.08%		
交强险(汽车)	114735.30	10.16%	90805.02	79.14%		
交强险(摩托车)	1130.07	−7.49%	1169.30	103.47%		
交强险(拖拉机)	1185.18	52.29%	862.12	72.74%		
运输险	9205.39	0.90%	3933.86	42.73%		
责任险	28217.55	29.15%	13083.62	46.37%		
保证险	5178.29	16.88%	789.94	15.25%		
人意险	13798.32	10.36%	6726.70	48.75%		
健康险	3895.34	56.34%	3606.42	92.58%		
船舶险	5309.97	13.55%	1881.73	35.44%		
农险	2128.03	−4.74%	787.63	37.01%		
其他险	48653.20	22.44%	8671.77	17.82%		
寿险公司	1171264.85	12.02%			315190.91	
其中：健康险	112025.13	22.88%			33008.86	
意外险	50516.86	7.80%			19933.36	
寿险	1008722.86	6.16%			262248.69	
其中：一般寿险	351678.42	12.94%			28526.3	
分红类寿险	619719.12	7.81%			175770.19	
万能寿险	36761.29	5.08%			1445.97	
投连险	564.03	0.02%			56506.23	

(秦巳棠)

表 45

2014 年无锡地区各产险、寿险公司业绩

单位：万元

序号	产险公司名称	保费收入	增幅	市场占比
1	人保公司	227461.47	14.94%	30.67%
2	太保公司	142436.62	15.06%	19.20%
3	平保公司	181974.28	18.48%	24.53%
4	天安公司	10924.99	-2.65%	1.47%
5	史带公司	405.54	-74.52%	0.05%
6	中华联合	33737.34	0.04%	4.55%
7	大地公司	7004.90	-18.92%	0.94%
8	永安公司	3948.52	-24.89%	0.53%
9	华安公司	5058.82	14.60%	0.68%
10	安邦公司	2248.29	53.88%	0.30%
11	阳光公司	13407.45	16.88%	1.81%
12	华泰公司	2807.21	-18.54%	0.38%
13	太平保险	14322.07	21.80%	1.93%
14	都邦保险	5103.97	4.38%	0.69%
15	渤海保险	2337.23	107.47%	0.32%
16	民安保险	2752.71	3.65%	0.37%
17	人寿财险	38320.97	22.33%	5.17%
18	安盛天平	7500.04	70.33%	1.01%
19	中银保险	4364.36	-10.47%	0.59%
20	安诚保险	3220.04	-11.10%	0.43%
21	长安责任	4891.39	-11.21%	0.66%
22	紫金保险	9303.54	26.93%	1.25%
23	三井住友	6079.83	16.90%	0.82%
24	英大财险	5061.76	8.43%	0.68%
25	信达财险	2702.37	-11.75%	0.36%
26	永诚财险	2860.39	-6.22%	0.39%
27	浙商财险	1516.18	73.88%	0.20%
28	产险合计	741752.06	14.01%	100%

序号	寿险公司名称	保费收入	增幅	市场占比
1	国寿公司	380300.99	1.69%	32.47%
2	太保寿险	188105.39	1.43%	16.06%
3	平保寿险	133684.66	9.07%	11.41%
4	新华人寿	44139.52	-6.29%	3.77%
5	泰康人寿	42076.17	-9.43%	3.59%
6	太平人寿	43696.19	2.51%	3.73%
7	民生人寿	7000.80	7.98%	0.60%
8	生命人寿	33744.59	-17.65%	2.88%
9	海康人寿	5409.68	11.15%	0.46%
10	信诚人寿	3282.76	39.01%	0.28%
11	中宏人寿	15522.76	18.24%	1.33%
12	合众人寿	3554.79	-4.21%	0.30%
13	中意人寿	9511.04	48.58%	0.81%
14	陆家嘴国泰	1306.53	-7.19%	0.11%
15	农银人寿	6951.69	72.59%	0.59%
16	北大方正	2163.53	41.20%	0.18%
17	恒安标准	3033.89	-12.44%	0.26%
18	友邦人寿	7169.01	22.14%	0.61%
19	人保健康	14254 771	264.00%	1.22%
20	华泰人寿	9453 597	-25.42%	0.81%
21	光大永明	558 771	-61.79%	0.05%
22	和谐健康	39 016	153.56%	0.00%
23	工银安盛	17228 036	33.51%	1.47%
24	英大人寿	1039 047	82.85%	0.09%
25	联泰大都会	6402 730	6.09%	0.55%
26	瑞泰人寿	4955 536	14.69%	0.42%
27	长城人寿	3451 768	-23.10%	0.29%
28	华夏人寿	2892 947	-92.27%	0.25%
29	人保寿险	34152 875	-45.32%	2.92%
30	信泰人寿	17939 686	215.88%	1.53%
31	正德人寿	36034 957	4764.04%	3.08%
32	阳光人寿	9683 787	49.44%	0.83%
33	平安养老	-	-	-
34	国华人寿	102 691	0.90%	0.01%
35	中英人寿	240 306	-78.92%	0.02%
36	幸福人寿	5397 374	312.83%	0.46%
37	中德安联	243 234	-19.72%	0.02%
38	利安人寿	39418 512	145.73%	3.37%
39	招商信诺	2517 067	75.68%	0.21%
40	交银康联	12205.031	102.75%	1.04%
41	东吴人寿	1088.287	82.95%	0.09%
42	建信人寿	21305.84	-	1.82%
	寿险合计	1171264.85	12.02%	100.00%

（秦已棠）

福”民生系列保险配套险种，在民生保险领域实现政策险种和商业险种双轮驱动，拓展民生保险服务范围。“和谐家园”综合保险与先前无锡市在江苏省率先实施的“自然灾害公众责任保险”“城乡户籍居民住房财产保险”相配套，与前者是责任叠加，与后者是限额叠加，形成立体、多层的保险保障制度。10月21日，滨湖区新峰社区一受灾居民获赔11.6万元，其中3.5万元为市民政部门发放的城乡住房财产保险救助金，因受灾居民投保2份“和谐家园”综合保险，另得到8.1万元理赔金，成为无锡市实施城乡户籍居民住房财产保险及“和谐家园”综合保险后首个两险种理赔受益者。

（孙梦誉）

【人保财险无锡市分公司开出江苏专利保险试点理赔第一单】 无锡市是全国第二批专利保险试点城市，投保企业享受政府50%的保费补贴。2014年，人保财险无锡市分公司在全市签约专利执行险保单57单，保障42家企业在57件专利转化实施过程中的维权行为。其中，无锡阿法迪科技有限公司上年为“冷藏设备远程测温系统”专利购买保险1份，实际支付保费1000元。阿法迪公司发现上海、江苏两家单位涉嫌侵犯其专利，起诉至上海市第二中级人民法院并被受理。人保财险无锡市分公司受理阿法迪的出险报案，经核对后予以专利保险理赔。5月中旬，阿法迪公司从人保财险无锡市分公司获得专利侵权诉讼调查费、法律费等共28799元理赔款。此是无锡市试点专利保险后，首家获得专利保险理赔的企业，也是江苏省专利保险理赔第一单。

（孙梦誉）

【人保财险无锡市分公司签发省电梯责任保险首张保单】 3月11日，人保财险无锡市分公司签发江苏省电梯责任保险首张保单。无锡市崇芝电梯有限公司作为电梯维保单位，向人保财险无锡市分公司投保在用电梯25部，被保险人包括电梯所有权人或使用权人、电梯维保单位和电梯检验机构。7月，无锡市在江苏省率先实施电梯责任保险制度。投保后一旦因电梯发生故障导致人员伤亡的，可获得相应赔偿。其中，每台电梯最高赔偿限额为500万元，每人每次事故死亡/伤残的最高赔偿额度为80万元，每次事故财产损失赔偿限额为2万元，乘客电梯被困超2小时可获赔200元；若为雇主责任，即针对电梯维保人员，最高赔付金额为48万元/人。

（孙梦誉）

【中国人寿无锡市分公司支持地方社会经济发展】 2014年，中国人寿无锡市分公司总保费收入37.3亿元，其中首年新单保费收入12.1亿元，两项指标均居全省系统第一；短险保费2.48亿元、意外险保费1.66亿元，均位居全省系统第二。总保费市场份额32.47%，居无锡市场主导地位。年内，分公司推动中国人寿（集团）公司与无锡市政府开展战略合作，共同成立无锡市城市发展产业基金，投放60亿元支持城市发展和基础设施项目建设。为市内居民提供人身保险保障，为全市330余万名客户提供各种人身保险服务，风险保额2000亿元，给付各类保险金18亿余元。参与大病保险，市区有46044人次实时享受到大病保险，累计赔付8847.45万元。独家承保无锡市政府住院护工服务保险。

（钱李冰）

【太保产险无锡分公司经营业绩稳步增长】 2014年，太平洋财产保险无锡分公司根据市场动向调整车险承保政策及核保参数，根据分支机构经营情况分区域制定承保策略，细化风险评估标准，跟踪车险经营关键指标，以业务质量评价和趋势分析为重点，适时采取调整措施。车险业务全年实现保费收入116464万元，比上年增速超市场平均4.99个百分点，市场份额上升至19.89%。通过制定非车险承保手册、调整雇主险费率政策、加强承保前风险查勘等，应对非车险业务整体盈利能力下降态势。发展创新业务，推动非车险业务增长，I09财富U保项目超额完成全年任务，短期出口信用险11月成功开出首单，汽车延保业务初见成效。年内，非车险业务实现综合成本率94.52%，在总公司城市型公司中排名第六。加强电话销售业务，优化电销落地服务流程，提升落地服务水平，做好电销宣传工作。加大交叉销售组织力度，通过实施考核、组织培训、业绩跟踪等措施，推进交叉销售业务发展。深化银保渠道管理，建立银保合作团队，增强团队协作，促进银保业务健康发展。全面启动车险4S店渠道管理建设，制定车商渠道管理制度和办法，建立4S店销售管理团队。

（胡　洁）

【太保产险无锡分公司完善科技创新模式】 太平洋财产保险无锡分公司开发非车险业务续保短信提醒功能，提醒各相关层级人员提前做好与客户的续保沟通，加强对续保业务的跟踪督促与管理，并调动各方资源集中解决问题，提升非车险续保率。新版车E保移动承保系统投入使用，实现车险报价、投保确认、保费收取等全流程的“新、快、准”，改善客户服务界面，推动业务和服务模式的转型升级。适应多方的需求，太保产险无锡分公司开通微信公众号，设立产品中心、服务中心和增值中心3个一级中心，提供车险、非车等各类投保支持，以及保单查询、理赔进度查询和指南、门店导航等服务支持。

（胡　洁）

【太平洋寿险无锡分公司推进组织架构优化】 2014年，太平洋人寿保险无锡分公司实施组织架构优化，打造个人业务、法人渠道业务两大业务板块和中后台共享平台，各项业务实现持续平稳增长。年内，实现规模保费198029万元，比上年增长4.2%；总新保84237万元，比上年下降0.1%；总新保期缴32891万元，比上年增长21%。其中，个险业务：个险新保32407万元，比上年增长46.67%；个险新保期缴26279万元，比上年增长30.6%。团险业务：团险新保19876万元，比上年增长0.71%；短期意外险8048万元，比上年下降1.9%。银保业务：银保新保31189万元，比上年下降24.5%；银保新保期缴3681万元，比上年下降27.9%。续收业务：保费收入111972万元，比上年增长7.84%。全年处理理赔赔案12195件，赔付金额5735.30万元。年内，分公司获评“2010~2012年度无锡市文明单位”，江苏省、无锡市“平安金融先进单位”等荣誉称号。

（唐俞旻）

奖获奖名单中,无锡有13个项目榜上有名。其中,江南大学申报的"一种产α-酮戊二酸酵母工程菌及其构建方法"(专利号:ZL201010578594.6)项目获得第16届中国专利奖最高奖——金奖,其余12个项目获优秀奖。无锡获奖项目在全国地市级城市中排名第一。

(李国华)

【开展第7届市专利奖评审工作】 2014年,市专利奖评审委员会办公室按照《无锡市专利奖实施办法》规定程序,对申报2014年无锡市专利奖的项目进行形式审查、专业组评审、入围项目现场考察、入围项目公示及综合评审。最终,评出宜兴江苏傲伦达科技实业股份有限公司的"一种高纯度4,4′-二羟基二苯砜的分离提纯方法"等4个专利项目获专利金奖,滨湖区无锡雪浪环境科技股份有限公司的"一种旋转喷雾反应塔烟气气流分配装置"等16个专利项目获专利优秀奖。

(乔 健)

【省级知识产权项目经费持续增长】 2014年,无锡有7个项目获江苏省知识产权战略推进计划,经费资助420万元。其中,3个为重点项目,每项获得经费资助100万元;4个为一般项目,每项获得经费资助30万元。无锡新区佰腾专利运营中心承担江苏省专利实施计划,获经费资助100万元。省级知识产权项目年度经费共计520万元,比上年增长26%,创历史新高。

(乔 健)

【知识产权区域示范成效显著】 2014年,无锡新增4张国家级知识产权试点示范名片。无锡高新区列入国家知识产权示范园区,江阴市列入国家知识产权示范城市,锡山经济技术开发区成为国家知识产权试点园区,惠山区列入国家知识产权强县(区)工程试点。崇安区成为省级知识产权试点区,江阴临港经济开发区、宜兴陶瓷产业园列入省级知识产权试点园区。太湖国际科技园物联网产业领域知识产权集群管理获得国家知识产权局支持。无锡国家工业设计园作为全省唯一具备资格的园区,获省知识产权局推荐,申报国家级示范园区。

(叶利群)

【科技金融环境不断优化】 新建无锡企业科技创新服务中心、宜兴环保科技工业园等2家省级科技金融服务中心,"苏科贷"试点合作银行增至9家,强化科技信贷专业服务队伍。扩展科技金融风险补偿资金池规模,市、区两级风险补偿资金总量超过2亿元。至2014年年底,合作银行累计发放风险补偿贷款28.33亿元,在贷余额14.16亿元。全年83家企业立项"苏科贷"项目,获贷款5.43亿元,在全省各合作主体中位列第一。95家企业获3.224亿元专利权质押贷款,贷款额度稳步增长。

(叶利群)

【国家专利保险试点持续推进】 2014年,市科技局与人保财险无锡分公司合作,建立投保、补贴、理赔"绿色通道",全年办理专利执行险50单,保单保费10万元,保障金额200万元。试点期累计办理专利执行险118单,保单保费24.82万元,兑现保费资助12.31万元。在已签约保单中,无锡阿法迪科技有限公司投保的"冷藏设备远程测温系统"专利执行险,出险后报人保财险审核,3个月内收到包括调查费、法律费等在内的28799元维权费用理赔款,这是无锡市自开展国家专利保险试点工作以来,开出的理赔第一单,也是省内首单、迄今唯一的专利保险理赔。

(叶利群)

【专利创造工作呈现新常态】 2014年,全市专利申请结构继续优化,专利申请量为54519件,其中,发明专利申请量为22788件,比上年提高8.73个百分点;发明专利申请占专利申请总量的比重达41.80%。全市专利授权量为27937件,其中,发明专利授权量为2801件,比上年提高3.24个百分点。PCT专利申请177件。全市有效发明专利总数为11938件,万人有效发明专利数达18.46件。全市专利申请量、授权量和万人有效发明专利数3个指标均列全省第三。

(朱华章)

【专利保护环境更趋优化】 2014年,全市知识产权维权保护环境建设进一步优化。全市知识产权护航行动专项执法检查34次,检查流通领域卖场60家次,检查商品超过5000件;江苏省专利行政执法巡回审理庭在无锡建成;全市假冒专利立案量317件,结案317件,行政处罚5件,办案量比上年增长114.2%;纠纷案件立案8件,结案4件。各类案件结案率达98.5%。全市专利案件处理量实现"零"突破,建立专利违法行为公示制度,行政处罚案件处理结果全部通过机关门户网站向社会公示。"正版正货"承诺推进计划工作走在全省前列。无锡中山路商业街被批准为全国首批知识产权保护规范化市场培育单位,无锡广益家居城和中国宜兴国际环保城被批准为省级"正版正货"示范街区(商城),7家单位确定为市级"正版正货"示范街区(商城)培育单位,江苏苏宁商业管理有限公司等48家企业列入省级"正版正货"承诺试点名单。

(朱华章)

【首次开展专利行政指导工作】 2014年,市知识产权局在电子商务领域专利执法维权工作中,巡查电商平台38家,涵盖全市主要的B2C、B2B和应用电商企业。巡查涉及小家电、母婴用品、日用品、物联网等商品119件,对其中9家企业发出行政警示函,并分别上门开展行政指导,指导帮助企业化解知识产权侵权风险。

(朱华章)

科技管理

【企业研发机构建设量质齐升】 2014年,市科技局突出企业创新主体地位,依托"产学研"合作,激发企业创新活力,推动大中型工业企业和规模以上高新技术企业研发机构建设。夯实基础,推动工程技术研究中心建设。新增省级工程技术研究中心53家,市级工程技术研究中心64家。抓住重点,助力培育高水平企业研发机构。新增省级企业重点实验室1家,获得省科技经费300万元。共有82家企业研发机构被认定为省级重点研发机构,新增市级企业技术研究院3个,市科技经费支持150万元。集聚人才,搭建研发机构人才平台。新增省级企业研究生工作站10个,获得省科技经费50万元。

(万 磊)

【孵化器建设发展迈上新水平】 2014年,全市孵化器建设顺利推进,入驻企业不断增多,服务水平有效提升,孵化器日益成为全市集聚人才和成果转化的重要基地。

建设质量不断优化。全市建成省级以上科技企业孵化器45家,其中国家级20家,孵化场地面积共计496.59万平方米,企业入驻率达75.68%。无锡软件园产值近200亿元,较上年翻一番;无锡国家工业设计园创意园产值超65亿元,较上年增长20%。全年新增4家国家级科技企业孵化器和2家省级科技企业孵化器;新增2家省级科技企业加速器,新增2家省级"苗圃—孵化器—加速器"科技创业孵化链条,基本形成"孵化器+加速器+产业园区"接力式孵化体系。

运行效益不断增强。全市孵化器累计培育科技型企业5442家,集聚硕士以上高层次人才8000多名;全年新引育高科技企业958家,注册资本达115亿元;全年实现营业额600多亿元,比上年增长46%,实现利税24亿元,累计毕业企业860家。

服务水平不断提升。引导各类孵化器建立信息、公共技术等服务平台,组织全市40多名科技企业孵化器从业人员参加国家、省孵化器从业人员和主任培训班,提升孵化器的专业服务能力。9家国家级科技企业孵化器享受税收优惠减免4325万元,有效降低孵化器管理运营成本,促进更好更快发展。

(夏寒松)

【新建5家农村科技服务超市】 按照江苏省农村科技服务超市建设的标准要求和整体部署,围绕无锡产业特色,2014年,市科技局在经济林果、花卉苗木、设施蔬菜等领域,以农业龙头企业和具有规模优势的合作社为龙头,新建成江阴苗木花卉产业分店等5家科技服务超市,并通过省科技厅组织的考核认定。

(边建锋)

科技服务

【科技项目服务深入开展】 2014年,市企业科技创新服务中心通过对无锡市科技创新专项、江苏省高新技术产品、企业研究开发备案项目等的受理、审核、评审和对在研科技计划项目的执行情况进行跟踪调查统计,解答企业在科技政策、项目申报方面的问题,进一步激发企业科技创新活力。

(赵燕娇)

【科技金融服务深度对接】 2014年,市企业科技创新服务中心积极受理省科技成果转化风险补偿专项资金贷款("苏科贷"项目)的申报,与合作银行走访、考查企业。全年共有32家企业获得"苏科贷Ⅰ"立项,放贷金额1.03亿元;"苏科贷Ⅱ"全年共计备案4.39亿元,位列全省第一,有力支持了企业创新发展与转型升级。

(赵燕娇)

【建设规范有序现代技术市场】 通过创新服务形式,规范服务行为,完善服务制度,优化技术市场发展环境,进一步激发技术创新主体活力,促进科技与经济紧密结合,为推动市场稳定、健康发展提供保障,使技术市场成为大众创新创业的广阔舞台,成为优化科技资源配置的重要平台。2014年,通过全市技术市场认定登记的高校、科研院所以及技术贸易机构与客户间的技术贸易合同项目达1443项,合同成交金额超13亿元。

(汤庆芝)

科技活动

【举办第11届中国无锡国际设计博览会】 5月23日,第11届中国无锡国际设计博览会在无锡开幕。这届博览会是由科技部、国家知识产权局、江苏省人民政府联合主办,中国工业设计协会、中国汽车工程学会、江苏省科学技术厅、江苏省知识产权局、江苏省科技创新协会和无锡市人民政府共同承办的一次国家级的创新设计活动。博览会以"创新改变生活,设计成就未来"为主题,参会的国内企业达500余家,其中国外设计机构有近100家;展出面积31200平方米,参观人数达6万多人次。博览会展出中国陶瓷工业中占据重要地位的宜兴紫砂、景德镇瓷器、龙泉青瓷、德化白瓷等精美陶瓷艺术品,展出美国麻省理工学院、欧盟、IXDA国际交互设计作品、IXDC国际体验设计作品、融通并茂江苏省高校设计作品,展出来自美国、澳大利亚、日本、韩国等国家的获奖作品和创意设计精品。江苏省13个城市近50家企业到场展示最新创新产品。共有30个产学研合作科技成果项目签约,投资额达6.6亿元,105家无锡市企业设计中心正式授牌。这次参会院校的5200多项成果制作成光盘,供参会企业和相关科技企业在会后作进一步了解,寻找合适的技术成果,加强与院校合作,提升企业的科技创新能力和产品的市场竞争力。博览会上,举行第3届"太湖奖"设计大赛颁奖仪式,其中创意组有近400个院校的3000余件作品参赛,加上产品组,博览会共收集到4000余件参赛作品。最终,有2件作品获得特等奖,12件作品获得一等奖,24件作品获得二等奖,42件作品获得三等奖。

(倪程赟)

【产学研合作成效明显】 2014年,全市新建"校企联盟"62个,累计"校企联盟"总数达828个。共有42个省产学研前瞻性项目立项,获省专项资金支持840万元。

(戴晓斌)

科技成果

【7个项目获国家科学技术奖】 2014年,无锡市有4个项目列入国家科技进步奖,3个项目列入国家技术发明奖。获奖项目和单位情况见表48。

【28个项目获省科学技术奖】 2014年,无锡市获得江苏省科学技术突出贡献奖1项,省企业技术创新奖1项。26个项目获得省科技进步奖,其中,一等奖4个、二等奖5个、三等奖17个。获奖项目和单位情况见表49。

【80个项目获市科技进步奖】 2014年,全市共有80个项目获得市科技进步奖,其中,一等奖5项,二等奖20项,三等奖55项。获一等奖、二等奖的项目情况见表50。

【4个项目获市腾飞奖】 2014年,全市共有4个项目获得无锡市腾飞奖。具体项目见表51。

表 49

2014 年无锡市获国家科学技术奖情况

奖项	等级	序号	项目名称	完成单位
国家科技进步奖	特等奖	1	超深水半潜式钻井平台研发与应用	无锡市东舟船舶附件有限公司
	二等奖	1	高效能棉纺精梳关键技术及其产业化应用	江南大学
		2	微通道管材与换热器制造技术及其应用	无锡凯博易机电科技有限公司
		3	重型柴油车污染排放控制高效 SCR 技术研发及产业化	无锡威孚力达催化净化器有限责任公司
国家技术发明奖	二等奖	1	新型淀粉衍生物的创制与传统淀粉衍生物的绿色制造	江南大学
		2	基于干法活化的食用油脱色吸附材料开发与应用	江南大学
		3	高稳定高耗散减振材料制备关键技术与装置开发及工程应用	无锡市弘谷振控技术有限公司

（李　雯）

表 50

2014 年无锡市获省科学技术奖情况

奖项	等级	序号	项目名称	完成单位
省科学技术突出贡献奖		1	中国船舶重工集团公司第 702 研究所	
省企业技术创新奖		1	无锡威孚高科技集团股份有限公司	
省科技进步奖	一等奖	1	7000 米载人潜水器(蛟龙号)总体及集成	中国船舶重工集团公司第 702 研究所
		2	镇江香醋酿造微生物群落功能优化关键技术及其产业化应用	江南大学
		3	燃煤烟气 SCR 脱硝关键技术研发与工程应用	宜兴市宜刚环保工程材料有限公司、无锡华光新动力环保科技股份有限公司
		4	微囊藻毒素多尺度分析技术体系及健康危害作用机制研究	江苏省无锡市疾病预防控制中心
	二等奖	1	新型氧化还原酶的发现、改造与高效制备应用研究基础	江南大学
		2	生物质替代石油原料制备环保增塑剂关键技术及产业化应用	江南大学、江阴市向阳科技有限公司
		3	新型节能导线的研发及产业化	无锡华能电缆有限公司
		4	区域公路网交通安全管控关键技术及应用	公安部交通管理科学研究所
		5	水产养殖物联网关键技术及装备	江苏中农物联网科技有限公司

（李　雯）

表 51

2014 年无锡市科技进步奖一等奖、二等奖项目情况

等级	序号	项目名称	完成单位
一等奖	1	超高压及特高压变压器用新型特种换位导线的研发及产业化	无锡锡洲电磁线有限公司
	2	团头鲂循环水清洁高效养殖关键技术研究与推广	中国水产科学研究院淡水渔业研究中心、通威股份有限公司、宜兴市水产畜牧站
	3	煤矿瓦斯治理底抽巷九十度全方位液压钻车	江苏中煤矿山设备有限公司
	4	高性能陶瓷介质多工器关键技术及系列产品	江苏贝孚德通讯科技股份有限公司
	5	MicroRNA 在胶质瘤分级、预后判断及治疗中的作用	无锡市人民医院
二等奖	1	10 万吨/年润滑油(剂)系列产品成套技术开发及产业化	江苏高科石化股份有限公司
	2	疟疾病原学监测关键技术的研究与应用	江苏省血吸虫病防治研究所
	3	温控智能呢的研制与开发	江苏阳光集团有限公司
	4	高速列车牵引变压器用聚芳酰胺纸包铝扁线的研发	无锡统力电工有限公司
	5	适用于节能电源的大直径薄片晶圆制造技术	无锡华润华晶微电子有限公司
	6	国内首台垃圾与煤热值掺烧比 4:1 的 650t/d 循环流化床垃圾焚烧锅炉	无锡华光锅炉股份有限公司

续表 51

等级	序号	项目名称	完成单位
	7	新发传染病防控高技术平台的建立与应用	无锡市疾病预防控制中心
	8	采用新型催化剂固定床连续化生产二丙二醇甲醚醋酸酯技术	江苏天音化工有限公司、德纳(南京)化工有限公司
	9	FCB 高效智能化焊接技术	无锡华联科技集团有限公司
	10	轴承式管式捻股(绳)机系列化研制开发与产业化	江苏法尔胜泓昇集团有限公司
	11	TRPC1-BK 复合体对糖尿病冠状动脉功能影响及其分子机制研究	无锡市人民医院、无锡市第二人民医院
	12	有线电视网络通信平台及关键设备研发与产业化	无锡路通视信网络股份有限公司
	13	超低功耗蓝牙射频 SOC 的研发及产业化	无锡中星微电子有限公司
	14	卵巢癌早期诊断和治疗的研究	江南大学附属医院(无锡市第四人民医院)
	15	含转 LIF 基因饲养层细胞的脐血造血干/祖细胞体外培养体系的建立及培养效果观察	无锡市红十字中心血站、苏州大学
	16	表面处理自动化生产线	无锡出新环保设备有限公司
	17	自密封旋转补偿器应用于长距离蒸汽传输技术	江苏宏鑫旋转补偿器科技有限公司
	18	皮肤组织微环境仿生材料的构建和临床应用研究	无锡市第三人民医院
	19	大卷径高精度层压嵌入式铝钢复合带材的关键技术及产业化	银邦金属复合材料股份有限公司、北京工业大学、广东工业大学
	20	谷氨酰胺合成酶在胶质瘢痕及胶质瘤发生发展中的功能及机制研究	无锡市人民医院

(李　雯)

表 52　　2014 年无锡市腾飞奖项目情况

序号	项目名称	完成单位
1	民意为舵 民心为桨 让山泉村幸福流淌的现代村官——李全兴	江阴市周庄镇山泉村村民委员会
2	“一体化”诊疗新模式助推无锡三院烧伤外科实现新腾飞	无锡市第三人民医院
3	基于风味导向的固态发酵白酒生产新技术及应用	江南大学
4	国家工程中心,引领产业创新发展	江苏法尔胜泓昇集团有限公司

(李　雯)

国际科技合作

【概况】 2014 年,无锡市加快推进创新国际化步伐,与美国、德国、以色列、俄罗斯等 15 个国家建立良好的科技交流与合作关系,与美国麻省理工学院、以色列魏茨曼研究院、俄罗斯圣彼得堡国立技术大学、欧洲商业与创新联盟(EBN)、西班牙国家科学技术协会、俄罗斯国家科学院、意大利利古里亚区域发展中心、荷兰 TNO 研究院等多家世界知名科研院校及国际技术转移组织建立合作关系,开展国际科技合作和技术转移。全年获国家级国际合作项目 8 项、省级项目 11 项,市级项目 6 项。其中,5 个项目获国家中小企业发展专项资金中欧国际合作项目立项,项目数列全省第二,实现无锡在该项目上“零”的突破。

(许文杰)

【建立国家级国际合作基地】 近年来,全市上下加快引进国际科技资源,结合各地特点,以无锡与国外顶尖高校合作、国外商业化技术转移机构合作、国际专家合作等多种形式成立国际科技合作基地,聚集国际资源,组建联合研发团队,开展联合攻关,助推新兴产业发展,推进全市各类特色产业步入国际化轨道。锡山麻省理工学院产业联盟国际技术转移中心和江阴高新区中欧示范型国际科技合作基地 2 个国际合作载体被认定为国家级国际合作基地。至 2014 年年底,全市被认定国家级国际合作基地 9 个,新增国家级国际合作基地和国家级国际合作基地总量均列全省第一。国家级国际合作基地为无锡打开国际技术合作的窗口,开展国际间的技术转让与交易,引进更多的高新与实用技术。

(许文杰)

科学普及

【概况】 2014 年,无锡市科协推进科普服务能力建设。利用网络资源,开通“科普无锡”政务微博,准确公布权威信息,定期发布重点科普内容。宜兴市科协构建集科普网站、科普飞信、科普微信、科普电子画廊“四位一体”的新媒体宣传格局。江阴市等市(县)、区加强网络科普建设,在科普微信、科普网站上,组织活动报名、科普宣传和推介科普设施。无锡市共有 186 个科普场馆和科普教育基地,市科协与无锡国家数字电影产业园、无锡科技馆、无锡市民防科普教育体验馆等代表性科普场馆共同举办科普活动周、科技活动日、民防科技体验日等活动；制作无锡科普基础设施图集，收录32个综合、专题类科普场馆，15个社区特色科普场馆和100余个科普教育基地；再版科普地图2万册，方便市民前往参观；与市教育局、市科技局联合命名中国船舶重工集团公司第702研究所等35个单位为无锡市科普教育基地；开展科普教育基地风采展，制作展示架，集中展示100余个特色鲜明的科普教育基地；无锡感知博览园等11个示范性强和辐射力大的先进典型，被授予“无锡市科普教育示范基地”称号，无锡国家数字电影产业园等单位被命名为江苏省科普教育基地，全市已建成国家级科普教育基地7个，省级科普教育基地31个。全市拥有52321名在省注册的科普志愿者队伍，发出各类科普资料近50万份，在全省率先推出科普周配套读物《身边的科学》。

（许小平　王　剑）

【开展科普示范创建工作】 市科协打造社区、农村、学校科普示范点，推动基层科普活动蓬勃开展，宜兴市巷头社区、惠山区长乐社区、滨湖区美湖社区成功入选全国社区科普益民计划，获国家和省级专项补助，崇安区广益街道等6个乡镇（街道）获“江苏省科普示范乡镇（街道）”称号，宜兴市芳桥街道金兰村等16个村（社区）获“江苏省科普示范村（社区）”称号，新建15个市级科普示范街道（镇）、45个市级科普示范社区（村）。树立农村科普惠农先进典型，无锡市惠山区阳山镇水产协会等4个单位和个人被评为省级科普惠农先进，宜兴市万石镇水芹协会等3个单位和个人入选全国科普惠农兴村计划，获得全国先进农村专业技术协会、先进农村科普示范基地和先进农村科普带头人称号。举办无锡市城镇社区科普员培训班，共培训社区科普人才近600名；开展无锡市首届科普示范家庭评选活动，选出100个科普典型家庭。经市政府常务会议讨论通过，设立“无锡市青少年科技创新市长奖”，邀请驻无锡院士和院所、企业科技精英进入专家评审团。宜兴市广汇实验小学等10所学校入选“十二五”第三批江苏省科学教育特色学校，江阴市云亭中学等20所学校入选无锡市科技教育特色学校。举办“太湖格致杯”青少年机器人竞赛暨物联网传感创意设计大赛，全市115所学校、校外科技活动培训机构的1220多名选手参加，参赛人数、开赛项目、覆盖范围达历年之最。年内，无锡市科协被评为“2013年度全国科普日活动优秀组织单位”。

（许小平　王　剑）

【推进学会能力提升计划】 市科协出台《无锡市科协学会专家工作站管理办法（试行）》《无锡市科协关于综合示范学会培育工程管理办法（试行）》《无锡市农业科技示范基地创建管理办法（试行）》等文件，修订《无锡市科协科学技术学术活动补助管理办法》《无锡市科学技术协会软科学研究项目管理暂行办法》，引导和支持学会发挥智力优势，提升学会服务社会发展的能力和水平。已命名综合示范学会11个，建立专家工作站5家。以“自然科学社会组织孵化基地”为平台，指导与协助新成立无锡市信息化协会等4个学会，指导孵化无锡市室内设计师学会等4个社团组织，完成市制冷学会等10个学会的换届工作；指导相关学会做好年检工作，建立会员库和专家库；组织学会开展信息报送，通过省、市科协网络宣传学会工作动态，提高学会知名度和影响力。为提升学会管理与服务水平，市科协建设“无锡市科协智慧社团服务平台”，创建“社团科技广场”和“科技社团网站群”，反映工作动态，实现对科技社团的科学管理和指导，实现社团之间、会员之间的互动交流。

（许小平　王　剑）

【推进“海智计划”深化行动】 年内，市科协出台《中国（无锡）海外引才工作站管理办法》和《无锡市科协海智示范项目管理办法》；对网站建设工作下达年度目标任务书，对引智活动安排、项目对接等各项指标进行分解，实行考核；建立市（县）、区科协海智工作QQ群，召开全市海智专题会议；建立和完善海智无锡企业技术和项目需求库、海智项目库、海外高层次人才库、科协重点服务企业库，全年海智项目新增400个。

（许小平　王　剑）

【无锡市科协召开第十次代表大会】 2月26日，无锡市科学技术协会第十次代表大会开幕。江苏省科协、市委、市人大、市政府、市政协有关领导和中国工程院院士李钊、吴友生、徐芑南等出席会议，无锡市各群众团体领导、各市（县）区科协工作分管领导、市有关部委办局领导及各级科协组织代表参加会议。2月27日，无锡市科协召开十届一次全委会议，会议选举金征宇担任新一届市科协主席，王友根、陆伟中、钱俊方、周方、翁震平、陈曦、何丽梅、金秋萍、赵阳担任副主席，于浩、方俊峰等25人当选常务委员。

在无锡市科学技术协会第十次代表大会闭幕式上，许居衍、伦世仪、李钊、吴有生、陈佐宁、徐芑南6位在无锡院士被授予无锡市科协第十届委员会“荣誉委员”称号，这是无锡第一次为在无锡院士颁发“荣誉委员”称号。

同时，授予江阴市科学技术协会、宜兴市科学技术协会等32个单位“无锡市科协系统2009~2013年度先进集体”称号，授予吴彪、戴苏妹等100人“无锡市科协系统2009~2013年度先进工作者”称号。

（许　娟）

【新增14家省科普教育基地】 通过各地推荐申报，江苏省科协、省科技厅、省教育厅组织评审、公示等程序，2014年，无锡市共有14家单位被命名为省科普教育基地。这14家单位是：无锡现代农业博览园有限公司、无锡市民防局民防科普教育体验馆、无锡国家数字电影产业园、无锡市疾病预防控制中心、江苏省无锡交通高等职业技术学校、远东国际电线电缆体验式博物馆、无锡中国乡镇企业博物馆、无锡（国家）工业设计园、无锡市鸿山遗址博物馆、无锡市南长区少年宫、江阴天华博物馆、江南大学民间服饰传习馆、无锡市国土资源博物馆、无锡爱睿芯电子有限公司。

（科普部）

【无锡市信息化行业协会成立】 2月28日，无锡市信息化协会正式成立，市民政局、市信电局、市科协等协会主管部门和业务指导机关，无锡IT企业负责人、各单位首席信息主管等150余人参加成立大会。无锡市信息化协会以推进国民经济和社会信息化为中心，以促进信息资源开发利用和信息产业发展为重点，以普及和深化信息化应用为宗旨，搭建政府、IT企业、各企事业单位首席信息主管、IT从业人员相互交流的平台，发挥沟通、咨询、中介、服务作用，推动无锡市信息化发展和繁荣。

（许 娟）

【中国计算机学会无锡会员活动中心成立】 4月26日，中国计算机学会无锡会员活动中心成立大会在江南大学图书馆举行，上海，深圳、南京、杭州、苏州等分部代表到会祝贺，在无锡的200多名中国计算机学会会员参加成立大会。中国计算机学会无锡分部的成立，成为为广大会员提供交流、聚集、提升能力和专业培养的平台，协助无锡在以计算机信息技术软硬件为基础的新型科技产业的发展和人才战略的实施，为“四个无锡”建设提供人才支撑。

（周继从）

【举办全国科技活动周暨市第26届科普宣传周】 5月17日，以“科技在身边”科普嘉年华为主题的2014年全国科技活动周暨无锡市第26届科普宣传周在无锡国家数字产业园开幕。此次科普宣传周围绕科技创新创业示范区、产业转型升级示范区、城乡发展一体化示范区和“两型社会”建设示范区建设，结合城市转型和产业升级、低碳城市与低碳经济、节能减排与气候变化、生态环境与可持续发展等公众关注的社会热点问题，举办一系列丰富多彩的科普活动，“企业创新科普秀”成为科普周活动的最大亮点。结合物联网与云计算、微电子、新能源、新材料、节能环保、软件服务外包、生物医药等新兴产业发展，组织一批有代表性企业，开展企业创新成就展，用生动的图片和实物，向全社会普及科技成果中的科学知识，展示企业创新风采。

（许 娟 王 剑）

【新命名市科普教育基地32个】 经组织申报、审核验收等程序，2014年，市科协新命名无锡市科普教育基地32个。这32个单位是：中国船舶重工集团公司第七〇二研究所、江苏省人体器官移植重点实验室（无锡市人民医院）、无锡市中医医院、无锡市第二人民医院、无锡市第三人民医院、无锡市第五人民医院（无锡市传染病医院）、无锡同仁（国际）康复医院、无锡市精神卫生中心、无锡机电高等职业技术学校、无锡友联热电股份有限公司、无锡国联环保科技有限公司、江阴市飞达出租汽车有限公司、光大环保能源（江阴）有限公司、江阴山水江南药用植物园有限公司、光大环保能源（宜兴）有限公司、周培源故居、宜兴市城北小学、宜兴市葛盛陶庄文化艺术有限公司、锡山区云林街道长大厦社区、锡山区鹅湖镇松芝村江苏省渔业科技示范基地、江苏省锡东高级中学、惠山区人民医院、惠山高新技术创业服务中心、无锡市高技能人才公共实训管理服务中心、无锡龙寺生态园有限公司、无锡市茶叶品种研究所有限公司、无锡市城开物业管理有限公司、无锡市滨湖区蠡湖街道湖景社区、无锡市崇安区广益街道广丰社区、无锡市南湖小学、无锡市英科科技培训有限公司、无锡华飞航空技术有限公司。

（丁 伟 王 剑）

第26届科普宣传周活动现场 （沈生华 摄）

【新增省级科学教育特色学校10所】 2014年，无锡市新增省级科学教育特色学校10所。这10所学校分别是：宜兴市广汇实验小学、江阴市临港实验学校、江苏省锡山高级中学、无锡市育英实验小学、江苏省无锡通德桥实验小学、无锡市新区旺庄实验小学、无锡市鹅湖中学、无锡市华庄中心小学、江阴市璜土中学、无锡市天一实验学校。

（王 剑）

【举办第四届小学生科学素养大赛】 6月16日，由市科协、市教育局主办，市电化教育馆、市少年宫承办的第四届小学生科学素养大赛决赛在无锡教育电视台举行。此次比赛网络初赛阶段，全市共有110所小学的5314名选手参赛。经过选拔，共有来自各市（县）区和市校管中心的10支代表队参加现场决赛。经过角逐，北塘区代表队、崇安区代表队获得一等奖，代表无锡市参加省级比赛。

（科普部）

【举办青少年“创新在我身边”科普夏令营】 7月7~8日，市科协、市教育局在市少年宫举办无锡市青少年“创新在我身边”科普夏令营，全市50名中小学生代表参加活动。科普夏令营是无锡市长期以来面向广大青少年的一项品牌活动，此次活动从学习、体验、实践等多方面着手，寓教于乐，深受青少年的喜爱。科普夏令营围绕科学讲座、科学体验、科学调查、科学探究等内容，开展一系列丰富多彩的活动。

（丁 伟 王 剑）

【承办“科技革命与产业发展”主题论坛】 7月30日，由市科协承办的中国（无锡）“科技革命与产业发展”主题论坛暨2014年梁溪大讲堂第八讲在无锡市民中心举办，无锡市委、市人大、市政府、市政协、市纪委相关领导及各部委办局、各学会（协

第四届无锡中小学生科学素养大赛颁奖现场 （姚沛声 摄）

会）、研究会科技工作者近 700 人参与听讲。这次论坛由主论坛和分论坛组成，当天的主论坛邀请中国科学院院士吴培亨作“创新驱动、转型发展”专题演讲，以科技创新驱动加快产业转型为主题，阐述创新是实现产业转型的重要途径，如何以创新实现产业转型，具有现实指导意义。费维扬院士作“关于绿色低碳发展的几点思考”专题讲座。分论坛集中在 10 月，结合江苏省学术活动月开展，论坛旨在更好地营造科技创新环境，推动科技创新环境建设，搭建学术交流平台，推动科技革命与产业变革，促进无锡经济社会可持续发展。

（许 娟 王 剑）

【设立青少年科技创新“市长奖”】 8 月初，无锡市出台《无锡市青少年创新发明奖管理办法》，决定开设青少年科技创新活动的最高荣誉奖——青少年科技创新“市长奖”。该奖项每两年评选一次，全市在校中小学生，包括中等专业学校、职业中学、技工学校的学生均可参评。同时，成立相关的评审委员会，无锡市副市长曹佳中担任评审委员会主任委员，市政府副秘书长周浩明，市科协党组书记、副主席王友根担任主任委员，中国工程院院士许居衍、徐芑南，市委宣传部副部长商波涛、市教育局副局长陈曦等相关部门 12 人担任评审委员会委员。评审委员会在市科协设立办公室，由市科协副主席陆伟中兼任办公室主任。每届“市长奖”不超过 10 项提名，其中获奖者不超过 5 项，其余为提名奖。“市长奖”对在科技创新工作中取得突出成绩的学校、培训机构等单位和主要科技辅导老师，分别授予创新教育摇篮奖和科技辅导奖。

（王 剑）

【举办全国科普日活动】 9 月 20 日，2014 年全国科普日活动开幕式在无锡民防科普教育体验馆举行，活动为期一周。科普日的主题是“创新发展，全民行动”，开幕式上，观众通过参加模拟龙卷风、跨步电压、触电体验、法拉弟笼、逃生绳结、心肺复苏、地铁逃生、地震体验等形式，掌握各种科学知识。现场还有无线电测向、科技定向、汽车模型拼装等科技创新活动展示。活动周期间，各种科普讲坛在全市相继展开。“530”企业和高新技术企业创始人代表组建“无锡科技创业者科普行动联盟”，走向社会进行专业科普宣讲，讲解人才与科技相互促进的创业故事；老科技专家、科普志愿者等走进社区、学校、企业，围绕科技发展、生态环保、能源资源、航空航天、海洋科技等主题，开展科普宣讲；100 名在常见病、多发病用药常识、心理卫生等专业领域具有较深造诣的医卫专家组成健康讲师团，到社区、农村、学校、企业传播健康科普知识，免费义诊，开展健康咨询；环保方面的科普讲师为社区居民讲解雾霾天气的基本概念、监测形态、形成变化机制等科普知识。全市多个科普教育基地、科技场馆、企业科普设施等免费或优惠对公众开放。此外，市民通过网络线上线下相结合的方式，参与科普互动剧场、科普专题文艺汇演、科普电影乡村行等近 100 项主题活动。

（姚沛声 王 剑）

【评出软科学优秀研究课题 6 项】 为培养和调动科技工作者的主观能动性，激发专家、学者的聪明才智，为“四个无锡”建设和可持续发展建言献策，经专家对结题项目评选，2014 年，市科协评出 2013 年度无锡市优秀软科学课题一等奖 1 项，二等奖 2 项，三等奖 3 项。一等奖课题是：人才引进与科技管理、绩效考核的策略研究；二等奖课题是：智能化康复信息管理平台建设、无锡市民十年来体质状况发展研究。

（王 剑）

【无锡科技创业者科普行动联盟成立】 经市科协、各有关单位推荐，市科协党组评议、审查选定，2014 年，无锡科技创业者科普行动联盟成立。联盟成员由过大江（无锡云翼信息科技有限公司经理）、吕志刚（江苏江达生态科技有限公司总经理）、沈立（江苏森莱浦光电科技有限公司董事长）、李明杰（江苏大德重工有限公司董事长）、张徐亮（无锡聚为传感科技有限公司董事长）、陈龙（无锡穿飞科技有限公司董事长）、郑卫国（无锡中德美联生物技术有限公司董事长）、赵阳（美新半导体有限公司董事长）、曹伟勋（无锡爱睿芯电子有限公司总经理）、梅巍（江苏风雷文化传媒有限公司总经理）、宣良军（无锡中普微电子有限公司董事长）11 人组成，他们具有相关专业技术知识和较高社会威望，热爱科普事业，有强烈的社会责任感并为公益事业做出贡献。联盟成立后，按照统一计划和安排开展工作，深入学校、农村、城镇、机关、社区、企业开展科普活动。

（周继从 王 剑）

【无锡市居民科学素质达标率增幅列全省第一】 居民科学素质达标率是无锡苏南现代化建设示范区监测评价指标体系之一。中国科普研究所调查数据显示，2014 年无锡市居民科学素质达标率从 6.61%跃升为 9.0%，在全省位居第三，增幅列全

科普夏令营活动现场　(姚沛声　摄)

省第一。2014年,全市全民科学素质工作蓬勃开展,推出企业科技成果科普化、无锡科技创业者科普行动计划、科普信息化建设、高校科研院所开放日等一系列创新措施,科普志愿者活动月、科普周和全国科普日等重大活动吸引各界参与。全年新建市级科普示范街道(镇)15个,市级科普示范社区(村)45个,省科学教育特色学校10所,市科技教育特色学校20所。全市已建成国家级科普教育基地7个,省级科普教育基地31个,市级科普教育基地170多个,有在省注册的科普志愿者51320名。

(王　剑)

【命名市科普惠农服务站6个】 按照省科协《关于全面开展科普惠农服务站建设工作的通知》和《关于申报无锡市科普惠农服务站的通知》精神,经有关市(县)、区科协选拔推荐,市科协组织专家评审,2014年,命名江阴市金顾山水蜜桃专业合作社、江阴市城南新兴农业示范园区专业合作联社、宜兴市茗悦生态农业有限公司示范基地、宜兴市远望蔬果科技示范基地、锡山区宛山农业种植专业合作社、惠山区阳山镇岳其特种水产苗种场6家单位为"无锡市科普惠农服务站"。

(王　剑)

【14个单位被评为市科普教育示范基地】 10月,市科协发文《关于表彰无锡市科普教育示范基地的决定》和《关于增补无锡市科普教育基地的决定》,授予14个单位"无锡市科普教育示范基地"称号。这14个单位是:无锡民防科普教育体验馆、无锡市科技馆、无锡市地震局防震减灾科普馆、无锡市气象局气象科普馆、无锡市疾病预防控制中心病媒生物标本展示馆、无锡感知博览园、无锡市北塘区科技馆、无锡市杨湾藻水分离站、江阴市消防科普馆、宜兴市宜城街道宝东社区居民之家、软通动力信息系统服务有限公司、无锡希瑞生物技术研究院有限公司、江苏物联网研究发展中心、江阴市消防教育馆。

(王　剑)

【评出第四批市科技教育特色学校20个】 根据《关于开展2014年无锡市科技教育特色学校申报工作的通知》精神,市科协、市教育局与各市(县)、区科协、教育局联合组织考评组对推荐申报学校进行考核验收,通过审核材料、听取汇报、实地检查等方式,对学校科技教育的管理机制、开设科技教育课程、科技活动创新成果、师资队伍和阵地设施建设等方面工作进行考核。经评定,命名第四批无锡市青少年科技教育特色学校20所。这20所学校是:江阴市云亭中学、江阴市新桥中心小学、江阴市桐岐中心小学、江阴市徐霞客中学、宜兴市湖滨实验学校、宜兴市洋溪小学、宜兴市和桥镇第二中学、江苏省锡山高级中学匡村实验学校、无锡市玉祁中心小学、无锡市阳山中学、无锡市藕塘中心小学、江苏省锡东高级中学、江苏省天一中学、无锡市厚桥中学、江苏省锡山中等专业学校、无锡市广勤中学、无锡市夹城里中心小学、无锡新区实验小学、无锡市新区南丰小学、江苏省梅村高级中学。

(丁　伟　王　剑)

【建成海智工作资源库】 2014年,无锡市海智项目库新增400个,无锡企业技术和项目需求库入项153个,海外高层次人才库入项506个,科协重点服务企业库入项168个。出台《中国(无锡)海外引才工作站管理办法》和《无锡市科协海智示范项目管理办法》。建立市、市(县)区科协海智工作QQ群,优化资源转移网,通过资源网从海外征集到131个项目与无锡企业对接,实现线上配对集成与线下技术服务相结合。江阴市等6个市(县)区设立网络视频对接系统,有40多家海智基地开展国际视频项目洽谈、学术交流活动,实现项目即时对接,技术信息及时获得。宜兴环境科学园等3家单位成功入选第三批江苏省科协海智工作基地。重点接待海外专家、学者到无锡考察创业投资环境20多人次,为无锡100家企业提供"量身定做"技术服务。

(王　剑)

社会科学

【概况】 2014年,无锡市哲学社会科学界联合会(以下简称"市社科联")团结广大社科工作者,围绕中心,服务大局,组织开展社科理论研究,加强理论阵地建设,提升学术队伍建设水平,开展社科普及工作,为建设"四个无锡"、推进率先基本实现现代化建设提供精神动力和智力支持。年内,市社科联被评为"全国先进社科组织",获得"江苏省先进社科联"和"学会工作先进奖"等称号。

开展党的群众路线教育实践活动。做到"规定动作"不走样、"自选动作"有特色,扎实有序地完成各个环节任务。通过开展教育实践活动,社科联全体人员的宗旨意识和群众

家访等各种渠道和方式，方便家长参与学校管理，不得把“校讯通”类服务作为信息发布、家校联系的唯一途径。

（汤旭东）

【义务教育均衡发展受媒体关注】 7月6日，《新华日报》头版头条刊发题为《让每所学校都精彩 让每个孩子都出彩——提谷齐峰，无锡义务教育高位均衡》的文章，专题报道无锡市义务教育均衡发展的工作成果，对无锡市改造相对薄弱学校、加快学校现代化建设、组织教师轮岗交流、控制择校比例、深化中招制度改革、保障外来务工人员子女入学等实践经验给予充分肯定。7月7日，《无锡日报》全文转载该篇报道。

（汤旭东）

【参加省未成年人文明礼仪风采大赛获佳绩】 8月7日，由省文明办、省教育厅、团省委、省妇联、省少工委、新华报业传媒集团、省广电总台联合举办的江苏省未成年人文明礼仪风采大赛落下帷幕，无锡市蠡园中学获初中组特等奖，江阴市晨光实验小学、无锡旅游商贸高等职业技术学校分获小学组二等奖、高中组三等奖。本次大赛共有各省辖市的42支队伍参加，分小学组、初中组、高中组进行，经过视频展示、情景剧表演（辩论赛）、文明礼仪知识问答等环节，无锡市3个代表队以大方得体、青春活力、睿智沉着的表现，取得优异成绩。

（汤旭东）

【举办第30个教师节庆祝活动】 9月10日，市教育局在无锡教育电视台举办第30个教师节庆祝活动。省委常委、市委书记黄莉新在讲话中强调，教师肩负着培养下一代的重任，全市广大教师要坚定理想、坚守师德，热爱学生、关心学生，刻苦钻研、严谨笃学，开拓创新、勇于探索，不断提高人格修养和师表风范，促进学生全面发展、终身发展，总结和探索教育教学规律，投身教育改革发展实践，为加快教育现代化建设、努力办好人民满意教育做出更大贡献。同时强调，全市各级党委、政府要围绕率先实现教育现代化的目标定位，把教师队伍建设作为基础工作来抓，满腔热情地关心教师，吸引和鼓励优秀人才从事教育工作，为加快建设“四个无锡”提供有力支撑和保障。活动现场，市领导为获得“全国教育系统模范教师”“全国教育系统先进集体”“全国优秀教师”“全国优秀教育工作者”“江苏省第十三批特级教师”称号的教师代表颁发荣誉证书。

（汤旭东）

【获国家级教学成果奖一等奖5个】 9月10日，教育部公布2014年国家级教学成果奖项目，确定国家级教学成果奖特等奖5项、一等奖148项。无锡市5所学校获得5个一等奖，全面覆盖高等教育、职业教育和基础教育3个领域，获奖等级、数量在全省乃至全国名列前茅。5个一等奖的获奖成果分别是：江南大学食品学院“食品学科创新实践链式教育人才培养模式研究与实践”、无锡职业技术学院“高职实训基地关键资源池模式的研究与实践”、无锡机电高职校“职业教育集团化办学的研究与实践”、江苏省锡山高中“江苏锡山高中学校课程体系的整体构建与实践创新”、江苏省天一中学“天一科学院：学生自主学习模式探索”。

（汤旭东）

【《教育周刊》全面改版】 为进一步加强教育新闻宣传工作，发挥《无锡日报》对推进全市教育改革发展的舆论引领作用，从10月15日起，《无锡日报·教育周刊》进行全新改版。改版后，《周刊》由原来的每周2个版面扩增至每周3个版面，新增“溯源”“师者”“学子”“校长说”“家教课堂”“求解”等栏目，加强学校办学历史、特色学校、优秀名师、教师作品、学生社团（活动）等报道，更好传递教育改革发展信息，展示多彩校园生活，营造教育改革发展良好氛围。

（汤旭东）

【召开教育现代化建设监测评估结果分析会】 江苏省公布《2013年度江苏教育现代化建设监测报告》，无锡教育现代化建设综合得分82.9分，名列全省第二。为全面掌握全市教育现代化建设情况，对照指标查找差距，加强薄弱环节建设，加快提高教育现代化建设水平，2014年11月6日，市教育局召开教育现代化建设监测评估结果分析会，邀请省教育评估院院长陆岳新作专题分析辅导，市教育局、市政府教育督导室、各市（县）区教育局和市学校管理中心相关负责人听取辅导报告，进一步掌握全市教育现代化建设存在的差距和不足，为优化工作思路、强化工作举措，不断提高教育现代化建设水平奠定基础。

（汤旭东）

【召开校园应急疏散演练现场推进会】 11月7日，全市校园应急疏散演练现场推进会在天一中学召开。市教育局局长陆卫东，市民防办、市消防支队有关负责人，各市（县）区教育局分管领导和有关中小学（幼儿园）校长代表参加会议。会议强调，学校、幼儿园定期组织开展应急疏散演练，是增强师生安全意识和避险防护技能、提高突发事故应急处置能力、降低灾害事故危害和最大限度减少伤亡的重要举措。各地各单位要严格落实教育部《中小学幼儿园应急疏散演练指南》规定，立足具体实际，务必保障实效，认真制定完善演练方案，合理设定演练计划，经常性开展训练活动，提高演练的程序化、规范化水平，提升学校防范处置重大自然灾害及应对突发事故的能力水平，让每一所学校都成为最安全的场所。会前，与会代表观摩天一中学师生应急疏散和防（灭）火演练。

（汤旭东）

【职业教育创新发展受媒体关注】 根据省教育厅组织的“聚焦江苏教育综合改革——全国网络媒体江苏教育行专题采风活动”安排，12月19日，人民网、新华网、央视网等近40家网络媒体记者组成的采访团走进无锡，围绕无锡市推进职业教育创新发展主题进行集中采访。采访团听取市教育局关于无锡职业教育改革发展情况的介绍，实地走访无锡商业职业技术学院、无锡汽车工程学校和惠山中专校，重点关注无锡市推进职业教育资源整合，完善职业教育管理体系，创新职业教育人才培养模式，打造职业教育办学品牌的做法和经验。

（汤旭东）

【贯彻实施义务教育均衡发展条例】 12月23日，市政府出台《关于贯彻〈无锡市义务教育均衡发展条例〉的实施意见》，促进教育公平，巩固提升义务教育均衡发展成效。意见明确，各地各单位要坚持政府负责、城乡一体、促进公平、提高质量的原则，建立健全义务教育均衡发展长效机制，促进入学机会、办学条件、师资配置更加均衡，学校管理和教育质量水平整体提升，努力办好每一所学校，保障所有适龄儿童、少年接受公平优质的义务教育。意见强调，各地各单位要着力优化义务教育资源布局，提高义务教育学校建设水平，更好保障外来务工人员子女等群体接受教育，均衡配置师资力量提升队伍水平，全面提高教育教学质量，进一步提高投入保障水平，确保到2015年，所有义务教育学校全部达到省定现代化办学标准，"择校"比例降低到10%以内；到2017年，所有市(县)、区全部达到省定义务教育优质均衡发展要求，学生及家长和社会对学校的满意度、学校和社会对政府管理义务教育的满意度进一步提高。

（汤旭东）

【市教育法律顾问团成立】 为贯彻落实中共十八届四中全会精神，增强教育行政部门依法行政、依法治教的能力，提升全市教育科学管理的水平，12月30日，市教育局举行无锡市教育法律顾问团成立仪式，市教育局局长陆卫东为首批受聘的5名法律顾问颁发聘书。教育法律顾问团成员由市内外相关法学专家和执业律师等担任，主要参与重要教育行政决策合法性审查和决策意见的论证，提出相关法律意见；对教育行政部门制定、发布规范性文件提出法律方面的意见和建议；协助教育行政部门对相关合同、协议等重要文书进行法律规范方面的审核；接受教育行政部门委托处理涉及教育行政管理等事项的调解、仲裁、诉讼事务；接受委托对教育行政机关、中小学校以及其他教育机构干部教师进行依法治理及相关法律知识的培训。

（汤旭东）

高等教育

【两所高校入选省首批"非遗"研究基地】 6月，省文化厅公布首批14个江苏省非物质文化遗产研究基地名单，江南大学和无锡商业职业技术学院名列其中。江南大学创设全国唯一以汉族民间服饰为收藏研究对象的"民间服饰传习馆"，主要开展"非遗"习俗类传统服饰文化研究，已收藏全国各汉族地区传统服饰、服饰品及相关制作工具3000余件(套)，形成江南地区传统服饰收藏的特色。无锡商业职业技术学院创设无锡市传统美术非物质文化遗产传承研究中心，与惠山泥人厂、泥人博物馆等相关单位开展合作，由学校专业教师、国家和省级"非遗"项目代表性传承人和工艺美术大师、企业骨干技术人员共同组建教研团队，针对传统美术和传统技艺开展专门的人才培养和研究保护工作。

（汤旭东）

【支持太湖学院创新发展】 2014年，江苏省、无锡市落实加大支持太湖学院创新发展各项举措，支持无锡太湖学院提升办学层次，无锡立信中等专业学校梅园校区划转太湖学院，学院占地面积进一步扩大，新校区建设规划设计全面启动。2014年，太湖学院招收本科生4693人，总计划比上年增长11.14%，招生数量和质量均创历史新高。

（汤旭东）

【无锡商院获省高技能人才摇篮奖】 无锡商业职业技术学院开展教育部现代学徒制理论研究与实践探索专项试点，校企联合在学徒制班的招生招工、课程体系、实训基地、双师队伍建设及班级管理等方面积极探索，有序推进，广受关注。12月19日，人民网、新华网、央视网、光明网等近40家网络媒体江苏教育行专题采风活动走进该校，专题采访学校现代学徒制的实践探索。中国新闻网、凤凰网、中国经济网、江苏教育网、江苏卫视教育频道等媒体就该校现代学徒制实践探索进行报道。学校实施"优势专业建设"推进计划、"卓越师资队伍打造"推进计划、"教学质量提升"推进计划、"产教融合深化"推进计划、"体制机制改革"推进计划和"文化传承创新"推进计划。全面深化内涵建设，提升办学质量和水平，2014年，无锡商院被省政府授予"江苏省高技能人才摇篮奖"。

（汤旭东）

【市教育局与韩国亚洲大学签订合作交流协议】 10月21日，无锡市教育局与韩国亚洲大学教育合作交流协议书在无锡签署，市教育局局长陆卫东、韩国亚洲大学校长安宰焕、中日韩经济发展协会会长权顺基参加签约仪式。根据协议，双方将在为有意赴海外接受高等教育的无锡高中在校生提供赴韩留学平台，提供在国内韩资企业就业机会等方面展开深入合作，努力为两国社会经济发展输送优质人才。韩国亚洲大学建于1973年，学校秉承"以人为本，实事求是，世界一家"办学理念，培养出大批优秀人才，成为韩国最优秀的10所大学之一。

（汤旭东）

【无锡职院参加世界职教院校联盟大会】 10月24~26日，世界职教院校联盟(简称WFCP)2014年世界大会在北京召开，以"职业发展·成就未来"为主题的2014中国国际教育年会同时举行，来自全球55个国家和地区的高等职业院校、应用技术大学、职教机构600余名代表出席会议。无锡职业技术学院校长龚方红代表学校在对话论坛上作题为"构建平台、融通共赢"的主旨发言，向中美院校代表交流学校中美合作交流的情况以及中美合作办学的体会和感想，就推进后期发展中美合作品牌项目对中美双方院校提出合作建议。本次大会系世界职教院校联盟首次将会议放在亚洲举行。

（汤旭东）

江南大学

【深入推进党风廉政建设】 2014年，江南大学党委把落实党风廉政建设主体责任作为重大政治任务，认真总结贯彻落实党委主体责任和纪委监督责任的执行情况，制定"两个责任"实施办法。接受财政部江苏专员办关于学校贯彻落实中央"八项规定"严肃财经纪律和"小金库"专项治理的检查，规范接待费、培训费、会议费、差旅费等管理制度，深入学院开展财经纪律巡讲，强化整改落实。制定《江南大学关于深化惩治和预防腐败体系建设的实施办法》《关于开展落实中央"八项规定"

精神情况专项巡查的实施意见》等制度，加强工程审计、经济责任与财务审计，探索建立动态监管系统和廉政风险预警机制。开展"校园廉政文化月"活动，依托江苏党风廉政建设创新研究基地，承办"国家治理与廉政建设"国际学术研讨会，基地专家的研究成果被中纪委、中央党校、省纪委的决策内参刊载。

（钱　锋）

【顺利开展各项工作】 2014年，江南大学深化党组织创建工作，2个基层党组织获评江苏省高校先进基层党组织。全面完成25个二级党组织和521个基层党支部换届工作。完成新一轮党委特邀党建组织员和兼职党建组织员聘任工作。5个学院中层正职轮岗交流，完成136名中层副职和240名科级干部换届聘任工作。修订实施领导班子和干部队伍年度考核办法。召开第30个教师节庆祝表彰大会暨立德树人研讨会，设立师德建设委员会；组织开展形势与政策公开观摩课，首次获得全国高校中青年思想政治理论课教师择优资助计划。开展"中国梦"、核心价值观等主题教育活动，获"社会实践全国先进单位"称号；在教育部直属高校《就业质量年度报告》中综合排名并列第24位，获"国家大学生创新创业训练计划实施工作先进单位"称号。推进落实《江南大学教职工代表大会工作条例》，制定执行委员会议事规则、二级教职工代表大会实施办法等，完成25个二级"两代会"换届工作。改造离退休人员活动中心，学校关工委获"江苏省'五有五好'基层关工委先进集体"称号。

（钱　锋）

【做好思想政治教育工作】 2014年，江南大学制定《进一步加强政治理论学习教育工作的意见》。上半年，邀请全国人大代表金征宇教授作"两会"精神专题报告，邀请教育部高教司司长张大良作专题报告。下半年，开展首个国家宪法日法治宣传教育，学习贯彻《关于坚持和完善普通高等学校党委领导下的校长负责制的实施意见》，开展基层党组织专题组织生活和政治学习，召开学生干部学习贯彻习近平总书记系列重要讲话精神座谈会。召开全校党的群众路线教育实践活动总结大会，并谋划下一步措施。召开11场征求意见座谈会，通过谈心谈话、撰写对照检查材料等，开好校院两级领导班子专题民主生活会。截至年底，"校领导班子整改方案"20项任务已完成18项，6项"专项整治方案"任务全部完成，"制度建设计划"41项内容已完成40项。启动新一轮任期目标责任制工作。召开三届五次党委全委会议。制定《江南大学章程》，报教育部核准；修订《江南大学学术委员会章程》，改选学术委员会。围绕高等教育综合改革，传达第24次教育部直属高校工作咨询会精神，多次组织研讨学校综合改革方案。

（钱　锋）

【提升人才培养质量】 2014年，江南大学深化本科教育教学改革。召开三届四次党委全委（扩大）会议、本科教学工作会议，专题研讨本科教学改革，启动本科教学审核评估迎评工作；深化课程改革，开设新生研讨课、卓越课程，试点慕课建设；加强实践教学，建设国家级工程实践教育中心和实验教学示范中心2个，新增教育部"卓越农林人才教育培养计划"1个，立项国家级大学生创新训练项目83项，创业教育经验在全国高校创业教育指导委员会年会上作典型发言；人才培养模式取得新进展，至善学院立体化拔尖创新人才培养模式不断推进，高水平运动队建设和体育精神培育成效明显；首次获得国家教学成果一等奖1项，获国家精品视频公开课程2门，国家"十二五"规划教材12部，教育部优秀多媒体课件奖37项；获2014年"创青春"大学生创业大赛全国铜奖3项，并捧得江苏省"优胜杯"。提高研究生培养质量。实行博士招生"专家组审核制"，生源质量不断提高；开办研究生导师学校，优化学位点布局，修订《江南大学研究生奖助学金管理办法》，制订"研究生海外研修计划"，举办全国胶体与界面化学博士学术论坛，连续四年国务院博士学位论文抽检合格率达100%；获省优秀研究生课程2门，4名毕业生分别成为第二届全国"做出突出贡献的工程硕士学位获得者"和首届全国"工程硕士实习实践优秀成果获得者"。

（钱　锋）

【促进学科整体发展】 2014年，江南大学加强对学科建设的分析研判，组织召开院长联席（扩大）会议，形成学科发展的新方向。修订《江南大学学科建设管理办法》，确定分类建设措施，规范学科建设经费管理和使用细则。推进江苏高校优势学科建设工程项目工作，3个一期项目均通过考核验收，轻工技术与工程、食品科学与工程和控制科学与工程3个学科获批二期项目立项，生态纺织技术与工程被遴选为省重点序列学科。加强学科梯队建设，确立1个校级重点学科和6个一级博士点培育学科。

（钱　锋）

【优化师资队伍结构】 2014年，江南大学制定《江南大学领军人才引进工作实施办法（试行）》，新增国家级人才4人，部省级人才54人次、创新团队3个。加强教师队伍建设，首次获得"全国教育系统先进集体"称号和教育部"创新团队发展计划"滚动支持，新增江苏特聘教授1名。通过举办青年学术论坛、青年教师教学会讲等，建立起从"至善青年学者"到"至善特聘教授"的人才支持与培养体系，首次实现青年教师跨学科申报省"双创团队"。加大教师海外研修支持力度，研修比例比上年提高6.9个百分点。新增环境科学与工程博士后流动站，获省级以上博士后基金资助36项。

（钱　锋）

【提高科技创新能力】 2014年，江南大学加快科研平台建设，成立新农村发展研究院、江苏省产业技术研究院食品生物技术研究所等，新增省重点实验室1个、省工程研究中心2个；推进协同创新战略联盟建设，成立光响应功能分子材料国家级国际联合研究中心、新型城镇化与社会治理协同创新中心，新增无锡市公共服务平台1个；成立产业技术研究院，举办郑州、遂宁等地"校企产学研合作对接会"，江苏省产学研联创项目的立项数和资助经费连续三年居全省第一；通过国军标质量管理体系初次认证现场审核；改革科研评价体系，实施论文分区差别化考核，SCIE论文发表数首次超过1000篇，共获各级各类科研奖励108项。其中，国家科学技术奖

3项、国家专利奖3项,到位科研总经费4.26亿元。首次获得国家社会科学基金重大立项,实现人文社科领域最高层次科研项目的新突破;联合中国社会科学出版社、北京大学出版社在北京召开"中国食品安全发展报告暨食品安全网络舆情发展报告"新闻发布会,《农村食品安全消费的对策建议》被教育部社科司评为优秀建议,学校专家在APEC会议领导人服装设计工作中做出重要贡献。

(钱 锋)

【拓展国际交流平台】 2014年,江南大学新建校级国际合作实验室6个,逐步形成"校级—国家级"联动、"111引智基地"与国际合作实验室互补的多层次引智平台。实施"中短期外籍教师聘请专项",新增高端外国专家项目3项,入选首批江苏省"外专百人计划"2项,1名外国专家获中国政府"友谊奖"。加快全英文课程建设,基本建成立体化外教体系。新增海外合作单位16家,获批中德合作科研(PPP)项目1项,举办中日交流日语演讲比赛。完善因公临时出国(境)团组的流程管理制度,成立学生国际交流中心,本科生海外学习率达20.99%,北美学院获"最具综合实力中外合作院校"称号。精心筹办孔子学院成立10周年活动,建立起多学科交叉、师生共同参与的学术研究团队。

(钱 锋)

【提高服务保障质量】 2014年,江南大学做好新一轮岗位聘用工作,改革教职工年度考核机制,教职工待遇连续五年攀升。优化支出结构,强化预算管理,控制财务风险。调整长广溪宾馆、留学服务中心等运营模式,建立国有资产信息化管理平台。加强基建投资和管理,改善图书馆、教学楼、食堂等环境,强化"E江南"、校园智能卡的开发使用,获评首批全国"节约型公共机构示范单位"称号。推进"天下江南人"品牌建设,授予唐英年名誉博士学位,成立校友企业家理事会,全年募集社会捐赠资金数比上年增长35%。推行科研实验室安全导师负责制,完善"大型仪器设备共享平台"和设备资产管理系统。推进图书文献和档案资料信息化建设,完成学术杂志运行管理模式改革。通过教育部继续教育示范基地建设项目验收,继续教育网络学院获腾讯网"中国最具知名度网络教育学院"称号。大学科技园新B区建成并投入使用,典型企业培育成效显现。

(钱 锋)

【推进文化传承创新】 2014年,江南大学印发《关于培育和践行社会主义核心价值观的实施意见》,开展劳模精神进校园、"人民满意的好老师"等典型宣传活动,营造精神文明建设的良好氛围。加强新闻传播影响力,改版《江南大学报》,加强对外宣传,在国家、省级、市级媒体报道900余篇。成立新媒体工作室,改版学校主页和新闻网,开通学校官方微博、微信。出版《良师轶闻》《意造神领》等文化系列丛书,制作校园微电影宣传片、校园画册(新版),生动展示学校发展成就和文化底蕴。推进文化展馆建设和生态景观塑造,民间服饰传习馆入选江苏省首批非物质文化遗产研究基地。策划央视著名谈话节目《对话》栏目组走进江南大学、无锡国际马拉松赛事途经江南大学等活动,提升"江南"系列文化品牌活动内涵。

(钱 锋)

基础教育

【加强学生在校用餐服务管理】 3月31日,市教育局出台《关于切实加强中小学生在校用餐服务管理工作的通知》,着力解决群众普遍关心的学生在校用餐问题。通知强调,要从推进教育现代化、提高教育服务群众满意度的高度出发,把改进学生在校用餐服务管理,确保广大学生、家长满意作为一项重要任务,努力做到中小学生在校用餐安全卫生、营养可口、价格合理、服务优质。要坚持以保证服务质量和学生、家长满意为第一原则,因地制宜选择学生在校用餐服务供给方式,鼓励有条件的学校尽可能自办食堂,义务教育学校食堂原则上由学校自办自管。要提高中小学生在校用餐服务质量,将学生在校用餐食品安全摆在首要位置,建立用餐服务质量评议监督机制,加强学生在校用餐营养指导。要严格规范中小学生在校用餐财务管理,建立奖惩机制,对侵害学生利益、侵占食堂资金、物资,收受承包商、服务商各种形式"回扣""好处",以及发生重大食品安全事故的学校,依法依纪严肃追究相关人员责任。

(汤旭东)

【全省基础教育改革发展座谈会在无锡召开】 4月11日,省教育体制改革领导小组在无锡召开全省基础教育改革发展座谈会,研讨推进基础教育现代化建设。省教育体制改革领导小组成员,各市分管副市长、教育局局长,部分县(市、区)相关负责人参加座谈,为基础教育改革发展建言献策。副省长曹卫星在讲话中指出,基础教育是市、县教育工作的重点,群众对教育满意不满意关键看基础教育。各地各有关部门要以省定教育现代化建设指标体系为引领,围绕促进公平和提高质量两大任务,深化改革,加快发展,不断提升基础教育现代化建设水平。重点要关注学校建设布局、保障教育公平、实施素质教育、教师队伍建设、考试招生评价、财政教育投入等关键环节和薄弱领域,强化问题导向,探求破解路径,努力办好人民满意的基础教育。

(汤旭东)

【合理安排中小学校作息时间】 4月24日,市教育局发布《关于合理安排中小学校作息时间的通知》。《通知》明确,小学、初中和高中学生每天在校集中学习时间分别不得超过6小时、7小时和8小时。《通知》强调,任何学校、教师均不得要求或变相要求学生提早到校;上午上课时间,小学一般应在8时15分以后,初中一般应在7时45分以后,高中一般应在7时30分以后,冬季上课时间可适当推迟;在规定上课时间前,学校、教师不得安排统一组织的教育教学活动;少数学生因特殊情况,确需提前到校或延迟离校的,学校应统一安排人员做好值班工作,加强管理和服务,确保学生在校安全。《通知》要求,各中小学校应综合考虑教育教学工作需要、学生家庭居住地分布、道路交通压力等情况,对学生到校上课时间科学合理作出安排,同时可根据季节变化国际先进凹版印刷线技改项目。重大项目引进取得新进展。数字电影产业园开展澳大利亚、新西兰和北京等地的招商，并参加上海国际电影节，推进电影频道(M1905)、乐视网以及安石英纳等项目的落户工作，引进星纪元影视文化发展有限公司、星辰国际文化传媒、高睿德(无锡)文化发展有限公司。新区创新创意产业园引进多盟、无锡艾德无线广告有限公司、中国日报网无锡有限公司、上海珍岛互联网广告等重大项目。新区太科园通过5月的北京招商活动，吸引中广传媒影视文化、中城智慧卡、中国电子CEC工业环境产业基地等5大央企项目成功落户。展会提升文化影响力。组织文化企业参加第10届"中国国际动漫节"、第3届中国·苏州文化创意设计产业交易博览会、第10届中国（深圳）国际文化产业博览交易会、第11届常州动漫艺术周等多个展会。10月，组织企业参与锡港投资合作洽谈会和加拿大杜兰地区政府贸易发展局的合作洽谈会。12月，组织海邻文化、宜兴紫砂艺术研究院、惠山古镇开发公司的产品参与海峡两岸文化创意与传统艺术展。11月，主办第4届中国(无锡)国际文化艺术产业博览交易会，在内容和层次上提档升级，由文化部文化产业司作为支持单位，内容上体现传统与创新的融合，场馆面积近4万平方米，参展商涉及近10个国家和地区。

(陆建明)

【文化市场有序发展】 培育文化市场主体，引导社会资本投资演艺业，促进演艺、娱乐业繁荣发展。新设立演出经纪机构、团体和场所8家，组织全市演出单位参加区域性大型洽谈会，推介引进演出项目，全年全市各地演出场次达5100余场，其中涉外演出95批计870余场次。引导社会资本开办大众娱乐场所，各地新设立歌舞娱乐场所37家，投资总额1.8亿元，营业面积2.9万余平方米。促进网吧业转型发展，引导网吧业主创新多元化经营方式，提升服务档次，有近60余家网吧进行改造升级，环境设施宽敞明亮，增加咖啡、茶饮等服务功能。规范文化市场经营秩序，全面加强文化市场日常监管。组织各地开展元旦、春节期间专项检查行动、净化社会文化环境专项活动和网吧、歌舞娱乐等一系列专项检查活动，开展"安全生产月"活动，依法查处违法违规经营行为，进一步规范文化市场经营秩序，确保全市文化市场平稳有序健康发展。全市各级共出动文化市场管理执法人员19341人次，检查文化市场经营单位7767家次，查处案件45起（其中网吧接纳未成年人案件23起，涉及27人），收缴非法音像制品和书报刊5.3万余张(册)；排查移送黑吧线索25条，配合相关部门取缔黑网吧25家；取缔无证照娱乐场所8家，取缔无证出版物摊点95个；排查整改文化经营场所安全隐患117项。会同信电局、公安局等有关单位开展"无缝隙"监测，加强空中信号监测力度，发现并取缔非法调频电台3起。市文化行政综合执法支队牵头查办的侵权盗版网络案件被评为"全国网络案件办案有功专案组"。提升文化市场管理水平。推动信息化管理，组织实施全国文化市场技术监管与服务平台无锡推广应用工作，确保10月10日第一批上线。强化技术监管措施，发挥文化市场网络监控平台作用，抓好网吧"净网先锋"在线率的提升，保障网吧实名登记上网与经营管理技术措施的有效实施。推进诚信经营建设，组织各地举办网吧、歌舞娱乐等场所经营业主法规培训会议41次，培训从业人员2300余人次。经过公示，对评选出的47家"文明上网服务场所和娱乐场所"进行表彰并授牌，发挥示范引领作用。

(陆建明)

【国家公共文化服务体系示范区创建工作】 2014年，无锡市对照国家公共文化服务体系示范区创建各项要求，探索具有无锡特色的公共文化服务体系建设模式，示范区创建工作取得阶段性成果。10月22~23日，文化部、财政部联合对无锡市创建工作进行中期督察，经督查组评估，无锡市国家公共文化服务体系示范区创建规划的落实率超过90%，完成率达到28%，25项中期督察指标中有20项达到优秀。

(陆建明)

【启动公共文化服务标准化建设试点工作】 按照文化部统一部署，无锡市从2014年7月开始开展公共文化服务标准化建设试点工作，周期为1年半。试点工作以市、市(县、区)两级公共图书馆、文化馆、博物馆、美术馆和乡镇(街道)综合文化站为重点，通过制定实施保障标准、技术标准和评价标准，进一步深化文化管理体制改革，创新公共文化管理和服务模式，全面提升服务效能，基本形成科学、规范、适用、易行的公共文化服务地方标准体系，实现公共文化服务的透明化、规范化、均等化。

(陆建明)

【完成第一次全国乡镇综合文化站评估定级】 全市现有80个乡镇、街道设有文化站，其中镇30个、街道50个，80个文化站全部参加第一次全国乡镇综合文化站评估定级。经省文化厅审核检查，报文化部备案批准，2014年，无锡市共有64家镇（街道）文化站被评为等级文化站，占全市文化站总数的80%。其中，一级文化站18家，二级文化站20家，三级文化站26家。

(陆建明)

【上海国际艺术节无锡分会场活动】 10月31日，第16届中国上海国际艺术节无锡分会场活动开幕，活动为期10天。无锡分会场活动荟萃国内外精品艺术演出、广场文艺演出、群众文化展示、艺术展览、艺术品博览交易等活动形式，西班牙国家芭蕾舞团、德国科隆古乐团、上海越剧团、戴玉强等国内外著名团体、艺术家为无锡市民献上精彩的演出。整个分会场活动包含舞台演出37场、广场演出21场、展览(博览)和民营文化场馆展示活动18场。为让更多市民走进剧场感受艺术之美，本次分会场中的部分舞台演出，政府以补贴购买的形式，提供较大数量的低价票。分会场期间还组织艺术家与百姓近距离交流、优秀剧(节)目下基层演出等活动，为百姓提供丰富的文化产品。市演艺集团歌舞剧院创作排练的大型原创民族舞剧《丹顶鹤》参加上海主会场的演出。

(陆建明)

【农家书屋建设全省领先】 4月2日，江苏省新闻出版局表彰50家五星级示范农家书屋和100名优秀农家书屋管理员。无锡新区江溪街道太湖花园第二社区农家书屋、惠山区钱桥街道晴山蓝城社区农家书屋、惠山区洛社镇杨市社区农家书屋、江阴市新桥镇绿园社区农家书屋、宜兴市丁蜀镇龙溪社区农家书屋、锡山区东亭街道春星社区农家书屋6家农家书屋被评为省五星级示范农家书屋，龚玮斐等9人被评为优秀农家书屋管理员，无锡成为全省获奖最多的地区之一。至年底，全市达到省星级农家书屋标准的有100家，四通农家书屋、自然村农家书屋均超过百家。

（陆建明）

【无锡全民阅读工作成效显著】 2014年，江苏省全民阅读办公室在第10届江苏读书节上表彰省全民阅读“五十佳”。无锡市季丰、孔维新被评为省“十佳”全民阅读推广使者，江阴市香山书屋阅读推广义工队被评为省“十佳”全民阅读推广团队，东林书院被评为省“十佳”全民阅读推广基地，无锡太湖读书月、江阴读书节被评为省“十佳”市、市（县）全民阅读推广活动，李中林等4个家庭被国家新闻出版广电总局评为首届全国书香之家，无锡市文广新局被评为书香江苏环省行先进集体。

（陆建明）

【无锡文化艺术学校成绩斐然】 4月30日，无锡文化艺术学校在运河公园音乐厅举办专场音乐会，6名无锡艺校毕业的青年歌手为观众作精彩演出。6位歌手现分别在南京艺术学院、上海戏剧学院、上海音乐学院等院校就读，曾获第6届华东地区长三角青年歌手大奖赛、浙江省合唱比赛等赛事奖项。本次音乐会反映该校音乐表演专业的教学成果。

6月底，在2014全国职业院校技能大赛（艺术类）比赛中，无锡文化艺术学校2009级舞蹈班学生靳子谦获中国舞（中职组）金奖，刘菲获得铜奖。此外，在本次大赛的中国优秀文化传统艺术表演赛中，由无锡文化艺术学校选送，2009级学生李梦恒、郑伟演出的锡剧《昭君出塞》选段参加戏曲单元比赛，摘得作品一等奖、演员优秀表演奖，并获教育部、文化部颁发的最佳传承奖。

8月22日，由文化部主办的“文华艺术院校奖”第2届全国青少年戏曲比赛在沈阳落幕，无锡文化艺校锡剧表演专业学生李梦恒、郑伟获最高奖——特别奖。

（市文管中心）

【市文联召开九届八次全委（扩大）会议】 2月28日，市文联召开九届八次全委（扩大）会议，市文联主席团成员、市文联各团体会员中的市文联委员及市文艺类社会组织负责人约110人参加会议。市文联党组书记、主席刘基平作工作报告，市文联党组成员、副主席董晓传达全市宣传部长会议和省文联八届五次全委（扩大）会议主要精神，省作协副主席、市作协主席陆永基传达省作协七届五次理事会主要精神。会上，市书法家协会、无锡太湖画派研究会、宜兴市文联分别作交流发言。

（孙必勇）

【吴文化节展示城市文化特质】 4月10日，由江苏省文联和无锡市人民政府主办的“2014中国（无锡）吴文化节暨中央数字电视书画频道走进无锡吴文化群艺专场”在鸿山吴文化广场举行。来自20多个国家和地区的海内外宗亲2000多人参加开幕式，并到吴地“寻根”、祭祀泰伯、追忆先贤，传承弘扬“崇德、重文、务实、创新”的吴文化精神。本届吴文化节通过一系列以吴文化为主题的群众性文化活动，营造浓厚的社会文化氛围。“激情周末”走进新区现场活动、“白玉兰”群众文化幸福工程之“吴地芬芳”文艺演出活动、新区非物质文化遗产展示活动、吴文化书画展示活动、“书香吴韵”读书活动等好戏连台。吴文化节期间，首次举办“网络吴文化博览月”活动，中国书画名家走进社区，与社区书画爱好者进行交流互动，并作现场指导。开幕式当天，段成桂、张江舟、王界山等著名书画名家现场挥毫，来自北京的书画名家为无锡新区的书画爱好者点评作品，展示书画名家现场集体创作的风韵画卷，给无锡人民带来文化盛宴。

（孙必勇）

文学

【市作家协会召开第七次会员代表大会】 6月13日，无锡市作家协会第七次会员代表大会在运河饭店举行，会员代表160余人出席会议。会上，曹建平当选为市作协第七届理事会主席，徐风当选为常务副主席，李鸿声、钱雨晨、庄若江、王方、苏迅当选为副主席。

（孙必勇）

影剧

【无锡国家数字电影产业园入选国家文化和科技融合示范基地】 1月，科技部、中央宣传部、文化部、国家新闻出版广电总局等4部门公布第二批国家级文化和科技融合示范基地名单，以无锡国家数字电影产业园（华莱坞）为主体申报的无锡国家级文化和科技融合示范基地入选。这是至今获批的国家级文化和科技融合示范基地中，唯一一个以园区为申报主体的示范基地。

（陆建明）

【首批20家策群社区微影院成立】 11月25日，首批签约的20家策群社区微影院授牌仪式在滨湖区湖景社区微影院举行。策群社区微影院是由文化企业牵头实施，在无锡市引导文化消费专项资金项目的支持下，开展的一项文化惠民项目。该项目一改以往社区露天电影放映弊端，从室外放映改为室内放映，从流动放映改为定点放映，从不定期放映改为每周放映，从群众被动观影改为菜单式的按需放映，提高群众的观影感受和参与意愿。

（陆建明）

【推出一批原创影视作品】 5月，江苏法宣影视文化有限公司出品的《镇海保卫战》，无锡华西文化产业有限公司的《缘来是游戏》在全国连锁院线公映。慈文传媒集团的《亲爱的》在中央电视台电视剧频道播出，《刀客家族的女人》在全国各大卫视播出，取得很好的收视率。

（陆建明）

【无锡锡剧院赴泉州交流演出】 2月，市演艺集团无锡锡剧院应邀到福建泉州参加“东亚文化之都”系列艺术展演活动，这是无锡锡剧院乃至锡剧界首次访问闽东南地区。2月6日晚，无锡锡剧院在泉州市梨园戏剧院为观众表演锡剧经典剧目《珍珠塔》。此次泉州之行，小王彬彬、潘

无锡商报

【概况】 2014年，面对严峻市场环境的考验，无锡商报社自主经营、收支平衡的意识空前加强，以效益为第一目标，以全成本核算倒逼创收，拓展自身发展新路。在较好完成党的群众路线教育实践活动各项任务要求的前提下，坚持采编与经营两手抓、两融合，在采编、广告、发行、团队建设等方面取得成绩。

（无锡商报社）

【新闻策划创新创优】 2014年，《无锡商报》围绕"商经特色浓郁、民生情怀浓厚、生活情趣浓烈"目标，遵循"商经特色、重磅集约"采编方针，加大新闻报道策划力度，以"走转改"活动为抓手，创新报道手段，强化精品意识，提高办报质量。完成全国和地方"两会"、文明城市创建、APEC年会、中央经济工作会议等重大主题宣传报道，推出"无锡启动加速度，商报30年记录无锡地铁时代的30个变化"等专题性系列报道。推出30周年报庆系列特刊，营造商报品牌影响力。

（无锡商报社）

【活动互动提升活力】 2014年，由《无锡商报》承办的"苏南媒体崇安商圈采风"活动效果显著，省内部分主流媒体总编、记者参加活动并陆续报道，受到崇安区委、区政府以至市领导肯定。世界杯期间，《无锡商报》汽车版与东风悦达起亚举行"聚享世界杯"万人团购会活动。"美食无锡"结合相关网络新媒体，相继推出龙虾王评选、月饼评选等活动，吸引大量读者参与。商报还参加房地产交易会并进行形象展示，提升市场活力。

（无锡商报社）

【推进媒体机制改革】 2014年，无锡商报社初步建成传媒公司并开始运作，逐步实现广告、发行、综合经营等业务的一体化运作，对项目团队制、事业部制进行改革，取得一定效果。开展用人机制改革，坚持优胜劣汰的用人原则。加强编辑、记者以及广告中心职业经理人之间的沟通联系，留住人才、用好人才，针对新人开展系统培训。改进考核分配机制，完善细化考核办法，针对不同岗位、不同群体，加强分类考核、专项考核，激发团队活力，提升商报核心竞争力。

（无锡商报社）

华东旅游报

【概况】 2014年，《华东旅游报》注重媒体融合发展，跨界合作，提高办报质量。1月2日，《华东旅游报》全新改版，报社官微二维码纳入报头设计，征集全新的宣传口号"带着你出发"。探索无锡"地铁时代"媒体宣传新途径，推出《I生活圈》专刊，为地铁报的创办探路。

践行"走转改"，新闻作品获奖数好于往年。春节黄金周组织记者亲历春运艰辛，体验"中国式假期"。推出"微游无锡"专栏，组织记者踩线设计旅行线路，开启无锡"微旅游"时代。参加"走基层、听民声、求良策"实践活动，刊登10多篇来自一线的报道。报社作品参加中国地市报、省和市报纸优秀作品评选，近20件作品获奖。

策划组织各类活动，扩大报纸品牌影响。与江苏康辉旅行社合作举行华东旅游风情展，与无锡市旅游局、市消费者协会、市旅游业协会联合发起"放心消费、舒心旅游、文明出行"3·15旅游主题活动。与市旅游业协会合办无锡太湖旅游嘉年华长三角旅游休闲博览会，在蠡湖中央公园外广场推出"扫微信、送门票"活动，获得读者好评。获第七届上海枫泾灯谜艺术节暨江、浙、沪旅游媒体灯谜争霸赛桂冠。

行业合作交流形式多样，范围扩大。配合省旅游局对主要乡村旅游点进行实地调研，完成《江苏乡村旅游经典案例之苏州市吴中区旺山村——"穷山坞"的美丽蝶变》。联合市旅游局、市旅游业协会进行旅行社、酒店、乡村旅游等专题调研，走访企业数超100家，完成《2014年无锡市旅行社行业调研报告》等。作为专业报代表随江苏省旅游局、无锡市旅游业协会对市场进行深度考察踩线，多篇深度专业的报道成为旅行社研发新产品的参考。

（华东旅游报社）

江南保健报

【概况】 2014年，《江南保健报》秉承做读者"身边的健康顾问"办报宗旨，努力把报纸办成健康类专业报。夯实基础，降本增效，提高报纸的质量和可读性。规范广告内容，调整广告结构，拓宽发行渠道，全面完成报业集团下达的年度目标任务。

报纸进行改版和扩版。坚持新闻与科普相结合，坚持传承和创新并举，坚持传播和互动同步，提升报纸的新闻性和服务性。参加"走、转、改"活动，从专业报的角度解读民生民情。2014年，自采版面数量扩至总版面数的三分之一，解决缺乏原创新闻的问题。缩小半个字号，解决字号偏大信息偏少的问题。推出《寿康无锡》《天时节气》《寻医问药》《海外健闻》《社区医疗》5个新版面，有效解决地域特色不明显、文章接地气不充足、贴近读者不充分等问题。寻求新媒体融合之路，开通《江南保健报》微信公众号。新增《微博健闻》版，设置"名医微博""微语录""微博孕事""网上家长会"等与网络互动、与读者互动的栏目。

开展多元化经营和活动。广告经营实施局部市场化运作，强化成本倒算版面设置制度和区域总代理制度。利用与省疾控中心合作办版的契机，开拓发行新渠道，在发行上覆盖"大江南"周边地区。活动注重策划和效果。成立中医治慢病沙龙，主办6场大型惠民公益活动和9期慢病防治媒体科普宣传活动。在"锡城无痒，大缸施药"和"中医外治，麻辣敷贴"大型惠民公益活动中，共为2000多名读者送出止痒药水和麻辣敷贴，受到广大读者一致好评。

（江南保健报社）

《秀江南》杂志

【概况】 2014年，《秀江南》杂志社策划的活动精彩纷呈。4月21日，"聆听巴赫"公益古典音乐会在无锡基督教堂举行，教友、音乐界人士以及社会各界精英等共计600人参加活动。5月17日，由华润·凯旋门、万象·润街、《秀江南》杂志社、无锡石文化研究会和薛福成故居管理中心共同主办，木石山房藏石馆协办的"无锡十大精品藏石展评"颁奖活动暨品石会举行，展评的藏石类型超过30个品种，市场价值超亿元。10月18~19日，由无锡邮政公司、市集邮协会主办，《集邮》报社、何振梁与奥林匹克陈列馆和《秀江南》杂志社联合协办，签名封片联谊会承办的全国首届签名封片邀请展在无锡举行，全国20个省、市、自治区共500多名签名封片爱好者参展。12月29日，《秀江南》杂志社在百草园书店举办"秀江南"杯微情书大赛颁奖会暨读者见面会，获奖作品刊登于《秀江南》，并在杂志官方微信中逐一推出。

(秀江南)

《今商圈》杂志

【概况】 2014年，作为江苏重点财经期刊的《今商圈》杂志又有新发展。注重探索期刊创新模式，得到业界的肯定与表彰，获国家级权威机构评定的年度中国报刊广告投放价值排行榜"开拓创新十强(第5位)"称号，这是无锡地区公开出版的期刊中获得的第一个"国字号"奖项，也是苏南地区期刊(社)获得的唯一奖项。

深度"链接"互联网，搭建立体化、多层次传播平台。"今商圈"官方微信平台正式上线，与"今商圈"官方微博、"今商圈"手机APP阅读客户端，形成杂志新媒体传播平台三角矩阵，覆盖受众近100万人。同时与无锡地区专业财经网站战略合作，覆盖15万户有经济基础、有投资消费意愿的目标用户。

举办各类财经品质活动，提升中高端用户黏度。《今商圈》杂志举办的中华酒文化投资千人行、新上海财富机会VIP沙龙、太湖财富私董会等20余场大小活动，受到目标用户追捧，进一步提升了媒体的品牌影响力和市场覆盖率。

(今商圈)

广播·电视

【概况】 2014年，无锡广播电视台坚持"宣传舆论主阵地、文化产业主力军、信息传播主平台"定位，推进媒体融合发展和转型创新，新闻宣传、产业经营、深化改革等各方面取得新成效，继续保持在全国城市台的率先引领地位。11月6日，无锡广播电视台台长严克勤当选中国电视艺术家协会城市电视台工作委员会会长。

舆论引导有力有效。策划推出50多个主题报道和新闻行动，组织重大新闻的全媒体直播15场。开办电视早间新闻《早安无锡》和午间新闻《新闻午间道》，与晚间新闻节目相呼应，形成全天候、全覆盖、全媒体的完整新闻流；与无锡地铁开通运行相配套，开播地铁电视移动频道；"智慧无锡"客户端用户数突破150万；推出无锡首个电视高清频道，电视新闻综合频道实现高标清同步播出。获评全国"最具特色市级电台"和"最具创新影响力城市台(电视)"，《国家新闻出版广电总局简报》和《江苏宣传工作动态》专文推介无锡广电推动媒体融合的经验举措。

文化产业多元拓展。实现以都市资讯频道2亿元和交通频率1亿元为引领的广告创收新提升；广电汽车博览会、家装博览会、结婚产业博览会、住文化节等文化会展影响持续扩大；无锡数字动漫创业服务中心38层大楼结构封顶；"智慧无锡"文化创意园区建设强力推进。

改革创新持续深入。探索实施内部制播分离改革，以新机制推出《悦谈》《无锡好声音》等本土原创节目。组建广电产业投资有限公司，推动无锡广电发展有限公司机制创新，打造更具竞争力的合格市场主体。

(章 蔚)

【无锡广电媒体融合改革成效显著】 2014年，无锡广播电视台以推进新闻资源有机整合为龙头，发挥传统媒体与新媒体间的互补互动作用，探索传统媒体与新媒体融合发展路径，构建新型生产流程、管理架构、制度体系，提升媒体资源配置的科学程度、新闻信息采集发布的传播能力和内容生产运作的效率效益，有效增强舆论引导力和媒体影响力。国家新闻出版广电总局、江苏省委宣传部等对无锡广电融媒体发展的探索发展进行专题介绍。在全省媒体融合发展座谈会上，无锡广电作为唯一城市广电媒体作交流发言。

(章 蔚)

【《视听新境界》出版】 2014年，无锡广电调研文集《视听新境界》由凤凰出版社出版。无锡广电组织开展全台层面的调研交流互学活动，集团(台)领导、各单位(部门)主要负责人针对新形势下广电节目宣传、产业发展、媒体建设、内部管理等课题展开深入调研，取得一批调研成果，31篇调研报告整理后汇编出版。该文集真实记录无锡广电作为全国城市广电领军者坚持改革创新的实践经验以及对未来发展的规划和思考。

(章 蔚)

【举行"地铁来了"全媒体大型直播行动】 7月1日，无锡广电组织实施"地铁来了"全媒体大型新闻行动，从早7:00至晚19:00，通过持续12小时全媒体、全天候、全覆盖的新闻直播，以无锡地铁1号线开通为切入点，宣传展示"四个无锡"建设新成就。此次新闻行动综合运用广播、电视、网站、手机客户端、移动电视公交频道、地铁频道以及媒体微博(微信)等媒体资源，全面展示无锡广电推进媒体融合发展的成果，进一步提升主流媒体服务大局、服务市民群众的能力。

(章 蔚)

【无锡广电引领全国城市广电发展】 2014全国广播业综合实力大型调研活动和"TV地标"中国电视媒体实力大型调研活动相继发布调研评比结果，无锡广播电视台(广播)蝉联全国市级广播电台第一方阵，交通频率蝉联"全国最具综合实力市级广播频率"称号，无锡广播电视台获得2014中国电视"最具创新影响力城市台"称号。这两项活动由国家新闻出版广电总局主管的业界权威杂志《中国广播影视》举办。

(章 蔚)

【打造本土节目品牌】 2014年上半年，无锡广电推出本土首档融媒体音乐人文访谈栏目《悦谈》，邀请无锡籍或与无锡有缘的音乐文化艺术界人士作为嘉宾，采用"即时访谈+音乐+纪实录影"的形式，通过电视、广播、网络客户端，平面、多屏、多平台分发，与受众分享与音乐有关的感人故事，展现无锡深厚的人文底蕴。为发现本土群众演艺人才，无锡广电策划创编本土大众才艺季播节目《无锡好声音》。由无锡广电与中央电视台合作出品的原创大型电视纪录片《太湖画脉》在CCTV10央视科教频道《探索·发现》栏目播出。无锡广电投资、出品的电影《不肯去观音》在浙江普陀山常年驻场放映。

（章　蔚）

【“智慧无锡”用户总量突破150万】 “智慧无锡”是无锡广电依托媒体资源优势，整合集聚全市交通、市政、金融、教育、文化等各类相关资源，重点打造的融新闻资讯、社交娱乐、生活服务为一体的无锡应用客户端。2013年底，“无线无锡”升级更名为“智慧无锡”城市民生云平台，并被列为市委、市政府为民办实事项目。至2014年年底，“智慧无锡”陆续推出24个功能模块，成为无锡智慧城市服务群众、服务民生的创新之举，用户数突破150万。

（章　蔚）

【“梁溪之声”频率全新开播】 9月1日，经国家新闻出版广电总局核准，在原FM92.6“江南之声”频率基础上重新打造的全新广播频率“梁溪之声”全新开播。“梁溪之声”广播以“更无锡、更贴近、更用心”为宗旨，以有车一族、居家人群为主力目标受众，提供有特色的出行、资讯、生活服务、娱乐互动等节目。

（章　蔚）

【节目创优成绩斐然】 2014年，无锡广电的广播剧《生死76秒》和《亲亲阳光》、电视纪录片《寻找1972》获江苏省“五个一工程奖”，电视评论《诺奖得主纷至沓来的启示》获江苏新闻奖，电视歌舞节目《绣娘》获中国广播电视节目“星光奖”提名荣誉奖，《太阳谷》获广电总局少儿精品及国产动画发展专项资金项目优秀少儿电视栏目三等奖。58件作品获年度省级政府奖，其中一等奖14件。

（章　蔚）

出　版

【概况】 2014年，凤凰出版社无锡分社努力应对无锡出版市场的新情况，积极开拓出版资源，共出版图书31种，发行总数3万余册，发行总码洋260余万元。出版的文化艺术类图书有：无锡市文联《香樟树文丛（第四集）》8本；楚默的《楚默学术馆书画作品丛书》，包括《倪瓒诗词书法集》《题辞与书信》《楚默书画集》3本；联合市书法家协会先后推出《真美太湖——无锡正书八人作品集》、《铭刻太湖——无锡刻字八人书法集》。此外，还有《江苏省第九届新人书法篆刻作品集》，展示本土人士紫砂艺术收藏与鉴赏水平的《品砂》。《走进阿炳艺术人生》首次披露大量鲜为人知的史料，考证完整的“阿炳年表”。教育类方面图书有：由湖滨中学主编的《素描篇》，是全国首部中学美术专业教材5个系列中的第一本，打破目前全国中学美术专业没有省级以上统一教材的局面；《校本理念下课程建设与教育随想》丛书一套3本，是新区小学教育教学创新理念的体现，涉及小学数学教育、音乐艺术教育和教师教育实践等方面；《品读四季花木》丛书4本，由锡山区“新经典诵读”实验学校教师编写，以四季花卉诗歌为主题，展现该区小学语文教学特色。休闲旅游类图书有：《魅力无锡休闲旅游手绘地图》是展示无锡地方休闲旅游娱乐的全方位示意图，契合“魅力无锡”的旅游主题；《天路问道》以作者亲历川藏线、珠峰线、青藏线、回归线等全程自驾体验为主线，融合近1000幅沿路风光及人文图片，提供较为完整详实的自驾游记。

2014年是江苏太湖数字出版有限公司发展变革的一年，公司在传统纸媒及出版行业整体转型的情况下，积极向外探索，探索创新业务模式。“快门全媒”成功主办首届“金快门”摄影节，评出无锡首个专业摄影大奖——“金快门”摄影奖，摄影节展区面积近7000平方米，150余名中外知名摄影师的作品亮相，作品总数达3000余幅，为无锡历史上规模最大的摄影活动之一。公司在全市公共场所建设党报阅报栏100处，完成市政府下达的2014年为民办实事项目。研发新一代多媒体电子屏式阅报栏，在市委宣传部的协调下，与规划、城管、市政、交巡警、供电等10多个部门达成共识，通过《无锡市党报阅报栏规划建设及实施方案报告》。新型党报阅报栏的总体布局方案、外观功能设计细则获得各方认可，将采用LED阅报栏（屏）、无线WIFI接入以及物联网等新媒体技术，为市民提供各类资讯，具有查询新闻信息、公共信息等功能，成为智慧无锡市民生活的“信息港”。

（凤　太）

编辑　顾洪兴

综 述

【概况】 2014年，全市卫生系统将改革创新贯穿于卫生事业发展各个环节，各项卫生工作得到稳步推进。在江苏省卫生计生委组织的2014年度全省重点卫生工作目标管理实施情况考核中，无锡市被评为优秀等次，妇幼健康服务工作受到国家卫计委通报表扬，依法行政工作被市委、市政府评为“规范执法示范单位”。全市卫生行业社会评议满意度比上年提高3个百分点，有8人入选第二届江苏省“百名医德之星”。在全省对110所三级医院开展的第三方患者满意度调查中，全市11所三级医院综合满意度为94.09%，其中6所医院跻身前30名，居全省之首。

(局办公室)

【推进卫生体制改革】 2014年，全市县级公立医院改革进展顺利。江阴市、宜兴市所有县级公立医院实现综合改革全覆盖，调整医疗服务价格，取消“以药补医”，全部实行药品零差率销售。出台《无锡市区域医疗联合体建设指导意见》，区域医疗联合体建设试点启动。无锡明慈心血管病医院、新瑞医院、凯宜医院等一批民资、外资医院正式筹建。完善疾病应急救助制度，设立疾病应急救助基金，救助工作有序开展。卫生行政许可9大类事项（含36子项）全部进入政务中心窗口办理，实现“既受又理”，办件提速50%以上。清理非许可审批4项，市卫生局451项行政权力清单向社会公布，接受社会监督。

(局办公室)

【提高社区卫生服务能力】 2014年，全市加大社区卫生服务机构建设运行工作力度。21家社区卫生服务中心（卫生院）启动提档升级建设，其中12家建成启用；社区卫生服务站(卫生室)规范化建设基本完成。建立市级基本公共卫生服务规范远程教育平台，筹建全科医师实训评估中心，启动家庭医生和社区护士能力培训项目，3300多名基层医务人员得到规范化培训。其中，新增规范化培训全科医生12名。选送社区全科医生出国培训12名。建成40个基层卫生特色科室和11个服务管理创新项目点，65岁以上老年人等重点人群家庭医生签约服务基本全覆盖，崇安区、惠山区试点开展基层卫生机构基本医疗分类管理。全市社区卫生服务机构门急诊均次费用75元，门急诊、住院人次数较上年分别增长9.5%和5.3%。推进建立基层医疗卫生机构运行新机制，惠山区、崇安区、南长区增加绩效工资总额，强化绩效考核。

(局办公室)

【提升公共卫生服务水平】 2014年，全市基本公共卫生服务项目经费足额到位，43项服务项目全面开展，在省级绩效评估中获肯定。全市甲类、乙类传染病发病率比上年下降4.27%，无重、特大突发公共卫生事件发生。9个市(县)、区均创建成慢性病综合防控示范区，其中5个创建成国家级示范区。启动和探索实施慢性病、精神疾病社区管理模式试点，推动政府出台《关于进一步加强精神卫生工作的意见》。推进爱婴医院评估和产科标准化建设，新增17家现代化社区妇儿保门诊，完成妇女“两癌”(乳腺癌、宫颈癌)检查47万人次。宜兴市高分通过国家卫生城市复审，所有国家级、省级卫生镇(村)全部通过复审。无锡市和江阴市、宜兴市均通过省级病媒生物防制先进城市复审。新建或升级健康步道44条、主题公园8个、健康小屋24个，顺利加入WHO(世界卫生组织)西太区健康城市联盟。

(局办公室)

【加强食品安全监督和应急管理】 2014年，全市履行食品安全综合协调职能。深入开展食品安全专项整治，有效应对上海福喜事件、天鹏进口牛肉事件等突发事件，食品安全形势平稳向好，未发生重大食品安全事故。风险监测能力和水平全面提升，全市食品安全抽检合格率达97.36%。开展“健康江苏2014卫监”系列行动，查处违法案件884起，处罚金额357余万元。依法整顿医疗秩序，移送公安机关案件23起。卫生应急能力持续提升。组织地铁突

【落实国家基本公共卫生服务项目】 落实国家基本公共卫生专项经费，2014年，无锡市各级财政到位资金24572.7万元，按常住人口计算，人均到位资金37.9元。加强国家基本公共卫生服务组织领导，完善专家督导和绩效考核评估机制，全面完成省、市工作目标，在省级绩效评估中获得肯定。2014年，全市共建立健康档案510.6万份，建档率达78%，对433万份健康档案实施动态管理，全市共对360万名0~6岁儿童、678万名孕产妇进行健康管理，系统管理率达98%，完成65岁以上老年人健康检查53.8万人，规范管理高血压病人50.2万人、糖尿病人14.1万人，管理重性精神疾病患者1.9万人。全面启动儿童和老年人中医服务，做好传染病及突发公共卫生事件报告和处理、卫生监督协管服务。

（基妇处）

【实施基层卫生特色科室建设项目】 2013年年底，市卫生局制定《无锡市基层卫生服务机构特色科室建设工作试行方案》，全面启动基层卫生特色科室建设，计划到2016年建设特色科室50~60个，覆盖全市60%左右的社区卫生服务中心和乡镇卫生院，在建设周期内每个特色科室补助约50万元，其中市级补助12万元。2014年，确认首批40个基层卫生特色科室建设项目，其中涉农地区有13个科室纳入省级乡镇卫生院特色科室建设项目。市卫生局与特色科室建设单位及市（县）、区卫生局签订合同书，实行动态管理和目标考核。

（基妇处）

【基层医疗卫生机构实施基本医疗分类管理】 为促进基层医疗卫生服务健康发展，进一步发挥基本医疗服务功能，市卫生局会同市人社局、市财政局制定下发《无锡市基层医疗卫生机构分类管理试行办法》和《无锡市基层医疗卫生机构基本诊疗能力分类评审标准》，6月起，在惠山区和崇安区先行试点，确认10家基层医疗卫生机构为基本医疗能力甲类机构，4家为乙类机构，2家为丙类机构。通过试点，合理调整制定医保结算政策，完善医保补偿制度，进一步调动和发挥基层基本医疗服务功能。

（基妇处）

【推进基层卫生机构队伍能力建设】 2014年，市卫生局强化国家基本公共卫生服务规范培训，建立远程教育平台，首批2663名基层岗位人员通过培训考核。建立全科医师实训评估中心，启动家庭医生全科临床能力培训，培育市级带教师资，331名家庭医生通过全科临床理论培训考核。开展社区护士岗位能力培训，制定培训教案，首批58名社区护士完成培训考核。强化基层机构各类卫技人员岗位能力培训，96名基层7类医技人员参加培训，22名临床技术骨干完成务实进修，255名基层医务人员接受合理用药培训，6名药学人员参加省“千人计划”培训。加强乡村医生管理和培训，完成1046名在岗乡村医生再注册工作。

（基妇处）

【巩固完善基本药物制度】 2014年，市卫生局规范药物采购配送及配备使用，全年全市基层医疗卫生机构基本药物采购金额8.23亿元，配送率、验收率达97%，在全省名列前茅。规范基本药物采购结算管理，各市（县）、区全部建立基本药物采购结算专用账户，落实采购周转金，30天内及时结算付款率达97.5%。加强短缺药品动态监测和配供管理，强化合理用药培训和合理用药监管，基层机构抗微生物类药使用比例4年持续下降，2014年较2013年下降4个百分点。

（基妇处）

【启动爱婴医院评估和产科标准化建设】 7月，根据国家和省部署，市卫生局启动爱婴医院评估创建工作，推荐58家机构参加省级复核评估。通过创建活动，强化爱婴服务意识，保护、促进和支持母乳喂养，有力提升产儿科质量，更好保障母婴安全。针对“单独二孩”政策，制定《无锡市产科标准化建设实施方案》，市级财政对市、区二级及以下通过标准化建设的产科医院按照15万元/家给予以奖代补，计划通过3年时间，使产科服务能力和服务质量全面提升。截至2014年年底，全市有32家产科医院申报市级验收，标准化建设工作同时列入2015年市政府为民办实事项目。

（基妇处）

【推进现代化社区妇儿保门诊建设】 2014年，市卫生局将现代化妇儿保门诊创建工作列入年度重点工作，积极推进。至年底，全市共建成153家市级现代化妇儿保门诊，建成率88%。妇儿保人员配备得到加强，全市社区妇保人员由2011年的213人增加到321人，儿保人员由2011年的204人增加到268人，社区儿保门诊至少配备1名专职执业医师。

（基妇处）

【推进妇幼重大公共卫生服务项目建设】 2014年，市卫生局完善重大妇幼卫生项目实施方案，加强督导管理，扎实推进重大妇幼卫生项目工作。全市孕产妇补服叶酸6.44万人，对1.67万名农村产妇实施住院分娩补助。35~64岁妇女乳腺癌和宫颈癌检查47.4万人次，确诊乳腺癌92人、宫颈癌96人，宫颈癌前病变1409人。孕产妇艾滋病、梅毒、乙肝筛查率达97%，共查出艾滋病孕产妇3名、梅毒患者115名和乙肝孕产妇2818名，为2829名儿童免费接种乙肝免疫球蛋白，阻断乙肝病毒母婴传播，全面完成年度省定目标任务。

（基妇处）

【加强妇幼保健队伍能力建设】 2014年，市卫生局设立并评审确认10个妇幼保健科研项目和6项妇幼保健科技成果与适宜技术推广项目，资助项目经费39万元。加强省妇幼保健重点学科和重点人才建设与管理，3个重点学科及建设单位和3名重点人才及培养对象全部通过省级年度评估，其中2个学科、1名个人评为优秀。加强妇幼保健人员岗位能力培训，组织危重孕产妇和新生儿救治专家高级研修，实施医疗机构产科主任培训制度，开展母婴保健岗位能力培训，组织市级培训13期共2300人次。联合市妇联、市总工会开展“无锡市妇幼保健技能竞赛”活动，选派4名选手参加省级竞赛，获优秀团队奖，市总工会、市妇联对优胜者授予“五一劳动奖章”“五一创新能手”等称号。

（基妇处）

中医中药

【实施基层中医药服务能力提升工程】 2月,市卫生局制定下发《关于实施基层中医药服务能力提升工程的实施意见》,开展基层中医药服务能力提升工程督导评估,全市97%的社区卫生服务中心、94%的乡镇卫生院和85.3%的社区卫生服务站、92.6%的村卫生室均能提供中医药服务,89.8%的社区卫生服务中心和乡镇卫生院建成中医药综合服务区,每个市(县)、区均建有中医药适宜技术推广基地,推广率达100%。新增江苏省乡镇卫生院示范中医科建设单位1家。

(医政处)

【推进中医药服务能力建设】 2014年,市卫生局制定下发《无锡市中医重点专科管理办法(试行)》,新增宜兴市中医院骨伤科等2个省级中医重点专科建设单位,市中医医院肾病科等10个省级中医重点专科及江阴市中医院针灸康复科等5个省级中医重点专科建设单位接受省中医药管理局期满复核和中期评估。组织开展三级中医医院持续改进督导检查,无锡市滨湖区中医医院被省中医药管理局确认为二级甲等中医医院,龙砂医学诊疗方法等3项和江阴谢氏正骨疗法等3项分别被列为第四批无锡市非物质文化遗产名录和"非遗"扩展项目名录。全市有9个项目被列入省级中医药继续教育项目。

(医政处)

【中医师承和人才培养】 2014年,全市新增7名第二批江苏省农村优秀中医临床人才培养对象、1名全国名老中医药专家传承工作室建设项目专家。制定《无锡市名中医评选管理办法》和《无锡市名中医评选评价指标体系(试行)》,开展市名中医评选工作。组织实施全国、省名老中医药专家和全国中医学术流派传承工作室建设项目,做好省中医药领军人才、第三批全国优秀中医临床人才研修对象、省第二批中青年中医临床人才研修对象等重点人才的管理和考核工作,保证项目的实施效果。开展第二批江苏省老中医药专家学术经验继承遴选工作,遴选3名老中医药专家及6名学术继承人。全市新增2个国家级中医住院医师规范化培训基地、2个国家级中医类别全科医师规范化培养基地(临床培养基地)及3个国家级中医类别全科医生规范化培养基地(基层培养基地)。2014年,新增中医类别住院医师58名,全科医师规范化培训25名;组织170名医师参加中医类别住院医师理论考核,合格率达94.34%;150名医师参加中医类别住院医师临床技能考核,合格率达98.10%;23名医师参加中医类别全科医师理论考核,合格率达95.65%;19名医师参加中医类别全科医师临床技能考核,合格率达94.74%。

(医政处)

【中医药文化建设】 2014年,市卫生局推进全市中医药文化建设,开展中医药传统知识调查和第四届无锡市中医药文化科普宣传周活动;全市开展公益性中医药文化活动260场次;开展"中医药就在你身边"科普巡讲活动160场,其中,省级巡讲4场,市级巡讲7场,活动现场开展中医体质辨识、中医医师现场咨询、发放中医养生保健宣传资料等。

(医政处)

医学科研与教育

【深化公共卫生"三名"战略】 为加强公共卫生学科建设,全面提高公共卫生服务能力,2014年,市卫生局推进第二轮公共卫生"三名"(名院、名科、名医)战略,首次将传染病防治、精神卫生和妇幼保健列入学科建设范围。评选确认市疾病预防控制中心流行病学(急性传染病防制)、市八院职业病学(职业中毒)、市疾病预防控制中心流行病学(慢性非传染病防制)、江阴市疾病预防控制中心劳动卫生学与职业病学、市疾病预防控制中心环境卫生学与劳动卫生学、市五院传染病学、市疾病预防控制中心突发事件应急检测实验室、市红十字中心血站输血检测实验室等8个学科为第二轮公共卫生重点学科。评选出学科带头人18名,优秀青年人才16名。每个学科设立每人每年15万元的外聘专家费用,鼓励聘请国内知名学者、院士开展学术研究、培养青年人才。市卫生局与各重点学科依托单位签订目标责任书,加大经费投入力度,强化目标责任,实施动态考核,对年度督导得分排名前三名学科进行重点扶持。年内,市疾控中心、市中心血站重点学科各有1个项目获无锡市科技进步二等奖。

(宣教处)

【科教兴卫工程成绩斐然】 2014年,无锡市3个省、市共建重点医学学科成绩斐然:器官移植学陈静瑜团队完成肺移植105例,跻身全球5大肺移植中心行列;烧伤外科学吕国忠团队在昆山"8·2"爆炸伤员救治中创造大面积烧伤救治奇迹,获市政府腾飞奖;临床心理学程灶火团队获国家自然科学基金项目3项,在全国精神科科技影响力排名第11名;创新团队与领军人才芮永军获省政府科技进步三等奖;鲁晓杰内镜手术研究领域从头颅向神经系统全面发展,神经内镜技术影响力排名全国前三,保持神经内镜全国副主委单位地位。引进国内外成熟临床技术并推广运用,上报省医学新技术引进奖133项,获奖44项,获奖占比20%。其中,一等奖4项,二等奖40项,继续保持省内第一。强化科技成果转化,全市评定推广适宜卫生技术31项,其中2项适宜技术入选省推广库,入选省库项目获资助5万元,市库项目获资助4万元,鼓励向基层推广。

(宣教处)

【争创国家级规范化培训基地】 2014年,市卫生局组织全系统省级住院医师规范化培训基地申报国家级基地,针对弱项科室协调其他基地医院匹配协同。市人民医院、市二院、市四院被授予首批国家级住院医师规范化培训基地,市中医医院、市中西医结合医院被授予首批中医住院医师规范化培训基地。全年全市共招录新规范化培训住院医师(含全科医学方向)689人。出台《明确无锡市二级及以下医疗机构住院医师规范化培训专业》文件,明确二级医疗机构内科、外科、妇产儿科专业按照全科医学专业培训,其他专业按照专科方向培训;一级医疗机

【无锡举行南京青奥会网络火炬传递活动】 8月4日，南京青奥会网络火炬传递活动启动仪式在无锡市民中心举行，网络火炬在无锡传递的时间为8月4日0:00~16:00。为大力弘扬奥林匹克精神，扩大南京青奥会影响，火炬传递前，无锡市在报纸、电台及网络向社会进行新闻发布。传递当天，除举办启动式外，还在城市繁华地段现场进行发动，引导广大市民人人争当火炬手，个个奉献青奥会。

（姜智超）

【举办首届科学健身节】 8月25日，无锡市首届科学健身节启动式在市民中心举行。启动式上，邀请国内知名健身专家黄光民分别到机关和社区作科学健身讲座，受到大众的普遍好评。本次活动以“技术驱动+健康促进”为双重驱动，向大众传授科学健身方法，让广大市民树立“每天锻炼一小时、天天都是健身日”的健身理念，倡导“我运动、我健康、我快乐”的生活方式，提高市民身体素质和幸福指数。

（姜智超）

【举办首届高校网球联赛】 5月17日，“博威杯”首届无锡高校网球联赛在新体育中心网球馆开赛，江南大学、无锡商业职业技术学院等11所本地高校的网球爱好者参加比赛。近年来，无锡市新体育中心依托场馆和人才优势，推广校园网球，支持高校学生社团开展网球巡回表演，并举办各类网球沙龙，为各大高校的网球社团提供切磋球艺、增进友谊的良好平台。

（薛圆圆）

【无锡游泳跳水馆获国家级荣誉】 2014年，在由中国游泳协会、中国救生协会共同发起的“2009~2013年度全国游泳之乡”“2009~2013年度全国群众游泳健身活动模范池馆”评审活动中，无锡游泳跳水馆被评为全国群众游泳健身活动模范池馆，成为无锡市唯一获此殊荣的游泳场馆。

（薛圆圆）

【举办“园丁杯”游泳趣味赛】 12月20日，2014年滨湖区“园丁杯”游泳趣味赛在无锡市体育中心游泳跳水馆举行。比赛分业余组和趣味组两个组别，设50米泳、4×50米接力、趣味小马过河等7个项目，滨湖区30余所幼儿园及中小学校的260多名教职工参与比赛。

（薛圆圆）

网民公益体育大会徒步赛现场 （市体育局 供稿）

【全国羽毛球业余俱乐部赛无锡站比赛】 11月15~16日，2014年全国羽毛球业余俱乐部赛无锡站比赛在市体育中心体育馆举行。本站比赛共有来自江苏、浙江、上海7个城市的30支运动队200余名运动员参加，分甲组5场制混合团体赛和乙组3场制混合团体赛2个组别。经过角逐，苏州皇家住宅俱乐部队、宁波兴明液压队分获甲、乙组冠军。全国羽毛球业余俱乐部赛是中国羽毛球协会主办的最高规模全民健身赛事，2014年度赛包括18站分站赛和1站总决赛，各分站赛甲乙两组跻身前4名的8支队伍获晋级年度总决赛资格。

（薛圆圆）

【举办全市小学生游泳比赛】 8月24~25日，2014年无锡市小学生游泳比赛在无锡市体育公园举行。本次比赛共设3个年龄组别、50个参赛小项，并增设自由泳和蛙泳的打腿基本功项目，参赛人数和比赛规模都较上年有明显提高。最终，南长街小学以466分获得团体冠军，宜兴荆溪小学、河埒中心小学分获第二、第三名。

（薛圆圆）

【举办全市网民游泳比赛】 8月23日，2014年无锡市网民游泳比赛在市体育公园开幕，全市300余名游泳爱好者通过网络报名参赛。比赛分6个年龄段，设50米自由泳、100米自由泳、50米蛙泳、100米蛙泳、800米自由泳等5个竞赛项目。此外，还特别设立亲子接力和救生技能比赛，增加比赛的趣味性和专业性。

（薛圆圆）

【启动游泳培训“海豚计划”】 2月起，无锡游泳跳水馆正式启动游泳考级培训“海豚计划”，培训学员均可参加全国游泳锻炼达标等级测试，达到相应等级者可获得由中国游泳协会颁发的海豚达标证书。不同于专业等级评定，“海豚计划”针对的是普通游泳爱好者，根据年龄和性别将达标人群分为小学生组(6~12岁)、中学生组(13~18岁)、成年女子组和成年男子组4个组别，每个组别由高到低设一级“金海豚”、二级“银海豚”、三级“粉海豚”、四级“绿海豚”、五级“蓝海豚”5个等级。无锡市体育中心游泳跳水馆是无锡地区唯一的《全国游泳锻炼等级标准》达标示范推广单位，已连续两年举办全国少儿游泳邀请赛暨《全国游泳锻炼标准》达标赛。

（薛圆圆）

【举办业余羽毛球公开赛】 4月19~20日，“普天铁心杯”2014年无锡市业余羽毛球公开赛在无锡市体育公园羽毛球馆举行，全市企事业单位和各羽毛球俱乐部的31个代表队300多人参加比赛。比赛设团体赛(混双、男单、男双)、男单(甲乙组)、男双(甲乙组)、女单、女双、混双8个组别，共计进行150多场次比赛。通过赛场上的切磋交流，推动羽毛球运动在全市普及推广，丰富群众的体育文化生活。

(薛圆圆)

【举办小学生速度轮滑比赛】 6月7日，2014年无锡市小学生速度轮滑比赛在新体育中心南广场开赛。比赛共分男、女2个组别7个小项，共设28枚金牌，全市各小学及轮滑俱乐部的12支队伍近200名小选手参加比赛。经过一天的角逐，江阴市澄江中心小学队获得团体总分第一名，新区实验小学队获亚军，首次参赛的星健轮滑俱乐部获得团体季军。

(薛圆圆)

【举办省业余乒乓球俱乐部联赛】 6月7日，"无锡普仁杯"江苏省第4届业余乒乓球俱乐部联赛在无锡新体育中心体育馆开赛。本次比赛由江苏省乒乓球运动协会主办，无锡市乒乓球协会和无锡市第二人民医院承办，全省21支球队参赛。经过两天的比赛，无锡市普仁一队包揽比赛男子团体和女子团体冠军。

(薛圆圆)

【开展公益体彩千场电影"五进"活动】 4月25日，由无锡市体育彩票管理中心冠名的无锡市"法治无锡、平安无锡"公益体彩千场电影"五进"活动在新体育中心拉开序幕。本次活动由市委统战部、市司法局、市交通局、市体管中心等12家单位联合主办，从4月到11月持续8个月时间，通过走进农村、社区、企业、工地和校园，集中播放法治教育、安全教育、文明交通等题材影片，进一步增强群众法治观念，为全市经济社会发展营造良好的法治环境。

(薛圆圆)

【开展体育场馆大型惠民活动】 8月8日是全民健身日，市体管中心举办市属体育场馆大型惠民活动，市体管中心直属新体育中心、体育公园和市体校向社会免费开放运动场地150余片。本次活动以提前赠票、凭赠票入场的形式有序开展，共计发放羽毛球、乒乓球、篮球、足球、网球、游泳等项目赠票8000余张，实际参与活动的市民超过1万人次。活动当天，市国民体质监测中心推出免费体质测试和科学健身讲座，为市民提供运动消暑的全新体验。

(薛圆圆)

重大体育活动

【国际奥委会主席巴赫夫人到访无锡】 8月20日，受国际奥委会主席巴赫委托，巴赫夫人及国际奥委会多位官员到访无锡，参观何振梁与奥林匹克陈列馆，何振梁夫人陪同参观。该陈列馆位于无锡运河公园内，面积为3000多平方米，陈列馆的设立旨在弘扬奥林匹克精神，保留珍贵历史资料，同时也是表达对何振梁这位从无锡走出去的"中国奥林匹克先生"的尊敬。国际奥委会执行委员林德伯格·古尼拉表示，无锡何振梁与奥林匹克陈列馆可望加入奥林匹克博物馆行列。

(姜智超)

国际奥委会主席巴赫夫人到访无锡 (市体育局 供稿)

【举办世界斯诺克无锡精英赛】 6月23~29日，"体彩杯"2014世界斯诺克无锡精英赛在无锡市体育公园体育馆举行。本次比赛作为世界斯诺克新赛季的首场排名赛，吸引68名世界级高水平球员参加比赛。经过7天67场激烈对决，上届冠军尼尔·罗伯逊成功卫冕，并获"观众最喜爱球员奖"，世界排名第15的乔·佩里获亚军。比赛期间，无锡市共召开新闻发布会40场，新华社、中新社等21家媒体参与报道，欧洲广播电视联盟、中央电视台等媒体直播、转播比赛83场次，百度、谷歌、雅虎、腾讯四大搜索引擎罗列出"无锡精英赛"条目突破200万条，再一次有力宣传无锡城市国际化形象。

(薛圆圆)

【举办中国足协中国之队国际足球赛】 6月24日，中国U-22国家队在无锡市体育中心体育场同乌兹别克斯坦U-22队展开热身赛，比赛中双方呈胶着状态，最终以0:0战平。本次比赛由中国足协主办，江苏省足球运动管理中心、无锡市体管中心承办，无锡市足球协会、无锡市新威体育场馆运营管理有限公司协办，中国福特宝足球产业发展公司为赛事推广单位。这也是国际足球A级赛事首次走进无锡，中央电视台第5频道予以全程直播，近万名无锡市民现场观看比赛。

(薛圆圆)

【全国大学生棒球总决赛在无锡举行】 7月21~29日，第10届全国大学生棒垒球联赛棒球总决赛在无锡举行，东道主江南大学队成功卫冕高水平组冠军。本次比赛由中国大学生体育协会棒垒球分会、中国棒球协会主办，江南大学承办，无锡市棒球运动训练基地协办，设专业组、体育院校组、高水平运动队组、普通院校本科组、专科组5个组别，共有来自北京、上海、天津、广东、新疆、

(续签)人事外包35382人次。

(包晓东　吴　莹)

【完善信息化服务】 2014年，无锡人力资源和社会保障部门推进“智慧人力资源市场”建设。开发建成无锡人力资源招聘网和无锡公共就业和人才服务网，将现场招聘、网络招聘和手机终端功能统一集成，方便企业网上自助预定展位、发布招聘信息及求职者求职。无锡公共就业及人才服务网设置了网上服务大厅，提供求职招聘、企业用工、毕业生就业、人事外包、档案查询、职称申报等多项网上办事功能，极大地提高了服务效率。开通微信公众平台和无线网络，推出“求职宝”短信平台，打造“掌上人力资源市场”。完善自助一体机求职功能，添置信息公开查询系统，推行新的用工备案网报系统，全面为客户提供信息化、智能化、便捷化、人性化的人力资源服务。

(包晓东　吴　莹)

【人力资源行业管理】 2014年，无锡市人力资源和社会保障部门对204家民办人力资源服务机构进行年检，年检率99.5%。做好全国诚信示范机构、江苏省诚信示范机构、江苏省人力资源服务骨干企业和江苏省人力资源服务领军人才的推荐工作。无锡市人力资源市场有限公司等9家企业获2013年度江苏省诚信服务机构称号。无锡政和职介所获全国人力资源诚信服务示范机构称号。打击非法中介，完成“人力资源服务许可证”“设立人才中介组织”两个审批项目的合并，理清人才中介与职业中介的关系，消除两者壁垒，降低准入门槛，优化审批流程，提高审批效率。

(包晓东　吴　莹)

人才服务

【人才招聘服务】 2014年，无锡市人力资源和社会保障部门组织全市公共就业服务机构举办各类毕业生公益性招聘活动231场，完成年度目标231%。组织开展中国无锡高校毕业生就业服务网络联盟招聘活动5次，提供岗位需求18392个，完成年度目标183%。组织全市2369家用人单位走进高校开展供需对接洽谈活动，完成年度目标236%，提供岗位近4万个。开展高校毕业生就业指导进校园活动，邀请就业创业典型、人力资源专家走进高校开展讲座。全市共组织各类就业指导活动70场，完成年度目标350%。

(包晓东　吴　莹)

“外国专家看无锡”活动　(吴　莹　供稿)

【引进高层次人才】 2014年，无锡市共引进高校毕业生41249人，完成全年目标103.12%，比上年增长24.73%。其中，硕士及以上学历的毕业生5097人，比上年增长53.89%；本科29434人，比上年增长29.63%。引进的毕业生中，机械、电子、服务业、教育、医疗等行业毕业生数位居前五，占接收总数的43.1%，比上年增长12%。全年在职人才引进5006人，其中有硕士学历或副高以上职称402人。开展研究生科研实践活动，邀请来自清华大学、北京大学、南京大学、复旦大学、上海交通大学、东南大学、西南交通大学等50所国内知名高校与无锡市的研究生科研实践基地就研究生培养、就业实践和科学研究等方面进行交流、对接，共组织1650名研究生参会，完成全年目标110%。

(包晓东　吴　莹)

【引进领军人才】 2014年，无锡市发布国际国内顶尖人才、社会事业领军人才以及中介服务领军人才报名公告。全年有59人申报社会事业领军人才扶持，13人申报中介服务领军人才扶持。经过申报、评审、考察、公示等环节，25人入围社会事业领军人才，6人入围中介服务领军人才。制定国际国内顶尖人才认定评估的实施细则，明确顶尖人才认定评估的工作程序及相关指标，对2014年申报的8个项目及2013年入选的2个项目进行评估。在北京、武汉举办“东方硅谷”政策推介会，与近200家中介机构建立合作关系，为进一步引进中介服务领军人才打好基础。

(包晓东　吴　莹)

【海外人才引进服务】 2014年，无锡市人力资源和社会保障部门组织实施引智项目。发布2014年柔性引智项目报名公告，120个项目入选国家和省、市引智项目计划，55个项目入选柔性引智项目计划，其中省级以上引智项目数量位列全省第一。开展留学人员择优资助、引智示范基地、友谊奖等各类项目奖项的推荐申报工作。36个项目入选国家和省、市留学人员择优资助项目，4家企业入选2014年度全国最具成长潜力的留学人员创业企业，3家企业入选省级引智示范单位，4名外国专家入选江苏“外专百人计划”，1名外国专家入选“江苏友谊奖”，各类项目和奖项入选数量均位列全省前茅。其中，省级以上留学人员择优资助项目入选数量位列全省第一，最具成长潜力的留学人员创业企业入选数量位列全国各类城市之首。做好外国专家管理与服务工作。组织举办“外国专家看无锡”“外籍学术校长座谈会”“百名海外博士江苏行”等专题活动。全年办理海外人才居住证37张。制定《无锡市关于落实“江苏省海外高层次人才居住证”个人所得税奖励政策实施细则》，为28位海外人才居住证持证人兑现个人所得税奖励95.97万元。

（包晓东 吴 莹）

【高技能人才培养】 2014年，无锡市人力资源和社会保障部门完善职业培训政策体系，推进高技能人才培养工作。制定职业技能竞赛管理办法、技工院校和职业培训机构教师资格认定管理办法等政策，公布2014年无锡市高技能人才培养紧缺职业(工种)目录。全年新增高技能人才2.75万人，新增省技能大师工作室1个、省企业首席技师12个，新增市技能大师工作室和市企业首席技师各15个。认定并公布2014年度市区就业培训定点机构40家和市级创业培训基地10家。全市14所技工院校共注册新生7325人，其中录取新生4398人，老生重新注册2927人。开展城乡劳动者职业技能培训5.28万人，开展创业培训（实训）3.22万人，开展城乡新成长劳动力就业培训1.47万人，指导企业开展职工岗位技能提升培训15.52万人，开展农村劳动力培训3.82万人。无锡市在省第二届技能状元大赛中获优秀组织奖，在第六届全国数控技能大赛江苏选拔赛中总分列全省第二，并在全国决赛中获冠军一名。3人获市政府特殊津贴，3人获市有突出贡献中青年专家称号，1人享受国务院特殊津贴，2人入围省高技能人才引进计划，10人赴德国参加培训。

（包晓东 吴 莹）

【市高技能人才公共实训中心成为国家级培训基地】 2014年，无锡市高技能人才公共实训中心成功申报国家级高技能人才培训基地建设项目，获得500万元国家级高技能人才培训基地建设项目资金补助。中心申报的国家级高技能人才培训基地建设项目主要涉及工业机器人专业和工业控制网络专业等新实训项目的建设，集成电路封装键合专业、集成电路测试专业和数控技术应用专业等实训项目的提升优化。年内，中心开展了项目建设的可行性方案编制工作。

（包晓东 吴 莹）

【完成APEC技能开发促进项目】 11月，APEC技能开发促进项目总结会在无锡召开，会议总结了APEC技能开发促进项目（中心）4年中所取得的成就，并规划未来发展。4年中，项目举办了11期师资培训班、4届政策研讨会、2届青年技能营和2个专业的中英文教材开发等活动，涉及环保、数控、服装设计等多个专业领域，全部21个亚太经合组织经济体超过500人次的境内外人员参与活动，交流技能培训经验，展示中国技能开发成果。

（包晓东 吴 莹）

【人才评价服务】 2014年，无锡市人力资源和社会保障部门建立人才评价专家库，规范人才评价业务流程，构建完善人才评价业务体系。为阿特拉斯、国联证券、光电新材料科技园、灵山集团、宜兴电信、无锡中捷减震器有限公司等6家用人单位提供市场化人才评价项目8例，测评人数超过300人。完成公益性测评8000人次。受理职称初定1622人，完成初、中高级职称评审1990人。

（包晓东 吴 莹）

【职称测评】 2014年，无锡市人力资源和社会保障部门制定下发《2014年无锡市职称工作意见》，加强职称网络服务平台功能，扩大网上申报范围，有10307人进行了网上申报。审核通过机械、电子信息、化工、建设工程等专业高级工程师645人，通过率70.96%；3147人获得工程师资格，通过率77.11%。实施中小学教师职称制度改革，284人获得高级教师资格，532人获得一级教师资格，平均通过率61%。修订完善《无锡市陶瓷艺术专业技术资格技艺考核办法(试行)》，创新高中级技艺考核评审专家选取方式，由电脑从评委库中随机抽取，对专家评分全过程进行督察。

（包晓东 吴 莹）

【突出贡献人才评定】 2014年，无锡市人力资源和社会保障部门推荐省有突出贡献中青年专家20人，评选年度无锡市有突出贡献的中青年专家46人，4名专家当选国务院特殊津贴获得者，做好按月享受国务院特殊津贴153名专家的津贴发放工作。推荐江苏法尔胜泓昇集团有限公司国家金属线材制品工程技术研究中心荣膺“专业技术人才先进集体”称号。举办无锡市“千名专家进千企”活动启动仪式暨省博士后创新实践基地授牌仪式。活动期间，组织省内外专家服务团31人与无锡市24家需求单位开展对接活动。

（包晓东 吴 莹）

【博士后工作站管理】 2014年，全市新增省博士后创新实践基地8个、博士后科研工作站分站3家个，在全省名列前茅。全年招收博士后48人，累计在站人数158人。组织14名在站博士后申报省博士计划，7人入选。完成中国博士后科学基金资助和省博士后科学基金资助申报工作，1人获得中国博士后科学基金面上资助一等资助，资助金额8万元；11人获得省博士科研资助计划，资助金额共21万元。推进无锡市新建工作站和新招收的博士后市级资助的资料收集和审核工作，对45家单位申请建站资助492万元、34名博士申请进站资助170万元。

（包晓东 吴 莹）

劳动关系

【概况】 2014年，无锡市规模以上企业劳动合同签订率99.79%，已建工会企业集体合同签订率97.54%。全市劳动保障监察机构共受理举报投诉案件4116件；全市劳动人事争议仲裁机构和调解组织共处理各类劳动人事争议案件23204件。

（包晓东 吴 莹）

【推进和谐劳动关系建立】 2014年，无锡人力资源和社会保障部门采取组织专题培训、上门服务指导、重点单位分工包干等举措，加强对企业用工管理的服务指导。开展网格化和网络化管理，完善劳动保障诚信体系建设，评定年度无锡市劳动保障诚信企业86家。加强基层调解组织规范化建设，充分发挥街道(镇)巡回仲裁庭的作用，举办“千企法盾行”“重点联系单位见面会”“劳动法学堂”等活动。做好特殊工时审批、集体合同审查、经济性裁员报告

市仲裁院开展“庭审观摩” (吴 莹 供稿)

和劳务派遣行政许可等行政服务工作，开展工资支付专项行动，在全省率先发布2014年企业工资指导线，调整最低工资标准，为企业开展工资集体协商提供依据。新建农民工综合服务省级示范点3个。全年全市“12333”咨询服务电话接待来电203.2万个，市权益服务中心全年受理各类来访、来电、来信1.89万件。

(包晓东 吴 莹)

【劳务派遣管理】 2014年，无锡市制定下发《劳务派遣劳动合同(参考文本)》，加强对劳务派遣单位依法规范用工管理的服务指导。至年底，无锡市许可的劳务派遣企业358家，备案32家。其中，市本级许可291家，江阴市许可41家，宜兴市许可26家；市本级备案27家，江阴市备案4家，宜兴市备案1家。在现行劳动就业与社会保险“一体化”信息平台基础上，开发“劳务派遣二级代码”信息管理系统，通过对劳务派遣单位和被派遣劳动者设置特别标识，实时了解掌握劳务派遣用工情况，实施动态监管。

(包晓东 吴 莹)

【劳动人事争议调解仲裁】 2014年，无锡市人力资源和社会保障部门处理各类劳动人事争议案件23204件，涉及经济标的额87817.5万元。其中劳动报酬争议，经济补偿金、赔偿金、违约金争议和社会保险及福利争议占受案数前三位。全市仲裁机构立案受理劳动人事争议案件9672件，已审结案件9645件，立案处理案件结案率99.7%。全市各类调解组织调解劳动人事争议13532件，占所有接处案件比例为58.3%。全市建成9个街道(镇)巡回仲裁庭并全部发挥作用。开展庭审观摩和仲裁院团队业务展示，提升案件办理质量。举办“千企法盾行”主题活动，通过“重点联系单位见面会”“仲裁开放日”“劳动法学堂”等系列活动，多项式服务企业。

(包晓东 吴 莹)

社会保障

【概况】 至2014年年底，全市养老保险总参保人数264.06万人，离退休人员140.21万人，其中，企业在职职工232.82万人，离退休人员66.51万人，负担系数0.286；机关事业单位在职职工4.27万人，离退休人员2.86万人，负担系数0.669；居民养老缴费人数26.97万人，领取待遇人数70.84万人。参加城镇职工基本医疗保险人数296.72万人，参加城镇居民医疗保险人数166.07万人。参加工伤保险人数191.40万人，参加生育保险人数180.60万人。

2014年，全市社会保险基金收入445.19亿元，比上年增收34.6亿元，增长8.43%，基金征缴率99.51%。各大保险收支平衡，各项基金运行态势良好，基金实力明显增强。至年底，全市累计企业养老保险基金结余427.97亿元；事业养老保险基金结余2.34亿元；居民养老保险基金结余16.89亿元；基本医疗保险基金结余30.77亿元；失业保险基金结余58.58亿元；工伤保险基金结余10.11亿元；生育保险基金结余8.88亿元；补充医疗保险基金结余21.03亿元；公务员补充医疗结余7.78亿元；居民医疗保险基金结余6.58亿元。

全市社会保险各险种均超额完成年度扩面目标，其中，市本级企业养老保险净增缴费人数3.56万人，完成年度目标197.6%；年度查漏缴费基数6800万元，补申报率98%以上。全年市本级社保费征收262亿元，比上年增长10.41%，基金备付能力进一步增强。

(孙 虹)

【推行城乡居民大病保险制度】 在2013年9月1日开展城乡居民大病保险工作的基础上，2014年1月1日起，无锡市大病保险正式由保险公司经办，采取本地就医直接划卡结算和异地就医“一站式”报销服务。市区所有三级医院与6家二级医院已完成大病保险专管员的驻点工作，实现了保险公司与社保系统的信息互通和共享。在实际操作过程中，另制定有关政策将2013年1月1日至8月31日内住院的患者也列为大病医保政策享受对象，此举标志着无锡市实际从2013年1月1日起就实施了大病医保政策，比全省其他城市提前一年实施。2014年有4.6万余人次获得大病补偿，共计约9100万元，有效缓解参保人员因病致贫的困境。提升肿瘤患者特殊药品治疗待遇；将参加基本医疗保险的灵活就业人员纳入生育保险范畴。城镇职工和居民基本医疗保险政策范围内住院医疗费用的基金支付比例分别达到83%和76%，在全省处于前列。

(吴 莹 孙 虹)

【健全工伤保险机制】 7月，无锡市工伤认定与劳动能力鉴定中心成立，方便单位和职工就近办理工伤认定，逐步实现工伤保险政策体系构建管理与工伤保险实务办理分开。自10月1日起，无锡市区工伤认定责权下放正式实施，锡山、惠山、滨湖、新区人社局负责本辖区内非市属及以上用人单位工伤认定。工伤认定责权下放后，统一业务口径、信息系统操作、文书和印章格式等,使无锡市工伤认定步入规范化、标准化、信息化轨道。制定《无锡市职工工伤医疗管理暂行办法》,开发工伤认定网上预约申报系统,建立工伤认定快速通道,工伤职工住院治疗无需垫付现金,凭社会保障卡即可实现医疗费划卡结算,既保障工伤职工得以及时救治,也减轻用人单位资金垫付压力,同时规范了工伤定点医疗机构的医疗行为。新增两家工伤康复定点医院,健全集工伤预防、工伤赔偿和工伤康复“三位一体”的现代保险体系。探索工伤康复早期介入和定点医院的结算机制,实现3家工伤保险住院记账结算;加强对工伤保险定点医院的监管。

(吴 莹 孙 虹)

【提高社会保障待遇】 2014年,无锡市及时调整各类保障待遇。企业退休人员基本养老金实现“十连增”,市区企业退休人员养老金待遇提高到人均2230元/月,人均提高247元;居民养老保险基础养老金待遇提高到340元/月;征地补偿性养老金到龄和未到龄人员分别由300元、190元提高到330元、220元。继续提高失业金待遇,上、下限标准分别由1480元、780元提高到1630元、858元;调整工伤保险定期待遇(增长10%以上)。

(孙 虹 吴 莹)

【优化服务】 2014年,无锡市新增机关事业和劳务派遣单位二级代码等网上经办项目,63项社保业务实现网上经办,其中,单位办事34项,个人办事29项。推广社保网上申报工作,8962家单位的60万余人实现了社保费网上申报。规范机关事业单位外地转入人员核定工作年限等经办工作流程。率先启动城乡养老保险制度衔接程序开发。全年基本养老保险异地转接17472人,基本医疗保险转接11558人,转移基金3.5亿元。优化经办流程,整合关联业务,实现养老、医疗保险一次性待遇联合结算等12项业务优化改革,下放16项原由管理部门经办的业务到办事处办理,取消多部门审批,实施更多业务“一窗式”办理。建立健全省内异地就医结算系统,全年省内异地就医划卡结算13445人次,结算金额1200万元。与江阴异地就医“一卡通”结算1153人次,结算金额91.45万元。新增城乡居民大病保险、省内特殊药品、职工医保门诊统筹限额转诊、住院康复、居民医保血(腹)透等业务实时划卡结算。

(孙 虹)

【养老资格认证】 2014年,无锡市将居住在江阴、宜兴两地的市区养老待遇领取人员纳入日常认证范围,开发了与人力资源和社会保障部平台对接的本地化资格认证工作平台,完善与司法部门掌握的退休人员判刑信息共享机制,对全市70余万名享受各类社会保障待遇人员开展资格认证,协查外省退休人员生存资格认证1万多人,核查疑似重复领取待遇人员1000余名。

(孙 虹)

【创立养老新模式】 2014年,无锡市推进“养老院+医疗机构”养医结合养老新模式。市区有7家符合养医结合条件的养老机构纳入医保定点机构,实行门诊统筹定点管理。至年底,结算门诊7339人次,方便了养老院中住养老人的就医问题。

(孙 虹)

【保费联合清欠】 2014年,无锡市社保基金管理中心建立健全与地税部门联席会议、实地告知、欠费约谈、欠费公告和实施强制清欠等联合清欠机制,强化欠费管理。全年清收企业养老征缴欠费5725万元,完成年度目标117%。

(孙 虹)

【医保监控平台显成效】 2014年,无锡市社保基金管理中心借助商业保险机构的力量,细分监控专题,建立监控与核查相分离的工作机制,追回医保违规费用240万元,有效遏制不规范的医疗行为,提升了医保精细化管理水平。无锡市被人力资源和社会保障部社保中心列为医保监控与智能审核规范研究的5个重点城市之一。

(孙 虹)

【落实征地农民保障】 2014年,无锡市社保基金管理中心建立被征地农民保障安置审核制度和财务管理专项制度,加强社会保障安置信息操作系统建设和对各地区经办业务的指导,严把征地人员审核关,确保基金安全。全年市区共保障安置13930人,落实保障资金15.25亿元。

(孙 虹)

【基金监管】 2014年,无锡市社保基金管理中心加强社保漏报基数实地稽核,实施延伸检查年限,将上一年度的社会保险费申报情况纳入检查范围,有效起到警示作用。全年实地稽核重点企业39家,查漏申报基数500多万元。加强定点医疗机构、定点零售药店监管,抽查医保病历6830份,共追回医保违规费用1000多万元。增加医疗个人账户增资和生育待遇支付预警提示,开展实时监控、预警提醒、超时业务督办和反馈。梳理权力清单和依法公开权力清单。运用定期检查与不定期抽查相结合的办法,复审大额报销业务4020份,涉及金额2.06亿元,差错率下降到0.08%,整改率100%。

(孙 虹)

编辑 邵文凯

人口和计划生育

【概况】 2014年年末，无锡市户籍总人口477.14万人，比上年增加4.91万人，增长1.04%。其中，市区245.74万人，比上年增加3.13万人，增长1.29%；江阴市123.21万人，比上年增加1.47万人，增长1.21%；宜兴市108.19万人，比上年增加0.31万人，增长0.29%。

在全市户籍总人口中，男性236.16万人，女性240.98万人，性别比(以女性为100)98.0。2014年，全市户籍总人口中出生49285人，出生率10.38‰；死亡32766人，死亡率6.90‰，人口自然增长率3.48‰。年内，全市户籍总人口中迁入人口5.30万人，其中，省外迁入2.55万人，占迁入人口48.11%；迁出人口1.88万人，其中，迁往省外0.87万人，占迁出人口46.28%。全市户籍人口出生政策符合率98%以上，户籍出生人口性别比108.41，免费孕前优生健康检查覆盖率95.3%以上。

(庄　逸　袁　浩)

【有序实施单独两孩政策】 年内，市人口计生委起草单独两孩政策实施分析评估报告提交市委、市政府，制定宣传、出生监测预警、生育指导服务、信访等工作预案，为政策实施做好各项准备。认真部署实施，组织专题培训，对单独两孩政策进行细致部署。通过发放宣传折页、制作宣传海报、向目标人群发送手机短信、开展广场咨询活动、接受媒体访谈等形式宣传解读单独两孩政策。积极主动简化审批流程，简化再生育办证程序、加快审批速度，对申请双方情况简单明了的启动快速审批程序，最快12个工作日完成审批，确保再生育审批效率的整体提升。市人口计生委加强对基层的业务指导，完善单独两孩网上审批程序，政策实施过程中进行全程监督指导，及时发现和纠正不规范操作。全市单独两孩政策实施后，群众反响良好，未发现扎堆申请和政策衔接方面的信访问题。至年底，全市新增城市单独2967例，已发证2905张，政策实施夫妻再生育申请总体平稳有序。

(袁　浩)

【推进计划生育依法行政】 年内，各级人口计生部门巩固“人口计生行政执法水平提升年”活动成果，推行行政权力网上公开透明运行，推进“阳光计生、诚信计生”行动，提高依法行政、文明执法水平。加大违法生育行为查处力度，各地人口计生部门加强社会抚养费征收和管理，及时立案、依法催缴，对拒不配合的，移交法院强制执行。各级人口计生部门联合卫生、公安、药监等部门，加强出生人口性别比综合治理，严厉打击“两非”(非法鉴定胎儿性别、非法中止妊娠)行为，全市查办“两非”案件14例。全市出生人口性别比连续2年下降，实现年初确定的低于111的目标。

(袁　浩)

【加强流动人口计划生育服务管理】 年内，各级人口计生部门完善服务，推动国家流动人口卫生和计划生育基本公共服务均等化试点和促进流动人口社会融合示范工程项目试点工作，落实流动人口计划生育各项免费服务，发放生育服务证4150张。市人口计生委会同市文明办、市公安局评选表彰2013年无锡市“十佳(优秀)新市民”活动，增强流动人口对无锡的认同感和归属感。市人口计生委加强计划生育管理，组织全市流动人口计划生育工作暗访调查，随机抽查27个街道(镇)的31个流动人口集中工作和生活区，完成调查问卷3335份，督促各地落实属地管理职责。市人口计生委组织并完成2014年国家卫生和计划生育基本公共服务基线调查、2014年全国流动人口动态监测调查，开展无锡市流动人口计划生育关怀关爱专项行动。各级人口计生部门继续加强与市流动人口主要来源地人口计生部门的联系和合作，开展计划生育区域协作工作，为区域协作单位流动人口开展免费孕环情检测3万余例。

(袁　浩)

【优化计划生育技术服务】 年内，市人口计生委续做好免费孕前优生检查工作，实施二级质量控制机制，提高实验室室间质控水平。全市50042人接受免费孕前优生健康检查，59710人完成孕前优生风险评估。提高药具服务水平，加强药具不良反应监测，实现事后监测向建立首诊登记制度的转变，监测避孕节育不良反应2159例，避孕节育不良反应/不良事件综合处理率90%以上。年内，新增免费发放机306台，全市发放机覆盖率85%以上，城区社区实现全覆盖。开通网上药具物流配送。为全市7家开展产科和计划生育门诊的市级医疗机构免费提供国家规定的节育器材。市人口计生委加强监督指导，组织全市计划生育技术服务机构校验和计划生育技术服务人员合格证校验工作；联合市卫生局、市财政局对各地免费孕前优生健康检查、免费婚前医学检查工作进行质量督查、数据核实和经费核算；调整计划生育免费技术服务部分经费结算标准，做好退休、失业人员生育和计划生育手术医疗保障服务工作。

（袁　浩）

【推进0~3岁婴幼儿早期教养工作】 年内，市人口计生委加强社会化早教体系建设，探索民办公助模式、幼托一体模式、民办民营模式三种社会化早教服务模式，全市新建、改建、扩建社会化早教机构23所（全日制15所，计时制8所）。新建5个婴幼儿能力发展测评室。加强对早教机构的指导和管理，检查收费情况，规范从业行为。加强早教队伍建设，举办早教机构负责人、从业人员和第五期育婴师培训班共3期、140人参加，举办6次婴幼儿早期教养教科研活动、2次公开示范活动，开展0~3岁婴幼儿优质养育方案评审。发放12万册0~3岁婴幼儿早期教养服务指导手册。推进免费体验式教养服务，会同计生协开展“大讲堂和免费体验”志愿服务活动，全市0~12个月进门入户服务与指导率98%，13~36个月婴幼儿普惠性体验式教养服务率62%，0~3岁婴幼儿家长科学育儿知识普及率98%。

（袁　浩）

【加强人口信息支撑作用】 年内，市人口计生委组织完成单独夫妇信息核查工作，围绕生育政策调整，对全市116.7万名20~49周岁的育龄妇女和19.5万名未婚男性的户口性质、婚育状况、独生子女身份等信息进行核查，筛选出全市符合单独两孩政策的目标人群，为做好出生预测和工作预案提供基础数据。加强流动人口信息核查。市人口计生委与安徽六安市、庐江县，浙江省台州市，以及省内的盐城、丹阳等地核对流动人口信息50多万条，提供流动人口个案信息10余万条；与安徽六安、浙江台州等地交换、比对流入无锡市人员信息，核查孕环情监测育龄妇女数据。完善省计划生育平台业务模块功能，发挥人口信息平台优势，规范社区（村）人口计生工作事项，大幅精简社区（村）人口计生工作台账，降低基层工作量。

（袁　浩）

【提升计划生育家庭发展能力】 年内，市人口计生委开展幸福家庭建设活动，召开幸福家庭建设座谈会，组织开展以“世界人口日”为主题的弘扬婚育新风、共创健康幸福家庭生活宣传活动。市计生协承接中国计生协与联合国教科文组织合作开展的青春健康家长培训项目，并指导宜兴市计生协推进实施。加大帮扶救助力度，制定《无锡市部分计划生育特别扶助对象住院护工服务保险实施办法》，7城区2626人可享受住院护工保险。免费为全市89名18周岁以下孤儿女孩办理综合保险。开展生育关怀行动，制定《无锡市计划生育困难家庭走访慰问管理办法》，与市民共同对市区60户计划生育困难家庭在校学生开展助学活动，全年走访慰问260户计划生育困难家庭和30户计划生育工作者困难家庭。

（袁　浩）

【加强人口战略规划和政策研究】 年内，市人口计生委开展《促进无锡人口与产业有效集聚和合理分布的政策研究》《无锡市积极应对人口老龄化政策研究》《无锡市现代化建设中的人口发展战略研究》《无锡市现代化建设中的人的现代化问题研究》《无锡市2013~2014年人口发展报告》等人口课题研究项目6个。其中，市委年度重点工作相关课题1个、市政府年度重点工作下达课题1个，全市“十三五”规划前期研究重点课题2个，圆满完成所有课题研究工作。

（袁　浩）

人民生活

【城镇居民生活】 2014年，无锡市城镇常住居民收支双增长。据国家统计局无锡调查队城乡一体化住户调查数据显示，无锡市城镇常住居民家庭人均可支配收入41731元，比上年增长8.6%；人均生活消费支出27358元，比上年增长6.9%。

城镇常住居民人均可支配收入稳定增长，工资性收入平稳增长。2014年，无锡市城镇常住居民人均工资性收入28565元，占人均可支配收入比重68.5%，是城镇常住居民收入的主要来源；比上年增长8.8%，拉动人均可支配收入增长6.0个百分点，是拉动城镇常住居民收入的最大动力。经营净收入和转移净收入双双增幅下降。2014年，无锡市城镇常住居民人均经营净收入和转移净收入分别为3976元、5647元，分别占人均可支配收入比重9.5%、13.5%；分别比上年增长8.1%、7.8%，分别拉动人均可支配收入增长0.8、1.0个百分点。财产净收入增速最快。2014年，无锡市城镇常住居民人均财产净收入3543元，占人均可支配收入比重8.5%，比上年增长9.2%，增幅居四项收入之首，拉动人均可支配收入增长0.8个百分点。

城镇常住居民消费水平逐步提高，食品烟酒类消费增长平稳。随着居民收入的不断增长，食品烟酒消费水平也不断提高。2014年，无锡市城镇常住居民人均食品烟酒类消费7862元，占比28.7%，比上年增长5.3%，拉动城镇常住居民生活消费增长1.5个百分点，消费贡献率22.3%。居住类消费增长放缓。受全国楼市的影响，无锡城镇常住居民的居住类消费增幅大幅下降。2014年，城镇常住居民人均居住类消费5631元，占人均生活消费支出比重20.6%，比上年增长4.1%，增幅比上年下降7.3个百分点，为八大类消费最低，拉动城镇常住居民生活消费增长0.9个百分点。由于居住类消费在生活消费支出中占比仅次于食品

图 26　　2014 年无锡市城镇常住居民家庭收入结构

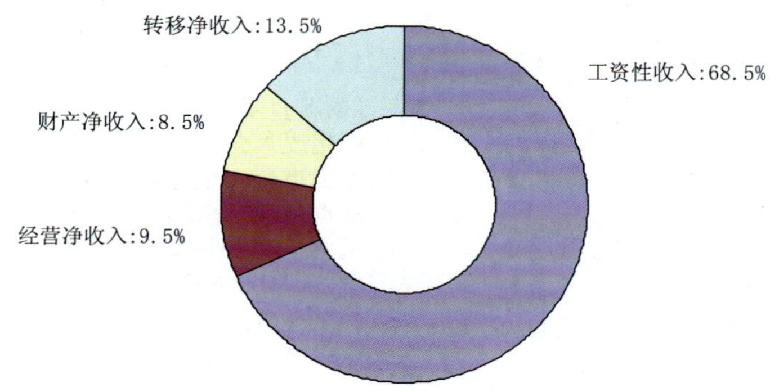

（张　睿）

烟酒类消费，因此消费贡献率仍达到 12.6%。教育文化娱乐类消费稳步增长。教育文化一直倍受百姓重视，不仅是学龄教育，成人教育及专业培训教育也随市场需求不断增多；另外随着收入的不断增长，人们的娱乐生活丰富多彩，消费金额不断增长。2014 年，无锡城镇常住居民人均教育文化娱乐消费 3139 元，比上年增长 11.2%，增幅居八大类消费之首，拉动城镇常住居民生活消费增长 1.2 个百分点，消费贡献率 17.8%。交通通信类消费快速增长。无锡市城镇居民有着较高的汽车拥有量，加上地铁的开通，人们出行方式多式多样，交通出行费用平稳增长；另外，网络信息的飞速发展，手机无线网络的推陈出新，使得人们的网络通信消费快速增长。2014 年，城镇常住居民人均交通通信类消费 4211 元，比上年增长 11.1%，涨幅仅次于教育文化娱乐类消费，拉动城镇常住居民生活消费增长 1.6 个百分点，消费贡献率 23.8%。

（张　睿）

【农村居民生活】 2014 年，无锡市农村常住居民人均收入水平稳步提高，四大项收入全面增长。居民家庭消费支出也保持较高水平增速，八大类消费齐增长，收支增幅均超过城镇常住居民。

农村常住居民人均可支配收入稳定增长，增幅再次超过城镇，相对差距进一步缩小。2014 年，无锡市农村常住居民人均可支配收入 22266 元，比上年增长 10.1%，增幅高于城镇 1.5 个百分点，城乡收入差距由原来的 1.90:1 收窄至 1.87:1。工资性收入保持主体地位。2014 年，无锡市农村常住居民人均工资性收入 14055 元，占人均可支配收入比重 63.1%，是农村常住居民收入的主要来源，比上年增长 8.5%，拉动人均可支配收入增长 5.4 个百分点，是拉动农村常住居民收入的最大动力。经营净收入成为农村常住居民收入的次动力。无锡市政府大力推动以土地、资产、劳动力等生产要素参与和投入经营性物业、高效种养殖业、旅游休闲农业等项目，引导农民因地制宜发展各类特色农业，拓宽农民经营增收渠道。2014 年，无锡市农村常住居民人均经营净收入 3931 元，占人均可支配收入比重 17.7%，比上年增长 12.2%，拉动农村常住居民人均可支配收入增长 2.1 个百分点，拉动力次于工资性收入列第二位。财产净收入增速最快。2014 年，无锡市农村常住居民人均财产净收入 1913 元，占人均可支配收入比重 8.6%，比上年增长 16.8%，增幅居四项收入之首，拉动农村常住居民人均可支配收入增长 1.4 个百分点。转移净收入稳步增长。2014 年，无锡市农村常住居民人均转移净收入 2367 元，占人均可支配收入比重 10.6%，比上年增长 11.2%，拉动农村常住居民人均可支配收入增长 1.2 个百分点。

农村常住居民八大类人均生活消费全面增长，食品烟酒类消费增长平稳。食品烟酒类消费是居民生活性消费的重要支出项。2014 年，农村常住居民人均食品烟酒类消费 4737 元，比上年增长 8.9%，拉动农村常住居民生活消费增长 2.8 个百分点，消费贡献率 29.1%，居八大消费之首。居住类消费增长放缓。受全国楼市的影响，无锡市农村常住居民的居住类消费增速放缓。2014 年，农村常住居民人均居住类消费 3028 元，占人均生活消费支出比重 20.0%，比上年增长 5.7%，增幅为八大类消费最低，拉动农村常住居民生活消费增长 1.2 个百分点。由于居住类消费在生活消费支出中占比仅次于食品烟酒类消费，因此消费贡献率仍达 12.3%。交通通信类消费成为新亮点。2014 年，农村常住居民人均交通通信类消费 2270 元，比上年增长 12.4%，拉动农村常住居民生活消费增长 1.8 个百分点，消费贡献率 18.8%，仅次于食品烟酒类消费。教育文化娱乐支出快速增长，消费方

表 56　　2014 年无锡市城镇常住居民家庭人均收入情况

	收入值(元)	增幅(%)	占比(%)	贡献率(%)	拉动增长(%)
可支配收入	41731	8.6	100.0	100.0	8.6
1.工资性收入	28565	8.8	68.5	69.7	6.0
2.经营净收入	3976	8.1	9.5	9.0	0.8
3.财产净收入	3543	9.2	8.5	9.0	0.8
4.转移净收入	5647	7.8	13.5	12.3	1.0

（张　睿）

表 57　　2014 年无锡市城镇常住居民家庭人均消费支出情况

	支出值(元)	增幅(%)
生活消费支出	27358	6.9
1.食品烟酒	7862	5.3
2.衣着	2431	6.3
3.居住	5631	4.1
4.生活用品及服务	1551	4.9
5.交通通信	4211	11.1
6.教育文化娱乐	3139	11.2
7.医疗保健	1612	8.6
8.其他用品和服务	921	8.2

(张　睿)

表 58　　2014 年无锡市农村常住居民家庭人均收入情况

	收入值(元)	增幅(%)	占比(%)
可支配收入	22266	10.1	100.0
1.工资性收入	14055	8.5	63.1
2.经营净收入	3931	12.2	17.7
3.财产净收入	1913	16.8	8.6
4.转移净收入	2367	11.2	10.6

(张　睿)

表 59　　2014 年无锡市农村常住居民家庭人均消费支出情况

	支出值(元)	增幅(%)
生活消费支出	15114	9.7
1.食品烟酒	4737	8.9
2.衣着	1376	9.7
3.居住	3028	5.7
4.生活用品及服务	782	10.6
5.交通通信	2270	12.4
6.教育文化娱乐	1364	12.1
7.医疗保健	1049	14.8
8.其他用品和服务	508	11.6

(张　睿)

式多样化。2014 年,无锡市农村常住居民人均教育文化娱乐消费 1364 元,比上年增长 12.1%,涨幅稍低于交通通信类消费，拉动农村常住居民生活消费增长 1.1 个百分点,消费贡献率 11.0%。其他用品及服务支出较快增长。2014 年,无锡市农村常住人口人均其他商品及服务支出 508 元,比上年增长 11.6%,拉动农村常住居民生活消费增长 0.4 个百分点,消费贡献率 4.0%。其主要原因一是旅游成为无锡人热衷的消费活动,年度消费支出中仅参团旅游住宿费一项支出就是上年的近两倍；二是全年国际金价处于低位徘徊，无锡人购买首饰的消费额有所增加。

(张　睿)

民　政

【概况】 2014 年，无锡市民政系统深化改革,扎实推进现代民政建设。无锡市获“全国养老服务综合改革试点地区”“全国社会组织建设创新示范区”称号,蝉联“七星级慈善城市”称号。市民政局在 2014 年度全省民政重点工作综合评估中，获省民政厅通报表扬。

(曹泳敏　陈莺歌)

【推进养老服务改革】 2014 年,市民政局起草《无锡市养老机构条例》,制定《加快发展养老服务业实施意见》，扶持养老服务业改革发展。探索推进公办养老机构改制,滨湖区、江阴市、宜兴市等部分养老机构先行先试,率先实现社会化运营。推动医养融合式发展，会同人社部门制定《关于扩大医疗护理院纳入基本医疗保险定点管理的试行意见》,全市施行住院医保定点的养老机构 10 家,养老机构内设医疗机构 28 家，养老机构护理型床位占比 55%以上。

(曹泳敏　陈莺歌)

【推进社会救助改革】 年内，无锡市构建社会救助“一门受理、协同办理”机制,建立两级社会救助联席会议制度,设立统一受理窗口;健全完善收入核对机制，比对 4428 户,调整 142 户,取消 54 户。市级“慈福”民生保险,锡山“特困帮扶基金会”,滨湖区、惠山区因病支出型贫困救助,新区“3+x”特色帮扶,慈善,福彩“专业社工+义工”联合救助等形式多样,在健全“救急难”工作机制上进行有益尝试。

(曹泳敏　陈莺歌)

【优抚安置】 年内，无锡市在乡残疾军人、“三属”、在乡复员军人等重点优抚对象抚恤补助标准实行自然增长，待遇水平随着全市经济的发展同步提高。对农村“两参”人员生活补助标准自然增长，补助标准比例为上年度市区在岗职工平均工资的 10%,由国家确定的 320 元/月,调整为483 元/月。对其中 60 周岁以上人员,实行春节、“八一”慰问制度,两节慰问金共 3200 元。10 月后,国家标准调整为 360 元/月，无锡市同步调整为505元/月。全市受益人员约2290人。部分优抚对象抚恤补助优待标准按自然增长机制进行的年度调整工作落实到位,全市7500名左右重点优抚对象的待遇水平得到提高。

年内,以点带面推进"优抚之家"建设,全市75家"优抚之家"在关心优抚对象保持涉军群体稳定方面,发挥独特作用。优抚安置各类对象待遇水平全面落实。第二批军休干部有91人参加房改。

(陈建忠)

【实施居民住房财产保险制度】 2014年,市委将"拓展慈福民生系列保险"列入重点工作内容,市政府将"建立城乡户籍居民住房财产保险制度"列入2014年为民办实事项目。经向社会公开招投标,从2014年8月30日起,市区及江阴市全面实施一体化城乡户籍居民住房财产保险制度,按每户每年6元的标准投保,共投入保费721.5万元。其中,市区501.3万元、江阴市220.2万元,所需资金由福彩资金、慈善资金支出,户籍居民个人不须缴纳保费。

(杨国兴)

【全国养老服务业综合改革试点】 7月,无锡市被国家民政部、国家发改委确定为全国养老服务业综合改革试点地区。10月,出台《市政府转发市发改委市民政局关于无锡市开展国家养老服务业综合改革试点工作实施方案的通知》,围绕健全养老服务体系、引导社会力量参与养老服务、完善养老服务发展政策、强化城市养老服务设施布局、创新养老服务供给方式、培育养老服务产业集群、加强养老服务队伍建设、强化养老服务市场监管8个方面28项重点任务,全面推进试点工作开展。

(是炜云)

【居家养老援助服务】 年内,无锡市制定《无锡市市区开展居家养老援助服务实施方案(暂行)》《无锡市居家养老援助服务机构服务质量考评办法(暂行)》,通过公开招投标确定第三方服务实体上门为市区特定老年人家庭提供每户每月40元居家养老订制式服务。至年底,为2.18万户老年人家庭提供居家养老援助服务。

(是炜云)

【实现四级救助网络】 2014年,无锡市建立健全四级救助管理网络,围绕外来人员救助和本地源头预防,以困境未成年人救助源头预防和早期干预为重点内容,创新建立起以市级救助管理站、市(县)级救助管理站、(县)区民政局、乡镇(街道)临时救助点、村(居)委救助咨询引导点、社会专业组织全程参与的四级救助管理网络。以法定专业救助机构主导、项目化运作、第三方参与的方式,把"点面结合、动静结合、专群结合"网络功能有效释放,将救助工作辐射面惠及城乡的每个角落,帮助困境者脱困。实现救助管理服务全覆盖,困境儿童合法权益得到有力保障,使近1600多人次困境未成年人得到及时帮助和保护,有效防止了他们外出流浪甚至违法犯罪。

(刘 列)

【地名命名、更名】 2014年,无锡市区命名、更名地名219个。其中,命名居民地48个,建筑物26个(含广场6个,大厦7个,中心3个,其他建筑物10个),道路105条,桥梁30座;地名更名10个。另外,地名属性调整40个;注销地名5个。

(韩科峰)

表60　　2014年无锡市地名命名、更名一览

序号	类别	标准地名	隶属辖区	地理位置
居民地				
1	居民区	天悦紫园	崇安区	位于广益街道管理区域内,东邻锡山区教师进修学校,南沿锡沪东路,西临桐桥港河,北至河道(与锡山区相邻)
2	居民区	塘泾里	南长区	位于清名桥街道管理区域内,东和南均邻塘泾新村,西沿通扬南路,北至塘泾路(向东延伸段)
3	居民区	芦村家园	南长区	位于扬名街道管理区域内,东邻南湖大道,南临芦村河,西邻芦庄小区,北至金城路
4	居民区	天渝骏园	北塘区	位于山北街道管理区域内,东为皋桥路,南至江海西路,西沿会岸路,北临大庄河
5	居民区	龙塘南苑	北塘区	位于黄巷街道管理区域内,东为富城湾公寓,南沿广石路,西至规划道路,北为任钱路和龙塘西苑
6	居民区	融禾花苑	北塘区	位于黄巷街道管理区域内,东沿惠勤路,南临民丰河,西为圆融商业广场,北至民丰路(规划延伸段)
7	居民区	凌云峰阁	北塘区	位于黄巷街道管理区域内,东为某房地产公司商业地块和锡澄路,南至民丰路,西临河道,北至江海西路
8	居民区	玫瑰香堤家园	锡山区	位于东北塘街道管理区域内,东为承塘路,南至芙蓉五路,西沿锦旺路,北邻东北塘实验小学和诚毅路
9	居民区	育才富邸	锡山区	位于羊尖镇辖区内,东邻羊尖村马家塘,南至育才西路,西沿新羊大道,北为羊尖村河南
10	居民区	丰泰苑	锡山区	位于锡北镇辖区内,东为锡北西新路,南至泾瑞路,西沿润泉路,北至锡沙线辅道
11	居民区	瑞景望府	锡山区	位于安镇街道管理区域内,东为锡东大道,南至文瑞路,西沿锦安南路,北为兴越路

续表 60

序号	类别	标准地名	隶属辖区	地理位置
12	居民区	五彩华庭	锡山区	位于东亭街道管理区域内,东临东亭港,南为春合社区居委会三大房村,西至资景南路,北沿锡沪路
13	居民区	映月华府	锡山区	位于安镇街道管理区域内,东至润锡中路,南为山河路,西沿新华路,北临九里河景观带
14	居民区	鑫泰苑	锡山区	位于鹅湖镇辖区内,东沿锡甘路,南邻某公司,西为商住小区,北至甘西路
15	居民区	长馨家园	惠山区	位于堰桥街道管理区域内,东为迎新路,南至长欣路,西和北均临太平港
16	居民区	丁香雅苑	惠山区	位于前洲街道管理区域内,东为曙光南路,南至中惠大道,西沿唐洛路,北至站北路
17	居民区	橡树湾邸	惠山区	位于长安街道管理区域内,东为锡澄路堰桥南段,南至欣惠路,西临堰桥河,北至政和大道
18	居民区	新渎苑	惠山区	位于阳山镇辖区内,东为书院路,南至阳山西路,西邻阳庄自然村,北临新渎河
19	居民区	荷塘苑	惠山区	位于长安街道管理区域内,东临白屈港,南、西、北均沿荷塘路
20	居民区	丽都景园	惠山区	位于洛社镇辖区内,东沿洛城大道,南为新顺路,西邻无锡裕力机械有限公司,北至星河路
21	居民区	桃香苑	惠山区	位于阳山镇辖区内,东为梁巷自然村,南沿沪宜高速公路,西临通济浜河,北邻康顺园
22	居民区	徐大里新村	惠山区	位于洛社镇徐贵桥社区,东起无锡市通力机电制造有限公司,南至洛社南兴涂装厂,西至洛社锡西家俱城,北邻徐大里自然村
23	居民区	香花苑	惠山区	位于洛社镇张镇桥村,东起洛藕路,南临香花桥河,西至香花桥村农田,北至府前路(规划名)
24	居民区	堰湾沃橙府	惠山区	位于堰桥街道管理区域内,东、北为锡澄路,南沿堰新西路,西临堰新河
25	居民区	桃盛苑	惠山区	位于阳山镇辖区内,东为前、后绛东自然村,南至胜利路,西邻鱼池上自然村,北临陆区港
26	居民区	依联佳园	滨湖区	位于华庄街道管理区域内,东为华谊路,南至具区路,西沿华清大道,北至清源路
27	居民区	华憬佳园	滨湖区	位于华庄街道管理区域内,东临蠡河,南至具区路,西沿瑞景道,北为清源路
28	居民区	太湖华府	滨湖区	位于太湖街道管理区域内,东为观顺道,南沿方庙路,西邻规划小学用地,北至方桥浜
29	居民区	栖庭	滨湖区	位于河埒街道管理区域内,东临马蠡港,南至太湖西大道,西沿湖滨路,北为稻香路
30	居民区	溪湾雅苑(一区)	滨湖区	位于雪浪街道管理区域内,东至蠡湖大道,南沿具区路,西临长广溪湿地,北邻中石化科研用房
	居民区	溪湾雅苑(二区)	滨湖区	位于雪浪街道管理区域内,东至蠡湖大道,南邻中石化科研用房,西临长广溪湿地,北至清源路
31	居民区	溪岸景园(一区)	滨湖区	位于雪浪街道管理区域内,东邻溪岸景园二区,南沿南湖中路,西和北均临洪口圩
	居民区	溪岸景园(二区)	滨湖区	位于雪浪街道管理区域内,东沿蠡湖大道,南沿南湖中路,西邻溪岸景园一区,北临洪口圩
32	居民区	凤凰璟园	滨湖区	位于华庄街道管理区域内,东沿南湖大道,南至和风路,西为贡湖大道,北沿吴都路
33	居民区	立信华府	滨湖区	位于太湖街道管理区域内,东为立信大道,南至金融五街向西延伸段,西沿观顺道,北至吴都路
34	居民区	桃坞山居	滨湖区	位于马山街道管理区域内,东、西、北均为自然山体,南沿环山东路
35	居民区	时代雅居	滨湖区	位于华庄街道管理区域内,东为南湖大道,南至和畅路,西为兴梁道(规划延伸段),北至观山路
36	居民区	海悦花园	滨湖区	位于华庄街道管理区域内,东为蠡河路(规划名),南至和畅路,西沿瑞景道,北至观山路
37	居民区	印象湖滨家园	滨湖区	位于蠡湖街道管理区域内,东临马蠡港,南为中桥水厂,西沿五湖大道,北至中南路
38	居民区	嶂山碧院	滨湖区	位于荣巷街道管理区域内,东沿隐秀路,南至梁溪路,西为鸿桥路,北邻部队用房

续表 60

序号	类别	标准地名	隶属辖区	地理位置
39	居民区	富安雅园	滨湖区	位于胡埭镇辖区内,东沿刘闾路,南至胡埭人民路,西来胡安路(规划名称),北沿安泰路
40	居民区	悦景公寓	无锡新区	位于旺庄街道管理区域内,东沿行创一路,南临河道,西为机场路,北至高浪东路
41	居民区	清枫华景园	无锡新区	位于梅村街道管理区域内,东为规划道路,南至梅村工业园区,西邻启迪大厦,北至金城东路
42	居民区	和风家园	无锡新区	位于新安街道管理区域内,东邻凯发苑,南至和风路,西沿华清大道,北为规划道路
43	居民区	金禧家园	无锡新区	位于江溪街道管理区域内,东沿行创四路,南为江溪路,西至机场路,北为金城东路
44	居民区	天骄观邸	无锡新区	位于新安街道管理区域内,东为规划道路,南至干城路,西临河道与天骄铭邸相邻,北沿具区路
45	居民区	琥珀家园	无锡新区	位于新安街道管理区域内,东沿净慧西道,南至具区路,西为华谊路,北沿弘毅路
46	居民区	观澜华府	无锡新区	位于江溪街道管理区域内,东沿春阳路,南至春合路,西邻国信世家,北为德尔汽车 4S 店
47	居民区	银禧家园	无锡新区	位于江溪街道管理区域内,东沿锡兴路,南至泰山路,西邻东鼎家园,北为市第三高级中学
48	居民区	青春未来家园	无锡新区	位于新安街道管理区域内,东为运河西路,南至宁泰路,西沿浪新路,北至宁嘉路
建筑物				
1	广场	光华时代广场	崇安区	位于上马墩街道管理区域内,东沿振奋路(暂用名),南邻瑞江花园,西为崇文大厦,北至人民东路
2	广场	圆融商业广场	北塘区	位于黄巷街道管理区域内,东邻融禾花苑,南临民丰河,西为锡澄路,北至民丰路(规划延伸段)
3	广场	万花城市广场	锡山区	位于东港镇辖区内,东为鼎尚酒店和港下派出所,南至锡港西路,西为东港健康路,北沿东港香山路
4	广场	星邻里生活广场	锡山区	位于锡北镇辖区内,东沿锡北西新路,南为锡沙路,西隔河道与花园浜路相邻,北邻农里自然村
5	广场	雅居乐商业广场	滨湖区	位于华庄街道管理区域内,东邻时代雅居,南至和畅路,西沿贡湖大道,北为观山路
6	广场	星光名座生活广场	无锡新区	位于江溪街道管理区域内,东沿长江北路,南至前卫路,西为前进路,北邻太湖花园
7	大厦	云蝠大厦	崇安区	位于崇安寺街道管理区域内,东为城中公园,南邻大洋百货,西沿中山路,北为崇安寺街区西入口广场
8	大厦	天宇商务大厦	锡山区	位于安镇街道管理区域内,东沿新华路,南为桂波街,西至丹山路,北为延庆街
9	大厦	裕隆大厦	锡山区	位于东北塘街道管理区域内,东为东北塘街道规划用地,南至芙蓉三路,西沿东亭北路,北邻宇寿医疗器械公司
10	大厦	信息商务大厦	惠山区	位于长安街道管理区域内,东为智慧路,南至行知路,西为停车场,北临景观河
11	大厦	天祥大厦	惠山区	位于堰桥街道管理区域内,东为地铁 1 号线,南至林新路,西沿凤宾路,北为绿化用地
12	大厦	立信大厦	滨湖区	位于太湖街道管理区域内,东沿立信大道,南和西均为周新苑五期,北沿新园路
13	大厦	启迪大厦	无锡新区	位于梅村街道管理区域内,东邻清枫华景园,南至梅村工业园区,西沿新华路,北至金城东路
14	中心	彩旸生活中心	南长区	位于南禅寺街道管理区域内,东为光明路(规划名称),南沿永乐东路,西至向阳路,北为羊腰湾路
15	中心	华宇商业中心	惠山区	位于长安街道管理区域内,东邻长宁苑,南为春惠路,西至石新路,北沿春晖路(规划名称)
16	中心	春暖商业中心	无锡新区	位于江溪街道管理区域内,东沿春华路,南至泰伯大道,西为泰伯体育公园,北邻国际一花园
17	建筑物(群)	凯鑫商务楼	崇安区	位于广益街道管理区域内,东和南均为京东商业广场,西沿广南路,北至广祥路

续表 60

序号	类别	标准地名	隶属辖区	地理位置
18	建筑物(群)	艺展商厦	崇安区	位于通江街道管理区域内,东邻公交停车场,南为社会车辆停车场进出口,西沿惠勤路,北至锡沪西路
19	建筑物(群)	传感设备产业园	南长区	位于扬名街道管理区域内,东沿扬华路(规划名),南至扬工路,西沿南湖大道,北邻扬名创智园
20	建筑物(群)	恒生科技园	惠山区	位于前洲街道管理区域内,东为中兴路(规划名称),南至中惠大道,西至站东二路(规划名称),北沿站北路(规划名称)
21	建筑物(群)	缤悦湾电商公寓	惠山区	位于堰桥街道管理区域内,东为锡澄路,南沿规划道路,西隔河道与林陆苑和凤翔馨城相邻,北至河道
22	建筑物(群)	洛社商城	惠山区	位于洛社镇徐贯桥社区,东起菜场新村,南至新兴东路,西至洛社人民路,北沿中兴东路
23	建筑物(群)	万达文化旅游城	滨湖区	位于雪浪街道管理区域内,东至蠡湖大道,南沿南湖中路,西为规划道路,北至清源路和具区路
24	建筑物(群)	明园商业楼	无锡新区	位于鸿山街道管理区域内,东为鸿运路,南为锦鸿路,西和北均邻鸿运苑
25	建筑物(群)	优客街区	无锡新区	位于江溪街道管理区域内,东、南、北均为风华里住宅小区,西沿塘南北路
26	建筑物(群)	邻里荟商厦	无锡新区	位于新安街道管理区域内,东为浪新路,与青春未来家园相邻,南为绿地公园,西至宁乐路,北沿宁嘉路
道 路				
1	道路	润阳路	崇安区	位于广瑞路街道管理区域内,为弘阳商业广场内部道路,南起锡沪中路,北至规划道路,长 138 米,宽 9 米
2	道路	和园路	崇安区	位于崇安寺街道管理区域内,北直对东林中学南门,南起学前街,北至北禅寺巷,长 100 米,宽 12 米
3	道路	兴瑞路	崇安区	位于上马墩街道管理区域内,在尚城绿园北侧,东起广瑞路,西至常兴路,长 197 米,宽 8 米
4	道路	常兴路	崇安区	位于上马墩街道管理区域内,在尚城绿园西侧,南起常瑞路,北至锡沪西路,长 400 米,宽 8 米
5	道路	常瑞路	崇安区	位于上马墩街道管理区域内,在尚城绿园南侧,东起广瑞路,西至兴昌路,长 300 米,宽 14 米
6	道路	建乐路	南长区	位于金星街道管理区域内,在建乐家园和阳光城市花园 C 区之间,南起太湖大道,北至建筑路,长 900 米,宽 7 米
7	道路	南扬路	南长区	位于清名桥街道管理区域内,东起通扬南路,西至清扬路,路南侧为清扬新村,长 480 米,宽 9 米
8	道路	塘泾路	南长区	位于清名桥街道管理区域内,东起通扬南路,西至清扬路,路北侧为花园弄小学、清扬新村和清名桥街道办事处,长 480 米,宽 9 米
9	道路	沁扬路	南长区	位于清名桥街道管理区域内,东起通扬南路,西至清扬路,路北侧为清扬新村,长 480 米,宽 9 米
10	道路	欢庆路	南长区	位于清名桥街道管理区域内,东起清名东路,西至通扬路,路南侧为市老年活动中心和金阳大厦,长 280 米,宽 9 米
11	道路	界泾桥路	南长区	位于清名桥街道管理区域内,东起通扬南路,西至通扬路,路南侧为清名一村,长 150 米,宽 7 米
12	道路	盛星路	南长区	位于金星街道管理区域内,南起中南路,北至太湖西大道,路东侧为盛星苑和中星苑,路西侧为高巷、后沈巷和对面巷,长 800 米,宽 8 米
13	道路	燃气路	南长区	位于迎龙桥街道管理区域内,南起永乐路,北至永丰路,路东侧为李巷和华润燃气公司,路西侧为曹张新村,长 500 米,宽 4 米
14	道路	李运路	南长区	位于迎龙桥街道管理区域内,东起清扬路,西至红星桥南匝道,路南侧为运河新村、李巷、曹张新村、竹园里和扬名中心小学,路北侧为杨巷、李巷、曹张新村、竹园里、曹婆桥和许巷,长 1000 米,宽 6 米
15	道路	红领巾路	南长区	位于迎龙桥街道管理区域内,南起李运路,北至永丰路,路东侧为曹婆桥,路西侧为许巷,长 150 米,宽 4 米

续表 60

序号	类别	标准地名	隶属辖区	地理位置
29	桥梁	建安桥	无锡新区	位于鸿山街道管理区域内，为飞凤路(鸿运路—锦鸿东路)沿线自南向北第5座桥，长36米，宽34.5米，上跨铁马桥港
30	立交桥	锡虞立交	锡山区	位于东亭、云林、东北塘3街道交界区域，坐落在锡虞西路(G312国道-江海东路)沿线，主线长1300米，宽30米
地名更名				
1	道路	尚义路	锡山区	原名“双寺路”，位于鹅湖镇辖区内，南起三公路，北至通湖路，长2728米，宽25米
2	道路	锡梅西路	无锡新区	原为团结南路的南段，位于旺庄街道管理区域内，东南起新洲路与锡梅路对接，北至泰伯大道与团结南路对接，长2720米，宽40米
3	桥梁	巡桥	北塘区	原名“凤栖桥”，位于黄巷街道管理区域内，坐落在凤翔路沿线，上跨民丰河，长14.6米，宽33.4米
4	桥梁	灵湖大桥	滨湖区	原名水仙桥，位于马山街道管理区域内，为湖山路沿线自南向北第1座桥，上跨古竹运河，长252米，宽16.5米
5	桥梁	烟波桥	滨湖区	原名秋菊桥，位于马山街道峰影社区西南，为湖山路沿线自南向北第3座桥，上跨峰影河，长10米，宽10.6米
6	桥梁	晓波桥	滨湖区	原名金桂桥，位于马山街道梅梁社区西北，为湖山路沿线自南向北第4座桥，上跨中心河，长12米，宽11.7米
7	桥梁	碧波桥	滨湖区	原名珠兰桥，位于马山街道碧波社区西南，为湖山路沿线自南向北第5座桥，上跨六里河，长15米，宽18米
8	桥梁	春波桥	滨湖区	原名凤仙桥，位于马山街道迎晖社区东南，上跨鱼桥河，为湖山路沿线自南向北第6座桥，长12米，宽16米
9	桥梁	清波桥	滨湖区	原名米兰桥，位于马山街道迎晖社区东北，为湖山路沿线自南向北第7座桥，上跨湖山河，长15米，宽18米
10	桥梁	闻涛桥	滨湖区	原名杜鹃桥，位于马山街道间江口，为湖山路沿线自南向北第8座桥，上跨东环堤河，长32米，宽16.5米
地名属性调整				
1	居民区(范围)	孔雀雅园(二区)	南长区	位于扬名街道管理区域内，东至芦中路，南沿新苏路(规划名称)与孔雀雅园一区相邻，西沿南湖大道，北至规划道路
2	居民区(范围)	文湖苑	惠山区	位于玉祁街道管理区域内，东至常玉路，南沿镀玉路，西至玉秀路，北为玉丰路
3	居民区(范围)	张镇家园	惠山区	位于洛社镇辖区内，东至洛雅路，南沿洛南路，西至洛藕路，北为G312国道
4	居民区(范围)	天鹅湖花园(A区)	滨湖区	位于雪浪街道管理区域内，东沿万顺道与太湖高级中学相邻，南为观山路，西至蠡湖大道，北沿高浪西路
5	居民区(范围)	天鹅湖花园(B区)	滨湖区	位于雪浪街道管理区域内，东沿万顺道，南为吴都路，西至蠡湖大道，北沿观山路
6	居民区(范围)	天鹅湖花园(C区)	滨湖区	位于雪浪街道管理区域内，东沿锡南公路，南为吴都路，西至万顺道，北沿方庙路
7	居民区(范围)	锦硕苑	无锡新区	位于硕放街道管理区域内，东起裕丰路，南临南河港，西至南星路，北为盈发路
8	居民区(范围)	丽景佳苑(三区)	无锡新区	东邻驾校及祥生公司，南至长江东路，西临里云泾浜，北以新农路为界与丽景佳苑二区相邻
9	建筑物(范围)	深港都会广场	无锡新区	位于江溪街道管理区域内，东至纺城大道，南沿锡山大道，西至新兴路，北为东安路

续表 60

序号	类别	标准地名	隶属辖区	地理位置
10	道路（起止点）	迎龙桥南	南长区	位于南长区迎龙桥街道管理区域内，北起迎龙桥南堍，南至新小木桥，长152米，宽13米
11	道路（起止点）	后祁后街	北塘区	位于北大街街道后祁街社区，东起春申路（原东起后祁街东端），西至凤吟路，长932米，宽5米
12	道路（起止点）	横街	北塘区	位于北大街街道南尖社区，东起解放西路，西至横浜，长242.4米，宽7米
13	道路（起止点）	民主街	北塘区	位于北大街街道古运河社区，东起三星巷口，西至民主巷，长406米，宽4米
14	道路（起止点）	西康路	北塘区	位于惠山街道管理区域内，东起锡惠弄，西至兴隆苑，长460米，宽15米
15	道路（起止点）	西直街	北塘区	位于惠山街道管理区域内，南起人民西路，北至五爱北路，长127米，宽6米
16	道路（起止点）	五里街	北塘区	位于惠山街道管理区域内，东起香榭街，西至春申路，长220米，宽8米
17	道路（起止点）	坝桥沿河	北塘区	位于惠山街道管理区域内，南起西门桥堍，北至永定桥，长630米，宽6米
18	道路（起止点）	锡惠弄	北塘区	位于惠山街道管理区域内，南起人民西路，北至西新街，长190米，宽8米
19	道路（起止点）	泉山路	锡山区	位于锡北镇辖区内，南起锡虞路，经过新明村、周家阁村、泾西村，北至新锡沙路（S228省道），长4760米，宽40米
20	道路（起止点）	团结南路	锡山区无锡新区	跨安镇、江溪2街道，南起泰伯大道，北至锡沪路东亭东段，长4280米，宽40米
21	道路（起止点）	学海路	锡山区	位于鹅湖镇辖区内，东起鹅湖人民路，西至延祥路，长2000米，宽16米
22	道路（起止点）	学海东路	锡山区	位于鹅湖镇辖区内，东起双寺路，西至鹅湖人民路，长368米，宽16米
23	道路（起止点）	通羊路	锡山区	位于羊尖镇辖区内，南起锡沪路羊尖西段，北至胶山路，长500米，宽24米
24	道路（起止点）	东廊路	锡山区	位于羊尖镇辖区内，南起大成路，北至东湖塘柳庄村，全长7000米，宽30米
25	道路（起止点）	张马桥路	锡山区	位于鹅湖镇辖区内，南起鹅湖湖滨路，北至锡太公路，长3650米，宽25米
26	道路（起止点）	翰林路	锡山区	位于鹅湖镇辖区内，东起甘东路北小桥，西至延祥路，长4538米，宽40米
27	道路（起止点）	月溪路	锡山区	位于鹅湖镇辖区内，东起甘露寺，西至延祥路，长4365米，宽30米
28	道路（起止点）	洛竹路	惠山区	位于洛社镇辖区内，东起洛南路，西至洛神路，长3710米，宽16米
29	道路（起止点）	站前北路	惠山区	位于洛社镇辖区内，南起洛南路，北至雅西路，长2500米，宽25米
30	道路（起止点）	万寿路	惠山区	位于前洲街道管理区域内，东起石洲路，西至前石路，长3000米，宽15米
31	道路（起止点）	佰乐路	惠山区	位于钱桥街道管理区域内，南起玉泉路，北至盛德路，长1700米，宽30米
32	道路（起止点）	芙蓉南路	滨湖区	位于胡埭镇辖区内，南起瑞云路，北至胡埭人民东路，长1860米，宽30米

续表 60

序号	类别	标准地名	隶属辖区	地理位置
33	道路（起止点）	芙蓉北路	滨湖区	位于胡埭镇辖区内，南起胡埭人民东路，北至陆藕路，长 2645 米，宽 30 米
34	道路（起止点）	隐秀路	滨湖区	跨蠡湖、蠡园、荣巷 3 街道，东起贡湖大道，向西至蠡溪路，逐渐折向北至望山路（此段为弧形），再向北至大池路，长 7500 米，宽 40 米
35	道路（起止点）	雪丰路	滨湖区	位于太湖街道管理区域内，东起观顺道，西至锡南公路，长 1450 米，宽 25 米
36	道路（起止点）	雪丰东路	滨湖区	位于太湖街道管理区域内，东起立信大道，西至观顺道，长 300 米，宽 25 米
37	道路（起止点）	飞凤路	无锡新区	跨鸿山、硕放 2 街道，北至至礼路，向南折向西至东环路（与裕安路对接），长 5900 米，宽 40 米
38	道路（起止点）	裕安路	无锡新区	跨鸿山、硕放 2 街道，东起东环路，向西折向北至长江东路（与裕丰路对接），长 3100 米，宽 30 米
39	道路（起止点）	泰山路	无锡新区	跨江溪、旺庄 2 街道，东起东环路（新 G312 国道），西至珠江路，长 4400 米，宽 24 米
40	道路（起止点）	华友四路	无锡新区	位于硕放街道管理区域内，西起东环路，向北后折向东至当当网后折向南，到中通快递公司再回到东环路，形成 U 状环路，长 2058 米，宽 14 米
地名注销				
	1	渔硕苑	无锡新区	位于硕放街道管理区域内，东至裕丰路，南临南河巷，西为南星一路（规划名称），北至锡宅路
	2	翠云路	南长区	位于清名桥街道管理区域内，东起南长街，西至清扬路，长 2500 米，宽约 12 米
	3	清庭路	南长区	位于清名桥街道管理区域内，东起通扬南路，西至清扬路，长 300 米，宽约 8 米
	4	元丰路	北塘区	位于北大街街道管理区域内，在蔚蓝观邸居民区西侧，南起锡澄一支路，北至蔚蓝路，长 80 米，宽 20 米
	5	明阳路	滨湖区	位于河埒街道管理区域内，南起梁溪路，北至明阳观遗址，长 360 米，宽 6 米

（韩科峰）

社区建设

【减轻基层工作负担】 2014 年，无锡市委市政府办公室制定《关于提升服务群众效能切实减轻社区（村）负担的六项规定》和《关于规范工作事项进社区（村）的实施细则》，从源头上解决基层社区（村）“五多”（台账多、创建评比多、机构挂牌多、盖章多、信息系统多）现象，为减轻基层负担提供制度保障。通过专项清理，取消面向社区的创建评比 33 项，削减 64%；取消社区机构 47 个、挂牌 15 个，削减 83%；取消涉及 29个部委办局的台账共 94 项，削减30%。

（袁　芳）

【加强社区治理和服务创新】 年内，无锡市创新基层社区治理体制机制，以创建“全国社区治理和服务创新实验区”为契机，在社区扁平化管理的基础上，探索“政社互动”和多元共治。制定《关于加强社区治理和服务创新的意见》，突出社区治理“五化”举措，即治理协同化、政务扁平化、自治民主化、服务社会化和运行信息化，对全市社区治理的阶段性重点工作作出整体部署。

（袁　芳）

【推进“政社互动”试点工作】 年内，无锡市根据省政府办公室印发《关于在全省推进“政社互动”推动社会管理创新意见的通知》文件要求，在总结崇安区江海街道、滨湖区河埒街道试点经验的基础上，加大“政社互动”推进力度。全年有 65 个街道（镇）推进“政社互动”，占比 80.2%。

（袁　芳）

【创建“和谐社区”活动】 2014 年，无锡市崇安、滨湖 2 个区和北大街、河埒等 4 个街道，太湖花园第二社区、美湖等 11 个社区，被民政部评为“全国和谐社区建设示范单位”。按照《江苏省基本实现现代化指标体系》，结合无锡市实际，制定《2014 年开展和谐社区建设达标活动实施方案》，明确创建目标及方法步骤，将达标指标明确到具体的社区（村）及完成的具体时段。2014 年，无锡市省级城乡和谐社区建设达标率分别达 93%、92%。

（袁　芳）

社会组织

【概况】 2014 年 8 月，经市政府同意，无锡市民政局制定《无锡市四类社会组织直接登记管理办法（试行）》，明确申请设立行业协会商会类、科技类、公益慈善类和城乡社区服务类社会组织，除法律法规规定须提交前置行政审批的之外，均可以直接向民政部门申请登记，不须提供业务主管单位审查同意的批文。直接登记降低登记门槛，简化登记程序。社会团体登记取消筹备登记审批环节，并可根据需要设立分支机构，民政部门不再对社会团体分支机构进行审批；引入竞争机制，允许行业协会实行一业多会，对重点扶持的新兴产业和高科技产业，会员数量根据实际情况可适度放宽要求。允许公益慈善类社会团体名称加字号，公益慈善类和城乡社区服务类社会团体与民办非企业单位在申请成立登记时，对开办资金不作要求。准予“一址多社”，允许2个以上社会组织在不影响业务活动正常开展的情况下，登记同一住所。允许民办非企业单位以某一服务品牌在其活动区域内开展连锁服务。

（俞文球）

慈善事业

【概况】 2014年，全市慈善系统募集慈善资金2.49亿元，市本级募集慈善捐款5249.63万元。其中，结合慈善助学活动、百岁老人尊老金、慈善超市爱心卡、无锡励志包活动等救助项目募集捐款236.39万元，通过开设慈善热线、设立定点募捐箱、定向救助等募集捐款87.91万元，冠名认捐单位捐款1388万元，云南鲁甸地震定项捐款79.34万元，慈善“一日捐”捐款1283.75万元，慈善资金理财利息1510.39万元，慈善分会捐款663.85万元。江阴市慈善总会募集捐款6313万元，宜兴市慈善会募集捐款4562.64万元，市区七区各慈善会（分会）募集捐款8774.73万元。年内，全市慈善系统支出1.87亿元，救助困难群众26万余人次。其中，市本级支出慈善资金4144.87万元，发放各类慈善物资3.86万件，惠及困难群众15万余人次。在北京举行的“第三届中国城市公益慈善指数”发布会上，无锡、江阴、宜兴继续被评为“七星级慈善城市”称号，均进入中国城市慈善百强榜，无锡市列第5名；在中民慈善捐助信息中心发布的《2014年度中国慈善透明报告》中，无锡市慈善总会获透明慈善卓越组织奖。在“慈善的力量2014中国慈善年会”上，无锡市“慈福民生系列保险”项目获年度治理创新推动者的称号。

（顾维仪）

【宣传公益慈善】 年内，市慈善总会加强与新闻媒体的沟通联系，主动提供新闻线索，开展多种形式的宣传报道。在无锡地铁开通之际，与移动电视合作联系，利用移动传媒持续滚动宣传慈善信息和慈善理念，社会反响良好。突出无锡慈善总会网站和《无锡慈善信息》简报这两块宣传阵地，及时更新信息，增强慈善工作与公众的互动性。结合灵山公益慈善促进大会在无锡召开之际，策划宣传手册“幸福无锡，慈善之都”，介绍无锡慈善的发展，扩大无锡慈善影响力。与《第一看点》、FM104经济台等广电媒体合作，围绕无锡励志包、温暖衣冬慈善捐衣等活动，开展跟踪报道、实况报道。

（顾维仪）

【推进常规救助项目】 年内，市慈善总会实施“助老、助医、助残、助困、助学行动，持续开展元旦春节送温暖活动、发放慈善生活救助卡、开设慈善病区、重病救助、南山慈善家园建设、支持医院开展公益活动、对口援建项目等救助工作。全力配合中华慈善总会开展每周一次的“特罗凯”“安维汀”慈善赠药项目，救助癌症患者2793人次，发放救助药品价值5379.68万元。

（顾维仪）

【开展特色救助项目】 年内，市慈善总会继续开展传统的特色救助项目。元旦春节送温暖资金1600余万元，发放数额、发放对象数创历史新高，社会影响与日俱增。开展结对助学，慈善血透中心、慈善康复工程、慈善关爱基金等工作也收到社会各界关注。慈善超市改革力度加大，慈善超市刷卡网点由原来的7个扩大至20个。

（顾维仪）

【慈善结对助学】 6月，市慈善总会开展新一轮慈善结对助学活动。在新闻媒体的支持和推动下，社会各界热情参与，200名学生在20多天内成功结对。连同往年延续结对的学生，全年有118名个人和10个单位参与到此项活动中，共收到捐资助学款145万元。开展一次性慈善助学、无锡市一中“陈氏奖助学金”，与团市委合作推出“希望工程”，与定向冠名认捐单位开展助学等形式多样、内容丰富的助学活动，基本实现了助学全覆盖。8月8日，举行慈善助学新闻发布暨助学金发放大会，全年资助贫困学生1425人，发放慈善助学款453.33万元。

（顾维仪）

消费者权益保护

【概况】 2014年，无锡市各级消费者委员会接受来电来访咨询43529人次，受理消费者投诉8762件，为消费者挽回经济损失3897.2万元，经消费者委员会提供案件线索后由行政执法部门查处罚没款3585.5万元。投诉处理率，消费者对投诉处理工作态度、调解工作效率和处理结果满意度均在98%以上。

（吴 娜）

【开展消费活动教育】 年内，市消委会联合市教育局开展“青春自护与消法同行”青少年消费文化征文大赛，全市500余名中小学生参与，推荐优秀作品30余篇，获奖作品在市消委官网、微信平台进行比赛展示。与团市委联合举办“红领巾梦工厂”主题夏令营消费体察活动，100名中小学生参加“我是消费小达人”的超市购物pk赛和“我是食品安全小监督员”的马山牛奶厂体验之旅。会同团市委、综治办等单位举办“自护伴成长，共圆中国梦”中小学生自护剧大赛，与市保险学会联手策划大学生微视频创作大赛。与市工商局消保处共同举办“保护消费者权益知识竞赛”，消费者、经营者120余名代表参赛。宜兴市消委联合宜兴市邮政局举办“诚信有你，共创和谐”“3·15”消费者权益日特种邮票首发仪式，新区消委会开展新《中华人民共和国消费者权益保护法》（以下简称《消法》）公开赠书活动，北塘区消委会开展青少年消费教育涂鸦大赛，滨湖区消委会开展青少年消费体察海岸城专题活动。

（吴 娜）

【开展消费传媒教育】 3月15日，“‘3·15’和你在一起——大型广场咨询服务活动”。无锡市各部委办局的有关领导、各大中型企业代表、消费维权义工近300余人参加此次活动。全市12个相关行政部门、行业协会征集保护消费者权益典型案例12件，以及市消委观点案例5件在“3·15”新闻发布会上向媒体进行公布。无锡新闻广播、无锡政府门户网站、无线无锡、无锡博报、无锡新传媒对此次活动进行直播报道。双月会刊《消费指引》杂志已出刊23期，每期发行3000册；官网、官方微信定时发布权威、贴近消费者生活的各类消费咨询内容。

（吴 娜）

【开展消费培训教育】 年内，全市各级消委会组织消费者和经营者的分类培训工作，扩大法律的社会认知度，推动新《消法》的贯彻落实。举办涉及水、电、气的公用企业，移动、联通、电信三大运营商，保险等公共服务企业以及网商、家电销售等商贸流通行业的新《消法》培训班30余次。江阴市消委会举办消费维权夜校，由消委会讲师团定期到学校进行新《消法》的讲课；锡山区消委会、惠山区消委会与学校联合开展“消费维权进校园”活动，向学生介绍消费维权常识；崇安区消委会深入社区、老年活动中心，针对食品、保健品、医疗器械等消费维权知识，结合新《消法》开展集中授课。

（吴 娜）

【开展商品比较试验】 年内，市消委会针对消费者对电子血压仪的使用日益增多现状，对无锡市场上的5大电子血压计品牌进行检测对比。邀请医院专职医生并公开征集150名志愿者进行相关的测试。针对超市冰冻食品净含量普遍不足的情况，会同无锡市计量所开展冰冻食品价格和计量比对试验活动，通过表示重量和实际检测价格的对比给消费者以合理的消费提示。

（吴 娜）

【开展消费调查和评议】 年内，市消委会针对消费者投诉银行推销理财产品未进行风险警示案，组织工作人员对全市各大银行销售理财产品情况进行消费调查，安排工作人员对银行各大网店进行暗访，将调查和暗访中发现的问题向银监会和银行进行通报，对存在问题的银行进行约谈。针对近年来消费者对公共服务企业投诉逐年增多的现状，会同惠山区、北塘区消委会，对水电气公用企业计量表的定期更换问题开展消费调查和评议。

（吴 娜）

【支持诉讼及公益诉讼】 全年通过消委会“消费维权律师团”律师作为诉讼代理人帮助消费者提起诉讼的案件2起，动用救助基金5000元，都得到有利于消费者的调解和判决。新《消法》实施后，消委会依托“消费维权律师团”审核发现适合提起公益诉讼的线索和案例，并及时向省消协提交申请。

（吴 娜）

【消费维权多边合作】 在市消委会的组织下，环太湖消费维权协作组织第二轮首次年会召开。作为此次会议的轮值主席，市消委会起草了为加强消费维权区域合作，协同进行社会监督，共同发布消费警示等协作组织备忘录，并经组织成员讨论签署。针对环太湖地区共性的侵害消费者权益的行为，协作组织将协同维权。

（吴 娜）

残疾人工作

【概况】 2014年，无锡市以残疾人“保障体系和服务体系”建设为重点，加大管理力度，加快转型步伐，完成年度各项工作目标任务，残疾人事业实现新的发展。年内，加快特殊需要儿童早期干预中心建设，开展苯丙酮尿症儿童的残疾预防救助，实施无业三、四级精神、智力残疾人生活救助三项残疾人工作列入当年政府为民办实事项目。3月26日，市残联第一期企业雇主培训班开班。培训班由市人力资源市场和市残疾人就业管理中心联合承办，30余家单位的40余名人力资源主管和代表参加培训。10月20日，全国残疾人托养服务实习培训基地揭牌暨全国残疾人托养服务见习培训开班仪式在无锡市残疾人托养中心举办。8月22日，市残联召开全国残疾人基本服务状况和需求专项调查工作会议，部署本次专项调查的实施方案。9月4日，国家残疾儿童福利服务需求入户调查培训会议在无锡召开。无锡“轮椅姑娘”周明珠被中宣部、中央文明办和中国志愿者服务联合会授予“最美志愿者”称号。

（潘 俊）

【举行爱心助残工程项目】 5月15日，市残联联合市工商联举行爱心助残工程项目启动仪式和助残项目推介会。无锡市总商会向市工商业界发出“携手助残圆梦、共建幸福无锡”倡议书。助残项目推介会宣传助残政策、营造助残氛围、共商助残大计。邀请50家企业参与助残项目的具体实施，汇聚爱心善举，帮助残疾人实现梦想和奋斗目标。市残联对37项助残重点项目作了推介，现场举行儿童康复成果表演、劳动技能演示和艺术作品展示。新华商智、中国快线等3家单位就定向培训、资助教育、提供岗位就业等5个项目达成初步意向。

（潘 俊）

【“千企万岗”助残招聘会】 5月18日，市国资委、市教育局、市人力资源和社会保障局和市残联合作举办大型残疾人专场招聘会。80家企业入场招贤纳才，提供涉及机械制造、电子信息、公共交通、酒店旅游等行业的800个工作岗位，近1000名残疾求职者到会求职，180余名残疾人求职者与招聘单位达成意向。

（潘 俊）

【全市残疾人就失业调查工作会议】 6月13日，市残联在市重度残疾人托养中心召开会议，部署全市残疾人就失业调查工作。此次调查联合国家统计局无锡调查队一起开展工作。主要针对就业年龄段（男16~59周岁、女16~54周岁）具有本市常住户口、持有第二代残疾人证的各类残疾人，掌握辖地就业年龄段持证残疾人就业情况和未就业残疾人的就业能力与愿望，摸清具备正式就业、灵活就业条件和无就业能力确应兜底保障的就业年龄段残疾人底数。

（潘 俊）

【参加省第三届残疾人技能竞赛】 9月14日，无锡市30名残疾人选手参加全省第五届残疾人职业技能竞赛暨就业创业成果展。范月琴、范培君获陶艺项目第一名、第二名,刘明珠获文本处理项目第一名，顾俏飞获得CAD制图的第一名，赵鹤梅、王晓红、瞿建红分别在插画、男服制作、手工编织项目上获第二名,王辉华等4名选手分别在各自项目竞赛中获得名次。无锡代表队获团体总分第四的好成绩。

(潘 俊)

【开展残疾人体育运动】 年内,代表中国出征亚洲残疾人运动会的女子田径运动员姚娟获得铅球金牌、铁饼银牌,盛玉红、龚彬领衔的中国女子坐式排球队以全胜战绩获得金牌。9月,无锡市组建由63名运动员组成的代表团,参加2014年江苏省残疾人运动会除轮椅击剑、羽毛球以外六个大项的比赛，获得团体总分628分、金牌总数38枚的成绩，团体总分、金牌总数均历史性位列全省第二名。

(潘 俊)

【举办康复专业技术人员培训班】 年内,香港协康会、无锡市残联、无锡市特殊需要儿童早期干预中心联合举办第三届“全国儿童康复专业技术人员培训班”，来自全国15个省、直辖市的卫生系统、儿童康复机构、特殊教育学校、幼儿园等49名学员参加此次培训。

(潘 俊)

【无锡市残疾人辅助性就业劳动项目调配中心启用】 无锡市首家民办残疾人托养机构中大残疾人日间照料庇护中心启用,可为30名有托养庇护需求的残疾人提供日间照料、庇护安养、职业康复、技能培养及娱乐活动。市残联积极与其合作,研究发展的可行性方向，使之成为无锡市残疾人辅助性就业劳动项目调配中心。

(潘 俊)

【周明珠获全国“最美志愿者”称号】 12月5日是第29个国际志愿者日,4日晚上,中宣部、中央文明办和中国志愿者服务联合会在北京向无锡“轮椅姑娘”周明珠、吉林大学“白求恩志愿者协会”等11个志愿者个人和集体授予“最美志愿者”称号。

(潘 俊)

红十字会工作

【概况】 2014年，无锡市各级红十字会学习党的十八届四中全会精神,全面落实市委、市政府《中共无锡市委无锡市人民政府关于进一步促进红十字事业发展的意见》(以下简称《意见》),江阴市委、市政府制定了《关于进一步加快发展红十字事业的实施意见》。锡山区、北塘区、新区红十字会先后召开会员代表大会,换届选举产生新一届理事会。年内,市红十字会被省人社厅、省红十字会作为全省唯一候选单位推荐为全国红十字会系统先进集体。中国红十字会会长华建敏、党组书记徐科等先后到无锡调研工作。

(华锡明)

【开展筹资募捐活动】 市红十字会联合市委宣传部、市文明办、市委市级机关工委开展2014年“红十字人道万人捐”活动。全市各级党政机关、企事业单位的干部和职工,红十字会会员与志愿者，广大市民群众和社会爱心人士广泛参与。重点探索建立固定捐款人制度，市红十字会常务理事会成员率先成为固定捐款人。全市共募集善款2826.9万元,登记报名固定捐款人100余人。新成立规模300万元的“红十字博爱雅迪基金”,市级冠名基金规模累计2280万元。惠山区“惠爱·弘泰”冠名红十字救助基金新增1000万元。

(华锡明)

【支持鲁甸灾区和救助昆山事故伤员】 8月3日，云南鲁甸发生6.5级地震，市红十字会第一时间作出反应,启动应急响应机制,利用平台向社会发出呼吁，倡议社会奉献爱心。市红十字会开通银行捐款、邮局捐款及上门直接捐款3种为灾区捐款的方式，每日更新捐赠信息并全程接受社会的监督。全市红十字系统共接受捐款1203683元（市本级987242元)，接受捐赠物资价值321600元，通过中国红十字会转往鲁甸地震灾区。市红十字志愿服务总队将灾区紧缺的抗菌消炎药品送达地震中心龙头镇，并参与灾区搜救等工作。昆山“8·2”特大爆炸事故,市红十字会迅速呼吁无偿献血;派出市红十字心理应急救援队赶赴市第三人民医院，进行伤员心理危机干预。

(华锡明)

【开展人道救助】 年内，市红十字会按照《无锡市红十字会人道救助实施办法》,开展博爱助医、助学、助困、助老等救助项目,做好救助的审核、发放工作,全市发放救助款物价值1680.85万元。创新红十字救助形式,与《无锡日报》合作开辟《红十字爱心桥》专栏,定期公布特定困难对象信息,接受社会爱心人士(单位)定向捐赠,全年刊登18期,公布30名困难对象情况，收到社会定向捐款7.98万元,其中,对社会救助款不足5000元的困难对象,市红十字会从备灾救助金中补足5000元,共拨付救助款18.59万元。与市精神卫生中心合作，建立无锡市红十字心理援助中心,实施“心理危机干预与援助”项目,建立24小时心理援助热线,开设红十字心理危机干预门诊,免费为特殊人群提供心理危机干预服务；招募有心理咨询师资质的志愿者，组建无锡市红十字心理援助志愿服务队,宣传心理健康知识,接听援助热线。建立无锡市红十字衣物捐赠中心，委托市红十字志愿服务总队启动以“依旧是爱，温暖传递”为主题的“衣物捐赠红十字人道救助项目”，有效整合社会公益资源,推动衣物捐赠常态化,为市民群众和困难群体搭建爱心平台。

(华锡明)

【开展救护培训】 年内，市红十字会实施省政府为民办实事项目之公益性应急救护百万培训项目，开展救护培训进学校、进社区、进机关、进企业、进农村活动。发挥市红十字服务中心教育实践基地作用，组织东林中学、锡师附小等中小学学生开展红十字文化教育和救护知识普及。在市警校建立无锡市“红十字警务救护培训基地”,开展全市交警交通事故救护技能培训10期;在无锡市第一中学建立“红十字救护培训基地”,为青少年学生普及红十字文化与急救知识；将救护培训纳入市医学会市级继续医学教育项目。全市完成初级救护员培训7874人,占任务数的112%；完成普及培训57503人,占任务数的101%。市本级完成机动车驾驶人救护培训57199人，为139家企业培训救护骨干4465人。与市教育局联合开展“十二五”彩票公益金计划，举办学校健康安全辅导员培训班。举办全市红十字应急救护技能大赛，展示全市红十字应急救护培训成果。设立“无锡市公共场所红十字救护站”项目，制定《无锡市公共场所红十字救护站建站标准实施细则（试行）》，完成灵山景区“幸福天使”红十字救护站的建设、器材配备、人员培训和锡惠公园景区红十字救护站援建项目。

（华锡明）

【统筹推进“三献”工作】 年内，市红十字会推进器官捐献工作，开展人体器官捐献协调动员9人，成功实现器官捐献4人，捐献的4个肝脏、8个肾脏、1个肺脏、4片眼角膜使13名器官衰竭者重获新生，4名失明患者重见光明。无锡市和江阴市红十字会在青城公墓“无锡市遗体（器官）捐献志愿者纪念园”举行祭奠活动，宜兴市在金鸡山建立遗体（器官）捐献者纪念碑，并开展纪念活动。加强与市红十字中心血站合作，宣传无偿献血，促进捐献造血干细胞报名和采血采样工作。全年完成造血干细胞捐献志愿者报名采样1349人，超额完成省下达的全年采样入库任务。成功实现造血干细胞捐献4人。

（华锡明）

【红十字青少年工作】 年内，市红十字会召开学校红十字工作委员会会议，及时调整成员。组织高校连续第四年开展“博爱青春”暑期志愿服务活动，无锡科技职业学院等5所院校获得省级项目支持，无锡城市职业技术学院等3所院校获得市级项目支持。加强国际人道法在高校的传播，开展活动32场培训750人，选送1名大学生赴台参加交流，组织在无锡就读的6名台湾学生参加江苏省红十字会博爱夏令营活动。

（华锡明）

【红十字志愿服务工作】 年内，市红十字会将无锡市志愿服务队伍（含市本级志愿服务队11支，登记志愿者2000人，注册志愿者500人）进行整合，建立无锡市红十字志愿服务总队，并进行登记。组织召开市红十字志愿服务总队志愿者第一次代表大会，选举产生总队第一届理事会，讨论通过《无锡市红十字志愿服务总队章程》。江阴市在全省县级市中率先成立红十字蓝天救援队，定期开展训练和活动。滨湖区红会加强与有关部门的合作，组织红十字志愿者定期开展助老助残系列关爱志愿服务活动。

（华锡明）

【宣传弘扬红十字精神】 年内，市红十字会联合市文明办、应急办、安监委等在世界红十字日、防灾减灾日、世界急救日等重大纪念日，开展广场宣传活动。在各高等学校学生中开展人道法传播，组织成功捐献造血干细胞志愿者举行广场宣传活动，通过主流媒体和专题报道加大宣传力度，全新改版门户网站并上线运行。全市红十字会系统投稿210篇，总会录用36篇，刊登专版1个；省红十字会录用138篇；市级媒体播发102篇次。

（华锡明）

老年人工作

【老年人口概况】 2014年年底，无锡市户籍60周岁以上老年人1145748人，占户籍总人口的24.05%。80周岁以上户籍老年人157754人，百岁及以上老年人306人。

（王兆华　徐红枫）

【社会保障】 2014年，全市职工养老保险参保人数232.81万人，基本医疗保险参保职工224.6万人，参加城镇居民医疗保险总人数108.00万人，新型农村合作医疗参保人员102.28万人。企业退休人员养老金和城镇老年居民养老补贴的标准，分别为人均每月2095.9元、340元。征地补偿性养老金到龄人员及未到龄人员分别为330元、220元。

（王兆华　徐红枫）

【社会救助】 年内，全市纳入居民最低生活保障的老年人14670人，占低保对象的33.6%。市区低保标准由每人每月600元调整为660元。对城乡低保对象中的孤老（60周岁以上无亲属者）和70周岁以上的老年人继续实施分类施保。对于符合医疗救助标准的人员给予救助，全市城乡实施无起付、分病种按比例救助，对门诊患者按标准给予全额救助。

（王兆华　徐红枫）

【老年福利】 年内，全市分散与集中供养的“三无”对象供养标准为每人每月1080元。全市4838名“五保”对象集中和分散供养标准分别为每人每年9374元、8053元。继续为80周岁以上老人发放“尊老金”，共为14万名高龄老人发放“尊老金”1.05亿元。

（王兆华　徐红枫）

【养老服务】 年内，全市养老机构新增养老床位3000张，机构养老床位总数3.76万张，每1000名老人拥有机构养老床位33张。全市建立居家养老机构1092家，基本实现城市社区全覆盖，农村社区覆盖率90%。至年底全市省级示范性居家养老机构87家。城市社区小型托老所7家，农村老年关爱之家7家。开展居家养老援助服务，按政府项目完成公开招投标工作，对2万余户符合条件的老人家庭实施逐个调查、宣传、登记工作。全市有“96158”市便民服务中心等居家养老信息服务平台5个，为老年人提供应急救助、快速联络和通话“绿色通道”、生活助老等各项服务，至年底，政府购买信息服务的老年人家庭4.51万户。

（王兆华　徐红枫）

【为老服务】 年内，无锡市进入地铁时代，老年人乘坐地铁享受错峰优待。优化2014年老年人意外伤害的保障方案，全市48.41万名老年人投保意外伤害险，覆盖率42.24%。全市制作老年人优待证4.89万张，优化优待证补办手续，在市老年综合服务中心设立登报代办点。设立“老年接待日”窗口，每周三上午在市老年综合服务中心有市老龄办工作人员接待老年人的来访。

（王兆华　徐红枫）

【老年人精神文化生活】 年内，无锡市加强老年教育、活动阵地建设。各级投入改造资金近1900万元，重点改造37个老年教育文化活动设施。市级财政投入资金培育扶持30个老年文体特色团队。敬老月期间，开展市级活动43项。活动内容包括老年维权优待、走访慰问送温暖、为老志愿服务、老年文化体育、敬老爱老宣传等活动。承办江苏省第三届“中国人寿”杯老年春晚舞蹈专场汇演，省内10个城市的20个老年舞蹈团队400多位老年演员齐聚无锡，推动老年文化交流。

（王兆华　徐红枫）

【企业退休人员健康体检】 2014年是无锡市组织开展企业退休人员第四轮健康体检工作的第一年。年初，有关部门和单位早做准备，加强沟通和协调，制定《关于市区纳入社区管理的企业退休人员第四轮健康体检工作的意见》，调整确定定点体检医疗机构，完善体检信息系统，下达目标任务。4月17日，召开体检工作会议，对2014年度企业退休人员健康体检工作进行具体部署。各级退管服务机构和定点体检医疗机构确定体检对象、发放体检通知、落实体检场所的软硬件配套措施等，至年底，市区企业退休人员体检18.88万人，体检完成率130%。

（邓月华）

【开展文体娱乐活动】 2014年，各区、街道、社区根据退休人员的特点，开展各种文体娱乐活动，丰富退休人员的精神文化生活。年内，各级退管服务机构组织退休人员参加各类文体活动8万多人次。市退管会集中举办系列活动，组织社区退休人员4200余人到南京周园、宜兴大觉寺和上海朱家角一日游，举办第11届社区退休人员钓鱼比赛、退休人员健身骨干培训班、企业离退休人员摄影作品大赛和退休人员形势报告会等。注重退休人员活动场所建设，全年检查验收退休人员活动场所68家，为退休人员开展活动创造必要条件。

（邓月华）

【搞好退休人员互助保障】 年内，全市退休人员住院医疗互助保障参保人数38.9万人，全年理赔人数27.94万人次，理赔金额6742.69万元，人均理赔241.3元。对生活困难的退休人员积极实施帮困互助，全年对已转入社区管理的34047名生活困难以及生重病住院的退休人员进行困难补助和走访慰问，发放帮困金426.7万余元。春节期间，对市区21903名特困退休人员进行慰问和困难补助，补助金额514.3万元。高温期间，从帮困基金中支出97万元，对已转入社区管理的5820名生活困难的退休人员进行走访慰问，帮助他们安度盛夏。为99户特困退休人员实行粮油补助（每户每月50元），全年合计支出5.9万余元。做好困难退休人员的医疗优惠工作，全年补贴6.3万余元。关心支援内地建设后回无锡定居的退休人员。春节，为1092人送温暖36.19万元，为其中216人发放困难补助6.0万元，为4人发放门诊医疗补贴0.12万元；“五一”节，为1083人送温暖35.67万元；重阳节，为1071人送温暖34.72万元，为其中111人发放困难补助4.0万元。

（邓月华）

【办好《无锡退休职工》报】 年内，市退管会继续办好《无锡退休职工》报，围绕退休人员的“六个老有”（老有所养，老有所医，老有所教，老有所学，老有所为，老有所乐）做文章，宣传企业退休人员社会化管理服务工作，反映退休人员的生活学习情况，反映退管工作的先进人物，宣传报道社区的典型，推进无锡市退管服务工作开展。全市出版《无锡退休职工》报24期。

（邓月华）

关心下一代工作

【概况】 2014年，市关心下一代工作委员会（以下简称“关工委”）围绕落实有人干事、有钱办事、有场地开展活动的“三有”要求，加强基层关工委组织建设、领导班子建设、“五老”（老干部、老战士、老教师、老专家、老模范）骨干队伍建设，建立健全经费保障机制。至年底，全市有各级关工委组织8023个，参加关心下一代工作的“五老”志愿者8.2万余名；86.3%的镇（街道）、66.8%的社区（村）关工委配备“五老”常务副主任；87.5%的镇（街道）关工委有10~15名“五老”骨干，96.9%的社区（村）关工委有3~5名“五老”骨干。年内，组织青少年开展“爱学习、爱劳动、爱祖国，践行中国梦”主题教育活动，全市共组织3477名“五老”报告员，编写宣讲材料2604篇，作宣讲报告6595场次，听讲青少年160余万人次；开展图片展览、征文演讲、文艺演出、道德实践等活动3500余次，参与青少年216.3万余人次。

（华治平）

【民营企业关工委工作被推广】 年内，市关工委坚持“条块结合、优势互补、交叉任职、合力推进”的工作指导原则，发挥市民营企业关工委工作指导小组各成员单位的职能优势和企业所在地的教育资源优势，指导推动民营企业关工委加强青年职工思想道德建设，针对“80后”“90后”青工不同的思想实际，有针对性地开展社会主义核心价值观、“践行中国梦”等教育活动。至年底，全市有民营企业关工委6201家。7月，中国关工委把无锡民营企业关工委工作经验推向全国。

（华治平）

【94.5%的社区（村）实现未成年人零犯罪】 年内，市关工委推进“未成年人零犯罪社区（村）”创建活动。在市委政法委支持下，这项创建活动纳入“平安无锡、法治无锡”创建内容，作为全市综治和平安建设工作重点进行部署。在创建活动中，各级关工委共组织5183名法制教育报告员，作法制教育、禁毒教育等报告3892场次，听讲青少年125.5万余人次；组织7914名“五老”对5115名失足、后进青少年进行结对帮教帮扶，转好率87%；组织2747名“五老”对网吧、电子游戏室进行义务监督；发动社会力量资助贫困学生2.6万余人次，帮助孤、弃、残青少年4000余人次。至年底，全市“未成年人零犯罪社区（村）”达标率为94.5%。

（华治平）

【校站结合助推校外教育辅导站建设】 年内，市关工委会同市教育局、市委组织部，采取“校站结合”的办法，加强校外教育辅导站建设，推动学校与社区（村）共享教育资源，发动中小学校在职教师、大学生村官与“五老”一起做好辅导站工作。至年底，全市有社区（村）中心辅导站、“五老”家庭辅导站等各类校外教育辅导站3461个，其中63%的社区（村）中心辅导站建立电子阅览室，配置电脑6749台；参加辅导站工作的“五老”17259名，在职教师5380名，大学生村官865名，其他志愿者5992名，全年辅导学生181.8

万余人次，到电子阅览室活动的学生36.6万余人次。

（华治平）

【《大江南北青少年德育专辑》办刊十周年】 2014年是市关工委创办《大江南北青少年德育专辑》十周年。10年来，市关工委坚持“德育为先、育人为本”的办刊宗旨，加强编辑、发行、小记者、特约通讯员队伍建设和制度建设，不断提高刊物质量，多渠道搞好征订发行，推动学刊用刊活动与学校德育工作紧密结合，产生良好的社会影响。至年底，《大江南北青少年德育专辑》发行量13万份，成为深受广大青少年学生、教师和家长欢迎的精神食粮与良师益友。

（华治平）

民 族

【概况】 2014年，无锡市民族工作围绕学习贯彻中央民族工作会议暨国务院第六次全国民族团结进步表彰大会精神主线，召开市民族宗教工作领导小组专题会议。做客《中国无锡》“政民互动——走进直播间”栏目。承办江苏省“建设伟大祖国、建设美丽家乡”主题征文演讲比赛，指导青山高级中学新疆班参加全省“感恩祖国、感恩社会、感恩第二故乡”主题征文活动。召开扶持少数民族企业发展专题会议，开展民族政策法规宣传进企业活动，督促指导企业加强清真食堂的建设和管理。开展全市少数民族基本情况调查，举办“少数民族兄弟姐妹联谊座谈会”，帮助解决外来少数民族子女入学难题，启动新一轮少数民族困难家庭新春送温暖活动。江阴海澜集团有限公司、无锡新城中学副校长丁强被国务院分别表彰为全国民族团结进步模范集体、个人。江苏民族舞剧院（无锡市演艺集团歌舞剧院）创排的民族舞剧《丹顶鹤》获“五个一”工程奖。

（张孝方）

【扶持少数民族企业】 3月26日，无锡市委常委、统战部部长陈德荣赴少数民族同胞创办经营的企业调研，召开座谈会，听取少数民族企业家的意见建议，剖析发展瓶颈，帮助查找梳理发展难题，鼓励少数民族企业家转变发展思路，向电子商务、物联网高型产业转型，提高科技含量和附加值；通过更新经营理念，以市场为导向，提高驾驭市场经济的能力；通过与科研院所等机构的“攀亲结缘”，引进高新技术，增强市场的竞争力；通过强化企业社会责任，诚信、守法经营，回报社会，树立少数民族同胞企业良好的社会形象。4月17日，无锡市召开扶持少数民族企业发展专题会议，与无锡尚客邮品贸易有限公司、无锡引速德信息科技有限公司、中铁19局集团第六工程有限公司等企业座谈，针对企业在融资、与实体经济融合、与本土企业合作、转型发展和政策支持等方面遇到的难题，实行相关部门现场办公，为少数民族同胞创办经营的企业健康发展解决“最后一公里”问题。

（张孝方）

【“两个建设”主题征文演讲比赛】 9月27日，江苏省“建设伟大祖国、建设美丽家乡”（以下简称“两个建设”）主题征文演讲比赛在无锡市青山高级中学举行。全省13个市民宗局、2所西藏民族中学、11个新疆内地高中班和无锡市学校管理中心的有关人员、指导老师以及无锡青山高级中学新疆班全体师生共计600多人观看了比赛，来自无锡市青山高级中学新疆班学生马媛媛获总分第一名。

（张孝方）

【新春送温暖活动】 春节前夕，无锡市开展少数民族困难家庭新春送温暖活动，市委常委、统战部部长陈德荣，副市长刘霞分别带队慰问少数民族困难家庭，共救助少数民族困难家庭120户，发放慰问金19.5万元。全市9个市（县）区同步开展少数民族困难家庭新春送温暖活动。该活动已连续开展5年，共募集救助资金220余万元，救助少数民族困难家庭850余户。

（张孝方）

宗 教

【概况】 2014年，无锡市制定《宗教活动场所安全隐患排查体系标准》《关于加强宗教活动场所建设工程质量安全管理工作意见》，定期开展突出信访问题、有风险预警的项目、安全生产事故隐患、基层基础工作薄弱环节“四项排查”工作，督促宗教活动场所与所在地镇（街道）签订年度安全责任书；以“消防安全年”为抓手，开展安全生产月、危房和老旧房屋安全排查等专项活动，确保南京青奥会、天主教5月朝圣等重大、敏感节点宗教领域安全稳定。参与2014灵山公益慈善促进大会，指导宗教界成功举办2014年“宗教慈善周”活动，指导市佛教协会成立无锡市首家宗教公益慈善基金会——无锡仁济佛教基金会，指导市佛教协会和市基督教“三自”爱国运动委员会、市基督教协会（以下简称市基督教“两会”）成立“仁济志愿者服务队”“博爱志愿者服务队”。推进宗教优秀文化建设，将无锡市宗教道德文化、音乐文化、慈善文化、旅游文化、建筑文化和饮食文化与城市文化融合。完善世界佛教论坛永久会址各项功能，支持马山国际旅游度假岛建设。指导市道教协会开展道教养生等道教文化的挖掘整理工作，举办道教音乐培训班，推进无锡道教音乐传承与保护。支持宜兴大觉寺举办第三届中国宜兴国际素食文化暨绿色生活名品博览会，宣传推广“健康、环保”的素食文化理念。指导市基督教“两会”、市伊斯兰教协会、市天主教爱国会进行换届。做好宗教活动场所主要教职人员备案和实际负责人任职登记专项工作，指导各宗教团体和场所以“正信正行”主题开展‘讲学年’”活动。召开全市寺、观、教堂类宗教活动场所档案工作部署会、交流会，全面开展星级宗教活动场所认定工作，组织召开宗教活动场所建设经验交流会，对部分宗教活动场所“十个一”文化工程建设情况进行督导。

（张孝方）

【县级民族宗教工作机构建设】 年内，江苏省编办、省民委（宗教局）联合下发《关于规范县级民族宗教工作机构设置的通知》，就加强县级民族宗教工作机构设置提出要求。9月11日，无锡市机构编制委员会办公室、无锡市民族宗教事务局联合转发该文件，要求各市（县）区编办、民族宗教事务局按该文件精神落实到位，并将组织督察。12月29日，中共无锡市委、无锡市人民政府在联合下发的《关于印发市(县)区政府职能转变和机构改革的意见》中进一步明确：江阴市、宜兴市民族宗教事务局由在市委统战部挂牌调整为单独设立，为市(县)政府工作部门；滨湖区民族宗教事务局由在区委统战部挂牌调整为单独设立，为区政府工作部门；其他市辖区按照文件精神，规范设置民族宗教工作机构。

(张孝方)

【宗教优秀文化建设】 10月30日，无锡市人大常委会主任姚建华一行视察水仙道院、南禅寺、中山路基督教堂和开原寺，参观无锡道教音乐陈列馆，观看无锡道教音乐表演，实地考察南禅寺寺史馆、图书室，中山路基督教堂文化展示室以及开原寺档案馆和信息化管理系统，对场所文化建设所取得的成绩给予肯定。11月5日，无锡市十五届人大常委会召开第31次主任会议，听取市政府关于无锡宗教优秀文化建设情况的汇报。

(张孝方)

【第三届"宗教慈善周"】 9月，无锡市佛教协会、道教协会、伊斯兰教协会、天主教爱国会和基督教"两会"6个宗教团体，围绕"慈爱人间·五教同行"活动主题，积极开展慈善培训研讨、宣传报道、建立慈善基金会和敬老、助学、助残、帮困等活动，受到全社会各界好评。宗教慈善周期间(9月14~21日)，全市宗教界募集善款717.7万元。活动期间，各市(县)、区宗教界开展敬老爱老、资助学童等多种公益活动，以实际义举践行"五教同行·慈爱人间"的慈善主题。

(张孝方)

【星级宗教活动场所认定】 年内，无锡市开展星级宗教活动场所认定工作。8月8日，召开全市星级宗教活动场所认定动员部署会，下发《无锡市星级宗教活动场所认定实施意见》等有关文件。9月，全市星级认定进入申请认定阶段，对申报三星级以上场所的申请材料进行逐份审查核对。10月初，对申报的10处五星级场所进行核实了解，择优筛选7处场所申报江苏省五星级宗教活动场所。10月15日，无锡市成立考评组，进行现场察看督促。11月25~27日，组织对全市申报的14处四星级宗教活动场所、19处三星级宗教活动场所进行考评验收。无锡市祥符禅寺、南禅寺、开原寺被江苏省宗教事务局授予五星级宗教活动场所，江阴市基督教堂，锡山区东亭基督教活动点，滨湖区伽蓝寺、显云寺，崇安区基督教堂，南长区永兴寺，新区国际礼拜堂7处场所通过四星级认定，江阴市大华西基督教活动点、利港基督教活动点、璜土基督教活动点、璜塘基督教活动点、华士基督教活动点，锡山区慈云禅寺佛教活动点、东港福慧寺佛教活动点，惠山区堰桥崇福寺佛教活动点、钱桥慈云寺，滨湖区青山寺、南泉长泰寺、横山寺佛教活动点、胡埭基督教活动点，新区新安净慧寺14处场所通过三星级认定。

(张孝方)

2014中国宜兴国际素食博览会在大觉寺举行 (宜兴西渚镇 供稿)

【宗教档案工作】 年内，无锡市推动宗教档案工作的规范化、精细化、科学化管理。全市有32处宗教活动场所档案室通过星级考核测评，其中，无锡市开原寺为五星级档案室，无锡市祥符禅寺、南禅寺、惠山寺3处为四星级档案室，无锡市太湖三山道院，江阴市君山寺、泰清寺、香山寺、源缘寺、江南弥陀村，滨湖区伽蓝寺、青山寺、显云寺，南长区永兴寺，新区国际礼拜堂11处为三星级档案室。

(张孝方)

【指导宗教团体换届】 年内，无锡市民宗局指导无锡市基督教"三自"爱国运动委员会、基督教协会，伊斯兰教协会，天主教爱国会换届，选举产生宗教团体领导集体。3月27日，无锡市基督教"两会"召开第十次代表会议，总结市基督教第九次代表会议以来的工作，提出未来五年全市基督教工作任务和目标；会议审议通过《无锡市基督教"三自"第九届、协会第五届委员会工作报告》，修订《无锡市基督教"三自"爱国运动委员会章程》《无锡市基督教协会章程》；会议选举产生严峥、李鹏飞等12人组成的无锡市基督教"三自"第十届、协会第六届委员会领导班子。5月22日，无锡市伊斯兰教第七次代表会议在市清真寺召开，会议听取并审议通过市伊斯兰教协会第六届委员会所作的工作报告，审议通过《无锡市伊斯兰教协会章程(修正案)》；会议选举产生市伊斯兰教协会第七届委员会，选举张忠蕙为会长，张启胜、马志林为副会长，鲍克宇为秘书长。6月25日，无锡市天主教爱国会召开第十次代表会议，会议审议通过《无锡市天主教爱国会第九届委员会工作报告》，修订《无锡市天主教爱国会章程》；选举产生47人组成的市天主教爱国会第十届委员会，选举徐福明为主任，郭满东、吴洪法、李建军、袁勤华为副主任(兼职秘书长)等11人组成第十届委员会领导班子。

(张孝方)

【佛教活动场所纪念品展】 12月

无锡市举行宗教义工服务队授旗仪式 （方 玲 供稿）

12日，无锡市佛教协会在开原寺举办无锡佛教活动场所纪念品展，汇集20多个佛教活动场所自主开发的具有纪念意义的工艺品，如祥符禅寺的红木瓷盘插屏、灵山大佛护佑挂件、慈恩宝塔银币、高档佛珠，南禅寺的红木如意、妙光塔落成纪念竹筒、心经书法手卷，惠山寺的千手观音、菩提叶、观音护身符，广福寺的范蠡铜像，江阴市君山寺的吉祥如意，宜兴市潮音寺的茶壶，惠山区凤阜寺的文昌塔，新区南山寺的靠垫。

（张孝方）

【仁济佛教慈善基金会成立】 9月18日，"无锡仁济佛教慈善基金会"揭牌仪式在南禅寺广场举行，全市宗教界人士和市民近200人参与活动。在揭牌仪式现场，基金会向谈渡桥街道20名贫困学生捐赠助学金。基金会从8月开始筹备，佛教界人士和社会爱心人士广泛关注并支持，募赠爱心善款200多万元，该款项成为基金会的注册资金。无锡仁济佛教慈善基金会是无锡市宗教界响应2012年2月16日中共中央统战部、民政部、国家宗教事务局等国家六部委联合颁发的《关于鼓励和规范宗教界从事公益慈善活动的意见》精神，成立的首家宗教公益慈善基金会。

（张孝方）

【为宗教义工服务队授旗】 9月18日，无锡市宗教义工服务队授旗活动在南禅寺广场举行。"无锡市仁济志愿者服务队"和"无锡市博爱志愿者服务队"两个宗教义工服务队得以授旗。全市宗教界人士和市民近200人参与活动。成立宗教义工服务队是无锡市宗教界创新宗教公益慈善活动新形式、探索服务社会关爱人群的新举措。

（张孝方）

【素食文化博览会】 4月29日~5月3日，2014中国宜兴国际素食文化暨绿色生活名品博览会在宜兴大觉寺举行。中央台办原主任、海峡两岸关系协会顾问陈云林，国家宗教事务局副局长蒋坚永，省委常委、市委书记黄莉新，省宗教事务局局长莫宗通，市领导陈德荣、王国中、刘霞出席，台湾佛光山星云大师出席开幕式。素博会是由星云大师倡导举办，以'传播素食文化，倡导绿色生活"为主题的素食文化盛宴。其间，世界各地的400多家参展单位展示知名素食、特色小吃和商品，共接待各方游客40万人次。

（张孝方）

【道教音乐开展对外交流】 4月15日，应中国仪式乐研究中心主任康梅邀请，无锡市道教协会在水仙道院组织由道教音乐传承人伍虎勇带领的道乐团队，为上海音乐学院、英国伦敦大学，以及无锡科技职业学院的师生表演道教音乐，现场演奏《三阴三阳》《金橄榄》《散花》等八首道乐。

（张孝方）

【第四届"君山论道"】 11月8~9日，由老子道学文化研究会主办的第四届"君山论道"在江阴举行，中国社科院研究员胡孚琛等近100名全国道学文化领域的知名学者齐聚江阴，共同探讨"道学文化的现代意义"。其间，举行了世界《道藏》研究的拓荒者——陈国符教授百年诞辰纪念座谈会和《道藏源流考（新编修）》首发式。

（张孝方）

编辑 丁晓红

市（县）区概况

江阴市

【概况】江阴市北枕长江，南近太湖，东接常熟、张家港，西连常州，地处苏锡常"金三角"几何中心。交通便捷，是大江南北的重要交通枢纽和江海联运、江河换装的天然良港。全市总面积986.98平方公里，其中长江水面56.7平方公里。沿江深水岸线长达35公里。城市建成区面积122平方公里(2014年起，建成区面积将南闸街道、云亭街道纳入统计范围)。2014年年末，全市有10个镇、5个街道，201个行政村、56个社区、42个村居合一社居委。常住人口163.5万人，户籍人口123.2万人，人口出生率11.1‰，人口死亡率6.8‰，人口自然增长率4.3‰。人均预期寿命81.47岁。江阴市人民政府设在澄江中路9号。2014年，江阴市实现地区生产总值2754亿元，比上年增长7.8%，其中，第一产业增加值54.4亿元，比上年增长3.4%；第二产业增加值1520.9亿元，比上年增长6.4%；第三产业增加值1178.7亿元，比上年增长9.9%。全市常住人口人均生产总值16.9万元人民币，按现行汇率折算达2.8万美元。第一、第二、第三产业增加值在地区生产总值中的构成比例为2.0:55.2:42.8，第三产业比重比上年提高0.8个百分点。全年全口径财政收入569.2亿元，比上年增长16.9%；公共财政预算收入200.7亿元，比上年增长10.1%；基金收入198.4亿元，比上年增长41.7%；上划中央四税收入170.1亿元，比上年增长3.3%。财政支出结构继续调整，公共财政预算支出187.3亿元，比上年增长9.4%；基金支出196.1亿元，比上年增长40.9%。2014年，江阴市获国家知识产权示范城市、全国地质灾害防治高标准"十有县"、全国游泳之乡、中国城市公益慈善七星城市、全国首个"足球·啦啦操进校园"实验区等全国性荣誉称号。

（邢　盈）

【沿江开发】2014年，江阴市强化沿江开发功能，整合各开发园区产业链和产业集群，实施两端延伸促进产业集聚。江阴高新技术产业开发区发挥国家级高新区载体功能，重点发展高端金属制品、特种钢、精密机械等产业；江阴临港经济开发区加快申报国家级经济技术开发区和综合保税区，重点发展机械装备、新能源、新材料、港口物流、软件和文化创意等产业；江阴—靖江工业园区重点发展船舶制造、钢结构和海洋工业等产业，全市沿江开发向纵深领域拓展。全年沿江开发完成营业总收入5819.01亿元，其中工业产品销售收入2811.53亿元；地区生产总值1103.13亿元，比上年增长3.29%，其中工业增加值671.52亿元，比上年增长2.27%；工业总产值(现价)3272.99亿元，比上年下降4.37%；实现利税总额306.87亿元，其中工业利税总额246.22亿元。全社会固定资产投资501.47亿元，比上年增长10.24%，其中基础设施投入108.95亿元，比上年增长30.55%；工业投入296.08亿元，比上年增长9.06%。完成园区财政收入129.91亿元，比上年增长0.2%；自营进出口总额134.8亿元，比上年增长20.79%，其中自营出口66.01亿元，比上年增长38.18%；协议注册外资9.66亿元，到位注册外资5.85亿元。全年进区企业1343个，其中外商投资企业42个；建成投产开工企业1065个。用电总量93.04亿千瓦时。全年拆迁1398户44.89亿平方米，年末从业人数310123人。

（邢　盈）

【企业上市】2014年，全市总计有35个上市公司、36只股票。其中境外上市12个，创业板2个，中小板11个，主板10个。地方股权交易中心挂牌18个。首发融资186亿元，合计融资(包括再融资)484亿元。

（邢　盈）

【体制改革】2014年，江阴市全面清理党政领导干部国资公司兼职行为，完成行政事业单位经济实体清理脱钩。完成企业综合规费改革，启动工商注册制度改革。完善农业经营体系，试点展开土地承包经营权确权登记。深化农村经济体制改革，完成5个村社集体经济股份合作制改革，初步完成徐霞客镇农村产权交易试点改革。继续开展事业单位改革，完成机动车检测中心脱钩、长江饭店拍卖改革。深化教育改革，选择敔山湾实验学校试行五四学制。推进医药卫生改革，全面实施公立医院综合改革(药品零差价制)。江阴市人民医院选择第二人民医院及第四人民医院，市中医院选择青阳医院及社区卫生服务中心实行医联体发展模式并实施理事会管理体制。完善社会保障机制，被征地农民按新补偿办法刚性进保，医保实行总量预算、结算质量及单病种结算指标体系结算，异地安置人员就医启动实时联网结算。深化城市管理创新，给排水管理一体化改革持续推进，城区生活垃圾分类试点开展，建筑垃圾实行全程许可、综合资源利用、统一平衡消纳管理机制。完善生态源头保护机制，启动划定生态红线，土地红区指标实行全市统筹管理。推进司法体制改革，推动审判去行政化改革，实施法官职业化发展，探索轻微刑事案件速裁机制。

(邢　盈)

【农业水利】 全年完成农林牧渔业总产值88.61亿元。粮食总产量19.8万吨，比上年下降0.9%；油料总产量2876吨，比上年增长38.1%，其中油菜籽总产量2025吨，比上年增长5.3%；茶叶总产量11吨，比上年增长10.0%；水果总产量7.9万吨，比上年增长9.3%。全年粮食种植面积2.78万公顷；油料种植面积1200公顷；蔬菜种植面积1.46万公顷，比上年增加100公顷；水果种植面积3500公顷，比上年增加400公顷。主要畜产品中，肉类总产量4.2万吨，比上年下降4.7%，其中猪牛羊肉2.7万吨，比上年下降3.6%；禽蛋总产量1.0万吨，比上年下降5.7%。奶牛存栏0.6万头，比上年下降1.8%。全年水产品产量2.7万吨，比上年增长3.1%。全年农业机械作业总面积13.98万公顷，农业生产综合机械化水平91.83%。全市水利工程建设总投资4.75亿元，完成各类土石方455万立方米，疏浚整治河道11条、22.5千米，新建护岸15.6千米，新建、改建灌排泵站61座，桥梁60座，建设防渗沟渠52.2千米，小型配套建筑物1873座。

(邢　盈)

【工业】 全年工业用电量212.1亿千瓦时，比上年增长0.2%。全市工业总产值6522.5亿元，比上年下降1.7%；其中规模以上工业企业实现产值6021.3亿元，比上年下降2.7%。规模以上工业中，轻工业实现产值1802.9亿元，比上年增长0.9%；重工业实现产值4218.4亿元，比上年下降4.1%。全市规模以上工业实现主营业务收入5763.8亿元，比上年下降3.6%；产品销售率97.4%，比上年下降0.2个百分点；实现利税527.6亿元，比上年增长2.3%；利润353.7亿元，比上年增长4.3%。全市百强企业中，江苏三房巷集团有限公司、江苏华西集团公司、海澜集团有限公司、江苏阳光集团有限公司、江阴兴澄特种钢铁有限公司、江苏新长江实业集团公司等6个企业集团主营业务收入超200亿元，江苏法尔胜泓昇集团有限公司、江苏双良集团有限公司、江苏西城三联控股集团有限公司、江阴澄星实业集团有限公司、远景能源科技有限公司、江苏华宏实业集团有限公司等6个企业集团主营业务收入超100亿元，10个企业50亿元~100亿元，8个企业30亿元~50亿元，16个企业20亿元~30亿元，28个企业10亿元~20亿元。47个工业百强企业利税总额超1亿元，其中超10亿元12个。全市工业百强企业全年完成产品销售收入4049.2亿元，实现利税392.4亿元，分别占全市规上工业总量的70.3%、74.4%。

(邢　盈)

【建筑业】 全年建筑业完成营业收入130.8亿元，比上年增长10.5%；实现增加值67.3亿元，比上年增长9.3%。全年获无锡市工程质量小组成果一等奖3项、二等奖6项、三等奖9项，无锡市“太湖杯”优质工程奖9项，获评无锡市建筑装饰优质工程6个，3个施工企业和2个监理企业被评为无锡市建筑业优秀企业。

(邢　盈)

【房地产业】 全年房地产开发投资328.9亿元，比上年增长40.6%；商品房施工面积1673.4万平方米，比上年增长25.6%，房屋新开工面积543.8万平方米，比上年增长27.3%；房屋建筑竣工面积168.3万平方米，比上年下降44.6%。商品房销售面积190.5万平方米，比上年增长2.7%，其中商品房现房销售面积58.2万平方米、比上年增长3.0%，住宅49.6万平方米、比上年增长9.1%；商品房期房销售面积132.2万平方米、比上年增长2.6%，住宅114.9万平方米、比上年增长2.7%。商品房销售成交总额126.2亿元，比上年下降3.1%；其中住宅销售额101.3亿元，比上年下降3.8%。

(邢　盈)

【金融业】 全市年末金融机构各项本外币存款余额2942.2亿元，比上年增长7.9%；城乡居民储蓄存款余额943.3亿元，比上年增长7.6%。各项本外币贷款余额2357.4亿元，比上年增长9.3%。人民币贷款中，短期贷款1292.4亿元，比上年增加11亿元；中长期贷款723.1亿元，比上年增加103.8亿元。全年实现保费收入44.4亿元，比上年增长5.1%。其中财产险收入17.7亿元，比上年增长13.3%；人寿险收入26.6亿元，比上年增长0.3%。保险赔款支出10.7亿元，比上年增长7.9%。全市证券交易开户总数18.6万户，比上年下降14.5%。证券机构交易金额3959.7亿元，比上年增长82.8%。

(邢　盈)

【国内贸易】 全年实现社会消费品零售总额643.1亿元，比上年增长11.3%。其中，城镇零售额465.4亿元，比上年增长12.1%；乡村零售额177.7亿元，比上年增长9.1%；批发和零售业零售额606.9亿元，比上年增长11.5%；住宿和餐饮业零售额36.1亿元，比上年增长8.3%。在限额以上批发和零售业零售额中，家具类比上年增长13.5%，食品饮料、烟酒类比上年增长11.7%，建筑及装潢材料类比上年增长10.5%，中西药类比上年增长9.3%。

(邢　盈)

【邮电通信业】 全年邮电业务总收入24.8亿元，比上年下降1.8%；发送函件1407万件，下降27.1%。城乡本地固定电话用户45万户；移动电话用户221万户；计算机互联网用户45.31万户。

(邢　盈)

【交通运输业】 全年客运量7490

万人次,比上年下降 36.6%;完成货运量 3874 万吨,比上年下降 19.1%。全市港口货物吞吐量 14006 万吨,比上年增长 3.7%。全社会拥有车辆 41.9 万辆,其中汽车 32 万辆,比上年增长 11.6%。私人汽车快速发展,年末达 27 万辆,比上年增加 3.5 万辆,增长 14.9%。

(邢　盈)

【民营经济】 全年民营经济注册资金 1876.1 亿元,比上年增长 18.3%。其中私营企业 1562.5 亿元,比上年增长 20.7%;个体工商户 36.9 亿元,比上年增长 28.6%。民营经济实现增加值 1805.3 亿元,比上年增长 8.0%,占经济总量比重 65.6%。上缴税金 181.7 亿元,比上年增长 8.6%。民营经济固定资产投入 806.9 亿元,比上年增长 1.5%。

(邢　盈)

【外向型经济】 全年完成进出口总额 223 亿美元,比上年增长 11.5%,其中出口 130.2 亿美元,比上年增长 20.2%;进口 92.8 亿美元,比上年增长 1.3%。全市 32 个出口企业品牌列入 2014~2016 年度江苏省重点培育和发展的国际知名品牌,数量继续保持全省县级市及无锡各板块领先地位。全市新批外资项目 49 项,其中协议外资超 3000 万美元项目 17 项;完成到位注册外资 8.6 亿美元,比上年增长 5.6%,完成比例位居无锡各板块首位。全年完成服务外包业务合同金额 12.2 亿美元,比上年增长 35.2%;完成业务执行金额 10.1 亿美元,比上年增长 36. 1%;完成离岸业务合同金额 7.3 亿美元,比上年增长 36.9%;离岸业务执行金额 6.1 亿美元,比上年增长 41.8%。全年新批境外投资项目 28 项,中方协议投资额超 5 亿美元,投资规模列全省同类城市第一,江阴市被认定为无锡市“走出去”改革试点地区。

(邢　盈)

【固定资产投资】 全年固定资产投资 1046 亿元,比上年增长 10.2%。按产业投向分:第一产业投资 10.7 亿元,比上年下降 17.2%;第二产业投资 478.6 亿元,比上年增长 3.5%;第三产业投资 556.7 亿元,比上年增长 17.6%。按注册类型分:国有经济投资 124.7 亿元,比上年增长 44.0%;“三资”经济投资 114.4 亿元,比上年增长 47.8%;其他经济投资 806.9 亿元,比上年增长 2.8%。全年固定资产投资建成投产项目 690 个,项目建成投产率 66.7%;新增固定资产 653.7 亿元,固定资产交付使用率 62.5%。

(邢　盈)

【旅游业】 全年接待旅游、参观、访问及从事各项活动的入境游客 5.8 万人次,比上年下降 7.3%;接待国内游客 1465.2 万人次,比上年增长 6.5%。旅游总收入 218.6 亿元,比上年增长 8.9%。全市拥有 A 级景区 8 个,其中国家 AAAA 级景区 2 个,国家 AAA 级景区 2 个,国家 AA 级景区 4 个,农业旅游点 35 个。年末全市有星级宾馆 12 个,其中五星级宾馆 3 个,四星级宾馆 4 个。全市有旅行社 40 个,其中出境游组团社 3 个。

(邢　盈)

【科技】 全年新获无锡市级以上各类科技计划项目 345 项,争取到上级各类科技扶持资金 2.4 亿元。实施重点产学研项目 60 项。全市新申请专利 15790 件,其中发明专利 5579 件,比上年增长 21.0%;授权专利 6607 件;全市万人发明专利拥有量 11.1 件,比上年增加 1.5 件;全市大中型工业企业实现专利全覆盖。江阴市跻身国家知识产权示范城市行列,高新区跻身苏南国家自主创新示范区行列。全年新获认定国家火炬计划重点高新技术企业 3 个,累计 22 个;新获认定省级高新技术企业 103 个,累计 393 个。新增国家级重点新产品 4 种,省级高新技术产品 234 种,全市高新技术产业产值占规模以上工业产值的比重 40.2%,比上年提高 3.7 个百分点。江阴高新区获批国家示范型国际科技合作基地、江苏省生物医药科技产业园等 5 个省级以上创新载体;临港经济开发区获批国家级科技企业孵化器、江苏省知识产权试点园区 2 个省级以上创新载体。全市新获批江苏省工程技术研究中心 7 个、无锡市工程技术研究中心 12 个。至年末,全市累计拥有国家级工程技术研究中心 2 个、江苏省工程技术研究中心 119 个、无锡市工程技术研究中心 223 个。

(邢　盈)

【教育】 全市年末拥有各类学校教职员工数 16827 人,其中专任教师 14320 人;全市年末各级各类学校在校学生 166394 人,其中小学 91002 人、普通中学 54751 人、职业学校 20482 人(其中大专 6145 人)、特殊教育 159 人。幼儿园在园幼儿 39891 人,90%以上的幼儿在省、市优质园就读。小学和初中普及率均达 100%,初中毕业生升学率达 98.2%,全市三星级以上普通高中和省级以上重点职校就读新生达到高中阶段招生总数的 95.7%。年内,江阴市获省首批“学前教育改革发展示范区”称号。

(邢　盈)

【文化】 全年新增公共文化设施面积 6000 平方米,万人拥有公共文化设施面积 1781 平方米,全市公益性文化设施达标率 100%。周少梅国乐社(江南丝竹)、江阴市锡剧团(江阴锡剧)、江阴市利港实验小学(九狮舞)被命名为首批无锡市级非物质文化遗产传承示范基地。江苏大众医药连锁有限公司(致和堂膏滋药制作方法)、江阴市滨江酿酒有限公司(黑杜酒酿造技艺)、江阴市华西食品酿造厂(华士酱油酿造技艺)被命名为无锡市首批生产性保护示范基地。金一文化首次公开募股(IPO),江阴后朴文化、星化文化传媒在 Q 板挂牌融资。

(邢　盈)

【卫生】 全市拥有各类医疗卫生机构 538 个,其中医院、卫生院 43 个(包括三级乙等医院 2 个),社区卫生服务中心 7 个,共开放床位 7605 张。年末共有卫生技术人员 8435 人。全市基本形成以市三级医院为龙头、片区二级医院为骨干、社区卫生服务机构为基础、民营医疗机构为补充的医疗卫生服务新体系。2014 年,“新农合”人均筹资标准 660 元,参合群众 56 万人,参合率 100%,近 193.9 万余人次得到结报补偿,受益面 100%。

(邢　盈)

【体育】 全市人均公共体育设施面积 2.7 平方米,提档升级“10 分钟体育健身圈”,全市有 82 所学校向社会开放体育设施,体育场地面积超 397 万平方米。全市单项体育协会增至 28 个,社会体育指导员总计 4510

名。江阴市成功创建"全国游泳之乡",校园足球联赛经验在全国试点推广,被教育部和国家体育总局树为全国首个"足球、啦啦操"进校园示范区。江阴籍主教练陆亿良率队夺取南京青奥会女足冠军。在第18届省运会上,江阴市获金牌17.25枚,创历届最多纪录。体育彩票年销售超6亿元,继续保持全国县级市领先。

(邢 盈)

【就业】 全年提供就业岗位5.8万个,本地劳动力实现就业2.5万人,城镇新增就业1.22万人,城镇困难人员再就业1182人,全市城镇登记失业率2.38%,农村调查失业率2.83%,江阴籍返澄高校毕业生就业率92.5%,困难家庭高校毕业生就业率100%。全年扶持自主创业2175人,带动就业12993人,发放各类创业补贴202万元,发放小额担保贷款3250万元。年内,江阴市被省人社厅认定为首批"省级创业型示范城市"。

(邢 盈)

【社会保障】 全年企业职工基本养老保险扩面新增5.4万人,净增2万人;企业职工社会保险征缴实行"五险合一",全市企业职工基本养老、医疗、失业、工伤、生育保险参保人数分别达53.5万人、67.4万人、42万人、42万人、39.2万人;实施居民养老保险转接企业职工基本养老保险,完成居保转接城保0.5万人,全市居民养老保险领取人数21.1万人,居民养老保险基础养老金、被征地农民第四年龄段人员保养金标准分别提高至210元/月、500元/月;全市连续第十次调整企业退休人员基本养老金待遇,人均养老金标准1779元/月,平均增资214元/月。全市城镇企业退休人员139080人,当年城镇企业职工养老保险总支出28.5亿元。全市各类福利机构拥有床位9340张。城乡居民最低生活保障对象12006人,其中市区3381人;全年发放低保金5191.7万元,其中城镇低保1580.3万元。实施城乡医疗救助17901人次,支付救助金1200.2万元;实施临时救助5297人次,发放救助金417.6万元。全市重点优抚对象5985人。全年全市慈善组织累计募集善款(含冠名基金)6313万元。

(邢 盈)

【城乡居民生活】 全市全体居民人均可支配收入39506元,比上年增长8.9%。其中,城镇居民人均可支配收入46880元,比上年增长8.6%;农村居民人均可支配收入23965元,比上年增长10.2%,农民收入连续第15年蝉联全省同类城市第一。城镇居民家庭恩格尔系数29.3,农村居民家庭恩格尔系数30.3。城镇居民人均消费性支出24976元,比上年增长7.2%。农村居民人均消费性支出15304元,比上年增长9.7%。居民住房条件继续改善,据抽样调查资料显示,城镇居民人均住房面积59.3平方米,农村居民人均住房面积70.3平方米。

(邢 盈)

【基础设施建设】 2014年,江阴大道、海港大道、暨南大道西延伸段等建成通车,锡澄高速公路花山互通开工建设,世纪大道启动改造。中山路南延伸段、花北路、华侨路等竣工通车,虹桥路南延伸段、青果路南延伸段等加快推进,鲥鱼港路、公园路完成改造。锡澄运河航道整治和滨江路桥、镇澄路桥建设按计划实施,申港河西新渡口南岸工程基本竣工。新沟河延伸拓浚工程有序推进,青祝河治理工程顺利竣工。芙蓉湖公园、鲥鱼港公园、应天河风光带一期基本建成,鹅鼻嘴公园等完成改造。全市完成拆迁142万平方米,其中主城区27万平方米。建成安置房184万平方米,其中主城区57万平方米;主城区2835户拆迁户分到新房。配套设施逐步完善,文富公交首末站开工建设,敔山湾公交首末站顺利竣工,城市公交出行分担率28.5%。绮山应急备用水源地、小湾水厂深度处理、高层住宅二次加压供水改造等工程加快推进。完成澄南桥翻建等工程,城区全年修补路面35935平方米,人行道板修复10306平方米,侧平石修复9015米,沥青灌缝23677米。累计完成雨水管网清疏547.2千米。

(邢 盈)

【公用事业】 全市拥有35千伏至110千伏变电所75座,主变容量590.5万千伏安。全社会用电量、供电量和售电量分别为237.87亿千瓦时、215.23亿千瓦时和211.28亿千瓦时,分别比上年下降0.67%、增长0.40%和2.20%。全年供水量25100万立方米,日均供水量67.7万立方米,全市日供水能力106万立方米,用水普及率100%。全年投资8432万元,新建燃气管网210.8千米,完成3.1万户天然气居民用户入户工作,建成区天然气主管网覆盖率100%。全年供应天然气57856万立方米,液化石油气34980吨。全年推进城区热网整合工程15.8千米。全年无害化处理生活垃圾50.5万吨,日均处理1383吨,无害化处理率和全量焚烧率均达100%。新建污水主管网50余千米,建成农村生活污水处理设施50个,处理生活污水13300万吨;城区和集镇建成区生活污水集中处理率分别为96.45%、86.18%。新增照明建设管理道路55千米、光源5379个,实施完成295个背街小巷照明设施节能改造,全市600余千米照明设施的亮灯率和设施完好率分别为99%、98%。

(邢 盈)

【环境保护与治理】 全年城区空气质量优良天数比例58.9%,城市集中式饮用水源地水质达标率100%,环境噪声达到功能区要求。主要污染物排放总量提前完成"十二五"规划减排任务,排放强度下降,单位地区生产总值化学需氧量、二氧化硫、氨氮、氮氧化物排放强度分别下降到0.43千克/万元、1.15千克/万元、0.034千克/万元、1.47千克/万元。

(邢 盈)

【造林绿化】 城市建成区绿化覆盖面积5188.7公顷,绿地面积4764.1公顷,公园绿地面积534.0公顷。全市林木覆盖率23.3%,建成区绿化覆盖率42.5%,人均公共绿地面积15.9平方米。

(邢 盈)

【江阴市获评国家知识产权示范城市】 2013年4月,江阴市通过国家知识产权试点城市验收,进入国家知识产权示范城市创建阶段。江阴市委、市政府重视国家知识产权示范城市创建工作,实施知识产权强市、强企战略,推进知识产权与经济科技深度融合,加强知识产权保护和运用,知识产权事业发展取得进步。2014年7月,江阴市申请参加国家知识产权示范城市评定工作。11月，根据《国家知识产权试点、示范城市(城区)评定和管理办法》规定，经过国家知识产权局综合评定，江阴市获"国家知识产权示范城市"称号。江阴市知识产权局被评为国家知识产权试点城市建设工作先进单位。

(邢 盈)

【江阴市获评全国地质灾害防治高标准"十有县"】 2014年，江阴市按照国土资源部2013年9月启动的地质灾害防治高标准"十有县"(有组织、有经费、有规划、有预案、有制度、有宣传、有预报、有监测、有手段、有警示) 建设要求，加强地质灾害防治工作，全面开展创建活动。年内，完成《江阴市2014年度地质灾害防治方案》编制工作，组织对全市地质灾害隐患点进行全面普查，确定19个地质灾害隐患点、危险点，发放地质灾害防灾工作和防灾避险"明白卡"38份，设立警示牌和张贴宣传画20处；完成《江阴市地质灾害应急预案》修编工作，完成地质灾害危险性评估备案151份，其中三级评估备案54份，暂免评估备案97份；努力改善生态环境，完成海港大道凤凰山隧道南北出口、秦望山南出口3项地质环境治理项目，复绿面积8公顷；建立完善群测群防工作制度和责任体系，有效避免和减少地质灾害造成人民群众生命财产损失。10月，江阴市地质灾害防治高标准"十有县"建设通过国土资源部验收，12月，江阴市被国土资源部表彰为全国地质灾害防治高标准"十有县"。

(邢 盈)

【江阴市获评全国游泳之乡】 2009年，江阴市在全国首提"镇镇游泳池"建设计划，并作为市委、市政府为民办实事工程加以推进。按照"两年建设施，三年打基础，争创全国游泳之乡"的整体规划，政府主导建设好群众身边的游泳池馆设施，多元引导利用好保持可持续发展的社会资源，组织开展丰富多彩的全民游泳健身活动，创新培育拓展游泳项目业余训练，依法规范管理好游泳池馆经营开放。全市每年参加游泳锻炼人群超过200万人次，培训游泳学员15000人次以上。2014年12月12日，由中国游泳协会、中国救生协会开展的2009~2013年度"全国游泳之乡"和"全国群众游泳健身活动模范池馆"评审活动结果揭晓，评审命名"全国游泳之乡"10个单位、"全国群众游泳健身活动模范池馆"132个单位，江阴市被命名为"全国游泳之乡"，江阴市体育中心游泳馆获"全国群众游泳健身活动模范池馆"称号。

(邢 盈)

【江阴市连续三届获评"中国城市公益慈善七星城市"】 "中国城市公益慈善指数"测评活动由民政部发起，每两年测评一次，其指标体系由民政部中民慈善捐助信息中心组织国内外专家研发编制，用于监测衡量城市公益慈善事业发展水平。通过对全国城市社会捐赠、志愿服务、慈善组织、慈善经济贡献、政府支持慈善事业发展和城市慈善文化6个方面29个指标进行综合计算，评出"中国城市慈善百强榜"。江阴市多年来广泛传播慈善文化，社会捐赠热情高涨，慈善基金盘子不断做大。至2014年7月末，全市募集各类慈善基金总额超12亿元，自愿认捐冠名基金的企业超400个，其中认捐金额800万元以上的有30个；认捐1万元以上的市民个人和家庭冠名基金31个，其中最多的认捐达50万元，初步形成人人奉献爱心、人人参与慈善的良好氛围。8月16日，第三届"中国城市公益慈善指数"测评结果在北京发布，现场揭晓"中国城市公益慈善百强榜"，江阴市城市公益慈善综合指数在全国县级市中排名第一，其中社会捐赠指数在全国所有城市中位居第一，第三次蝉联最高奖项"中国城市公益慈善七星城市"。

(邢 盈)

【江阴市获评2014年中国中小城市综合实力百强县(市)第一名】 2014年10月17日，在《2014中国中小城市绿皮书》发布会暨第十届中国中小城市科学发展高峰论坛上，江阴市获评2014年中国中小城市综合实力百强县市第一名。该次发布会暨高峰论坛在北京中国社会科学院举行，由中国中小城市科学发展高峰论坛组委会、社会科学文献出版社、东北亚开发研究院主办，中国城市经济学会中小城市经济发展委员会、东北亚开发研究院城市发展研究所、中国中小城市网承办。同时，中国城市经济学会中小城市经济发展委员会、中小城市发展战略研究院携手全国综合实力百强县(市)成立中国第一个中小城市领域经济协作组织——中国中小城市合作发展联盟(CSMCCA)，发展联盟系全国中小城市最大的资源合作平台，旨在推动百强城市的产城融合、园区升级、生态治理、资本对接。2014年中国中小城市综合实力评价，主要从经济发展、社会进步、环境友好、政府效率四个方面进行，充分反映中小城市科学发展总体水平。江阴凭借产业质态更加优化、城市形态更加现代、生态环境更加优美、百姓生活更加幸福、经济社会统筹协调的新业绩，在全国中小城市综合实力评价中一举夺魁。

(邢 盈)

【江阴市成为全国首个"足球·啦啦操进校园"实验区】 2014年，江阴市全面贯彻落实国家和省、市关于加强青少年体育运动、增强青少年体质的有关指示精神，成功举办江阴市首届"澄星杯"中小学生阳光校园足球联赛，有77所中小学、101支男女足球队、1782名运动员参赛。教育部在专项调研的基础上，命名江阴市为全国首个"足球·啦啦操进校园"实验区。江阴市在普及校园阳光足球的同时，努力建立小学、初中、高中层层递进的人才培养"塔状结构"。实施"育苗工程"，建立8个女足基地学校和3个男足基地学校；实施"一条龙"衔接，建立小学与初中，初中与高中的衔接机制，通过招生政策的改革，让优秀的足球运动苗子毕业后能够进入高一级基地学校；与江南大学等高校合作，签订优秀女足队员升入高校的"绿色通道"合作协议。10月11日，由教育部体卫艺司和国家体育总局体操运动管理中心牵头实施的全国首个"足球·啦啦操进校园"实验区活动授牌揭牌仪式在江阴市举行。

(邢 盈)

【江阴市蝉联全国县域经济基本竞争力排名"十二连冠"】 2014年11月1日，北京中郡县域经济研究所发布《2014县域经济发展报告》并揭晓第14届县域经济基本竞争力与县域科学发展评价结果。江阴市注重发挥区位优势,把握转型契机,优化政府服务,增强经济内生动力,持续推进城乡建设,加强民生保障,改善环境质量,再次获评中国县域经济与县域基本竞争力百强县(市)第一名,实现"十二连冠"。第14届县域经济基本竞争力和县域科学发展评价的主题是"增强县域经济内生动力",评价过程中坚持"一壮大三提高(壮大县域经济,提高富裕程度、绿色指数、居民满意度),科学评价助推科学发展,建设富裕绿色幸福县城"指导思想,突出居民收入、节能减排、绿色发展和科技进步等县域经济质量,强化社会安定、安全生产、环境保护和县域领导等县域科学发展评价的约束。

(邢　盈)

【江阴市实现中国全面小康十大示范县(市)"七连冠"】 2014年,江阴市积极应对中国经济发展新常态,紧紧围绕全面小康建设总目标,实施新一轮改革发展战略,重点落实大力提升产业发展水平、城市品质能级、生态环境质量、百姓民生福祉"四个提升"总任务,在改革创新中赢得发展先机,产业质态更加优化,城市形态更加现代,生活环境更加优美,百姓生活更加幸福,致力打造充满实力、活力、魅力的国际化、现代化滨江名城。12月20日,由求是杂志社编委会批准、小康杂志社主办的主题为"全面小康与县域发展"的2014第九届中国全面小康论坛在北京举行,江阴在新常态下推进全面小康建设、在高平台上实现新提升、在高起点上谋求新跨越的探索实践得到与会领导、专家、媒体的高度关注。在此次论坛上,江阴市获评"2014中国全面小康十大示范县(市)"第一名,实现"七连冠"。

(邢　盈)

组织机构和领导人员名单

中共江阴市委员会

书　记　周铁根
副书记　沈　建
　　　　王进健(至1月)
　　　　蔡叶明
　　　　崔荣国(赴新疆工作)
常　委　周铁根
　　　　沈　建
　　　　王进健(至1月)
　　　　蔡叶明
　　　　崔荣国(赴新疆工作)
　　　　孙小虎
　　　　徐冬青
　　　　计　军
　　　　孙　英(女)
　　　　钱文琴(女)
　　　　冯爱东
　　　　吴　芳(女)
　　　　袁秋中
　　　　戴旭东

江阴市人大常委会

主　任　赵国权
副主任　倪颖伟
　　　　郑　元
　　　　朱　敏
　　　　黄耀清

江阴市人民政府

市　长　沈　建
副市长　孙小虎
　　　　计　军
　　　　吴　芳(女)
　　　　费　平
　　　　龚振东
　　　　封晓春
　　　　唐仲贤
　　　　程　政(2月任)
　　　　虞卫才
　　　　韩　民
　　　　张继文(挂职)

政协江阴市委员会

主　席　薛　良
副主席　须振宇
　　　　黄丽泰(女,兼)
　　　　张英毅
　　　　喻伟力
　　　　陈兴初

中共江阴市纪律检查委员会

书　记　孙　英(女)

(邢　盈)

宜兴市

【概况】 宜兴市地处江苏省西南端、沪宁杭三角中心,东面太湖水面与苏州太湖水面相连,东南临浙江长兴,西南界安徽广德,西接溧阳,西北毗连金坛,北与武进相傍。滆湖镶嵌宜兴和武进之间,三氿(东氿、团氿、西氿)相伴宜兴市区宜城东西两侧。地势南高北低,西南部为低山丘陵,全市最高峰为黄塔顶,海拔611.5米;东部为太湖渎区,适宜种植各种蔬菜;北部和西部分别为平原区和低洼圩区,是宜兴粮油主要产地。全市总面积1996.61平方千米(其中太湖水面242.29平方千米),城市化率62.95%。至年底,全市有中国宜兴环保科技工业园、宜兴经济技术开发区2个国家级开发区,江苏宜兴陶瓷产业园区1个省级开发区,镇13个、街道5个,有行政村213个、社区97个。户籍总人口108.19万人,其中男性53.43万人。全年出生10749人,出生率9.95‰;死亡8310人,死亡率7.69‰;人口自然增长率2.26‰;计划生育率99.63%,独生子女率82.42%,出生人口性别比107.05。有少数民族42个、10893人。宜兴市人民政府设在宜城街道陶都路8号。2014年,宜兴市实现地区生产总值1233.89亿元,比上年增长8.3%(可比价);公共财政预算收入94.45亿元,比上年增长9.1%;社会消费品零售总额464.42亿元,比上年增长11.6%;全社会固定资产投资602.15亿元,比上年增长8.4%;城镇居民、农村居民人均可支配收入分别为39492元、20178元,分别比上年增长8.9%、10.4%。主要经济指标增幅高于无锡平均水平。宜兴市列2014年中国十强县(市)榜第五位、2014中国县域综合竞争力排行榜第六位、2014年中国中小城市综合实力百强县(市)第六位、十四届全国县域经济与县域基本竞争力百强县第七位,入选《福布斯》(中文版)2014中国大陆最佳县级城市排行榜。年内,宜兴市获"全国休闲农业与乡村旅游示范市""全国首批中德低碳生态试点示范城市""国家电子商务进农村综合示范市”“江苏省国土资源节约集约模范市”等称号，蝉联“全国慈善七星级城市”“江苏省金融生态优秀市”称号。

(吴 艳)

【改革】 年内，宜兴市加大财税领域改革力度，完善有关政策，促进经济和社会又好又快发展，提升财政扶持绩效。基本建立全口径预算体系，9个部门试点预决算信息公开。加强镇级政府性债务管理，资金、土地、项目“三位一体”管控模式构建到位。推进审批制度改革，工商登记“先照后证”改革全面启动，丁蜀镇“强镇扩权”第二批下放事项承接到位。启用电子化招投标方式，政府投资工程招投标制度体系更趋完善。启动农村土地承包经营权确权登记颁证工作试点，农村集体经济组织成员资格界定基本完成，山林延续承包工作有序开展。推进营改增试点、户籍制度改革、公立医院综合改革、事业单位分类改革，落实单独两孩新政。

(吴 艳)

【农业】 全市农业总产值88.45亿元，比上年增长5.84%；粮食总产量47.18万吨，粮食生产实现“十一连丰”。其中，水稻产量28.06万吨，小麦产量17.55万吨，油料产量0.62万吨，茶业产量6127吨，蔬菜产量59.01万吨，肉类产量3.58万吨，禽蛋产量9900吨，渔业产量7.06万吨。全市粮食种植面积6.67万公顷，新增高效设施农业733.33公顷、高标准基本农田5666.67公顷。完成“三农”投资5.1亿元。农业适度规模经营比重增至83.8%。生物农业继续保持无锡地区领先地位，20个生物农业企业完成销售收入23.6亿元，比上年增长25%。全年水利建设投资5.49亿元，西溪河二期等中小河流治理项目顺利推进，中央“小农水”(小型农田水利工程)重点县年度建设任务全面完成。农机总动力53.47万千瓦，农业机械化水平85.4%。开展家庭农场认定工作，230个家庭农场通过首批认定，全市有省级示范家庭农场2个、无锡市示范家庭农场15个。全市拥有各类休闲农业点(含“农家乐”)400多个。

(吴 艳)

【工业】 工业经济稳健运行，全市有工业企业9306个，全年工业总产值(现行价)3402.25亿元，工业应税销售收入3449.44亿元，产品销售收入3330.18亿元，工业利税总额204.24亿元、利润总额141.37亿元。高端线缆、节能环保、新材料、新能源及光电子五大新兴产业快速发展，全年规模以上企业实现产值1454.8亿元。陶瓷与耐火材料、化纤纺织、机械铸件和铜材加工四大优势传统产业健康发展。全市有规模以上工业企业943个，实现工业产值(现行价)2812.88亿元。全年应税销售收入超100亿元的企业4个、50亿元~100亿元的6个、20亿元~50亿元的20个。园区发展再上台阶，各级各类园区产出贡献率90%。环科园确立“环境医院”发展模式，探索环保产业整合转型新路径，国际环保展示中心启用；开发区与芳桥街道实现统筹发展，引进超10亿元项目2个；陶瓷产业园被评为省新材料特色园区、省知识产权试点园区；13个市级工业集中区有工业企业3989个，工业销售收入1628.2亿元。

(吴 艳)

【建筑业】 全市有施工企业660个，年产值超1亿元的企业47个，其中超20亿元的3个，10亿元~20亿元7个。从业人员12.6万人，拥有注册建造师4784人，其中一级注册建造师680人、二级注册建造师3719人。全年建筑业总产值335亿元，其中钢结构、环保、防腐保温、地基基础等传统专业企业的建筑业产值91.8亿元。全市有建筑机械设备4.8万台，总功率194万千瓦，总净值26.2亿元。全年房屋建筑施工面积1738万平方米，其中新开工工程544万平方米、竣工工程823万平方米。承建高层建筑工程311个、大跨度结构工程8个、建筑面积10万平方米以上小区及配套工程5个。全年建设工程项目中，获国家和省级优质工程奖19个，获省级标准化工地21个、无锡市级标准化工地32个。沪宁公司入围中国建筑业竞争力百强企业排行榜，6个建筑企业跻身江苏省建筑业企业百强。

(吴 艳)

【房地产业】 全市有房地产开发企业191个。全年房地产开发投入134.43亿元，比上年增长3.4%。其中，住宅开发投入100.64亿元，比上年增长7.6%。全市房地产施工面积845.26万平方米。全年发放预(销)售许可证49件；批准上市面积160.85万平方米，比上年下降41.62%；实现各类商品房销售103.01万平方米，比上年下降24.65%；成交金额73.82亿元，比上年下降33.27%；各类住房均价6668元，比上年下降9.71%；二手房交易4289起，比上年下降37.74%，成交面积64.05万平方米，比上年下降40.55%。全年拆迁安置房在建272万平方米，安置小区蠡河花园及沧浦家苑二期交付使用。全年拆除各类房屋近52万平方米。

(吴 艳)

【商贸流通】 全年社会消费品零售总额464.42亿元，比上年增长11.6%，增幅超过无锡市平均水平，消费规模居全省前列。商业骨架逐渐拉开，人民路核心商圈、城东商圈、城北商圈集聚成型。7个品牌超市进驻农村新设网点，为新农村建设配套较为完善的商业设施。至年底，全市实现45个原建制镇大中型超市全覆盖、各中心村便利超市基本覆盖，惠及全市30万名以上农村居民。全市有各类商品交易市场90个，商品市场成交额418.17亿元。年成交额超50亿元的商品交易市场2个(中国宜兴国际环保城、江苏融达建材装潢市场)、超10亿元的商品交易市场7个、超1亿元的商品交易市场10个。电子商务快速兴起，电商网店超4000个。

(吴 艳)

【开放型经济】 外贸总量保持平稳，完成进出口总额55.46亿美元。新设外资项目15个，到位注册外资1.85亿美元，工商登记协议注册外资4.17亿美元。新核准境外投资项目8个，新增境外中方投资额2.96亿美元。全年协议引进工业内资(市外资金)项目82个，协议引进工业项目内资124.79亿元。全市有境外上市企业17个。服务外包企业累计125个，从业人员累计2.1万人。全市上市企业22个，其中境内上市5个、境外上市17个，IPO(首次公开募股)融资总额128亿元，“新三板”挂牌企业2个。与美国海威市缔结为友好城市。

(吴　艳)

【交通运输】 全年交通基础设施建设投资14.19亿元,其中公路工程投资12.49亿元、客运场站工程投资0.64亿元、农村实事工程投资1.06亿元。全年开工交通基础设施建设项目43个,其中公路工程29个、客运场站工程7个、农村实事工程2个、航道工程2个。滆湖东路、太湖大道东延段、老宜漕线万石段等13条公路建成通车,G104国道宜兴收费站建成投用,阳灵隧道全线贯通,新庄大桥建成通车。全年改造美化镇村公路130千米,改造农村危(旧)桥20座。累计建成公共自行车站点170个,投放车辆4100辆。在全省率先推行镇村公交"准点行动",提高城乡公交准班准点率。新增公路通车里程23千米,全市公路通车总里程2365千米,内河航道通航总里程610千米。全年完成客运量7143万人次,客运周转量8.83亿人千米;货运量3562万吨、货运周转量28.86亿吨千米;港口吞吐量4213万吨。

(吴　艳)

【邮电通信】 全年邮政业务总收入1.83亿元,比上年增长14.1%。电信业务总收入15.54亿元,比上年增长1.7%。全市有固定普通话机用户37.04万户,比上年减少8.5%;移动电话162.46万部,比上年增长1%;互联网用户32.19万户,比上年减少25.5%。全市有线电视用户38.1万户,数字电视用户35.19万户,数字电视互动用户3.52万户,高清数字电视用户8.87万户。

(吴　艳)

【城乡建设】 全年实施政府投资工程38个,完成投资15亿元。新庄大桥新建、荆溪南路改造、土城路改造等民生工程,太湖大道、宜漕路等绿化工程,太湖大道、宜金线(新建段)等路灯工程,蠡河花园、沧浦二期两个安置房工程均于年内竣工。市文化中心、市实验小学城东分校、汇龙商务中心、养老护理中心等重大工程项目有序推进。宜城、丁蜀8个老小区环境整治到位。原被撤并乡镇集镇区域改造工作启动,首批10个原撤并老集镇年内完成提升改造。改善城区重要节点管理秩序,人民南路创建成省级城市管理示范路,城区大排档集中经营管理初见成效。燃气管网扩面、供电网络扩容等工程加快实施。西渚镇白塔村被评为江苏最具魅力休闲乡村和无锡市美丽乡村休闲旅游示范村。全市累计有江苏最具魅力休闲乡村3个、无锡市社会主义现代化新农村建设示范镇(街道)10个、无锡市社会主义现代化新农村建设幸福村144个。

(吴　艳)

【公用事业】 全社会用电量88.28亿千瓦时,比上年下降2.73%。市供电公司供电量80.59亿千瓦时、售电量76.69亿千瓦时,分别比上年下降3.87%和3.74%;电费收入55.88亿元。全市有发电机额定容量3000千瓦以上的发电企业16个,其中抽水蓄能电站1个、垃圾发电厂1个、热电联产企业6个、资源综合利用企业8个。全年新增供水主支管网153千米,累计有主支管网2700千米,总供水量1.08亿立方米。湖汊水厂改扩建工程建成投运。全年天然气供应量3.7亿立方米。完成老小区燃气管道改造工作,涉及居民近1万户。4座加气站建成,全市"油改气"项目实现零的突破。

(吴　艳)

【环境保护】 芳桥、万石、和桥、湖㳇和新建5个镇(街道)的太湖流域一、二级保护区农村环境连片整治工程完成,丁蜀镇农村环境连片整治工程通过省级验收,覆盖拉网式农村环境综合整治工作启动,农村环境持续改善。整体推进环境治理工作,实施治太保源企业达标排放、大气污染治理、农村环境整治等工程。主要入太湖河道基本消除Ⅴ类水质,污水厂出水达标率66.7%,饮用水源地水质达标率100%,连续第七年实现太湖安全度夏。空气达到及好于二级标准天数占65.9%,达到65%的考核要求,在无锡地区位列第一。城市建成区绿地率39.75%、绿化覆盖率42.79%、人均公园绿地面积15.78平方米。全市森林覆盖率、林木覆盖率分别为24.05%、28.62%。城区和集镇建成区生活污水处理率分别为96%、86%,城市建成区生活垃圾机械化收集率100%。

(吴　艳)

【金融保险】 年末,全市银行机构本外币存款余额1758.86亿元,比上年增长5.52%;本外币贷款余额1391.54亿元,比上年增长3.15%。全市保险机构保费收入31.95亿元,比上年增长5.55%;赔款和给付18.3亿元,比上年增长27.38%。证券、期货交易额分别完成1776.88亿元、1517.75亿元。全市担保余额90.49亿元,比上年增长2.14%;年末风险准备金余额1.8亿元,比上年增长11.52%。典当贷款余额4亿元,比上年下降49.17%;年末当户数722户,比上年下降50.72%。至年底,全市有商业银行23个、农村小额贷款公司14个、投资担保公司6个、保险公司51个、保险中介公司5个、证券公司12个、期货公司2个、典当公司6个。

(吴　艳)

【旅游】 全年接待游客1737.57万人次,旅游总收入178.92亿元,分别比上年增长10.56%、10.3%。其中,接待海外游客9.27万人次,比上年增长4.39%。云湖风景区和陶瓷博物馆成为国家AAAA级旅游景区,阳羡生态旅游度假区晋升为省级旅游度假区,阳羡湖、阳山荡获批省级水利风景区。至年底,全市有国家AAAA级景区8个、AAA级景区1个,有省四星级旅行社1个、三星级旅行社5个、二星级旅行社7个,全国休闲农业与乡村旅游示范点5个,省星级乡村旅游区(点)20个,无锡市星级"农家乐"76个。旅游景区向60周岁以上老人免费开放。开展旅游营销,与23个单位建立旅游合作新平台。举办第三届国际素博会等系列活动。乡村旅游蓬勃发展,推出"宜帮菜"品牌,58个客栈民宿加盟"智慧乡村旅游"。宜兴市位列新华网"2014最美中国榜"同级城市第一位,入选携程网"国内十大最具潜力目的地"旅行口碑榜,被评为国际休闲示范城市,获"2014最具文化底蕴旅游目的地"称号;善卷洞、竹海和张公洞3个景区入选2014最受欢迎的生态休闲之地。

(吴　艳)

【科技】 全市高新技术产业产值1082.5亿元,占规模以上工业总产值的38.5%。全市大中型工业企业、规模以上工业企业研发机构建有率分别为94.5%、51.7%。全市有国家、省级"孵化器"7个,省级工程技术研究中心106个。新认定高新技术企业15个，累计276个；新增省高新技术产品299种。产学研对接活动加快创新资源聚集，全年举办或参加产学研对接活动50余场（次），签约合作项目130余项。全社会研发投入38.27亿元，占地区生产总值的2.97%。专利申请量和授权量分别为3921件、2546件，万人有效发明专利拥有量10.89件。实施省级以上科技计划项目102项，争取科技资金1.01亿元，5个企业承担省重大成果转化项目。新建“千人计划”专家工作站10个，引进省“创新团队”2个。通过国家可持续发展实验区验收考察。“苏科贷”贷款规模居全省县级市前列。新建镇被认定为省创新型试点乡镇，全市累计6个。

（吴　艳）

【**教育**】 全市全年教育事业投入21.89亿元，比上年增长10.56%。教育资源调整优化，组建宜兴开放大学，创建成国家中等职业教育改革发展示范学校1所、省优质幼儿园4所。全市高等院校、中等专业学校、普通中学、小学、特殊教育学校、幼儿园、成人学校分别有2所、4所、42所、54所、1所、77所、19所，在校学生数分别为7977人、9803人、4.27万人、6.04万人、135人、2.5万人、1.69万人。全市有教职工1.05万人，其中专职任课教师9497人、教授级（正高级）教师3人、高级教师2632人、中级教师5646人。全市义务教育入学率、巩固率保持100%，初中阶段升学率98.52%（上年为98%），高考录取率93.48%。取消普通高中借读政策，实行城区小学、初中按计划、分批次招生，并首次实行择校摇号政策。撤销分水小学、周铁中学分水办学点建制，合并组建行知实验学校。同月，撤销湖汶小学、湖汶中学建制，合并组建湖汶实验学校。至年底，全市有九年一贯制学校3所。

（吴　艳）

【**文化**】 全市有文化产业单位1650个，从业人员6万多人。全年文化产业增加值45亿元，占全市地区生产总值的3.6%。“均陶制作技艺”入选国家级非物质文化遗产名录。打造群众文化品牌，举办第13届“新风颂”文艺汇演、文化区域互动、第六届社区文化艺术节、“文化乡村行，和谐千万家”文化集中服务活动等品牌活动。举办首届企业文化艺术节。增强文化惠民承载力，提高市文化馆、中国宜兴陶瓷博物馆、市图书馆、宜兴美术馆等公益性文化场馆的服务能力和水平。完成宜兴市省级以上文保单位记录档案补充工作，开展第三次全国文物普查新发现保存状况的调查工作。全市有全国重点文物保护单位6家、11个点，省文物保护单位13家、23个点，市文物保护单位88家、94个点，市文物控制单位56家，红色革命遗址19处，馆藏文物1万余件。市广播电视台全年播出自采广播、电视新闻2.6万余条（次）。《宜兴日报》全年刊登宜兴地区新闻7000余篇、新闻图片3000余幅。市档案局新增进馆档案7.79万卷（件），保管档案总数66.82万卷（件）。全市有各级非物质文化遗产项目55个，其中国家级3个；各级非物质文化遗产项目代表性传承85人，其中国家级3人。宜兴市被命名为“江苏省公共文化服务体系示范区”，周铁镇被认定为中国历史文化名镇。

（吴　艳）

【**卫生**】 全市医疗单位全年门诊、急诊515.26万人次，比上年增长8.71%；收治住院病人15.5万人次，床位使用率95.43%，分别比上年增长13.06%和下降0.81%；业务收入24.36亿元，比上年增长16.06%；有卫生技术人员7640人，注册执业医师、执业助理医师3356人，注册护士3332人。市卫生系统招录医卫类毕业生283人，其中硕士生34人。无偿献血1.82万人次，无偿献血总量540.8万毫升，无偿献血占临床用血比例、自愿无偿献血比例、自愿捐献血小板比例均继续保持100%。宜兴市通过国家卫生城市国家级复审，社区卫生服务站规范化建设实现市域全覆盖。

（吴　艳）

【**体育**】 巩固“城乡10分钟体育健身圈”建设成果，村（社区）体育健身设施覆盖率100%。人均拥有公共体育设施面积2.6平方米。新增市级体育社团2个，累计22个。年内承办中古国际女篮对抗赛、世界斯诺克巡回赛宜兴高塍公开赛、全国越野行走比赛等国际和全国性体育赛事，承办市级以上体育赛事9项（次）。新增各级社会体育指导员297人，累计3166人。开展各级各类群众体育活动283次，吸引20万人次参与体育健身活动。元旦迎新长跑、送体育下乡、苏南第一峰登山比赛、8月8日全民健身节启动仪式成为相对固定的品牌活动。体彩年销售4.18亿元，比上年增长16.92%，筹集体彩公益金2950万元。

（吴　艳）

【**人民生活**】 城镇居民人均可支配收入39492元，比上年增长8.9%；农村居民人均可支配收入20178元，比上年增长10.4%。城镇居民人均住房建筑面积46.49平方米，农村居民人均住房建筑面积61.43平方米。城镇居民人均生活消费性支出25035元，农村居民人均生活消费性支出13792元。陶都通卡发行85万余张，与“全国城市一卡通”实现互联互通。“无线宜兴”开通，“智慧农村网”上线运行，4G网络基本覆盖全市域。保障性住房开工数和竣工数均超额完成省定目标。居民消费价格指数低于全省平均水平。新增就业2.7万人，转移农村劳动力2万人；城镇登记失业率2.2%，低于省控目标。社会保险综合覆盖率保持稳定，新增社保扩面1.3万人，职工大病医疗保险全面实施，城乡居民基础养老金、城乡低保、困难家庭住房保障标准相继上调。市养老护理中心、宜城街道居家养老配餐中心、残疾人“博爱家园”双基工程建成。

（吴　艳）

【**防范和化解企业风险**】 宜兴市委、市政府积极推进政银企合作、协调处置、对上争取等工作。5月，在无锡市委、市政府的支持和推动下，宜兴市12个骨干企业和36个银行单位签订联合公约，建立经济金融安全示范区，固化企业的担保关系和贷款存量。在2013年开展打击恶意逃废债务行为专项行动、大额存量不良贷款处置专项行动的基础上，2014年7月，建立预防恶意逃废债务信息通报甄别制度，对涉险、出险企业的法人变更、股权转让、房产过户、房产抵押和企业主出国（境）等情况及时甄别、每日通报。致力优化环境，通过对上争取支持，省政府召开专题会议研究维护宜兴金融生态环境有关事项并协调一批银企个案;为企业落实政策扶持,对小贷公司、担保公司实施资金奖补。至年底,全市没有发生系统性的金融风险,规模骨干企业运行总体稳健。

(吴 艳)

【可持续发展实验区通过验收考察】 2009年,科技部批准宜兴市建设国家可持续发展实验区。宜兴市根据《2008~2013国家可持续发展实验区建设规划》要求,制定实施《宜兴市可持续发展实验区规划》,完成建设"富裕、和谐、秀美"新宜兴惠民工程、太湖水污染治理示范工程、新农村建设示范工程、生态型绿色环保城市建设示范工程、"5525"科技创新示范工程和中国宜兴环保科技工业园"二次创业"示范工程及其他优先建设项目36项,可持续发展实验区建设规划中确定的七大类、32项指标全部达标。2014年12月,宜兴通过科技部国家可持续发展实验区专家组验收,被专家组推荐参加国家可持续发展实验区部门联席评审会。

(吴 艳)

【差别化考核走在全国前列】 2007年起,宜兴市委、市政府尝试不以GDP为主要指标的差别化考核新机制,通过个性化、有针对性的考核,引导各地因地制宜发展。对环科园和经济开发区,考核指标侧重于开放型经济和重点项目建设等方面;对地处宜南山区的湖㳇、太华、西渚等镇,考核指标侧重于生态环境保护与旅游产业提升等方面。2009年,中组部启动"健全促进科学发展的党政领导班子和领导干部考核评价机制"试点工作。宜兴作为江苏省唯一的试点城市,在总结差别化考核有效实施的基础上,按照"选优和配强领导班子、服务和促进科学发展"总体要求,推进试点工作,注重突出对不同职位、不同职责干部的分类考核。2014年9月,中央电视台《焦点访谈》栏目详细介绍宜兴科学实施差别化考核、建立更加完善的干部政绩考核体系的先进经验。

(吴 艳)

【芳桥镇撤镇设街道并委托开发区管理】 芳桥镇与宜兴经济技术开发区地域相接、交通相连,产业发展、城镇建设互补性很强。为解决行政区域化分割、两地资源要素无法优化配置、互动发展效应不够突出等问题,宜兴市以宜兴经济技术开发区升格为国家级开发区、芳桥镇阳山荡新城启动开发为契机,于4月撤销芳桥镇行政建制,实行街道办事处的管理体制,由宜兴经济技术开发区代为管理,统筹两地发展。芳桥撤镇设街并调整管理体制,打开了主城区和开发区发展的纵深空间,加强了北部产业集聚,提升了城市的综合能级和辐射力。调整后,宜兴全市设5个街道、13个镇。

(吴 艳)

【均陶制作技艺入选国家级"非遗"代表性项目】 宜兴均陶始于宋代,由宜兴釉陶发展演变而成,是独具特色的艺术陶瓷门类,也是宜兴陶瓷中的一个古老品种。均陶堆花,又称贴花,是指艺人用大拇指以搓、捻、抹、捺等手法在均陶坯体上用不同于坯体的其他泥料堆贴出精美图案和图形的一种装饰技艺。宜兴均陶堆花制作技艺在唐代后期始见雏形,宋元时期初步形成堆贴装饰的工艺特色,明代初期"大拇指贴花法"手工技艺走向成熟,清顺治年间宜兴堆花陶器蜚声海内外。新中国成立后,宜兴均陶堆花技艺在传统"平贴法"的基础上,实现了"半浮雕和立体浮雕堆贴法",大量借鉴木刻、砖刻、石雕、青铜器等民间工艺表现手法,将堆花从单纯作为均陶装饰艺术延伸到雕塑、壁画、现代陶艺等艺术范畴。2009年,宜兴均陶堆花技艺入选江苏省非物质文化遗产项目。2014年12月,被文化部确定为第四批国家级非物质文化遗产代表性项目。

(吴 艳)

【周铁镇成为中国历史文化名镇】 2011年起,周铁镇实施"文化周铁"建设,《周铁历史文化名镇保护规划》《周铁桥历史文化街区保护规划》先后通过省住建厅组织的专家论证,开展修复文化遗存、保护历史街区等文化建设工程。2014年2月,周铁镇被住房和城乡建设部和国家文物局评选为第六批中国历史文化名镇。至年底,先后投资1000余万元修复竺西书院、古码头等历史遗存,投资2000余万元贯通"塘河水韵"公园,投资5000余万元推进古街区保护,保存镇区有历史文化元素的建筑。

(吴 艳)

组织机构和领导人员名单

中共宜兴市委员会

书 记 王中苏
副书记 张立军
周中平
常 委 王中苏
张立军
周中平
梅中华
余银龙
朱旭峰
朱晓晔
朱仁兴(至5月)
沈晓红(女)
徐志军
孙海东
蔡卫红(5月任)

宜兴市人大常委会

主 任 王中苏
副主任 王华良
华学文
裴全华
赵菊明

宜兴市人民政府

市 长 张立军
副市长 梅中华
周 斌
何晓进
吴青峰
储红飙
周 军
尹志华
卢 敏(女)
刘文俊(挂职)

政协宜兴市委员会

主 席 邵亚群
副主席 庄建明
芮俊燕(女)
莫克明
钱佳兴
温秀芳(女)

中共宜兴市纪律检查委员会

书　记　余银龙

（吴　艳）

锡山区

【概况】 锡山区位于市区东北部，面积399.11平方公里。至2014年年末，全区辖国家级锡山经济技术开发区、无锡锡东新城商务区，羊尖、鹅湖、锡北、东港4个镇和东亭、安镇、东北塘、云林、厚桥5个街道，有42个城镇社区、76个农村社区（行政村），户籍总户数12.8万户，户籍人口43.2万人，人口出生率10.1‰，人口自然增长率3.04‰。区人民政府设在锡州中路1号。2014年，全区实现地区生产总值620.71亿元，比上年（可比价）增长8.8%；一般公共预算收入60.55亿元，比上年增长10.6%，其中税收收入50.52亿元，比上年增长9.8%；固定资产投资596.83亿元，比上年增长16.1%；环境质量综合指数94.4。

（陈　晓）

【改革】 年内，锡山区深化重点改革，有序推进上市工作，完成股改企业7家，新增报省证监局辅导备案企业2家，5家企业实现“新三板”挂牌。稳妥推进“营改增”试点工作，整体减税规模1.77亿元。落实企业登记制度改革，新登记企业、注册资本分别比上年增长21.46%、48.72%。制定行政审批事项目录清单，向镇（街道）、村（社区）下放行政审批事项和前移便民服务事项，试行企业设立登记“一站式”服务和基本建设项目“并联审批”，启动行政审批“中介服务超市”建设。深入实施农村综合改革，建成农村“三资”信息管理平台，开展农村集体资产产权交易试点。锡山人民医院与东南大学附属中大医院合作共建医疗联合体。启动实施工商、质监、食品药品管理体制调整和相关政府部门职能整合工作，完成事业单位岗位设置方案核准报备工作。

（陈　晓）

【农业】 年内，锡山区农业生产能力持续提升，全区小麦种植面积4740公顷，水稻种植面积4460公顷，创建部级稻麦高产增效万亩片2个；水产养殖面积1093.3公顷，其中特种水产633.3公顷，占57.9%，水产品总产量8679吨。加快推进农业园区建设，打造鹅湖玫瑰园、享受人生有机果蔬示范园、金色池塘无公害水产养殖园等一批特色园区，新增农业园区面积1333.3公顷，农业园区化比重列全市第一，台创园引进并建成现代农业项目17个。农业产业结构持续优化，新增高效设施农业200公顷；新增生物农业企业3个，生物农业总产值达6.5亿元，红豆杉生物公司在“新三板”挂牌。省内最大铁皮石斛种植基地落户羊尖镇南村村，总规划面积33.3公顷。建成羊尖镇严家桥村、鹅湖镇鹅湖村、锡北镇光明村、东港镇华东村4个高标准农田建设项目，新增高标准农田面积373.3公顷。加快培育新型经营主体，成立全区首家农民专业合作联社——无锡市锡山区新悦农副产品专业合作联社；新增农民专业合作社24家；新增市级以上农业龙头企业4家，农业龙头企业实现销售收入22.7亿元。农产品质量有效保障，新增“三品”（绿色食品、有机食品、无公害农产品）基地10个、面积135.7公顷，蔬菜等主要农产品抽检合格率99.67%，地产水产品抽检合格率100%。

（陈　晓）

【工业】 年内，锡山区工业经济稳中有升，全年实现规模以上工业总产值1128亿元；完成工业开票销售收入1290亿元，比上年增长7%；产值超1亿元企业167家，完成产值926.3亿元。项目建设有序推进，超1000万元工业项目172项，总投资额224.1亿元。其中，超1亿元项目77项，总投资197.5亿元。全年完成工业投资266.1亿元，比上年增长14.9%，其中技改投资比上年增长25%。推进品牌园区创建，东港园区获批江苏省信息化与工业化融合试验区，开发区电子信息产业园获批江苏省中小企业产业集聚示范区。新增省级“两化融合”（信息化与工业化融合）示范试点企业6家，无锡普天铁心股份有限公司实施的“基于APS/MES的智能化工程建设”项目成为省级企业信息化提升示范项目。发展循环经济，全面推广清洁生产审核，全年实施循环经济试点企业2家，组织25家企业开展清洁生产审核工作。全年规模以上工业产值能耗0.073吨标准煤/万元，比上年下降6.9%。

（陈　晓）

【服务业】 锡山区全年完成服务业增加值274.4亿元，比上年增长9.4%；完成社会消费品零售总额196亿元，比上年增长11.6%。服务业固定资产投资330.7亿元，比上年增长17.2%；80个1000万元以上服务业重点产业项目完成投资额156.2亿元。英特宜家购物中心建成开业，普洛斯无锡鹅湖产业园一期、长庆油田大厦等建成竣工，网新无锡国际科技创新园、世奥广场等启动建设。江苏大明金属制品有限公司被认定为江苏省服务业“十百千”工程创新示范企业。实现限上零售额40.4亿元，比上年增长7%。楼宇经济快速发展，实现营业额85亿元，比上年增长85.2%；上缴纳税额1.5亿元，比上年增长68.5%。全区新增楼宇入驻企业（个体户）243家。实现电子商务交易额15.7亿元。完成服务外包接包合同协议金额、执行金额9.8亿美元、8.53亿美元，分别比上年增长26.2%、36%；离岸外包合同协议金额、执行金额5.89亿美元、5.67亿美元，分别比上年增长25.4%、36.6%。旅游产业持续壮大，全年旅游接待人数525.7万人次，比上年增长188%；旅游营业收入8.14亿元，比上年增长291%。全区32个旅游重点项目完成投资70亿元。荡口古镇开街，并获批国家AAAA级景区。荡口古镇、农博园、山联村获得省级引导资金220万元，乡村旅游类别获得资金总额连续数年列全市第一。

（陈　晓）

【开放型经济】 年内，锡山区利用外资规模稳中有进，全年新批宇培电商物流园、国宏硬质刀具等重大外资项目8个，总投资额超3亿美元项目3个，完成到位注册外资3.3亿美元，制造业到位外资占比40%。全年新批外资融资租赁企业1家，新批外资地区总部和功能性机构2个。对外贸易平稳增长，全年完成进出口总额46.2亿美元，其中出口额35.6亿美元，分别比上年增长3.6%、

8.6%。新批自营进出口企业155家，新增省级“国际知名品牌”出口企业5家。摩托车、电动车行业累计完成出口2.02亿美元，比上年增长11.92%，其中电动车出口比上年增长30.7%，成功创建为国家级出口两车质量安全示范区。外经合作再创新高，新批境外投资项目15个，其中超1000万元重大项目2个，全年完成境外中方投资额1亿美元，比上年增长68.6%。西港特区启动二期工程建设，累计入驻企业68家。

（陈　晓）

【新兴产业】 锡山区全年新兴产业总产值532.7亿元，比上年增长16.9%。全年新认定软件企业6家，新引进软件企业15家，登记软件产品36个，完成软件产业产值75亿元，比上年增长25%；新增物联网企业数10家，完成物联网核心产业产值16亿元，比上年增长45.6%；完成环保制造产业产值2.2亿元，比上年增长36.7%；完成云计算产业产值6亿元，比上年增长172.7%。新能源和新能源汽车、生物医药、新材料和智能传感(含智能电网)4个重点新兴产业完成投资额88.7亿元，比上年增长28.7%，占全部工业投资比重38.3%。

（陈　晓）

【科技创新】 年内，锡山区高新技术产业快速发展，全年高新技术产业产值480亿元，占规模以上工业总产值比重超过40%。全年新增高新技术企业37家，累计140家，实现工业总产值400亿元；新增国家火炬计划重点高新技术企业2家，全社会研发经费支出占GDP比重3%。红豆集团获评全国质量标杆企业。企业研发能力提升，新增省工程技术研究中心4家、市级以上院士工作站1家、博士后工作站1家、省级研究生工作站4家、市工程技术研究中心8家，规模以上企业研发机构覆盖率85%，大中型企业研发机构覆盖率100%。产学研合作稳步推进，世界农业领域最高奖“沃尔夫奖”获得者罗纳德·菲利普，中央“千人计划”人才陈志祥及其团队与台创园入驻企业开展全面合作，锡山与麻省理工学院产业联盟的合作平台被认定为国家级国际技术转移中心，开发区获评国家级知识产权试点园区，无锡高科技农业示范园区被认定为全市唯一首批国家级科技特派员创业基地。全年引进各类人才1.15万人，引育中央“千人计划”人才2名、省“双创计划”人才5名。

（陈　晓）

【城乡建设】 年内，锡山区深化完善城乡规划，形成电力专项规划、东港锡北城乡统筹规划等一批规划成果。城市功能不断提升，英特宜家“荟聚·云林”购物中心、锡东创融大厦建成运营，荡口古镇获“2014中国最美村镇人文环境奖”。新开辟和优化调整公交线路13条，泉山大道、荡厚路、吼山北路等重点道路建成通车。新建(改造)农贸市场8个，建成标准化农机场库4个，完成粮食危仓老库改造。全面推行网格化管理，完善村庄环境长效管理机制，启动公共自行车服务系统建设，完成1个城郊结合部、4条背街小巷和14.26万平方米老新村整治，拆除违法建设6.5万平方米。高标准完成全国文明城市创建任务，文明程度测评指数列全市城区第一。控源截污深入推进，完成第三轮化工企业整治任务，整治“三高两低”企业30家，强制性清洁生产审核企业18家，畜禽养殖综合整治全面完成。区域生态文明建设规划获批实施，新一轮农村环境综合整治试点工作全面启动，实施河道综合整治86条，开展57家企业工业废气专项治理，整治燃煤锅炉43台，对无锡能达热电有限公司、红豆集团无锡南国企业有限公司等火电企业实施提标改造，绿化造林面积166.67公顷，PM2.5平均浓度比上年下降8%。

（陈　晓）

【社会事业】 年内，锡山区完成锡山实验小学主体工程，全面投用东北塘实验小学、荡口实验小学、廊下幼儿园、东亭诺卡小镇幼儿园。在建校舍面积5.72万平方米，竣工校舍面积3.3万平方米，完成投资总额1.96亿元。锡北镇现代计算机技术实训中心和安镇街道现代服务业实训中心建成投用。锡山区被评为“江苏学习在线应用推广先行区”和“江苏省家庭教育先进区”。建成新东亭医院，新东亭街道社区卫生服务中心土建完工，羊尖镇社区卫生服务中心医疗大楼完成主体工程建设。社区卫生服务站规范化建成率90%，居民健康档案电子建档率71.9%。东港镇社区卫生服务中心慢病科、羊尖镇社区卫生服务中心普外科、锡北镇社区卫生服务中心眼科和鹅湖镇社区卫生服务中心口腔科被列为全市首批重点建设的特色科室，东港镇东南村和锡北镇周家阁村卫生室创建成江苏省示范村卫生室。公共文化设施建设继续完善，建成启用东港、羊尖两个文体服务中心，完成文化馆新馆搬迁，新增公共文体活动场地6.25万平方米。成功举办区第五届群众文艺会演(展)和“金秋锡韵”锡山区锡剧团队展演，开展“走进新锡山”、无锡市“激情周末”锡山专场等大型广场活动。7件群众文化作品获得省“五星工程奖”。人口计生工作协调推进，孕前优生健康检查目标完成率100%，城乡人口和家庭公共服务机构覆盖率100%，家庭健康服务达标率96%。健全养老服务体系，安镇街道查桥敬老院原地改扩建工程顺利完工，全区养老床位总数3309张，每1000名老人拥有床位34张，锡北、厚桥敬老院通过三星级评定，东湖塘、东北塘敬老院通过二星级评定。建成投用区残疾人综合服务中心。

（陈　晓）

【社会管理】 年内，锡山区深化社区扁平化管理服务，优化调整东亭、云林社区服务区域，新增社会组织31个，92%的农村社区和93%的城镇社区完成省级和谐社区达标建设，鹅湖镇甘露社区创建为国家级示范和谐社区。大力开展“社区减负”专项治理，精简村(社区)台账目录145项，取消村(社区)创建评比目录37项、组织机构和挂牌目录105个。严格落实安全生产责任制，集中开展“六打六治”等安全生产检查整改专项行动，生产安全事故死亡人数比上年下降7.7%。加强法治宣教，法律援助工作体系实现全覆盖，社区矫正安全监管责任全面落实。开展信访积案化解专项行动，社会矛盾调处成功率99.3%。强化社会治安立体防控，“八大类”(故意杀人、故意伤害致人重伤或者死亡、强奸、抢劫、贩卖毒品、放火、爆炸、投毒罪)案件、入室盗窃案件分别比上年下降12.2%、8.4%。

（陈　晓）

【人民生活】 年内，锡山区城乡居民收入与经济发展保持同步，城乡居民人均可支配收入达39820元、22489元，分别比上年增长8.6%、10.1%。促进就业成效明显，全年城镇新增就业18972人，城镇失业人员再就业2997人，城乡劳动力充分就业率95%以上；发放各类创业补贴283.5万元，扶持自主创业1182人。社保扩面深入推进，全年城镇职工社会保险净增缴费9523人，企业退休人员医疗互助和帮困互助参保率85%。提高居民养老保险待遇和居民医疗保险政府补贴标准，两项保险参保覆盖率分别为98.5%、99%。实施城乡户籍居民住房财产保险，为全区12.7万户居民办理政策性农村住房保险。建立以政府出资为主、社会捐赠为辅、原始资金2.5亿元的特困帮扶基金，全年发放深度贫困帮扶资金1309.8万元，比上年提高26.8%。竣工安置房117万平方米，交付安置9345套。提升老年优待水平，全年向80周岁以上老人发放尊老金901万元；为60周岁以上老年人免费办理“老年人优待证”3798张；“五保”(保吃、保穿、保住、保医、保葬)供养标准提高至年人均9170元。

(陈　晓)

【金秋重大项目合作恳谈会】 10月22日，2014锡山金秋重大项目合作恳谈会举行。现场签约重大产业项目40个，总投资172.8亿元。签约的项目包括总投资3亿美元的国泰iPhone配套项目、总投资20亿元的海尔日日顺电商产业园、总投资10亿元的中科微电子产业、总投资3亿美元的宇培锡东电商物流园、总投资1.5亿美元的嘉民现代物流产业园、总投资5亿元的锡东巧克力开心乐园以及总投资5亿元的雅迪整车制造等一批重大产业项目。

(陈　晓)

【荡口古镇获批国家AAAA级景区】 4月3日，荡口古镇开街。10月，荡口古镇获批国家AAAA级旅游景区，成为锡山区首个国家AAAA级景区。荡口古镇是无锡重点建设的5个历史文化街区(古镇)之一。古镇保护性修复工程始于2008年10月，锡山区先后聘请了阮仪三等省内外专家以及知名规划设计研究院参与了古镇保护性修复工程的规划设计工作。2009年3月，启动荡口古镇保护性修复一期工程，总面积28公顷，规划建筑面积11.5万平方米。古镇的一期工程于2013年年底全面竣工，以重点保护修缮文保单位、历史建筑，恢复繁华的江南水乡古镇风貌为建设重点，按照国家AAAA级旅游景区的建设标准，围绕“义”“水”“名人”三大文化特色，累计保护修缮建筑7万平方米，修缮古桥28座，重点修复了华氏义庄、华蘅芳故居、新当里古民居、北仓河驳岸等省、市级文保单位。2014年，荡口古镇累计接待游客337.46万人次，比上年增长386%；实现旅游营业收入1.86亿元，比上年增长753%。荡口古镇在大力发展明清特色的江南水乡休闲游的同时，一直致力于挖掘本土的“孝义文化”“名人文化”“亲水文化”，着力打造长三角地区集休闲、文化体验、旅居、影视拍摄于一体的复合型旅游度假胜地，成为无锡旅游文化产业的又一张名片。

(陈　晓)

【中国(锡山)第四届国际象棋国际女子名人赛】 5月6~15日，中国(锡山)第四届国际象棋国际女子名人赛在锡山区绿羊温泉酒店举行。赛事由国家体育总局棋牌运动管理中心、中国国际象棋协会、锡山区人民政府、无锡市体育局和无锡市体育场馆和训练管理中心共同主办，汇集居文君、谭中怡、黄茜等10位一线顶尖女棋手。17岁的重庆小将雷挺婕凭借小分优势夺得职业生涯首个冠军。

(陈　晓)

组织机构和领导人员名单

中共锡山区委员会

书　记　陆志坚
副书记　顾中明(1月任)
　　　　章红新(5月任)
常　委　陆志坚
　　　　顾中明(1月任)
　　　　章红新
　　　　周文栋(至3月)
　　　　李　江
　　　　张映雪(女)
　　　　窦　虹(女)
　　　　吴建元(至5月)
　　　　邓加红(女)
　　　　方　力
　　　　夏同军(至5月)
　　　　周柏平(5月任)
　　　　朱洪元(11月任)

锡山区人大常委会

主　任　华炳泉
副主任　张黎平
　　　　郑永君
　　　　周　挥(女)
　　　　姚永新

锡山区人民政府

区　长　顾中明(2月任)
代区长　顾中明(1月任，至2月)
副区长　章红新(至12月)
　　　　李　江
　　　　言国强
　　　　陈建清
　　　　包　鸣
　　　　陈　奕(女)
　　　　李佩东(12月任)
　　　　陆起涌(挂职，至9月)
　　　　顾忠卫(挂职，至12月)
　　　　李永明(挂职，8月任)

政协锡山区委员会

主　席　蒋　群
副主席　章建新
　　　　毛　晨
　　　　石国洪
　　　　朱卓君
　　　　金玮琳(女)

中共锡山区纪律检查委员会

书　记　方　力

(华　晓)

惠山区

【概况】 惠山区位于市区西北部，总面积325.12平方公里。至2014年年末，全区辖1个省级无锡市惠山区经济开发区，洛社、阳山2个镇，堰桥、长安、钱桥、前洲、玉祁5个街道，共54个城镇社区、56个农村社区。户籍人口43.88万人，常住人口70.1万人，人口出生率9.54‰，人口死亡率6.44‰，人口自然增长率3.1‰，男女性别比率为97.85。区人民政府设在堰桥文惠路8号。2014年，惠山区实现地区生产总值632.32亿元，比上年增长11.50%；公共财政预算收入64.89亿元，比上年增长8%；固定资产投资441.30亿元，比上年增长21.6%；完成规模工业总产值1148.14亿元，比上年增长3.40%；农业总产值29.01亿元，比上年增长8.0%；实现社会消费品零售总额132.36亿元，比上年增长13.1%。年内，惠山区被授予全国义务教育发展基本均衡县(市、区)，全国文化先进单位(文化先进县、市、区)，第三批国家慢性病综合防控示范区，2014年国家知识产权强县工程试点县(区)，江苏省双拥模范城(县、区)，江苏省学前教育改革发展示范区，全省实施农家书屋提升工程试点工作示范县、先进县，2013年度全省村庄环境整治工作先进集体，2011~2014年度全省社会治安综合治理先进集体，2013年度全省平安县(市、区)命名，2013年度全省综合治理(平安建设)工作先进集体等荣誉称号。

(章淑君)

【工业】 2014年，惠山区完成工业总产值1526.8亿元，比上年增长3.0%，其中规模工业产值1193.9亿元，比上年增长2.4%；完成工业投资173.0亿元，比上年增长18.8%，其中技改投入117.6亿元，占全部工业投资的68%。工业固定资产增值税抵扣4.06亿元，增幅高于全市平均水平；工业用电61.0亿千瓦时，比上年增长2.8%。净增亿元级企业7家，净增小微企业进规模以上企业44家。2014年惠山区万元GDP能耗比上年下降4.2%。年内，惠山区组织3次重大项目现场推进会。全年300项超1000万元新开工项目目标，实际完成349项；8个省市重点工业项目累计完成投资19.1亿元，完成年计划的63%。其中，除无锡市闽仙汽车电器有限公司尚未开工外，其余7个项目均已开工。高佳太阳能股份有限公司通过省级企业技术中心认定，无锡中鼎物流设备有限公司、无锡市阳通机械设备有限公司产品被认定为2014年度江苏省首台（套）重大装备及关键部件。无锡市华东电机厂、无锡华东电机科技发展有限公司和博耳电力控股有限公司3家企业新增江苏省新产品4件。实施省级创新计划23个、市级创新计划86个，其中，江苏苏嘉集团有限公司、无锡华精新型材料有限公司、无锡锡能锅炉有限公司获得江苏省经信委重点技术创新项目计划资金扶持，无锡威孚力达催化净化器有限责任公司、无锡华光汽车部件集团有限公司入选省智能制造项目并获扶持。实施重大项目集中审批、工业服务业每月现场推进等制度，制定《惠山区关于企业技术改造项目审批制度改革的意见》，探索项目审批ABC分类法，500万元以下项目审批权限下放至各镇（街道）经贸站，500万元以上非限制类、淘汰类项目当场办结。

(章淑君)

【农业】 2014年，惠山区实现农业总产值30.1亿元，比上年增长3.8%，其中生物农业企业完成产值4.58亿元。全区农民年人均纯收入22568元，比上年增长9.9%。年内，新增市级现代农业园区2个、市级农业龙头企业3家；新增高效设施农业(渔业)面积200公顷，高标准农田比重80.19%；新增造林绿化面积168公顷，林木覆盖率23.33%，创建江苏省森林生态示范村5个，湿地保护和修复面积333.3公顷；组织申报无公害农产品15个和无公害基地500公顷，省市农产品例行检测合格率100%。年内培训农业实用技术人员3320人次，持证农民比例41.2%。建成无锡市第一个100公顷连片的蔬菜病虫绿色防控示范区。惠山区作为江苏省16个试点县(市、区)之一，在无锡市率先全面推开农村土地承包经营权确权登记工作，全年完成3个镇(街道)、16个村(涉农社区)、251个村民组、8117户农户、1002.6公顷承包地的确权登记颁证。全年累计水利总投入2.89亿元，完成加高加固圩堤15.384公里，新翻建护岸、防洪墙31.493公里，新翻建闸站26座，清淤河道58条、长度56.23公里、土方101.29万立方米。完成玉前大联圩、开发区东联圩、阳山大联圩3个万亩圩达标建设，完成北界河堤防加固、吴巷排涝站、洋溪河沿线和惠山经济开发区的防洪排涝工程。以洛社镇、堰桥街道、阳山镇为重点县项目区，完成6座闸站信息化系统建设、8座排涝站新(改)建、133米河道清淤，建设明排渠5.67公里、护岸2100米、渠道36.818公里、引排沟1.26公里，微喷灌面积42.7公顷。编制《无锡市惠山区水系规划》，全区年度取用水总量控制在1.3亿立方米以内，建成节水型载体9个。年内新增各类农业机械82台套，其中农民投入资金243万元。耕作、收获、植保机械化率均超过98%，全区农机综合机械化水平达91%。惠山区政府与农业部南京农机所共同建立“惠山区设施农业机械化新技术示范园”，推广高效设施农业机械。礼贤生态农业发展有限公司基本实现基地蔬菜主要生产环节机械化，年节省人工费1.5万元/公顷、节省农药750元/公顷。9月20日，中国蔬菜协会装备分会筹备会暨蔬菜生产机械化演示会在礼贤生态农庄举办。《无锡阳山桃园微喷灌技术应用与推广》项目获中国农业节水和农村供水技术协会“2013年度农业节水科技奖”二等奖。

(章淑君)

【服务业】 2014年，惠山区服务业投入342.97亿元，增长21.3%。完成社会消费品零售总额147.78亿元，比上年增长11.7%，其中限额以上社会消费品零售总额74.27亿元，比上年增长7.4%，增幅位列全市第二。服务业销售1466.32亿元，比上年增长15.23%，服务业税收34.3亿元，比上年增长6.69%。全年新增服务外包企业38家，完成服务外包接包合同协议金额9.58亿美元，比上年增长61%；执行金额7.37亿美元，比上年增长63%。完成离岸外包合同协议金额6.82亿美元，比上年增长51%；执行金额5.74亿美元，比上年增长63%。全年完成旅游投入15.3亿元，比上年增长12%，旅游收入5.46亿元，比上年增长19.6%；游客人数203万人次，比上年增长23.4%。哥伦布六龙城、赛格电子市场、万运金街等重点商业设施相继投入运营，全年净增限额以上社会消费品零售企业23家，其中新开业限额以上社会消费品零售企业5家。全年创建成3家市级商业示范社区,创建数量位列全市第一。开展丰富多彩的消费促进活动共137次,其中广场活动41次,参加企业45家。推进5家农贸市场改造,其中理想、寺头农贸市场通过区商务局、区发改局、工商局、区规划局、区消防支队、区建设局、区环保局等部门组织的市场论证;制定无锡市第一个区级农贸市场规范管理奖励政策《区农贸市场星级创建实施意见》,13家农贸市场通过2014年度区星级农贸市场联合考核验收,获区级奖励资金95万元。阳山桃花源景区创建为AAAA级旅游景区,吴文化公园创建为AA级旅游景区。阳山镇获长三角"十佳"乡村旅游景区、中国最美村镇、中国最美乡村等称号。"惠山旅游"微信公众平台上线。年内,惠山区旅游协会成立,开展"十佳农家特色菜""十大旅游商品"评比活动,组织惠山区"金秋旅游季"促销活动,在南禅寺广场举办惠山区旅游促销推介活动。

(章淑君)

【开放型经济】 2014年,惠山区新批外资及港澳台资项目64个,实现到位外资及港澳台资3.03亿美元,比上年增长21.14%,增幅位列全市第一。引进3000万美元以上重大项目7个,无锡太平洋广场、坤盛国际融资租赁有限公司等重点项目通过商务部、省商务厅审批。全年实现对外及港澳台贸易进出口总额27.09亿美元(其中出口22.45亿美元),比上年增长10.84%,增幅位列全市第二。新批境外投资企业13家,完成中方投资额7636万美元。全年申报获批省、市各类对外及港澳台经贸扶持资金1934万元,新批对外及港澳台贸易经营备案企业192家。

(章淑君)

【科技创新】 2014年,惠山区高新技术产业产值占规模以上工业产值比重38%。新增国家高新技术企业38家;新认定国家重点新产品计划2项、江苏省高新技术产品109项、无锡市新产品274项;东方硅谷"530"企业实现销售收入6.8亿元,销售收入超1000万元企业17家。新增国家科技计划项目11项、江苏省科技计划项目14项、市级科技计划项目65项;新增省重大科技成果转化项目3个;新增省级工程技术研究中心16家、省级企业研究生工作站2家;无锡市凯龙汽车设备制造有限公司、博耳(无锡)电力成套有限公司等7家企业列入江苏省第一批"重点企业研发机构"。新增市级工程技术研究中心21家;新增市级科技公共服务平台1家,市级重点研发机构1家;全区科技载体面积55.24万平方米,载体内新落户企业129家,累计为733家,企业入驻率71%;年内,惠山生命科技产业园、惠山软件外包园被认定为国家级科技企业孵化器;惠山高新技术创业服务中心被评为优秀国家级科技企业孵化器。全区共申请专利7472件,其中申请发明专利3367件,专利授权2582件,国际PCT专利申请7件,万人发明专利拥有量15.36件。天奇自动化工程股份有限公司的"滑板线摩擦旋转台"获第十六届中国专利优秀奖。新增省知识产权管理标准化示范创建企业5家;新增无锡市知识产权优势企业5家;新增无锡市知识产权区域示范园区2家。新增无锡市科技创业领军人才17名、创新领军人才1名。无锡威孚力达催化净化器有限责任公司参与完成的"重型柴油车污染排放控制SCR技术研发及产业化"项目获国家科技进步二等奖。惠山区被认定为国家知识产权强县工程试点区。

(章淑君)

【城镇建设】 2014年,惠山区按照"打造新锡西、改造老城镇、靓丽惠山城"的城镇建设目标,推进城市建设。年内启动改造老城镇道路41条,其中主要商业街区30条、背街里弄11条,总投资额4亿元,改造道路31.2公里、立面55.6万平方米、店招店牌5980块,道路亮化19.6公里。新增商业、住宅夜景亮化项目39处,完成钱桥街道的百乐时代和金茂玉商业街、惠山经济开发区绿地广场和好得家二期四处综合体户外广告的整体规划、设计与论证。全年实施安置房项目31个,面积431万平方米,其中新开工项目6个,面积69万平方米,年内主体竣工146万平方米,交付287万平方米;完成拆迁项目53个,面积124万平方米,完成地块清零28个。制定《惠山区安置房两证办理工作办法》,全年完成安置房两证办理项目55个、390.74万平方米、28926套;制定《惠山区2014~2015年度村庄环境整治提档升级实施方案》,确定2年18个自然村的环境整治提档升级目标任务,2014年完成阳山镇9个村提档升级工作;围绕28条黑臭河治理,推进沿河39个村的生活污水点源治理工作,至年末,完成治理的村11个,实施接管的村15个,实施拆迁的村2个,有因拆迁暂缓实施的3个村,其余8个村完成治理方案编制;全年新建生活污水市政管网8.3公里,创建排水达标拓展片区14个,完成景观河道8条,生态修复河道7条。全区生活垃圾机械化收集项目投入资金1388万元,采购生活垃圾机械化收集车辆32辆,添置垃圾桶4100只,增设垃圾收集点70处,取缔垃圾房220处。在全区110个村(社区)(共计949个自然村)推进城镇建设和环境长效管理工作中,建成示范村7个、优秀村15个。启动以"二河十三路七桥"为重点的交通基础设施建设,预计总投资40.81亿元,年内完成投资15.34亿元,建成道路22.33公里。锡澄运河"五改三"航道整治工程全面展开,航道护岸工程和配套桥梁改建工程(杨家圩、石幢桥)进展顺利;5月锡北运河整治航道工程通过验收,配套桥梁改建工程(东庄桥、石新桥)进展顺利。洛洲路北延、锡玉路(洛洲至文浩路段)、桃溪路建成通车,西环线(S342—G312)、广石路(惠澄大道—钱皋路)、运河西路(惠澄大道—钱皋路)、凤宾路延伸段(江海路—S342)、中兴路(洛南大道—站北路)年内通车,新锡澄路(运泾河—北惠路)、北惠路东延(惠澄大道—S229)、中兴路北延(站北路—锡玉路)、钱洛路(G312—S342)、石洲路(中惠大道—钢铁路)等5条道路均进场施工。10月东庄桥建成通车,石新桥东半幅建成通车、西半幅施工中;杨家圩桥、北惠路大桥(石幢桥)的主墩承台、墩柱及引桥立柱开钻过半;锡宜高速S342跨线桥架梁施工完成80%、锡溧运河大桥主跨将合龙,张镇河大桥主桥系杆拱拱肋制作完成即将吊装。新改建农村公路16.864公里,桥梁15座;投资3000余万元,完成X306老常锡线、X210阳胡线、钱藕路、广石路大修工程,桃源东路、阳杨线新长铁路下穿段改建工程,常玉路大修工程等县道项目。年内,新辟公交线路8条,优化调整公路线路10条。至年末,区内通达或经过的公交线路共66条(其中微循环线路14条,夜间线路14条),营运总里程1184.5公里(以单程为统计口径),营运车辆603辆,日总发班次3003班,日均客流量约15.7万人。年内,场站建设稳步推进,堰桥工业园区、前洲公交停车场启动建设;杨市公交客运站、前洲临时公交停车场、政和大道公交首末站相继建成投用;其中,政和大道公交首末站同步配套设置有公共自行车租赁点及非机动车停放区域,是区内首个配套地铁的多功能综合性公交场站;新建公交候车亭37个,全区标准化候车亭336个(其中堰玉路建成智能化公交候车亭39个)。港口建设逐步加强,藕塘港区二期项目工程主体工程完工,惠山港区前洲作业区中石化码头和中化石油无锡分销油库码头岸线审批工作顺利推进,12月经市发改委批准立项。

(章淑君)

【生态环境保护】 2014年,惠山区环保部门推进污染总量减排,全年共关闭(变更)各类"三高两低"企业20家,整改整治企业30家,淘汰印染生产线7条,整治燃煤炉窑88座。全年审批建设项目环境影响评价文件669件。推进企业减排工程:惠联热电有限公司脱硫脱硝、除尘设施新建改建工程,荣成纸业有限公司脱硝工程建设及除尘改造工程,新三洲特钢有限公司2#烧结机脱硫工程,钱惠污水处理有限公司、惠山水处理有限公司等新增生活污水量减排工程,惠山水处理中水回用工程及煤改天然气工程等。专项整治印染、冶金酸洗、电镀三大行业,整治企业150家。复查整改已创成的535个排水达标区,14个拓展片区排水达标创建完成,新建生活污水市政管网8.3公里。实施《2014年惠山区黑臭河道专项整治工作方案》,通过生活污水截污、河道清淤、畜禽养殖退出等措施,整治28条村级黑臭河道。制定《无锡市惠山区大气污染防治实施细则》,明确全区2014~2017年大气污染防治工作目标任务,完善大气污染预警应急预案,落实重污染天气应对措施。空气优良天数与上年基本持平,细颗粒物(PM2.5)浓度年均值比上年下降9%。10个村(社区)生活垃圾机械化收集,2个居住小区完成日常生活垃圾分类试点工作。编制"覆盖拉网式"农村环境综合整治规划,通过省级评审。在全市率先实施环境网格化管理,做到网格定位、人员定格、责任到位,实现企业监管的全覆盖。全年完成各类环境监测数据5万个,出动现场检查25250人次,检查企业10100家次,处理各类环境信访2645件,立案处罚违法案件189件,涉罚金额1062万元,责令改正143件,下发限期整改决定160件,申请人民法院强制执行29件。锁定重点行业、重点企业,持续深化环境安全隐患排查,重点检查直湖港、京杭运河、锡北运河沿岸涉氮磷企业、涉氰企业、电镀企业、城镇污水处理厂、工业园区污水集中处理设施,以及沿河主要化工企业及危险化学品仓储运输企业。加强危险废物日常管理,严格转移审批,落实危险废物网上报告,专项督察重点整治400多家涉危废企业。《无锡市惠山区生态文明建设规划》通过省级评审。全面启动生态文明工程体系65项重点工程。创建新增3个省级绿色学校、3个省级生态村,2个"两型社会"示范村(社区)。年内创建江苏省森林生态示范村5个、市级园林式单位2个和居住区1个,完成造林绿化168公顷、森林抚育533公顷,建成区新增各类绿地面积123公顷,全区林木覆盖率23.38%。面向机关、村镇、企业、社区、学校等多个层面,开展新环保法的宣传教育,组织系列活动。常年在《惠山新闻》、中国惠山网站公布惠山区空气质量指数,营造生态文明宣传氛围。

(章淑君)

【社会事业】 2014年,惠山区"无锡市学前教育现代化乡镇(街道)"创建工作全面完成,堰桥街道通过"江苏省标准化社区教育中心"创建工作评估验收,惠山区教育现代化水平在省级监测评估中处于领先水平。原堰桥中学实现初高中分设,堰桥初中和惠山金桥实验小学建成启用。全区新增6所省、市优质幼儿园,加固改造幼儿园园舍1.56万平方米。年内,投资800余万元改建占地8000多平方米的区文化馆,全年组织"惠山区庆祝新中国成立65周年""祖国颂·惠山放歌"大合唱比赛等系列文化体育活动近1000场,举行惠山区"学习道德榜样,汇聚精神力量"原创文艺节目首演和基层巡演。实施"四送工程",全年给镇(街道)、村(社区)送书11000余册,送电影1200场次,送戏600场次,举办各类培训150场次、展览80场次。组织惠山区第六届群众文艺创作会演,其中优秀作品获市"群芳奖"奖牌9金、10银、10铜,列全市七区之首;获江苏省"五星工程奖"奖牌3金、3银、2铜,创惠山区历史之最。承办第十届中国围棋棋王争霸赛、全国"晚报杯"围棋比赛、全国职业围棋定段比赛三大赛事,惠山区获得"全国围棋之乡"称号。7个项目获省、市文化体育产业引导资金296.9万元。全年完成文化产业投入9.3亿元,产出33亿元,新引进认缴资本超500万元项目27个。"阿三百叶制作技艺"、"赵天義木作传统家具制作技艺"、艾迪花园酒店"老式面"和"礼社大饼制作技艺"等4个项目入选市级"非遗"名录。推进基层医药卫生体制改革,二级以上医疗单位全面开展预约诊疗服务。规范实施国家基本药物制度,新一轮基本药物目录较上年新增8个品规,共计546个品种。按照全区常住人口人均37元标准,落实基本公共卫生服务资金2553.93万元。规范化建立居民健康档案39.81万份,规范建档率56.67%。为48043名65岁以上老年人免费体检,体检率73%。新创建现代化社区妇儿保门诊7个。14552人次孕产妇享受免费健康管理服务,孕产妇系统管理率为99.48%,3岁以下儿童系统管理率97.09%。辖区常住儿童免疫规划疫苗基础接种率95%以上。全区报告甲、乙类传染病9种、696例,报告发病率96.24/10万;报告丙类传染病6种、3502例,报告发病率484.27/10万。传染病及时处理报告率100%。全区人均期望寿命为81.51岁。惠山区被国家卫计委命名为国家级慢性非传染性疾病防治示范区。杨市、石塘湾社区卫生服务中心新大楼建成投入使用。惠山区人民医院二期工程、堰桥医院、前洲社区卫生服务中心康复大楼启动建设,玉祁、长安、阳山医院按照二级综合医院标准推进建设。杨市卫生院通过省示范卫生院创建验收。年内全区创建新增9家三星级、6家四星级、16家五星级社区卫生服务站。全区7家社区卫生服务中心的10项特色专科项目被确认为无锡市社区卫生服务机构特色专科。61名上级医院的医疗专家和技术骨干定期被邀请至惠山区开设专家门诊、带教和指导。全区新建健康步道5条、健康主题公园1个。7个社区列入国家级城乡居民健康素养监测点和烟草流行监测点。全区有7个机关、宾馆创建成"市无烟单位"。玉祁街道、阳山镇通过国家卫生镇复审。农村生态改厕582座,生活饮用水监测覆盖率、合格率100%。建立食品安全监测哨点89个,食品安全合格率98.84%。餐饮服务单位卫生监督量化分级管理实施率100%。全年受理各类卫生许可申请744件,办结率100%。实现区域卫生信息平台集区级诊疗系统、电子病历系统、居民健康档案系统、公共卫生服务系统的数据互通、交换及共享。年内,惠山区社会救助实现新发展,全区城乡低保对象1655户、3373人,发放低保资金1227万元;区、镇两级救助人数13533人,支出救助资金689万余元;实施深度救助169人,区、镇两级落实救助资金166.4万元;全年支出助困、助医、助学、助残、助老等慈善救助资金1020.69万元。全区有社会组织1189家,其中2014年新增社会团体14家,新增民办非企业12家。申报无锡市公益创投项目43项,其中27项入围。加快居家养老综合服务建设。前洲敬老院金香公寓完成改扩建工程,洛社镇颐养院两侧老大楼整体启动改建。为65周岁及以上独居、空巢老人提供"一键通"信息服务,服务老人3686人次。倡导"安康关爱行动",发动60周岁及以上老人自愿购买健康保险,参保人数45265人。惠山区五保老人颐养院获"全国农村五保老人供养先进单位"称号。年内接收安置退役士兵165人、士官6人,安置军嫂9人,接收离休师职干部1名,共发放安置费及待安置期间生活费765万元。年内,惠山区获"江苏省第十届双拥模范城"称号。杨市、长安安息堂建成投用。有序实施"单独两孩"政策,全年审批通过再生育一个孩子1089例,其中以单独两孩为条件申请审批通过的592例,计划生育率99.87%以上。核查流动人口出生人数1197人,计划生育率93.3%。接待有关计划生育的信访209件次,执结率100%。查处"两非"(非医学需要的胎儿性别鉴定和非医学需要的人工终止妊娠)案件4起。免费孕前优生健康检测4498人,为无锡市唯一连续两年获省优生健康检测临床检验室间质量优秀等次的区。开展0~12个月婴幼儿进门入户指导工作,全年指导12336人次;13~36个月散居在家的婴幼儿,85.71%接受普惠性体验式服务;举办0~3岁科学育儿知识讲座34次,取缔3家非法托儿所。开展提升人口素质系列讲座110次。家庭健康服务覆盖率90%以上。免费药具可及率(可以获得的比例)和获得率(实际获得的比例)达95%以上。惠山区被确定为江苏省第一批幸福家庭建设项目县(区),27户创建为人口文化中心户,长安街道的"惠园"和钱桥街道的"乐园"创建成无锡市人口文化示范基地。

(章淑君)

【社会管理】 年内,惠山区推进"江苏综治信息系统"建设,建立120名综治信息录入员队伍,对辖区"人、地、事、物、组织"等五大信息要素进行实时采集、动态掌握。6月20日,惠山区承办召开无锡市社会管理综合治理委员会基层综合服务管理"一化三平台"[江苏省综治信息系统,惠山区社会管理服务中心、镇(街道)政法综治工作中心、村(社区)综治办]建设现场推进会。年内共报备社会稳定风险评估项目225项,社会矛盾纠纷调解成功率100%。完成老旧小区技防改造35个,年内,推广安装小技防产品222套,累计2万套。7~8月,结合"法治江苏十周年"活动、"法治惠山、平安惠山"宣传电影月活动,在各镇(街道)、村(社区)播放宣传片《法治惠山》《诉访分离好》等20场。10月正式开通"惠山长安网"。编印《公共法律服务系列手册》,开通普法官方微博微信、"8868专业律师网""88688868热线"等网络平台和电话,制作"桃娃"系列法制动漫片,村(社区)"公共法律服务工作室"实现全覆盖,形成半小时公共法律服务圈。惠山区被江苏省社会管理综合治理委员会评为"2013年度平安县(市、区)""2013年度综合治理(平安建设)工作先进集体",被省委、省政府评为"2011~2014年社会治安综合治理先进集体"。

(章淑君)

【人民生活】 2014年,惠山区城镇居民人均可支配收入40473元,比上年增长8.6%;人均消费支出22989元,比上年增长7.7%。农民人均纯收入22568元,比上年增长9.9%;人均消费支出11035元,比上年增长10.2%。企业退休人员退休养老金平均提高10%。4月1日起,城镇居民养老补贴从上年的每人每月310元提高至340元。农村未到龄(到龄为男满60周岁,女满55周岁)的失地农民的失地补贴从上年的每人每月500元提高至560元。到龄的失地农民的失地补贴从上年的每人每月610元提高至670元。全年办理"双置换"22560人。年内,城镇居民新增就业18000人,完成年初目标的180%;带动就业和再就业7254人,完成年初目标的114%;重点扶持自主创业1168人,完成年初目标的111%;社保扩面净增缴费6149人,完成全年目标的145%。年内,处理劳动人事争议案件1283起,其中立案处理1112起,案外调解111起,结案率97%(考核目标为94%);2014年10月市人社局将工伤认定业务下放到惠山区后,至年底,共受理工伤认定案件810件,结案700件,结案率86%。帮扶困难家庭大学生就业,全区55名困难家庭大学生100%就业。区政府办等13个单位招录公务员19人,区公路管理处等14个单位招录事业人员21人,接收安置部队营以下转业干部12人。全年接待群众来访758批次,调解成功率90%。"政务服务直通车""政风热线"受理咨询、投诉114

起。11月，妥善处理江苏沙钢集团锡兴特钢有限公司下属企业终止（或解除）劳动合同一事，成功分流1008名员工。强化和谐劳资关系创建工作力度，全区和谐劳资关系企业达标率占已建工会企业总数的88%。

（章淑君）

【率先开展农村土地承包经营权确权登记颁证】 2014年，惠山区作为全省16个确权登记颁证工作试点县（市、区）之一，调查全区农用土地，摸清全区农户承包地分布和权属情况，督促各镇、街道成立农用土地管理平台，签订土地管理协议，明确镇（街道）、村（社区）、农户三者之间的责、权、利，规范农户承包土地管理，在全市率先全面推开农村土地承包经营权确权登记颁证工作，至年底，共完成玉祁、洛社、阳山3个镇（街道），16个村（涉农社区）、253个村民组、8446户农户、1067.53公顷农用土地的确权登记颁证工作。

（章淑君）

【"一镇一院一产业"发展模式】 惠山区探索"一镇一院一产业"的产业提升模式，在政府、企业、银行、高校院所和高层次人才之间搭建交流合作的桥梁。制定定向扶持产业研究院人才集群建设的意见，设立定向扶持资金，优先安排产业研究院引进人才的配偶就业、子女就学等，争取上级扶持资金超过3000万元。《中国组织人事报》、《中国日报》（海外版）、《新华日报》集中报道惠山区这一发展模式。至年底，全区各镇（街道）根据自身产业特色和发展需求，分别与中国科学院、清华大学、华中科技大学、哈尔滨工业大学、南京航空航天大学、东北大学等合作，共建6大产业研究院，覆盖数字信息与物联网、冶金新材料、机械工程、电机电气、风电、新能源及合成材料等产业，推动产业研究院成果就地转化。全区6大产业研究院集聚包括12名中外院士在内的高层次人才近300人，争取各级各类项目50多个，争取合同资金额超过7000万元，带动各镇（街道）优势支柱产业集群发展。惠山区的模式得到市委肯定并要求在全市推广。

（章淑君）

【区域公交环线投运】 2014年8月，惠山新城堰桥公交首末站建成。堰桥公交首末站位于无锡地铁1号线堰桥站站西，总面积6626平方米，设有公交站台5个。9月3日，惠山新城公交环线系统开通运营。堰桥首末站配套始发621路、622路、636路和637路4条公交线路，沿线共设立76个公交站点，东至长宁苑五期，西至金惠西路，南至华惠路，北至北惠路，覆盖惠山经济开发区36平方公里建成区，平均每0.5平方公里内有1个站点，辐射惠山经济开发区（长安街道）内的7个社区（村）、5个园区（中心）、30多个小区，以及江苏省锡山高级中学、惠山区行政服务中心、长安医院、一汽客车等100余家重点企事业单位。7月21日，惠山区洛社镇在主镇区开通省内首条镇级免费公交微循环线路，解决镇区及周边居民交通出行的"最后一公里"。线路总长7.3公里，在洛社镇农贸市场、洛社高级中学、洛社镇镇政府、镇工商税务、镇社保所、惠山区人民医院、六龙城等地设立站点19个，连通六龙、徐贵桥、钱巷、雅西4个社区。早上6点到晚上6点，每天4辆车80个班次的双向对开，居民免费乘坐。

（章淑君）

【惠山工业转型集聚区启动建设】 7月，惠山工业转型集聚区（以下简称集聚区）启动建设。集聚区总体规划面积近20平方公里，主要在前洲街道和玉祁街道。至年底，集聚区首批3个总投资59亿元的高端制造业项目签约落地，其中，中信戴卡轮毂制造有限公司，项目总投资25亿元，占地面积36.7万平方米；北京京运科技股份有限公司，项目总投资27亿元，占地面积28.7万平方米；无锡市闽仙汽车电器有限公司，项目总投资7亿元，占地面积13.3万平方米。集聚区按照"锡澄一体化示范区、太湖生态治理循环发展示范区、苏南新型工业化示范区、国家高新科技产业示范区"定位，以新材料、汽车零部件、机器人制造、通信器材制造、能源设备制造等项目为主导，打造产业集聚基地和工业转型高地。

（章淑君）

【两项成果获首届基础教育国家级教学成果奖】 7月，教育部公布首届基础教育国家级教学成果奖评选结果，评出奖项417项。其中，特等奖2项、一等奖48项、二等奖367项。江苏省锡山高级中学的《学校课程体系的整体构建与实践创新》获一等奖，无锡市藕塘中心小学的《少年农学院——农村小学综合实践活动课程开发》获二等奖。9月9日，江苏省锡山高级中学校长唐江澎作为获得一等奖的单位代表，应邀出席在北京人民大会堂举办的"庆祝第30个教师节暨全国教育系统先进集体和先进个人表彰大会"。

（章淑君）

【阳山镇入选"智慧城市"创建典型案例】 3月25日，由住建部建筑节能与科技司主办的"智慧城市"创建典型案例研讨会召开，惠山区阳山镇作为绿色低碳小城镇入选"智慧城市"创建典型案例。阳山镇以绿色产业为基础、以山水田园为景观、以服务设施为配套打造"智慧城镇"，探索新型城镇化与城乡发展一体化的阳山模式。将生态建设与产业发展、城镇建设结合，年内实现生活污水和点源治理全覆盖，生活污水处理率90%，工业污水处理100%，全镇绿化造林面积新增53.33公顷，村庄整治达标率100%。将现代高效农业发展与农业旅游发展结合，全镇水蜜桃适度规模经营面积比例超过90%，农田水利现代化水平90%。年均接待游客超过100万人次，三产服务业对财政的贡献率40%以上。将工业转型升级与特色园区建设融合，建设美丽生态小城镇，逐步淘汰落后的工业形态，引导传统产业向2.5产业（介于第二、第三产业间的中间产业）转型。

（章淑君）

组织机构和领导人员名单

中共惠山区委员会

书　记　吴仲林
副书记　顾卫明（至1月）
　　　　李秋峰（1月任）
　　　　陈　燕（女）
常　委　吴仲林
　　　　顾卫明（至1月）
　　　　李秋峰（1月任）
　　　　陈　燕（女）
　　　　杨建平

唐群峰
计佳萍（女）
岳中云
方 瑛
陆 益
倪海兵
吴建法

惠山区人大常委会

主 任 吴仲林
副主任 徐金瑞
陈 纯（女）
陆栋梁
秦志宏

惠山区人民政府

区 长 顾中明（至1月）
代区长 李秋峰（2月任）
副区长 唐群峰
计佳萍（女）
耿国平
陈金良
曹文彬
吴 燕（女）
丁劲锋（挂职）
王 涛（挂职）

政协惠山区委员会

主 席 顾智杰
副主席 陆瑞石
唐江澎（兼）
陈晓松（兼）
许海祥
黄 明

中共惠山区纪律检查委员会

书 记 陈 燕（女）

（邵 昀）

滨湖区

【概况】 滨湖区位于市区西南部，总面积629.44平方公里，其中陆地面积257.89平方公里，耕地面积31.59平方公里。至2014年年末，全区辖胡埭1个镇和马山、华庄、雪浪、蠡园、太湖、河埒、荣巷、蠡湖8个街道，有国家级旅游度假区、国家级工业设计园、国家级数字电影产业园、国家级传感网创新示范区各1个和无锡山水城、蠡园经济开发区、无锡经济开发区、无锡太湖城（参照省级开发区体制）4个省级开发区，共有103个社区居民委员会和7个村居合一社居委。全区总人口69.69万人，其中户籍人口47.07万人，城市化率79.7%。全区出生人口5221人，人口自然增长率4.96‰，出生人口政策符合率99.5%以上。区人民政府设在金城西路500号。2014年，全区实现地区生产总值718亿元，比上年增长8.4%；一般公共预算收入83亿元，比上年增长8.5%；规模以上工业总产值496.2亿元，比上年增长3.5%；社会消费品零售总额249.4亿元，比上年增长11.7%；固定资产投资490亿元，比上年增长16.8%；居民人均可支配收入36955元，比上年增长8.7%。

（丁鸭锁）

【农业】 滨湖区都市农业全年实现农业总产值8.72亿元。完成造林绿化140公顷，其中成片造林34.4公顷，建成区新增绿地158万平方米。全区市级以上农业龙头企业销售收入44.25亿元，农业园区化比重50.1%，新增高标准农田整治建设48.67公顷，高标准农田比重74.02%，新增高效设施农业（渔业）13.33公顷。全区高效渔业、无公害水产养殖面积133.33公顷，无锡市水产批发市场年内成交水产品7.2万吨，成交额23.5亿元。全区高效设施农业装备水平为79%。

（丁鸭锁）

【工业】 年内，滨湖区423家规模以上工业企业完成年产值496.2亿元，比上年增长3.5%，增幅位列全市第二。全区41家扶大扶强工业企业完成产值207.1亿元，占规模以上企业总量41.7%。全年新登记工业企业389户，新增注册资本9.3亿元，分别比上年增长53.8%、212.7%。全年完成工业投入70.5亿元，比上年增长22.7%，增幅位列全市第二，其中技改投入占比75.9%。七〇三所获中国质量奖提名，全区新增省名牌2个、省著名商标12个。

（丁鸭锁）

【服务业】 年内，滨湖区有效发挥服务业经济支撑作用，全年全区社会消费品零售总额249.4亿元，比上年增长11.7%；其中限额以上112亿元，比上年增长7.1%。服务业税收保持稳定增长，全年税收50万元以上规模服务业企业完成税收21.3亿元，比上年增长26.9%。其中，海螺水泥华东区域总部、君泰贵金属合约交易中心合计完成税收1.57亿元；同庆楼总部化后实现销售2.97亿元，净增2.52亿元；新开雷克萨斯4S店实现销售5.59亿元，净增4.84亿元，成为地区商贸业重要增长点。胡埭汽车城克莱斯勒、英菲尼迪、进口大众4S店顺利开业；海岸城、万象城两大综合体建成开业，红星美凯龙、兰桂坊、雅居乐项目加快建设；山水城电子商务产业园加快集聚；社区商业能级提升，梁南、溪南、峄嶂等4家农贸市场完成改造提升，23家放心早餐门店通过市级验收。

（丁鸭锁）

【旅游业】 全年全区接待游园2981万人次，比上年增长9.7%；实现接待旅游总人数1500万人，比上年增长9.6%；旅游总收入165.6亿元，比上年增长9.3%。文化旅游业显现品牌效应，万达文旅城、灵山小镇拈花湾等重点旅游项目加快建设，荣巷历史街区、“最美山村”建设等工程稳步推进。旅游品牌创建取得新进展，无锡国家数字电影产业园创AAAA省级初审进展顺利，灵山景区《如意十八罗汉》获第6届中国国际旅游商品博览会大赛金奖，帅元紫砂博物馆“二泉印月”“阿福”系列紫砂壶被入选为“中国旅游必购商品”。旅游营销实现新突破，成功开展滨湖旅游宣传口号与形象标识网络征集票选活动，汇总发布滨湖20大传统特色菜，成功举办太湖山水文化旅游节、环太湖国际公路自行车赛、太湖帆船赛、太湖音乐节等一批品牌活动，地区旅游魅力增强，凸显文化旅游对经济的带动效应。

（丁鸭锁）

【开放型经济】 年内，滨湖区优化利用外资产业结构。全区新批外资项目48个，其中制造业项目10个，服务业（不含房地产）项目37个，农业项目1个，全年到位注册外资1.4亿美元，其中制造业到位外资4590万美元。外贸进出口增幅平稳，“走出去”战略稳步推进，机电设备、机械零部件、精密铸件、汽车零部件、换热器等主要出口产品都呈现出不同程度的增长，全年外贸进出口总额22.5亿美元，比上年增长3.6%，其中出口16.7亿美元，比上年增长5.7%；批准境外投资项目13个，协议投资额1.56亿美元。服务外包增势良好，新增华云数据、太湖云计算、博雅干细胞等“123”企业5家，累计33家。招商引资成效明显，在上海自贸区设立驻沪商务代表处，成功举办秋季经贸签约大会、土地招商推介会等活动，签署项目56个，其中外资项目8个，总投资164.8亿元；中航动控上市公司总部、快易拍总部、源汇文化等20个投资超1亿元项目成功落户。与法国翁吉安雷班市建立友好关系。

（丁鸭锁）

【新兴产业】 年内，滨湖区加强政府引导、政策扶持、政企互动，新兴产业产业化进程不断加快。全区新兴产业业务总收入比上年增长12.9%，其中物联网增速22.1%，155家创新创业企业逐步实现产业化，累计完成业务总收入15.2亿元，实现税收3500万元，比上年增长35%。推进“两机专项”、智能交通、智能制造等高端产业在滨湖区集聚发展，智能交通产业园成功揭牌。无锡国家数字电影产业园获批“国家文化与科技融合示范基地”，全年实现税收4018万元，比上年增长390%。

（丁鸭锁）

【科技创新】 全年全区研发经费支出占GDP比重2.59%，当年获批高新技术企业40家，高新技术产业产值占规模以上工业总产值比重41.5%，全年新增省级企业技术中心5家，万人发明专利拥有量23件。院所经济实现税收3.3亿元，比上年增长40%。超算中心启动建设。引进国家“千人计划”人才2名、累计达27名，入围省“双创”人才3名、累计达59名。

（丁鸭锁）

【城乡建设】 全年全区完成新开征收拆迁项目19个、“清点”扫尾项目15个，涉拆建筑签约87万平方米、拆除93万平方米。新开工安置房52.7万平方米、竣工158万平方米、交付11720套，压降存量安置房15.7万平方米，安置全过渡户6453户。完成旧住宅区改造40.9万平方米、保障性住房150套。新改建农村公路12条、桥梁10座，优化公交线路2条、新增3条。全面开展全国文明城市创建，全年完成市容“灭点”18个、背街小巷整治9条、街景改造5处，建成生活垃圾分类收集试点32个，新增公共停车泊位831个，新改建公厕13座，拆除违建5.3万平方米，创建村庄（社区）环境长效管理优秀示范社区30个。推进建筑装潢垃圾临时集中堆放收运处置试点，改造建设集中堆放点110个。

（丁鸭锁）

【生态治理】 年内，滨湖区启动“国家生态文明建设试点示范区”创建，实施“蓝天工程”，全面推行“清洁生产”，减排二氧化硫79吨、氮氧化物18.6吨。通过“国家水土保持监督管理能力建设重点区”验收。开展“清河行动”，整治黑臭河道21条，清淤河道14条。全面开展河湖水质巡查监测，打捞蓝藻62.3万吨，分离藻泥4.2万吨，确保太湖安全度夏。建成小游园6个。实施马山和平“美丽乡村”、山水城董坞里“最美山村”建设，古竹社区获评“江苏最具魅力休闲乡村”。

（丁鸭锁）

【社会事业】 年内，滨湖区通过“省义务教育优质均衡发展示范区”现场评估，启动东绛实验学校等新建工程，完成蠡园中学、河埒中心小学、滨湖实验幼儿园等新改建项目，开办育英锦园小学等4所学校，4所初中跻身全市公办教学质量十强。马山、太湖社区卫生服务中心投入运营，完成47家社区卫生服务站规范化建设，区中医院顺利创建成二级甲等医院，建成“国家慢性病综合防控示范区”。推进“国家公共文化服务体系示范区”创建，成功举办第三届区运会、第五届环太湖国际公路自行车赛、太湖国际帆船赛、百姓大舞台、“文化滨湖”沙龙等活动，阖闾城遗址博物馆开馆。全面实施“单独二孩”政策，完成免费孕前优生健康检查5050对、已婚育龄妇女病普查53396人。

（丁鸭锁）

【综合治理】 年内，滨湖区推进“平安滨湖”创建，抓好社会稳控，确保南京青奥会、北京APEC会议等重大活动期间社会局面稳定。全面推行社会稳定风险评估，开展改革改制、政策调整等项目决策稳评315个。强化领导接访“四访一包”，化解信访积案25件。区社会管理服务中心“一中心两平台”建成投用，共接待群众1592人次、调处矛盾720起。贯彻安全生产“党政同责、一岗双责、齐抓共管”要求，推进“四定四制”网格化监管，开展安全生产检查整改、“六打六治”等专项行动，全面落实食品药品、护林防火、防汛防台、动物疫情预防等安全措施，全区安全形势保持平稳。

（丁鸭锁）

【人民生活】 年内，滨湖区加大民生保障力度，全区居民养老保险和医疗保险参保缴费12.7万人，发放公益性岗位和社保“两项补贴”1.14

6月26日，雪浪环境在深圳创业板上市　（丁鸭锁　供稿）

亿元。完成区人力资源市场升级改造，开展免费创业培训1586人，新增城镇就业2.39万人，失业再就业3.1万人，扶持自主创业1089人。解缴慈善基金2700余万元，发放低保金、慰问金和残疾人救助金等3796万元，在全市率先实施因病致困家庭救助，创办全市首家民营残疾人托养中心。政府购买残疾人人身意外保险7370份、特定老年人"安康关爱"保险约1.7万份、在籍居民住房保险约17万份、政策性农业保险266.67公顷。推进养老机构"医养融合"试点，新建居家养老服务中心10家、"幸福餐厅"8家，新增养老床位400张。开展"公益嘉年华"和"邻里守望"行动，实施公益创投25项。滨湖区获评"全国和谐社区建设示范区""省现代民政建设示范区"称号，河埒街道获评"全国和谐社区建设示范街道"称号，美湖社区获评"全国和谐社区建设示范社区""全国科普示范社区"称号，太湖国际、湖景社区获评"全国综合减灾示范社区"称号，胡埭镇王华芳家庭获评"全国五好文明家庭"称号。

(丁鸭锁)

【做好企业上市工作】 年内，滨湖区推进"生态安全金融区"建设，创投产业集聚区加快建设，区级偿债准备金初步建立，上海股权托管交易中心无锡企业孵化基地挂牌，滨湖常农商村镇银行获省银监局批准筹建。全年全区新增上市公司3家，占全市新增上市公司总数的75%。6月26日，雪浪环境在深圳创业板上市，首发融资2.6亿元；11月4日，中电电机在上海主板上市，首发融资2.95亿元；10月，深交所主板公司——中航动控总部整体迁至滨湖区。至此，滨湖区上市公司增至6家(瑞年国际、药明康德、华东重机、雪浪环境、中电电机、中航动控)，总市值445亿元。佳龙换热器在"新三板"成功挂牌。

(丁鸭锁)

组织机构和领导人员名单

中共滨湖区委员会

书　记　袁　飞

副书记　高　佩

许新宇(至11月)

常　委　袁　飞

高　佩

许新宇

赵虹路(女)

徐勇强

戴锁洪(至8月)

张再南(至8月)

蒋群联(女)

邵文松

唐国良

杨万兵

单　阳(挂职，5月任)

滨湖区人大常委会

主　任　袁　飞(1月任)

副主任　王刚庆

韩　平

陈国忠

王锡伦

滨湖区人民政府

区　长　高　佩(1月任)

代区长　高　佩(至1月)

副区长　徐勇强

程　红(女)

宋　晓

过伟忠

戴　泉(1月任)

殷　毅

刘庭华(挂职)

单　阳(挂职，5月任)

俞宏雷(挂职，12月任)

政协滨湖区委员会

主　席　刘洪兴

副主席　周茂健

吴国平(兼)

李明东

谢建农

李雪花(女)

中共滨湖区纪律检查委员会

书　记　赵虹路(女)

(丁鸭锁)

崇安区

【概况】 崇安区位于市区中部，总面积16.48平方公里。至2014年年末，全区辖广益、崇安寺、通江、广瑞路、上马墩、江海6个街道，39个社区。全区居民6.97万户，户籍人口18.59万人。其中，男性9.25万人，占总人口的49.8%；女性9.34万人，占总人口的50.2%。人口出生率7.04‰，死亡率2.13‰，自然增长率4.91‰。区人民政府设在无锡市解放南路688号。2014年，全区完成地区生产总值455.26亿元，比上年增长7.9%；固定资产投资134.19亿元，比上年增长5.5%；社会消费品零售总额554.69亿元，比上年增长11.4%；进出口总额15.61亿美元，其中出口总额13.64亿美元，分别比上年增长8.4%、5.6%；公共财政预算收入20.91亿元，比上年下降18.8%；居民人均可支配收入40014元，比上年增长8.5%。

(马晓亮)

【服务业】 年内，崇安区增创服务业发展新优势，崇安寺街道(环城古运河商圈)被列入首批市级服务业综合改革试点，广益城市家居设计创意街区被认定为市级特色街区。全区完成服务业增加值430.55亿元，比上年增长8.1%，占GDP比重94.6%，比上年提高0.5个百分点。

(马晓亮)

【新兴产业】 年内，崇安区组织编制商旅文融合、健康服务业、人力资源服务业等发展规划，新增一定规模文化企业101家；健康服务企业及机构达350家，产业总规模40亿元；人力资源服务产业园首期8000平方米待交付。着力发展电子商务，崇安电子商务产业园形成"一园多区"格局，载体总面积超5万平方米，被认定为江苏首家省级科技企业孵化器电子商务园区，全区电商企业发展到80家，年销售额15亿元。适应信息等新兴消费需求，推进"智慧崇安"建设，新增移动4G基站120个、WiFi接入点2300多个。以无锡地铁开通运营为契机，组织编制地铁经济发展规划，努力抢占地铁经济发展先机。

(马晓亮)

【楼宇经济】 年内，崇安区楼宇经济提质增效，建立东方广场B座、摩天360等2个楼宇社区服务中心，重点楼宇增加到81幢，税收超1000

万元楼宇达到30幢,超500万元楼宇20幢,重点楼宇税收占全区税收比重38%。

(马晓亮)

【科技人才】 年内,崇安区强化科技和人才支撑,新申请认定高新技术企业2家,年销售超1000万元科技企业40家,成立全国首家楼宇科协;引进国家"万人计划"专家1名、中科院"百人计划"专家1名,新增市科技创新创业领军人才4名、社会事业领军人才2名。

(马晓亮)

【民营经济】 崇安区全年民营经济实现增加值295.95亿元,占全区的比重上升至7.9%。

(马晓亮)

【区域发展】 年内,崇安区突出抓好无锡食品科技园建设,成立园区管委会,争取开发建设的扶持政策,全力推进各项规划设计,启动征收拆迁。推进崇安新城(广益片区)建设,对近十年开发建设情况进行后评估,明确提升发展思路。

(马晓亮)

【城建城管】 年内,崇安区加快推进老城出新,整治改造置煤浜、小娄巷等6个旧住宅区共37万平方米,危旧房改造2.5万平方米,惠及居民5200多户。抢抓地铁施工围挡拆除、道路环境更新契机,对中山路、人民路沿街楼宇进行包装出新,先后完成崇宁路和健康路改造、"百巷崇安"东片区整治、古运河沿线景观改造以及南市桥巷、石皮路雨水管网改造等工程,中心商务区环境改善。完成征收拆迁面积21.9万平方米,站北、盛巷、新雅大酒店西侧、勤西一期、桐桥路等13个项目实现扫尾灭点,电大、中医院等8个新项目启动并顺利推进。新交付毛岸新苑、广晟苑二期等安置房23.4万平方米,累计完成10个安置房小区8469户"两证"办理初始登记。围绕创建全国文明城市,加大热点难点问题整治力度,站前商贸区、广瑞二村支路等10个重点区域市容环境秩序得到明显改善。

(马晓亮)

【生态环境保护】 年内,崇安区加大水环境和大气污染整治力度,推进创业河等重点河道整治,建立重污染天气预警应对机制,建成6条油烟净化示范街。

(马晓亮)

【社会事业】 年内,崇安区加快教育现代化步伐,适当调整教育规划布局,金海里小学易地新建完成立项和选址,中小学校园直饮水工程试点投用,教育现代化指标得分位列全市第一、全省第三。推进国家公共文化服务体系示范区建设,120处公共文化体育设施免费向社会开放,区档案馆创成国家一级馆,成功举办第17届崇安文化艺术节,推进"书香崇安"建设。启动实施名医名科名院"三名"工程,口腔医院新增通江、新区2个连锁门诊部,八院职业病科创成市级重点学科,上马墩、江海社区卫生服务中心创成甲类中心,崇安区获评省基本公共卫生服务项目工作先进单位称号,通过全国基层中医药工作先进单位验收。坚持人口协调发展,落实单独两孩政策,深度关爱失独家庭。

(马晓亮)

【社会治理】 年内,崇安区加强社区建设,累计6个街道被命名为省和谐示范街道,25个社区被命名为省和谐示范社区,崇安区被评为全国和谐社区建设示范城区。深入推进社会工作,选拔出首批5名社工督导,完成60个政府购买"七彩工程"项目,13个项目入围市"公益创投"。深化综治平安和法治工作,推进区社会管理服务中心建设,规划布局现代防控体系,建立4个公益法律服务基地,省级民主法治示范社区增加到13个。全力维护社会稳定,加强突发事件应急处置,矛盾纠纷调处成功率99.7%,上级交办的信访积案全部化解终结。着力消除安全生产中的重大隐患,安全生产形势继续稳中向好。加强食品安全监管,食品抽捡合格率98%。年度10件为民办实事项目全部完成。

(马晓亮)

【民生保障】 年内,崇安区新增就业1.1万人,扶持再就业4900人,扶持创业822人,带动就业4934人,零就业家庭实现动态清零,困难家庭应届高校毕业生就业率100%,登记失业率控制在2.8%以内。社会保障措施到位,落实低保标准自然增长机制,新增住房保障384户。养老、助残、慈善事业健康发展,全区机构养老床位达到每1000名老人36张,为2000多名失智失能老人发放爱心黄手环,为282名无固定收入重度残疾人提供救助,开展献爱心、送温暖活动,惠及1300余户居民。

(马晓亮)

【"书香崇安"】 3月1日,崇安区启动"书香崇安"全民阅读活动。"书香崇安"是一项长期系统工程,旨在促进市民逐步养成自觉的阅读习惯,建成人的全面发展的特色区,推动形成人人为创业创新、学习修身而主动读书、乐于读书的浓厚氛围;优化公共阅读环境,完善覆盖城区、实用便利、运转高效、保障有力的公共阅读服务体系;广泛发动企事业单位、社会组织和社区居民开展各类公益性读书活动,鼓励数字化阅读、微阅读等,使阅读成为百姓的一种生活方式。活动中,崇安区推出"书香崇安·悦读时光"微信平台,在政务微博"崇安发布"开设"书香崇安"专栏,开展"书香崇安,真人阅读""书香崇安,换书大集""书香崇安,年代秀"等一系列活动。

(马晓亮)

【楼宇社区服务中心】 年内,崇安区全面推进楼宇"规范化、标准化、品牌化"建设,以崇安寺街道为试点,打造"楼宇社区服务中心"网络体系。至年底,崇安区建成东方广场B座、摩天360等2个楼宇社区服务中心。楼宇社区服务中心是一个以楼宇企业和楼宇员工为服务对象,提供政策宣传、企业登记、民政事务、劳动保障、非公党建、集团组织等贴身服务的政府服务机构。服务中心由街道安排专人负责,各职能部门配合,实施经济服务、民主保障、城市管理、综合治理、党群建设等服务内容'五进楼宇",把"企业找服务"变为"政府送服务",实现政府服务企业"零距离"。

(马晓亮)

组织机构和领导人员名单

中共崇安区委员会

书　记　刘亚民
副书记　李秋峰(至2月)
　　　　邹二辉(2月任)
　　　　陈国忠

常　委　刘亚民
李秋峰(至2月)
邹士辉(2月任)
陈国忠
邵文松(至1月)
柳永红(1月任)
陈红升
唐斌彪
周皖红(女)
殷宝生(至5月)
胡泽服(5月任)

崇安区人大常委会

主　任　刘亚民
副主任　李益群
任震宇
曹海燕(女)
夏杰伟

崇安区人民政府

区　长　李秋峰(至2月)
邹士辉(2月任)
副区长　陈红升
李　涛
何雪清
张　琦
夏　琰(女)

政协崇安区委员会

主　席　李福来
副主席　王鹤忠
季　铮(女)
唐　红(女)
秦惠芬(兼)(女)
黄梅华(兼)(女)

中共崇安区纪律检查委员会

书　记　陈国忠

(马晓亮)

南长区

【概况】 南长区位于市区东南部，总面积23.90平方公里。至2014年年末，全区辖扬名、迎龙桥、南禅寺、清名桥、金星、金匮6个街道，56个社区。常住人口43.33万人，户籍人口32.35万人，户籍人口男女性别比98.56。人口出生率6.56‰，人口死亡率4.44‰，自然增长率2.12‰。区人民政府设在永丰路1号。2014年，全区实现地区生产总值253.85亿元，比上年增长7.7%。其中，第二产业76.14亿元，比上年增长2.3%；第三产业177.71亿元，比上年增长10.3%，服务业增加值占比70%。公共财政预算收入19.1亿元，比上年下降17.93%；社会消费品零售总额285.39亿元，比上年增长11.3%；完成固定资产投资134.06亿元，比上年增长8.3%；完成规模以上工业总产值235.83亿元，比上年增长2.61%。

(季　鲲)

【重点项目】 年内，南长区开展“项目建设深化年”和重大项目“破瓶颈、扫障碍”活动，全力推进重大项目建设，9个市级重大项目有序推进，新苏机械厂、盛仕机械厂、信泰单丝、东炬科技、科闻纺织、万迪动力6个地块成功出让，茂业城、无锡世贸中心、九龙仓国金中心、创智园二期等项目全面收尾，古运河会议中心建成投入使用，西水东绿地中心奠基开建，滨河新城公建、孔雀城等项目全力推进。全面落实促进消费各项政策，优化调整特色街区的功能定位、业态布局和运营管理，清名桥历史街区、阳光时尚街区、西水东民族工业文化街区等消费热点逐步激活，实现社会消费品零售总额285.39亿元，比上年增长11.3%，其中批发零售业销售额比上年增长13.2%。全面承接上海自贸区的“溢出效应”，制定一系列产业扶持奖励政策，紧盯央企、国企、大型民企开展跟踪洽谈，与中信泰富、中国航天、西门子等知名企业签订合作协议，新引进企业2744家，比上年增长43.1%，位列全市第一。

(季　鲲)

【产业调整】 年内，南长区推进“两城”(南长天朗运河古城、滨河新城)产业布局调整，加快改造传统产业，培育发展特色经济，实施创新驱动，产业结构持续优化。实现工业投入2.41亿元，比上年增长28.2%，增速全市第一；年度11个重点工业技改项目全面完成，对上争取各类扶持资金6000万元，一汽锡柴“千里眼车联网系统”等6个项目列入“无锡市2014年两化融合项目计划”，雄伟精工、展鹏科技研发大楼全面建成，传统制造业向高端制造业平稳过渡。发展特色经济，新兴经济业态形成规模。南下塘老街(一期)成功开街，首个京杭大运河3D数字博物馆建成开馆，清名桥古运河景区获评国家AAAA级旅游景区，游客接待量比上年增长28.6%，实现旅游收入800万元，比上年增长56.5%；协酒网、择尚科技等电商企业发展迅猛，“陶醉南长”微信公众平台上线运行，软件业营业收入比上年增长20%以上；成功引进百佳妇产医院、葆元春堂中医医院、西庭口腔医院等健康产业项目，明慈心血管病医院筹备开业，滨河新城14个“智慧产业”项目集中签约，助推产业优化升级，服务业增加值占GDP比重比上年提高2.19个百分点。实施科技革新和人才引进，企业自主创新能力增强，获批“东方硅谷”科技创业领军人才项目5个、科技创新领军人才项目2个，获批省科普产品研发基地1个、省高新技术产品13项，新增市级院士工作站1个、市技能大师工作室2个、市企业首席技师2人，一汽锡柴入选省重点企业研发机构50强，全区高新技术企业研发机构覆盖率、专利授权率、省高新技术企业获批率均列全市第一。

(季　鲲)

【城市建设和管理】 年内，南长区开展全国文明城市创建和“活力南长、魅力南长”建设，持续改善城区环境，全面落实长效管理，加强生态治理。强势推进城中村、旧住宅区和危旧房改造，累计完成住宅和非住宅征收1007户，计30.85万平方米；实现项目清点13个，清点量比上年增长62.5%；启动新征收项目13个，完成住宅和非住宅征收247户，完成率82.6%。安置房启动建设79.85万平方米、竣工交付38.7万平方米、初始登记790套、办理进户1033套；完成曹张新村一社区、二社区、翠园新村和水仙里社区等旧住宅区改造42.97万平方米，拆除违法建设400多处、3.2万平方米。新建梁塘农贸市场，红光路、图清路、动力路全面竣工，古运河两侧风光带及南下塘立面改造完成。开展城市环境“931”综合整治，道路包装出新、背街小巷改造、社区连片整治工作稳步推进，市下达的8条背街小巷以及界泾桥路、老金星路等22条背街小巷整治全面完成，芦庄南北路、老通扬路等6条市容攻坚道路转入长效管理，拆除违章广告500多处、1.2万平方米，建立垃圾临时堆放点12个，更换破损垃圾桶2000只，实现社区背街小巷环卫保洁市场化运作全覆盖，南长区在市城管绩效考核中获评优秀城区。推进控源截污后期管理，严格落实“河长制”，启动定胜桥—日晖桥河道整治，实施前扬巷浜、戴顶浜、耕渎浜3条河道清淤，区域水环境明显改善。制定《保障青奥会环境质量临时管控方案》和《突发环境污染事件应急预案》，全面落实改善空气质量相关措施，开辟环评审批“绿色通道”，探索排污权有偿使用和交易试点，取缔“老虎灶”43个，社区修复绿地2.7万平方米，新增绿地13.4万平方米，生态环境改善。

（季 鲲）

【民生保障】 年内，南长区坚持民生优先，将本级财政支出的70%用于保障和改善民生，年度12件为民办实事项目全面完成。实施就业再就业工程，新增城镇就业1.65万人，城镇失业人员再就业1.57万人，其中就业困难人员再就业2645人，帮助10315人完成职业技能培训。累计发放城镇低保救助金1445万元、居民养老金832万元、“两项补贴”6516万元，资金发放率、到位率、兑付率均达100%。南禅寺书城成功申报“省级创业孵化示范基地”，扬名科创中心被评为市级大学生创业园。推动残疾人事业和老龄工作，扬名幸福颐养院、樱花老年康复院、南禅寺日间照料中心等新建改建工程全面完工，新增社区居家养老服务站点3家、养老床位150张，养老机构达标率100%，街道残疾人综合服务中心全面建成。

（季 鲲）

【社会事业】 年内，南长区推进教育优质均衡发展，完成区少年宫及区中心幼儿园、芦庄实验小学、夹城里中心小学3所校舍维修工程，侨谊幼儿园金科分园、区中心幼儿园复地分园建成投入使用，新增各类教育教学骨干117人，中小学生学业合格率、体质健康测试合格率分别达99.8%、100%，南长区获评江苏省首批“学前教育改革发展示范区”和“全国义务教育发展基本均衡区”称号，在省首次教育现代化建设监测中位居全省前十。推进基层医疗卫生服务体系建设，新建社区卫生服务站1家、名医工作室3家，“健康主题公园”高标准建成，3个医疗科室获评市首批基层卫生服务特色科室，社区卫生服务中心门（急）诊量比上年增长15%。推进人口和计生工作，“单独两孩”政策有序实施，再生育审批551例，其中“单独”340例，五星家园一社区获评“全国人口计生基层群众自治示范社区”称号。推进“公共文化服务体系示范区”创建工作，全面启动区、街、社区三级公共文化设施建设，公共文化服务场馆实行免费开放，开展“五送五进”（送政策、送信息、送培训、送保障、送温暖，进企业、进社区、进乡村、进校园、进家门）文化惠民活动200余场次，完成全国第六次体育场地普查，新增、更新体育路径21套，公共体育设施完好率95%以上。南长区获评“江苏省第十届双拥模范区”称号。

（季 鲲）

【社会治理】 年内，南长区推进技防城二期延伸工程建设，拓展完善社区警务室功能，“5分钟快速反应圈”初步建成，违法犯罪警情总量连续3年下降。全面推行安全生产“党政同责，一岗双责，齐抓共管”工作机制，开展安全隐患排查和食品安全专项整治，食品安全抽检合格率97.95%，安全生产形势持续向好。社会矛盾大调解机制全面形成，社会一般矛盾纠纷调处率100%，调处成功率98.67%。化解各类信访积案36件。探索社区治理新模式，在全市率先实行社区事务准入制，推行社区台账电子化，社区事务精简率56%，新增国家级“综合减灾示范社区”1家。推进“平安南长、法治南长”建设，南长区被省委、省政府表彰为“全省法治县（市、区）创建先进单位”。

（季 鲲）

【作风效能】 年内，南长区开展党的群众路线教育实践活动，强化政务督查、效能监察和廉政监察，落实机关作风整顿，开展办公用房清理、会员卡清退、规范创建达标以及“六治”专项行动，停办各类信息简报19种，清理超面积办公用房1700平方米，清理领导小组27个，压降“三公经费”支出4.1%。推进行政审批制度改革，取消行政审批事项18项、承接市级下放行政审批事项27项，试点企业设立登记“并联审批”和“一窗式”服务，行政审批提速42%，区三级政务服务平台全面建成。鼓励社会组织参与社区服务，扩大政府购买服务的范围，“南长区社会工作协会”组建成立，完成实体服务4000余户，11个项目入选无锡市2014年公益创投项目。创新投融资渠道，在全市率先将民资引入安置房和城市公建项目建设，探索实行“网上签约、房源共选”机制，征收拆迁更加公开透明。依法行政全面加强。修订完善《南长区政府工作规则》，推行专家咨询、社会公示和听证制度，权力运行更加规范。落实党风廉政建设责任制，自觉履行“一岗双责”，抓好省委巡视组反馈意见整改落实，区公有房产信息化平台建成投用，集体土地安置房源清查完成率97.26%，小型工程建设“明标明投”平台有效监管招投标资金1103.24万元，审计政府投资项目16个，节约政府投资资金8600万元，人大建议和政协提案的办结率100%。

（季 鲲）

【西水东中央生活区——中国民族工业文化特色街区】 西水东中央生活区占地面积约26万平方米，总建筑面积100万平方米，总投资额76亿元，计划于5~7年内分五期开发，其中有5幢140米以上超高层建筑，最高一栋达280米，成为城市中央地标。西水东·中国民族工业文化特色街区是西水东中央生活区重要组成部分，街区共有商业面积约2.9万平方米，总投资额约2亿元，是对无锡最大民族工商业建筑遗产的整体修缮，打造集餐饮美食、休闲娱乐、顶级私家会所、艺术文化中心、特色零售等于一体的开放式商业街区，成为中国历史建筑群改造的典范。

（季 鲲）

【清名桥古运河景区获评“国家AAAA级旅游景区”】 4月，清名桥古运河景区被评为国家AAAA级旅游景区。景区聚集了运河古道、清名古桥、伯渎古港、明清古窑、名人故居等历史文化遗迹，分为南下塘老字号特色街、南长街历史文化旅游街区、锦泰休闲娱乐区、永泰创意产业区，集文化遗产旅游、休闲度假、文博艺术欣赏、体验于一体，是无锡旅游最具江南文化特色、最显运河古韵风情的绝版之地。

（季 鲲）

【南下塘老字号一条街开街】 6月20日，南下塘老字号特色街开街。特色街以老字号和民俗主题客栈为主营业态，已有王兴记、真正老陆稿荐、谢馥春、朱炳仁·铜、惠山泥人工坊、拈花禅雨等老字号进驻。老字号特色街与千年古运河的历史遗韵交相辉映，形成无锡一道独存风景和极富地方特色的美食文化街。

（季 鲲）

【"激励南长"2013年度人物揭晓】 2月14日，"激励南长"2013年度人物揭晓。此次年度人物评选以"激励南长"为主题，以弘扬正气、褒扬先进、提振全区广大干部群众"精气神"为宗旨，经过全区各基层组织推荐、区内两轮评选和面向社会进行公投，产生10位年度人物。其中包括，抒写72载婆媳情的好儿媳杨惠英、造血干细胞捐赠者吴昊天、公益文化的传播者谢咏禾、振翅高飞的产业先驱金培荣、引领智慧经济的海归博士罗海云、让忧居变宜居的"鹰眼铁脚板"仓清桂、培育教育品牌的校长戴文君、百姓家门口的健康卫士冯小月、打造"数字警务"的爱民标兵孙威和谱写巾帼华章的"小巷总理"顾海萍。

（季 鲲）

组织机构和领导人员名单

中共南长区委员会

书　记　秦咏薪
副书记　陈锡伦
　　　　童耀明
常　委　秦咏薪
　　　　陈锡伦
　　　　童耀明
　　　　章树军
　　　　陈兴华
　　　　许　岗
　　　　赵建新
　　　　刘　霞(女)
　　　　张世胜

南长区人大常委会

主　任　秦咏薪
副主任　王世平
　　　　凌松华
　　　　秦马兰(女)
　　　　赵建兴

南长区人民政府

区　长　陈锡伦
副区长　赵建新
　　　　徐　越
　　　　李　平
　　　　李　波(女)
　　　　顾　伟
　　　　赵雪松

政协南长区委员会

主　席　苏喜新
副主席　钱丽忠(女)
　　　　华国怀
　　　　施庆伟
　　　　曹锡霞(女)
　　　　袁　林

中共南长区纪律检查委员会

书　记　章树军

（季 鲲）

北塘区

【概况】 北塘区位于市区西北部，总面积31.5平方公里。至2014年年末，全区辖黄巷、山北、北大街、惠山、五河(与北大街合署办公)5个街道，有54个社区。总人口33.4万人。其中，户籍人口25.5万人，流动人口7.9万人。区人民政府设在凤宾路58号。2014年，全区实现地区生产总值281亿元，比上年增长8.0%，其中服务业增加值占比73.7%，比上年提高1.1个百分点；固定资产投资98亿元，与上年持平；公共财政预算收入19.6亿元，比上年增长1.5%；社会消费品零售总额272.5亿元，比上年增长11.5%；规模以上工业总产值71.1亿元，比上年下降15.0%；进出口总额6亿美元，与上年持平。

（王晓辉）

【重大项目】 全区48个重大项目完成投资76.6亿元。凤凰城G号楼、茂业亿百和盛唐·乐享城等一批商业项目主体竣工，圆融广场南地块主体结构施工。锡北生产性服务业集聚区、无锡光电新材料科技园、北创科技园和"蓉运壹号"创意产业园完成园区体制调整，落实属地化管理，载体建设、招商同步推进。创新资源加速集聚，完成发明专利申请400件，万人有效发明专利拥有量6.3件，新增市级以上工程技术研究中心5家，完成高新技术产业产值12亿元。无锡光电新材料科技园获批省级科技产业园，入选省"双创计划"创新类人才1名 。北创科技园通过省级创业孵化基地评审。加速科技成果转化，东恒新能源"锂离子动力电池碳纳米管粉末"、元亮科技150公斤级蓝宝石实现量产。完善科技金融服务体系，利用"苏科贷""锡科贷""北塘科技融资担保基金"等平台，为科技企业放贷4500万元。拓宽服务企业渠道，加大对上争取力度，为企业争取各类产业扶持资金4000余万元。加强政银企合作，为11家企业促成授信5.2亿元。主动对接资本市场，一蒸二煮生活智能科技、日洪仪器、博能科技、创想仪器在上海股权托管交易中心Q版成功挂牌。做精做优楼宇经济品牌，实现楼宇税收3.2亿元，产税超1000万元楼宇7幢，新注册楼宇企业482家。全年新引进企业1150家，比上年增长108.3%。

（王晓辉）

【城区建设】 年内，北塘区加大基础投入、优化城区环境，推进基础设施建设、旧城改造和环境综合整治。蔚蓝路、龙山梢、明鸿巷等道路建成投用，运河西路延伸段建设有序推进。完成辖区18座泵站维修改造。新建新惠游园，新建、改建公厕8座，新增绿地48.7万平方米。推进旧城改造，龙塘岸后伍巷A块、一里街、惠山浜、广澄路、惠泉门诊所等项目顺利清点交地，完成征拆面积34.6万平方米，征拆规模和项目完

成率位居全市前列。探索实践“签约比例法”,依靠和发动群众,全市最大体量房屋征收旧改项目丽新路地块签约生效。安置房建设开工39万平方米,竣工11.5万平方米。完成安置房初始登记8431套,在全市率先100%完成已交付使用安置房初始登记办理。首批完成全市旧住宅区整治任务,改造面积35.8万平方米。连续三年自主实施城中村整治型改造,全年完成9个城中村整治型改造,涉及面积32.6万平方米,惠及居民2515户,为全市城中村整治改造树立了样板。实施“靓丽北塘”三期工程,完成14条背街小巷和锡澄路整治,统一规划设置11条道路门头店招,拆除违法违章建设131起,涉及面积3.8万平方米,全面启动石门路市容环境综合整治。城市管理绩效考评全市排名第一,首次获得城管创优优胜城区称号,4个街道均获评城市管理绩效考评优胜街道称号。推进环境整治,关停东镇龙和霄鹰2家重金属污染企业,整治和淘汰11台燃煤小锅炉。加强油烟扰民问题治理,完成26家餐饮饭店油烟净化处理设施整改。严格实行项目审批和“三同时”(环保治污设施与主体工程同时设计、同时施工、同时投入使用)制度,建设项目审批率100%,“三同时”执行率100%,劝退和否决项目7个。在全市率先自主开展河道整治三年行动计划,完成民丰河、顾桥港、沿山河、西泾河4条河道综合整治及西坝头河、北庄河等11条河道清淤和驳岸整治。

(王晓辉)

【社会事业】 北塘区全年实现城镇新增就业人数1.54万人,就业困难人员再就业2854人,城镇登记失业率控制在2.1%以内,适龄居民养老和居民医疗保险覆盖率达98%以上。社会救助扩面提标,制定《北塘区因病致贫家庭深度救助实施意见》《北塘区爱心助学工作意见》,家庭救助最高标准从3000元提高至5万元,助学最高标准从1500元提高至4000元。发放“两项补贴”6226万元、低保金1121万元、尊老金657万元、各类救济补助512万元。发放各类计生奖励扶助资金813.1万元。残疾人保障就业帮扶工作获省委书记罗志军肯定。响应群众需求,调整凤宾路社区、社桥社区等5个社区管辖范围,新街花园、惠景家园建立居委会。举办社区管理、社会组织培育高级研修班,提高对社会治理的认识。落实社区减负,试点居站分设,发挥好居民自治组织、社会公益组织、志愿者服务组织和大学生村官作用,北塘区获评“省和谐社区建设示范区”称号,北大街街道获评“全国和谐社区建设示范街道”称号。义务教育优质均衡发展,完成4所学校校舍加固改造工程,推进积余实验学校改扩建和普惠性民办幼儿园建设,通过省级义务教育均衡发展示范区督导评估。提升基层卫生服务水平,全面完成社区卫生服务站规范化建设,抓好重大疾病防治,开展妇女“两癌”筛查2万余人次,获“中国全球基金艾滋病项目社区组织贡献奖”。与途家网合作开发“慢游居”项目,拓宽居民资产性收入渠道。推进文明城市创建工作,8人入选“无锡好人”,周明珠入选“全国十大最美志愿者”。加强“平安北塘”建设,启动区社会管理中心建设,加强综合治理,北塘区获评“省法治县(区)先进单位”“省社会治安综合治理平安区”称号。坚持源头治理,稳评前置,全年未发生有影响的群体性事件。协助处理昆山中荣公司“8·2”特大事故善后工作。开展治安综合整治,群众安全感连续多年名列全市前列。开展安全生产隐患排查和“六打六治”专项行动,加强森林防火工作,各类事故数均低于市控指标。全年未发生重大食品安全事故,食品安全合格率97.4%。

(王晓辉)

【行政效能】 年内,北塘区加强资金运作管理,推进依法行政,转变工作作风,推动提高政府建设水平。完善资金运作管理,全面推进全口径预算管理改革,公共财政预算、政府性基金预算、国有资本经营预算全部纳入预算范围。加强政府投资项目管理,实行新开工项目审计全覆盖。强化投融资管理、优化融资结构,控制债务规模、防范债务风险,有力支撑了保障性住房、基础设施建设的资金需求。推进依法治区,严格按法律规定和程序办事,行政首长出庭应诉涉拆“民告官”案件。完善政府法律顾问制度,法律顾问实现区、街道、社区三级全覆盖,全程参与各项行政行为。全面规范制度性文件,废止制度性文件22个、完善40个。配合做好人大为民办实事专题询问工作,落实政协重点提案督办,做好164件“两案”(议案、提案)办理工作,自觉接受人大法律监督、政协民主监督。开展群众路线教育实践活动,列出整改事项清单,整治“四风”问题,清理政府冗员,会议、文件压缩16.4%,评比表彰活动减少75%,“三公”经费下降10%,群众反映强烈的突出问题得到回应和逐步解决。加大执法监察力度,推进“两个责任”(党风廉政责任制的党委主体责任和纪委监督责任)落到实处。落实简政放权,推进行政权力网上公开透明运行,压缩行政事项230件,事项办理提速49%。

(王晓辉)

组织机构和领导人员名单

中共北塘区委员会

书　记　叶勤良(至2月)
　　　　丁旭初(2月任)
副书记　陈锡明
　　　　周　斌(2月任)
常　委　叶勤良(至2月)
　　　　丁旭初(2月任)
　　　　陈锡明
　　　　周　斌
　　　　朱　雄
　　　　张　莉(女)
　　　　辛谊忠
　　　　吴胜荣
　　　　赵爱东

北塘区人大常委会

主　任　叶勤良(至2月)
副主任　田　玲(女)
　　　　倪德诚
　　　　周克刚
　　　　姚　凯

北塘区人民政府

区　长　陈锡明
副区长　周　斌
　　　　朱　刚
　　　　罗　进

金卓菁(女)
顾建伟
毛加弘(女)

政协北塘区委员会

主　席　任培燕(女)
副主席　黄家传
俞志明
肖伟民
祝志明
龚备英(女)

中共北塘区纪律检查委员会

书　记　朱　雄

(王晓辉)

无锡新区

【概况】 无锡新区位于市区东南部，总面积218.72平方公里。至2014年年末，无锡新区辖无锡国家高新技术产业开发区、无锡太湖国际科技园、无锡空港产业园区(硕放工业园、硕放街道)、星洲工业园、无锡出口加工区5个园区和旺庄、江溪、硕放、梅村、鸿山、新安6个街道，有83个社区、7个村、25个村居合一社居委。户籍总户数116826户，比上年增长3.7%；常住人口340686人，比上年增长2.54%；外来人口475887人，比上年增长31.3%；境外人口5738人，比上年减少1.89%。新区管委会办公地设在和风路28号。2014年，无锡新区实现地区生产总值1260.86亿元，比上年增长9%；公共财政预算收入134.8亿元，比上年增长10.3%。无锡新区连续9年获全省开发区综合排名第二名，其中社会贡献指标位列全省第一。

(汪　英)

【开放型经济】 无锡新区全年规模以上工业总产值2873.5亿元，比上年增长3.9%；全社会固定资产投资777.6亿元，比上年增长16.9%；其中工业投入387亿元，比上年增长15.8%；社会消费品零售额245.5亿元，比上年增长13.5%；进出口总额340.3亿美元，比上年增长3.5%；到位注册外资12.12亿美元。年内，无锡新区引进落户总投资超1亿美元、注册3000万美元以上的重大外资项目23个，引进世界500强跨国企业投资项目12个，涉及装备制造、生物医药、高端服务业等产业。夏普、博世、海力士、绿点、感知集团5家企业实现产值100亿元，英飞凌IGBT半导体模块、富士电机电气传动等一批先进制造业项目成功签约，海力士五期技术升级、欧司朗、康明斯扩建、威孚产业园等一批省市级重点项目顺利实施或竣工达产，新区全年有22个项目完成开工建设和竣工投产。在先进制造业领域，以德国博世动力传动系统新项目、海力士半导体增资项目、现代摩比斯动力转向器等为代表的一批项目落户，巩固新区在半导体及汽车零部件等既有支柱产业上的优势地位。在总部经济领域，以瑞士布勒亚太区总部基地化发展项目、布勒中国投资有限公司增资项目、韩国OCI分布式光伏发电中国投资公司项目、英国阿斯利康亚太区分拨中心项目、韩国乐金华奥斯中国销售总部项目为代表的一批总部经济类项目落户，拉长了新区产业链的厚度，提升了新区企业的产出和税收效益。在高端服务业领域，随着正大总部商务园项目、哥伦比亚无锡凯宜医院项目、富力地产F4-5项目、京华山一商业保理项目、太平保险养老地产项目、FamilyMart国际连锁便利项目为代表的一批生产性服务业、生活性服务业、商业服务业项目的落户，有效满足社会民生需求。

(汪　英)

【投资环境】 年内，无锡新区完成《吴都新城规划》报批工作，完成《鸿山街道城乡统筹规划》深化设计，优化市政基础设施专项规划(8类)，细化公共服务设施专项规划(9类)，编定《商贸核心区和旺庄路金融科技商务区公开开放空间导则》，推进伯渎河、运河西路、城南路等8公里慢行绿道建设。新宅路跨望虞河大桥、泰伯大道项目进入具体实施阶段。新建续建道路16.2公里，铺设市政污水管网26.5公里、中水管网7.1公里。在新区次要道路路侧，新增528个公共停车泊位。新增高浪路机场路口、旺庄路锡士路口2个可变车道。制定《古运河风光带环境整治建设指南》，完成9个自然村、13.8万平方米城中村综合整治。全年建成市级优质工程11个，获评太湖杯4个。大气优良天数比例67%，好于全市61%的平均水平。现代化考核地表水Ⅲ类水体达标率62.5%，实现现代化考核目标。河长制达标率85%以上。化学需氧量减排700吨、氨氮减排70吨，完成11家燃煤锅炉企业“煤改气”工程，全区原煤消耗量比上年下降5%。取缔城中村“老虎灶”83个。完成第三批20家低效高耗企业整治工作。再生水回用供水量达3万立方米/年、用水量达2.1万立方米/年。新增绿地约93.6万平方米、游园2个、企业林30片、公益林2片。全年建成节能建筑230万平方米，可再生能源在建筑中应用面积43万平方米，万科金色家园、协信阿卡迪亚等一批项目取得绿色建筑标识，新增绿色建筑面积31.1万平方米。推进城乡环境综合管理和整治，无锡新区全年拆除违建173处，面积26351平方米。完成1个城郊结合部、3条背街小巷、2个农贸市场整治。10个村庄建成环境长效管理示范村。完成纺城大道等10条道路绿色照明改造工程，改造LED路灯985盏，新区LED照明水准处于全省领先水平。

(汪　英)

【科技创新】 年内，无锡新区高新技术产业产值超1824亿元，高新技术产业占规模以上工业比重63.5%，全社会研究与开发投入占地区生产总值比重4.12%，认定国家高新技术企业47家；累计对上争取科技项目超过100个，争取各级科技经费超2亿元。全年“三创”(创新、创业、创意)载体在建55万平方米，建成38.5万平方米。全年新增发明专利申请4340件；新增授权专利6405件，其中发明授权专利771件，占全市授权发明专利总量的28%；新增PCT专利申请114项，占全市PCT专利申请总量的64%；有效发明专利累计3056件，万人发明专利拥有量达55.23件，为全市平均水平的3倍，全省平均水平的5.4倍，处于全国领先水平。引进包括诺贝尔奖获得者、海外院士等在内的顶尖科技创新创业项目3个，“千人计划”15人，省“双创”人才16人，省“创新团队”3个，入选科技部“创新人才培养示范基地”和“欧美同学会留学报国无锡基地”2个国家级人才基地。全年新增挂牌企业40家,各街道园区实现上市挂牌“零”的突破,其中实现新三板挂牌17家,位列高新区中全国第三、江苏第一、全市第一。新增创投资金21.71亿元,基金总规模202.59亿元,基金规模领先全市。物联网核心产业产值突破700亿元,感知集团产值突破100亿元,M2M技术联合实验室落户新区。新区生物医药园区综合实力跻身全国前十,集聚世界500强企业总数8家。

(汪 英)

【服务业】 年内,无锡新区服务业总收入3000亿元,比上年增长13.5%,全年完成社会消费品零售额245.5亿元,比上年增长13.5%,服务业增加值占GDP比重36%,高于上年1.5个百分点,服务业在经济发展中重要性持续增加。6大服务业集聚区完成服务业收入1400亿元,比上年增长30%。服务业固定资产投资360亿元,比上年增长9.1%。软件产业收入600亿元,比上年增长17%,云计算产业产值完成45亿元,比上年增长50%。电子商务企业全年销售收入150亿元,其中骨干企业销售收入超过100亿元。新增服务业项目注册资本30亿元,其中外资超过1亿美元,CEC、中国日报网、中船、天下网商、宇信易诚等重大项目入驻。

(汪 英)

【园街发展】 无锡太湖国际科技园综合经济继续保持高速增长,提质增效取得明显成效。全年实现业务总收入324亿元,比上年增长42%;其中新兴产业收入245亿元,比上年增长74%;全年完成固定资产投资109亿元,比上年增长17.8%,14项重点项目完成投资31亿元。园区新兴产业集群扩大,感知集团、华润2家企业收入超20亿元,买卖宝、文思海辉、朗新科技等5家企业产出超5亿元,23家企业产出超1亿元,易视腾、安特源、中洁能源等企业收入比上年增幅翻番,博达新能源、宇信易诚等当年新引进企业迅速达产。全年新增融资到位26.15亿元。无锡空港产业园全年技工贸总收入600亿元,比上年增长14.3%,固定资产投资67.2亿元,比上年增长18.1%。服务业在整体经济中的比重和作用提升,临空经济辐射效应显现。以电子商务为依托,以航空物流、第三方物流为代表的现代物流业快速发展。菜鸟网络、丰泰电商、华正道物流、茉莉航空服务等新项目落户,中国邮政、优速物流、友和道通航空物流、中通吉航空物流等项目陆续开工。当当网、顺丰、百联奥特莱斯等原有商贸物流企业运营良好。旺庄街道科技创业中心融智大厦开园,超1亿美元的“正大凯悦”房地产项目成功通过商务部备案。街道村级集体资产股份制改革工作全面完成,明晰集体资产产权及股民股权,合理分配集体资产收益,增加股民的收入,让居民享受到经济发展的成果。江溪街道纽迪希亚(中国)营养医药有限公司大中华区总部、美国ITT摩擦产品生产厂开业,居然之家无锡店开业并成功签约居然之家广场(二期)项目。江溪街道新丰苑三期建成“云端物联智慧社区”,利用各种信息化技术和手段,整合社区的各类资源要素,实现社区内部,社区与城市间各类信息的共享与业务协同,为社区各类群体提供政务、管理、安全、健康及生活等多种社区服务,满足各使用主体的需求。梅村街道金帆钻凿、丝普兰、腾旋科技、速升装备4家企业集体挂牌“新三板”,挂牌企业数量位居无锡乡镇板块首位。无锡解放65周年纪念日之际,新四军“江抗”东进纪念馆在无锡新区梅村街道落成开馆。梅村街道政务微博“梅里聚焦”在新浪网认证上线,开设“梅里发布”“古都驿站”“伯渎茶话”“吴风流韵”四个板块。全国首届“泰伯论坛”在梅村举行,泰伯庙会入选第四批“国家级非物质文化遗产代表性项目”名录。梅村街道推进“六整治、六提升”和“三整治一保障”,投资700余万元,栽植树木8000余株,硬化道路16万平方米,铺设排水管网820米,安装路灯127盏等,村级环境改善,通过省级村庄环境综合整治验收。鸿山街道百亿元级中国太平高端养老健康城项目落户签约,项目首期受让土地13.33余公顷,投资总额30亿元,建筑面积约20万平方米,建成后可为3000余名老人提供高品质的养老服务。新安街道社区卫生服务中心、养老服务中心及中心幼儿园三项重点民生实事工程全部竣工。多渠道化解供需矛盾,周密部署安置选房工作,平稳完成安置新安花苑五期、和风家园现、期房4630余套,全过渡户清零。吴文化博览园抓好特色优质农业、生态湿地保护、国家遗址公园契合点,挖掘“西施在鸿山”题材,唱响“无锡旅游向东看,休闲度假到鸿山”,在葡萄节期间,发挥资源示范集合优势,吸引游客数比上年增加300%,游客采摘葡萄一项让农民增收2000万元。通过对旅游载体资源的包装整合,成功推动梁鸿湿地公园获批国家级水利风景区。丽笙酒店获评“2014年最佳度假胜地”“2014年中国最佳度假村”称号,入住率及综合收益率比上年增长30%。工业博览园总部经济园区入园全年新增36家,超过前三年总和;五洲国际、香江家居产业升级;哥伦布商业管理公司、金世康研公司分别在“新三板”和上海股权交易Q板挂牌上市。

(汪 英)

【社会事业】 年内,无锡新区着力构建现代公共文化服务体系,建设“一个活动圈”(10分钟公共文化活动圈),坚持“一个制度”(公共文化设施实行全年无休、免费开放制度),打造“一批特色文艺团队”,开展“两次重大创新项目”(公共图书馆数字化建设与创新管理,开发区现代公共服务社会化标准建设),中宣部部刊《宣传工作》、新华社对其经验作宣传报道。举办3场高雅书画进百姓、进社区活动:吴文化节期间,央视书画频道组织一批著名书画家走进江溪街道;11月,中国山水画创作院在吴文化博览园举办“山水家园、翰墨吴都”大型画展,在东方美术馆举办“湖光墨韵”大型画展,数千名群众参观画展。完成20场大型公益文化演出,送电影进社区1000场。对有需求的1177户老年人家庭开展居家养老援助服务928人次,支付居家养老信息服务费65.586万元。全年走访困难对象2576次,发放慰问金129.71万元、慰问物资价值29.6万元。120户单亲困难家庭享受每户5000元扶助,重病独生子女每人获1万元补助。全区26位幼儿享受免费学前教育,其中家庭困难18人、孤儿1人、烈士子女1人、残疾幼儿6人。28位残疾学生、357名困难家庭学生享受免费义务教育。3~12周岁儿童入园、入学率100%。新洲实验小学校舍建设进入主体工程施工阶段；新区实验小学等3所实施扩建工程的小学和江溪街道中邦城市、首创悦府、美新玫瑰，梅村街道海天兴隆，硕放街道香楠佳苑等5所配套幼儿园在秋学期全面启用，小学和幼儿园分别新增学位1000余个、1500余个，基本做到符合条件的"新市民"子女应收尽收，教育资源供需矛盾日趋缓和。全区增设4个社区卫生服务站并通过市级规范化验收。推进"健康保姆"工程，新建居民健康档案11890份，建档率71.23%，有序推进对口协作和特色科室建设，专家门诊占比6%。建成"企业女职工保健示范窗口"7个，完成8家企业"幸福驿站"项目建设。对6大类重点人群的健康管理服务实现全覆盖。落实霍乱、手足口病等肠道传染病和流感等呼吸道传染病的疫情监测工作，及时有效处置150起预警疫情，积极应对H7N9禽流感、埃博拉、登革热疫情，采取有效防控措施。全面规范社会医疗机构管理，处理各类非法行医举报投诉80起，立案查处22起，取缔各类无证行医场所20家。近90家企事业单位加入新区职工体育大联赛活动平台，参赛职工总数突破4000人。为1万名居民进行国民体质测试，新增健康步道6条。完善街道、社区文体设施"全年无休，免费开放"工作制度，统一安装6个街道文化站、52个社区免费开放公示牌，全区16所中小学根据制定的《学校体育设施对社会开放实施细则》，向社区全面开放。建立公共体育设施管理制度，制定《无锡新区室外公共健身器材管理办法》，组建室外健身器材巡查员队伍。全力做好"单独两孩"实施工作。全面落实、梳理及完善各类计划生育奖扶政策，发放扶贫及奖励金1000余万元。首次实施"完整的爱"——单亲困难家庭帮扶工程，对符合条件的120户独生子女单亲困难家庭每户提供5000元经济补助共计60万元。实施"生育关怀·幸福万家"工程，推进"幸福驿站"项目，为新区30余万名外来务工员工提供人口计生均等化服务，在全市处于领先地位。全面开展"四打击四规范"专项整治行动，受理投诉举报300余起，处理率100%，符合举报奖励条件50起，共计奖励9200元。加大食品安全信息共享力度，6269家食品企业（经营户）录入数据库，做到"一本台账，条块结合，实时共享，动态监管"。年内，新区红十字会为165户因病致贫困难家庭发放一次性慰问补助金近33万元；为78名白血病患者支付救助金28万元。开展"急救技能进万家"活动，全年培训初级救护员446人，救护知识普及4789人。开展"应急救护百万培训""学雷锋献爱心""防灾减灾日""红十字救护进企业"等系列活动。利用各项资源，开展"助学、助老、助困、助医"等救助结对工程。成立"益康专项救助基金"，关爱家庭困难学生；开展"红丝带关怀行动"，关爱艾滋病患者；开展"善爱行动"，关爱癌症患者。通过"党员干部五个一联系点"和"机关党员四个全覆盖"制度，与全区132家重点企业、98名领军人才、102个社区（村居）和1827名困难群众实现无缝对接，走访1902人次，发放慰问金98万余元、慰问品近25万元，建立102个社区（村居）服务中心。

（汪 英）

【综合治理】 无锡新区成立新区社会管理服务中心，各类矛盾纠纷督办率、调解率和调解成功率分别达100%、100%和80%。大调解组织共调处各类矛盾纠纷990余起，比上年上升40%。推进信访积案化解专项行动，省、市交办的18件信访案件化解终结率100%。抓好大排查与信息预警工作，130余起10人以上群体性事件的超前预警率、预防控制率均达100%。在平安新区建设方面，推进"技防城"建设，物联网智能小技防项目完成布点7000个，成功建成新丰苑三期、梅荆花园二社区等3个物联网技防小区，全年建设卡口抓拍系统覆盖车道372条，安装治安监控摄像机1217台；在高发案、易发案等重点部位安装摄录一体机2276台。年内，新区治安案件发生数下降27.34%，单位内部发生案件数下降4%，直接影响群众公共安全感的"两抢"、盗窃等案件分别下降2.44%和14.6%；全面加强交通、消防、危险品安全管理，加强社区服刑人员等特殊人群教育管控，交通、火灾事故起数、损失金额均比上年有所下降，实现重大涉危公共事故"零发生"。开展面向社会弱势群体的法律援助、面向企业的法律服务活动，办理法律援助案件数比上年上升15%，帮助企业排查法律风险近80个。

（汪 英）

【人民生活】 无锡新区加大利民惠民力度，职工养老保险、医疗保险、失业保险、工伤保险和生育保险"五险合一"参保人员净增4900人，适龄居民养老保险参保覆盖率98.5%，居民医疗保险覆盖率99%。启动区首届公益创投活动，有4个为老项目入围市、区公益创投。全年完成拆迁面积105.7万平方米；安置房在建262.3万平方米，新开工82.3万平方米，竣工74.8万平方米。年内完成太湖花园一期、景南路、小叙康里3个旧住宅区40万平方米的整治改造工作。新开优化公交线路16条，部分区域新设公共自行车租赁点。新区朗诗绿色家园、长江国际雅园2个小区创建成园林式居住区。建成"两型社会"示范街道1个、示范社区5个。鸿山、梅村街道编制完成生态文明规划。

（汪 英）

【苏南硕放机场步入国际化轨道】 7月，无锡航空口岸双向开放获国务院批准，外籍飞机可自由出入境，苏南硕放机场成为真正意义的"国际机场"。至年底，无锡机场开通包括中国香港、中国澳门、中国台北和新加坡、大阪、济州在内的6条国际（地区）航线。无锡机场T2航站楼（即原二期扩建工程）投入使用。无锡机场航站楼总面积10.6万平方米，可满足旅客吞吐1000万人次。无锡机场全年旅客吞吐量突破400万人次，货运吞吐量超9.5万吨。

（汪 英）

【加快人才引育】 无锡新区继续实施人才国际化战略，高层次人才聚集成效显著，人才资源总量达19.5万人，高层次人才3.8万人，引育"千人计划"人才67人，引进海外留学回国人才4000余人。2014年，新区新引育"千人计划"专家15人，3名人才入选科技部创新人才推进计划,占全市比重75%。新引进诺贝尔奖获得者、海外院士等人才和团队设立的各类科技企业300余家,比上年增长25%。

(汪 英)

【推动企业上市】 无锡新区支持和推动优质企业挂牌上市,推动产业转型发展,挂牌产业及业态阵容日益丰富齐整,全国“新三板”的“无锡新区板块”逐渐成型。年内,新区新增众志和达、芯朋微等挂牌企业40家,各街道园区实现上市挂牌“零突破”,其中实现“新三板”挂牌17家,“新三板”挂牌数量位居全省开发区第一,推动和晶股份、七酷网游等10家企业进行融资并购。在已挂牌企业中,“众志和达”是无锡首家“530”挂牌企业,“芯朋微”是无锡首家“IC”“新三板”企业,并成为全国首批做市转让挂牌企业。

(汪 英)

【实施企业总部化发展】 无锡新区在招引新项目谋求“增量”的同时,利用积累的制造企业优势,“主攻”存量调整,推动施贵宝、索尼电子、九州通医药、铁姆肯轴承、阿特拉斯能源管理等46家重点企业建立研发中心、销售中心,实施总部化、基地化、一体化发展,改变“世界工厂”的单纯加工生产格局,激活“世界资产”存量,预计两年可新增销售100亿元。至年底,新区1500余家外商投资企业中,具有销售、研发、售后总部等功能的企业约占20%,比重持续增长。德国纽豹入驻新区2个月,实现销售5000万元。

(汪 英)

【推动高新技术产业增长】 无锡新区围绕新兴产业和新兴业态打造增长点,确立装备制造业、集成电路、新能源、物联网和生物医药等为主攻方向。至年底,物联网龙头企业感知控股集团产值突破100亿元,生物医药产业产值在全国高新区中位居第十位,软件与服务外包产业在全国软件园中排名第七位,互联网广告产业园获评全国广告产业园总分第一名。2014年,新区高新技术产值超1850亿元,高新产业产值占工业总产值比重63.5%,比上年增长6%。

(汪 英)

【完善行政审批方式】 无锡新区制定《新区行政服务工作提速增效实施意见》《持续深化行政审批制度改革方案》,试行部分前置审批“告知承诺制”、项目技术审查“先批后审制”,推出“并联审批”“容缺预审”等改革措施,提高行政审批效率。对接上海自贸区,探索负面清单管理,复制实施20多项上海自贸区政策,成功试点境内外维修、集中汇总纳税等一系列创新监管模式,60余家企业实现通关一体化,全区进出口总额占全市总额的54%,全市进出口100强企业新区占36家,前10强新区占6家。

(汪 英)

【推动服务业发展】 无锡新区实现服务业总收入3000亿元,比上年增长13.5%,服务业增加值占GDP比重提高1.5个百分点。产业发展特色方面,软件和外包产业继续保持30%以上的年增速,产业规模达600亿元。6个园区被列为“江苏省服务业重点集聚区”,年收入突破1000亿元,呈现出“结构优化、产业提升、空间集聚、人才倍增”格局。其中,太科园初步形成物联网及云计算产业集群,在系统集成、感知器件、数据计算存储等行业类别集聚500余家企业,有60余家高校院所及科研机构入驻;软件园软件与服务外包企业200余家,年产值近100亿元,基本形成以载体、龙头企业、培训机构为主体的服务外包领军园区框架。

(汪 英)

【实施民生幸福工程】 无锡新区围绕提升民生幸福水平,实施民生幸福工程,共10大类、60项,总投资9453万元,基本涵盖改善环境、增加就业创业、完善社会服务体系、提高社会保障水平、丰富群众文体生活等诸多方面。特别是通过专项整治行动,集中解决困难群众结对帮扶、提升教育发展和社区卫生服务水平等11个方面问题。在第三方调查机构入户谯查与电话调查满意度测评中,分别获83.9%、88.6%的成绩,群众生活幸福指数攀升。

(汪 英)

组织机构和领导人员名单

中共无锡市新区工作委员会

书　记　许　刚
副书记　魏　多(3月任)
　　　　李建秋
　　　　张明烈
　　　　洪延炜
　　　　刘蓓红(女)
委员　　许　刚
　　　　魏　多
　　　　李建秋
　　　　张明烈
　　　　洪延炜
　　　　刘蓓红(女)
　　　　高圣华(至3月)
　　　　刘　骁
　　　　沈雪芳
　　　　李伟敏(女)
　　　　祝君乔
　　　　焦夕莲(女)

无锡市人大常委会新区工作委员会

主　任　张明烈

无锡市人民政府新区管理委员会

主　任　魏　多(3月任)
副主任　洪廷炜
　　　　朱晓红
　　　　高圣华(至3月)
　　　　刘　骁
　　　　沈雪芳
　　　　李伟敏(女)
　　　　祝君乔
　　　　吴为兵

无锡市政协新区工作委员会

主　任　周　青

(汪 英)

编辑　李汉洪

新任中共无锡市委领导人

李小敏

李小敏，男，1959年5月出生，汉族，山东莱阳人，出生于江苏南京。1982年11月入党，1983年8月参加工作，研究生学历，博士学位。1979年9月在南京大学历史系欧洲资本主义经济社会发展史专业学习。1983年8月，任南京市委组织部青年干部处干事。1985年12月，任江苏省江宁县铜山乡党委副书记。1987年2月，任江苏省委组织部机关干部处副科级组织员。1988年9月，任江苏省委组织部机关干部处正科级组织员。1992年8月，任江苏省委组织部机关干部处副处长兼青年干部处副处长。1994年5月，任江苏省委组织部综合干部处副处长（主持工作）兼青年干部处副处长。1995年3月，任江苏省委组织部综合干部处处长兼青年干部处处长。1996年12月，任江苏省委组织部办公室主任。2000年10月，任江苏省委组织部副部长。2003年4月，任江苏省政府秘书长、办公厅主任。2008年1月，任江苏省副省长(2002年9月至2009年6月在南京大学社会学院城市发展战略专业研究生学习，获法学博士学位)。2011年3月，任江苏省委常委、省政法委书记。2015年3月，任江苏省委常委、省政法委书记，无锡市委书记。

（吴俊松）

全国五一劳动奖章获得者

居红宇

居红宇，男，1972年8月出生，中共党员，海澜集团有限公司制版师。2008年11月，居红宇夺得全国纺织行业职业技能竞赛“红豆杯”服装制作工(制板)大赛第三名，获“全国技术能手”“全国纺织行业技术能手”等称号和最佳样板设计奖。2010年，被评为全国纺织系统劳动模范。

居红宇担任集团公司服装技术服务中心服装制板师以来，通过刻苦钻研，精通各种服装结构设计和制作工艺，擅长高档西服、茄克、休闲装以及大衣的工业制板，制板速度快，结构线条优美流畅，服装细节把握精确，操作技术在全国同行业处于领先水平。他平时工作认真负责，专业理论知识扎实，对自己高标准、严要求，团结合作，乐于助人，发挥技术骨干传、帮、带作用，为公司培养大批技术人才，为每一批产品按期交货提供强有力的技术支持。他将国际先进的制板技术与国内人体结构特点有机结合，综合立裁与平面的优点，创造出全新的制板理念与方法，充分表现服装的内涵和语言。并以高超的技术服务赢得客户赞许。他致力于服装板型的开发和研究，研究人体外型结构，服装塑型工艺与结构线的互换关系，并取得研究成果。2014年，居红宇获全国五一劳动奖章。

（孙步群）

任启寿

任启寿，男，1961年10月出生，安徽当涂人，中共党员，无锡锡山建筑实业有限公司项目经理。

1992年，任启寿成为无锡锡山建筑实业有限公司农民工。多年间，他负责的项目部，每年的施工产值、安全创建、经济效益都排名公司首位，成为无锡建筑业知名的“铁军”。在工作中，他始终坚持以一流工作、一流业绩为根本任务，以为人民建造满意工程、精品工程为奋斗目标，在项目部开展岗位练兵、技术比武、质量管理攻关活动，营造“比、学、赶、帮、超”氛围，促进承建工程质量稳步提高，实现创建和谐项目部目标。通过不懈努力和卓越追求，他先后荣获全国、省、市建筑业优秀项目经理、江苏省五一劳动奖章、锡山区建区十周年“风采人物”、锡山区“十佳”外来务工人员等称号，他带领的项目部先后被授予全国交通建设系统工人先锋号、省住房和城乡建设系统工人先锋号称号。他负责施工的40多项工程先后获得国家鲁班奖和省、市优质工程奖,50多个工地被评为省、市文明工地,8项质量管理成果分获全国优秀奖、省一等奖和市级有关奖项。2008年施工的无锡市国检大楼工程获得国家“鲁班奖”。2014年,任启寿获全国五一劳动奖章。

(孙步群)

黄国英

黄国英,女,1959年9月出生,中共党员,无锡商业大厦大东方股份有限公司服务总监。

黄国英参加工作30多年,无论在哪个岗位都勤勤恳恳、兢兢业业并出色完成各项工作,受到领导和同事肯定与称赞。她忠于职守,乐于奉献。她担任服务总监,工作烦、杂、累,分管保安、保洁、现场管理等方面100多人的团队,还涉及顾客投诉、会员服务、员工餐厅。她连续4次带头参加义务献血。她踏实工作,勇于创新,策划并组织3000多名员工参加“金丝带劳动服务竞赛”,成为企业精细化服务品牌,组织“我能改进的五个细节”“我让服务更完美”职工演讲和评比活动,促进整体服务水平上新台阶,她负责的综合服务部被商业大厦集团评为2011年度“标杆部门”,个人荣获优秀共产党员称号;她每年组织上千名职工参加趣味运动会,连续两年举办大型元宵联欢会,成为3000名大厦人自己的春晚。大厦乐队常年活动,成为企业文化的宣传大使;职工排练的健排舞代表无锡市参加全省职工运动会获得好评。她积极建议和协调,最终使企业投入200多万元建造1200平方米的职工餐厅和更衣室,全年走访慰问困难职工100多人次。每年与几百名职工交流思想,被职工称为“知心大姐”。2014年,获全国五一劳动奖章。

(孙步群)

陆燕萍

陆燕萍,女,1971年9月出生,无锡济民可信山禾药业股份有限公司工段长。

陆燕萍自1991年参加工作以来,爱岗敬业,勤奋好学,努力钻研业务。她负责的工段主要生产亚硫酸氢钠穿心莲内酯、尿囊素铝两种产品。亚硫酸氢钠穿心莲内酯对生产参数要求极高,十余年来工艺不断提高和完善,对生产者在技术和操作上的要求也越来越高,许多人离开这个岗位时,陆燕萍坚持下来并成为这个品种工艺操作的“掌门人”。她积极参加“提高尿囊素铝制酸力”的质量管理小组活动,获得2010年省级优秀质量管理小组称号。随着生产扩大,工段不断进入新人,她总是手把手地教、一个个地带,在不断灌输和培训中,所带新人都成为生产技术能手。不少人员输送到其他岗位甚至其他车间。她经常加班加点,不计报酬。她以模范行动带领大家积极创新,创造显著经济效益。2014年,陆燕萍获全国五一劳动奖章。

(孙步群)

褚 霞

褚霞,女,1976年8月出生,无锡威孚高科技集团股份有限公司质量总监。

1999年,褚霞进入威孚公司,先后从事机动车尾气净化催化剂、净化器等产品研发、技术管理、质量管理、制造管理等工作。从2004年起,多次承担公司、省部级、国家级产品开发项目,主要承担国家863计划“汽油车超低排放净化技术”项目,著有论文5篇,授权专利6项,申请专利4项。2007年起担任技术总监,带领威孚公司催化剂研发团队实现催化剂从国III到国IV的升级换代,打破国外催化剂同行在中国机动车尾气后处理行业的垄断地位,同时树立威孚公司在国内机动车尾气后处理行业中的排头兵地位。2011年在生产管理系统急需提升情况下,她勇挑重担,上任质量总监,在生产管理中推行精益生产等先进管理理念,为提升生产效率、产品质量而勇于创新、持续改进。多年来,她注重团队建设,采用项目制、周例会、头脑风暴等方法,鼓励年青人以创新的思维分析问题、解决问题,鼓励大家从全局利益出发思考问题,鼓励团队共同进步,打造了一支骁勇善战的团队。2014年,褚霞获全国五一劳动奖章。

(孙步群)

徐夏民

徐夏民,男,1964年6月出生,中共党员,无锡机电高等职业技术学校主任。

徐夏民师德高尚,刻苦钻研技术,在平凡的岗位上无私奉献。1997~1998年,他赴德国研修数控技术,回国后全身心投入工作中,没有休息日和寒暑假,把学生当作自己的子女一样,因过度劳累,曾胃出血、中暑、肺脓肿,先后两次住院。40岁时,他参加第一届全国数控技能大赛,获得江苏省第一名和全国第八名。2008年起,担任江苏省教育厅数控铣工项目集训组组长,指导学生参加全国比赛,6年获一等奖11个,为江苏省连续获得全国团体冠军作出贡献。在第三届和第四届全国数控技能大赛中,他作为省队教练,指导选手参加全国决赛,获得全国团体总分第一和第二。为学校培养出全国冠军8个、省级冠军18个。他多次获得全国优秀教练称号。学校由于数控技能大赛成绩突出,被确定为首批省级职业教育技能教学研究基地。学校数控专业已成为全国示范专业。徐夏民注重“产、学、研”的联合,主持与深圳百利电器有限公司的校企合作,共同研发精密模具,年创利25万元;主持无锡市实训鉴定项目开发课题——模具制造工(高级工)实训鉴定项目;主持校普通车床数控化改造技术革新项目。另外,主编教材5本。他兼任全国职业院校技能大赛数控技术专家组成员、省职业技能鉴定专家委员会数控专业组委员。他是无锡市徐夏民技能大师工作室负责人、无锡市公共实训基地徐夏民名师工作室负责人。2014年,徐夏民获全国五一劳动奖章。

(孙步群)

李 斌

李斌,男,1971年2月出生,中

共党员，无锡市公安局交巡警支队高速公路一大队中队长。

李斌始终以共产党员的标准严格要求自己。他严于律己无私奉献。尽管身患高血压等疾病，仍带头加班加点。每逢高速公路春节、清明节、“五一”国际劳动节、国庆节免费通行，他主动请缨，经常连续工作超过72小时。他爱岗敬业不断创新，总结出高速公路卡口“五勤”工作法和独到的治安刑事案件查处方法，仅2007年至2014年抓获各类违法犯罪嫌疑人120余名，缴获枪支4支、毒品3000余克（粒）。他总结的“信息技战法”被全市、全省公安机关运用，并在全国推广。他最大限度提高出警和现场处置效率，在交通事故处理中现场抢救伤员100余人，为民排忧解难300余起，2007~2014年收到锦旗15面、感谢信20余封。他创新管理，促成梅村服务区综治办挂牌运作，开创全省乃至全国高速公路服务区综治管理的先河，发案率下降10%以上。他言传身教，促进大队整体治安防控能力提高。2009~2014年，所在大队抓获各类违法犯罪嫌疑人1000余名。其中，网上逃犯47名，摧毁犯罪团伙30个。缴获毒品11000余克粒，各类枪支15支，子弹2000余发。2014年，李斌获全国五一劳动奖章。

（孙步群）

国务院特殊津贴获得者

张　毅

张毅，男，1955年10月出生，陕西延安人。江苏省无锡西姆莱斯石油专用管制造有限公司副总经理，教授级高级工程师，博士生导师。

张毅18岁参加工作，一直从事石油管的检验、材料分析、制造、新产品研发、生产和质量管理等工作。1998年，获上海交通大学金属材料专业硕士学位。在1998年以前，一直在中国石油天然气总公司石油管材研究所（TGRC）工作，是石油管材研究所创始人之一，也是石油管工程学科主要开创者之一。进入无锡西姆莱斯工作后，张毅主要负责技术质量和新产品开发工作，带领课题组，立志开发油井管高端产品，向世界级难题发起挑战。经过几年攻关，在特殊扣型研制和特殊材料开发方向取得突破，使无锡西姆莱斯公司逐渐在接头防黏扣技术、特殊螺纹连接技术、特殊钢种开发技术等领域形成自己的核心技术，拥有一批具有很强市场竞争能力和自主知识产权的高新技术产品。西姆莱斯公司凭着拥有这些高端产品技术和自主知识产权，一跃成为国内、国际知名企业，为民族石油工业发展作出突出贡献。张毅获国家科技进步二等奖2项，省部级科技进步一等奖、二等奖、三等奖若干项，出版专著2部，发表论文100余篇，获专利20多项，是石油管行业知名专家。2014年，国务院特殊津贴获得者。

（吴　莹）

赵宪宇

赵宪宇，男，1962年5月出生，河南息县人。1985年毕业于河南南阳师院中文系，先在息县县中任教，1994年9月到无锡工作。2002年评为江苏省中学语文特级教师，2014年成为正高级教师，是江南大学人文学院兼职教授，河南南阳师院杰出校友。江苏省“333工程”首批中青年科学技术带头人，江苏省有突出贡献的中青年专家，2009年被中国教育新闻网、《中国教育报》评为首届全国教育改革创新优秀教师。是全国中语会学术委员会委员、全国中语会教学改革研究中心常务理事、教育部人文社会科学重点研究基地项目成员、江苏省特级教师评委会委员。无锡市教科院副院长，无锡市人民政府督学。

作为国家社科基金重大课题《新课程在国家级实验区的推广与实施研究》的核心成员，获2007年江苏省第二届教育科研优秀成果一等奖，主编的《新课程说课听课与评课》获无锡市第八次哲学社会科学优秀成果一等奖。2013年因提出《三品课堂》新课型研究获江苏省首届基础教育教学成果一等奖。是江苏省教育科研十五规划课题《三导教学模式研究》主持人，省教育科学“十一五”规划课题《语文批注法与探究性学习事例应用研究》核心组成员，北师大教育学院领题的国家课题分课题《信息技术环境下学科教学设计研究》的核心组成员。编写十多部教材和教学用书，在《人民教育》《语文建设》等报刊发表四百多篇文章，在中国香港、新加坡和全国各地讲座数百场。2004年起，致力于教育觉醒行动，出版有教育杂文专著《教育的痛和痒》《教育的忏悔》《教育的错觉》和《教育的觉醒》，均一版再版，在教育界内外产生影响。2014年，国务院特殊津贴获得者。

（吴　莹）

吕国忠

吕国忠，男，1961年8月出生，江苏无锡人，医学博士，主任医师，教授，美容外科主诊医师，无锡市第三人民医院烧伤整形外科主任、市伤口治疗中心主任、市烧伤研究所常务所长、院长助理、研究生导师，留学于加拿大，市医院管理中心首席医师。1984年，毕业于苏州医学院，现为国内烧伤领域知名专家。从事烧伤整形外科30年，成功组织抢救20余批次突发性成批危重烧伤患者（≥5人次），救治水平国内领先（LD50>TBSA 98.4%，Ⅲ°>86%），擅长诊治各种危急重症烧伤、烧伤后疤痕挛缩、功能畸形整复、复杂难愈性创面、伤口早期微创美容及早期瘢痕防治等。

作为学科带头人，吕国忠带领科室团队先后荣膺国家临床重点专科、国家中管局“十二五”中医药重点学科、全国烧伤及蟹足肿协作组组长单位、江苏省重点学科、江苏省烧伤紧急医学救治中心、省烧伤科诊疗中心、省中西医结合烧伤诊疗中心称号，以勤勉踏实、尚德务实的精神，一步步向行业巅峰攀登，《“一体化”诊疗新模式助推无锡三院烧伤外科实现新腾飞》获2014年无锡市腾飞奖。先后承担国家自然基金项目、973合作项目及省市科研10余项，获中华医学二等奖、中国中西医结合学会科技三等奖，江苏省科技进步三等奖，无锡市科技进步二、三等奖，江苏省新技术引进一、二等奖20余项，发表论文50余篇；获中华医学会烧伤外科学会为中国烧伤外科事业发展作出重大贡献奖、全国五一劳动奖章、全国卫生系统先进工作者、江苏省“有突出贡献的中青年专家”、江苏省“先进工作者”、江苏省“优秀医院管理工作者”等称号。2014年,国务院特殊津贴获得者。

（吴　莹）

张献民

张献民，男,1958年7月出生,江苏无锡人，无锡金龙凤大酒店董事长。1976年参加工作,1998年6月入党,大专学历。1997年在东南大学文学院餐旅管理专业学习。1977年,任无锡郊区马山食堂厨师。1980年,起先后任联系饭店、无锡市肺科医院厨师长,1989年,任无锡烤鸭馆总经理,1997年代表江苏队赴泰国参加1997“曼谷亚洲中厨大赛”,分获冷盘、热菜金牌奖,并被授予“亚洲名厨”称号。1998年,被江苏省劳动厅认定为“中式烹调国家高级技师”。2000年,获“江苏省技术能手”称号，由国务院侨务办公室指派参加西班牙、葡萄牙、意大利等国传授中华烹饪技艺。2001年11月,被评为“中国烹饪名师”。2002年,被扬州市人民政府授予“淮扬菜烹饪大师”称号。2003年,担任第五届全国烹饪技术比赛个人总决赛评委。2005年,任中国·无锡金秋太湖美食节暨第二届无锡厨师节评判长。2007年被授予“2007年江苏省餐饮业风云人物”，任无锡市锡菜研究中心主任。2008年,获“中国烹饪大师”称号,任中国淮扬菜烹饪大赛评委。2010年,任江苏省餐饮行业协会副会长,并获第十届“全国技术能手”称号。2011年,任扬州大学旅游烹饪学院、丰益国际烹饪研究院兼职教授。2012年起，任人力资源和社会保障部国家职业技能鉴定专家委员会专家委员。2012年担任新加坡国际中餐筵席争霸赛评委、“第二届世界厨王江阴华西争霸赛”国际评判委员。同年被中国烹饪协会授予“中国烹饪大师金爵奖”称号。2013年,被评为“江苏省首席技师”、“无锡市张献民技能大师工作室”领办人,担任无锡市烹饪餐饮行业协会常务副会长。2014年,被授予“无锡市非物质文化遗产‘锡帮菜制作技艺’传人代表”,享受国务院特殊津贴。

（吴　莹）

逝世人物

闵惠芬

闵惠芬,女,汉族,江苏宜兴人,国家一级演员，著名二胡演奏家。1945年11月出生,1969年毕业于上海音乐学院。先后在中国艺术团、上海乐团、上海艺术团、上海民族乐团担任二胡独奏演员。中国音乐家协会副主席。曾获第四届“上海之春”中国二胡比赛一等奖、上海文学艺术奖、第十二届“上海之春”创作二等奖、首届中国“金唱片”奖、宝钢高雅艺术奖、“全国优秀文艺工作者”称号。第四届全国人大代表,第五、六、七、八、九、十届全国政协委员。2014年5月12日上午在上海病逝,终年69岁。

（史　志）

潘　多

潘多,女,藏族,1939年出生。西藏昌都地区德格县人。1958年参加登山运动。1959年7月7日登上7546米的慕士塔格峰，荣获体育运动荣誉奖章一枚，获破世界记录奖章一枚，被授予国家级运动健将称号。1961年6月17日登上7595米的公格尔九别峰，获打破世界记录奖章一枚和体育运动荣誉奖章一枚。1975年5月27日登上8848米的珠穆朗玛峰，成为世界上第一个从北坡登上珠峰的女性。1981年,潘多随丈夫到无锡定居工作，任无锡市体委副主任。2014年3月31日，因糖尿病并发症医治无效，在无锡逝世,终年75岁。

（史　志）

章瑞英

章瑞英,女,汉族,1934年7月出生于江苏无锡,1949年4月参加工作，在无锡振新纺织厂当工人,1955年6月加入中国共产党。1966年7月至1973年3月,历任无锡市振新纺织厂工会主席、革委会副主任,市文教系统革委会副主任。1973年3月起，先后任中共无锡市委组织部副部长,江苏省总工会副主席、主席、党组书记。1977年12月,任江苏省革委会副主任、省委委员。1978年10月，任全国总工会副主席、书记处书记、党组成员。1999年2月退休。中共第十次、十一次全国代表大会代表,第三届全国人大代表,第五届、六届、七届、八届全国人大常委,第七届、八届全国人大法律委员会委员，全国妇联第四届常委。1959年,获全国先进生产者称号。2014年1月16日在北京逝世,终年79岁。

（史　志）

朱启祯

朱启祯,男,汉族,1927年12月19日出生,江苏宜兴人。1947年加入中国共产党。1948年毕业于上海圣约翰大学。1949年11月进入外交部,历任外交部办公厅副处长、驻埃及使馆二等秘书、一等秘书、西亚非洲司处长、副司长,1973年至1977年，任驻澳大利亚使馆政务参赞,1977年至1982年,任美洲大洋洲司副司长、司长,1983年1月,任部长助理兼美大司司长,1984年8月,任外交部副部长,1989年10月至1993年,任中国驻美国大使。第八届全国人大常委会委员、外事委员会副主任委员。1998年9月离休。2014年4月23日在北京逝世,终年87岁。

（史　志）

编辑　罗秋云

国民经济和社会发展主要指标

指标	单位	2014年	比上年增长(%)
土地面积			
行政区划面积	平方公里	4627	-
人口就业			
年末总人口(户籍)	万人	477.14	1.0
年末总人口(常住)	万人	650.01	0.2
城市化率	%	74.5	(+0.8点)
从业人员	万人	389.5	0.1
第一产业	万人	17.8	-1.7
第二产业	万人	220.5	-0.9
第三产业	万人	151.2	1.7
国民经济核算			
地区生产总值	亿元	8205.31	8.2
第一产业	亿元	138.13	3.5
第二产业	亿元	4095.89	6.5
第三产业	亿元	3971.29	10.3
人均地区生产总值	元	126389	7.9
农业			
农林牧渔业总产值	亿元	253.76	5.1
粮食产量	万吨	77.20	-3.1
油料产量	万吨	0.94	4.9
肉类产量	万吨	8.84	-14.4
水产品产量	万吨	13.00	2.6
工业			
规模以上工业增加值	亿元	3017.50	4.9
规模以上工业总产值	亿元	14425.66	-1.0
规模以上工业销售产值	亿元	14141.81	-1.0
规模以上工业主营业务收入	亿元	14190.87	-1.0
规模以上工业利润总额	亿元	873.14	15.7

指　　标	单　位	2014 年	比上年增长(%)
规模以上工业利税总额	亿元	1264.17	10.2
民营经济			
民营经济增加值	亿元	5334.16	8.0
民营经济增加值占 GDP 比重	%	65.0	(+0.5 点)
交通运输、邮电通信、供电			
邮电业务总量	亿元	124.79	-2.7
货运量	万吨	15318.00	9.8
客运量	万人	9751	4.1
全社会用电量	亿千瓦时	598.18	-1.4
#工业用电	亿千瓦时	477.47	0.3
城乡居民用电	亿千瓦时	48.94	-14.0
固定资产投资			
固定资产投资完成额	亿元	4634.21	16.0
#工业投入	亿元	1746.34	12.5
房地产投资	亿元	1269.48	12.5
国内贸易			
社会消费品零售总额	亿元	2607.90	11.5
开放型经济			
进出口总值	亿美元	741.70	5.4
#出口总值	亿美元	442.31	7.5
到位注册外资	亿美元	31.16	-6.7
旅游			
旅游总收入	亿元	1263.56	11.6
接待国内游客人数	万人次	7573.72	8.3
接待入境旅游人数	万人次	40.31	3.1
市场物价			
居民消费价格总指数		102.2	(+0.1 点)
商品零售价格总指数		101.5	(-0.2 点)
财政金融			
一般公共预算收入	亿元	768.01	8.0
一般公共预算支出	亿元	748.06	5.1
金融机构人民币存款余额	亿元	11849.03	5.7
#居民储蓄存款	亿元	4341.45	6.2
金融机构人民币贷款余额	亿元	8669.62	6.9
教育卫生			
各类学校数	所	424	-1.9
各类在校学生数	万人	73.13	1.3
卫生机构床位数	张	34998	5.3
卫生技术人员数	人	41563	6.7
城市建设			
城市道路长度	公里	3422	2.0
城市道路面积	万平方米	6213	2.0
科技			
专利申请受理量	件	54519	-32.1
专利申请授权量	件	27937	-29.9

指　　标	单　位	2014年	比上年增长(%)
人民生活			
城镇常住居民人均可支配收入	元	41731	8.6
农村常住居民人均可支配收入	元	22266	10.1

人口、从业人员

指　　标	单　位	2014年	2013年
总户数	万户	159.78	158.09
户籍人口	万人	477.14	472.23
男性	万人	236.16	234.08
女性	万人	240.98	238.14
户籍平均人口	万人	474.69	471.15
出生人数	人	49285	41364
死亡人数	人	32766	32020
出生率	‰	10.38	8.78
死亡率	‰	6.90	6.80
自然增长率	‰	3.48	1.98
常住人口	万人	650.01	648.41
常住平均人口	万人	649.21	647.48
城市化率	%	74.47	73.70
从业人员	万人	389.50	389.20
第一产业	万人	17.80	18.10
第二产业	万人	220.50	222.50
第三产业	万人	151.20	148.60

地区生产总值

指　　标	单　位	2014年	比上年增长(%)
地区生产总值	亿元	8205.31	8.2
1. 按产业分			
第一产业	亿元	138.13	3.5
第二产业	亿元	4095.89	6.5
第三产业	亿元	3971.29	10.3
2. 按行业分			
工　业	亿元	3747.59	6.6
建筑业	亿元	348.75	6.2
交通运输、仓储及邮政业	亿元	199.51	8.5
批发和零售业	亿元	1365.19	10.7
住宿和餐饮业	亿元	205.10	6.5
金融业	亿元	480.11	7.2
房地产业	亿元	380.35	3.5
其他服务业	亿元	1271.75	14.3
地区生产总值构成	%	100.0	—
第一产业	%	1.7	(-0.1点)
第二产业	%	49.9	(-2.3点)
第三产业	%	48.4	(+2.4点)
人均地区生产总值(常住人口)	元	126389	7.9

全体居民人均收支

指标	单位	2014年	比上年增长(%)
全体居民人均可支配收入	元	36471	8.9
工资性收入	元	24643	8.7
经营净收入	元	3964	9.2
财产净收入	元	3103	10.4
转移净收入	元	4761	8.2
全体居民人均生活消费支出	元	24049	7.4
食品烟酒	元	7018	5.9
衣着	元	2146	6.9
居住	元	4928	4.4
生活用品及服务	元	1343	5.7
交通通信	元	3686	11.3
教育文化娱乐	元	2659	11.3
医疗保健	元	1460	9.7
其他用品和服务	元	809	8.7

城镇居民人均收支

指标	单位	2014年	比上年增长(%)
城镇居民人均可支配收入	元	41731	8.6
工资性收入	元	28565	8.8
经营净收入	元	3976	8.1
财产净收入	元	3543	9.2
转移净收入	元	5647	7.8
城镇居民人均生活消费支出	元	27358	6.9
食品烟酒	元	7862	5.3
衣着	元	2431	6.3
居住	元	5631	4.1
生活用品及服务	元	1551	4.9
交通通信	元	4211	11.1
教育文化娱乐	元	3139	11.2
医疗保健	元	1612	8.6
其他用品和服务	元	921	8.2

农村居民人均收支

指标	单位	2014年	比上年增长(%)
农村居民人均可支配收入	元	22266	10.1
工资性收入	元	14055	8.5
经营净收入	元	3931	12.2
财产净收入	元	1913	16.8
转移净收入	元	2367	11.2
农村居民人均生活消费支出	元	15114	9.7
食品烟酒	元	4737	8.9
衣着	元	1376	9.7
居住	元	3028	5.7
生活用品及服务	元	782	10.6

指　　标	单　位	2014 年	比上年增长(%)
交通通信	元	2270	12.4
教育文化娱乐	元	1364	12.1
医疗保健	元	1049	14.8
其他用品和服务	元	508	11.6

价格指数

指　　标	2014 年	2013 年
居民消费价格总指数	102.2	102.1
#服务项目价格指数	102.5	101.4
消费品价格指数	102.0	102.4
#食品类	102.0	104.1
烟酒及用品	100.3	100.2
衣着类	105.0	104.9
家庭设备用品及维修服务	104.5	103.3
医疗保健和个人用品	101.4	101.1
交通和通信	99.5	99.1
娱乐教育文化用品及服务	103.4	99.3
居住	102.2	101.9
商品零售价格总指数	101.5	101.7

固定资产投资、房地产

指　　标	单　位	2014 年	比上年增长(%)
固定资产投资	亿元	4634.21	16.0
1. 按产业分			
第一产业	亿元	13.21	-17.7
第二产业	亿元	1746.58	13.3
#工业投入	亿元	1746.34	12.5
第三产业	亿元	2874.42	18.2
#房地产开发	亿元	1269.48	12.5
2. 按注册类型分			
国有经济	亿元	1008.32	36.0
三资经济	亿元	699.54	15.7
其他	亿元	2926.35	9.6
房地产开发与销售			
房屋施工面积	万平方米	6827.82	7.2
#住宅	万平方米	4654.85	5.2
#新开工面积	万平方米	1576.94	-0.3
房屋竣工面积	万平方米	958.21	-16.7
#住宅	万平方米	627.84	-26.9
竣工房屋价值	亿元	354.69	-12.4
#住宅	亿元	237.30	-15.6
商品房销售面积	万平方米	862.50	-5.2
现房销售面积	万平方米	208.82	6.1
期房销售面积	万平方米	653.68	-8.3
商品房销售额	亿元	651.20	-9.0
现房销售额	亿元	140.39	6.7
期房销售额	亿元	510.82	-12.6

农业产值、农产品产量

指　标	单　位	2014年	比上年增长(%)
农林牧渔业总产值	亿元	253.76	5.1
农作物播种面积	千公顷	178.66	平
#粮食	千公顷	108.99	-2.7
夏粮	千公顷	51.24	-2.3
秋粮	千公顷	57.75	-3.0
粮食产量	万吨	77.20	-3.1
夏粮	万吨	27.41	-2.6
秋粮	万吨	49.79	-3.3
粮食年单产	公斤/公顷	7083	-0.4
夏粮	公斤/公顷	5349	-0.3
秋粮	公斤/公顷	8622	-0.3
油菜籽	吨	7540	-2.8
茶叶产量	吨	6543	8.2
水果产量	吨	186086	9.4
造林面积	公顷	1052	-39.3
大牲畜年末头数	万头	0.69	1.5
奶牛年末存栏	万头	0.67	平
猪年末存栏	万头	46.43	-25.9
生猪出栏数	万头	74.77	-13.3
猪肉产量	吨	62673	-13.5
禽肉产量	吨	23534	-17.0
牛奶产量	吨	28705	0.5
禽蛋产量	吨	26770	6.0
水产品产量	吨	130036	2.6

规模以上工业总产值

指　标	单　位	2014年	比上年增长(%)
规模以上工业总产值(现价)	亿元	14425.66	-1.0
1. 按轻重工业分			
轻工业	亿元	3625.16	1.8
重工业	亿元	10800.50	-1.9

规模以上工业增加值

指　标	单　位	2014年	比上年增长(%)
规模以上工业增加值	亿元	3017.50	4.9
1. 按经济类型分			
国有企业	亿元	20.82	-4.0
集体企业	亿元	78.21	1.0
股份合作企业	亿元	1.38	-23.8
股份制企业	亿元	1653.56	4.0
外商和港澳台商投资企业	亿元	1239.26	6.7
其他企业	亿元	24.26	0.1

指　　　　标	单　位	2014 年	比上年增长(%)
2. 按轻重工业分			
轻工业	亿元	645.13	9.3
重工业	亿元	2372.37	3.8
3. 在总计中			
# 大中型企业	亿元	2176.73	5.9
# 国有及国有控股企业	亿元	179.08	14.7
# 私营工业	亿元	1097.95	1.5

主要工业产品产量

指　　　　标	单　位	2014 年	比上年增长(%)
家用洗衣机	万台	515.91	12.1
发动机	万千瓦	4144.66	-14.0
电动自行车	万辆	367.75	-3.4
家用电热水器	万台	128.74	-23.6
电力电缆	万千米	327.62	2.0
塑料制品	万吨	116.50	2.0
纱	万吨	56.98	-4.1
布	万米	89141.89	-2.1
呢绒	万米	11801.44	-5.9
服装	万件	55133.78	-4.1
合成纤维	万吨	337.62	-0.4
锂离子电池	万只	49777.78	17.3
半导体分立器件	亿只	926.58	9.0
集成电路	亿块	209.56	15.4
数码照相机	万台	496.29	-30.9
硬盘储存器	万台	6183.00	6.3
微型计算机设备	万台	103.94	-8.9
电子元件	亿只	142.25	-0.1
印制电路板	万平方米	3708.99	-3.6
粗钢	万吨	1578.00	-3.3
钢材	万吨	2757.12	-6.6
发电量	亿千瓦时	367.33	-6.3

规模以上工业经济效益

指　　　　标	单　位	2014 年	比上年增长(%)
企业单位数	个	5163	
# 亏损企业	个	962	
从业人员平均人数	人	1291048	-2.4
主营业务收入	亿元	14190.87	-1.0
利税总额	亿元	1264.17	10.2
利润总额	亿元	873.14	15.7
亏损总额	亿元	67.09	-9.8
资产总计	亿元	14454.12	4.7
负债总计	亿元	8099.09	1.1
流动资产合计	亿元	8887.84	4.2
应收账款	亿元	2657.01	4.6
产成品	亿元	752.31	3.7

建筑业

指　　标	单　位	2014年	比上年增长(%)
企业个数	个	577	(–8个)
建筑业总产值	亿元	650.48	–1.8
#装修装饰产值	亿元	32.18	9.2
建筑业在外省完成的产值	亿元	99.55	12.8
#建筑工程产值	亿元	540.08	–3.6
安装工程产值	亿元	102.48	4.6
建筑业其他产值	亿元	7.91	118.3
建筑业竣工产值	亿元	536.79	2.6
房屋建筑施工面积	万平方米	4250.19	–4.4
#投标承包施工面积	万平方米	3809.05	–4.4
房屋建筑竣工面积	万平方米	1761.79	3.3
建筑业直接从事生产经营活动的平均人数	人	241065	–7.9
建筑业期末从业人数	人	237020	–11.2
建筑业全员劳动生产率	元/人	269834	6.7

运输、邮电

指　　标	单　位	2014年	比上年增长(%)
交通运输			
客运量	万人	9751	4.1
#铁路	万人	1900.00	16.4
公路	万人	7222.00	1
货物运输量	万吨	15318.00	9.8
#铁路	万吨	72	–36.6
公路	万吨	12885	72
航空旅客吞吐量	万人	418	16.4
航空货邮吞吐量	万吨	9.61	9.7
港口吞吐量	万吨	20914.52	0.2
集装箱吞吐量	万标准箱	55.01	–55.2
邮电业务			
邮电业务总量	亿元	124.80	–2.7
#邮政业务总量	亿元	28.58	20.4
固定电话用户数	万户	202.79	0.4
移动电话	万部	920.35	–1.7
互联网宽带接入用户数	万户	251.02	14.0
快递业务量	万件	18588.00	64.5
快递业务收入	亿元	20.89	26.0

国内贸易、旅游

指标	单位	2014年	比上年增长(%)
国内贸易			
社会消费品零售总额	亿元	2607.90	11.5
按行业分			
批发和零售业	亿元	2409.67	11.6
住宿和餐饮业	亿元	198.22	9.4
旅游			
旅游总收入	亿元	1263.56	11.6
接待国内游客人数	万人次	7573.72	8.3
接待入境过夜旅游人数	万人次	40.31	3.1
5A 级景区	家	3	平
4A 级景区	家	25	(+5 家)
3A 级景区	家	11	(+2 家)
星级饭店	家	55	(−5 家)
# 五星级	家	14	(+3 家)
四星级	家	16	(−2 家)

开放型经济

指标	单位	2014年	比上年增长(%)
进出口总值	亿美元	741.70	5.4
# 一般贸易	亿美元	371.50	4.4
加工贸易	亿美元	318.49	3.5
来料加工	亿美元	63.30	−5.7
进料加工	亿美元	255.19	6.0
出口总值	亿美元	442.31	7.5
# 一般贸易	亿美元	231.13	6.5
加工贸易	亿美元	190.72	3.9
来料加工	亿美元	34.35	−7.5
进料加工	亿美元	156.36	6.7
协议注册外资	亿美元	55.01	25.4
到位注册外资	亿美元	31.16	−6.7
服务外包合同总额	亿美元	116.50	35.0
服务外包执行总额	亿美元	94.20	35.6
离岸外包合同总额	亿美元	77.10	35.2
离岸外包执行总额	亿美元	62.50	36.5
新批境外投资中方协议投资额	亿美元	14.53	20.9
外经合同额	亿美元	1.47	−57.9
外经营业额	亿美元	0.47	−60.9

财政收支

指标	单位	2014年	比上年增长(%)
一般公共预算收入	亿元	768.01	8.0
#税收收入	亿元	620.34	7.1
增值税(25%)	亿元	141.12	13.9
营业税	亿元	170.61	1.1
企业所得税(40%)	亿元	91.74	3.7
个人所得税(40%)	亿元	38.44	11.6
城市维护建设税	亿元	46.81	8.3
房产税	亿元	29.20	17.7
印花税	亿元	10.76	-2.7
契税	亿元	31.76	9.4
上划中央四税收入	亿元	550.45	6.4
一般公共预算支出	亿元	748.06	5.1

金融机构信贷

指标	单位	2014年	比上年增长(%)
金融机构存贷款			
金融机构本外币存款余额	亿元	12315.01	5.8
金融机构本外币贷款余额	亿元	9029.65	5.4
金融机构人民币存款余额	亿元	11849.03	5.7
#国有独资银行存款余额	亿元	4600.62	-0.6
#单位存款	亿元	6978.33	5.7
个人存款	亿元	4479.71	5.3
#储蓄存款	亿元	4341.45	6.2
金融机构人民币贷款余额	亿元	8669.62	6.9
#国有独资银行贷款余额	亿元	3459.95	3.7
#短期贷款	亿元	3905.26	-4.8
#个人贷款及透支	亿元	226.97	-17.1
中长期贷款	亿元	4117.86	15.1
#个人贷款	亿元	1140.04	6.2
单位贷款	亿元	2466.65	20.2
#固定资产贷款	亿元	1992.12	17.8

保险、证券

指标	单位	2014年	比上年增长(%)
保险			
保险业务收入	亿元	191.30	9.4
证券			
上市公司数	家	88	(+4家)
境内A股	家	45	(+3家)
境外上市	家	43	(+1家)
期货市场交易额	亿元	39963.56	-19.0
证券市场交易额	亿元	21788.24	44.1

民营经济、电力消耗

指　　标	单　位	2014年	比上年增长(%)
民营经济			
注册资金	亿元	7559.99	13.7
#私营	亿元	6586.77	19.3
民营经济增加值	亿元	5334.16	8.0
上缴税金	亿元	614.01	6.6
#私营	亿元	350.35	7.7
固定资产投资	亿元	2823.06	9.1
供电			
全社会用电量	亿千瓦时	598.18	-1.4
#工业用电量	亿千瓦时	477.47	0.3
城乡居民生活用电量	亿千瓦时	48.94	-14.0

城市建设

指　　标	单　位	2014年	2013年
城市道路			
城市道路长度	公里	3422	3358
城市道路面积	万平方米	6213	6081
城市路灯数	盏	301595	301507
公共交通			
年底运营车辆	辆	3017	3261
年底运营线路网长度	公里	5203	5124
运客总数	万人次	43506	42849
供水			
年底水厂	个	6	6
年底生产能力	万立方米/日	245	245
全年供水总量	万立方米	34226	34871
天然气			
年底管道长度	公里	2351.0	2179
全年供气总量	万立方米	69289	62975
液化气			
全年供气总量	吨	46314	44122
天然气、液化气普及率	%	100	100

文化、教育

指　　标	单　位	2014 年	2013 年
文化			
图书馆	个	10	10
博物馆	个	58	69
教育			
学校数	个	424	432
#高等院校	个	12	12
中等专业学校	个	21	20
技工学校	个	15	15
普通中学	个	180	176
职业中学	个	2	6
小学	个	185	194
在校学生数	人	731305	721880
#高等院校	人	114240	111391
中等专业学校	人	42356	43765
技工学校	人	20045	21706
普通中学	人	209383	208221
职业中学	人	8184	10580
小学	人	336197	325348
教职员工数	人	58717	58814
#专任教师	人	51032	50430

卫生

指　　　标	单　位	2014年	2013年
卫生			
卫生机构数	个	2155	2027
#医院、社区卫生服务中心(卫生院)机构数	个	228	220
卫生机构床位数	张	34998	33243
#医院、社区卫生服务中心(卫生院)床位数	张	33527	31716
卫生工作人员数	人	50826	47801
#卫生技术人员	人	41563	38940
#执业(助理)医师	人	15562	14767
注册护士	人	17866	16757
全市每万人拥有卫生机构床位数	张	53.8	51.3
全市每万人拥有卫生技术人员	人	63.9	60.1
#执业(助理)医师	人	23.9	22.8
注册护士	人	27.5	25.8

科技、福利

指　　　标	单　位	2014年	2013年
科技			
专利申请受理量	件	54519	80271
#发明	件	22788	20959
专利申请授权量	件	27937	39828
#发明	件	2801	2713
社会福利事业			
养老福利机构	个	150	149
养老机构床位数	张	37616	34607
年末收养人数	人	16991	15119
儿童福利机构	个	3	3
儿童床位数	张	620	620
年末收养人数	人	393	443
城镇社区服务设施数	个	2527	2219
社区服务志愿者组织	个	199	354
社区服务志愿者人数	人	3072	2456

说明:统计资料中数据为初步统计数

(市统计局)

编辑　顾洪兴

文件选目

2014年中共无锡市委文件选目

文件标题	印发日期
中共无锡市委关于印发《中共无锡市委常委会2014年重点工作》的通知	2014-1-24
中共无锡市委、市政府关于印发《开展“项目建设深化年”活动的实施意见》等活动实施意见的通知	2014-2-8
中共无锡市委关于贯彻落实中共中央《建立健全惩治和预防腐败体系2013-2017年工作规划》的实施意见	2014-2-8
中共无锡市委关于印发《市委党建工作领导小组2014年工作要点》的通知	2014-4-21
中共无锡市委关于加强基层服务型党组织建设的实施意见	2014-4-21
中共无锡市委关于1978年至2012年党内规范性文件清理的决定	2014-5-21
中共无锡市委关于落实党风廉政建设党委主体责任纪委监督责任的实施意见(试行)	2014-6-13
中共无锡市委印发《关于完善党员干部直接联系群众制度的实施办法》的通知	2014-7-30
中共无锡市委、市政府关于深化科技体制改革加快人才引领创新驱动发展的实施意见	2014-8-4
中共无锡市委、市政府关于进一步深化民营经济改革发展的意见	2014-8-4
中共无锡市委、市政府关于加快发展现代市场体系的指导意见	2014-8-4
中共无锡市委、市政府关于进一步简政放权加快转变政府职能的实施意见	2014-8-4
中共无锡市委、市政府关于深化财税体制改革加快建立现代财政制度的实施意见	2014-8-4
中共无锡市委、市政府关于深化开放型经济体制改革的意见	2014-8-4
中共无锡市委、市政府关于加快推进金融改革创新的意见	2014-8-4
中共无锡市委、市政府关于进一步深化国资改革促进国企发展的意见	2014-8-4
中共无锡市委关于市委常委会全面贯彻执行民主集中制的意见	2014-8-13
中共无锡市委、市政府关于加强社区治理和服务创新的意见	2014-8-14

续表

文　件　标　题	印发日期
中共无锡市委关于开展学习华西新市村、红豆集团、水秀社区党委基层服务型党组织建设新经验的通知	2014-8-18
中共无锡市委、市政府关于成立无锡市城乡规划委员会的通知	2014-8-27
中共无锡市委、市政府关于加快服务型政府建设的实施意见	2014-9-19
中共无锡市委、市政府关于印发《无锡市安全生产"党政同责、一岗双责"暂行规定》的通知	2014-9-26
中共无锡市委关于健全干部选拔任用科学机制的意见	2014-10-27
中共无锡市委关于构建全面推进党风廉政建设长效机制的意见	2014-11-6
中共无锡市委、市政府关于深入推进民生幸福工程的实施意见	2014-11-13
中共无锡市委、市政府关于建立生态补偿机制的意见	2014-11-13
中共无锡市委关于进一步组织推动学习贯彻习近平总书记系列重要讲话精神的意见	2014-12-11
中共无锡市委关于加强新时期新闻宣传工作的实施意见	2014-12-29
中共无锡市委关于进一步加强和改进人大工作　推动人大工作与时俱进的意见	2014-12-29

2014年中共无锡市委办公室文件选目

文　件　标　题	印发日期
中共无锡市委办公室、市政府办公室印发《关于完善"八项工程"指标体系扎实推进统计监测的意见》的通知	2014-1-10
中共无锡市委办公室、市政府办公室印发《无锡市苏南现代化建设示范区监测统计实施办法》的通知	2014-1-10
中共无锡市委办公室、市政府办公室印发《关于规范市委市政府各类领导小组成立调整撤销工作的实施办法》的通知	2014-1-20
中共无锡市委办公室关于印发《中共无锡市委全面深化改革领导小组2014年工作要点》的通知	2014-4-16
中共无锡市委办公室、市政府办公室关于印发无锡市2014年生态文明建设实施方案的通知	2014-4-16
中共无锡市委办公室、市政府办公室关于印发《无锡市2014年公共机构节能工作要点》的通知	2014-4-23
中共无锡市委办公室、市政府办公室关于印发《无锡市2014年法治建设工作意见》的通知	2014-4-24
中共无锡市委办公室、市政府办公室关于印发《无锡市2014年公共机构节能工作要点》的通知	2014-5-9
中共无锡市委办公室、市政府办公室印发《关于深化行政审批制度改革的工作意见》的通知	2014-5-9
中共无锡市委办公室、市政府办公室印发《关于提升服务群众效能切实减轻社区(村)负担的六项规定》的通知	2014-5-9
中共无锡市委办公室、市政府办公室印发《关于加快旧住宅区整治改造专项行动的工作意见》的通知	2014-5-9
中共无锡市委办公室、市政府办公室关于印发《无锡市2014年农村土地承包经营权确权颁证试点工作方案》的通知	2014-5-9
中共无锡市委办公室、市政府办公室关于印发《无锡市厉行节约反对食品浪费的实施意见》的通知	2014-5-9
中共无锡市委办公室、市政府办公室印发《关于进一步加强经济责任审计工作的意见》的通知	2014-5-20
中共无锡市委办公室、市政府办公室印发《关于依法处理涉法涉诉信访问题的实施意见》的通知	2014-5-21
中共无锡市委办公室、市政府办公室印发《关于在全市开展化解信访积案专项行动的意见》的通知	2014-5-21
中共无锡市委办公室印发《关于培育和践行社会主义核心价值观的实施意见》的通知	2014-6-2
中共无锡市委办公室、市政府办公室关于组织开展2014年无锡市"环境月"活动的通知	2014-6-13
中共无锡市委办公室、市政府办公室关于进一步加强党政机关厉行节约的通知	2014-6-30
中共无锡市委办公室、市政府办公室关于进一步提高机关公文流转效能的通知	2014-6-30
中共无锡市委办公室、市政府办公室关于进一步提升市民中心服务群众水平的若干措施的通知	2014-6-30
中共无锡市委办公室、市政府办公室关于进一步严控创建达标检查评比表彰和节庆论坛展会活动有关规定的通知	2014-6-30
中共无锡市委办公室、市政府办公室关于进一步精简会议文件简报资料有关规定的通知	2014-6-30
中共无锡市委办公室、市政府办公室关于调整"八项工程"责任分工的通知	2014-7-11
中共无锡市委办公室、市政府办公室关于印发《无锡市深化文化体制改革实施方案》的通知	2014-7-30
中共无锡市委办公室、市政府办公室关于进一步严格规范公务接待工作的通知	2014-7-30
中共无锡市委办公室、市政府办公室关于贯彻实施《江苏省行政执法与刑事司法衔接工作实施办法》的通知	2014-7-31

续表

文件标题	印发日期
中共无锡市委办公室、市政府办公室印发《关于健全大督查机制强化执行力建设的意见》的通知	2014-8-11
中共无锡市委办公室、市政府办公室印发《关于规范工作事项进社区(村)的实施细则》的通知	2014-8-14
中共无锡市委办公室、市政府办公室转发市委组织部市司法局等六部门《关于进一步加强全市司法所体制建设的意见》的通知	2014-8-14
中共无锡市委办公室、市政府办公室印发关于城中村、旧住宅区、危旧房整治改造和拆迁超期安置整治专项行动等实施意见的通知	2014-8-25
中共无锡市委办公室印发《关于加强党员干部作风建设督促检查工作的实施意见》的通知	2014-9-5
中共无锡市委办公室、市政府办公室印发《关于开展公款大吃大喝违规公务接待公款送礼等专项治理的实施意见》的通知	2014-9-5
中共无锡市委办公室、市政府办公室印发《关于严肃整治拖欠群众钱款克扣群众财物专项行动的实施意见》的通知	2014-9-5
中共无锡市委办公室、市政府办公室印发《关于加强农村集体“三资”管理工作的实施意见》的通知	2014-9-5
中共无锡市委办公室、市政府办公室印发《关于生态环境整治专项行动的实施意见》的通知	2014-9-5
中共无锡市委办公室、市政府办公室印发《关于在全市政法机关集中开展治理执法不公专项行动的实施意见》的通知	2014-9-15
中共无锡市委办公室、市政府办公室关于印发《无锡市市级机关部门(单位)绩效管理和作风建设综合考评实施办法》的通知	2014-9-15
中共无锡市委办公室、市政府办公室关于印发《无锡市市(县)区科学发展考核的实施意见》的通知	2014-9-15
中共无锡市委办公室、市政府办公室关于印发《全市开放区科学发展综合考核的实施意见》的通知	2014-9-15
中共无锡市委办公室、市政府办公室关于做好烈士纪念日纪念活动的通知	2014-9-30
中共无锡市委办公室、市政府办公室关于印发《贯彻落实全面深化经济体制改革若干〈意见〉分工方案》的通知	2014-10-9
中共无锡市委办公室关于印发中共无锡市委党风廉政建设责任清单的通知	2014-10-16
中共无锡市委办公室关于印发《市委网络安全和信息化领导小组工作规则》和《市委网络安全和信息化领导小组办公室工作细则》的通知	2014-10-27
中共无锡市委办公室、市政府办公室印发《关于建立健全信息发布和政策解读机制的实施意见》的通知	2014-10-27
中共无锡市委办公室、市政府办公室关于推进阳光信访系统建设的通知	2014-10-28
中共无锡市委办公室、市政府办公室关于全面清理市级行政权力建立权力清单制度的通知	2014-11-13
中共无锡市委办公室印发《关于建立全市“基层党组织统一活动日”制度的实施意见》的通知	2014-11-13
中共无锡市委办公室、市政府办公室关于进一步强化大气污染防治措施落实的通知	2014-12-11
中共无锡市委办公室、市政府办公室转发市依法治市领导小组办公室市司法局等部门《关于进一步深化法律顾问制度建设的意见》的通知	2014-12-11
中共无锡市委办公室关于印发《无锡市党代表联系服务党员群众制度》的通知	2014-12-11
中共无锡市委办公室印发《关于加强和改进新形势下优秀年轻干部培养选拔工作的实施意见》的通知	2014-12-11
中共无锡市委办公室关于印发《无锡市党委督促检查工作实施细则(试行)》的通知	2014-12-13
中共无锡市委办公室、市政府办公室关于印发《无锡市市级机关部门(单位)作风建设和绩效管理综合考评办法(试行)》的通知	2014-12-29
中共无锡市委办公室印发《关于深化“四风”整治、巩固和拓展党的群众路线教育实践活动成果的实施办法》的通知	2014-12-29
中共无锡市委办公室、市政府办公室印发《关于进一步加强民族宗教工作属地管理的意见》的通知	2014-12-29

2014年无锡市人民政府文件选目

文件标题	印发日期
市政府关于印发无锡市人民政府2014年度立法工作计划的通知	2014-1-25
市政府印发关于加快推进滨湖区省级服务业综合改革试点工作的实施意见的通知	2014-4-17
市政府印发关于进一步加强政府性债务管理意见的通知	2014-5-9
市政府关于印发2014年无锡市政府系统廉政工作要点的通知	2014-5-9
市政府关于印发2014年无锡市固定资产投资及重点项目工作考核奖励办法的通知	2014-5-20
市政府关于印发无锡市2014年度国土资源重点工作目标任务考核办法的通知	2014-6-2
市政府关于印发无锡市主体功能区实施计划的通知	2014-6-20
市政府关于修改《无锡市人民政府关于批准再生育一个孩子特殊情况的规定》的通知	2014-6-30
市政府关于调整市区城镇居民最低生活保障标准的通知	2014-7-30
市政府关于印发《无锡市市级行政审批事项目录》、《无锡市市级行政服务事项目录》、《无锡市市级行政审批事项涉及的行政事业性收费目录》、《无锡市取消和下放管理层级的行政审批及收费事项目录》的通知	2014-7-30
市政府关于确定2014年东方硅谷“530”升级版企业和百强培育企业名单的通知	2014-7-30
市政府关于推动政府信息资源向社会开放利用工作的实施意见	2014-7-30
市政府关于鼓励和引导企业兼并重组的意见	2014-7-30
市政府关于公布第四批市级非物质文化遗产名录的通知	2014-8-12
市政府关于印发市政府会议制度(修订稿)的通知	2014-8-28
市政府印发关于开展民生专项资金管理使用专项治理行动实施意见的通知	2014-9-4
市政府关于加强政府性投资项目建设资金投资管理的意见	2014-9-9
市政府关于试行国有资本经营预算的意见	2014-9-15
市政府关于印发《无锡市人民政府工作规则(修订稿)》的通知	2014-9-30
市政府转发市发改委等部门关于深化无锡市公共资源交易体制改革方案的通知	2014-9-30
市政府印发无锡市商品房预售资金监管暂行办法的通知	2014-10-15
市政府关于印发构建节约用地“1236”战略布局实施意见的通知	2014-10-30
市政府关于加快发展养老服务业的实施意见	2014-10-30
市政府转发市发改委 民政局关于无锡市开展国家养老服务综合改革试点工作实施方案的通知	2014-11-6
市政府关于支持个体工商户转型升级为企业的实施意见	2014-11-13
市政府关于进一步减轻企业负担提示服务效能支持企业发展的若干意见	2014-12-11
市政府关于贯彻无锡市义务教育均衡发展条例的实施意见	2014-12-29
市政府、无锡军分区批转市人力资源和社会保障局、军分区政治部关于做好驻锡部队随军家属就业安置实施办法的通知	2014-12-29
市政府印发关于江苏省职工生育保险规定实施意见的通知	2014-12-29

2014年无锡市人民政府办公室文件选目

文件标题	印发日期
市政府办公室关于认真做好2014年春运工作的通知	2014-1-7
市政府办公室关于印发无锡市2014年行政执法监督工作计划的通知	2014-1-10
市政府办公室印发关于开展全市服务业综合改革试点工作实施方案的通知	2014-4-17
市政府办公室关于做好突发事件应急预案修订工作的通知	2014-5-9
市政府办公室关于印发无锡市2014年深化医药卫生体制改革工作要点的通知	2014-5-9
市政府办公室关于建立健全行政审批(服务)收费标准化规范化公开化制度的实施意见	2014-5-9
市政府办公室关于印发无锡市税收征管保障工作考核办法的通知	2014-5-20
市政府办公室关于开展公共资金审计全覆盖工作的通知	2014-6-2
市政府办公室关于印发2014年度城市消防规划实施计划的通知	2014-6-14
市政府办公室关于调整市区农贸市场改造提升考核补贴标准的通知	2014-6-20

续表

文　件　标　题	印发日期
市政府办公室关于集中开展以消除重大隐患为重点的安全生产检查整改专项行动的通知	2014-6-20
市政府办公室关于调整无锡市100家重点骨干企业和无锡市100家高成长科技型企业的通知	2014-6-30
市政府办公室关于印发无锡市保障青奥会环境质量临时管控方案的通知	2014-7-11
市政府办公室关于转发无锡工商局无锡市商品交易市场基础设施配置标准的通知	2014-7-11
市政府办公室关于转发无锡市贯彻实施《质量发展纲要》2014年行动计划的通知	2014-7-11
市政府办公室转发市外办关于进一步加强与外国驻上海领事馆交往活动管理规定的通知	2014-7-30
市政府办公室印发关于贯彻落实省政府办公厅关于推进电梯责任保险实施意见的实施方案的通知	2014-7-30
市政府办公室印发关于推进无锡市金融生态市(县)、区建设实施意见的通知	2014-7-30
市政府办公室关于调整市以上劳动模范待遇标准的通知	2014-7-30
市政府办公室印发关于进一步完善和创新小微企业贷款服务实施办法的通知	2014-8-4
市政府办公室转发市信电局2014年全市新一代信息技术产业和智慧城市建设重点活动计划安排的通知	2014-8-6
市政府办公室关于进一步做好安全生产检查整改专项行动督查的通知	2014-8-11
市政府办公室关于印发无锡市支持外贸稳定增长实施意见的通知	2014-8-11
市政府办公室关于做好第二次全国地名普查有关工作的通知	2014-8-12
市政府办公室关于印发无锡市2014年资源节约型和环境友好型社会建设综合配套改革试点工作要点的通知	2014-8-14
市政府办公室关于开展2014年全市“质量月”活动的通知	2014-8-22
市政府办公室关于印发智慧无锡建设资金管理办法(暂行)的通知	2014-8-27
市政府办公室关于规范教育卫生行业收费专项治理的实施意见	2014-9-4
市政府办公室关于开展企业扶持政策落实规范涉企服务性收费专项治理的行动的意见	2014-9-4
市政府办公室转发市文广新局市文管中心关于无锡市公共图书馆总分馆建设实施方案的通知	2014-9-9
市政府办公室关于转发市财政局市审计局深入开展贯彻执行中央八项规定严肃财经纪律和“小金库”专项治理工作方案的通知	2014-9-15
市政府办公室关于进一步做好市农业保险工作的通知	2014-9-30
市政府办公室转发市财政局关于无锡市市本级政府性债务偿债准备金管理暂行办法的通知	2014-10-27
市政府办公室关于印发促进城市综合体项目建设健康发展实施意见的通知	2014-10-28
市政府办公室关于印发无锡市科技型中小企业贷款风险补偿资金池管理办法的通知	2014-12-11
市政府办公室关于贯彻实施无锡市公共机构节能管理办法的通知	2014-12-11
市政府办公室关于印发无锡市2015年度政府集中采购目录、政府采购限额标准和公开招标数额标准的通知	2014-12-11
市政府办公室关于印发无锡市高污染燃料锅炉大气污染整治工作方案的通知	2014-12-11
市政府办公室关于进一步加强政府督促检查工作的实施意见	2014-12-11
市政府办公室关于印发无锡市安全生产考核奖励暂行办法的通知	2014-12-11
市政府办公室关于印发无锡市本级政府性基金管理暂行办法的通知	2014-12-11
市政府办公室关于印发无锡市市区公共污水系统突发事件应急预案的通知	2014-12-29
市政府办公室关于印发市本级财政预算执行与调整规范管理办法的通知	2014-12-29
市政府办公室关于印发无锡市轨道交通建设突发事件应急预案的通知	2014-12-29
市政府办公室关于加快推进社区卫生服务机构建设运行有关工作的通知	2014-12-29
市政府办公室关于印发无锡市生产安全事故灾难应急预案的通知	2014-12-29
市政府办公室关于印发无锡市自然灾害救助应急预案的通知	2014-12-29
市政府办公室关于印发无锡市食品安全事故应急预案的通知	2014-12-29
市政府办公室关于印发关于清理规范驻外办事机构的意见的通知	2014-12-29
市政府办公室关于印发无锡市普通国省干线公路突发事件应急预案的通知	2014-12-29

2014年无锡市人民政府令

文件标题		印发日期
0144	无锡市建设工程造价管理办法	2014-6-2
0145	无锡市公安辅助人员管理办法	2014-8-4
0146	无锡市建设工程招标投标管理办法	2014-8-21
0147	无锡市航道管理条例	2014-9-16
0148	无锡市快递管理办法	2014-10-9
0149	无锡市公共机构节能管理办法	2014-10-28

无锡人士著作书目和全国报刊有关无锡文章题录

部分无锡人士著作书目

书名	作者	出版社	时间
中国县级市发展报告(2012)	谢守红	中国财富出版社	2013年1月
尚德太阳能电力公司考察	朱晋伟	经济管理出版社	2013年5月
中国食品安全研究报告(2012)	徐立青	科学出版社	2013年6月
习茶概要	胡付照	中国财富出版社	2013年9月
城市旅游公共管理与旅游企业绩效研究	李武武	清华大学出版社	2013年12月
中国食品安全发展报告(2013)	吴林海	北京大学出版社	2013年12月
农户经营改造的信息技术型人力资本研究	王建华	中国社会科学出版社	2013年11月
中国食品工业企业低碳转型路径研究	王晓莉	中国社会科学出版社	2013年12月
中国食品安全网络舆情发展报告(2013)	洪　巍	中国社会科学出版社	2013年11月
基础会计学	唐红珍	北京交通大学出版社	2013年3月
住宅精装饰全程设计图解	杨茂川	湖南科学技术出版社	2013年6月
建筑地图:东京	朱　蓉	华中科技大学	2013年1月
城市·记忆·形态	朱　蓉	东南大学出版社	2013年12月
澳门城市发展与规划	吴　尧	中国电力出版社	2013年12月
澳门建筑	吴　尧	三联书店(香港)有限公司	2013年12月
新概念设计漫画	唐鼎华	中国建筑工业出版社	2013年4月
设计素描	唐鼎华	江西美术出版社	2013年9月
环境艺术制图习题集(第二版)	范剑才	中国电力出版社	2013年4月
AutoCAD2013中文版机械设计标准实例教程	蒋　晓	清华大学出版社	2013年10月
Rhino5.0产品设计标准实例教程	蒋　晓	清华大学出版社	2013年11月
武林古版画	周　亮	江苏美术出版社	2013年7月
设计·素描	陈嘉全	上海人民美术出版社	2013年10月
设计·色彩	陈嘉全	上海人民美术出版社	2013年1月
包装设计与制作	王安霞	中国轻工业出版社	2013年9月
网络话景观	林　瑛	世界图书出版公司	2013年8月
包装系统设计	魏　洁	中国建筑工业出版社	2013年11月
图形创意	魏　洁	中国建筑工业出版社	2013年11月
字体设计	陈原川	上海人民美术出版社	2013年4月
创意包装设计	魏　洁	上海人民美术出版社	2014年1月
文字设计	陈原川	中国建筑工业出版社	2013年11月

续表

书　名	作　者	出　版　社	时间
民间艺术考察与再设计	陈原川	中国建筑工业出版社	2013年12月
印刷媒介设计	吴建军	中国建筑工业出版社	2013年11月
基础造型	胡心怡	中国建筑工业出版社	2013年11月
书籍设计	姜　靓	中国建筑工业出版社	2013年11月
中学语文理解性教学设计原理与应用	陈明选	北京师范大学出版社	2013年12月
中学英语理解性教学设计原理与应用	陈明选	北京师范大学出版社	2013年12月
全球教育政策转移比较研究	杨启光	浙江大学出版社	2013年12月
创业华章-创业文化与地域经济发展	庄若江	江苏文艺出版社	2013年10月
《荡口古镇》文化丛书	庄若江	江苏文艺出版社	2013年9月
创意城市蓝皮书无锡卷:无锡文化创意产业发展报告	庄若江	社会科学文献出版社	2013年8月
高校教师的教学卓越-江南大学教师发展与教学研究论文选编	沈贵鹏	中国矿大出版社	2013年7月
学习策略方法教学问题诊断与导引(系列丛书)18本	田良臣	东北师范大学出版社	2013年5月
新型课堂构建的实践研究 (系列丛书)11本	田良臣	世界图书出版公司	2013年9月
教育学生;班主任最需要的工作艺术(小学版)	韦雪艳	世界图书出版社	2013年4月
教育学生:班主任最需要的工作艺术(中学版)	韦雪艳	世界图书出版社	2013年4月
班级管理:班主任最需要的工作艺术	王树洲	世界图书出版社	2013年4月
班级活动设计:班主任最需要的工作艺术(小学版)	杨启光	世界图书出版公司	2013年4月
班级活动设计:班主任最需要的工作艺术(中学版)	杨启光	世界图书出版公司	2013年4月
校长使命:引领教师专业成长	郑友训	世界图书出版社	2013年1月
明清江南家族教育	蒋明宏	知识产权出版社	2013年12月
世纪穿行——当代中国文学思想主流与"人学"思潮之演进研究	肖向东	中国社会科学出版社	2013年10月
梦窗词集校笺	孙　虹	中华书局	2013年12月
中国特色社会主义民主政治制度创新研究	刘焕明	江苏人民出版社	2013年12月
基层党建和社会管理创新的耦合互动——基于宜兴地区的实证研究	刘焕明	江苏人民出版社	2013年12月
当代中国党际协商民主研究	刘俊杰	江苏大学出版社	2013年12月
民以食为天　食以安为先——第一届食品安全法论坛论文集	蔡永民	法律出版社	2013年4月
反规避法律制度研究	侯连琦	中国政法大学出版社	2013年1月
生态破坏侵权责任研究	薄晓波	知识产权出版社	2013年9月
食品安全法导论	曾祥华	法律出版社	2013年4月
耕耘法学田园	曾祥华	知识产权出版社	2013年1月
二语构式知识习得中的频次效应研究	陈　方	厦门大学出版社	2013年6月
文学文本中的视觉翻译	龚晓斌	苏州大学出版社	2013年12月
传媒经营管理	吴　锋	北京师范出版社	2013年7月
装饰图案设计(新一版)	王　峰	上海人民美术出版社	2013年12月
环境视觉与导向设计	王　峰	中国建筑工业出版社	2013年11月
中国最美云肩—情回味之文化	梁惠娥	河南文艺出版社	2013年10月
服装流行预测教程	沈　雷	东华大学出版社	2013年5月
针织服装艺术设计	沈　雷	中国纺织出版社	2013年10月
高校体育教师专业化发展研究	于建兰	中国水利水电出版社	2013年5月
现代大学生体能训练与户外运动拓展研究	王建法	中国时代经济出版社	2013年6月
现代大学生球类运动科学实践与拓展研究	庄艳华	中国水利水电出版社	2013年8月

续表

书 名	作 者	出 版 社	时间
健美操学练理论与健身实践	程华平	中国时代经济出版社	2013 年 9 月
面向创新体系的科技及社科查新	张 群	科学技术文献出版社	2013 年 11 月
信息资源检索策略与分析	彭奇志	南京大学出版社	2013 年 8 月
纺织材料学	张海泉	中国纺织出版社	2013 年 6 月
表面活性剂、胶体与界面化学基础	崔正刚、刘学民、齐丽云、刘雪锋、刘晓亚	化学工业出版社	2013 年 2 月
土力学与地基基础	姜晨光	化学工业出版社	2013 年 9 月
土木工程专业英语教程	姜晨光	化学工业出版社	2013 年 9 月
混凝土结构设计要点	姜晨光	化学工业出版社	2013 年 6 月
数控技术(第三版)	何雪明、吴晓光(外)、刘有余(外)	华中科技大学出版社	2014 年 1 月
建筑电气施工识图	钱 瑜	湖南科学技术出版社	2013 年 6 月
电子电路识图	钱 瑜	湖南科学技术出版社	2013 年 8 月
模具工实用技术	薛国祥	湖南科技技术出版社	2013 年 4 月
数控铣工实用技术	任志俊	湖南科学技术出版社	2013 年 7 月
工程制图	朱佳金、沈培玉、苗青、薛小雯	电子工业出版社	2013 年 7 月
工程制图习题集	沈培玉、蔡召冲、朱佳金、苗青、薛小雯	电子工业出版社	2013 年 7 月
液压识图	闫俊霞、刘利国、张能武、王跃进	湖南科学技术出版社	2013 年 9 月
数控车工实用技术	任志俊、陈伟(外)	湖南科学技术出版社	2013 年 7 月
冲压工实用技术	张能武	湖南科技技术出版社	2013 年 8 月
ANSYS Workbench 基础教程与实例详解(第二版)	浦广益	中国水利水电出版社	2014 年 4 月
建筑装修施工识图	张能武、吴亮(外)	湖南科技技术出版社	2013 年 7 月
机械制造工艺学	张 琦	机械工业出版社	2013 年 2 月
包装应用力学	高德(外)、王军、计宏伟(外)、周建伟(外)	中国轻工业出版社	2013 年 7 月
实用五金手册(第二版)	刘新佳	江苏科技出版社	2012 年 6 月
大学物理教程学习指导	何跃娟、陈国庆、吴亚敏、张 薇	清华大学出版社	2013 年 1 月
概率论与数理统计学习指导	魏国强、王茂南、曹菊生、张景祥	苏州大学出版社	2013 年 8 月
多级生物加工系统优化原理与技术	陈坚、刘龙	化学工业出版社	2013 年 12 月
生物工程下游技术	毛忠贵	科学出版社	2013 年 1 月
分子生物技术导论	唐蕾、史锋、李珍爱(学)、董晓璇(学)	中国轻工业出版社	2013 年 9 月
风味,香气和气味分析	范文来、徐岩	中国轻工业出版社	2013 年 9 月
发酵工程	许赣荣	科学出版社	2013 年 3 月
发酵工程实验技术(第三版)	陈坚、堵国成、刘龙	化学工业出版社	2013 年 5 月
Solid State Fermentation for Foods and Beverages	陈坚、朱阳(外)	CRC Press	2013 年 11 月
酶工程	吴 敬	科学出版社	2013 年 3 月
食品化学(第四版)	江波、杨瑞金、钟芳、张晓鸣、卢蓉蓉	中国轻工业出版社	2013 年 9 月
功能性脂质	金青哲	中国轻工出版社	2013 年 8 月
食品工程的创新——新技术与新产品	张 慜	中国轻工业出版社	2013 年 1 月
生鲜食品加工品质调控技术	张 慜	中国轻工业出版社	2013 年 9 月

续表

书 名	作 者	出 版 社	时间
乳制品检测传感器与传感技术	张敬平(外)、孙秀兰、钮伟民(外)	化学工业出版社	2013 年 7 月
极端环境中的酶科学与技术	杜明(外)、苏东海(外)、廖红梅、张英春(外)	哈尔滨工业大学出版社	2013 年 3 月
中国蛋白质饲料资源	谢正军	中国农业大学出版社	2013 年 1 月
配合饲料加工技术与原理	沈维军(外)、谢正军	中国林业出版社	2012 年 8 月
系统辨识新论	丁 锋	科学出版社	2013 年 1 月
计算机应用基础	孙力,钱瑛	北京交通大学出版社	2013 年 1 月
新编 C 语言程序设计教程	钱雪忠、吕莹楠(外)、高婷婷 (外)、宋威、吴秦	机械工业出版社	2013 年 7 月
无线射频识别(RFID)工程实践	彭力、冯伟	北京航空航天大学出版社	2013 年 8 月
新编计算机文化基础	冯建华、刘以安、王家忻(外)、魏敏、张景莉、王映	人民邮电出版社	2013 年 9 月
新编计算机文化基础实验指导与习题集	冯建华、张景莉、王映、王家忻(外)、魏敏	人民邮电出版社	2013 年 10 月
无线定位系统	梁久祯	电子工业出版社	2013 年 2 月
实用小波分析十讲	于凤芹	西安电子科技大学出版社	2013 年 7 月

2014 年全国部分报刊有关无锡文章题录

标 题	报刊名	期 号	作 者
感怀漂泊之歌,操节自守之辞:蒋捷《梅花引·荆溪阴雪》赏析	名作欣赏·中旬(太原)	2014,(1)	陈美云
学习发扬蒋南翔教育思想加快建设世界一流大学	光明日报(北京)	2013.10.8	陈吉宇、胡和平
论宋高宗朝谪宦的北归心态:以李纲、孙觌为中心	贵州师范大学学报:社科版(贵阳)	2013,(6)	郭庆财
缪荃孙致王秉恩函稿释读	文献(北京)	2014,(1)	颜建华
钱伟长师德建设思想刍议	江苏高教(南京)	2014,(1)	刘彬
期待视野的形成与失落:秦观“诗似小词”评价的接受学考察	晋阳学刊(太原)	2014,(1)	王晓骊
史书诗坛耀三星,千秋万古当齐名:论习凿齿与王羲之、陶渊明未能齐名之原因	南昌大学学报:人文社科版(南昌)	2013,44(6)	吴直雄
全面深化改革要以经济体制改革为重点	中国社会科学报(北京)	2013,11,27	张卓元
长三角区域生态治理政府间协作研究	理论观察(齐齐哈尔)	2014,(1)	黄丽娟
苏、锡、常经济增长与水环境污染的关系:基于 ARDL 和 ECM 的实证分析	软科学(成都)	2014,28(1)	王惠敏、傅涛
近代长三角地区打工妹群体职业分层片论	江海学刊(南京)	2014,(1)	池子华
基于协同创新的无锡物联网产业发展经验	科技管理研究(广州)	2014,34(1)	金虹、高光辉、陈博等
营销人员绩效考核指标体系评价研究:以苏宁云商为例	哈尔滨商业大学学报:社科版(哈尔滨)	2014,(1)	付兆刚、胡珊珊
无锡市能源消费、碳排放与经济增长关系分析	长江流域资源与环境(武汉)	2013,22(12)	孙小祥、杨桂山、徐昔保
长三角地区旅游空间结构演进研究:2001~2012	华东经济管理(合肥)	2014,23(1)	黄雪莹、张辉、厉新建
我国零售商品价格行为研究:来自长三角 15 个超市的微观证据	管理世界(北京)	2014,(1)	黄新飞、陈思宇、李腾
华北农户借贷渠道变迁之管窥:基于“无锡保定农村调查”系列资料(1930~2010)的分析	中国经济史研究(北京)	2013,(4)	赵学军
金融综合竞争力的区域差异与提升路径:来自江苏 13 个地级市的证据	江海学刊(南京)	2014,(1)	成春林、华桂宏
基于 TQM 理论的高校文科科研项目管理流程优化:以江南大学为例	科技管理研究(广州)	2014,31(1)	邓理、浦徐进

续表

标　　题	报刊名	期　号	作　者
现代学徒制背景下的公共基础课教学实践：以无锡机电高等职业技术学校为例	中国成人教育(济南)	2013,(22)	窦芳霞
梁祝文艺母题的传说形态考论	东北师大学报:哲社版(长春)	2014,(1)	匡秋爽、王确
《江阴夏氏宗谱》中夏氏家学与家庭教育考略	学术交流(哈尔滨)	2014,(1)	赵春辉
《200位老人回忆张闻天》读后	炎黄春秋(北京)	2014,(1)	萧扬
改革开放以来苏南地区城市扩展格局与驱动机理研究	长江流域资源与环境(武汉)	2013,22(12)	李平星、孙伟
冒襄"水绘园"与陈维崧《妇人集》之集纂	中国文化研究(北京)	2014,(1)	傅湘龙
钱基博的白话文学论:以《语体文范》为中心的探讨	南方文坛(南宁)	2014,(2)	王锐
唐末五代杭州天柱观与江南道教发展论考:以钱镠所撰《天柱观记》为中心	中山大学学报:社科版(广州)	2014,52(2)	刘凯
梁启超、钱穆《中国近三百年学术史》平议	江南大学学报：人文社科版(无锡)	2014,13(1)	李长银
"士"与钱穆的文化历史观	求是学刊(哈尔滨)	2014,41(2)	谢进东
"形象思维"论与钱锺书的宋诗研究	中国现代文学研究丛刊(北京)	2014,(3)	周景耀
文徵明《拙政园三十一景图》册的士人画特质	贵州社会科学(贵阳)	2014,(3)	韦秀玉
飞来山上千寻塔:读朱增泉诗歌有感	文艺报(北京)	20123,9.30	刘立云
2000~2010年无锡市职住空间关系变化及影响因素分析	地理科学(长春)	2014,34(2)	肖琛、陈雯、袁丰等
快速扩张、产业环境变化与企业法律风险管控:以无锡尚德为例	管理现代化(北京)	2014,(1)	黄胜忠、余凤
长三角地区城市化现状及工业化的作用：基于1990~2012年面板数据的分析	管理现代化(北京)	2014,(1)	姚德文
快速城市化背景下江南地区农田生态服务能力的变迁	农业经济(沈阳)	2014,(3)	宋佩颖、刘平养、徐露怡
长三角高速铁路网建设对江苏省煤炭铁路运输能力的影响	自然资料学报(北京)	2014,29(2)	嵇昊威、赵媛
新技术环境下零售商业模式创新及其路径分析：以苏宁云商为例	宏观经济研究(北京)	2014,(2)	彭虎锋、黄漫宇
政府购买图书馆公共服务的新尝试:以无锡新区图书馆为例	图书馆杂志(上海)	2014,33(2)	贺伟
中小城市中学教师运用情感教学模式的调查：以江苏宜兴地区为例	教师教育研究(北京)	2014,26(1)	孙卉、卢家楣、薛静
苏南地区高校教师的自我健身意识及身体健康现状研究	湖北体育科技(武汉)	2013,32(12)	温丙帅
转型升级、高等教育与经济增长:来自江苏的经验证据:1999~2011	教育与经济(武汉)	2013,(6)	樊奇
乐府江南诗中"江南"意象的形塑及其流变	江南大学学报：人文社科版(无锡)	2014,13(1)	潘泠
《江阴与南社》一书文化透视	团结报(北京)	2013,10.10	曾景忠
锡剧《二泉映月·随心曲》获国家级大奖	中国文化报(北京)	2013,12.19	
析秦观词作的伤感意境	语文学刊(呼和浩特)	2013,(11A)	张海燕、杜晓霞
论秦观的策论	北京大学学报:哲社版(北京)	2013,50(6)	刘勇刚
唐君毅美学观的价值境界	光明日报(北京)	2013,8.26	赵建军
由守雅持正到雅俗相济:文徵明诗画融通过程中的文艺"俗"化路径	河北学刊(石家庄)	2013,33(6)	程日同
论民国前期徐悲鸿"写生"主张的内涵、现实指向与实践形态	美术研究(北京)	2013,(4)	莫艾
杨味西及其《时新小说》的插图、结构与主题:傅兰雅"时新小说"征文参赛作者考	江汉学术(武汉)	2013,32(5)	姚达兑
赵朴初对中国佛教优良传统的思考	佛学研究(北京)	2012,(21)	圣凯
孙冶方的生平和学术	西安财经学院学报(西安)	2013,26(6)	张友仁
马克思主义与经济学对话的继承与续写	江海学刊(南京)	2013,(6)	王芳
外商直接投资的产业结构效应与地区差异：基于287个地级市2005~2010年面板数据	首都经济贸易大学学报(北京)	2013,15(6)	陈凌

续表

标 题	报刊名	期 号	作 者
隐蔽的自我：徐悲鸿《田横五百士》新解	美术研究(北京)	2014,(2)	吴雪杉
区域创新产出影响因素与地区差异的实证研究：基于江苏省13个地级市面板数据的分析	华东经济管理(合肥)	2014,28(6)	李慧
基于实现现代化进程中苏南、苏中、苏北三个地区之间的协同发展研究	江苏商论(南京)	2014,(6)	杜栋、庞金鑫、顾继光
基于"3D"框架的江苏省地级市经济地理格局空间演化研究	地理与地理信息科学（石家庄）	2014,30(3)	陈肖飞
基于网络营销视角下企业经营业绩分析：以苏宁电器为例	企业经济(南昌)	2014,(6)	修增假、马占新
苏锡常地区建设用地扩张过程的定量分析	应用生态学报(沈阳)	2014,25(5)	周翔、陈亮、象伟宁
基于项目组织公民行为的重大基础设施工程项目成功评价体系研究：以无锡太湖国际科技园区开发为例	科技进步与对策(武汉)	2014,31(11)	何清华、陈震、李永奎
1978年以来农业制度变迁的动因研究：以苏南为例	黑龙江史志(哈尔滨)	2014,(5)	施威、蔡玉叶
让课堂成为学生幸福成长的地方：江阴南菁高中文化课堂建设的理论自觉与实践探索	当代教育与文化(兰州)	2014,6(3)	杨培明
以校企合作为中心的高职院校成人专科继续教育探讨：以无锡科技职业学院为例	继续教育研究(哈尔滨)	2014,(5)	鲍都娇
外来务工人员语言能力的多维分析：来自长三角、珠三角的证据	语言文字应用(北京)	2014,(2)	伏干
《围城》中的讽刺艺术探究	名作欣赏·中旬(太原)	2014,(6)	洪丹
没闹明白：读《(二泉映月)或为失恋奏鸣曲》	中国戏剧(北京)	2014,(5)	安志强
吴文化道德精华的理论凝炼和事实意义	江南大学学报：人文社科版(无锡)	2014,13(3)	金其桢
苏南地区乡村聚落空间格局及其驱动机制	地理科学(长春)	2014,34(4)	李红波、张小林、吴江国等
隋唐五代江南城市的基本面貌与发展趋势	史林(上海)	2014,(1)	张剑光
也论顾恺之《论画》	美术(北京)	2014,(7)	倪志云
蒋捷的江浙舟行词与《虞美人·听雨》	名作欣赏·中旬(太原)	2014,(7)	赵惠俊
民间世界的"自在呈现"：论刘半农《瓦釜集》中"方言写作"的文学价值	名作欣赏·中旬(太原)	2014,(7)	陈晨
刘天华音乐美学思想的历史地位及当代价值	四川戏剧(成都)	2014,(6)	李杰
陆定一新闻思想的知识社会学视角考察	中国传媒大学学报(北京)	2014,36(6)	齐爱军、郑保卫
闵惠芬,琴音一曲余韵长	人民日报(北京)	2014,5.13	曹玲娟
中国现代文化保守主义史家对传统史学的新书写：以钱穆前期的传统中国史学研究为例	河北学刊(石家庄)	2014,34(4)	徐国利
品钱锺书《围城》,思"围城"人生	语文学刊(呼和浩特)	2014,(6B)	陈亮辉
"默存"仍自有风骨：钱锺书在上海沦陷时期的旧体诗考释	文学评论(北京)	2014,(4)	解志熙
审美通感的神经机制初探：从钱锺书《通感》一文说起	河南师范大学学报：哲社版(新乡)	2014,41(4)	阮学永
幽明彻通：论唐君毅的生死观	北京社会科学(北京)	2014,(4)	董甲河
唐君毅论儒家"三祭"的宗教精神与价值	西南交通大学学报：社科版(成都)	2014,15(4)	董甲河
论唐君毅的"人文"概念	西南科技大学学报：哲社版(绵阳)	2014,31(3)	王若曦
吴冠中与中国装饰艺术语境	装饰(北京)	2014,(6)	聂跃华
论徐悲鸿《田横五百士》的风骨与诗意	新美术(杭州)	2014,35(5)	章铧彬
从《钱锺书手稿集》看杨绛的编辑理念	编辑学刊(上海)	2014,(4)	敖慧仙
城市行政级别与城市群经济发展：来自285个地市级城市的面板数据	上海经济研究(上海)	2014,(5)	王麒麟
基于因子分析法的城市公共自行车系统公众满意度研究：以江苏无锡为例	哈尔滨商业大学学报：社科版(哈尔滨)	2014,(4)	蒋矾芹、吴宝泰

续表

标　　题	报刊名	期　号	作　者
生鲜农产品"农超对接"模式分析:以华润万家超市为例	农业经济(沈阳)	2014,(7)	张红丽
支持苏南现代化示范区建设的财政政策	中国财政(北京)	2014,(12)	郭晓风
江苏无锡新区探索文化馆社会化运作	中国文化报(北京)	2014,5.16	王学思
培育创造未来的终身学习者:我们的教育终极价值追求	人民教育(北京)	2014,(13)	唐江澎
捍卫童年:江苏省无锡师范附属小学"乐学教育"的深化与发展	人民教育(北京)	2014,(14)	钱阳辉
培养终身阅读者,培养负责任表达者:江苏省锡山高中语文学科宣言的诞生	人民教育(北京)	2014,(13)	张克中
变革者联合起来,携手走向现代高中:"中国高中六校联盟"的由来及其教育家追求	人民教育(北京)	2014,(13)	唐江澎
数字化学习社区建设的实践与思考:以江苏省宜兴市为例	成人教育(哈尔滨)	2014,34(7)	钱杰
江苏江阴出土清代窖藏印	文物(北京)	2014,(6)	武宝民
陈瘦竹早期的戏剧理论研究评述	广西大学学报:哲社版(南宁)	2014,36(1)	李柳宁
赏花听雨,品味人生:品李清照的《清平乐》和蒋捷的《虞美人·听雨》	名作欣赏·中旬(太原)	2014,(8)	李玲珑
钱穆《中国近三百年学术史》专论曾国藩之原因探析	江苏第二师范学院学报:社会科学(南京)	2014,30(3)	梅乐
时代变迁中的知识分子群体分化:以钱锺书《围城》《人·兽·鬼》为例	江苏第二师范学院学报:社会科学(南京)	2014,30(3)	龚郑勇
唐君毅易学思想中的"感通"问题	周易研究(济南)	2014,(3)	刘乐恒
论唐君毅对朱陆工夫论异同之疏解及其误识	周易研究(济南)	2014,(3)	杜保瑞
唐君毅的民主政治观及其当代启示	理论观察(齐齐哈尔)	2014,(8)	孙妍
环太湖地区创新集聚研究:基于环太湖五市的空间计量分析	江苏开放大学学报(南京)	2014,25(3)	刘孝斌
深化南北共建,打造一流园区:对江苏省无锡·新沂工业园合作发展的调查与思考	中国县域经济报(北京)	2014,7.17	钟晓栋
近代苏南族田的规模增减与功能变动	安徽史学(合肥)	2014,(4)	王志龙
对化解新兴产业产能过剩的思考:以无锡市兴伏产业为例	中国物价(北京)	2014,(8)	肖潇
基于系统动力学的工业产业经济与碳排放综合分析:以无锡装备制造业为例	生态经济(昆明)	2014,30(8)	胡玥昕、江洪、王颖等
宋代对江南地区水利管理之探析	江南大学学报:人文社科版(无锡)	2014,13(4)	张俊飞
县级城市旅游细分市场营销策略研究:以江苏省江阴市为例	江苏商论(南京)	2014,(8)	陆恒芹
无锡区域经济框架下会展业竞争力研究	江苏商论(南京)	2014,(7)	张岩岩
构建公开透明的地方政府预算制度研究:以无锡、温岭和焦作参与式预算实践为例	北京行政学院学报(北京)	2014,(4)	赵早早、杨晖
唐文治学校体育思想及实践	山东体育科技(济南)	2014,36(3)	崔瑞锋、张小亚
苏南民俗体育研究	体育文化导刊(北京)	2014,(8)	刘红建
明清江南曲坛"松江曲派"质疑	江南大学学报:人文社科版(无锡)	2014,13(4)	汪超
朝鲜中后期画坛对于元代绘画知识的理解和应用:以"倪瓒"概念的形成为中心	美术研究(北京)	2014,(3)	吴映玟
"佛法的腔调":论无锡宣卷音声的仪式性特征及信仰核心	中国音乐(北京)	2014,(2)	李萍
薛福成家族祖籍与谱系考述	江南大学学报:人文社科版(无锡)	2014,13(4)	薛炜清
试析陈鼎《东林列传》的编纂形式	湖北社会科学(武汉)	2014,(8)	阚琉声
温婉与坚韧:论杨绛先生的艺术品格	艺术评论(北京)	2014,(8)	熬慧仙
母亲、女校长、问罪学:关于杨荫榆事件的再思考	中国现代文学研究丛刊(北京)	2014,(8)	陆建德
徐悲鸿巴黎朝代的老师:法国19世纪画家达仰	艺术家(台北)	2013,(463)	彭昌明

王立新　　新区安全生产监督管理局局长
鲍　锋　　无锡市公安局新区分局长江路派出所二级警员
胡艳丽(女)无锡高新技术产业开发区人民法院民一庭副庭长
唐建平　　无锡市硕放中学校长
蔡伟青　　无锡七酷网络科技有限公司总经理
潘　华　　无锡市演艺集团有限公司锡剧院演员
程荣角　　江苏省广电有线信息网络股份有限公司东港广电网络管理站维护主管
林　琰(女)无锡博物院党总支副书记
傅存良　　无锡日报社编辑出版部主任
庄　拥(女)无锡广播电视集团(台)首席编辑
徐莉虹(女)无锡市人民检察院侦监处副处长
张　勇　　无锡市司法局基层工作处处长
潘　浚　　无锡市中级人民法院立案二庭副庭长
曾　泉　　无锡市公安局巡特警支队一大队副大队长
李　浩　　无锡市公安局交警支队中队长
于　军　　无锡市国家安全局
沈　旻　　无锡市财政局办公室副主任
胡才鸿　　无锡市安监局职业安全健康监管处处长
周伟根　　无锡地方税务局第三税务分局副局长
方志庆　　无锡市发展和改革委员会法规处处长
邹　翊(女)无锡市新华中等专业学校校长
赵宏钧　　无锡市政务服务管理办公室信息处处长
李　清(女)无锡市科技局科技计划财务处处长
李明新　　无锡市委宣传部干部处处长
薛明坤　　无锡市人民政府法制办公室执法监督处处长
陆铭霞(女)无锡市审计局社保处处长
周建勋　　无锡市教育科学研究院副院长
梁惠娥(女)江南大学纺织服装学院党委书记
王凤军　　无锡商业职业技术学院汽车技术学院副院长
谢敏浩　　江苏省原子医学研究所副所长
缪雪龙　　一汽无锡油泵油嘴研究所副总工程师
曹正林　　中航工业雷华电子技术研究所副总工程师
秦建中　　中国石油勘探开发研究院无锡石油地质研究所研究员
姚锦炎　　无锡市红十字中心血站体采科副主任
王春华(女)无锡市体育总会秘书处主任
陈学军　　无锡威孚高科技集团有限公司董事长
蒋　豪　　无锡交通工程有限公司总经理
刘俊良　　无锡国联华光电站工程有限公司总经理
潘　轶　　无锡华鹏瓶盖有限公司总监助理
胡建强　　无锡锡惠公共交通有限公司驾驶员
郁佳玮　　无锡市公共交通股份有限公司副总技师
华胜炎　　无锡惠联热电有限公司运行调度值长
郭凌云(女)国联证券股份有限公司财富管理部经理
周松涛　　无锡市住房保障建设发展有限公司工程部经理
宋良庆　　无锡湖滨饭店有限公司工程部总监
舒怀跃　　苏南硕放国际机场有限公司旅客服务部综合业务科副科长
潘正勇　　无锡空港物流有限公司理货员
沈　雷(女)无锡市太湖新城发展集团有限公司党群部部长
钮海彦(女)无锡地铁集团有限公司运营分公司总工程师
谢　辉　　无锡地铁集团有限公司合同部部长
任　刚　　无锡市太湖鼋头渚风景区管理处经营服务科科长
徐正兵　　无锡市城市环境卫生有限公司工人
罗国兵　　无锡市排水有限公司水质检测站质控室主任
邓芳芳(女)无锡市第一棉纺织厂长江车间主任助理
陈月芳(女)无锡市太极实业股份有限公司党委副书记
华　豪　　无锡客运有限公司副总经理
承灿赟　　无锡华润燃气有限公司副总经理
邵　辉　　无锡农村商业银行行长
陈　虹(女)江苏银行无锡分行江阴支行行长
陈海华　　中国光大银行无锡分行江阴支行行长
徐华芳(女)中国建设银行无锡分行凤翔路支行网点负责人
袁丹枫(女)中国太平洋人寿保险股份有限公司无锡分公司客户服务室副经理
张　军　　中国人民财产保险股份有限公司无锡市分公司惠山支公司经理
朱皆康　　中国工商银行股份有限公司无锡城中支行党支部书记
周静忠　　无锡市第三高级中学校长
李树民　　无锡市市北高级中学教务处主任
徐　彤　　无锡市辅仁高级中学德育主任
王晓刚　　无锡市湖滨中学校长
吉建伟　　无锡市人民医院院长
余进进(女)无锡市第四人民医院妇产科主任兼妇科主任
任　勇(女)无锡市第五人民医院副主任护师
顾　锋　　无锡市体育运动学校教练员
程学农　　无锡华润矽科微电子有限公司研发总监
徐爱东　　江苏北方湖光光电有限公司技术员
孙　健　　江苏利电能源集团一班班长
季　峻　　中船澄西船舶修造有限公司副总经理
董立广　　一汽解放汽车有限公司无锡柴油机厂设备组长
刘军峰　　无锡透平叶片有限公司操作员
李　珉　　江苏省电力公司无锡供电公司发展策划部兼经研所主任
李永进　　江苏省邮政公司无锡分公司数据中心主任
邹易风　　中国电信股份有限公司无锡分公司副总经理
罗一民　　中国移动通信集团江苏有限公司无锡分公司副总经理
陈　妙(女)中国联合网络通信有限公司无锡市分公司

江阴公司总经理
陈宝新　上海铁路局无锡站副站长
蔡宏展　中国电子系统工程第二建设有限公司分公司经理
吴旭荣　一汽客车(无锡)有限公司人事党群部部长
孙卫明　江苏赛华建设监理有限公司技术员
彭　莉(女)无锡钻探工具厂有限公司副总工程师
王东余　无锡经纬纺织科技试验有限公司工段长
陈逸明　无锡宏大纺织机械专件有限公司二车间主任
范　虹(女)中视传媒无锡影视基地行政总监
任道达　中国铁塔股份有限公司无锡市分公司管理员
强艳红(女)无锡市建设工程质量监督站综合科科长
董保强　无锡市保障性住房管理办公室主任
华向阳(女)无锡市交通运输管理处处长
翟卫武　无锡市公共工程建设中心建筑部副部长
徐勤明　无锡市绿化质量监督管理中心主任
欧阳荣梅(女)无锡市救助管理站副站长
钱宏进　无锡市粮食局法规处处长
李锡平　无锡市旅游监察支队支队长
陶菊明　无锡三阳百盛广场有限公司办公室主任
夏铭康　无锡市人力资源市场总经理
田红保　无锡市国土资源信息中心副主任
俞渭君　中共无锡市委党校研究生工作办公室主任
张伟中　中国企业管理无锡培训中心教务科科长
陆静枫　无锡市社会保险基金管理中心滨湖办事处副主任

2014 年度无锡市“规范执法示范单位”

市中级人民法院　市检察院　市国税局　市交通运输局　市公安局　无锡质监局　市卫生局
市食品药品监督局　市人力资源和社会保障局　市地税局　市审计局　市市政和园林局　市民宗局
市国土局　市财政局

2014 年度无锡市“法治镇(街道)创建工作示范单位”

江阴市
澄江街道、新桥镇、青阳镇、祝塘镇
宜兴市
张渚镇、周铁镇、徐舍镇、万石镇
锡山区
安镇街道、云林街道
惠山区
玉祁街道、前洲街道
滨湖区
荣巷街道、河埒街道
崇安区
广益街道
南长区
南禅寺街道
北塘区
惠山街道
新　区
旺庄街道

编辑　周胜忠

说　明

本索引为综合性主题索引，包括正文部分38个类目（不包括附录）的内容。索引标目按汉语拼音字母顺序排列，同音字按声调顺序，同音同声者按第二字拼音字母顺序排列。标目后数字为页码，字母a为左栏，b为中栏，c为右栏。

D

F

G

H

J

K

L

M

N

P

Q

R

S

X

Y

Z

无锡市安全生产监督管理局

2014年，市安监局按照市委、市政府部署，结合市安监工作实际，围绕项目建设、基层组织、作风建设等方面开展“三个深化年”活动，全市安全生产工作得到加强和改进，安监事业取得成效。全局干部职工在局党组的带领下，坚持以群众路线教育实践活动为强大动力，团结一心，攻坚克难，奋勇争先，推动专项整治，排查治理隐患，推进安全生产标准化，加强基层基础建设，全市安全生产形势总体平稳。全年全市未发生重特大事故，较大事故在省控指标以内；各类事故死亡人数比上年下降9.7%，连续第13年实现事故起数、死亡人数“双下降”，其中非煤矿山连续10年“零”死亡。无锡市在省政府2014年度安全生产考核中连续第三年获得优秀等次。市安监局获国家安全生产监督管理总局、国家煤矿安全监察局授予的“安全生产监管监察先进单位”称号，被中共江苏省委、省人民政府授予2011～2014年度全省社会治安综合治理先进集体，被评入2014年度无锡市市级机关部门（单位）绩效管理和作风建设综合考评二十佳单位。

8月5日，市长汪泉（左一）检查华鹏瓶盖厂

6月16日，副市长王进健（中）参加安全生产咨询周启动仪式暨安全生产宣传咨询日活动并致辞

6月16日，副市长王进健（左二）参加安全生产咨询周

11月5日，局领导检查惠山无锡威孚力达催化净化器有限公司

江阴市

江阴周庄镇山泉村

江阴靖江园区

江阴城市全景

江阴临港新城

江阴高新区领军人才创智园

江阴澄东护理院

江苏省南菁中学

江阴市市长沈建（左三）赴企业调研

宜兴市

居家养老配餐中心为老年人配餐　（蒋瑜摄）

全市首个公租房小区——尚福公寓

改造一新的青云菜场内景　（宜兴市建设局供稿）

建设中的市文化中心　（宜兴市建设局供稿）

周铁镇被评为中国历史文化名镇　（宜兴市周铁镇供稿）

云湖景区和陶瓷博物馆成为国家AAAA级旅游景。图为云湖景区
（陈伟亚摄）

太湖大道一期完工 （宜兴市建设局供稿）

宜兴市获评全国休闲农业与乡村旅游示范市、全国首批中德低碳生态试点示范城市 （杨冬明摄）

东氿新城 （鲍陈摄）

西渚镇白塔村被评为江苏最具魅力休闲乡村和无锡市美丽乡村休闲旅游示范村 （宜兴市西渚镇供稿）

锡山区

澳大利亚布莱瑞克林业公司与上海东郁园林科技有限公司的彩色苗木育种研发合作项目落户锡山台创园

锡山区卫生局与东南大学附属中大医院签约共建

省内最大铁皮石斛种植基地落户羊尖

盖世理无锡现代物流产业园奠基仪式

6月27日，由瑞典英特宜家集团投资的全国首家购物中心——荟聚·云林购物中心开业

第八届无锡国际电动车展览会在太湖国际博览中心开幕

荡口古镇获批国家AAAA级景区

惠山区

地铁1号线惠山堰桥站

夜色鸿福大桥　（邵晓霞 摄）

惠山新城（惠山印象）

2月20日，省委常委、市委书记黄莉新（左四）率队到惠山区调研经济发展情况

8月29日，市长汪泉（左二）带队调研无锡职教园

2月27日，江苏（惠山）黑色金属交易集聚区和江苏（惠山）黑色金属电商产业园揭牌

8月1日，中国卫星导航定位协会五届六次理事会在惠山区召开。惠山区政府与中国卫星导航定位协会签订在惠山区合作建设江苏省首家北斗应用产业基地协议

11月10日，惠山全民健身中心奠基

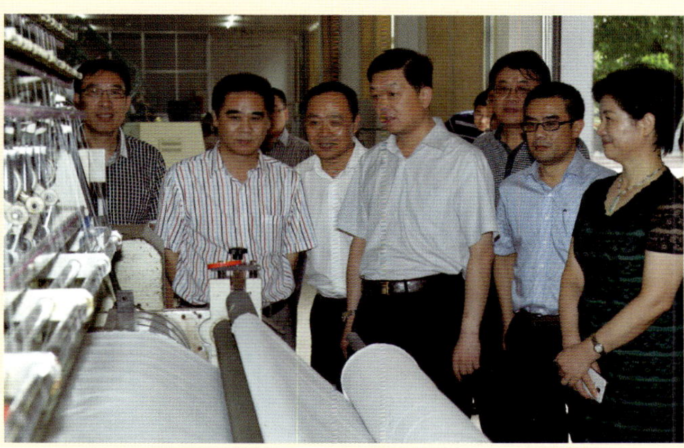

8月26日，区委书记吴仲林（中）调研无锡春江羽绒制品有限公司

滨湖区

区委书记袁飞

11月4日，中电电机在上海主板上市

区长高佩

5月16日，滨湖区第三届运动会开幕式

2014滨湖金秋经贸签约大会

龙寺生态园

11月10日，滨湖区65个重大工业项目集中开竣工仪式

太湖第一峰雪浪山

雅居乐城市综合体效果图

雪浪山薰衣草

崇安区

4月1日，第四届全国年货购物节暨第七届崇安寺年市开幕

3月1日，崇安区启动“书香崇安”全民阅读活动

无锡云蝠大厦商业部分开业

4月24日，天津股权交易所长三角运营中心企业挂牌仪式在崇安区举行，崇安鲜易达、远东光电等7家无锡企业和1家南通企业在运营中心挂牌

5月30日，“江苏加州国际商贸促进中心”落户无锡食品科技园

崇安区档案馆创成国家一级馆

6月16日，崇安区获评“全国社会工作服务示范区”

10月24日，崇安区举办第十七届崇安文化艺术节

南长区

家庭健康宣教活动

红歌会南长区巡演

法律流动服务进工地

南长区组织青少年法制夏令营活动

市领导调研旧住宅区整治改造工作

群众路线教育实践活动一把手推进会

全国乒乓名校高层论坛

老年“达人”秀

南下塘老字号特色街开街

绿地中心暨西水东民族二业文化街区奠基

北塘区

古运河新貌

金太湖国际城的夜晚灯火璀璨

现代美好新北塘建设成果辉煌

北塘社区建设工作亮点频现，省委书记罗志军（右五）开展调研

6月19日，省委常委、市委书记黄莉新（中）到惠东里小区考察

北塘区与一德集团举行接官亭弄历史文化街区项目合作签约仪式

北塘群众文化活动丰富多彩

城区建设日新月异，文明城市创建取得进展

群策群力，共谋北塘文化产业发展

无锡新区

梁鸿湿地获“国家级水利风景区”授牌

苏南硕放机场步入国际化轨道——航空口岸双向开放获批

新区文化惠民文艺演出

新区文艺进军营演出活动

新区金秋经贸系列活动成果丰硕

9月29日，江苏股权交易中心无锡分中心启动仪式

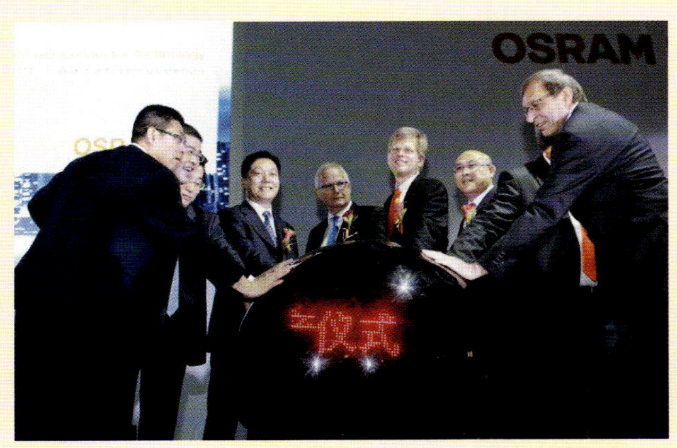

欧司朗LED封装厂竣工投产

12月9日，无锡新加坡工业园举行20周年建设成果汇报会

百时美施贵宝（中国）医药有限公司开业投产

新区“新三板”企业挂牌数居全省高新区第一

中国宜兴环保科技工业园

中国宜兴环保科技工业园（以下简称“环科园”）是1992年经国务院批准的首批国家级高新区之一，也是唯一以环保特色命名的高新区，是科技部和省政府“共同管理和支持”单位，列入《中国二十一世纪议程》优先发展计划。依托40年环保产业积淀和20多年的建园史，环科园积累了良好的发展基础，形成了独特的发展优势，拥有1500余家环保企业、3000余家相关配套企业、4万名专业从业人员，形成了规模总量500余亿元的环保产业集群。水处理设备的自我配套率达98%，国内市场占有率40%，构建了集研发设计、装备制造、物流仓储、销售与服务等多种功能为一体的产业支撑体系，投资运营了国内乃至国际最大的环保设备和产品的集散交易中心——国际环保城，成功举办了数届交易会，是中国环保企业最集中、产品最齐全、技术最密集的产业集聚区。

2014年，环科园紧紧围绕“建设一流环科新城、打造千亿级环保产业”目标定位，全力以赴扩大开放合作，整合优质资源，深化统筹发展，提升承载能级，推进项目建设，夯实发展基础，千方百计稳增长、调结构、惠民生、控风险、保稳定、促和谐，园区经济社会事业建设继续保持平稳健康的上升态势：被列为国家首批低碳示范园区试点单位、国家级环保服务业示范园和苏南国家自主创新示范区，在全省开放园区的排名跃升至第40位。

环境医院照片

1月6日，省委常委、无锡市委书记黄莉新（右三）调研园区发展情况

10月24日，2014（第二届）中国环保技术与产业发展推进会在宜兴举行

5月12日，省委书记罗志军视察环科园发展情况

3月23日，“水污染控制先进技术与装备协同创新中心”及其下设的“成果转化基地”“人才实训基地”在环科园成立

5月19日，中国——东盟环保技术和产业合作示范基地在环科园启动

2014中宜环保学院

无锡山水城

2014年，山水城完成公共财政预算收入5.75亿元，实现财政总收入10.34亿元。规模以上工业总产值44.17亿元，限额以上社会消费品零售总额2.11亿元，到位外资3568万美元。进出口总额13446万美元，其中出口总额11250万美元，为年度目标的107.6%。全社会固定资产投资82.57亿元，比上年增长108.6%。

山水城以加快振兴实体经济与做强新兴产业并举，实现产城融合新模式；加快优化负债结构与压降债务成本并举，实现资金长期总平衡；加快推进设施建设与强化城市管理并举，实现环境整体再提升；加快推进拆迁安置与谋划项目落地并举，实现资产运行高效率。加快重特大项目集聚，放大主导产业优势，加快建设山水名城。

数字电影产业园签约

4月11日，省委常委、无锡市委书记黄莉新，市长汪泉视察万达城项目

2月28日，万达文化旅游城项目奠基仪式

6月20日，团中央书记处书记汪鸿雁（右二）赴山水城调研无锡国家数字电影产业园

万达文化旅游城项目蓝图

12月24日，国家广电总局电影局副局长毛羽到园出席无锡国家数字电影产业园发展工作协调小组第一次会议

锡柴惠山基地

加工生产线

自动化生产线

奥威11

江苏国信协联能源有限公司

进口陶瓷膜过滤系统

江苏国信协联能源有限公司始建于1986年，前身为江苏协联热电集团有限公司。公司经过近30年的探索与实践，热电联产规模不断壮大，柠檬酸相关产品的生产、销售业务蓬勃发展，热电、生化两大板块相辅相成、共同进步。2014年，公司供热量240万吨左右，集中供热区域覆盖宜兴主要工业集中区；柠檬酸产量近10万吨，产品远销日本、欧洲等重要经济体。

公司与江苏省国信集团合作，投资19.6亿元建设的2台400兆瓦F级燃气-蒸汽联合循环、热电联产机组，计划于2015年上半年同时投用，承担2015年江苏省迎峰度夏的电力顶峰任务。在全国柠檬酸行业，公司首次将连续色谱提纯技术应用于规模化生产，实现了柠檬酸行业清洁生产的重大突破。新工艺可以减少污染，提高环境质量。公司提倡“绿色、和谐、诚信、爱心”的企业精神文化，为客户提供优质的产品与真诚、专业的服务。

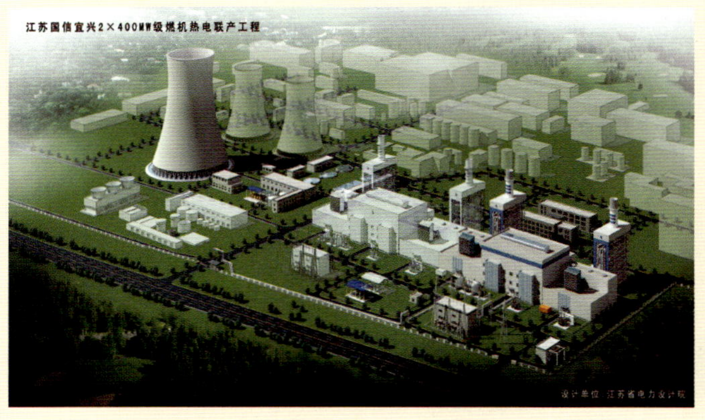

2×400兆瓦燃机热电联产工程效果图

新型多效板式蒸发器

企业俯瞰图

135兆瓦机组概貌

江苏三木化工股份有限公司

集团总部

江苏三木集团有限公司是一家主要从事合成树脂、溶剂、精细化工原料等相关产品的研发、生产与销售，化工品流通、仓储、铜加工、电缆电线等相关产业配套经营，跨地区、跨行业的多元化大型企业。至2014年年底，集团拥有总资产超105亿元，净资产超50亿元，设备年生产能力超200万吨，员工总数超5500人。全年集团实现工业应税销售220亿元。在“2014中国民营企业500强”中排名215位，“2014中国民营企业制造业500强”中排名142位。

集团总部位于江苏省宜兴市官林镇，下设江苏三木化工股份有限公司、江苏三蝶化工有限公司、山东三岳化工有限公司、江苏昊迪金属材料有限公司、江苏三木电缆有限公司、宜兴市三木运输有限公司、宜兴市官林凌霞污水处理厂、宜兴市凌霞固废处置公司等10余家直属企业。

公司创建于1979年，形成10余个主导产品系列，2000余个品种牌号，产能包括35万吨环氧树脂、30万吨醇酸树脂、16万吨丙烯酸、16万吨环氧丙烷、10万吨丙烯酸树脂、10万吨氨基树脂、8万吨光固化单体、10万吨苯酐等。

广东江门三木

公司在总部宜兴创建了绿色涂料工业园区，配套设施齐全，如热电厂、污水厂、固废焚烧中心、自来水厂等，实施工业地产发展模式。集团在山东省无棣县、四川省合江县、河南省焦作市、湖北省嘉鱼县、广东省江门市均进行推广，建立为涂料企业配套的涂料特色产业园。

“以质量创造价值，让顾客永远信赖”是公司始终贯彻的质量方针，“三木化工，助您成功”是公司始终不变的宗旨。

四川三木

泰兴三木物流

无锡市红十字会

无锡市红十字会成立于1911年，已走过104年的发展历程。无锡市红十字会是中国红十字会总会的地方组织，2008年理顺管理体制，建立了党组。下属事业单位有无锡市红十字服务中心、无锡市红十字备灾救灾中心、无锡市人体器官捐献管理中心。另有民办非企业单位2个：无锡市红十字会中医医院和无锡市红十字志愿服务总队。全市现有基层红十字组织794个，会员32.41万人，红十字志愿工作者1.46万人。

100余年来，无锡市红十字会高举人道主义旗帜，推动红十字运动的发展。改革开放后，《中华人民共和国红十字会法》颁布实施，在市委、市政府的正确领导和社会各界的大力支持下，市红十字会依法履行职责，动员社会力量，在备灾救灾、人道救助、对外援助、救护培训、献血捐髓捐器官（遗体）、防治艾滋病、募捐筹资、红十字青少年、志愿服务等领域，独立自主地全面开展工作。2014年4月，无锡市委、市政府制定《关于进一步促进红十字事业发展的意见》，为建设与无锡经济社会发展相适应的红十字会提供有力保障。11月，无锡市红十字会被省人社厅、省红十字会作为全省唯一候选单位推荐为全国红十字会系统先进集体。

2013年9月，会长华建敏（左二）在省委常委、市委书记、市红十字会名誉会长黄莉新（左一）等陪同下视察无锡市红十字服务中心（无锡市红十字备灾救灾中心）

会长华建敏（左三）到无锡视察全国红十字模范学校——无锡市青山中学

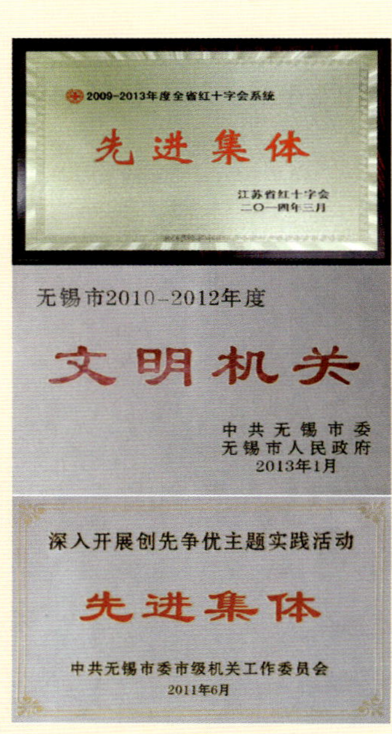

2014年3月，市红十字会获“江苏省红十字会系统先进集体”称号。图为历年所获荣誉

2011年，无锡市举行市红十字会建立100周年暨“十大红十字公益人物”颁奖典礼

无锡市连续13年开展“红十字人道万人捐”活动。图为市红十字会进行人道救助公益项目推介

SK海力士半导体（中国）有限公司

公司大门

SK海力士半导体(中国)有限公司是由韩国SK海力士株式会社于2005年5月在江苏省无锡综合保税区创建的中外合资企业。在政府的大力支持和关注下，公司在较短的时间内便完成厂房建设，并进入量产。至年底，公司发展成为江苏省最大的外商投资企业。

公司主要生产25纳米半导体晶圆片，技术投入水平领先同业。SK海力士视中国的投资为巩固全球半导体行业地位的重要根基，在全球存储器半导体行业排名已升至第二位。

公司自2013年年底开始实施总投资额25亿美元的五期项目，至2016年年末项目结束，公司累计投资规模总额超过105亿美元。随着投资重点转移及技术升级，公司的技术实力得以巩固。

公司有员工3,700余人，其中2/3以上是江苏人，人员属地化特征明显。公司每年选拔优秀工程师及行政人员赴韩国等地学习深造，并开展专业技术教育、沟通能力培训以及领导力培训等。

SK海力士(中国)的目标是“建造世界第一半导体生产基地”，除了投资规模以外，要在生产总量、技术水平、工作环境、人才培养、环境保护、社会贡献等各个方面均取得进展。

第一届上海CSR优秀企业大奖颁奖典礼

职工运动会

公司员工开展丰富多彩的活动

丁蜀镇

村庄环境整治

青龙河广场

丁蜀镇区域面积205平方公里，辖行政村28个、社区17个，总人口149122人。全年实现地区生产总值101.67亿元，比上年增长14.24%。财政可支配收入3.92亿元，比上年增长6%。工业应税销售收入178亿元；工业利税总额20.8亿元；工业后劲投入23.6亿元，比上年增长17%。流通应税销售收入27.2亿元；服务业后劲投入13亿元，比上年增长12.3%。自营出口3.8983亿美元，比上年增长5.75%。农业总产值3.24亿元。全年粮食总产量2.49万吨。农民年人均纯收入18955元。全年建立“千人计划”工作站6个，引进“千人计划”专家8人、外国院士1人。新增高新技术企业8家，累计40家。全年申请各类专利800件。建成富民合作社2个、合作联社2个、农民专业合作社160多个。丁蜀镇完善农业基础设施，推进农业示范园区项目建设，宜兴市陶都国兰生态农业专业合作社、江苏三正华禹环境工程有限公司、宜兴市神力农业科技发展有限公司、江苏紫峰农业科技股份有限公司等项目取得进展。西望村被评为江苏省美丽乡村，洑东村、大港村被评为江苏省生态村，双桥村被评为江苏省水美乡村。

陶都国兰生态培育基地

神力农业盆栽蔬菜

老小区改造

莲花荡农庄

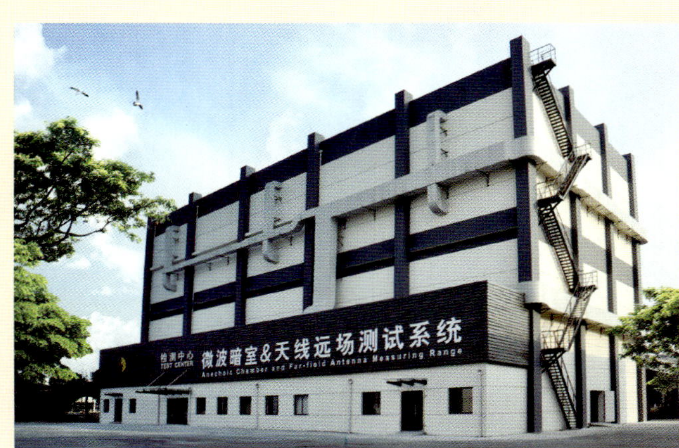

亨鑫科技检测中心

爱琴海铁皮石斛

江南影视艺术职业学院

江南影视艺术职业学院是江苏省人民政府批准，教育部备案的全日制民办普通高校。地处无锡市藕塘职教园，占地面积33.67公顷，建筑面积15万平方米，在校学生4500余人。至2014年年末，有10届毕业生，向国家和社会输送近1万名人才。学院坚持“品质+能力”的育人宗旨，全面培养，强化技能，因材施教，知行合一，倾心培养影视艺术类高技能人才和文化创意人才。先后被评为中国十大新星品牌院校、中国民办十大知名品牌学校、中国传媒教育创新人才培养品牌院校、全国德育教育管理先进高校、中国广播电视协会传媒教育示范基地、全国特色教育示范基地、中国教育协会舞委会研究推广中心等。

江南影视艺术职业学院董事长卢国忠

学院面向国家及江苏省“十二五”计划期间重点发展的文化产业培养人才，设立5个二级学院和1个本科部，设置包括影视表演、主持与播音、编导、摄影摄像、影视动画、形象设计、服装设计、环艺设计、空中乘务、高铁乘务、空港服务、酒店管理等30多个热门艺术类和普通类专业，建立演艺、传媒、航空旅游、动漫、艺术设计、经济管理等专业群，逐步发展成为一所特色鲜明的高等职业艺术院校。

2012年12月，教育部授予江南影视艺术职业学院“全国特色教育示范单位”荣誉

2014年，学院招生规模创下历史新高，入学新生1800人，比上年提高28%。毕业生就业率97.6%，其中空乘类专业就业率99%，比上年增长1.8%。获国家、省、市级各项荣誉70多项，其中包括中国民办教育改革创新示范院校、江苏省“五四红旗团委”、省关工委常态化建设合格单位、无锡市校企合作示范单位、无锡市国际合作交流示范建设单位等。

10月，学院举行特聘教授聘任仪式

9月，学院董事长卢国忠看望军训学生

江南影视艺术职业学院微电影团队拍摄剧照

亚洲青少年艺术大赛中国区总决赛获奖者（江影学生）合影

2015年4月，航空乘务学院118名学生赴上海铁路局就业欢送会留影

2013年11月，江南影视艺术职业学院办学20年建校10周年之际，彩虹剧院放飞梦想

江苏广电有线信息网络股份有限公司无锡分公司

江苏省广电有线信息网络股份有限公司（简称江苏有线）无锡分公司主营有线数字电视、高清互动电视、付费电视、有线宽带、集团数据、云媒体电视等业务。

2014年，江苏有线实现营收、利润双超指标，其中营收比上年增长10.5%，利润比上年增长26%。全年业务发展有亮点，智慧社区项目实现重大突破，信息发布业务实现高速增长，高清互动业务保持良好的发展态势。至年底，网内高清互动终端总数超过50万台，居全国同类城市前列，高清电视频道由21套增加至32套，提升了无锡广大用户的视听体验；宽带业务发展走上快车道，全年的宽带用户净增数相当于前五年净增总数的近2倍。年内，江苏有线组织实施机构设置和职能调整、管理岗位竞岗、员工双选、薪酬及考核体系改革等系列工作，建立健全和落实各项规章制度。全面完成江阴、宜兴广电网络整合工作。公共服务标准化工作位居无锡市同业前列，分公司编写的《无锡有线电视行业基层站公共服务规范》通过无锡市验收，成为全市第二家通过公共服务规范验收的单位。

2014年传输网接入网劳动竞赛

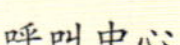

呼叫中心

播控机房

维护队员整装待发

营业厅

无锡太湖学院

毕业纪念

无锡太湖学院是经教育部批准建立的全日制、多学科的应用型普通本科高校，以工、商、艺为主，文、理、法、医等学科协同发展，是江苏省唯一规范转设的本科高校，是江苏省、无锡市重点共建的应用型本科高校。学校设有20个院（系），30余个社会急需的热门专业，校园占地133.33余公顷，建筑面积40余万平方米，在校师生2万余人，办学规模居全国同类高校前列。学校累计获“全国五一劳动奖状”等荣誉50余项。在教育部召开的全国教育大会上，学校作为同类高校唯一代表作大会典型介绍，创新办学经验向全国推广，被教育部誉为“全国优、独、民特色发展的一面旗帜”。

2013年12月，江苏省教育厅、无锡市政府签约，加大支持无锡太湖学院创新发展，建成全国一流、特色鲜明的应用型民办本科高校，江苏省示范性民办本科高校。省教育厅将无锡太湖学院纳入江苏省高等教育发展总体规划，配套政策扶持。市政府将无锡太湖学院的建设列入无锡市整体发展规划，在规划建设、人才引进、项目申报、资金扶持等方面全面共建。

学校坐落在风景秀丽的国家级森林公园内，依山傍水，环境幽雅，交通便利。建有图书信息大楼、太湖科教创意园、标准塑胶运动场、学术报告厅等，有数量充足、优质齐备的教学、实验、文娱、体育和生活硬件设施，万兆光纤、无线WiFi网络覆盖全校园，建成信息化物联网智能校园和“生态型、园林式、数字化”文明校园，是莘莘学子深造、成才的最佳场所。获评“全国平安校园”，管理严谨、规范，国家、省、市、海外奖助学金覆盖率达50%以上。

原教育部高教司司长、北京师范大学校长钟秉林教授担任学校名誉院长，南京财经大学原校长徐从才教授率大批专家名师引领太湖学院高质量发展。学校有享受国务院政府津贴的专家、国家级教学名师、省级优秀教师80余人，拥有大批复旦大学、南京大学、同济大学、上海财大、江南大学、南京财经大学等资深教授和博士生导师，各二级学院院长都由专家、教授担任，引进大批高层次海归领军人才任学科带头人。学校副高以上职称教师占60%以上，教师中有硕士、博士学位的占90%以上。学校与美国、英国、加拿大等世界名校联合办学，与上海财经大学、西南财大、南京航空航天大学联合培养硕士、博士研究生。

学校位于无锡市。无锡是全国十大最具经济活力城市之一，有合(外)资企业数千家，全球500强企业150多家，区位优势得天独厚，毕业生就业创业前景广阔。培养的学生实践、创新、创业能力强，学校与大批国内外著名企业签署了校企合作协议，成立无锡市首家大学生创业孵化基地，设立5000万元创业基金，扶持大学生自主创业，每年有1000余家企事业单位到校招聘毕业生。办学15年来，学校向社会输送优秀毕业生数万人，其中80%在直辖市、省会城市、长三角经济发达地区就业，进入政府、外资企业、国有大中型企业的达60%，学校连续十届本科毕业生就业率一直保持99%以上。

中国人寿保险股份有限公司无锡市分公司

多年来，中国人寿无锡市分公司业务呈高速发展态势，总保费收入从1995年年底的1.3亿元跃升到2014年年末的37.33亿元，位列全省国寿系统第一，市场份额32.5%，稳居无锡市场第一。至2014年年末，公司累计为全市330余万名客户提供各种人身保险保障服务，风险保额达2000亿元，给付（含理赔）各类保险金超过18亿元。

在加快业务发展的同时，中国人寿无锡市分公司秉承“成己为人，成人达己”的核心理念，参与社会公益事业，勇于承担社会责任，以实际行动回报社会。2014年，公司与无锡市慈善总会、滨湖区教育局联合承办的“爱心成就梦想”慈善助学捐赠活动，通过无锡市慈善总会定向捐赠19万元，用于学校的信息技术室建设；冠名赞助“公e健身，美丽无锡”网民公益体育大会，为参与徒步大会、乒乓球比赛、游泳比赛、自行车爬坡比赛、登山比赛、足球比赛、羽毛球比赛等该系列活动的参赛网民免费赠送意外伤害及意外医疗保障；为全市残疾人乘车免费提供意外保险；在市老龄委举行的“无锡市公益百年好合集体金婚庆典活动”中，为每位金婚老人赠送老年人意外保险；在市老龄委主办的“无锡市老年文艺汇演”中，为老年人春晚海选活动保驾护航。

中国人寿无锡市分公司以服务和实力赢得市场、地方百姓的高度认同，连续多年被评为省市级“诚信单位”“文明单位”，获无锡市“金融工作年度贡献奖”。公司主要负责人获全国“五一”劳动奖章。

4月29日，中国人寿保险集团公司董事长杨明生（中）视察无锡市分公司

11月19日，无锡市分公司与无锡市慈善总会、滨湖区教育局联合承办“爱心成就梦想”慈善助学捐赠活动

8月1日，江苏省分公司总经理刘炳懿（右一）为柜面一线员工夏日送清凉

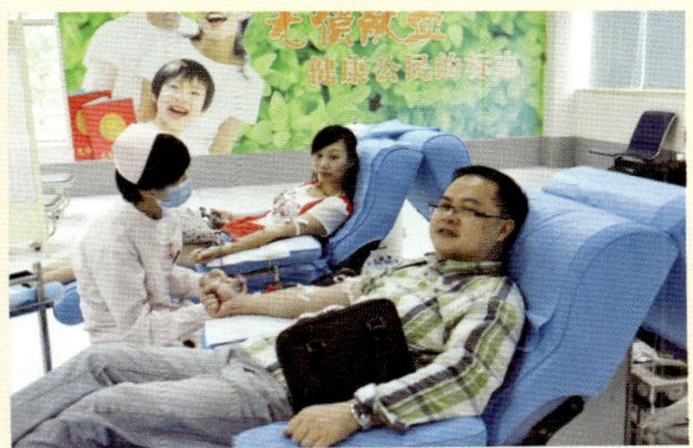

8月28日，无锡市分公司组织员工参加义务献血活动

10月19日，无锡市分公司组织第四届员工驴友活动

中国太平洋人寿保险股份有限公司无锡分公司

太平洋寿险无锡分公司向贫困学生捐资助学现场

太平洋寿险无锡分公司客服人员指导客户如何自主操作多媒体触摸屏

2014年，中国太平洋人寿保险股份有限公司无锡分公司贯彻落实“新国十条”，从行业发展的新思维、新方向寻找新的结合点，推进“以客户需求为导向”的战略转型，推进“思想观念、经营模式、销售方式、产品策略、服务理念、培训教育、考核机制”七大转型，持续提升公司内涵发展和外延拓展能力，创新发展举措，创新产品服务，创新销售模式，坚持合规经营，关注客户需求，改善客户界面，提升客户体验，推动产品与服务创新，履行社会责任，在服务社会经济建设中实现自身发展。至2014年年末，公司实现总保费19.80亿元，位列无锡市场行业第二，为无锡寿险市场持续快速发展作出新的贡献。分公司被无锡市文明委授予“2010～2012年度无锡市文明单位”称号，被江苏省平安金融创建活动领导小组、无锡市平安金融创建活动领导小组分别授予“2011～2013年度江苏省平安金融示范单位”“2011～2013年度全市平安金融示范单位”荣誉称号。

太平洋寿险无锡分公司党委书记、总经理陈爱国（右）与客户零距离交流，听取客户心声

媒体人员加入太平洋寿险无锡分公司“合规协作队伍”中

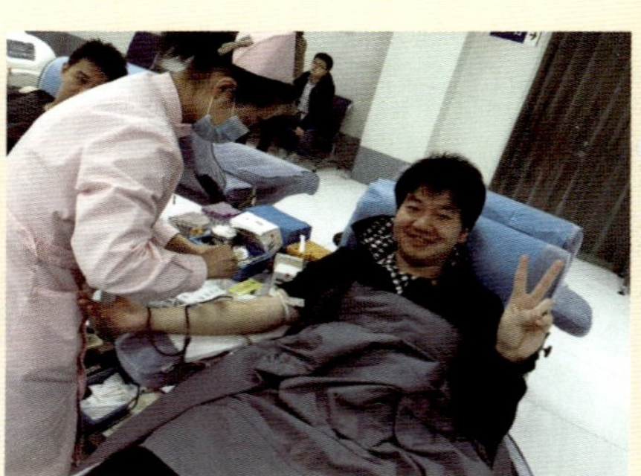
太平洋寿险员工参与无偿献血